INTRODUCCIÓN
A LA CRÍTICA LITERARIA
ACTUAL

# INTRODUCCIÓN A LA CRÍTICA LITERARIA ACTUAL

Coordinador:
PEDRO AULLÓN DE HARO

EDITORIAL PLAYOR

SEGUNDA EDICIÓN
© EDITORIAL PLAYOR, 1983
    Dirección postal: Apartado 50.869, Madrid
    Dirección oficina central: Santa Polonia, 7
    28014 Madrid
    Diseño de cubierta: Justo Luis García
    ISBN: 84-359-0355-9
    Depósito legal: M-2296-1985
    Impreso en España / Printed in Spain
    Talleres Gráficos Peñalara
    Ctra. Villaviciosa a Pinto, km. 15,180
    Fuenlabrada (Madrid)

# INDICE

# PREFACIO

La presente obra pretende un acceso puntualizado a las líneas maestras de la crítica literaria contemporánea hasta desembocar en el estadio más avanzado del pensamiento metodológico y la práctica crítica actuales. Su propósito consiste en totalizar las vertientes disciplinarias fundamentales (puramente filológicas o no) imprescindibles a la hora de someter a examen el texto literario y sus series sin parcialización: se procura así una convergencia científica integradora capaz de suprimir las inevitables grandes zonas de sombra en que dejan sumida la compleja realidad del objeto artístico los planteamientos de perspectiva única.

El libro ofrece, pues, un conjunto planificado de monografías que permitirá al lector la posible lectura autónoma de cada una de ellas al tiempo que, en su totalidad, las mismas posibilitan un recorrido lineal como texto único de específica arquitectura teórica sustentada tanto en la perspectiva de disposición de los conceptos como en el apoyo cronológico de estos, según en cada caso la organización del estudio lo aconseja. Sesgo implícito del trabajo que brindamos es la puesta a punto propedéutica y estado actual de la materia. Sin embargo, no se piense en modo alguno a partir de ahí que se trata de una exégesis o una síntesis efectuada sobre otros estudios ya realizados. De hecho, muchas de las veces son abordados aspectos hasta ahora sin transitar, o se proponen procedimientos de análisis inéditos (por ejemplo, el acceso crítico psicoanalítico formal que incluye el capítulo V, del profesor Castilla del Pino).

Se ha intentado, asimismo, poner a disposición del lector interesado de lengua española el volumen de fichas fundamental dentro de la bibliografía disponible acerca del tema, y en dicho idioma siempre que esto haya sido posible. Es por ello que las listas de referencias bibliográficas representan por sí solas no únicamente el catálogo riguroso de alusiones planteadas por los autores de los capítulos sino, además, un ensayo de repertorio selecto de títulos cuya recolección deja entrever en ocasiones un esfuerzo muy considerable. También se advertirá que las citas textuales traídas a colación —las cuales poseen en nuestro caso valor teórico objetual— siempre son presentadas, en favor de la mayor accesibilidad posible, en español: ello quiere decir que cuando no proceden de ediciones que cuentan entre las vertidas a nuestra lengua, la traducción de las mismas viene de mano de cada uno de los responsables de los distintos capítulos.

Finalmente, no cabe omitir aquí la alusión de reconocimiento al profesor García Berrio, sin cuyo ejemplo de obra crítica, prestigio de la actual ciencia humanística hispánica, y sin cuya orientación de palabra, un libro como este probablemente nunca hubiese podido ser.

P. A. de H.
Madrid, octubre 1983

# La crítica literaria actual: Delimitación y definición

# La contrucción del pensamiento crítico-literario moderno

PEDRO AULLÓN DE HARO

## 1. La crítica literaria actual: Delimitación y definición

### 1.1. DELIMITACIÓN EXTERNA DENTRO DE LA FILOLOGÍA

Dejando a un lado las extensas y variadas polémicas y opiniones suscitadas durante las últimas décadas en torno al tema que nos atañe, comenzaremos a avanzar argumentadamente con riguroso orden delimitativo hacia la materia Crítica literaria en su sentido más razonado y actual. Es decir, no vamos a poner nuestro empeño ahora en averiguar qué fue la Crítica para los hombres del siglo XIX o de principios del XX, sino en dilucidar qué es para aquellos que la practican con mayor solvencia hoy, en su creación de disciplina científica según el actual estado de los estudios.

El término «científico» no tiene ciertamente significación idéntica aplicado a Crítica literaria que, por ejemplo, a Ciencias Físicas. En las ciencias cuyo objeto es susceptible —según ciertos modelos operacionales en uso— de cuantificación total y exacta, «científico» incluye inexcusablemente dicha exactitud cuantificadora. Referido a Crítica literaria, cuyo objeto, por ser fruto de la libre actividad cultural humana es solo cuantificable en determinadas estructuras, amplias pero básicas, y no permite el establecimiento de una legislación universalizable, alude, preponderantemente, pues, no a cuantificación ni generalización de leyes sino a los conceptos principales de epistemología, metodología, estructura y sistema.

La Crítica literaria científica está inserta de manera natural en el marco de la Filología —término disciplinariamente general no siempre aceptado como tal en su sentido globalizador (v. gr. Wellek y Warren, 1949: 47-8). Sin embargo, quienes lo rechazan no han fijado en ningún caso un marbete totalizador más convincente que el requerido por nosotros, con toda probabilidad, salvando excepciones, el de andamiaje mejor asentado al menos fuera de los países anglosajones. Por ello, aun teniendo que admitir ciertas variaciones de uso, sobre todo tendentes a equiparar lo filológico a lo diacrónico, adoptaremos sin reservas Filología como rótulo presumiblemente más abarcador y sin duda de utilización más aquilatada e invariable.

De entre los términos en ocasiones propuestos y empleados como designadores del bloque disciplinario destinado al estudio científico de la Literatura, incluyendo o no en él a la Crítica, es Ciencia de la Literatura (Barthes, 1966: 58) el de todo punto más idóneo a nuestro parecer. De manera que entendemos por Filología el conjunto constituido por la Ciencia lingüística y la Ciencia literaria. Así pues, Filología es la ciencia o conjunto de disciplinas que se propone el estudio de las lenguas naturales en sus distintos niveles posibles, constituyentes, de producción y uso.

La actuación del hablante de una lengua realiza un discurso que se resuelve en unidad de texto lingüístico ético, de discurso real (García Berrio-Petöfi, 1979: 245), habitualmente perteneciente a la lengua normal o estándar. El texto lingüístico ético puede ser oral o escritural. En el ámbito del texto escritural, que ya implica una intención diversa, se suelen producir dos tipologías de lenguaje altamente especializado: científico y artístico. Asimismo, los distintos lenguajes posibles no son producto de saltos efectuados entre sí mismos sino que coexisten en una red extensa de zonas siempre, en mayor o menor medida, mutuamente intermediass de forma sucesiva unas respecto de otras. El lenguaje artístico, predominantemente connotativo y lingüísticamente más complejo, realiza el texto literario: un organismo lingüístico con peculiar finalidad propia cuya ejecución es resultado de la actuación de un hablante de especial competencia (Chomsky, 1972: 195-6; Aguiar e Silva, 1980) e intencionalidad.

El lenguaje artístico constituye mediante la formalización lingüística y la conformación de sus series (por ejemplo, macroestructuras de género) un sistema supralingüístico: el sistema literario o, con otras palabras, un sistema lingüístico de segundo grado. El texto literario y la totalidad de estructuras mediante las cuales el mismo se realiza son considerables desde tres puntos de vista o disciplinas filológicas de estudio: Historia, Teoría y Crítica literarias. Ellas tres representan el conjunto de la Ciencia literaria, y la última, la Crítica, es el eje fundamental de vinculación de la Ciencia literaria con la Ciencia lingüística.

La Ciencia lingüística es asimismo desglosable paralelamente en otras tres disciplinas: Lingüística histórica, Lingüística descriptiva y Lingüística aplicada, planteándose así un modo de correspondencia de estas últimas con aquellas, en especial científicamente vinculante en lo que se refiere a Historia literaria respecto de Lingüística histórica, y Crítica respecto de Lingüística descriptiva y Lingüística aplicada, de las cuales, a su vez, es paralela en su función la Teoría literaria.

La pluralidad de enfoques de Historia, Teoría y Crítica literarias converge en una permanente interrelación de necesaria colaboración íntima. Quiere decirse, por ejemplo, que la Crítica si ignora los presupuestos teóricos de creación artística formulados por poetas, estéticos y estudiosos de la Teoría literaria obtendrá, sin duda, unos resultados grandemente empobrecidos en el mejor de los casos. O que la Historia literaria, si no disfruta de previos argumentos críticos en los cuales asentar sus criterios selectivos de inclusión, exclusión y relevancia que indefectiblemente otorga de una u otra manera a toda obra literaria (Wellek y Warren, 1949: 49-50), carece de la más mínima credibilidad científica. La inequívoca imbricación entre dichas disciplinas es, por ello, un punto de afirmación imprescindible a la hora de establecer los primeros fundamentos de coherencia de la praxis filológica.

La Historia literaria, que naturalmente tiene un aspecto elemental de organización interna de tipo histórico, se encuentra por consiguiente en uno de los límites que con mayor continuidad lindan con una disciplina ajena a la estricta dilucidación del objeto literario. Por su parte, Crítica, y Teoría sobre todo, están en estrecho contacto con la Estética filosófica y artística. De hecho, Crítica, Teoría y Estética —en ese orden pragmático de particularidad a generalidad— forman un corpus no fácilmente disociable; y las mismas tres en cierto modo se presuponen. Por último, la Crítica científica actual más importante no es solo de origen filológico sino que también se produce desde otros dos grandes marcos disciplinarios: Psicología y Sociología.

La delimitación de Historia frente a Teoría y Crítica, dado su carácter obvio, no hace pertinente entretener argumentos encaminados a ese fin. Ahora bien, no es en modo alguno prescindible la fijación metodológica de los rasgos distintivos fundamentales que rigen entre Teoría y Crítica. Es constatable que las realidades de estas se muestran en ocasiones sustancialmente próximas, hasta el punto de que su mutua colaboración a veces diríase no de interrelación auxiliar sino de confusión interdisciplinaria. Bien es seguro que, más allá de la mera colaboración, ese estado surge en algunos momentos entre cada una de las disciplinas literarias y las restantes, mas no con la persistencia de un coexistir orgánico tan profundamente fusionado. En consecuencia, pueden aparecer superpuestas o incluso ser indiscernibles entre sí.

La diferenciación entre Teoría y Crítica ha de hacerse atendiendo a naturaleza y función de las mismas. La Teoría literaria es característicamente ideológica, organizativa y prescriptiva. Su función de prescriptiva puede realizarse bien *a priori* o bien discernirse *a posteriori*. Entiéndase que no existe contradicción alguna en el segundo de los casos: se trata de la averiguación de aquellas prescripciones literarias con la cuales el escritor ha operado al construir su obra. Esto es, cuando a partir del texto artístico el teórico de la literatura obtiene las inferencias capaces de establecer tales prescripciones.

Así pues, la teoría literaria prescriptiva *a priori* (o Poética literaria explícita) es teoría explícita acerca de la literatura, mientras la prescriptiva *a posteriori* es teoría implícita. Desde este orden de cosas se dirá que la *Poética* de Aristóteles, la *Epístola ad Pisones* de Horacio, el *Arte nuevo de hacer comedias* de Lope, el *Preface* de Wordsworth, *Le roman experimental* de Zola o los *Manifestes du Surréalisme*, por citar unos cuantos títulos, son trabajos sustancialmente de teoría literaria explícita. Habrá que tener presente, además, que el texto teórico-literario *a priori* o explícito se incorpora en el arco de una gama de géneros que alcanza desde el tratado hasta el manifiesto, el prólogo o el simple artículo. Por otra parte, también ha sido escrito muy a menudo como texto programático en lenguaje artístico: la citada *Epístola* horaciana o, entre tantísimos otros, *L'Art Poétique* de Verlaine, constituyéndose de ese modo en síntesis acaparadora de Teoría y Arte. Finalmente, por ejemplo, una obra como la *Formación de la Teoría literaria moderna*, de García Berrio, sería un estudio acerca de la teoría explícita. En cualquier caso, la teoría explícita se instala dentro de la generalidad del pensamiento artístico y, considerada diacrónicamente, a su vez dentro de la historia de las ideas. Y los textos teóricos vertidos en lenguaje artístico forman, a un tiempo, parte de la Literatura.

Los supuestos de demarcación e identificación enunciados muestran que la Teoría literaria responde a un discurso de principios literarios lingüísticos, estéticos (o más generales), retóricos y poéticos. En este sentido la Teoría es a la Literatura algo, salvando distancias, formalmente de atingencias similares a las que existen en la conexión entre epistemología y ciencia, pues abarca una doctrina y un aparato conceptual que intervienen de manera análoga.

La teoría explícita y la teoría implícita remiten, coincidentemente, al pensamiento artístico *previo* a la construcción de la obra literaria. Hay, por tanto, una primordial diferencia resultante del ejercicio de funciones por parte de la Teoría y por parte de la Crítica. Si la primera es previa al objeto, la segunda es *subsiguiente* al mismo. En consecuencia, hablando hipotéticamente, cabría decirse que no existiendo novelas o poemas pudiera existir la teoría prescriptiva explícita dispuesta a promover su fabricación, pero no la Crítica para proceder al análisis de un objeto que no exite. Sin embargo, la teoría implícita converge con la Crítica en que es cronológicamente posterior a la existencia del objeto literario. Ambas parten de un mismo tiempo y se dirigen a abordar un mismo objeto, concreto o no, y ambas se interesan por su estructura y su funcionamiento. Efecto de lo cual es que Teoría (en especial teoría implícita) y Crítica aparezcan fundidas frecuentemente, y sean más que discernibles un mismo proyecto de trabajo, ya tenga preponderancia un tipo de intereses y resultados u otro. Se advertirá a este propósito que, naturalmente, no existe unanimidad sino amplia vacilación en el uso de los términos Teoría y Crítica, sobre todo cuando concurren cuestiones de teoría implícita junto a cuestiones de crítica o teoría de la crítica. Recuérdese, por ejemplo, que la famosa antología de Todorov en la que se recopilan diversos estudios del Formalismo ruso tuvo el título de *Teoría de la literatura*, y en ella coexisten abundantes páginas de teoría implícita con otras de crítica. Tal estado de cosas pone de manifiesto lo muy valioso e inevitable de esa convivencia.

Con todo diremos, cuando sea convincente realizar la distinción, que es teoría implícita aquella que predominantemente intenta descubrir las ideas, el pensamiento literario que rige la creación del objeto, mientras que será crítica aquella otra reflexión metodológica que intenta descubrir cómo está construido el objeto artístico o cuál es la estructura de su serie o la relación con otras series o establecimientos literarios.

Obviamente la Crítica se interrogará acerca de qué hace de un texto lingüístico un texto artístico, qué hace que la Literatura sea Arte y no discurso de lengua estándar. Es decir, la Crítica tiene una de sus problemáticas más retadoras en determinar el secreto último que encierra la naturaleza lingüística del texto literario: en qué consiste la literaridad o, en un grado mayor, la poeticidad. Ello habrá de dirimirse en el campo crítico de la «Poética lingüística» (García Berrio, 1979). Así pues, siguiendo a García Berrio, adjetivaremos a la moderna «poética» (que no es sino "crítica lingüística") como «poética lingüística»; queda de ese modo terminológicamente diferenciada con justeza de la secular poética, esto es, Teoría literaria (García Berrio, 1973 y 1981). De tal manera se evitan, por demás, frecuentes confusiones difundidas desde hace años en este sentido (v. gr. Jakobson, 1960: 348).

En conclusión, según lo hasta aquí argumentado, la Crítica literaria científica actual, dentro de la generalidad de los estudios filológicos, queda delimitada e inserta del siguiente modo:

| FILOLOGÍA | | | | | |
|---|---|---|---|---|---|
| Ciencia lingüística | | | Ciencia literaria | | |
| Lingüística histórica | Lingüística descriptiva | Lingüística aplicada | Historia literaria | Teoría literaria | Crítica literaria |

## 1.2 DELIMITACIÓN INTERNA Y PLURIDISCIPLINARIA: FILOLOGÍA, PSICOLOGÍA, SOCIOLOGÍA

Nada más alejado de nuestro propósito que intentar determinar aquí una tipología histórica de la Crítica literaria. Por otra parte, es un hecho que la crítica actual se ejerce dentro de un ámbito de especulación metateórica y analítica de rasgos eminentemente científicos propiciados, en efecto, por la evolución del pensamiento lingüístico estructuralista, el Formalismo ruso avivado durante las primeras décadas de nuestro siglo, la reincorporación de la Retórica y la Poética clásicas así como la Psicología y la Sociología. No hay que olvidar que una característica general distintiva de la cultura de la modernidad reside en la notable atención prestada a las disciplinas crítico-analíticas y teórico-especulativas. Es indudablemente ilustrativo advertir la evolución contemporánea de la Filosofía analítica, la Lógica formal y matemática o, en otro sentido, la profunda concientización artística que presupuso la teoría programática de la literatura de la Vanguardia histórica y la tendencia de aproximación, particularmente novelística, hacia un texto literario con fuertes dosis de cariz especulativo y ensayístico. Pero esa es otra historia.

La crítica actual hace ostensible a primera vista la existencia dentro de sí de una dicotomía de géneros que, atendiendo de nuevo a los conceptos de naturaleza y función, llamaremos: *crítica aplicada* y *teoría crítica*. Esta dicotomía, en verdad, con relativa frecuencia deja aparentemente de serlo, al menos en la medida en que los discursos de ambas se reúnen en un mismo texto. Pero tampoco deja de ser cierto que aun así subsiste como realidad definible y, desde luego, muy a menudo se presenta desligada con la total perfilación determinadora de dos géneros autónomos. (Es un problema análogo en parte al anteriormente afrontado entre Teoría y Crítica). Mientras los *Ensayos de Poética* de Jakobson, la *Psicocrítica del género cómico* de Mauron y *La novela histórica* de Lukács son crítica aplicada, *La teoría del «Método formal»* de Eichenbaum es, ciertamente, teoría crítica. El discurso de la Crítica puede consistir, por tanto, en discurso teórico descriptivo o bien metateórico.

La producción de metateoría o teoría crítica, que ha adquirido un ingente volumen en los últimos decenios, constituye una labor reflexiva de inteligente esfuerzo y consecuciones innegables que no ha dejado de sucederse. Acaso las mentes de mayor propensión al escepticismo han llegado a interrogarse con cierta asiduidad acerca de la rentabilidad práctica de tan considerable esfuerzo metateórico; sin embargo no parece que pueda ponerse en duda, habida cuenta la gran extensión de conocimiento científico dado a la circulación a través de esos años, la importancia de lo recorrido. Era necesario, pues, que durante un período de profunda transformación de la Crítica, así como de la pura Lingüística, hacia metodologías de considerable mayor alcance de objetivación y sistematicidad sucediera de ese modo; y que hubiera podido decirse que la inclinación teorética propia de nuestro tiempo daba en producir más teoría de la crítica que crítica aplicada y, irónicamente o no, más crítica aplicada que literatura. En fin, pareciera que al hombre contemporáneo le interesara en mayor proporción reflexionar desde los distintos ángulos posibles sobre la literatura que no escribirla.

El proceder a la observación de los factores de la estructura pragmática en la cual la obra literaria habita y de la que forma parte, permitirá establecer los puntos de vista disciplinarios desde los que más esencialmente importa abordar el objeto Texto. Es una estructura en realidad ya esbozada por Hegel (Hegel, 1845: 492).

MUNDO
Autor ↔ Texto ↔ Lector

El objeto de la Crítica es (directamente para la crítica aplicada, indirectamente para la teoría crítica) el Texto literario. La crítica lingüística y de los géneros reflexiona analíticamente, pues, sobre la realidad ontológica del Texto y sus series, en tanto que discurso lingüístico y en tanto que construcción lingüística literaria de segundo grado.

El Texto, por otra parte, es producto que se halla en relación de procedencia selectiva con el Mundo (de la estructura empírica y de la estructura mental). La estructura mental la alberga el Autor, la general estructura mental humana y, como reflejo, los objetos culturales actuales y pasados que, resultado de su historia, el Mundo contiene. Asimismo, el Texto, compuesto por un discurso de comunicación lingüística, tiene su destino virtual en el Lector. Ello sucede al cumplimentarse de hecho el último factor del circuito comunicativo, en el cual el Mundo es referencia tanto del Autor como del Texto y, ahora, también del Lector.

Del entramado de relaciones de la estructura descrita se deduce: 1.º, que dicha estructura interrelacional explica la imagen de un sistema en el que, evidentemente, todos y cada uno de los factores son imprescindibles al funcionamiento de ese sistema; 2.º, que el Texto, objeto de la Crítica, solo obtendrá una completez fundamental de estudio en la medida en que tal estudio establezca, a partir del *Sistema del Texto*, las relaciones pertinentes y el análisis de las mismas respecto de todos y cada uno de los sistemas que los restantes factores de la estructura pragmática representan.

El Mundo es macroestructura, ya que aloja a todos los sistemas de los factores. El Texto es un objeto producido en y lanzado al Mundo; y se integra de manera natural junto a los demás objetos culturales de su misma naturaleza y serie. La inserción de los factores humanos (Autor, Lector) en el Mundo se resuelve de manera interpersonal o, lo que es lo mismo, en *Sistema social*. El agente constructor del Texto es la psique del Autor. Su receptor es la psique del Lector. En consecuencia, Autor y Lector se integran en el Mundo también como componentes del *Sistema psíquico*. Finalmente, el Texto es un sistema lingüístico-literario producido dentro de la realidad general, y particular del Autor, de los sistemas social y psíquico, espacio en el cual se crea y de una u otra manera él mismo refleja. De hecho, el Texto, fuera de *su* espacio, por ejemplo arrojado a una comunidad a la que le es ajeno el arte literario, perdería valorativamente su cualidad de artístico (Lotman, 1970: 346).

Por consiguiente, la completez fundamental de los estudios de Crítica literaria únicamente podrá conseguirse mediante la puesta en práctica de tres disciplinas humanísticas: Filología, Psicología y Sociología. Si la crítica lingüística se introduce dentro del sistema textual para comprenderlo en sí mismo, tanto la crítica psicoanalítica como la crítica sociológica se sumergen en él para explicarlo en cuanto que se refiere a otros sistemas (psíquico, social) distintos al sistema del Texto, pero con los cuales este directamente se relaciona. Queda claro, no obstante, que el objeto de la Crítica literaria es siempre y solo el Texto.

Nótese, por lo demás, que cosas bien distintas a la crítica psicoanalítica (o psicocrítica) y a la crítica sociológica (o sociocrítica) son la psicología y sociología literarias, puesto que estas últimas no focalizan sistemas a partir del texto sino que, desde sus respectivas competencias, describen todo aquello circunstancial o externo al mismo. Son, por ello, materias de estudio más relacionables con la Historia literaria que no con la Crítica.

Se habrá comprobado, por otra parte, que lo relatado hasta aquí es igualmente referible a un texto lingüístico no artístico o de lengua estándar. Previo unas breves matizaciones, en ese caso hablaríamos de Psicolingüística y Sociolingüística.

Que existen además otras disciplinas humanísticas concomitantes –Filosofía, Antropología– las cuales, consecuentemente, arrojarían importante luz adicional a la praxis del ejercicio crítico, qué duda cabe que así es. Mas sea como fuere, cosa loable en verdad es la observación esporádica de la obra literaria bajo cualquier perspectiva que se preste a ello, pero diferente asunto la necesariedad que impone la realidad básica de la estructura descrita, así como, por otra parte, la disponibilidad real y actual de las diversas ciencias que metodológicamente a ese fin pudieran incorporarse.


## 1.3   DEFINICIÓN DE LA CRÍTICA LITERARIA

La Crítica literaria es un metalenguaje, un «discurso sobre un discurso» (Barthes 1964: 304). Esto es, un discurso disciplinario aplicado sobre un discurso artístico; y en el caso de la pura teoría crítica, mejor diríamos que se trata de un discurso disciplinario metateórico sobre qué es aquello a considerar en el objeto y cómo ha de versar el discurso disciplinario que verse sobre el discurso artístico.

La diferencia existente entre discurso crítico y discurso artístico es, a este propósito, referencial. Consiste en que mientras este último, como vimos en la estructura pragmática, va referido al mundo, aquel se refiere al discurso artístico. Lo cual no quiere decir que en ocasiones muy concretas, en coincidencia con la crítica, el discurso artístico no sea susceptible de ir dirigido a esa parte del mundo que es el propio arte o a sí mismo (en un segundo grado superpuesto a la función metalingüística del lenguaje), y sea, por tanto, discurso metaartístico, según anteriormente advertimos que sucedía en ciertos textos literarios que también eran, a un tiempo, teoría literaria.

De todo ello se sigue que el gran problema entitativo de la crítica se centra, tanto epistemológica como metodológicamente, en cómo ha de operar su discurso, cuáles han de ser sus procedimientos sobre el texto literario. Es, pues, un problema de teoría crítica o de qué manera sea concebida esta en relación a su objeto. Ha escrito Barthes, generalizando, que la actividad crítica debe contar con dos clases de relaciones: la relación entre el lenguaje crítico y el lenguaje del autor analizado [o, en su caso, el lenguaje émico], y la relación entre este lenguaje-objeto y el mundo. La «frotación» de esos dos lenguajes es lo que define la crítica y le da tal vez una gran semejanza con otra actividad mental, la lógica, que se funda también enteramente en la distinción del lenguaje-objeto y del meta-lenguaje.

Porque si la crítica no es más que un meta-lenguaje, ello equivale a decir que su tarea no es en modo alguno la de descubrir «verdades», sino solo «valideces». En sí, un lenguaje no es verdadero o falso, es válido o no lo es: válido, es decir, que constituye un sistema coherente de signos (Barthes, 1964: 304).

Ese doble juego de relaciones lenguaje-crítico/lenguaje-objeto y lenguaje-objeto/mundo viene a coincidir con nuestro planteamiento sobre la estructura pragmática. A su vez, el texto es un sistema, «y de ahí que la crítica no tenga que reconstruir el mensaje de la obra, sino solamente su sistema» (Barthes 1964: 306).

Pero en primer lugar, a toda crítica precedió una lectura. El texto es un hecho objetivo, un producto cultural; sin embargo la acción de leer presupone la subjetividad de aquel que lee. El lector está sujeto, al igual que el autor, a unos mismos supuestos de referencia y código. Si referencia y código no son real y convencionalmente los mismos o, más sencillo, se hallan alejados (por ejemplo, un lector del siglo XX lee la poesía de Góngora), el crítico ha de reconstruirlos para sí. Es una operación lingüística y, en general, de cultura inevitable. Entre objeto-texto y sujeto-lector existe, pues, un interpuesto, la lectura. Por ello el lector crítico ha de lograr atravesar la zona intermedia de la lectura, donde se instaura el reino del sujeto que lee, mediante la detección de coordenadas objetivables. La ilación metodológica de esas coordenadas, si en justa razón son objetivas, permitirá descubrir o reconstruir el sistema textual (o uno o varios de los subsistemas que el objeto detenta); también referirlo a otros sistemas.

Como es sabido, dos lecturas de un mismo texto nunca son idénticas. Siguiendo a Todorov diremos que el texto evoca por medio de dos modos: significación y simbolización (Todorov 1978: 91). La significación ofrece el mayor nivel de objetividad primaria de lectura. La simbolización, por el contrario, ha de ser interpretada y, en consecuencia, puede variar dependiendo del sujeto que la interpreta. A esto se podría reducir, en pocas palabras, el enfoque semántico del problema, que el esquema de Todorov reproduce de la siguiente manera (Todorov 1978: 90):

La relación entre los estadios 2 y 3 es de simbolización, mientras que la de 1 y 2 y la de 3 y 4 es de significación. He ahí el interpuesto que corrobora toda lectura.

Por otro lado, cada época, cada metodología, cada crítico se adecuará mejor a unos sistemas textuales sobre otros, se interesará más vitalmente por unos aspectos del sistema, según las afinidades electivas o la necesidad actual científica. Cuando un crítico describe un sistema textual *A* y no un sistema textual *B*, ha ejercido la consecución de un deseo suyo propio y de su época, del mismo modo que el procedimiento utilizado ha sido el creado por estos.

Con todo, no convendrá omitir aquí la existencia de actitudes no ya acientíficas sino anticientíficas en nuestra historia más reciente (v. gr. Guillermo de Torre, 1970). Es bien conocida, además, la persistencia de una crítica «tradicional», academicista por lo común, ya sea de carácter eminentemente neopositivista, ya sea impresionista cuya praxis se atiene a nociones de especie historicista o a nociones heredadas de uso subjetivo y cultural variable referentes a gusto, casi con sesgo dieciochesco, otorgamiento de valor, «interpretación» del sentido de la obra literaria, belleza, mero enjuiciamiento y similares. Sea como fuere, en el presente libro nos aplicamos no a la discusión de gentes cultas acerca de literatura sino a la presentación de la discusión científica de la misma. Por lo demás, al causalismo genético o el positivismo historicista los hubo de relevar hace muchos años un progresivo avance hacia la objetividad analítica focalizada en el texto y los puntos de mira sincrónicos del mismo. De alguna manera —si se me permite la generalización—, la crítica contemporánea puede considerarse la historia de la evolución científicamente perfectiva de la noción, concepto y estructura del texto literario y sus series; desde el Formalismo ruso, la Estilística, el New Criticism norteamericano y la Nouvelle Critique hasta la actual crítica creada por la Lingüística del texto. Así, la crítica de nuestro tiempo ha puesto sus empeños en la construcción de la «gramática» textual (Barthes, 1966) y del «macrotexto» (García Berrio-Petöfi, 1979).

La propuesta de definir con brevedad, precisión y suficiente amplitud de criterios qué cosa sea Crítica literaria no es asunto fácil de acometer. Bien es cierto que al inicio de este parágrafo hemos sancionado varias especificaciones definitorias convincentes, mas no de tipo operativo global, como ahora pretenderemos. Habrá que adelantar en este sentido nuestro desconocimiento de una definición que nos satisfaga. Es por ello que propondremos la nuestra propia más abajo.

Con harta frecuencia ha sido emprendido ese propósito comenzando por ofrecer documentación atinente a encuestas realizadas sobre diccionarios enciclopédicos y obras semejantes, lo cual conduce de forma probada a la observación de ideas generalizadoramente imprecisas que se han perpetuado en el uso común de dicha clase de repertorios. En ningún caso se trata de definiciones relacionables con el estado actual de los estudios; por el contrario, remiten a conceptos relativos a *juzgar* el *valor* y la *belleza* de las obras artísticas. Para no ser remisos a ejemplificar, ilustraremos entresacando dos casos de definiciones de distinto signo extremas por su ineficacia, y vertidas no ya en repertorios sino en libros especializados. La primera, desorientadora, refiere la actividad crítica al sujeto que la realiza, ignorando el objeto: «La crítica, tal como yo la entiendo, es el discurso formal de un aficionado» (Wilbur Scott, 1962: 284). La segunda de ellas funciona en dirección contraria, hacia el objeto, pero basada en una pretensión tan abarcadora en abstracto que significativamente se difumina, además de mantener en primer plano la observancia del concepto tradicional subjetivo de «valor» (moral o artístico), hoy rigurosamente insostenible: «El objeto último de la crítica, sea o no asequible, es la *comprensión total y valorativa de la materia crítica*» (Shumaker, 1965: 28).

En ocasiones la definición de la crítica se ha iniciado acudiendo a la etimología griega de la palabra, e incluso se ha trazado su historia (Wellek, 1963: 25-35), proclamando que en la lengua clásica que le dio origen *krineín* significa juzgar e interpretar. Sin embargo, desde el punto de vista crítico científico, a esos conceptos hay necesariamente que imponerles la matización de profunda relatividad que la aplicación analítica de la metodología les impone. Un discurso crítico coherentemente realizado sin duda permite al ejecutar su cierre proponer una enunciación de tipo conclusivo, pero semejante más que al mero juicio al resultado último que la ajustada demostración de una hipótesis posibilita. En realidad, gran parte de los intereses o el éxito de la crítica actual radican en el *conocimiento* riguroso que la imagen estructural que reconstruye y explicita nos proporciona; en modo alguno la apreciación tanto de supuestas significaciones dudosamente abstractas como de sugerencias asistemáticas no fundadas en la demostrabilidad o la evidencia de plausibles comprobaciones fiablemente intersubjetivas.

La crítica literaria científica actual podría, pues, ser definida como la reflexión metodológica sobre una estructura objetiva que se describe a partir de la constitución y relaciones sistemáticas, ya formales ya conceptuales, del texto literario respecto de sí mismo u otros sistemas; lo cual permite el establecimiento de una síntesis de resultados o la razonada interpretación concluyente de los mismos.

## 2. La construcción del pensamiento crítico-literario moderno*

### 2.1 DEL NEOCLASICISMO A LA REVOLUCIÓN ROMÁNTICA

La crítica literaria más que proceder de la literatura es parelela a ésta, se origina tanto en la reflexión sobre la obra artística como en el entramado general del desarrollo del pensamiento y las ciencias, y converge con aquella de la misma manera en que la literatura lo hace con el estado de la cultura.

*No se pretende aquí, en un reducido espacio, esbozar una historia de un período de la evolución de la crítica literaria, sino plantear un ensayo abierto de problemas vertebrales y re-

Quiere decirse que, si bien la crítica inevitablemente procura dotarse del aparato teórico capaz de dar respuesta a las exigencias peculiares del texto literario antiguo o que le es contemporáneo, no deja por ello sustraerse su condición de integrante de la historia del pensamiento por sí misma, de igual modo que en otro sentido lo es el texto literario. Por tanto la crítica —así como la teoría—, en coincidencia con la literatura, pudo llevar a término su propia construcción moderna anticlásica sincrónicamente con la creación literaria, no pudiendo hablarse de preeminencia evolutiva de una sobre la otra sino de un mismo coexistir actual, incluso con frecuencia reunido en personas que realizan ambas actividades.

La rebelión de la poesía y el pensamiento artístico frente a la cultura neoclásica, dio lugar al levantamiento de la era romántica y, con ello, el inicio de la Modernidad, que alcanza cuando menos hasta el final de la Vanguardia histórica (Surrealismo). La erupción del Romanticismo fue consecuencia de un radical desmontaje estético-ideológico del clasicismo racionalista del siglo XVIII, esencialmente heredero de la Antigüedad clásica y sobrepuesto al desbordamiento de los cánones clasicistas por el Barroco. Se trata, como todo fenómeno cultural de cierta magnitud, de un lentísimo y complejo proceso desarrollado durante el XVIII cuya primera revelación decisiva y extensa fue la alemana del *Sturm und Drang*. Después, junto al eslabón intermedio a dos aguas que representó Goethe, vendrían los grandes poetas y pensadores románticos alemanes; y en Inglaterra, con el comienzo del nuevo siglo, Wordsworth y Samuel T. Coleridge. Se había consumado definitivamente un cambio profundo en el esquema de relaciones entre mundo/autor/texto/ lector; ello habría de generalizarse en el resto de Europa.

---

laciones ideológicas susceptible de brindar, con cierta completez, a mi juicio, la imagen del proceso constructor del pensamiento crítico-literario que sustituyó al de la última de las fases operantes de la cultura clasicista. Se parte pues de un considerable esfuerzo de selección de ideas y libros (de todo punto necesario en tema tan extenso) que únicamente cabe achacar a la responsabilidad y el modesto criterio de las investigaciones y la reflexión de quien esto escribe. Las preferencias van dirigidas más a la configuración de lo que llegaría a ser la crítica de nuestro tiempo que a un punto de vista prefijable como estanco o convencional. En este sentido me ha parecido mucho más interesante reconocer la actualidad en el pasado (curiosamente, se podrá comprobar, tan olvidado) y la capacidad de futurición de las ideas aun yendo en menoscabo del aspecto perfectivo de las mismas y el diseño acabado de cada particular doctrina. En general, el encadenamiento expositivo de la materia se atiene a un buscado equilibrio entre cronología, movimientos intelectuales y líneas maestras del pensamiento. En cuanto a los materiales traídos a colación, el intento ha consistido en articularlos evitando en la medida de lo posible su descontextualización enojosa. Si estética, teoría y crítica por lo común se hallan muy estrechamente relacionadas, es evidente que no siempre ha convenido intentar deslindar en rigor absoluto esta última de las dos anteriores; ello hubiese supuesto presentar aislado lo que tiene una razón de ser mucho más robusta. Asimismo, y según ya pudimos señalar, podrá apreciarse la frecuente superposición de teoría y crítica. Por otra parte, hubiera sido fatigoso y apenas rentable inventariar o describir el volumen de crítica aplicada producido durante tan largo período de tiempo. El propósito seguido es bien otro: tratar del ejercicio de la crítica acerca de cuestiones esenciales y en cierto modo universalizables; de las ideas sobre sí misma y de elementos de teoría crítica dentro de un marco obviamente nunca exhaustivo pero —confío— suficientemente sugeridor del pensamiento individual y general en el que se producen.

El arte y el pensamiento neoclasicistas hicieron suyo el sistema poético clásico tramitado por una tradición de siglos que nuclearizaría el Renacimiento a partir, básicamente, de la *Epístola* horaciana y su posterior aristotelización mediante las paráfrasis de los grandes tratadistas italianos (García Berrio, 1975, 1977 y 1980). Se mantuvo pues el principio de autoridad clasicista cuyo eje vertebral encierra el concepto platónico, aristotélico y horaciano de *mimesis* o imitación, y los subsiguientes de *naturaleza, realidad, verdad, posibilidad* y *verosimilitud.*

Así, la cultura neoclásica encontró un ingente volumen teórico de tradicional vigencia inalterable que dispuso en la ordenación del sistema de *reglas* por el cual habían de regirse la preceptiva, la crítica y el arte. Esto es, un estatismo crítico y poético de aspiraciones universales dirigido por la *razón* como sometimiento y con una finalidad bien determinada en los términos de Horacio *prodesse et delectare.* El objeto del arte sería la imitación de la *belleza natural*, dentro de un contexto moral en el que ésta integra el *Bien*, y cuya incidencia en el público sería de *deleite o placer didácticos.*

El ideario neoclásico (en nuestro país explícito sobre todo mediante la *Poética* de Luzán), ajeno a la noción moderna de historicidad, tuvo su mejor representación en el *Arte Poética* (1674) de Boileau –traducido en España por Arriaza, entre otros (Menéndez Pelayo 1883: I, 1284-5). En el Canto primero de esa obra prescribe Boileau acerca de amar la razón, seguir el buen sentido, *evitar la bajeza*, ofrecer al lector tan solo lo bello o lo que le produce agrado, utilizar palabras armoniosas, la justa cadencia, someter la Musa a las reglas del deber y la *claridad*; en fin, que cada cosa esté en su sitio y exista correspondencia entre el principio, el final y la parte media de la obra, o lo que es lo mismo, *unidad dentro de la variedad.* Para Boileau, siguiendo el justo orden clasicista, la verdad es condición sin la cual no existe la belleza. A ello se ha de sumar la idea perpetuamente neoplatónica de que el bien es el principio inevitable de la misma.

Desde el punto de vista neoclasicista la crítica, valiéndose del conocimiento de las reglas, debe actuar sobre la obra literaria detectando su belleza y sus fallos. Es decir inventariar sus *defectos* respecto de dichas reglas. El crítico había de estar armado de *sabiduría* (del saber universal, que ellos decían) y de *buen gusto.* En el Canto cuarto de su *Arte Poética* Boileau aconseja elegir un crítico «sólido» y, utilizando palabra de Horacio, «sano», el cual, raro ejemplar, podrá decir cuándo la obra se sale de las reglas prescritas y cuándo el espíritu vigoroso aprende del mismo arte, en un feliz momento de trasporte, a franquear esas reglas (Boileau, 1674). He ahí, por consiguiente, un posibilismo, aunque mínimo, de trasgresión dentro del marco dogmático neoclasicista. Era necesario que así fuera para justificar, discernir y enjuiciar transgresiones, por otra parte críticamente muy controladas, que solo eran aceptadas en casos especiales de manifestación del genio. Ello es razón de la extensísima polémica sostenida durante el siglo XVIII acerca del teatro de Shakespeare.

Voltaire, quien publicó en Inglaterra un *Essay upon the Epic Poetry* (1727) de concepción neoclásica, escribiría en la decimoctava de sus *Cartas filosóficas*, acerca de la tragedia, cómo

> Los ingleses tenían ya un teatro, igual que los españoles cuando los franceses no tenían más que teatrillos. Shakespeare, que pasaba por ser el Corneille de los ingleses, florecía poco más o menos en el tiempo de Lope de Vega. El creó el teatro. Tenía un genio lleno de fuerza y fecundidad, natural y sublime, sin la menor chispa de buen gusto y sin el menor conocimiento de la reglas. Voy a deciros una cosa atrevida pero verdadera: que el mérito de ese autor ha perdido al teatro inglés; hay escenas tan bellas, trozos tan grandes y tan terribles esparcidos en sus farsas monstruosas a las que llaman tragedias, que esas piezas han sido siempre interpretadas con un gran éxito. El tiempo, que es el único que fragua la reputación de los hombres, ha hecho finalmente respetables sus defectos [...] los autores modernos le han copiado casi todos; pero lo que tiene éxito en Shakespeare se lo silban a ellos, y, como supondréis, la veneración que se tiene por ese antiguo, aumenta a medida que se desprecia a los modernos. No se hacen la reflexión de que no habría que imitarlo, y el mal éxito de sus copistas hace solamente que se le crea inimitable (Voltaire, 1734: 147-8).

Puede observarse la puesta en juego de ideas clave neoclásicas que hace el antishakespeariano Voltaire, negando en última instancia al dramaturgo inglés la categoría de la dignidad de ser imitado como consecuencia de situarse en lugar ajeno al uso de las reglas y del buen gusto artístico, si bien sus defectos, en virtud de la autoridad que se otorga a los antiguos, aquí han devenido respetables. Años más tarde Diderot señalaría (en un texto escrito en torno a 1773, aunque publicado mucho después) «que la verdadera tragedia está todavía por encontrar y que, con todos sus defectos, los antiguos estaban quizá más cerca de ella que nosotros» (Diderot, 1830: 195).

El crítico literario en buena medida hacía, pues, la función de un juez que aplicaba a la obra literaria el sistema de reglas prescrito. Resultado de ese propósito es la incorporación al arsenal teórico renacentista de múltiples tratados nuevos, especialmente en Francia, país central del neoclasicismo que mostró su vocación teórica con amplitud desde mediados del siglo XVI. Durante la última gran etapa neoclasicista, la segunda mitad del XVIII, vieron en Francia la luz obras teórico-críticas como el *Discours sur le style* (1753) de G.-L. Leclerc, quien allí sostuvo las tesis tradicionales de imitación de la naturaleza y claridad, y cuya frase de que «el estilo es el hombre» haría fortuna; o la cartesiana *Poétique française* (1763) de Marmontel, en la cual junto a la razón tiene cabida la destacable idea del *sentimiento*, que difundida e incrementada por esos años habría de ser soporte irrecusable para la elaboración del pensamiento romántico. La idea de sentimiento la presentaría Sebastián Mercier emparejada a otras ya decididamente anticlásicas relativas a la supresión de las distinciones de géneros y superación de las reglas en *Du Théâtre, ou nouvel essai sur l'art dramatique* (1773). Sin embargo Mercier seguía manteniendo un arraigado propósito moral clasicista en su teoría poética una vez transgredidos los límites canónicos neoclásicos acerca de la construcción del drama. Pero sus argumentos dramáticos pasarían a formar parte del acervo doctrinal décadas más tarde propuesto por las manifestaciones románticas de Víctor Hugo. Sucede que mientras los teóricos del siglo anterior mantuvieron una función moral para la literatura, esta función era más abstracta y generalizadora que concreta. Ahora bien, los críticos de la ilustración propendieron a moralizar de manera concreta a un público y un medio social concretos que eran los suyos (van Tieghem 1946: 115). Por otra parte, para los neoclásicos, Crítica y Filosofía venían a ser una misma cosa.

Esa practicidad moral, que constituía una finalidad pragmática del arte, queda bien patentizada por Lessing en su prestigiosísimo *Laocoonte*:

> Que las leyes no deben arrogarse poder alguno sobre las ciencias es algo que está fuera de toda discusión, porque la finalidad última de las ciencias es la verdad. La verdad es algo necesario para el espíritu, y sería una tiranía el poner la más mínima traba a la satisfacción de esta necesidad natural del alma humana. La finalidad última de las artes, en cambio, es el placer, y el placer es algo de lo que se puede prescindir. Por tanto no tiene nada de extraño que sea de la competencia del legislador el determinar qué clase de placeres y en qué grado van a ser permitidos (Lessing, 1766: 49).

Lessing, que ejerció la crítica aplicada y de actualidad en los artículos de *Cartas sobre la literatura contemporánea* (1759-65) y la *Dramaturgia de Hamburgo* (1767-9), de la misma manera que se aplicó junto a su amigo Moses Mendelssohn a efectuar la distinción entre poesía y filosofía en un libro sobre Pope, intentaría en el *Laocoonte* establecer las diferencias entre pintura y poesía. *Laocoonte* se encamina a refutar, por una parte, la idealización del arte y el buen gusto griegos expuestos por Winckelmann, el fundador de la moderna historia del arte y la noción interpretativa aplicada de historicidad (Winckelmann, 1764), en sus *Gedanken*; y, por otra parte, a argüir la superioridad de la poesía frente a la pintura, considerando a la primera, dada su expresión no estática sobre todo, de mucha mayor amplitud y riqueza. Ello, naturalmente, proponiendo desmontar los términos horacianos *ut pictura poesis,* cuya significación se había convertido en comúnmente aceptada, a modo de aserto, y propició obras críticas en las que se incardinaba estrechamente a ambas artes, utilizando, por ejemplo, fragmentos «pictóricos» de Homero.

El fundamento más importante de la supuesta igualdad de las artes fue formulado esencialmente y quizás de la manera más completa, y desde luego más difundida, por Charles Batteux (Batteux, 1747) bajo el concepto unificador de mimesis en *Les Beaux Arts réduits à un même principe* —obra que en España entró en competencia, como años después sucedería también al *Arte de Hablar en Prosa y Verso* de Hermosilla (Hermosilla, 1826), con las *Lecciones sobre Retórica* del clérigo perromántico Hugh Blair, libros que vinieron a definir en nuestro país las discusiones y preferencias de las llamadas escuelas sevillana y salmantina desde el momento de su publicación (Blair, 1783) en versión española—. Lessing, de acendrado aristotelismo, como es obvio sostenía también, al igual que Batteux, el principio de imitación de la naturaleza en las artes, pero nada más lejos de su pensamiento que la idea de que tal supusiese un orden igualitario cualitativo de las mismas. Así, argumentaría:

Si las obras de Homero se hubieran perdido completamente, si de la *Ilíada* y de la *Odisea* no nos quedara más que una serie de cuadros como los que Caylus propone que podrían sacarse de estos poemas, ¿podríamos, a partir de estos cuadros —aunque fueran debidos a la mano del mejor de los maestros—, hacernos la idea que hoy tenemos no digo ya del poeta en todas sus dimensiones, sino simplemente de su talento pictórico? [...]

Al igual como la vida está por encima del cuadro, en la misma medida aquí el poeta está por encima del pintor. (Lessing, 1766: 153-4)

Lessing explicaba que era un error de Winckelmann pensar que el arte griego tan solo representaba la belleza. Eso es así en lo que se refiere a la pintura por cuanto ésta se halla sometida a unos límites estáticos que, aun en el caso extremo del grupo escultórico de Laocoonte, el artista mantuvo en los márgenes de la moderación. Pero no respecto a la poesía, la cual, según demuestra documentadamente Lessing, abordó con éxito la representación de la fealdad o de la muerte valiéndose de los distintos planos y múltiples elementos que la expresión temporal del discurso posibilita. Asimismo afirma que

en los últimos tiempos el arte ha adquirido dominios imcomparablemente más vastos. El campo donde se ejerce su imitación se ha extendido a la Naturaleza entera visible, y de ésta lo bello es solamente una pequeña parte. La verdad y la expresión, se dice, son la ley suprema del arte; y del mismo modo como la Naturaleza está sacrificando continuamente la belleza en aras de designios más altos, asimismo el artista debe subordinar esta belleza a su plan general, sin buscarla más allá de lo que le permiten la verdad y la expresión. En una palabra: la verdad y la expresión transforman la fealdad natural en belleza artística (Lessing, 1766:57).

Estas consideraciones de Lessing constituyen sin duda un paso importante en la apertura de los criterios que con el tiempo asentaría radicalizadamente el pensamiento romántico alemán. Un dato aparentemente tangencial pero que tuvo destacada importancia literaria como contribución a la nueva poesía y el nuevo pensamiento que se forjaba en su país, es su traducción de las pesimistas y melancólicas *Noches* (1742-5) prerrománticas de Edward Young, obra que durante la segunda mitad del XVIII dejó sentir su influencia romanticista incluso en España. Lessing, no obstante —volviendo a nuestro tema—, otorga al asunto pertinencia en lo que a la poesía hace, y no a la pintura, la cual según hemos visto está constreñida a la captación de un único instante de representación y, en opinión de Lessing, la misma ausencia de sucesividad entorpece y ridiculiza la expresión de un dolor artísticamente bello. Una audaz amplificación de este punto de vista, y tal vez lo más significativo de toda su obra, la expuso en 1789 Esteban de Arteaga en *La Belleza ideal*, no siendo de extrañar que Menéndez Pelayo por su cuenta y riesgo supusiese de él una lectura asimiladora del maestro alemán:

Si, como lo sientan los autores que hablan de estas materias, lo bello de la naturaleza fuera exclusivamente lo bello de las artes imitativas, se seguiría, por legítima consecuencia, que las cosas naturales que no son bellas no serían objeto competente de imitación, y que las bellas por excelencia serían las más a propósito para ser imitadas. Se seguiría también que lo que es bello para una facultad imitativa lo sería igualmente para todas, y que lo disforme para una lo fuese del mismo modo para las demás (Arteaga, 1789: 32).

Allí mismo apunta Arteaga, quien naturalmene rechazaba el principio de imitación común a las artes que enunciara Batteux (Rudat, 1969), «yo entiendo por *feo* no lo que se juzga tal en los objetos, sino lo que, imitado por las artes, no es capaz de producir la ilusión y el deleite a que cada una aspira». El tratamiento del tema, tras su discurrir por el Romanticismo alemán, culmina en ese mismo país con la *Estética de lo feo* (1853), de Rosenkranz.

En realidad la perspectiva teórica de Lessing acerca de las artes poesía/pintura refrenda, dentro de la tradición alemana, un avance decidido frente a las muy discutidas en su tiempo reflexiones de Baumgarten. Para Baumgarten —creador de la moderna estética y primero en hacer uso de esa palabra en su *Estética* (1750-8)– el ascendiente horaciano era poco menos que insuperable; por ello se apresura a indicar la imposibilidad de una firme presentación de la verdadera noción de la poesía frente a la pintura dada la confusión de términos sinónimos que existe tanto en Horacio como en otros autores; y aunque expone seguidamente (en *Reflexiones filosóficas acerca de la poesía*) que

> más cosas tienden a la unidad en las imágenes poéticas que en las pictóricas. Por ello, *un poema es más perfecto que una pintura* (Baumgarten, 1735: 53).

de inmediato, utilizando también la observación horaciana de que lo visual conmueve más el ánimo que lo percibido auditivamente, aduce cómo

> Aunque las imágenes obtenidas por medio de los vocablos y por el discurso son más claras que las de cosas visibles, no nos atreveríamos a afirmar, sin embargo, la prerrogativa del poema sobre la pintura, puesto que la claridad intensiva que se concede al conocimiento simbólico por medio de vocablos con respecto al intuitivo, en nada contribuye a una claridad extensiva, que es la única claridad que puede considerarse como poética (Baumgarten 1735: 53).

En acertada opinión de Galvano della Volpe, el gran mérito de Lessing consiste en la profunda consciencia de éste dentro del racionalismo aristotélico más allá del siglo XVII, donde culmina. De ahí que la gran relevancia de su pensamiento en la *Dramaturgia de Hamburgo* (1767-8) resida:

> 1. En haber captado el sentimiento profundo de los criterios estéticos aristotélicos de imitación, verosimilitud y, en suma, de verdad poética; 2. En haber restituido a los aristotélicos sentimientos catárticos su completo significado genuino; 3. En haber reaccionado frente al fanatismo defensor de las reglas (externas e inesenciales) sin perder de vista la necesidad de dichas reglas (esenciales) y de la crítica para todo genio poético digno de ese nombre, planteando, por último, la instancia de complementariedad de técnica e inspiración en la obra de arte (della Volpe 1971: 90).

De hecho, la distinción lessingiana de reglas esenciales e inesenciales en la concepción de la unidad dramática estuvo precedida, como recuerda della Volpe, por el doctor Johnson, quien en el *Prólogo a Shakespeare* (1765) muestra sus ideas anticlásicas de transgresión de los límites entre géneros y calidades de representación de *bajo* y *alto,* además unidos, como en la vida aparecen; contradiciendo así a Boileau y a uno de los más acendrados tópicos teóricos clasicistas. Era esta última una cuestión integrada por Lope en su *Arte Nuevo* bajo los conceptos de *serio* y *cómico*, por lo cual tanto interesó a los románticos alemanes.

La noción de exceptuar reglas la incorporó Baumgarten al considerar como poéticas las representaciones de cosas extraordinarias; pero verdaderamente encaja el problema de modo muy restringido, pues si conviene en que

de aquí nace un conflicto de reglas y una excepción necesaria (Baumgarten, 1735: 56).

su diferenciación de que los objetos que la ficción denota pueden ser bien absolutamente imposibles (utópicos) o bien tienen posibilidad de existir en alguno de los mundos posibles (heterocósmicos), concluye advirtiendo:

Solamente son poéticas las ficciones verdaderas y heterocósmicas (*Ibid.*, p. 58).

Baumgarten, que denodadamente procura seguir punto por punto a Horacio, y de ahí que hayamos tenido en cuenta el avanzado carácter moderno de Lessing aun dentro de su impecable aristotelismo, piensa clasicistamente en la supeditación de la imaginación a la razón así como en la inequívoca superioridad de la representación poética de aquello que es probable, verosímil, moral y didáctico. Por otra parte, decía en su *Estética* que esta disciplina constituía una de las dos ramas de la teoría cognoscitiva, la relativa al conocimiento de los sentidos, de lo sensible; mientras la otra, superior, era la Lógica. Ahora bien, la mayor modernidad del pensamiento baumgartiano radica, a mi juicio, en la aproximación «estructural» que se efectúa al concepto y realidad del poema en las *Reflexiones*. Baumgarten pretendía demostrar (lo cual continúa siendo un problema vigente para la programática literaria moderna) que existe una íntima unión entre la filosofía y el arte de componer un poema; esto es, entre teoría literaria y praxis artística: la ausencia de hiato entre conceptuación teórica y realidad poética. Argumenta que discurso es «una serie de palabras que designan representaciones enlazadas» (cf. Baumgarten, 1735: 31 y ss.), las cuales «han de ser conocidas por el discurso» y son «representaciones sensibles», siendo en consecuencia «discurso sensible» aquel que las contiene. Asimismo, el discurso sensible tiene varias partes: «1) representaciones sensibles; 2) el nexo de estas; 3) las palabras o sonidos articulados que son representados por las letras que, a su vez, nos manifiestan sus signos». En un siguiente paso entenderemos por «*discurso sensible perfecto* aquel cuyas varias partes tienden al conocimiento de representaciones sensibles». Pero en realidad lo más interesante del procedimiento de análisis baumgartiano estriba en que la descripción del sistema del discurso, sus tres partes, la traslada idénticamente como descripción del poema. Por consiguiente, ha establecido un esquema de funcionamiento *textual* (estándar y artístico) a la vez que asume el concepto de poema en tanto que realidad descriptiva lingüística, en coincidencia con la crítica lingüística de nuestro tiempo.

Según enunciaba Baumgarten, el discurso sensible perfecto era aquel cuyas partes tendían al conocimiento de representaciones sensibles; en consecuencia «el discurso sensible será tanto más perfecto cuanto más favorezcan sus varias partes la aparición de representaciones sensibles». Y entiende por poesía «el discurso sensible perfecto», y por poético «todo lo que puede contribuir en algo a la perfección del poema». Por otra parte, las representaciones sensibles pueden ser «oscuras o claras»; y puesto que podría ser una representación de la misma cosa, oscura para uno, clara para otro o distinta para un tercero, aquí se introduce un elemento metatextual o, como otra posibilidad, de inferencia textual: que la representación pertenezca a un tipo u otro depende de lo «que intenta darnos a conocer el que habla», de lo que «trata de indicar el poeta en su poema». Dicho de otro modo, la temática e intencionalidad. Diferente asunto es cómo se averigua.

Las representaciones claras, puesto que permiten un mayor discernimiento de lo representado, son más perfectas y poéticas que las oscuras. Por su parte, «las representaciones distintas, completas, adecuadas, profundas en todos sus grados, no son sensibles y, por tanto, tampoco son poéticas». Aquí convendrá recordar que, en términos filosóficos tradicionales, la idea de *distinción de razón*, a la cual indudablemente alude Baumgarten, remite a la actividad efectuada en los justos límites de la operación mental y, por ello mismo, referencialmente no destinada en principio a las cosas reales. El discurso teorético abstracto sería pues, de distinción de razón. Así, implícitamente, el autor de las *Reflexiones* viene a distinguir entre discurso filosófico o científico y discurso poético, ya que si la distinción también puede ser *real*, a pesar de ello no deja de ser teórica. Desde la perspectiva de la distinción real, el discurso sensible poético se aproximaría en mayor grado a la misma. Ese problema de transición no es, en efecto, sino el que actualmente continuamos reconociendo, como progresión, entre lengua normal, lengua literaria y lengua poética.

No seguiremos analizando la teoría baumgartiana, pues es hasta aquí lo que más me interesaba demostrar: aquello que se refiere a la lúcida modernidad de su pensamiento, mejor incluso, a su sesgo de actualidad. Por lo demás, si ante las *Reflexiones* nos cuestionásemos qué es poeticidad obtendríamos la respuesta: el grado más perfecto de representación sensible en el discurso. Finalmente, léanse las definiciones generales del autor sobre la poesía y la ciencia literaria:

> Entendemos por *poesía* el discurso sensible perfecto, y *poética* llamamos al complejo de reglas al que aquella ha de conformarse, así como denominamos *filosofía poética* a la ciencia poética, *arte poética* al hábito o disposición de componer el poema y *poeta* al hombre que goza con esta inclinación (Baumgarten, 1735: 35).

Dentro de este orden de cosas diríamos que crítico es la persona que discierne y aplica al estudio de la poesía tanto la poética como la filosofía poética.

La indisolubilidad analítica originaria entre lenguaje y literatura que hemos comprobado en Baumgarten acoplada al estudio del discurso, fue desde otro punto de vista ya evidenciada por Giambattista Vico diez años antes, asombrosamente pronto. Como es sabido, a finales del siglo XVIII y principios del XIX esta teoría la adoptó el pensamiento romántico en el marco de su poética general revolucionaria. Por eso es de vital importancia para nuestro estudio la indagación en torno a dicha idea principal, de concomitancias muy relevantes y que en ocasiones, como más adelante veremos en algún caso, reaparece con extraordinario vigor.

En los *Principios de una Ciencia Nueva en torno a la naturaleza común de las naciones* Vico, haciendo uso del procedimiento que habitualizaría el siglo XVIII (Hazard, 1946: 357 ss.) y habría de ser tan estimado por los románticos, se retrotrae a las instancias del hombre salvaje o primitivo y los primeros pasos del hombre civilizado. Mediante una consideración mitológica y etimológica explica que

> *Mithos* se define como narración verdadera, mas quedó con significado de fábula, en concepto de todos, hasta ahora, narración falsa; *étimon* se define por habla verdadera, y vulgarmente significa origen, o sea historia de la voz; y las etimologías, según hasta hoy nos llegaron, harto poco satisfacen al entendimiento como historias verdaderas sobre el origen de las cosas por tales voces significadas. Mas por meditación subsiguiente se descubren otros principios de mitología y de etimología, y viene a hallarse que las fábulas y las hablas verdaderas significan una cosa misma, y que fueron vocabulario de las primeras naciones. Porque la pobreza de las hablas hace naturalmente a los hombres sublimes en la expresión, graves en el concebir, agudos en el comprender mucho en la brevedad, siendo éstas las tres virtudes más bellas de las lenguas (Vico, 1725: 159).

Vico especifica además el valor de los dichos y breves textos antiguos y el habla popular de los mercados; que las tres virtudes más relevantes del habla poética son: «que realce y descoja la fantasía; y sea con despejo advertida de las últimas circunstancias que definen las cosas; y transporte las mentes a cosas lejanísimas, y con traza deleitosa las haga ser, como quien dice, muy pulidamente atadas con cinta». A su vez, «el uso nulo o escaso del raciocinio conlleva robustez de los sentidos; ésta causa viveza de fantasía; y una fantasía vívida es pintora excelente de las imágenes que graban los objetos en los sentidos» (Vico, 1725: 160). Por tanto, el pensador italiano pone en línea fundamentales postulados que haría suyos el Romanticismo: en primer lugar la transición de lenguaje popular a lenguaje poético y el consiguiente aprecio por la poesía popular; en segundo lugar la señalación, aunque implícita, del concepto romántico de analogía; por último, y sobre todo, el valor esencial otorgado lingüísticamente a la fantasía por encima del raciocinio. Vico, por lo demás, explicita su radical anticlasicismo en esta materia haciendo evidente la tremenda audacia de su pensamiento para la fecha en que escribe:

> se descubren los principios de la poesía, no ya diversos, sino enteramente opuestos a los imaginados por Platón, y su discípulo Aristóteles hasta los patricios, escalígeros y castelvetris de nuestros días; y se halla haber sido la poesía la primera lengua común de todas las antiguas naciones (Vico, 1725: 161).

La diferencia entre Vico y Baumgarten, a este propósito, consiste en que mientras que el alemán infiere sus argumentos de un estado actual de lengua, aquél se remonta al nacimiento de la misma para concluir que la naturaleza poética del lenguaje es anterior a cualquiera otra y, por ello, se hace ostensible la realidad lingüística ontológica del lenguaje poético. El autor de la *Ciencia Nueva* (pasemos por alto otras especificaciones), en su visión del proceso creativo de la lengua reserva al lenguaje figurado (sinécdoque y metonimia) el papel central de dicho proceso —idea que repetiría más tarde Rousseau en un libro que apareció póstumamente (Rousseau, 1781: 34-5)—, puesto que Vico considera que el lenguaje se creó originariamente por esfuerzo poético, y

> Por este mismo origen de la poesía por nosotros descubierto, se descelan los principios comunes a todas las lenguas articuladas según esta observación de la humanidad: que los niños nacidos en la actual copia de lenguas, y que apenas venidos al mundo empiezan a oír voces humanas, sin duda dotados de fibras harto muelles y que ceden con facilidad notable, aun así en sus comienzos, pronuncian las palabras monosílabas, y ello con gran dificultad (Vico, 1725: 219).

No es de extrañar, pues, que dentro de este contexto de ideas Vico concibiese su obra (de composición prolongada durante muchos años y, por necesidades materiales, sintetizada para una edición a su propia costa en 1725) como un conjunto cíclico de las edades (y de las lenguas). En su *Autobiografía* (Vico, 1728) narra su propia historia intelectual. Vico pasó de una concepción intelectualista a otra intuitiva sobre los fundamentos del conocimiento. Es así que la *Ciencia Nueva* —que pudo entusiasmar por uno u otro motivo a personas tan dispares como Marx, Coleridge y especialmente Croce (Croce, 1911)— atribuye un valor preeminente cognoscitivo a la fantasía sobre la razón y a la estética sobre la lógica, en oposición a Baumgarten, como hemos podido ver. Con todo, hay que tener presente que Vico no deja de ser un caso excepcional por su precocidad cronológica dentro de la evolución del pensamiento crítico y, de hecho, hubo que esperar a los primeros autores cabalmente modernos (Herder) para que se reconociera en él una gran antecedencia ideológica.

No cabe duda que el desarrollo de los estudios de psicología contribuyó poderosamente a la constitución del pensamiento crítico de la época. Nótese que entre la *Ciencia Nueva* y el *Laocoonte* lessingiano median nada menos que cuatro décadas. En ese largo intermedio las disciplinas incrementaron de modo considerable su haber metodológico. Como ha escrito Wilhelm Dilthey en un apretado resumen refiriéndose a los años que prepararon la teoría dramática de Lessing,

> va madurando poco a poco en el proceso de la estética de la Ilustración el espíritu del *análisis psicológico*. El método que Locke aplicara al problema del conocimiento se transfiere ahora a todos los campos de la vida espiritual. Se analizan los complejos hechos psíquicos para encontrar los hechos simples, estudiándose luego la forma de su síntesis. Se describen las combinaciones regulares que existen entre las propiedades simples de los objetos estéticos y los sentimientos estéticos correspondientes. Shaftesbury observa la proporción en que crece la intensidad de la impresión estética. Hutcheson experimenta con figuras matemáticas simples e intenta determinar los valores estéticos que corresponden a cada una de ellas. Hogarth contrasta el valor de belleza de la línea en las líneas rectas, en las curvas y en sus combinaciones, para descubrir por último, en la línea ondulada, la asociación más íntima y más eficiente de unidad y variedad. Burke observa la combinación entre la pequeñez y la grandeza de los objetos y sus efectos estéticos. Finalmente, Hume investiga en términos muy generales las relaciones en-

tre determinadas impresiones estéticas y determinadas propiedades de los objetos estéticos. Y descubre gran número de estas relaciones que constituyen los
elementos de nuestras estimaciones estéticas (Dilthey, 1905: 45-6).

Tales investigaciones supusieron una contribución de primer orden al
problema del *gusto,* tema capital para la consideración de los criterios críticos. Por citar dos autores importantes que se ocuparon de ello y no refiere
Dilthey, recuérdese al David Hume de *Of the Standard of Taste* (1775) y Alexander
Gerard, *An Essay on Taste* (1759).

El gusto, que se pone en funcionamiento mediante el conjunto de relaciones que un sujeto mantiene con un objeto por él contemplado, plantea un
cuestionamiento esencial en torno a la subjetividad. Para Hume y otros lo
principal del asunto era establecer un patrón de validez. Con otras palabras:
la posibilidad de generalización de unos patrones que se indujeran de las
obras y de las apreciaciones particulares de los sujetos. De ese modo se llegaría a establecer una tipicidad predominante y generalizable en mayor o menor medida. Empero, la determinación de una tipología, digámoslo así, inferida de las relaciones que entran en juego, pasa necesariamente por una realidad tanto individual de los sujetos como cultural y sociológica, aparte de
que el otro factor operativo, el objeto, no es único sino sustitutivamente múltiple. Como es obvio, para nosotros el problema del gusto sometido a crítica
es en rigor irresoluble. Distinta cuestión es el planteamiento basado en observar cómo en determinadas épocas existe el predominio manifiesto de determinado gusto y no otro, y cómo funcionan los conceptos de *valor.* Sin embargo, ello no deja de ser la apreciación sobre el estado de opinión más o
menos fiable de una élite, si bien es cierto que esa restricción a mínimos grupos sociales estaba explícitamente asumida sin remordimiento científico alguno por el pensamiento clasicista, puesto que se reducía a tener en cuenta
pequeñas capas de la sociedad culta, solo de la cual podría extraerse el individuo ilustrado capaz de ejercitar con algunas garantías el gusto. En conclusión, el problema del gusto se discernía sobre la base de la percepción del sujeto, y no sobre el objeto en sí.

Ciertamente la aspiración neoclásica de fijar un patrón del gusto presupone (y es resultado de) aceptar un estatismo ideológico, además cultural-
mente transmisible, análogo a la universalidad casi inmutable del sistema de
reglas. Como se ha repetido en muchos lugares, el Neoclasicismo, cuando
menos hasta Winckelmann, contemplaba la Antigüedad clásica desde una
perspectiva casi por completo ahistórica. Ello ayuda a comprender su actitud
legislativa de inmovilismo ilustrado.

Según el Barón de Montesquieu, en su *Ensayo sobre el gusto* (que fue artículo de la *Enciclopedia*), éste es

la ventaja de descubrir con finura y con rapidez la medida del placer que cada
cosa debe producir a los hombres (Montesquieu, 1757: 20).

O como definición más general, «sin considerar si es bueno o malo, justo o no»:

lo que nos vincula a una cosa mediante el sentimiento; lo cual no impide que pueda aplicarse a las cosas intelectuales, cuyo conocimiento produce tanto placer al alma, que es la sola felicidad que ciertos filósofos pueden comprender (*Ibid.*, p.22).

El gusto, en buena lógica de Montesquieu, tiene dos clases: natural y adquirido. No obstante, la primera de ellas es «la aplicación repentina y exquisita de las mismas reglas que no se conocen» (*Ibid.*), de lo cual se sigue, aun en el peor de los casos, la permanencia del concepto de reglas. Él, por otra parte, tan solo estudiará el gusto adquirido, aunque cree que ambas clases se influyen y modifican mutuamente. Pero de hecho, bajo estos supuestos, no parece viable llegar a conclusiones de una objetividad mínima, y Montesquieu recurre a unas relaciones que podemos reducir a tipo binario: causa/efecto, arte/regla y gusto/excepción. Es el gusto quien debe determinar la excepción, o lo que es lo mismo, cuándo el arte no ha de someterse a las reglas.

El *Ensayo sobre el gusto* contiene frecuentes rasgos de biologismo de sesgo cartesiano. También considera el gusto en el ámbito de su generalidad: referente tanto a las cosas materiales (alimentos, por ejemplo) como a las cosas del espíritu, desmontando así la metáfora del término en un primer momento. Montesquieu plantea el «no sé qué» (al que ya aludió Feijoo), da cabida a los conceptos de sentimiento y sorpresa, y a los puramente clasicistas de orden, simetría, unidad y variedad; estos dos últimos reiteradísimos por el Neoclasicismo como entidad indisociable y argumentados empíricamente por Hutcheson en *Investigación sobre el origen de nuestras ideas de Belleza y Virtud* (1725), ya sea en la Naturaleza, ya sea en el Arte, que ha de imitar a esta.

Diderot piensa en sus *Investigaciones filosóficas sobre el origen y naturaleza de lo Bello* (primeramente publicado con el título «Bello» como artículo de la *Enciclopedia*) que son defectuosas las teorías de Hutcheson, así como las de Wolff y otros. En su opinión, el *Ensayo sobre lo Bello* (1741) del Padre André es el trabajo que sobre este tema ha planteado sus principios con más verdad y solidez (Diderot, 1752: 54-5). Sus *Investigaciones* tienen, entre otras cosas, el mérito de haber establecido doce fuentes de discrepancia en los juicios, no siendo de extrañar, por ello, que fuesen tan de la estima de Kant.

Diderot, que en su comedia *El hijo natural* (1757) anticipaba algunos elementos del personaje romántico, en la *Paradoja del comediante* (anteriormente citada), se adelanta en bastantes años (pues fue publicada 46 después de su muerte y escrita considerablemente antes) a la famosa idea de Wordsworth (probablemente arrancada de la *ironía* de F. Schlegel), vertida en una de las sucesivas correcciones de su *Prefacio* a las *Lyrical Ballads,* de que la poesía era una «emoción recordada en la tranquilidad»:

> ¿Acaso es en el momento en que acabáis de perder a vuestro amigo o a vuestra amante cuando compondríais un poema sobre su muerte? Cuando el gran dolor ha pasado, cuando la extremada sensibilidad se ha adormecido, cuando se está lejos de la catástofre, cuando el alma está en calma, entonces se recuerda la dicha eclipsada, se es capaz de apreciar la pérdida que se ha tenido y la memoria se une con la imaginación, la una para volver a trazar, la otra para exagerar la dulzura del tiempo pasado; es entonces cuando uno se posee y habla bien. Se diría que se llora, pero no se llora cuando se busca un epíteto vigoroso que se es-

camotea; se diría que se llora, pero no se llora cuando se ocupa uno de hacer armonioso su verso: o si las lágrimas corren, la pluma se escapa de la mano, se entrega uno al sentimiento y se deja de componer (Diderot, 1830: 171-2).

La cita, de descripción muy sustanciosa, es hecha por el Primer Interlocutor, el predominante, del diálogo en que consiste la *Paradoja*. Viene a concordar con el orden de cosas que allí se expone de sometimiento a la razón del furor, la imaginación, la inspiración y el delirio (que son conceptos tópicos). Su tesis en cierto modo es la antítesis del romanticismo: «la sensibilidad no es en absoluto la cualidad de un gran genio [...] No es su corazón, es su cabeza la que lo hace todo» (*Ibid.*, p. 149). No hay que esperar de Diderot en momento alguno una pérdida de los horizontes de convicción clasicista. Su formulación del *modelo* ideal es un buen ejemplo, bastante evolucionado, de dicha teoría creada por el clasicismo y de evidente eco neoplatónico:

> Reflexionad un momento sobre lo que se llama en el teatro *ser verídico*. ¿Consiste en mostrar las cosas como son en la naturaleza? De ningún modo. Lo verídico en ese sentido no sería más que lo común. ¿Qué es pues lo verídico en la escena? Es la conformidad de las acciones, de los discursos, de la figura, de la voz, del movimiento, del gesto, con un modelo ideal imaginado por el poeta y a menudo exagerado por el comediante. Esto es lo maravilloso. Ese modelo no influye solamente en el tono; modifica hasta la forma de andar, hasta la compostura (Diderot, 1830: 155-6).

Con un sentido no de descripción de la teoría del modelo ideal sino del pragmático, Kant, en la *Crítica del Juicio*, lo incluía dentro de su análisis del genio (con el supuesto de que «arte bello es arte del genio»), pudiéndose comprobar una vez más que el modelo se constituía en una especie de interposición o forma intermedia entre naturaleza y obra artística, y era introducido en el proceso de superposición constituido por la imitación no de la naturaleza sino de otra imitación ya realizada: Así, el concepto de mimesis de la naturaleza, en la práctica, se aleja, pues el genio, original, no imita y, a su vez, se convierte en modelo ejemplar para ser imitado:

> 1.º Que el genio es un *talento* de producir aquello para lo cual no puede darse regla determinada alguna, y no una capacidad de habilidad, para lo que puede aprenderse según alguna regla: por consiguiente, que *originalidad* debe ser su primera cualidad; 2.º Que, dado que puede también haber un absurdo original, sus productos deben ser al mismo tiempo modelos, es decir, *ejemplares;* por lo tanto, no nacidos ellos mismos de la imitación, debiendo, sin embargo, servir a la de otros, es decir, de medida o regla de juicio (Kant, 1790: 279).

Para Kant el genio es una capacidad innata de la cual se vale la naturaleza a fin de dar las reglas al arte, es suma de imaginación y entendimiento. La poesía, por otro lado, «es el arte de conducir un libre *juego* [el subrayado es mío] de imaginación como un asunto del entendimiento» (*Ibid.*, p. 288); es además la más importante de las bellas artes y, puesto que casi por completo es debida al genio, exige menos que cualquiera otra el ser regida por preceptos o ejemplos. Aun así, Kant se ratifica en que las bellas artes deben estar «de cerca o de lejos, en relación con ideas morales que, solas, llevan consigo una satisfacción independiente» (*Ibid.*, p. 291).

En cuanto al gusto se refiere, razona el filósofo alemán (ya muy alejado de las posiciones de Hume) que, por una parte, su juicio, desinteresado, es ajeno al concepto de perfección y, por otra, carece de principio objetivo. Es un juicio que desea y busca hacerse válido mediante su extensión intersubjetiva. Los juicios estéticos son, al igual que los teóricos (lógicos), empíricos o puros; y mientras los primeros declaran agrado o desagrado, estos últimos remiten a la propia belleza de un objeto o su misma representación, son formales y los únicos propiamente juicios de gusto (Kant, 1790: 225, 264, 223). En consecuencia, nosotros diríamos que los juicios estéticos puros, formales, serían en realidad los incluíbles en la crítica (literaria):

> Pero los críticos pueden y deben razonar de tal modo que ello contribuya a la rectificación y extensión de nuestro juicio de gusto, no para exponer el motivo de determinación de esa clase de juicios estéticos en una forma universalmente empleable, lo cual es imposible, sino para hacer una investigación de las facultades del conocimiento y sus funciones en esos juicios, y poder analizar con ejemplos la finalidad subjetiva recíproca [... cuya] forma, en una representación dada, es la belleza del objeto de la misma (Kant, 1790: 265).

Así las cosas, función de la crítica no es sólo el análisis de la finalidad subjetiva que formalmente reside en la belleza de su objeto, sino también la misma facultad del conocimiento y la relación que este mantiene con los juicios que emite. Este último caso sería *ciencia* en tanto que se deduce de la facultad del conocimiento, mientras que el anterior, que utiliza ejemplos, sería *arte (Ibid)*. De ese modo, la crítica formaría parte de la teoría del conocimiento, y, puesto que se arroga una autonomía cognoscitiva autosuficiente, puede ahora entenderse en su plenitud el sentido por el cual Crítica y Filosofía fueron consideradas identificativamente como una misma naturaleza.

Según se ha podido ver, en Kant la noción de originalidad poética se encuentra en un estadio realmente avanzado y en buena medida desconectable (al ser producida por el genio) del sistema de reglas preestablecido. Es la originalidad del genio la que crea las nuevas reglas y deviene en modelo a seguir. Igualmente, por lo mismo, la imitación queda transferida a una zona secundaria. Estamos pues vislumbrando las posibilidades de una auténtica ruptura del Idealismo con la poétcia heredada clasicista.

Sucede que cuando Kant escribe la *Crítica del Juicio* el movimiento del *Sturm und Drang* era ya desde hacía años una realidad explícita y en pleno funcionamiento revolucionario (Bloch, 1959: III, 64-9). La antigua querella acerca de la primacía de los autores antiguos o los autores modernos, a caballo entre los siglos XVII y XVIII, pronto diríase que reaparece defendiendo otras posiciones mediante una dicotomía más radicalizada y de neto carácter opositivo revolucionario entre clásicos y románticos. Probablemente, Kant no hacía más que argumentar en su teoría del genio y la originalidad, y aun moderadamente, el nuevo estado de cosas que evidenciara el *Sturm und Drang*, y Galvano della Volpe ha sintetizado del siguiente modo:

> En el movimiento anti-ilustrado, anticlasicista, y anti-racionalista alemán que se denominó *Sturm und Drang* y que preparó la aparición del gran romanticismo (la *Romantik*) encontramos a Enrique Guillermo de Gerstenberg, Juan Jorge Hamann, el joven Goethe, Santiago Miguel Lenz, Enrique Leopoldo Wagner y, por

último, Juan Godofredo Herder. Para Gerstenberg (1766-1767), insensible a la catarsis aristotélica, los dramas de Shakespeare son «dramas de caracteres» más que fábulas trágicas, y se definen como «vivientes imágenes de la naturaleza moral», productos del «genio», es decir, de una fuerza creadora irreflexiva (contra la mimesis, etc.). El místico Hamann intenta desarrollar (1762) la concepción del genio, que debe sustituir a las categorías clasicistas [...] afirma que «todo el tesoro del conocimiento y de la felicidad humanas» consiste en «imágenes», y [...] «un sentimiento inmediato no puede ser sustituido por toda la taumaturgia estética». El joven Goethe, en su entusiasmo, cree (1771) salir de la «cárcel» de la unidad de acción [...] Lenz (1774), tras haber invertido el «prisma de Aristóteles» y haber entendido la unidad de la fábula en función del carácter del héroe [...] ilustra su tesis —en el sentido de que los franceses, los clasicistas, no sacan «caracteres» a escena y se resienten de «una gran uniformidad en las acciones»— mediante un agudo examen paralelo de la «muerte de César» en Shakespeare y en la homónima tragedia volteriana [...]. Mercier y Wagner [...] criticaron encarnizadamente a Boileau y a Racine, declarándoles autores meramente «graciosos», elegantes, demasiado «amanerados», y sitúan frente a éstos, como verdadero «poeta», a La Fontaine... (Della Volpe 1971: 95-6).

Herder, por su parte, temperamento romántico, no siempre pero por lo común mucho más apasionadamente intuitivo que racionalista, intentaba la búsqueda del espíritu del autor por medio de la lectura. Se refirió (mas téngase en cuenta que fue hombre de puntos de vista cambiantes) a conceptos fundamentales románticos tales metáfora, analogía, emoción, imaginacion; origen no arbitrario del signo lingüístico (Herder, 1772) y, como Gerstenberg, imagen, sosteniendo además una postura proshakespeariana y antifrancesa. Su sentido histórico (Herder, 1784) de los contextos antropológicos y ambientales, que con frecuencia ha permitido asociarlo a Vico (Berlin, 1976), anuncian acaso el pensamiento literario positivista de Hipólito Taine; así como su radical concepción poética anticlásica centrada en la poesía lírica y la poesía popular (Herder, 1774) serán las decididamente románticas. Señala René Wellek que «en la mente de Herder, el lenguaje se asocia con la literatura desde sus mismos principios. La primera colección de los *Fragmente* se abre con la declaración de que "el genio lingüístico es también el genio de la literatura de la nación". De aquí que los orígenes de la poesía y del lenguaje sean uno solo» (Wellek, 1955-65: I, 217). Ahora bien, esta idea y que el lenguaje primitivo fue poesía ya tuvimos oportunidad de verlo, originariamente y con todo rigor expuesto, en Giambattista Vico (cuya *Ciencia Nueva* el mismo Herder se ocupó de que fuera traducida al alemán, y no en balde, naturalmente), además de Rousseau y aparte de otras consideraciones poético-lingüísticas que hubimos de hacer en torno a Baumgarten.

Siguiendo de nuevo la síntesis de Della Volpe, Herder trató de demostrar:

1. Que la crítica literaria es sustancialmente un proceso intuitivo o de atracción simpática («es partiendo de nuestro sentimiento y no de Racine... como hacemos crítica»); 2. Que la poesía no es imitación racional de la naturaleza, sino imitación emulativa «de la Divinidad creadora» y que el poeta es, por consiguiente, «un segundo creador, un *poietés*» [idea que ampliamente utilizaría, dentro de la poética de Vanguardia, Vicente Huidobro]; 3. Que, por ejemplo, un Shakespeare «representa las pasiones en su abismal profundidad sin saberlo», mediante el arrojo creativo de la «imaginación»; 4. Que, sin embargo, la crítica

literaria debe ser genética y fundada en la historia de los pueblos (el «sociologismo» literario de Herder)(Della Volpe, 1971: 96-7).

El hecho, además, es que Herder había roto decididamente con el aristotelismo de Lessing y sus especulaciones en torno a la naturaleza de la pintura y la poesía. Acaso su concepción unificadora de historia y crítica, y negación del sistema de géneros, era irremediable distanciamiento del autor del
*Laocoonte* y en cierto modo necesaria aproximación a Winckelmann. Herder
—que quizás ante todo fue filósofo del lenguaje— no pensaba que la sucesividad de la poesía fuese identificable con los mismo signos, en oposición, como
quería Lessing, al coexistir estático propio de la pintura.

Si Herder habría de tener ascendiente sobre el joven Goethe, especialmente en materia de poesía popular, Kant (finalmente denostado por Herder) lo tuvo en Schiller, quien a su vez colaboraría estrechamente con el autor de *Werther*. No obstante plantear Schiller ciertas objeciones a su maestro,
ya en la primera carta de *La educación estética del hombre* anunciaba que «la
mayor parte de los principios que servirán de base a mis afirmaciones son
principios kantianos» (Schiller, 1795: 12). Conviene advertir que la obra citada no se limita a temas de poética y estética, más bien es una estética filosófica acoplada en el marco de una reflexión antropológica y del Estado. Schiller
contrapone la sociedad primitiva y antigua a la moderna; característica de
esta última es el progreso y la desarmonía, de suerte que «da continuada tensión de algunas potencias espirituales producirá, sin duda, hombres extraordinarios; pero sólo el temple armónico de todas ellas producirá hombres felices y perfectos» (Schiller 1795: 34-5). Con ello parece anticiparse agudísima-
mente la noción global del poeta romántico y en general moderno: el desa-
rreglo de los sentidos rimbaudiano, la desintegración formal y espiritual, la
idea del mal, la poética de las urbes. Piensa Schiller que el objeto común de
los impulsos que él llama sensible y formal, unificados en el «impulso de juego», es la belleza:

> el hombre, con la belleza, no debe hacer *más que jugar,* y el hombre no debe ju-
> gar *nada más que con la belleza* (Schiller, 1795: 73).
> [el hombre] *sólo es plenamente hombre cuando juega (Ibid.).*

El autor de *Wallenstein* vislumbra plenamente las ideas del arte como libertad auténtica del espíritu, del inconsciente poético así como la noción romántica de infinitud que desarrollarían F. Schlegel, Novalis, Jean Paul... Pero
su concepción poética del juego (basada en la definición kantiana de la poesía como libre juego de imaginación, que ya vimos) adquiriría mucho más
tarde en la poesía y teoría programática de la Vanguardia un renovado lugar
de primer orden insospechado (manifiestos de Marinetti, Tzara, Breton, etc.),
que encontrará su último grado en la teoría surrealista del azar objetivo. A él
corresponde la enunciación primigenia del ludismo artístico moderno. (Por
otra parte, recuérdese que Spencer introducirá el *juego* en su naturalismo estético evolucionista).

En *Sobre la poesía ingenua y sentimental* (Schiller, 1795-6) plantea la distinción entre poesía «antigua» y «moderna» que fundamentaría poco después la

decidida oposición ya con los nombres de poesía «clásica» y «romántica». La primera de ellas es plástica y objetiva, obedece a la imitación de la naturaleza; la segunda, como también pensaba Humboldt, es musical y subjetiva, responde a la cultura moderna. Quedaban así plenamente establecidos, según comprobaremos en los Schlegel, Novalis y otros, los propósitos generales de la lucha por la poesía romántica.

Goethe, desde la perspectiva de su época de madurez, alejado ya de los grandes impulsos románticos de su juventud y proclive a una moderada reconstrucción neoclasicista, criticaría la postura tajante de su antiguo amigo y la achacaría al desvío especulativo:

> su principal afán de entonces era libertar por completo la poesía sentimental de la poesía ingenua. Sólo que no encontraba base en que asentar semejante poesía y eso lo ponía en un estado de confusión indescriptible. Como si la poesía sentimental [...] pudiera subsistir sin un fondo de ingenuidad de que sustentarse. (Eckermann, 1836-48: 1068).

Las *Conversaciones con Goethe,* de Eckermann, contienen la fiel reproducción del pensamiento goetheano de sus últimos años. Goethe señalaba allí a su joven colaborador, en realidad oponiéndose al espiritualismo y al ensueño de los románticos alemanes de entonces tanto como a la teoría de Schiller, la necesidad de los objetos en poesía, pues

> sin ellos pierde todo su valor la teoría del arte. El defecto del arte moderno consiste precisamente en que a los nuevos artistas les faltan objetos dignos de ellos (Eckermann, 1836-48: 1064).

> Es la realidad la que ha de suministrar los motivos, la materia que se ha de expresar, el meollo de la obra (*Ibid.,* p. 1055).

El maestro alemán argumentaba que la poesía ha de ser, al menos en principio, de circunstancias, proceder de la realidad, para desde ahí, lo particular, acceder mediante el arte del poeta a lo general. No ha de extrañar por ello, en consecuencia, su alegato en última instancia contra el predominio de la fantasí y el sueño, no obstante seguir creyendo que es el sentimiento el punto de arranque de «las situaciones y la facultad de expresarla» (*Ibid.,* pp. 1055, 1112). Asimismo sostendría un punto de vista no romántico en lo que se refiere a la imitación:

> Hablan por ahí mucho de imitar a los antiguos. Pero, ¿qué quiere decir eso sino que hay que volver los ojos al mundo exterior y probar a expresarlo? Porque eso era lo que hacían los antiguos (*Ibid.,* p. 1116).

Como corolario culpa a la subjetividad imperante de la razón de ser de la decadencia de su tiempo. Goethe fue el primer gran crítico del Romanticismo, de las deficiencias de éste; pero de ello nos ocuparemos más adelante al tratar de otros autores.

Originario de Goethe es el concepto que se haría famoso de Literatura Universal (Curtius, 1948: 58 ss.). Por otra parte, «como crítico, Goethe es también historiador» (*Ibid.,* p. 52). Además dio gran valor al sentido de lo inevitable de la auténtica obra artística y, lo que es aún más interesante, concibió su principio de autonomía, de ser una nueva naturaleza por sí misma. Ello fue asimilado por Emerson y, a partir de este, por el poeta Vicente Huidobro. En general, esa idea pasó a formar parte del *corpus* fundamental de la poética vanguardista. Esa es su mayor modernidad teórica, aunque, como veremos, procedía de los hermanos Schlegel.

Al parecer Goethe achacaba a la subjetividad romántica la falta de vigor en el carácter, y pensaba que era ésta la mayor deficiencia tanto de la literatura como, sobre todo, de la crítica de su tiempo (Eckermann, 1836-48: 1116). Por otra parte, en una reseña que hiciera de Manzoni diferenció, de un lado, la crítica destructiva, de otro, la productiva:

> La primera es muy sencilla: basta con establecer un patrón imaginario, tal o cual modelo, por estúpido que sea, y después asegurar con toda osadía que la obra de arte considerada no alcanza aquel patrón y, por tanto, no tiene valor alguno. Con ello se zanja el asunto y puede declararse, sin más, que el poeta no ha llegado a lo que se requería. De este modo el crítico se libra de toda obligación de gratitud hacia el artista. En cambio, la crítica productiva es mucho más trabajosa. Se pregunta: ¿qué se propuso hacer el autor?, ¿es razonable y discreto su plan?, ¿y hasta qué punto consiguió darle cima? Si a estas preguntas se responde con inteligencia y amor, podemos prestar verdadera ayuda al autor en sus obras posteriores (cf. Wellek, 1955: I, 258).

Goethe continuó la gran crítica alemana, ya tradicional desde el *Sturm und Drang* y particularmente aquilatada por los Schlegel, de interés prioritario por el Siglo de Oro español, en especial Cervantes y Calderón (Hoffmeister, 1976), Shakespeare, la poesía popular y legendaria, el folclore, el arte gótico y todo lo referente a medievalismo. Los presupuestos críticos de su antigua relación intelectual con Herder —quien adaptó *El Cid* en los comienzos de una importante corriente de versiones alemanas de textos españoles— permanecieron básicamente intactos. El mismo Herder, más tarde criticado por Goethe, fue el inductor de su interés por la metafísica de Spinoza y su propósito de polemizar en torno a la misma (Dilthey, 1914: 363 y ss).

Cuando Echermann transcribe sus *Conversaciones con Goethe,* el Romanticismo era, ciertamente, una revolución por completo ya realizada, aun quedándole un cierto panorama por recorrer. Schiller diría de Goethe, una vez pasada la juventud, que no era un romántico sino un clásico, pero había nacido en el norte y no en Grecia, y ahí radicaba su conflicto.

## 2.2.   EL DESARROLLO DEL PENSAMIENTO CRÍTICO ROMÁNTICO

La crítica romántica produjo dos rasgos generales característicamente significativos dentro de su pensamiento. Por una parte, la concepción subjetivista, como la poesía, en torno a los estados anímicos, la vida y la vida interior, el entusiasmo, el misticismo, el sueño y el sentido del inconsciente, que Hebbel llevaría a sus últimas consecuencias. Por otra, un entendimiento de gran rigor científico y en extremo valorativo de la idea de crítica. Ambos no son más que la continuación del proceso que hemos venido relatando en el anterior parágrafo.

Una primera observación de la superficie textual de la crítica romántica permite discernir su notable oscilación de lo fragmentario (Lacoue y Nancy, 1978: 57-80) a lo sistemático; desde el fragmento crítico o teórico (igualmente sucede en los textos poéticos) concebido como género hasta el sistema totalizador del Idealismo en su más alta realización, como lo es el hegeliano. Ante el espíritu canónico clasicista el Romanticismo opone con frecuencia el texto fugaz, el apunte poemático y crítico, en ocasiones lo inacabado, lo «imperfecto». En realidad ello es en sí mismo ya una crítica anticlásica. Del mismo modo, frente al tratadismo de índole estática, la organicidad de historia y pensamiento.

Friedrich Schlegel planteó la historia literaria clásica como un proceso evolutivo y «paradigmático» en *Sobre las escuelas de la poesía griega* (1974) e *Historia de la poesía de los griegos y los romanos* (1798). En la *Historia de la literatura antigua y moderna* (F. Schlegel, 1815) llevaría sus planes hasta el s. XIX. El desarrollo de su visión histórica le condujo a la consideración de la historia de la cultura artística y científica como un organismo del cual pueden inferirse las razones y las líneas maestras de una crítica rigurosa. En *La esencia de la crítica* (cf. F. Schlegel, 1804: 407-16), trabajo destinado a ser prólogo de una edición de las obras de Lessing, Schlegel, tras caracterizar al autor del *Laocoonte* como crítico incluso en sus escritos literarios, pues estos eran ejercicios de ilustración de sus principios teóricos poéticos y dramáticos, explica que, a diferencia de Grecia, después de los orígenes de la poesía romántica (medievales) no existió una edad de la crítica. Piensa que en la Grecia clásica el enjuiciamiento crítico a menudo no era más que la confirmación del sentimiento artístico general, cosa que no ocurre entre los modernos. Para Schlegel la condición primera de un crítico viene a ser la intuición poética; y la comprensión de la obra de arte, de toda comprensión, consiste en la aprehensión intuitiva del todo.

Alaba en Lessing su serio esfuerzo por determinar los géneros artísticos e incluso sus conceptos con precisión científica. Mientras que en los antiguos los géneros se desenvolvían libremente permaneciendo fieles a su carácter y perfectamente reconocibles hasta en sus mismas modificaciones, en el gran conjunto de la poesía de los pueblos, tanto antiguos como modernos, los géneros son numerosos y de modificación muy diversa. Schlegel considera que el objeto de la crítica es ese gran conjunto de la poesía antigua y moderna, y que, por tanto, es la distinción de los géneros aquello que conduce a una «construcción histórica» (F. Schlegel, 1804: 413) de la totalidad del arte y la poesía, sin lo cual la crítica no cumple su alto destino. Si a ello unimos la convicción schlegeliana de que sólo es posible comprender una obra a partir del momento «en que puede reconstruirse su desenvolvimiento y estructura» (*Ibid.,* p. 416) se advertirá en toda su plenitud el sentido totalizador y moderno de la concepción crítica de Schlegel, pues atiende junto a la descripción inmanente de la obra literaria las delimitaciones macroestructurales de género.

En la teoría crítica de Schlegel la crítica es «un intermediario entre la historia y la filosofía» (*Ibid.,* p. 415). Es la reunión de estas dos instancias disciplinarias la que crea una tercera instancia nueva, la crítica. En consecuencia, se revela así con nitidez la incorporación crítica por el Romanticismo del concepto de historicidad, el cual, de una u otra manera, se nos presentó en Vico, Winckelmann y el *Sturm und Drang.*

Se comprende ajustadamente de ese modo que Friedrich Schlegel llega-ra a entender la poesía como un continuo proceso constructivo desplegado en la historia; y que, por otra parte, la filosofía ha de nutrirse de la poesía (Blanchot, 1969: 546-7). De sus primeros trabajos, en los cuales planteaba la excelente objetividad y pureza de los géneros de la poesía griega, pasó poste-riormente a abogar por la intromisión conceptual, formal y de géneros pres-tigiada por el espíritu romántico. Buena parte de su doctrina (no la de los géneros) la perfilaría y difundiría, entre otros, su hermano August Wilhelm, y sería conducida a cierto eclecticismo por Adam Müller.

Elemento importante del pensamiento de Friedrich es la puesta en con-tacto de poesía y religión (a lo que en 1797 ya se refirió en *Ideas)* de forma progresiva, dando muestras de un sentido misticista que en su vida personal le llevaría a la conversión al catolicismo. En *Diálogo sobre la Poesía* (1800) y en *Fragmentos* (1798), ambos publicados en la revista *Athenäeum* (1798-1800), tra-ta diversos resortes del tema. En las primeras páginas del *Diálogo,* valga como muestra, se referirá a la iniciación en los «Misterios sagrados de la naturaleza y la poesía» (F. Schlegel, 1800: 291) de aquellos que sienten el amor gracias a su vida interior. También importa señalar sus alusiones concernientes al éx-tasis romántico en los *Fragmentos.* En estos y en *Ideas,* plantea la cuestión fun-damental romántica de la infinitud, así como de la ironía en relación con las teorías de juego y libertad que anteriormente presentamos al hablar de Kant y Schiller, y, por otra parte, no es demasiado difícil concatenar con la des-composición romántica de los géneros. Todo ello no es más que un resulta-do del proceso de fusión entre poesía y vida, entre vida y literatura. O, según dilucida Béguin,

> como la vida es terrible si se la encara con toda la gravedad de su interrogación y de sus esperanzas, es preciso representarla. Pero darse un papel ante los ojos de los demás no es todavía suficiente: hay que representar tan bien, que nos en-gañemos a nosotros mismos. Hay que mostrar a la vida que somos capaces de desenmascararla, de hacer de ella un juguete y de probarnos de esta manera, a nosotros mismos, la supremacía de nuestro espíritu. Los románticos llamarán *ironía* a este virtuosismo, que ellos asociarán con la poesía (Béguin, 1939: 60).

August Wilhelm Schlegel, que formuló la oposición clásico-romántico en su influyente *Curso de literatura dramática* (A.W. Schlegel, 1809) sigue a Vico, Rousseau y Herder en lo concerniente al origen de la poesía. Se refirió a esta en tanto que «eterna simbolización» (A. W. Schlegel, 1883: 343) en sus conferencias pronunciadas a principios de siglo y recopiladas como corpus sistemático en sus *Cursos sobre la literatura y el arte.* La metáfora, interrelación de las cosas del mundo realizada por la imaginación, es a juicio de A. W. Schlegel el componente fundamental de la poesía junto a la tríada mito, sím-bolo y alegoría. De ahí ya puede comprobarse que su pensamiento poético y crítico (simbolista, incluso misticista) es uno de los cimentadores clave de la poesía que posteriormente había de regir durante muchas décadas en Francia y, poco después, en el resto de Europa gracias a la extraordinaria influencia de Baudelaire y Verlaine. Simbolismo que también contribuiría a asentar la estética de Solger (1814-5 y, póstumamente, 1829) y, aún más, la teoría del mito y el símbolo de Schelling.

Tanto A. W. Schlegel como Schelling (Schelling, 1807: 38), ambos antiaristotélicos, preconizaron, siguiendo a Friedrich, el concepto de intuición artística, la reunión de lo consciente e inconsciente (también planteada por Fichte), como patrimonio esencial del Romanticismo y la ideación de que la obra artística es un órgano paralelo a la naturaleza unificador del todo y las partes, que como ya vimos recogería y enunciaría el mismo Goethe.

Tras la poderosa construcción romántica teórica y crítica de Friedrich Schlegel, difundida y desarrollada especialmente por su hermano August Wilhelm, es su amigo Novalis (Friedrich von Hardenberg) quien hay que tener en cuenta propuso nuevos elementos a la progresión ideológica del Romanticismo en lo que se refiere, sobremanera, al lenguaje literario y la poesía. Con todo, la obra teórico-crítica de Novalis, tremendamente fragmentaria, por quedar inacabada y la temprana desaparición de su autor, sólo fue conocida parcialmente en su tiempo (1798) a través de una antología aparecida en la importantísima revista *Athenäeum* y las relaciones personales de los componentes del grupo de Jena.

El pensamiento de Novalis, que coincide cronológicamente con las obras de Friedrich Schlegel, tiene también su punto de partida en Schiller. Pero a diferencia de Friedrich representa ya la radical realidad mística romántica ambiguamente cristiana y, por supuesto, no católica. Novalis no asocia poesía y religión sino poesía y filosofía como religión. A él se debe la extrema consecución de los tópicos románticos de fantasía, ensueño, misterio y lo maravilloso en tanto que expresión de la subjetividad del poeta o mago en contacto profundo con la naturaleza. Es, en fin, la gran magia romántica que, a través de un largo proceso, llegaría a ser explorada sistemáticamente, al margen de la idea de religión, por la vanguardia surrealista en nuestro siglo.

Novalis concibe que «la filología en general es la ciencia de la literatura» (Novalis, ed. 1928: 309; cf. ss.). Piensa que el lenguaje común se encuentra en crecimiento incesante y es a partir de él como se forma el lenguaje literario. Mientras que el primero es natural, el segundo es artificial. Aun así, continuando la tradición romántica, de la cual reiteradamente hemos insistido que procede de Vico, conviene Novalis en que «el lenguaje es una invención poética» (*Ibid*, p. 331). Por otra parte, aduce que «el tratamiento del *arte de escribir* (arte del tono) de acuerdo con las reglas de la *escritura artística* nos proporciona la ciencia del arte de escribir *(scientiam artis litterariae).* La crítica del arte de escribir sirve de preparación a esta ciencia» (*Ibid.,* p. 313). O dicho de otro modo, la preparación de la ciencia literaria radica en la crítica del lenguaje literario. Son en verdad interesantes, pese al rabioso fragmentarismo, sus apreciaciones lingüísticas acerca de la arbitrariedad del signo, las relaciones entre los signos de superficie, imágenes, tonos, voces y, más asiduamente, entre música y lenguaje. Según indica en otro lugar Novalis, «la poesía se refiere directamente al lenguaje» (*Ibid* p. 336), pudiéndose comprender por ello que llegase a enunciar plenamente nuestra convicción actual de que el lenguaje literario es lenguaje de segundo grado, que es perfecto y tiene su finalidad en sí mismo:

> El lenguaje a la segunda potencia, p. ej., la fábula es una expresión de un pensamiento completo —y pertenece a la jeroglifística de la segunda potencia— y al lenguaje *sonoro* y *escrito* a la segunda potencia. Tiene méritos poéticos y no es retórica —subalterna— cuando es una expresión perfecta-cuando es correcta y precisamente *eufónica* a la segunda potencia-cuando, por así decirlo, es una *expresión* por la expresión-cuando, al menos, no aparece como medio-sino que es en sí misma una producción perfecta de una *capacidad lingüística superior* (*Ibid*, p. 323)

Importa advertir que, si bien aquí no trataremos de ello por obvias razones de espacio, son múltiples los hallazgos valiosos de Novalis y otros alemanes, que en algún caso ya hemos señalado, en lo que se refiere a su predicción de la estética y la poesía posteriores. Por tanto cabe decir que el Romanticismo alemán cumplió felizmente en la crítica la función que Friedrich Schlegel le otorgaba a esta de construir la poesía del futuro, la poesía que estaba por hacer.

Naturalmente, Novalis, aunque da indicaciones acerca de la poesía con respecto de la vida y la realidad (lo cual es asociable con la ironía), define la poesía en términos siempre totalmente anticlásicos, idealistas y referidos a la subjetividad y los estados de ánimo. Estas son algunas de sus aserciones:

> La poesía es la *representación del ánimo* —del *mundo* interior *en su conjunto*. Su *medio*, las palabras, ya indica esto, porque son la manifestación externa de las fuerzas interiores (*Ibid.*, p. 332).
> *La poesía es el arte de estimular el ánimo* (*Ibid*, p. 333).
> La individualidad activa productiva (*Ibid*).
> La poesía es absolutamente personal y, por eso mismo, indescriptible e indefinible. El que no sepa y sienta inmediatamente lo que es poesía, no lo asimilará conceptualmente. Poesía es poesía. Eminentemente diferente del *arte del discurso* (lenguaje) (*Ibid*, p. 347).

Según el autor de los *Himnos a la noche*, el poeta romántico es el que alcanza lo desconocido desde lo conocido, el arte romántico es aquel que sorprende y se inclina hacia lo misterioso (como decía Schiller), y las nociones más románticas son las que llamamos mundo y destino. Estos son puntos de vista que Wackenroder (Wackenroder, ed. 1934), de talante no menos místico que el propio Novalis, venía a dirigir a la posibilidad de la crítica; a su imposibilidad puesto que ésta no puede acceder mediante la lógica a la explicación del misterio poético: el intento de explicar un poema conduciría a escribir otro poema. La poesía, como hemos visto que argüía Novalis, es indescriptible e indefinible. De ello pudiera decirse que ambos representarían la posición extrema hacia lo inefable del lado subjetivo de la doctrina crítica de Herder. Igualmente, Jean Paul (como también hará su admirador Görres), argumenta sobre lo indefinible de la poesía y que, a fin de cuentas, mejor es valerse de simples comparaciones del tipo de «La poesía es el único mundo separado que existe dentro del mundo» (Jean Paul, 1804: 17).

Novalis se interroga que si todo es susceptible de ser poético, «¿no se convierte el mundo en ánimo finalmente?» (Novalis, ed. 1928: 332); asimismo considera que es el estudio de la vida lo que hace al romántico. La vida, cosa que señalamos hablando de F. Schlegel, se funde con la poesía.

Quizás fue Ludwig Tieck quien propuso esa intención más absoluta y definitivamente al pensar la vida como obra de arte. Tieck, que a diferencia de muchos de sus compañeros románticos, tuvo larga vida, no llegó sin embargo a construir y sistematizar su obra crítica, iniciada prontamente a los veinte años de edad con *El tratamiento de lo maravilloso en Shakespeare* (1793). No parece raro, pues, que su entendimiento desinteresado y pasión por la vida le condujesen, por una parte, a dedicar sus esfuerzos a la crítica teatral, traducir el *Quijote* y editar las obras de sus amigos desaparecidos Novalis, Lenz y Kleist, a fin de edificar la fama de los mismos (Brion, 1962: I, 101); y por otra bien distinta, a relacionar el arte y lo sexual, lo cual diríase esencialmente concomitante, de modo explícito o no, con el espíritu místico romántico: «los románticos, volviendo a las experiencias de la primitividad, reencuentran, sin duda alguna, [por ejemplo] los temas del fuego sexualmente valorizados» (Bachelard, 1938: 68. Cf. también Praz, 1948).

La crítica y la teoría literarias románticas mucho tienen que ver dentro de la visión del mundo con la fusión de poesía y vida. Se enmarcan dentro de un proceso concientizador que comienza a plantear la primacía del arte sobre la realidad de la obra artística, el cual se encumbra más de un siglo después en la Vanguardia (Adorno, 1970: 42; Aullón de Haro, 1982 b). El pensamiento y el arte románticos, prologados por la crítica de finales del siglo XVIII, devienen en autorreflexión y autoconciencia. La crítica debe construir el arte (F. Schlegel), como la teoría programática (caso extremo de la Vanguardia). Al fin, autoconciencia y artistización de la vida, al igual que crítica de la crítica y poesía de la poesía. Para Hölderlin (del cual se dejarán sentir sus nociones de absoluto y vida en Schelling), como para Tieck, la existencia es poética y se encuentra en la consecución de la poesía:

> Una vez que la libre vida poética ha sido así fijada [...] ligada, mediante la idea de la vida en general, con su directamente contrapuesto y tomada hiperbólicamente, entonces falta todavía en el modo de proceder del espíritu poético un punto importante, mediante el cual ese espíritu da a su negocio no el temperamento, el tono, tampoco la significación y dirección, pero sí la realidad efectiva. (Hölderlin, ed. 1943:61).

En ese sentido hay que entender la frase de Heidegger de que Hölderlin es «el poeta del poeta» (Heidegger, 1937:128). Es el desdoblamiento de la vida y del *yo* románticos consecuencia de la individualidad (ya esbozada por Humboldt y Schiller) que Schleiermacher elevará en sus *Monólogos* a la más alta categoría de la formación de uno mismo. Se trata, como es obvio, de la gran crisis romántico-idealista del sujeto artístico y filosófico (Aullón de Haro,

1982). Si el juego (schilleriano) únicamente se consigue a través de la fuerza del espíritu y el arte verdadero, todo eso no es más –según Schleiermacher–
que la individualidad en busca de su propia libertad y su propia peculiaridad
por medio de la fantasía y la intuición de la vida interior de cada persona.
El mundo, como pensaba Schelling en términos de filosofía de la naturaleza,
es obra del espíritu, y el lenguaje es el espejo del mundo mediante el cual
éste da a conocer su espíritu.

> Verdadero artista del lenguaje sólo puede llegar a serlo el que se ha intuido a
> sí mismo como con una mirada libre, y se ha adueñado de la esencia de la hu-
> manidad (Schleiermacher, 1800: 69).

El camino de la individualidad y la vida interior es la formación libre de sí
mismas, o la vida como arte. Queda así superada la ética externa impuesta
al *yo* por Fichte y se desencadena verdaderamente el yo romántico. Con
todo, Hegel explica en su introducción a la *Estética* que uno de los aspectos de
la ironía, procedente de F. Schlegel, encuentra su profunda justificación en
cuanto que la filosofía de Fichte ha sido aplicada al arte, y el punto de vista
fichteano lo supera Schelling. A partir de Fichte, Hegel señala que en el pensamiento de este

> el *yo* es un individuo *viviente,* activo y su vida consiste en formar su individualidad
> para sí mismo y para los otros, explicarla y afirmarla [...]. Aplicado al arte este
> principio significa que el artista debe vivir como artista, debe dar a su vida una
> forma *artística* (Hegel, 1832-8: 106).

Pero la crítica de Hegel a la ironía de Schlegel va mucho más lejos, pues
al concebir la ironía en el caso del genio como una superación de las relaciones particulares de la vida del artista, considera que «la significación general
de la genial ironía divina: es la concentración del *yo* en el *yo*» (Hegel 1832-8:
107), pudiendo vivir solamente, al romper todos sus lazos, en el goce de sí
mismo. En consecuencia, esta forma de negatividad enfrenta lo objetivo, las
realidades como mezquinas, a la subjetividad. Ahora bien, el *yo* puede no
sentirse satisfecho con el goce de sí mismo, permaneciendo de ese modo impotente ante su aislamiento, sumido en tristeza, en la interioridad abstracta.
Como resultado, la insatisfacción fruto de esa impotencia, lo reduce a la inac-
tividad: «engendra un estado mórbido, como lo es el de un *alma bella que
muere de hastío*» (*ibid*, p. 108). Es así que Hegel llega al extremo analítico no ya
del *yo* romántico, sino del yo simbolista-decadentista y su temática poética
del hastío y lo que se llamará *spleen*. No podíamos dejar de señalar aquí la poderosa indagación hegeliana, así como que «el precio del arte romántico de
la vida fue un apartamiento aparentemente consciente de la vida misma»
(Lukács, 1907: 90).

Dentro de la generalidad de ese contexto se apreciará mejor que el mismo Hölderlin relacione «dos diferentes modos de poesía» (Hölderlin, ed.
1943: 41) con los caracteres humanos: el carácter ingenuo, natural, es el originario y coincide con el «tono natural» que, por ejemplo, corresponde a Homero; en lo cual nuestro autor sigue a Schiller. Además, en otro breve ensayo o fragmento titulado *Cambio de los tonos*, ejecuta una tabla sistemática de

preeminencia y orden de los tonos según se refieran a los géneros lírico, trágico y épico. Ello en diferente lugar lo asocia a los términos pasión, fantasía y sensación (Hölderlin, ed. 1943: 51 ss. y 79 ss.), considerándolos metáforas distintas de la subjetividad. Nada más alejado, por tanto, de una delimitación objetivista pura.

El gran propósito romántico de descomposición y confusión de los géneros como revolución formal anticlásica iniciado por la intromisión de los discursos versal y prosístico, obtiene sus perfiles más acabados en lo que podemos llamar heterogeneidad novelística y, sobre todo, en el cuento poético y la creación de un nuevo género: el poema en prosa (Aullón de Haro, 1979). La intencionalidad constructiva novelística de Novalis, quien habla de su «novela burguesa» (Novalis, ed. 1928: 330), de que debe ser poética de principio a fin y teoriza sobre el cuento (mágico, fantástico, maravilloso), se plantea el texto romántico en tanto que heterogeneidad de yuxtaposiciones:

> Estilo extremadamente simple, pero sumamente audaz, a modo de romance, comienzos dramáticos, transiciones, continuaciones — ahora conversación — luego discurso — luego relato, luego reflexión, luego imagen y así sucesivamente. Todo ello reflejo del ánimo en donde las sensaciones, los pensamientos, las intuiciones, las imágenes, las conversaciones, la música, etc., cambian rápida e ininterrumpidamente y se yuxtaponen formando masas luminosas y claras (Novalis, ed 1928: 334).

La novela fue tenida a veces como género romántico por antonomasia y susceptible de albergar toda la gama de géneros por los Schlegel, Novalis y Jean Paul, que la consideraba el género moderno y del futuro, y a ese propósito se ejercitó en ella, al igual que Tieck. Ha de tenerse presente cómo junto a la poesía popular y las leyendas la novela de caballería fue una de las formas literarias que con mayor persistencia sedujo a los románticos alemanes, cuyo fervor llega al sumo grado con el *Quijote*, obra cenital en la que vieron deslumbrados el humor y la ironía.

La propensión de los poetas y pensadores alemanes a buscar el origen del mundo moderno en la Edad Media y su primitividad cristiana les brindó un escenario poblado de misterio, religión y extrañezas legendarias. Jean Paul, hombre de rara versatilidad y profunda ironía romántica, al referirse a la poesía griega o clásica la caracteriza continuando la línea schilleriana (plástica, objetiva, universal, serena...); pero al efectuar su teoría crítica de la moderna o romántica (sentimental, en término de Schiller) va mucho más lejos que los Schlegel, valiéndose de un análisis casi morboso de la religiosidad y el mundo medieval (cf. Jean Paul, 1804: 61 y ss.). Dintingue dos tipos de poesía romántica, la del Norte y la meridional. Ambas podrían llamarse poesía cristiana y son irregulares. La del Norte trata de lo bello indeterminado y lo bello infinito, tiene el presentimiento del porvenir o el pasado como porvenir de Ossián, su luz es la de las estrellas y la luna, es la poesía del eclipse. La meridional es la gran poesía de la superstición, del misterio de la otra vida, de los símbolos florales eclesiásticos, la música extraña, los pecadores, los ojos diabólicos, la mitología demonológica del infierno, los santos, ángeles, el tiempo infinito y el profundo temor cristiano. La extraordinaria ironía de Jean Paul le permite dar gracias por haber sido educado en la superstición, pues dice ser por ello que posee los sentimientos románticos sin necesidad de haberlos aprendido en la lectura.

Jean Paul es partidario de la crítica directa y aplicada. En el prefacio a la segunda edición de su estética escribe:

> Creo que un artista aprovecharía más en una colección de las críticas hechas por Wieland para el *Mercurio alemán,* o en una colección de los mejores artículos de otras gacetas literarias y otras revistas, que en la estética más reciente. Porque en toda buena crítica hay una buena estética latente o manifiesta, y hay además, como ventaja, la aplicación a un ejemplo, lo que la hace mucho más libre, breve y clara (Jean Paul, 1804: 14).

Asimismo son interesantes sus matizaciones acerca de crítica, estética y práctica artística en relación a quienes las ejercen y, en consecuencia, cuáles son sus actitudes previas, ya como teóricos o ya como poetas. Él, por ser artista, proclama inspirarse en sí mismo:

> Puede objetarse, y no sin razón, que la práctica gana y reduce paulatinamente a su teoría; pero, por otra parte, no debe olvidarse que la teoría reobra sobre los hechos de tal modo que, por ejemplo, las fábulas de Lessing y su teoría de la fábula se han engendrado y formado recíprocamente. Algunas veces ocurre que el filósofo puro, el que sólo posee la doctrina sin la práctica, se encuentra en una situación análoga a la del artista porque su gusto se ha formado antes que él haya producido su teoría; ha sido creyente antes de ser sabio; súbdito, antes de ser legislador. Por eso en todo tiempo la fuerza ejecutiva ha sido la más a propósito para transformarse en legislativa. Deben, sin embargo, exceptuarse de esta regla dos grandes estéticos, Aristóteles y Kant, los dos Menechmios de la profundidad, de la precisión, de la sinceridad, de la universalidad y de la erudición. Pero Klopstock, Herder, Goethe, Wieland, Schiller y Lessing, han sido poetas antes de formular sus teorías de buen gusto. Es, pues, seguro que si agrupásemos las nociones estéticas dadas por una parte por autores como los dos Schlegel, Bouterweck, Franz, Horn, Klingemann, etc., y de otro lado las de Sulzer, Eberhard, Gruber, etc., sería fácil adivinar cuál de estos dos grupos es el que no contiene poetas (Jean Paul, 1804: 15).

Prosiguiendo lo esbozado por Schiller en *Sobre la poesía ingenua y sentimental,* Jean Paul hace la propuesta de una poesía sintética (a la que también aspiraba Novalis), capaz de incorporar la materia que falta al poeta nihilista y la materia viva o espiritual de que carece el poeta materialista. Intenta además una taxonomía de las facultades poéticas, como por ejemplo hicieron Schelling o A. W. Schlegel, que diferenció entre fantasía e imaginación (asociada a la razón). Jean Paul distingue entre «imaginación reproductora» (prolongación de la memoria adornada por el color) e «imaginación productora», la cual posee cuatro grados: la simple concepción, el talento (en el que predominan la sagacidad, el ingenio, el entendimiento, la asociación), el genio pasivo (genios femeninos, receptivos, carentes del don de la palabra), y el genio activo (o verdadero genio creador). Aún mucho más importante para la creación poética hubo de ser la atención dispensada por su doctrina al humorismo, el cual, andando el tiempo y al margen de lo concerniente a la intromisión romántica de comedia y drama en el teatro, más otras teorizaciones que en adelante estudiaremos, se estabilizaría como una de las coordenadas destacables de la poesía moderna y contemporánea vanguardista. Según Jean Paul el humor apoya la individualización y la infinitud: «como destrucción de lo sublime, no hace desaparecer lo individual, sino lo finito en su contraste con la idea» (*Ibid.* p. 79). Hegel también se planteará el tema, y de él lo retomará André Breton. En España no se encontrará una aquilatada exposición doctrinal poética al respecto hasta Gómez de la Serna (Aullón de Haro, 1983 b).

Desde que Vico discerniera en sentido moderno la creatividad propia de la fantasía, de hecho por vía romántica no dejaron de sucederse ensayos de distinción de las facultades poéticas, ensayos que naturalmente también se dejarían sentir mucho más tarde con fuerza renovada en la teoría de la Vanguardia. La adopción de la imaginación como núcleo central y distintivo de la actividad poética enseñoreó la era romántica en cualquiera de sus arranques críticos y de práctica artística europeos. Wordsworth, en el *Prefacio* que incluyó y posteriormente fue amplificando a partir de la segunda edición (1800) de sus *Lyrical Ballads* (Wordsworth, 1800-15), situaba la imaginación en el lugar capital del ejercicio expresivo de la experiencia subjetiva en que para él consistía la creación poética. Wordsworth se refiere a imaginación y fantasía, así como a observación, sensibilidad, reflexión y juicio. Por su parte, Coleridge —el otro gran constructor del Romanticismo inglés—, se aplica en su *Biographia literaria* (1817) a presentar como inconfundibles imaginación y fantasía. En el capítulo IV, tras efectuar un deslinde etimológico y semántico, aduce que sus pretensiones no se reducen, como en el caso de Wordsworth, a las manifestaciones de imaginación y fantasía (y sus efectos) en poesía para después delimitar el tipo de facultad en que se encuadran, sino que se dirigen a la investigación de los principios y, a partir de ahí, deducir los grados en que se presenta. De ello volverá a tratar sin grandes resultados propios en los capítulos XII y XIII. No obstante, hay que tener bien presente que Coleridge en gran medida no es más que el difusor (inconfesado) en lengua inglesa de las doctrinas románticas alemanas. Por su parte, Shelley comienza la *Defensa de la Poesía* (Shelley, 1821) examinando las dos clases de actividad llamadas razón e imaginación. La primera considera que es principio de síntesis, la enumeradora de cualidades conocidas y aquella que establece la diferencia de las cosas; mientras que la imaginación o principio de análisis valora dichas cualidades y fija la semejanza de las cosas. Para él, obviamente la poesía es la expresión de la imaginación; expresión, por lo demás, unida congénitamente a los orígenes del hombre. Igual pensaba Blake, quien hacía sinónimos imaginación y fantasía (Cernuda, 1958: 31), las cuales son la Visión y están rodeadas por las hijuelas de la inspiración (Blake, 1810: 224).

El pensamiento de los poetas que realizaron la construcción del Romanticismo en Inglaterra se centraba en la convicción primera de que la poesía es expresión de la subjetividad. La interrogante que se planteaban ante un poema estaba encaminada a averiguar su sinceridad, su carácter genuino y si proporcionaba un ajustado maridaje entre intención, sentimiento y estado mental de su autor (Abrams, 1953: 47), lo cual es propio del psicologismo y el sentido pragmático anglosajón. Esto es, se propusieron una concepción subjetivista netamente romántica (aunque en un principio esta palabra no fue utilizada por ellos) explícita en cualquiera de los poetas laquistas, si bien persistieron en el empleo de algunas ideas neoclásicas y en modo alguno ascendieron a la original extensión y profundidad de reflexión poética alemanas. Como ya tuvimos oportunidad de apuntar al citar a Diderot, Wordsworth piensa también que poesía es una sincera «emoción recordada en la tranquilidad» (Wordsworth, 1800-15: 85). Las nociones de recuerdo y tranquilidad son añadidos posteriores a la primera edición de su *Prefacio*, donde en principio definía la poesía más impulsivamente como un desbordamiento espontáneo de sentimientos poderosos. Se entiende, pues, que Wordsworth no aborde un texto básicamente en razón de sus resultados finales sino a tenor de la capacidad de emoción y sinceridad que de la composición se infiere.

El desacuerdo fundamental de Coleridge con Wordsworth estriba en su no aceptación de que el lenguaje de la vida real, de los ambientes rústicos sea el que debe incorporar la poesía. Valiéndose de ello asociaba Wordsworth la sencillez a la precisión, las pasiones esenciales al lenguaje enérgico, aun teniendo que efectuar, como es de suponer, las correcciones pertinentes: tratar los lugares comunes de la vida y el lenguaje que les corresponde puliendo sus defectos y entregándolo barnizado por la imaginación a fin de ofrecer realidades interesantes, nuevas. Es una aproximación entre lengua hablada y lengua literaria, asunto este de tradicional preocupación inglesa (en España asimilado por Leopoldo Alas, Cernuda y, ocasionalmente, por J. R. Jiménez y Unamuno). Coleridge reflexiona que en realidad Wordsworth no cumple lo dicho al menos en sus mejores poemas, y que su teoría tan solo es aplicable a ciertos tipos de poesía, aun en un único sentido, y que como regla no es ya inútil sino dañina (Coleridge, 1817: 76).

Bajo tales presupuestos el autor de *Lyrical Ballads* podía creer con escasísimo rigor en la inexistencia de diferencias fundamentales entre prosa y poesía, ya que la métrica no constituye una diferencia esencial. Coleridge, en cambio, confiere al concepto de combinación, «en cuanto a la forma superficial», la naturaleza específica de la poesía:

> Un poema tiene los mismos elementos que una composición en prosa, por lo que la diferencia debe radicar en una distinta combinación de aquéllos en cada caso, debida a que los objetos pretendidos son diferentes. De acuerdo con la diferencia de objeto habrá una diferencia en la combinación (Coleridge, 1817: 54).

Por otra parte, el poema se opone al texto científico en que el primero pretende como objeto inmediato el placer, y este último la verdad. Según Coleridge reitera en diversas formas, la poesía es un estado anímico de excitación; y si se intenta una definición legítima del poema, este es

> una composición cuyas partes se sostienen y explican mutuamente, todo armonizando proporcionalmente con, y apoyando el fin y las conocidas influencias, del ordenamiento en forma métrica (*Ibid.*, p. 56).

El verso ha de estar armónicamente contextualizado y el poema tener una tensión sostenida.

En última instancia Coleridge llega a establecer una gradación entre estandaridad, literaridad y poeticidad:

> habrá una distancia mucho mayor aún entre el orden de la composición poética y el de la prosa, que la que uno espera encontrar entre la prosa y la conversación ordinaria (*Ibid.*, p. 90).

Consecuencia de la elección deliberada que rige la poesía es que «su *intraducibilidad* a palabras del mismo lenguaje sin daños para el singificado» (*Ibid.*, p. 122), constituye la comprobación de que se trata de un estilo carente de fallos. Desde luego no es una de las menores virtudes de Coleridge el atenerse a la teoría poética al tiempo que la conduce a la práctica crítica. En su opinión, la crítica debe encaminarse a plantear la teoría crítica así como la naturaleza y poética del lenguaje literario:

> El fin último de la crítica es dar *reglas* sobre cómo juzgar lo escrito por otros, pero sobre todo establecer los principios de la escritura, si es que separar ambos aspectos es posible (*Ibid.*, p. 97).

La poética de Shelley posee frecuentes ecos más o menos directos de Coleridge, además de algunos elementos románticos de los que ya anunciara Vico y determinados rasgos neoclasicistas y neoplatonizantes. Remite a las épocas primitivas, plantea una teoría de las edades cíclicas o distingue entre historia y poesía. De indudable procedencia de Coleridge y Wordsworth son ideas respecto de la poesía como «recuerdo de los momentos mejores y más felices» (Shelley, 1821: 28), como logro de que los objetos familiares no lo parezcan o como expresión de la imaginación y de las combinaciones del lenguaje. Acaso lo más curioso de las imbricaciones clasicistas de Shelley sea su entendimiento de la imaginación a modo de instrumento del que se vale el bien moral, y la delimitación que efectúa de las funciones de la facultad poética:

> mediante una, la poesía crea nuevos materiales de conocimiento, de energía y de placer; mediante la otra, engendra en la mente el deseo de reproducirlos y disponerlos según cierto ritmo y cierto orden que pueden denominarse la belleza y el bien (Shelley, 1821: 26).

Atribuye a la poesía la calidad de intraducible a otra lengua y de no realizarse sólo en el verso sino también en la prosa, pues lo distintivo del lenguaje poético es el principio de armonía. Por otro lado, la *Defensa de la Poesía* se dedica con cierta amplitud a la reflexión sobre el efecto que la poesía ejerce en la sociedad y asume puntos de mira basados en la historicidad al referirse a la literatura de otros tiempos.

En Francia sería Madame de Staël quien introdujese las nociones historicistas mediante *De la Littérature considérée dans ses rapports avec les institutions sociales* (Staël, 1800), libro de articulación aún dieciochesca que puso en evidencia las relaciones entre diversas manifestaciones de la sociedad (religiosas, legislativas, etc.) y la literatura, considerando asimismo la idea de evolución progresiva. No obstante, la gran labor y mayor influencia de la Staël hay que atribuírsela a su conocida obra acerca de *Alemania* (1813). En ella se propone la autora la presentación, por medio de una extensa galería de los más notables talentos alemanes, de la cultura y el pensamiento literario germánicos de la época, con el fin de difundir el Romanticismo en su país frente al academicismo oficialista neoclásico. Se ha venido reiterando hasta qué punto su exposición está en deuda con los asiduos contactos que la autora mantuvo en conversaciones con los grandes poetas y críticos alemanes, y en qué medida se trata de matizaciones particularmente propias. Sin embargo, sea como fuere, es obvio que se funden ambas cosas y el libro, aunque sin invenciones de cuantía, desempeñó el papel a que estuvo destinado.

En opinión de Madame de Staël, la poesía romántica o de la era cristiana se dirige directamente al corazón y viene a evocar el fantasma más terrible de nuestra propia vida. Interpreta la oposición poesía clásica/poesía romántica como una cuestión entre imitación e inspiración, haciendo ver que la clásica apenas existe en Alemania, cuya literatura se caracteriza por «vincularlo todo a la existencia interior» (Staël, 1813: 139) y el entusiasmo, y por ser la crítica la rama que dentro de ella ha ido más lejos, pudiendo decirse, por ejemplo en el caso de Lessing, que la crítica es obra de creación. Además,

> la literatura alemana es quizás la única que ha comenzado por la crítica; en todas las demás, la crítica sucede a la obra de arte, pero en Alemania es la crítica [esto es, la Teoría literaria] la que las ha producido (*Ibid.* p. 55).

Según Víctor Hugo, en el prólogo de *Cromwell* (1827), la nueva crítica establecerá que «el gusto es la razón del genio» y librará al nuevo arte tanto del clasicismo caduco como del falso romanticismo, situándose en «el punto de vista del autor». Será, como también dice Chateaubriand, crítica de la belleza y no de los defectos (Hugo, 1827: 90-91). En otro lugar, apoyándose en una generalización práctica, diría que «el crítico no debe apoderarse torpemente de las debilidades que muchas veces presentan los mejores talentos» (Hugo, 1834: 65). Su extenso prólogo a *Cromwell* contiene un alegato contra la clasificación de géneros y una crítica de las unidades dramáticas de lugar y tiempo que anteriormente Manzoni ya había efectuado (Manzoni, 1820) con mejores argumentos (Della Volpe, 1971: 121) y en España plantearía Agustín Durán en su *Discurso* (Durán, 1828). Hace la distinción de dos clases de modelos: los construidos bajo el criterio de las reglas y aquellos otros que han dado lugar a la formulación de reglas; expone su versión de la ya tópica teoría de las edades: tiempos primitivos o líricos, antiguos o épicos y modernos o dramáticos, siendo en estos últimos en los que aparecen los cronistas y críticos.

Hugo piensa, como Foscolo, en la armonización de contrarios; que el drama es la cima poética moderna y representa la poesía completa, y que lo grotesco, sobre lo cual se reitera por extenso, es la mayor fuente que la naturaleza brinda al arte. Así,

la musa moderna contemplará las cosas desde una perspectiva más elevada y
más amplia. Comprenderá que en la creación no todo es humanamente bello, que en ella lo feo existe al lado de lo bello, lo deforme cerca de lo gracioso,
lo grotesco en el reverso de lo sublime, el mal con el bien, la sombra con la luz
(Hugo, 1827: 31).

Esto es, la mezcla de lo serio y lo cómico que ya quería Lope y por lo cual
este interesó a los románticos alemanes. La composición poética consisti-
rá en el resultado de dos distintos fenómenos intelectuales: meditación (una
facultad) e inspiración (un don). Ese punto de vista —dice sin más explicaciones—, haría cambiar probablemente a la crítica (Hugo, 1834: 130-1) Por su
parte, Chateaubriand (es muy posible que basándose en el primero de los libros críticos de la Staël y en los alemanes, a quienes él detestaba), como se
ha venido diciendo, sugiere «la relación de la literatura con los cambios de
la sensibilidad y el espíritu religioso» (Wellek, 1955: II, 263. Chateaubriand,
1802 y 1833). En Italia, además de Foscolo, la teoría poética romántica sería
presentada por Leopardi específicamente (Leopardi, 1899); mientras, en España todo sería más confuso debido a J. N. Böhl de Faber, que entraría en
disputa con José Joaquín de Mora y Alcalá Galiano, dándose lugar a un erróneo planteamiento doctrinal de principio que habría de pasar mucho tiempo
en ser disipado (Pitollet, 1909).

Hasta la figura de Sainte-Beuve cabe decir que la crítica francesa no per-
geñó nada que tuviese algún viso de importancia en la crítica del XIX. En
realidad Europa fue (y tal vez siga siéndolo) una deuda contraída con la poesía y el pensamiento alemanes, de la misma manera que antes lo había sido
respecto del griego y renacentista. Era de esperar, por otra parte, que de la
doctrina romántica y su análisis en el propio país de origen surgiese la crítica
del Romanticismo y una proyección evolutiva del mismo. En principio se
hizo cargo de ello Hegel.

La *Estética* de Hegel (Hegel, 1832-8a) fundía en un mismo cuerpo historia y crítica artísticas; concibe lo bello, y el arte, como manifestación sensible
de la Idea (ello viene a ser una especie de particularización de la Idea de Platón). La obra artística, que es la realización del espíritu absoluto a través de lo
sensible, no tiene como objeto la imitación y, además, posee finalidad en sí
misma. El estudio hegeliano de los grandes ciclos artísticos discierne tres fases. La primera o del arte simbólico plantea la inadecuación entre la forma y
una idea abstracta que no queda en él determinada sino confusa (es, por
ejemplo, el arte oriental egipcio). La segunda o del arte clásico representa la
conjunción conveniente de forma e idea. La tercera o del arte romántico
propone la idea como autoconsciente y que excede a la forma sensible (la
pretensión de infinito no se ajusta a una forma). En esta tercera fase aparece
de nuevo la descomposición anterior al arte clásico, bien que en otro sentido.

El subjetivismo del arte romántico —según Hegel— encuentra pues su
mejor expresión en la música, propende en mayor medida a la metaforiza-
ción (Schiller, Jean Paul...) que el clásico, lo cual ha sido exagerado por los es-

pañoles (con ello Hegel parece referirse especialmente a Góngora). El hecho es que el espíritu del Romanticismo al volverse sobre sí, puesto que indaga la subjetividad y no la objetividad, se enajena de la realidad física y moral: el artista carece de fe y se aplica a la reflexión, la crítica y la libertad filosófica, sobre todo en Alemania. De manera que el arte romántico, que había destruido al clásico, da en su ruina sobreponiendo desproporcionadamente la subjetividad del artista, asociando radicalmente los contrarios; utiliza el humor (mediante el cual se implica y domina la totalidad del espíritu del artista), y el capricho como espectáculo fantástico en el que todo se contrapone y finalmente se destruye. En consecuencia, en su propia concepción existe ya el principio autodestructivo. Asimismo Hegel vaticinaba el fin del arte: la realidad de las representaciones de este es ilusoria y cesará con el verdadero nacimiento de la filosofía, cuyo fin también es la verdad. El punto de vista hegeliano se incardina, ciertamente, en un postulado de reciprocidad y equilibrio forma/idea, interpretación canónica que Kierkegaard (antes de criticar él mismo a Hegel) ponderará como un haber puesto las cosas en su sitio.

El criterio de Kierkegaard se asienta en la relación esencial (de cuya indisociabilidad ya se percató Klopstock en el siglo XVIII) entre la materia (la idea hegeliana) y la forma, los dos factores considerados de ineludible reciprocidad equilibrada en la obra clásica (Kierkegaard, ed. 1969: VIII, 109 y ss.). El poeta desea una materia, pero el problema es desear correctamente, y tal cosa es un don misterioso y oscuro que sólo es capaz de producir el genio. La materia, hasta cierto punto, apenas existe en determinadas categorías de creación artística clásica (arquitectura, escultura, músia y pintura), sin embargo para la poesía es mucho más importante. Por consiguiente, sería un error intentar clasificar las obras clásicas desde cualquier punto de apoyo que separe materia y forma. Tanto la idea como el medio a través del cual ésta se hace patente, resultan más pobres en la medida en que uno u otro sean más abstractos. Dependiendo de esa abstracción, será más improbable la repetición de la obra o la idea y, por lo mismo, se considerarán más ricos cuanto más concretos (penetrados por la historia) y, por ello, probables (proporcionalmente a su concreción). Así, mediante la fórmula de repetición (tan querida por el autor: recuérdese que la aplica, por ejemplo, a la cuestión amorosa) enuncia Kierkegaard un principio de clasificación, pero de una clasificación que él mismo se adelanta a calificar de casual. Ahora bien, la casualidad del principio, metodológica, nosotros podremos objetarla por la existencia de una superior, real, causalidad artística: un hecho literario siempre es de alguna manera causa de otro hecho literario posterior, y surgió de la causa de un otro (mejor muchos) anterior a él. Sin duda esto es trasladar las cosas a otro plano, pero la realidad es que ello se le escapa a Kierkegaard. Podríamos hacer otras muchas observaciones, sobre todo respecto de los resultados de la práctica del principio casual y la oposición concreción/abstracción. Nos limitaremos sin embargo a exponer brevemente otros rasgos fundamentales de su pensamiento artístico como final de la doctrina romántica sin otras explicaciones concretas.

Para Kirkegaard, como para Hegel, la música es la más alta expresión del Romanticismo. Mediante ella el genio erótico y sensual, que expresa la inmediatez indefinible, obtiene su mejor y más directa realización artística. No obstante, si música y lenguaje se caracterizan por ser las únicas artes que tienen lugar en el tiempo, el lenguaje (que es reflexivo, no inmediato) es superior a la música, y ésta debe valerse de él (ópera) a fin de acceder a su creación más elevada. El lenguaje ya posee no sólo la materialidad del sonido (las interjecciones vendrían a coincidir con la música; carecen de pensamiento lingüístico) sino también pensamiento reflexivo. Por tanto a Kierkegaard le parece un error la idea de mejor calidad de la poesía en tanto que ésta se aproxime en mayor grado a la musicalidad; esto es, en último término, la forma por encima de la materia, contradiciendo así las creaciones poéticas románticas, que se advirtieron definitoriamente como musicales desde Schiller. He ahí, pues, una crítica central al Romanticismo y una cortapisa a lo que será su evolución hacia la poética simbolista. Pero Kierkegaard sigue siendo un romántico y un producto de esa misma evolución hacia el decadentismo simbolista. Su exacerbación a la hora de definir al poeta en los *Diapsálmata* como una extraordinaria subjetividad de melancolía, pesimismo, tristeza y con música en los labios (cosas que lo diferencian del crítico), no es más que el *yo* simbolista al que anteriormente aludimos, en especial sirviéndonos de Hegel, en el entramado de relaciones de la artistización romántica de la vida. En general, la obra kierkegaardiana (en su doble vertiente filosófico-religiosa y estético-narrativa) es la más inteligente y conflictiva producción final de la ironía y la dialéctica de los contrarios románticos.

La misma naturaleza y sentido contradictorio de la reflexión de Kierkegaard es autoirónica y autohumorística, hace recaer sobre sí de manera extrema esos procedimientos románticos mediante una absoluta dialéctica de lo negativo. Juzga su época y la literatura de la misma como producto trágico del cristianismo, de sus negaciones. El erotismo existe como principio o fuerza al ser negado por la religión cristiana. Es en la Edad Media donde consciente o inconscientemente se han forjado todas aquellas ideas que han promovido después la representación de los grandes tipos, desde el Don Juan hasta las parejas célebres de Don Quijote y Sancho, el rey y el bufón..., así como, por supuesto, la discordia entre la carne y el espíritu. Kierkegaard está persuadido de vivir en la época creadora del aislamiento entre los individuos, en un tiempo semejante al de Aristófanes, pero mucho más melancólico y desesperado. Razón de lo cual es el crecimiento de la comicidad: la imposición de lo subjetivo como «norma de valor». La consciencia kierkegaardiana no es más, en definitiva, que la progresión hacia los límites de la doctrina romántica, el último grado de fusión entre arte, vida y pensamiento. El humorismo de Jean Paul pienso que es el punto de partida que le da pie para indagaciones complejificadas en *La repercusión de la tragedia antigua en la moderna*. En lo cómico moderno se alcanza, al quererse destacar lo trágico, «el mal en toda su perversión y no el delito propiamente trágico en su ambigua inocencia» (Kierkegaard, ed. 1969: IX, 21), y esto se corresponde tanto con las obras dramáticas como con la conciencia total de la época. Un penetrante análisis le permite fijar una tipología de los sentimientos trágicos en el drama. Es, por reflejo, la taxonomía y conclusión de la tragedia del alma romántica.

El pesimismo filosófico de Schopenhauer en un aspecto da un paso más allá del pesimismo de Kierkegaard: el poeta ha de llegar al silencio. Ha de tenerse en cuenta que Schopenhauer, su intuicionismo y teoría del mundo (dentro de la tradición alemana que, a otro propósito, se inicia con trabajos como los estudios hinduístas de A. W. Schlegel y adquiere plena solidez, ahora bajo la perspectiva filosófica, en Hegel) están estrechamente imbricados con el pensamiento oriental. Con todo, nos limitaremos aquí a los escritos más estrictamente relacionados con la crítica literaria; es decir, a cinco de los ensayos contenidos en *Parerga y Paralipómena* (Schopenhauer, 1851), dejando a un lado *El mundo como voluntad y representación*, donde no obstante convendrá recordar que hay páginas dedicadas a la risa, lo cómico, el genio y las artes, además de una, aunque asistemática, completa teoría estética.

La crítica literaria de Schopenhauer comienza por ser una crítica de la lectura que trasciende hacia los grupos sociales que profesionalmente la practican, convirtiéndose de ese modo en crítica negativa de letrados, profesores y especialistas; una crítica que obtendrá su cumbre de violencia y lucidez en *Nosotros los filólogos* (Nietzsche, 1903). Existe una asistematicidad en la totalidad de su obra, que Nietzsche también haría suya, recordándosenos así el espíritu de composición y fragmentarismo románticos frente a los grandes sistemas formalizados. Schopenhauer asevera que la acción de leer equivale a la de pensar con el cerebro ajeno en detrimento del pensamiento personal. La diferencia entre el letrado y el hombre de genio o el pensador reside en que el primero es sólo lector de libros, mientras los segundos son lectores directos del universo. A su vez, los pensamientos serán leídos (adosados artificialmente) o bien fundamentales. Siguiendo este orden de cosas, podrán contraponerse dos tipos de literatura bastante independientes entre sí: una real (duradera), de los que viven *para* la ciencia y la poesía; otra aparente (perecedera), de los que viven *de* la ciencia o la poesía. Natualmente, el autor de *Parerga y Paralipómena* aboga en favor de la Literatura contra la Historia literaria.

Schopenhauer se incorpora, como era de esperar, a la tradición a la cual repetidamente hemos aludido de que las lenguas son producto del instinto humano, no del razonamiento. Se refiere a las palabras como el material más duradero, a la imposibilidad de traducir la poesía y a la lengua como conjunto de ideas. Por ello es de imponderable utilidad el poliglotismo, puesto que contribuye al aprendizaje de otras ideas, y a la flexibilidad del pensamiento mediante la separación mental entre idea y palabra. Su ideación acerca de las calidades y estructura de las palabras será la que triunfe en la poética simbolista: las consonantes constituyen el esqueleto, y las vocales, mucho más variables en cantidad, naturaleza y color, la carne. Schopen-

hauer, que escribe sobre lingüística y mitología comparadas, defiende la perfección de las lenguas clásicas por encima de las modernas; aunque no obstante reserva el lugar de privilegio a la escritura ideográfica china; el signo
visible es intérprete de la idea, no signo del sonido; permite la yuxtaposición
visual de impresiones en el espacio, lo cual no es posible en el exclusivo de-
curso temporal del signo del sonido. Así, la ideografía china es de carácter
universalizable, como el lenguaje algebráico.

La generalidad de la obra de Schopenhauer no representa la crítica del
Romanticismo sino tan solo la crítica y diatriba de los elementos idealistas de
procedencia romántica; una crítica hecha, a su vez, desde un idealismo que
tal vez demasiado indiscriminadamente se ha dado en llamar místico (Fau-
connet, 1913).

Bien distinta a la de Shopenhauer es la crítica efectuada con anterioridad por Heine en un libro básicamente destinado al público francés que quiso ser complemento y rectificación de la *Alemania* de Madame de Staël. El
trabajo de Heine —cuyo título original ha corrido diversa suerte en las varias
traducciones que de él se han hecho al español— es en conjunto una animada
y brillante (a veces subjetiva y maliciosa) historia de la escuela romántica alemana sobre la base de los personajes, la política literaria, el enjuiciamiento
de las obras y el partidismo político-ideológico (Heine, 1833-6).

Según Heine la escuela romántica, además de ser el redescubrimiento
de la Edad Media, tiene como fruto —ya empieza aquí la tendenciosidad del
poeta— el espíritu soporte del Despotismo. Pese a sus ataques al Romanticismo y sus distingos acerca de que tanto la poesía clásica (de lo finito) como la
romántica (de lo infinito) son esencialmente plásticas, y no sólo la primera,
Heine sigue sin embargo casi ortodoxamente el mantenimiento de dicha
dualidad, así como la práctica de la ironía, la pasión por la poesía popular y
un global entendimiento subjetivista y romántico del arte. Halaga insistente-
mente a Herder, y a Lessing como padre de la moderna literatura alemana y
gran crítico de la seudoimitación clasicista francesa; pero por otra parte halaga preferentemente allí donde encuentra una postura «social» en los maestros, lo que se comprenderá adecuadamente si no se pierden de vista las gue-
rras napoleónicas y la evolución sociohistórica de aquellos años (y respecto
de él, que era judío): premonitoriamente detesta el patriotismo alemán (influido por el nacionalismo romántico) frente al «humanismo» cosmopolita de
los notables Schiller, Goethe o Jean Paul. Cuestión más espinosa es el entroncamiento que realiza del ensueño romántico y el medievalismo con la escla-
vización oscurantista católica y la conspiración de los jesuitas. Critica mordaz-
mente los excesos del medievalismo romántico, pero cuenta entre sus aciertos el elogio a Jakob Böhme.

Heine, que formó parte del grupo de intelectuales antiprusianos «La joven Alemania» junto a Gutzkow, Mundt y otros, todos ellos autores oficialmente proscritos (de ahí la estancia de Heine en París), expone con ajustada
ponderación la no finalidad artística fuera de la obra en sí y el relativismo

moral del arte en la teoría de los seguidores de Goethe, mas no acepta que estos en última instancia antepongan la realidad del arte a la realidad de la vida; es por ello que prefiere a Schiller y su ideal revolucionario de libertad frente al panteísmo goetheano. Por otra parte, Heine matiza a veces tan desde distintos ángulos sus apreciaciones que a menudo se hacen casi contradictorias y, desde luego, no escatima franqueza y páginas a la polémica alemana en torno al autor de *Werther:* le admira profundamente al tiempo que le parece molesto, y lo define como una de las fusiones más extraordinarias de genio y personalidad. Es, en fin, la encrucijada heineana entre dos momentos históricos y de conciencia artística. Dirá de los escritores de «La joven Alemania», que «en manera alguna quieren separar la política de la ciencia, el arte y la religión y que son a la vez artistas, tribunos y apóstoles» (Heine, 1833-6: 170); declaración curiosamente ambigua. Sea como fuere, Heine hace justicia a sus mayores, si le exaspera el misticismo romántico, del cual él es hijo, y ataca casi vengativamente a A. W. Schlegel, también señala a este junto a su hermano como auténticos innovadores de la crítica estética y la dilucidación de los ocultos aciertos que una obra artística contiene, aunque desprecia las formulaciones teóricas programáticas de ambos. Por otro lado es comprensible, conociendo su obra poética, que considere como cumbre de la escuela romántica la poesía popular de *El cuerno maravilloso del zagal,* de Arnim y Brentano, o que prefiera las novelas cortas de Tieck y su fantasía a los dramas del mismo.

Heine se debate intentando por todos los medios distanciarse del Romanticismo, que piensa concluido. Encontrará en la idea de tratamiento una distinción clave entre clasicismo y romanticismo en buena parte semejante a la de Hegel:

> el tratamiento es clásico cuando la forma de lo expuesto es totalmente idéntica con la idea de lo que hay que exponer [...] El tratamiento es romántico cuando la forma no manifiesta la idea por identidad, sino que la deja adivinar parabólicamente (cf. Sacristán, 1967: 142).

Pero Heine hace la crítica del Romanticismo por tener conciencia de que él es aún el último romántico, «el enterrador» irónico y descreído que quiso cavar su tumba.

Concluiremos el estudio de la era romántica refiriéndonos a Sainte-Beuve, autor de obra profusa en la cual el Romanticismo no es un debate sino un apagamiento en el cruce de caminos del impresionismo y el positivismo junto a la perspicacia psicologista y la crítica biográfica, de la que puede decirse que él es su fundador. Son tan variados y dispersos los elementos que configuran sus artículos, en ocasiones más literarios que críticos, que ha podido decirse que hace a la crítica francesa acceder a la dignidad de género literario autónomo e incluso anticipa distintas formas de crítica que habrían de desarrollarse en las siguientes décadas (Romani, 1968: 40). Hombre por tantísimas razones de circunstancia, ingenio y cultura alejado de Larra (Larra, 1828-37), coincide con él sin embargo, también fuera de los márgenes de

la crítica literaria, en haber elevado en su lengua el artículo crítico de actualidad a la categoría literaria de nuevo género. Sainte-Beuve, como Leopardi,
detestaba su época, pero cometió con ella un error imperdonable en un crítico de su especialidad: no entendió en absoluto a los escritores verdaderamente importantes, ni a Stendhàl ni a Balzac, y casi otro tanto podría decirse
de Baudelaire, Flaubert... Aparte de un elevadísimo número de artículos, que
en su mayoría hoy serían leídos como sugestivas curiosidades históricas y literarias de excelente pluma, Sainte-Beuve dejó unas cuantas obras de entre
las cuales habrá que contar con *Port-Royal* (Sainte-Beuve, 1840-59), donde expone sus ideas sobre los caracteres humanos con la pretensión de que se lle-
guen alguna vez a establecer las grandes familias de los autores vistos como
tipos caracteriológicos.

Los artículos críticos y literarios de Sainte-Beuve, recopilados en las series de los *Lundis* (Sainte-Beuve, 1852-4) y los *Portraits littéraires* (Sainte-Beuve,
1862), no constituyen en ningún caso una doctrina explícita ni una teoría crí-
crítica; es más, a tenor de lo dilatado de su carrera, sus opiniones varían y
avanzan en una u otra dirección según sus particulares intereses y el momento en que fueron vertidas; los modos de acercamiento que adopta ante la
personalidad del escritor lo alejan irremisiblemente del texto, inclinándolo
hacia el procedimiento biográfico y el relato brillante de circunstancias externas, más propias en todo caso de la historia literaria que no de la crítica
de la literatura. En ello se mostró próximo a su compatriota Villemain. Con
frecuencia sus trabajos son de crítica creativa, de crítica como arte en la cual
aparece el sujeto analista por encima de su objeto de estudio. Es obvio que el
método prototípico de Sainte-Beuve, el biográfico, a veces puede arrojar luz
adicional sobre la obra de un autor, pero en otras ocasiones, desde un punto
de vista objetivo, es susceptible de llegar a la esterilidad, al mero subjetivismo interpretativo o a lo literariamente disparatado. Si Herder buscaba al autor en la lectura del texto, Sainte-Beuve lo busca en la biografía. Corresponde a Marcel Proust el haber hecho la más inteligente crítica del influyente escritor de los *Lundis* en su *Contre Sainte-Beuve:*

> La obra de Sainte-Beuve no es una obra profunda. El famoso método que lo
> convierte, según Taine, Paul Bourget y tantos otros, en el maestro inigualable de
> la crítica del diecinueve, ese método, que consiste en no separar al hombre de la
> obra, en considerar que no es indiferente al juzgar el autor de un libro, cuando
> este libro no es «un tratado de geometría pura», haber respondido primero a las
> preguntas que parecen las más ajenas a su obra (qué actitud adoptaba, etc.), en
> proveerse de todos los datos posibles sobre un escritor, en cotejar su correspon-
> dencia, en interrogar a las personas que lo conocieron, hablando con ellas, si to-
> davía viven, leyendo lo que han podido escribir acerca de él, si es que han muer-
> to, este método desconoce lo que un contacto un poco profundo con nosotros
> mismos nos enseña: que un libro es el producto de otro *yo* distinto al que expre-
> samos a través de nuestras costumbres, en sociedad, en nuestros vicios (Proust,
> 1954: I, 119).

✧       ✧       ✧

Sainte-Beuve nos deja al cabo de la era romántica entendida, naturalmente, en amplio sentido internacional. Durante los muchos años de su dedicación al ejercicio crítico fue configurándose la labor diversa de una nueva
época de la crítica que habrá de conducirnos hasta la construcción poética de
la Vanguardia artística y el paralelo nacimiento de la primera de las grandes
escuelas de la crítica contemporánea, el Formalismo ruso, ya en el siglo XX.
Esa nueva época, que quizá sea justo llamar de transición y de reacción recí-
proca, cabe ser delineada en dos vertientes generales que denominaremos,
generalizando, positivista e idealista. Por una parte *(positivista),* en el Romanticismo existía ya un sentido de historicidad, de contextualización y condicionamiento social y geográfico de la literatura; de la cultura y las obras entendidas como evolución histórica, lo cual, avivado por el surgimiento dialéctico
realista, social, cientifista y positivo frente al cansancio provocado por la permanencia del pensamiento romántico místico e idealista, dio lugar a las corrientes positivista e historicista, realista y naturalista. Por otra parte *(idealista),* téngase en cuenta que el espíritu romántico, al finalizar sus largos años
de densísima creación filosófica, literaria y crítica no hubo de ser, ni mucho
menos, pensamiento que relegar al olvido sino cimiento de un subsiguiente
proceso evolutivo, en realidad ininterrumpido, posromántico, impresionista,
de renacimiento del idealismo (como reacción antipositivista) y centrado, sobre todo, en el movimiento que llamamos simbolista. A bosquejar esas dos
corrientes opuestas dedicaremos las páginas que siguen.

## 2.3  BOSQUEJO DE LAS CORRIENTES POSITIVISTAS

La filosofía positivista, aunque sólo raramente sea tenida en consideración dada la esterilidad o irrelevancia de su pensamiento artístico, como veremos poseyó sin lugar a dudas ideas de gran influencia y desde luego es imprescindible acercarse a ellas para comprender con suficiente amplitud los
fenómenos de reacción antirromántica, de implantación naturalista, cientifista, historicista y sociológica. Es bien comprensible, por lo demás, que el
Positivismo como filosofía de la ciencia, o simplemente como filosofía, se or-
denase en cuanto que sistema en el país de la Ilustración racionalista por antonomasia.

Augusto Comte, heredero del concepto de historicidad romántico, le da
a éste, sometido bajo el dogma del progreso en la relación sociedad/ciencia,
un nuevo rumbo en la práctica. La Humanidad, según Comte, ha recorrido
tres grandes estadios: uno primero teológico o ficticio, un segundo metafísi-
co o abstracto, y por último ha alcanzado el actual, positivo o científico. En
términos positivistas, puesto que la lógica establece como *regla* que toda proposición es ininteligible y carece de sentido real si no es susceptible de estricta reducción al enunciado de un hecho, particular o general, la inteligencia

adecuada se propondrá la búsqueda de *leyes* o relaciones constantes entre los fenómenos observados, habiendo de quedar la imaginación, por tanto, necesariamente subordinada a la observación (Comte, 1844: 69-70). Mientras que la ciencia se ocupa del conocimiento de la realidad, el arte, al que se le reconoce campo tan extenso como el de la ciencia, la embellece. El arte es «la representación más completa, a la vez que la más natural, de la unidad humana, ya que se enlaza directamente con los tres órdenes de nuestros fenómenos característicos: sentimientos, pensamientos y actos», de los cuales su fuente es el primero de ellos; pero su trato, además, debe ceñirse a los «sentimientos benevolentes» (Comte, 1851 y 1835: 93 y 39). Así pues, podemos concluir nosotros, el arte adquiere un esencial sesgo didáctico muy limitado y hasta encubiertamente subsidiario, perfectamente entendible en el contexto de la obra comtiana y el despojamiento que de la imaginación hace.

El determinismo naturalista desarrollado de manera brillante por la Botánica y en general las ciencias metodológicamente caracterizadas durante el siglo XIX, tuvo su mejor organizada doctrina crítica artística en la obra de Hipólito Taine, quien habla de hechos positivos

> que pueden ser observados si consideramos las *obras de arte* ordenadas por familias en los museos y bibliotecas, como las plantas en un herbario o los animales en una galería de historia natural. Se puede aplicar el análisis a unos y otros; investigar lo que es una obra de arte en general como se estudia lo que es una planta o un animal en el mismo sentido (Taine 1865: I, 23).

De igual modo que, por ejemplo, un naranjo está determinado por unas circunstancias y un ambiente físico (que nuestro autor describe con detalle), un poema o una escultura existen determinados por un ambiente moral, por un mundo humano sometido a tres factores: raza, medio y momento. De ahí la ley de que «la obra de arte se halla determinada por el conjunto que resulta del estado general del espíritu y las costumbres ambientes» (Taine, 1865: I, 46). Pero es más, el artista toma de la humanidad los materiales en su país y tiempo combinándolos únicamente «para expresar mejor algún carácter esencial de su raza y de su época» (Taine, 1894: 967). Por otro lado:

> [la única diferencia que separa] estos problemas morales de los físicos consiste en que las direcciones y las dimensiones no se dejan valuar ni precisar en los primeros como en los segundos [...] Pero aunque los medios de notación no sean los mismos [...] el efecto final se produce según la misma regla (Taine, 1864: 49).

Se ha insistido en que el principio de la *Filosofía del Arte* de Taine se halla en Herder, mas en ningún caso ha de olvidarse que del uno al otro están, cuando menos, el Positivismo más radical y las renovadas Ciencias físico-naturales. Aun en sus análisis psicológicos y de causalidad genética Taine siempre se atiene a realidades esencialmente ajenas a la obra en tanto que objeto; al proponerse la taxonomía de la misma comienza por agruparla entre las de su mismo autor, para después pasar al conjunto de las de otros autores de una escuela o grupo de un mismo tiempo o país; esto es, de un mismo ambiente moral. Su sociologismo, que vino precedido por el de Proudhom y Saint-Simon, se mantiene en todo momento dentro de la perspectiva del positivismo y el determinismo; sociologismo que, en otro sentido, bajo los criterios económicos y el realismo estético, tras la bipartición de la escuela hegeliana y Ruge, encontraría la expresión, aunque fragmentaria, de Marx y Engels en el marco de una doctrina de gran incidencia ideológico-política (Demetz, 1959; Lifschitz, 1967). A los presupuestos sociológicos de Taine añadiría Hennequin en *La crítica científica* (Hennequin, 1888) el factor representado por el público lector.

Las teorías sobre el evolucionismo biológico y los estudios taxonómicos superadores de Linneo (Lamarkc, Darwin...), tienen su más aquilatado reflejo en *La evolución de los géneros de la historia de la Literatura,* de Brunetière (Brunetière, 1890), obra que va precedida por una «evolución de la crítica». Su planteamiento tanto acerca de las ideas críticas (francesas) como de los géneros pierde un posible valor estimable de orden histórico, evolutivo y organicista por su esquematismo dogmático clasicizante en torno a la entidad de los géneros y sus cambios y la centralización doctrinal sobre Boileau. Acaso uno de los aspectos más interesantes del libro sea la relación que establece entre crítica (mejor dicho, teoría) y género. En otro lugar resumió Brunetière los tres elementos que consideraba se habían hecho indispensables en la labor crítica: «sentimiento literario, erudición histórica y filosofía» (Brunetière 1882: 61). Entre las obras que escribió existe una particularmente conocida, el *Manual de historia de la literatura francesa* (1897), mediante el cual contribuye a la densa tradición decimonónica de los monumentos histórico-literarios cuyo origen moderno hay que buscar en la puesta en investigación práctica del concepto de historicidad romántico, Bouterwek, los Schlegel y tantos otros. Quepa recordar como ejemplos excepcionales dentro de esta tradición la *Historia de la literatura italiana* (1817-83), de Francesco De Sanctis y la *Historia de la literatura poética nacional de los alemanes* (1835-40), de Gervinus, ambas previas al positivismo y obras pioneras y cualificadamente críticas.

La posición de mayor cordura frente al extremismo cientifista del positivismo de Taine y Brunetière, reside en el equilibrado método histórico-literario de Gustavo Lanson, discípulo del segundo de ellos y autor de una famosa *Historia de la literatura francesa* (1894). Pero Lanson no fue un mero historiador literario sino que poseyó una teoría y dotó a la disciplina en su país de carácter crítico y autónomo del exacerbado cientifismo naturalista que tuvo por herencia. En un artículo titulado *El método de la historia literaria* expuso sus criterios contra la aplicación de métodos procedentes de las ciencias naturales así como contra la crítica dogmática y condicionada ideológicamente («nuestro ideal es llegar a construir el Bossuet y el Voltaire que ni el católico ni el anticlerical puedan negar»). Lanson piensa que la crítica impresionista es legítima si se atiene a los límites de su definición, esto es si consiste en un franco impresionismo de reacción de un espíritu ante un libro, pero no si se entromete en juicios históricos o modifica el propio carácter del objeto. Reconoce que «la total supresión del elemento subjetivo no es posible ni deseable, y el impresionismo está en la misma base de nuestro trabajo» (Lanson, 1910: 37-8). Si el primer precepto del método científico es la sumisión del espíritu al objeto –argumenta–, será por tanto más *científico* reconocer y regular el papel del impresionismo que no negarlo.

Lanson, si bien es historicista, neopositivista, sin embargo por fin logra centrar el objeto de estudio sacándolo de climas, razas y geografías: «la obra literaria se define sobre todo por su carácter intrínseco»; lo que hace literario a un texto es

> la virtud de la forma que extiende o prolonga su poder de acción. La literatura está compuesta por todas aquellas obras cuyo sentido y efecto no puede ser plenamente revelado más que por el análisis estético de la forma (Lanson, 1910: 34).

El fin que se propone el método lansoniano es estudiar los fenómenos singulares, definir la originalidad individual separando los elementos que le son extraños, conociendo la prolongación que la obra representa del pasado y la infiltración en ella del presente; averiguar la influencia del escritor..., hacer aparecer al hombre de genio como producto de un medio y representación de un grupo. Conjugando historia literaria y crítica señala las siguientes nueve operaciones a realizar: 1.º ¿es auténtico el texto?; 2.º ¿es puro y completo?; 3.º ¿cuál es su fecha?; 4.º ¿está modificada la última edición dada por el autor respecto de la príncipe?; 5.º ¿cómo se ha formado el texto desde el primer plan hasta la edición príncipe?; 6.º establecer el sentido literal del texto; 7.º establecer su sentido literario; 8.º ¿cómo está hecha la obra?; 9.º ¿cuáles han sido su éxito e influencia? Naturalmente Lanson efectúa diversas especificaciones sobre la lista enunciada y formula soluciones para posibles dificultades. En fin, las

> operaciones principales consisten en conocer los textos literarios, en compararlos para distinguir lo individual de lo colectivo y lo original de lo tradicional, en agruparlos por géneros, escuelas y movimientos, en determinar finalmente la relación de esos grupos con la vida intelectual, moral y social de nuestro país, así como en el desenvolvimiento de la literatura y la civilización europeas (Lanson, 1910: 43).

Una posición neopositivista en cierto modo semejante a la de Lanson fue la de Menéndez Pelayo en España, si bien su obra es de más amplias bases y extensión eruditas, fue en nuestro país más fundamentadora que la de aquel en Francia, es mucho más tendenciosa ideológicamente y, por último, no nos ha legado una teoría crítica. Es autor, sin embargo, de una extensa e inacabada *Historia de las Ideas estéticas en España.* Debe tenerse en cuenta que la crítica del maestro santanderino se halla envuelta y diluida dentro de los miles de páginas de su ingente esfuerzo histórico-literario y documental, siempre de buscada totalización y unidad (Alonso, 1956; Zuleta, 1974). No obstante, en su *Programa de Literatura española,* redactado para una oposición a cátedra en 1878, dejó unas notas para su defensa que contienen algunos elementos de teoría crítica (Menéndez Pelayo, 1941: 69-75). Allí se señala que la misión del crítico es analizar, describir, clasificar y juzgar. Advierte de los peligros de la exclusividad del método histórico (que él hereda de su maestro Milá y Fontanals), compara la alta crítica (supongo que la filosófica) con la crítica erudita, preguntándose a cuál de ellas en realidad se deben los progresos de las ciencias. Con todo, subraya que crítica no hay más que una, pero debe globalizar, a fin de conseguir la completez de estudio, la crítica externa o bibliográfica, la interna o formal, la transcendental (como antes, es de suponer la filosófica) y la histórica. Más adelante desglosa crítica estética (surgida en el Romanticismo alemán) y filosófica (de los hegelianos). Aduce su preocupación por evitar los inconvenientes de cada una de ellas y que, pese a las acusaciones de que él es objeto, el hecho es que aplica tanto la crítica estética como la histórica y la filosófica. La crítica ha de tener principios para así evitar las impresiones subjetivas, aun dada la característica vaguedad de los mismos, pues las reglas son más bien negativas. En cuanto a la ciencia histórica, es en gran medida de hechos y de observación y ha de valerse frecuentemente de procedimientos análogos a los de las ciencias naturales. Por último, la historia literaria debe engarzarse con la historia civil. Existe, por otra parte, un persistente punto de vista en Menéndez Pelayo que, frente al positivismo, en diversos lugares de su obra —y en estas anotaciones que comentamos— le conduce a sostener la necesariedad de que el crítico debe poseer una cierta experiencia artística propia, o al menos facultades semejantes a las del artista.

El gran movimiento literario paralelo a las corrientes filosóficas, científicas y crítico-literarias positivistas fue el Realismo del género narrativo, y el Naturalismo, que es su mera radicalización. Sin embargo, los maestros de la novela realista (francesa), en contra de lo que sucedió con los románticos, no articularon una teoría crítica, es más no practicaron la crítica ni tampoco sistematizaron su teoría literaria, si exceptuamos el caso último, naturalista, de Zola. Aun así, en distintos momentos (cartas privadas, prólogos y similares) dejaron constancia de su pensamiento literario. Ejemplo bien distinto fue el de la dedicación crítica de los novelistas españoles que les son correspondientes (Aullón de Haro, 1983a), Galdós (Pérez Galdós, 1870-1923), Valera (Bermejo, 1968) y Leopoldo Alas «Clarín» (Alas, 1881-1912 y 1893; Beser, 1968).

El primer crítico del Realismo fue Champfleury, quien reunió sus artículos sobre literatura y arte (especialmente la pintura de Courbet) en un volumen con ese mismo rótulo. En una carta-artículo a George Sand (1855) deja testimonio de que «todos aquellos que aportan algunas aspiraciones nuevas son llamados *realistas*» (Champfleury, 1857: 171), y se muestra aún escéptico por el uso del término, añadiendo que el mismo Wagner era detestado por un crítico francés que le llamaba realista. Resultado de la indigencia crítica de Sainte-Beuve (ya lo dijimos) respecto de Stendhal, Balzac y Flaubert, fue que Champfleury estableciera los rasgos del nuevo estado de cosas en la narrativa: el novelista estudiará los individuos y los situará en la civilización moderna dentro del contexto de las costumbres, analizadas con disciplina rigurosa valiéndose incluso de la encuesta directa y la minuciosa observación. La vida cotidiana sustituye a la imaginación y el narrador no se inmiscuye dentro de la realidad representada. Ya Balzac pensaba que eran todos los detalles de la vida contemporánea, al margen de la imaginación y el pasado histórico, los constituyentes de la nueva novela: una «filosofía» capaz de ofrecer la imagen íntegra de una civilización. El escenario histórico de Walter Scott es trasladado a la actualidad (van Tieghem, 1946: 217 ss.), la cual, según Flaubert, será vista por la imparcialidad del narrador ante la realidad y los personajes, personajes susceptibles de representar la generalidad de un tipo. Para Flaubert, el narrador, superior al artista del verso, es ajeno a la inspiración y permanece atento a la verdad, ofrece una concepción moral implícita; su gran problema técnico consiste en la fijación de los procedimientos de transición y armonización de las partes narrativas. Como llegarían a decir los Goncourt desde otra perspectiva, se habían reducido notablemente las distancias entre novela y crítica.

La progresión hacia los límites extremos del Realismo estuvo a cargo de Zola, teórico exacerbadamente positivista que, con cierta ingenuidad científica, propuso para la novela el método experimental y de la mecánica de los fenómenos desarrollado por Claude Bernard en su *Introducción al estudio de la medicina experimental* (1865). Zola, que había adoptado la palabra Naturalismo en el prólogo a la segunda edición de su novela *Thérèse Raquin* (1867), hizo reposar las reglas novelísticas de su escuela en las leyes de la influencia del medio ambiente, la fisiología originadora de los sentimientos y la herencia genética. Así lo hace constar en su teoría de *La novela experimental,* donde comienza por decir que su exposición no es más que un trabajo de adaptación del método de Bernard en la que a menudo le basta con reemplazar la palabra «médico» por la de «novelista» (Zola, 1880: 2). Por lo que se refiere a la crítica —y ello creo que puede servir de testimonio de lo que en su tiempo, fuera de los límites del idealismo, se pensaba—, Zola dice en un artículo que ésta, pese a su capital importancia para la literatura, no ejerce un influjo directo sobre el nivel literario. Asimismo, la crítica ha dejado de ser pedagógica, retórica, de fallos y reglas:

> se ha engrandecido, ha llegado a ser un estudio anatómico de los escritores y de sus obras. Coge un hombre, toma un libro, los diseca, se esfuerza en demostrar por qué juego de engranajes aquel hombre ha producido este libro; se contenta con explicar, e instruir un sumario. Se investiga el temperamento del escritor, se dilucidan las circunstancias y el medio en los cuales ha trabajado; la obra aparece como un producto inevitable, bueno o malo, cuya razón de ser es lo único que se trata de demostrar. Así, pues, toda la operación crítica se limita a comprobar un hecho, desde la causa que lo ha producido hasta las consecuencias que producirá. No cabe duda de que un trabajo semejante contiene una lección; y al verse en un espejo tan fiel, un escritor puede reflexionar, conocer sus achaques y tratar de disimularlos lo más posible. Sólo que la lección viene de arriba, surge de la misma verdad del retrato y no es la petulante enseñanza de un dómine. La crítica expone, no enseña. (Zola, 1880:6).

La crítica —opina Zola— debe registrar los movimientos literarios que se producen, comprobar las nuevas realidades que tienen lugar. El crítico de autoridad y amplitud de miras guiará al público intranquilizado por la originalidad, lo hará acostumbrarse al nuevo genio. Por tanto, cada generación de escritores necesita su crítico, el crítico que coincida intelectualmente con ella y le abra el paso. Es uno más del grupo de escritores, sólo que con mayor capacidad de comprensión que de invención. Su función es decisiva en las re-

laciones entre escritor y público, sin él ambas partes se enquistan. Por su parte, los naturalistas no han encontrado al suyo. Taine fue el crítico naturalista
en quien los jóvenes pusieron su fe, pero Taine se ha mostrado como un erudito investigador, por lo demás excelente, que no vive la misma realidad que
ellos: el lugar de su temperamento equilibrado está en los límites de la biblioteca. Así, desde la muerte de Sainte-Beuve (el cual no hubiese podido comprender a los naturalistas: tenía horror a la realidad), la crítica en Francia no
existe. Los periódicos ya no difunden artículos serios y de cierta extensión
sino que se han convertido en noticiarios agentes de la corrupción literaria.
En el artículo de Zola a que nos venimos refiriendo se incluye, además, una
tipología de críticos de la época, un relato de «fisonomías» de los individuos
(con nombre).

Un *corpus* realista de doctrina estético-literaria y crítica original sólo fue
el producido por Tolstoy en *¿Qué es el arte?* (Tolstoy, 1898), trabajo de madurez en el cual el novelista explica la obra artística como medio fundamental
de comunicación, de transmisión emocional. Tolstoy disocia arte y belleza,
arte y placer; propugna una estética de la finalidad literaria, contenidista, dis-
tanciadora de fondo y forma en contra de la teoría del «arte por el arte». Es
este último el arte falso, aquel que no participa de la comunicación social; el
verdadero obedece a la espontaneidad, la sinceridad, es la auténtica conciencia religiosa favorecedora de la paz de los hombres. Tolstoy representa, pues,
la aislada y original versión del realismo en términos «idealistas» sociales
cristianos.

Sería otro gran novelista, Henry James, —permítasenos la frase— quien
cerrara las puertas del Realismo (histórico, no marxista). Superó por otros caminos, desde una misma base realista, ese movimiento del arte narrativo a la
par que construyó una teoría de la novela y escribió la crítica breve pero tal
vez más inteligente del mismo, desde Balzac y George Eliot hasta Tolstoy,
Maupassant o Zola (James, 1884-1914).

## 2.4  BOSQUEJO DE LAS CORRIENTES IDEALISTAS

Como ya quedó dicho, el flujo  ideológico y artístico del Romanticismo no sufrió ni mucho menos una verdadera interrupción sino que evolu-
cionó bifurcándose en lo que generalizadoramente hemos denominado positivismo e idealismo, si bien es cierto que el primero de ellos delinea una fuerte reacción antirromántica por más que sus propios orígenes no remotos
sean localizables en aquel. Las corrientes idealistas, sin embargo, representa-
ron su prolongación natural y nuevo desenvolvimiento. Nos aplicaremos a
estas refiriéndonos primero a los críticos filósofos, para hacerlo después a la
nómina más extensa de los poetas.

Emerson (uno de los llamados transcendentalistas) por explícita voluntad propia no quiso introducirse en la actividad puramente crítica sino que

prefirió permanecer en un nivel de generalidad estética, al cual su pensamiento se acomodaba con facilidad. En sus *Ensayos* se observa, por un lado, el orden de criterios románticos: rechazo de la mimesis, relego de las reglas, creación artística en tanto que novedad, fusión de poesía y vida, preconización del uso de símbolos, el lenguaje entendido como creación de origen poético, etc.; por otro lado, la coexistencia de ideas de estirpe neoplatónica y en algún caso clasicistas o de índole utilitaria: la belleza ha de buscarse por religión y amor, no por placer, pues este degrada y aísla al separar lo bello de lo útil. Pero la visión del mundo emersoniana es esencialmente idealista, e ideas como la que acabamos de apuntar sobre la belleza no son en modo alguno marca de incoherencia, más bien ajustada peculiaridad e incluso apertura dentro de su contexto neoplatónico, en el cual se hace la crítica del misticismo simbólico al tiempo que se da cabida relevante al sistema de correspondencias (que haría suyo la poética simbolista) y se enaltece sumamente a Swedenborg. No podemos permitirnos aquí entrar en el terreno especulativo de Emerson; nos limitaremos, pues, a unas breves reseñas. En primer lugar la cita de uno de los fragmentos fundamentales que inspiraron la poética del Creacionismo huidobriano, a lo cual ya aludimos de pasada al referirnos a Goethe:

> lo que hace el poema no es el ritmo, sino el argumento que crea el ritmo; una idea tan llena de pasión y vida, que, a semejanza del espíritu de un animal o de una planta, tiene una arquitectura que le es propia y engalana la naturaleza con una cosa nueva (Emerson, 1841-4: 280).

En cuanto a la crítica, Emerson pensaba que su legitimidad consiste «en la fe del espíritu de que los poemas son la versión adulterada de algún texto de la naturaleza, al cual se debe hacer que se ajusten»; y el mejor crítico de arte es «el individuo en quien los gustos sencillos y la sensibilidad espontánea, en lo tocante a las grandes influencias humanas, dominan los accidentes de una cultura local y especial» (Emerson 1841-4: 292, 265).

Un importante elemento crítico de la teoría emersoniana (en coincidencia con Goethe) es el discernimiento de «lo inevitable» en la obra artística, frente al talento que demuestra el autor u otros rasgos. Por lo que hace a la relación idea/forma, al igual que Kierkegaard —y Valéry, según veremos—, considera que estas no son separables. Nietzsche, que admiraba a Emerson tanto como despreciaba a Sainte-Beuve, pensaba negativo el influjo filosófico alemán que se detecta en el norteamericano; y esto parece claro que en razón de su planteamiento artístico renovador respecto de los pensadores idealistas que le precedieron en su país.

Nietzsche se propuso superar las divisiones históricas de edades artísticas basándose en el criterio de que la evolución de las artes está ligada a dos formas de espíritu esenciales que se realizan en cualquiera de ellas (abandonando así la dicotomía hegeliana idea/forma) mediante la dualidad arte apolíneo y arte dionisíaco que expuso ya en *El origen de la tragedia*. El primero de ellos, de carácter objetivo, corresponde a las artes plásticas y a parte de la poesía (por ejemplo la épica: Homero); su ámbito es el del sueño. El segundo, de carácter subjetivo, atañe a la música y a la poesía (en la Antigüedad, por ejemplo, Arquíloco), y su ámbito es el de la embriaguez espiritual. (De modo que a fin de cuentas Nietzsche se retrotrae a un procedimiento estructuralmente análogo al de Schiller).

A juicio de Nietzsche, el hombre susceptible de excitación artística utilizando las imágenes que le proporciona la realidad de los sueños interpreta la vida. (Se comprende por ello que para él el único filólogo no detestable sea el filólogo-poeta, cuyo prototipo es Leopardi). Por otra parte, en la embriaguez dionisíaca el artista deviene obra de arte; y la embriaguez (siguiendo él mismo términos de Schiller) obedece a un «estado de ánimo musical» (Nietzsche, 1872: I, 147). Si el arte es la más alta expresión humana, de él la música es su manifestación privilegiada: el poeta lírico lo que hace es interpretar la música mediante imágenes.

> El lenguaje no puede en modo alguno expresar cabalmente el simbolismo universal de la música [...]; frente a ella, toda apariencia sensible es mera alegoría (Nietzsche, 1872: I, 166).

Nietzsche está en desacuerdo con Schopenhauer en lo que atañe a la crítica del tema de las relaciones de la poesía y la música. En *Sobre la música y la palabra* explica cómo hay una «dualidad natural característica de la esencia del lenguaje» (Nietzsche, 1871: 334 y ss.), puesto que en todos los pueblos la música se inicia aliada globalmente con la lírica. La palabra es un símbolo que no concuerda con la cosa (un signo arbitrario, en términos saussureanos), simboliza representaciones conscientes e inconscientes. Nosotros sólo conocemos la imagen de la representación, no la esencia. Las dos categorías generales de las representaciones que se nos revelan son placer y displacer, y cualquier grado de éstas es universal e inteligible en la simbolización de las «modulaciones de la voz» por encima de la diversidad de las lenguas. Es la voluntad de esa expresión simbólica la que accede en la música a su mejor adecuación, «proceso histórico al cual corre paralela la constante aspiración de la lírica a parafrasear la música en imágenes». Así pues, la antedicha dualidad natural del lenguaje constituye el «modelo primario»,

> pensemos qué empresa ha de ser la de poner en música una poesía, esto es, de ilustrar una poesía por medio de la música, ¡para procurar así a esta última un lenguaje conceptual! ¡Esto sí que es poner las cosas al revés! ¡Es como si un hijo pretendiese engendrar a su padre! La música puede producir imágenes, que siempre serán tan sólo esquemas, como si dijéramos, ejemplos de su contenido general propiamente dicho. ¡Cómo se quiere, empero, que la imagen, la representación, produzca música! Aún menos lo puede el concepto o, como se ha dicho, la «idea poética». Desde el misterioso castillo del músico se tiende por cierto un puente hacia el país libre de las imágenes –y el poeta lírico cruza este puente–; pero es imposible recorrer el camino en sentido contrario, aun cuando dicen por ahí que hay algunos que creen haberlo hecho (*Ibid.*, p. 336).

De ello se sigue la inadecuación, el desfase aun de los sublimes versos de la oda de Schiller en el último movimiento de la Novena Sinfonía de Beethoven. Nietzsche pensaba, como Wagner (Wagner, 1852), en el drama musical (cumbre romántica de la intromisión de géneros: supragenérica) en tanto que síntesis de las artes. Después de lo hasta aquí argumentado se observará la muy diferente concepción de base a este respecto que existe entre Nietzsche y Kierkegaard.

Si Nietzsche brinda en la totalidad de su obra la compleja personalidad donde conviven filósofo, poeta y crítico, quizás no menos curioso es en cierto modo el caso de Dilthey, a quien nos permitiremos definir como idealista de concepto y empirista de método. Dilthey, gran conocedor de los viejos psicólogos escoceses, discípulo de Ranke e ideador de la psicología como base del método de las ciencias del espíritu con autonomía del de las ciencias naturales impuesto por el positivismo, es incluible dentro de las corrientes que proceden de este último en razón de su rigurosa crítica del pensamiento idealista y el fundamento historicista y empírico de su propia doctrina. Sin embargo las reflexiones que elabora acerca de la literatura de su tiempo muestran una valoración antipositivista: la conexión entre literatura y ciencia, defendida por Zola, conduce a aquella al error; «la poesía que quiere ser ciencia se equivoca aún más que la que quiere predicar una moral» (Dilthey 1886-92: 242). Esto es la no finalidad del arte.

Dilthey está persuadido de que la poética de Aristóteles ha muerto y que la actualidad en el dominio de la poesía, acabada la época romántica, es de anarquía en todos los países. Como consecuencia, los estudios que integran su *Poética* pretenden asentar una teoría encaminada a ofrecer un órgano utilizable tanto por los creadores de literatura como por los críticos de la misma, sirviéndose para ello del análisis histórico objetivo de la obra artística junto al estudio psicológico de la creación y la posterior percepción de los resultados de esta. Dilthey se aplica predominantemente al análisis psicológico de la creación poética a partir de la *imaginación* (la facultad con que el poeta se enfrenta al mundo de la experiencia), pero sin dejar de apuntar que dicha vertiente deberá combinarse con la *observación* exterior. Especifica que contiguamente a la historia literaria ha de situarse la «ciencia general de los elementos y leyes, sobre cuya base se construyen las composiciones poéticas» (Dilthey, 1886-92: 24), y ambas disciplinas quedan insertas en la historia general de hechos, sociedad y cultura. La poética es a la historia literaria lo que la teoría de la ciencia a la historia de los movimientos espirituales. Así podemos decir que, junto a la psicología artística, la estética, la teoría y la crítica constituirían la ciencia general de la poética diltheyana. Por lo demás, la poética está circunscrita, ciertamente, no sólo a la historicidad del mundo externo sino también de la vida anímica, la cual origina las diversas formas de poesía de cada época y pueblo. La realidad psicológica, a través de la expresión de la forma, que únicamente se origina mediante la «transformación de representaciones vividas en elementos y relaciones estéticas» (*Ibid.*, p. 180), se instala en la historia. Será posible, pues, observar los tipos históricos de la técnica poética, y comprender que la técnica del poeta viene a ser la *expresión de una época históricamente circunscrita:*

> Surge la esperanza de que mediante la poética pueda ser revelado con especial exactitud el influjo de los procesos psicológicos sobre los productos históricos. La consideración filosófica de la historia se desenvolvió entre nosotros en la

historia de la literatura. La poética tiene quizá un significado similar para el estudio sistemático de las manifestaciones históricas de la vida (*Ibid.,* p. 25).

Queda trazado así lúcidamente un puente (la poética) entre realidad psicológica y realidad histórica. Pero véase que se trata de un mecanismo metodológico basado en la contingencia sucesiva de cada uno de los tres factores, y el último de ellos, la historia, es el espacio de la totalidad. Tal sentido totalizador, más allá de la inmanencia, no deja de presentársenos como una imagen filosófica idealista que corrobora nuestra apreciación de principio acerca del autor, su concepto y método.

Desde esos supuestos se advertirá ahora que al tomar en consideración el pensamiento idealista de Benedetto Croce se nos haga ostensible una fundamental coincidencia con Dilthey en lo que se refiere a la totalidad y sentido de la historia. El procedimiento de ambos es distinto, pero las fases de su recorrido, los tres factores, y el punto de llegada vienen a ser los mismos. Para Croce, en último término, la verdadera crítica literaria no es más que «da narración histórica de lo que ha sucedido, y la Historia es la única y verdadera crítica que puede ejercitarse sobre los hechos de la Humanidad» (Croce, 1913: 91).

A diferencia de Dilthey, el punto de partida de la teoría croceana es, como en el asistematismo de Bergson, la intuición. La *Estética* de Croce arranca de la identificación del origen y entidad de lenguaje y poesía, enunciada por Vico, para especificar el carácter individual alógico de la creación artística y la identificación de Estética y Lingüística, disciplinas aplicadas a un mismo objeto, la expresión. La manifestación espiritual es la expresión, que nace de la intuición. Es un encadenamiento de identificaciones entre expresión, intuición y, por consiguiente, arte o expresión artística. La impresión de un sujeto surge siempre de una expresión formalizada, de ahí que sea improcedente la distinción (hegeliana y de otros) de contenido frente a forma: «el acto estético es, por lo tanto, forma y nada más que forma» (Croce, 1902: 101).

Es admirable la práctica y extensión europea de la crítica aplicada de Croce (Russo, 1942: I, 94-189; Brancaforte, 1972). Otro tanto hay que decir sin regateos de la coherencia evolutiva de su pensamiento crítico y estético (Puppo, 1964: 13 ss.), que habría de marcar una pauta inicial irrecusable para la Estilística. En el *Breviario de Estética* (1913) se encuentran sus ideas sobre la crítica, ya lejanas de *La crítica literaria. Cuestiones teóricas* (1894), libro que consistió en un primer intento de lo que llegaría a ser la *Estética como ciencia de la expresión y lingüística general* (1902). Croce realiza una crítica de la crítica por medio de una tipologización de esta. En primer lugar tiene en cuenta tres clases de crítica: la del pedagogo y tiránica, que impone y ordena, favorece y niega; la de juez, que es innecesaria puesto que trata de situar un objeto artístico que por sí mismo llega a ocupar su lugar; y la de interpretación o exégesis, que no debiera llamarse crítica. La crítica de juez piensa que es totalmente superflua dado que, mejor que el crítico, el poeta ya es un riguroso determinador de la belleza y crítico de la producción de su propia obra, siendo con posterioridad los lectores quienes asientan la posible grandeza de la misma; al margen, claro es, de la actualidad o el prestigio efímeros. También se manifiesta Croce contra los tipos de crítica de tendencia moralista, intelectualista, seudoestética, historicista...

> La verdadera crítica de arte es ciertamente crítica estética, pero no porque desdeñe la filosofía, como la seudoestética, sino porque actúa como filosofía y concepción del arte. Y es crítica histórica también, no porque se atenga a lo extrínseco del arte, como la seudohistórica, sino porque después de valerse de los datos históricos para la reproducción histórica –lo que no es todavía historia–, en cuanto obtiene la reproducción fantástica hace historia, determinando el hecho que ha reproducido en su fantasía, caracterizando el hecho por el concepto y estableciendo cuál ha sido verdaderamente el hecho que ha acaecido. Así es que las dos tendencias que parecen pelearse en los planos inferiores de la crítica coinciden en ésta. Tanto monta decir *crítica histórica del arte* como *crítica estética*. (Croce, 1913: 89).

Según Croce las exégesis histórica y crítica aún no son crítica, aunque sí son antecedentes de esta. No se trata de reproducir con otra forma una obra dada, producir un «equivalente», pues «el crítico no es *artifex additus artifici*, sino *philosophus additus artifici;* su obra no se realiza hasta que no borra y sobrepasa la imagen, porque la crítica pertenece al pensamiento» (*Ibid.,* pp. 83-4).

*   *   *

Una vez que hemos tratado de la aproximación a los críticos filósofos remontándonos hasta Emerson, abordaremos básicamente ahora un acercamiento a los críticos poetas, que son el paralelo de los anteriores, y de manera semejante será necesario retrotraerse hasta Edgar Allan Poe. Entre estos últimos se apreciará un estrechamiento muy notable de crítica y creación poética, toda vez que ellos mismos fueron a un tiempo los grandes poetas de la época y, por lo mismo, ambas actividades hubieron de ser, en virtud de esa circunstancia, íntima colaboración por encima de cualquier otro requerimiento.

De la obra crítica de Poe hay dos artículos que sobremanera nos interesan. El conocidísimo *Filosofía de la composición* (Poe, 1846) es un prodigioso ejercicio cuya finalidad es demostrar cómo un poema (*El Cuervo,* texto del mismo Poe) responde a un sistema compositivo análogo al rigor lógico de un problema matemático. Se trata en realidad de una curiosa demostración perfecta de teoría literaria implícita, en ocho apartados que van desde la fijación de cuál sea la extensión debida con que elaborar el poema (unos cien versos, «una sola sesión de lectura»), hasta la precisión de circunstancias de lugar, tiempo y contraste. No nos entretendremos en estudiar el artículo (por lo demás, tan frecuentemente leído y discutido), pero adviértase que su esquema es susceptible de reconversión a metodología crítica de análisis sin perder un ápice de su carácter de teoría literaria, implícita respecto del poema al cual lo aplica Poe y, además, explícita en cuanto que proyecto programático utiliza-

ble en la construcción de poemas. Muy pocas veces se habrá escrito un trabajo breve de mayores posibilidades teóricas y críticas.

En *El principio poético* Poe enuncia, en sentido programático, que «el valor del poema se halla en relación con el estímulo sublime que produce»
(Poe, 1850: 81), y se reitera en sus puntos de vista de intensidad y brevedad
poemáticas así como en el requisito de la unidad en tanto que vital en toda
obra de arte: «totalidad de efecto o impresión» (*Ibid.*, p. 82). Ahora bien, si la
brevedad es indispensable a la perfección poética (la epopeya es un género
imperfecto; en poesía no es mérito el esfuerzo sostenido), indebidamente
planteada puede degenerar en lo epigramático. Dentro de una pura línea de
crítica romántica Poe se expresa contra la verdad y el didactismo literarios
(el poema más digno es el escrito por el poema en sí), y en el entendimiento
de que la Música, el modo poético más arrebatador, en unión con la Poesía,
en sentido popular, representa el más vasto campo de desarrollo poético. La
música es esencial a la poesía, que no es sino *Creación Rítmica de Belleza»* (*Ibid.*,
p. 90), coincidiendo así a grandes rasgos con simbolistas y románticos.

Como es sabido, Poe pasaría a ocupar un lugar de influencia destacadísi-
mo dentro de la estética de los poetas simbolistas. Pero con anterioridad a él
ya se había ido esbozando en Francia la teoría del «arte por el arte» (frase
procedente de Hugo). En un primer momento, Teófilo Gautier manifestaba
en el *Prefacio* a su novela *Mademoiselle de Maupin* (Gautier, 1835) —que en gran
parte es un divertido alegato antipositivista contra la crítica periodística y
utilitaria— su convicción de la belleza entendida como lo inútil. Esta reacción
ante la sociedad de la era industrial y la filosofía positiva en el contexto del
Decadentismo tuvo en Inglaterra el germen del que sería el gran movimiento poético posromántico, el Simbolismo. Tras el crítico y narrador decadentista Thomas de Quincey, presentado y traducido al francés por Baudelaire
en *Los paraísos artificiales* (Baudelaire, 1861), el Prerrafaelismo inglés definió
los primeros pasos estéticos del nuevo arte (de entroncamiento romántico).
Ruskin, que definió el arte moderno como profano y atribuía a la representación de lo infinito y maravilloso la verdadera finalidad artística, fue el gran
crítico del grupo prerrafaelista (Ruskin, 1853); sin embargo, su pensamiento
crítico, de raíz intuitiva y organicista, heredero del romanticismo alemán, básicamente estuvo destinado a las artes plásticas más que a la literatura (Venturi, 1936: 183-90).

A juicio de Gustave Kahn, uno de los más autorizados poetas y críticos
de la época decadentista y simbolista, la doctrina del «arte por el arte» es difícil de definir:

> Practica el arte por el arte todo artista ocupado en desarrollar su sueño de be-
> lleza, belleza hecha de lo que se llama, sin posible equívoco, la belleza, belleza fí-
> sica, plástica, escultórica, arquitectónica, etc., y además belleza en el sentido más
> abstracto, de músicas, afectos, emociones, perfumes. Todo artista que ni defien-
> de ni predica la alocución moral, el ejemplo, el consejo práctico, es un fiel del
> arte por el arte (Kahn, 1902: 299).

El arte, según querían Gautier y Leconte de Lisle, había de forjarse como realidad autónoma. Este era el enfoque básico del problema para los parnasianos. Sin embargo a estos llegó a considerárseles próximos a la filosofía positivista, pues se interesaron por el estudio histórico-filológico y se remitieron a la Antigüedad con el propósito de encontrar en ella las calidades literarias y la materia poética indispensables para el verso. Estrictamente, la doctrina del «arte por el arte» puede reducirse a unos pocos enunciados generales: inutilidad y autonomía del objeto artístico; la realidad sociopolítica como ajena al arte, improcedencia de la distinción entre idea y forma, desentendimiento del público general puesto que la comprensión de la obra artística es sólo accesible a grupos muy reducidos de personas.

La situación de esos planteamientos doctrinales quedó sometida a la ambigüedad de sus límites. Baudelaire diría en 1851 que «la pueril utopía de la escuela del *arte por el arte,* al excluir la moral y a menudo incluso la pasión, resultaba necesariamente estéril. Cometía una flagrante contravención al genio de la humanidad» (Baudelaire, 1868: 41). Pero esa idea de moral era en el poeta de *Les fleurs du mal* un concepto de gran amplitud mucho más comprehensivo que el término topificado por la teoría y la crítica. Baudelaire pensaba, como sus admirados Poe y Gautier, que el arte no debía ser ni moralizador ni didáctico, y es obvio que tal palabra la utilizaba con distinto sentido. Por ello entiende (y sin olvidar tampoco la evolución de su pensamiento), que en otro artículo se lamente: «Es doloroso comprobar que encontramos errores similares en dos escuelas opuestas: la escuela burguesa y la escuela socialista. ¡A moralizar, a moralizar!, exclaman ambas al unísono con fervor misionero» (*Ibid.,* p. 53). El problema es el mismo que podría suscitar, pero en realidad aclara, otro de sus fragmentos: «¿Es útil el arte? Sí. ¿Por qué? Porque es arte. ¿Existe un arte pernicioso? Sí. Aquel que no refleja las condiciones de la existencia» (*Ibid.,* p. 54).

Baudelaire es con probabilidad el más grande crítico de su época. Sus procedimientos analíticos no obedecen a una teoría sistemática preestablecida sino que se fundan en la intuición, pero una intuición –la del hombre de genio– penetrantemente argumentada por la reflexión de una aguda inteligencia. En una ocasión declara haber intentado encerrarse en un sistema para desde él expresarse a sus anchas; pero la fijación de un sistema se le asemeja, ante el devenir del arte, una condena perpetua a la abjuración y la necesaria y fatigosa reelaboración del mismo. En consecuencia, prefiere liberarse de ese tipo de apostasías filosóficas y tomar un papel modesto, de «impecable ingenuidad» (Baudelaire, 1868 a: 214). Su obra crítica trata en extenso de literatura (trabajos recopilados en *El Arte romántico*) y pintura (recopilados en *Curiosidades estéticas*). También de música (sobre Wagner), en el primero de ellos. En esas páginas baudelairianas desfila, puede decirse, todo el arte que importaba en aquel tiempo y las cuestiones poéticas y plásticas relevantes o de invención propia. Se denuesta a Champfleury y se admira a Gautier; se habla de literatura social y romántica, de metáfora y de Ideal, de cuento poético, prosaísmo y poema en prosa... El estudio más extenso es el dedicado a Poe. Respecto de la crítica Baudelaire se define en estos términos:

> Creo sinceramente que la mejor crítica es la divertida y poética; no esa otra, fría y algebráica, que, bajo pretexto de explicarlo todo, no posee ni odio ni amor, y se despoja voluntariamente de toda forma de temperamento; pero, siendo un hermoso cuadro la naturaleza reflejada por un artista, ese cuadro debe ser reflejado por un espíritu inteligente y sensible. Así, la mejor manera de dar cuenta de un cuadro podría ser un soneto o una elegía.
>
> Pero este género de crítica está destinado a la poesía y a los lectores de obras poéticas. En cuanto a la crítica propiamente dicha, espero que los filósofos comprenderán lo que voy a decir: para ser justa, es decir, para tener su razón de ser, la crítica debe ser parcial, apasionada, política; es decir tener un punto de vista exclusivo, pero un punto de vista que abra el máximo de horizontes (Baudelaire, 1868 a: 101).

Según Baudelaire —definidor de la *modernidad*—, el artista auténtico es el que expresa lo particular del espíritu de su época, el que descubre la belleza oculta y misteriosa que existe a su alrededor, aquel que arranca a la vida actual lo que de épico tiene. Cada tiempo y cada país poseen su propia belleza, el error es refugiarse en elementos de la del pasado. Baudelaire, dentro de la tradición preferencial de los románticos, estudió la risa y lo cómico en las artes plásticas, y como buen heredero del Romanticismo consideró también que la imaginación es la facultad más elevada para el arte. Mediante ésta el poeta descifra el mundo, detecta la analogía universal y señala las *correspondencias* del universo, entre las ideas y los sentidos humanos, o entre los mismos sentidos (por ejemplo, percepciones de color y sonido). Esa es la teoría (la vimos en Emerson) procedente de Fourier y sobre todo de Swedenborg, en quien Baudelaire se basa explícitamente (Baudelaire, 1868: 270), que da fundamento a la poética simbolista. Recuérdese que fue también expuesta en poemas, por el mismo Baudelaire o por Rimbaud en el famosísimo soneto de las vocales.

La crítica de Baudelaire es intuitiva y está basada en la subjetividad, mas una subjetividad rigurosísima que nada tiene que ver con los retazos impresionistas de Anatole France (France 1888-92), quien vino a ser el reverso de la más dogmática crítica positivista francesa. Baudelaire abrió el camino de la nueva estética, de los autores que Verlaine reuniera en *Los poetas malditos* (Verlaine, 1884), obra memorable más por su significación que por su escaso contenido crítico. Tras ella hubieron de aparecer dos textos de distinta índole pero ambos muy importantes para la teoría programática simbolista: el llamado primer manifiesto del Simbolismo (en *Le Figaro,* 1886), de Moréas, y el *Traité du Verbe* (1886) de René Ghil, en el cual se concibe la lengua como un instrumento sonoro y en cuyo breve prólogo, que le puso Mallarmé, éste se refiere a cómo el verso «con varios vocablos rehace una palabra total, nueva, extraña a la lengua y como encantadora» que pone término al aislamiento de los vocablos («la parole») (Mallarmé, 1886: 858). Los simbolistas entendieron el verso como sistema de sonidos, otorgando así a la palabra poética un carácter objetual musical por encima del que pensaban los románticos ya desde Schiller. Se trataba de matizar sugestiones a través de las *corresponden-*

*cias* entre sonido y emoción, entre sonido e idea, configurar los movimientos emocionales. También, como quería Baudelaire, en el caso de «una prosa poética, musical, sin ritmo y sin rima, flexible y sacudida lo bastante para ceñirse a los movimientos líricos del alma, a las ondulaciones del ensueño, a los sobresaltos de la conciencia» (Baudelaire, 1869: 11). O según Verlaine en el primer verso de su *Art Poétique,* «De la musique avant toute chose».

Dice Mallarmé que lo excepcional de su tiempo (la crisis literaria de fines del XIX) consiste en que cada poeta está creando por sí mismo al margen del orden métrico prefijado como oficial, y no puede causar extrañeza que dentro de una sociedad inestable se produzca un arte no definitivo o que apetezca el individualismo. La antigua forma poética (romántica, parnasiana) era un modo garantizado de escribir buenos versos; sin embargo el verso es posible hallarlo en cualquier lugar en que la lengua haga ver su ritmo. En consecuencia, no existe la prosa sino tan sólo un mayor o menor grado de ajustamiento del verso en dependencia del esfuerzo estilístico realizado.

Acentuando el criterio romántico como fórmula de progresión, Mallarmé considera que el error de los parnasianos es nombrar directamente el objeto: en tanto que se nombra, la creación mediante la lectura queda imposibilitada. De lo que se trata es de sugerir, de *evocar* lentamente el objeto de manera que sea expresado un estado de alma. Es plasmar relaciones, no entidades. El fin de la literatura es la evocación, no el nombrar: una poética que desencadena el silencio. Es, pues, el solipsismo ante el «tedio de las cosas» que, como vimos en su momento, Hegel de forma impecable analizó a partir del concepto del *yo* romántico. Asimismo, la idea del silencio, curiosamente, hace coincidir a Schopenhauer con Mallarmé. Uno y otro focalizan una crítica tanto de la escritura como de la lectura, pero finalmente Mallarmé no se aplica a la crítica de las personas y profesión sino que se repliega sobre el sujeto, viniendo a concluir que si la escritura es un juego insensato a partir de la duda, la lectura es «una práctica desesperada». De ahí la pregunta, y su consiguiente respuesta, de: «para qué sirve esto.–», «para un juego» (Mallarmé, 1894: 647).

Mallarmé insiste aquí y allá en que lo importante es que

> por primera vez en el transcurso de la historia literaria de ningún pueblo [...,] cualquiera con su ejecución y su oído individuales puede componerse un instrumento, desde el momento en que sople, lo roce o toque con ciencia; usarlo por su cuenta y también dedicarlo a la Lengua (Mallarmé, 1895: 363).

Ello es fruto del verso libre y la libre combinación métrica simbolistas (Es en 1897 cuando Gustave Kahn propuso rigurosamente la teoría programática del verso libre en una edición de sus poemas *Palais nomades*). El verso deviene nueva música, pero música que concierne a la Idea. En este sentido Mallarmé también aporta su punto de vista respecto del debatido problema de las relaciones entre Música y Poesía. No podemos aquí detallar su indagación pero la conclusión estética de la misma es

> que la Música y las Letras son la cara alternativa, de una parte extendida hacia

lo oscuro; de otra centelleante, con certidumbre, de un fenómeno, el único, [...] la Idea (Mallarmé, 1894: 649).

Si la crítica de Baudelaire se construía sobre la poderosa intuición argumentada en torno a las obras, la de Mallarmé se construye mediante poderosas abstracciones sutiles cuyo límite frecuentemente es el vacío, el no decir. Son actitudes de aguda fundamentación subjetiva las suyas que cuentan entre las de resultado más profundo de la crítica moderna. Pero obsérvese que con mayor o menor éxito la adopción de perspectivas críticas subjetivistas fue moneda común dentro de la prolongada reacción antipositivista. Oscar Wilde argüía en *El crítico como artista* que «la crítica, en su forma más perfecta, es en esencia puramente subjetiva e intenta revelar su propio secreto y no el de los demás. Porque la crítica elevada se ocupa del arte no como expresión, sino como pura impresión» (Wilde, 1891: 1335), viniendo de ese modo a diverger radicalmente de Croce. Quepa también recordar, como ejemplo bien distinto y que nos sitúa en los confines fronterizos de discurso narrativo y discurso crítico, las muchas páginas dedicadas por Huysmans en su novela decadentista *A rebours* (1884) a la crítica literaria no ya de sus contemporáneos sino latina y medieval.

Tras Mallarmé, continuando dentro del pensamiento simbolista, fue William Butler Yeats quien dio impulso nuevo a la teoría del simbolismo. Yeats, que pensaba, como más tarde sostendrá T. S. Eliot, que el poema se escribe a partir de una melodía y que el ritmo es aquello que distingue a un buen poeta, arranca en su teoría de la base de que el símbolo es poéticamente superador de la metáfora. A su vez, los símbolos funcionan dentro de la dualidad de emocionales e intelectuales, y

> Todos los sonidos, todos los colores, todas las formas, sea por sus energías —pre-ordenadas— o por una larga asociación, evocan asociaciones indefinibles, pero precisas, o como yo prefiero pensar, atraen hacia nosotros ciertos poderes descarnados, cuyas huellas sobre nuestros corazones llamamos emociones; y cuando sonido, color y forma están en una relación musical, una bella relación entre elementos se convierte por así decirlo en un sonido, un color, una forma, y evocan una emoción compuesta por sus distintas evocaciones y que es, sin embargo, una emoción. La misma relación existe entre todas las partes de cada obra de arte, sea esta épica o una canción [...] (Yeats, 1900: 150).

El ideal moderno de revolución crítica y literaria romántica quiso encarnarlo el Simbolismo como revolución permanente; no obstante fracasó en ello. La palabra Vanguardia apareció referida a arte y literatura durante la época simbolista; empero hubo de ser un nuevo y pluralizado movimiento artístico, tan violento o más que el Romanticismo pero cronológicamente de desarrollo mucho más vertiginoso, quien la hizo suya y desbancó la decisoriedad del pensamiento simbolista. Con todo, si como hemos visto la crítica simbolista en lo más significativo estuvo a cargo de los propios poetas, la pervivencia de la poesía simbolista, que se convirtió en un fundamento estético generalizado en toda Europa (Balakian, 1967), llevó consigo la consiguiente pervivencia de su propia crítica, cuyo ejemplo más notable es el de Paul Valéry, discípulo de Mallarmé. Sin embargo procede referirnos ahora a la Vanguardia, para después tratar de la continuación de la crítica simbolista en Valéry.

Durante la primera década del siglo XX se incuban los dos primeros fenómenos artísticos revolucionarios de vanguardia, Futurismo y Cubismo. Ese fue el inicio de la revolución permanente, de la estabilización de la ruptura de la ruptura (Paz, 1974), que no realizaron los simbolistas y alcanzaría hasta la Segunda Guerra Mundial. Después de estos se sucederían como pautas más activas o de mayor contenido teórico, Expresionismo, Dadaísmo, Creacionismo y Surrealismo. Pero la Vanguardia, más que crítica, produjo un ingente volumen de teoría literaria general y programática. La crítica vanguardista adoptó, por un lado, el carácter de proclama y diatriba violenta antidecadentista y antisimbolista; por otro lado, se trasladó al propio arte. La obra literaria se convirtió, como nunca hasta entonces lo había sido, en destructiva crítica implícita de la literatura precedente. Los movimientos vanguardistas nacen y se superponen. Razón de ello es que la teoría surrealista (Breton, 1924-53) presupuso una crítica de la poética futurista (Marinetti, 1909-41), o el Creacionismo de Huidobro la crítica del Surrealismo (Huidobro, 1925), en esta ocasión de manera más abierta. La teoría cubista surgió primero referida a la pintura a manos de un poeta (Apollinaire, 1913), después en torno a la poesía (Reverdy, 1917-26 y 1932-60). En España el trabajo crítico (en realidad es un estudio de teoría implícita) de mayor relevancia acerca del arte de vanguardia fue el muy meritorio de Ortega y Gasset *La deshumanización del arte* (Ortega, 1925), si bien es cierto que en todo lo esencial —cosa que se hace preciso reconocer y así lo he hecho con detalle en otro lugar (Aullón de Haro, 1983 b)— se trata de una mera síntesis de ideas anteriormente enunciadas por otros (por ejemplo, Tristan Tzara, 1918).

De la extensa problemática artística y crítica de la Vanguardia existen dos aspectos que aun de manera sucinta importa aquí analizar. El primero de ellos radica en la relación arte/marxismo (incardinada en el renacer de la antigua cuestión clasicista de la finalidad del arte), que tuvo uno de sus momentos más intensos en el marco de la polémica suscitada entre Trotski y los grupos del Futurismo y el Formalismo rusos (Erlich, 1955; García Berrio, 1973). Trotski efectuó una crítica del futurismo ruso (sobre todo de Maiakovsky) en la cual reconocía varias de sus importantes aportaciones poéticas y cómo

> El futurismo es contrario al misticismo, a la deificación pasiva de la naturaleza, a la pereza aristocrática y cualquier otro tipo de pereza, al ensueño y al tono lacrimoso; y es favorable a la técnica, la organización científica, la máquina, la planificación, la voluntad, el valor, la velocidad, la precisión; es en definitiva favorable al hombre nuevo, armado de todas estas cosas. La conexión entre esta «rebeldía» estética y la rebeldía moral y social es directa: ambas se inscriben completamente en la experiencia de la vida de la parte activa, nueva, joven y sin domesticar de la *intelligentsia* de izquierdas, de la bohemia creadora (Trotski, 1924: I, 96).

Trotski observa que el caso de los futuristas rusos es distinto al del malestar de otras ocasiones en que la *intelligentsia* creaba nuevos estilos artísticos, pues ahora la revolución proletaria se ha introducido entre los componentes del futurismo y estos se han hecho comunistas. Trotski intenta contemporizar y señala que la preferencia poética del sonido sobre el sentido en los futuristas es un «entusiasmo» o una «enfermedad infantil de izquierdismo» literario, pero no puede aceptar en modo alguno la no finalidad política, socialista, de la poesía y, «aunque sea la vanguardia de la literatura, el futurismo es un producto del pasado poético, al igual que las demás escuelas literarias actuales» (*Ibid.,* pp. 95 y 85). De manera análoga se manifiesta el autor de *Literatura y revolución* ante la escuela crítica formalista, con el agravante de que esta no participó de la militancia comunista. Por lo demás, cuestionamientos en buena medida semejantes aparecieron en otros momentos; el más prolongado de ellos fue el vivido por los surrealistas, quienes no queriendo renunciar al marxismo ni al carácter revolucionario del arte, todavía mucho más lejos estaban de concebir el arte como de finalidad socialista. La polémica se polarizó finalmente entre Breton y Louis Aragon (Aragon y Breton, 1927-52).

El segundo de los aspectos que nos proponíamos examinar sucintamente atañe al tema poético estético vanguardista de los objetos y el procedimiento de su incorporación al texto artístico. Se recordará que el Romanticismo, al tiempo que hacía predominante la subjetividad sobre el mundo objetivo, devaluó tremendamente el interés y redujo la frecuencia de uso de objetos procedentes de la realidad empírica (ante lo cual reacciona Goethe). Por el contrario, las corrientes críticas y literarias de orden positivista (novela realista y naturalista), puesto que centraban sus ejecuciones sirviéndose de la observación y, por consiguiente, tratando de desterrar la imaginación, se abocaron de forma decidida a la representación de la realidad y sus elementos objetuales. Ahora bien, la Vanguardia, negadora profunda del subjetivismo simbolista, de la herencia artística del *yo* romántico y su transcendentalismo, encontró en la aprehensión de los objetos distintivos del mundo moderno una de sus razones decisivas de búsqueda de novedad e imbricación directa con todo aquello que reflejase modernidad de última hora. De ese modo se operó una curiosa síntesis de idealismo y positivismo en virtud del acelerado proceso de fervor objetual, sobre todo maquinístico, vanguardista. No puede olvidarse sin embargo que, de forma parecida a como las raíces del positivismo son detectables en la especulación de los románticos, la cuestión poética estética y crítica de los objetos vanguardistas procede en lo esencial de Baudelaire y el Simbolismo. La novedad e integración objetual de la misma se centraba en la tópica del contexto urbano, íntimamente conectado a un sector del pensamiento simbolista y su poética de las urbes. En consecuencia, el paso del Simbolismo a la Vanguardia delimitaba a este propósito no un cambio de actitud sino el enfrentamiento a una contextualidad urbana y objetual más desarrollada: un mayor nivel de tecnificación, una mayor utilización del metal... Esto es, la diferencia entre el París decadentista (un cuadro de Pisarro) y el Nueva York de las primeras décadas de nuestro siglo.

La vanguardia futurista abanderó una radicalizadísima incorporación objetual maquinística al universo poemático. Por su parte, el Cubismo actuó con pretensión mucho más moderada dando sus preferencias a los objetos de clara proximidad cotidiana, basando su criterio estético más en los perfiles y el análisis de formas de la realidad normal que no en lo maquinístico, la velocidad o la violencia bélica. El problema teórico y crítico –en España planteado por el confuso Guillermo de Torre (De Torre, 1922)– vino a localizarse en: 1.º, qué objetos debían incorporarse al texto artístico; 2.º cuál había de ser su función. La indiscriminación apresurada (típica en los ultraístas españoles) se bastaba con el hecho de la incorporación de tales elementos; pero ello era la trivialización del problema. Como decía Jean Cocteau, recogiendo la intencionalidad futurista, no se trataba de describir una máquina sino de que el poema reprodujese su vibración: un poema no es moderno por el mero hecho de que en él se incluyan automóviles o aviones. En última instancia, se puede concluir, todo el asunto no es sino la necesariedad perentoria de la mente humana por nombrar y hacer suya la realidad (cf. Aullón de Haro, 1983 b).

Tras el excurso de la Vanguardia retomaremos en Paul Valéry el último eslabón de la crítica de los simbolistas. Valéry, que se interesó tanto por la estética como por la poética y prestó renovada atención al concepto de gusto (Barrère, 1972: 239-81), definía el discurso poético, dando muestras de excelente capacidad comprehensiva en cuanto que «debe observar condiciones simultáneas perfectamente heteróclitas: *musicales, racionales, significativas, sugestivas,* y que exigen una relación continuada y persistente entre un ritmo y una sintaxis, entre el *sonido* y el *sentido*» (Valéry, 1938: 57). Ello implica que musicalidad o ritmo y significación son indisociables; o en otros términos, que fondo y forma son indisociables, sobre lo cual él insiste en diversos ensayos. Es, pues, un sistema total de relaciones que sólo existe como acto: la poesía es lenguaje puro y fórmula de coherencia ante el caso opuesto de la prosa. Así, la completa «ejecución del poema constituye el poema» (*Ibid.,* p. 44). La teoría simbolista de Valéry da a partir de Mallarmé un mayor giro conceptual poético hacia términos intelectivos; recurre a la idea de reglas; al igual que los realistas Valéry esencializa la creación como mecanismo consciente puramente cerebral y rechaza las nociones de inspiración, espontaneidad y sueño. Pero por supuesto cree en la no finalidad extraartística del arte.

Valéry da mucha importancia a la distinción entre obras *«que son como creadas por su público* (del cual colman la expectativa y son así casi determinadas por el conocimiento de ésta)», y las que *«tienden a crear su público»* (*Ibid.* p. 17), aduciendo que desde la misma pueden exponerse las convenciones literarias, las relaciones entre mayoría y minorías, entre novedad y tradición, los cambios de valor, las variaciones de la crítica, etc. Según Valéry una Historia literaria profundizada ha de ser comprendida como *«Historia del espíritu en tanto que produce o absorbe "literatura",* y esa historia podría llegar a ser hecha sin que ni siquiera el nombre de un escritor fuera mencionado» (*Ibid.,* p. 10). Acerca de la crítica resalta cuánto «antaño, sentando preceptos infalibles, ha usado y abusado, en la estimación de las obras, de la autoridad que pensaba tener en sus principios» (Valéry, 1937: I, 1302). Por otra parte, la crítica, cuando accede a la objetividad del texto, resulta ser una comparación entre lo que el autor ha realizado y aquello que quiso hacer, entre el autor y su propio deseo.

*  *  *

Finalmente, para concluir nuestro estudio, valga la esquematización de la tipología del crítico que realizara T. S. Eliot en un artículo titulado *Criticar al crítico,* donde distingue: A) Crítico profesional o escritor cuya labor crítica es su principal título. Suele ejercer en publicaciones periódicas y su prototipo es Sainte-Beuve, escritor de creación fracasado. B) Crítico de fervor. Su vocación no es la de juez sino la de abogado de los autores, preocupándose sobre todo por descubrir el mérito que ha pasado inadvertido. Responde a las características de George Saintsbury. C) Crítico académico y crítico teórico. En ocasiones coinciden en una misma persona. Su gama es muy amplia; abarcaría desde el crítico erudito hasta los críticos filosóficos como I. A. Richards y William Empson. D) Crítico que además es poeta. Por ejemplo Coleridge, Matthew Arnold, o el mismo Eliot (Eliot, 1961: 10-2).

## REFERENCIAS BIBLIOGRÁFICAS

1953  Abrams, M. H., *El espejo y la lámpara. Teoría romántica y tradición crítica* (versión española, Barcelona, Barral, 1975).

1970  Adorno, Th., *Teoría estética* (vers. esp., Madrid, Taurus, 1980).

1980  Aguiar e Silva, V. M. de, *La competencia lingüística y la competencia literaria* (vers. esp. con Apéndice de F. Abad Nebot, Madrid, Gredos, 1980).

1881-1912  Alas, L., *Teoría y crítica de la novela española,* ed. S. Beser, Barcelona, Laia, 1972.

1893  ————, *Palique,* ed. Martínez Cachero, Barcelona, Labor, 1973.

1956  Alonso, D., *Menéndez Pelayo, crítico literario,* Madrid, Gredos.

1913  Apollinaire, G., *Les peintres cubistes. Méditations esthétiques,* París, Athèna, s.f., 10.ª ed.

1927-52  Aragon, L.-Breton, A., *Surrealismo frente a realismo socialista,* (vers. esp., ed. O. Tusquets, Barcelona, Tusquets, 1973).

————  Aristóteles, *Poética,* ed. trilingüe V. García Yebra, Madrid, Gredos, 1974.

1789  Arteaga, E. de, *Obra Completa castellana. La Belleza ideal. Escritos menores,* ed. M. Batllori, Madrid, Espasa-Calpe, 1972 .

1979  Aullón de Haro, P., *Ensayo sobre la aparición y desarrollo del poema en prosa en la Literatura española,* en «Analecta Malacitana», II, 1, pp. 109-136.

1982  ————, *La poesía en el siglo XIX,* Madrid, Playor.

1983 a  ————, *El Ensayo en los siglos XIX y XX. La Crítica literaria,* Madrid, Playor.

1983 b  ————, *La Concepción de la Modernidad en la Poesía española,* Murcia, Godoy, en prensa.

1938  Bachelard, G., *Psicoanálisis del fuego* (vers. esp., Madrid, Alianza, 1966).

1967  Balakian, A., *El movimiento simbolista* (vers. esp., Madrid, Guadarrama, 1969).

1972  Barrère, J.-B., *L'idée de goût de Pascal à Valéry,* París, Klincksieck.

1964  Barthes, R., *Ensayos críticos* (vers. esp., Barcelona, Seix Barral, 1967).

1966  ————, *Crítica y verdad* (vers. esp., México, siglo XIX, 1978 [3]).

1747  Batteux, Ch., *Tratado de las Bellas Artes reducidas a un mismo principio* (vers. esp.en *Principios*

*filosóficos de la Literatura, o Curso razonado de Bellas Letras y Bellas Artes,* I, ed. Agustín García
de Arrieta, Madrid, Sancha, 1797).

1861  Baudelaire, Ch., *Los paraísos artificiales* (ver. esp., Barcelona , Fontamara, 1979).

1868  —————, *El arte romántico* (vers. esp., Madrid, Felmar, 1977).

1868 a  —————, *Curiosités esthétiques. L'Art romantique et autres oeuvres critiques,* ed. H. Lemai-
tre, París, Garnier, 1962.

1869  —————, *Prólogo* a *Pequeños poemas en prosa* (vers. esp., Madrid, Espasa-Calpe, 1968 [3], pp.
11-12).

1735  Baumgarten, A. G., *Reflexiones filosóficas acerca de la poesía* (vers. esp., ed. J. A. Míguez, Buenos Aires, Aguilar, 1975 [4]).

1939  Béguin, A., *El alma romántica y el sueño* (vers. esp., México, F.C.E., 1954).

1976  Berlin, I., *Vico and Herder,* Londres, The Hogarth Press.

1968  Bermejo, M., *Don Juan Valera, crítico literario,* Madrid, Gredos.

1968  Beser, S., *Leopoldo Alas, crítico literario,* Madrid, Gredos.

1783  Blair, H., *Lecciones sobre la Retórica y las Bellas Letras,* (vers. esp., ed. José Luis Munárriz, Madrid, Ibarra, 1816 [3], 3 vols.; 1.ª ed. 1798-9).

1810  Blake, W., *Visión del Juicio Final* (vers. esp. en *Poemas proféticos y prosas,* Barcelona, Barral,
1971, pp. 224-231).

1969  Blanchot, M., *El diálogo inconcluso* (vers. esp., Caracas, Monte Avila, 1970).

1959  Bloch, E., *El principio esperanza* (vers. esp., Madrid, Aguilar, 1980, 3 vols.).

1674  Boileau, N., *L'Art poétique,* ed. H. Gallard, París, s. f.

1972  Brancaforte, B., *Benedetto Croce y su crítica de la literatura española,* Madrid, Gredos.

1924-53  Breton, A., *Manifiestos del Surrealismo* (vers. esp., Madrid, Guadarrama, 1974).

1962  Brion, M., *La Alemania romántica* (vers. esp., Barcelona, Barral, 1971, 2 vols.).

1882  Brunetière, F., *El carácter esencial de la literatura francesa y otros ensayos* (vers. esp., Buenos
Aires, Espasa-Calpe, 1948 [2]).

1890  —————, *L'évolution des genres dans l'histoire de la littérature,* I, París, Hachette, 1906.

1958  Cernuda, L., *Pensamiento poético en la lírica inglesa (Siglo XIX),* México, U.N.A.M., 1974 [2].

1857  Champfleury, J. F., *Le Réalisme,* ed. G. y J. Lacambre, París, Hermann, 1973.

1802  Chateaubriand, F.-R., *El genio del Cristianismo* (vers. esp., Barcelona, Sopena, 1960).

1833  —————, *Mélanges littéraires,* en *Oeuvres Complètes,* XVIII, París, Pourrat.

1972  Chomsky, N., *El lenguaje y el entendimiento* (vers. esp., Barcelona, Seix Barral, 1977).

1817  Coleridge, S. T., *Biographia literaria* (vers. esp., no completa, ed. E. Hegewicz, Barcelona,
Labor, 1975) [ed. J. Shawcross, Oxford, Univ. Press, 1907, 2 vols.].

1835  Comte, A., *Curso de filosofía positiva* (vers. esp., en *La Filosofía positiva,* ed. F. Larroyo, México, Porrúa, 1979, pp. 27-64).

1844  —————, *Discurso sobre el espíritu positivo* (en ed. cit., pp. 65-80).

1851  —————, *Sistema de política positiva o tratado de sociología* (en ed. cit., pp. 81-114).

1902  Croce, B., *Estética como ciencia de la expresión y lingüística general* (vers. esp. de la Parte teórica, Buenos Aires, Nueva Visión, 1973) [vers. esp. Parte teórica y Parte histórica, Prólogo
de M. de Unamuno, Madrid, Librería de Francisco Beltrán, 1912].

1911  —————, *La filosofía de Giambattista Vico,* Bari, Laterza, 1933 [3].

1913  —————, *Breviario de estética* (vers. esp., Madrid, Espasa-Calpe, 1967 [7]).

1948  Curtius, E. R., *Goethe como crítico,* en *Ensayos críticos sobre la literatura europea* (vers. esp., Barcelona, Seix Barral, 1972 [2], pp. 40-72).

1959  Demetz, P., *Marx, Engels y los poetas* (vers. esp., Barcelona, Fontanella, 1968).

1752  Diderot, D., *Investigaciones filosóficas sobre el origen y naturaleza de lo Bello* (vers. esp., ed. Calvo Serraller, Buenos Aires, Aguilar, 1973).

1830  —————, *Paradoja del comediante* (vers. esp., en *Escritos filosóficos,* ed. F. Savater, Madrid,
Editora Nacional, 1975, pp. 137-216).

1886-92  Dilthey, W., *Poética* (vers. esp., Buenos Aires, Losada, 1961 [2]).

1905  —————, *Vida y Poesía* (vers. esp., México, F.C.E., 1945).

1914  —————, *De Leibniz a Goethe* (ver. esp., México, F.C. E., 1945).

1828  Durán, A., *Discurso sobre el influjo que ha tenido la crítica moderna en la decadencia del Teatro
Antiguo Español,* ed. Donald L. Shaw, Exeter, Univ. Printing, 1973.

1836-48  Eckermann, J. P., *Conversaciones con Goethe* (vers. esp. en *Obras Completas,* II, Madrid,
Aguilar, 1968 [5]).

1961	Eliot, T. S., *Criticar al crítico* (vers. esp. en *Criticar al crítico y otros escritos,* Madrid, Alianza, 1967, pp. 9-30).

1841-4	Emerson, R. W., *Los veinte ensayos de...* (vers. esp., Madrid, La España Moderna, s.f.).

1955	Erlich, V., *El formalismo ruso* (vers. esp., Barcelona, Seix Barral, 1974).

1913	Fauconnet, A., *L'Esthétique de Schopenhauer,* París, Alcan.

1888-92	France, A., *La vie littéraire,* París, Colin, 4 vols.

1973	García Berrio, A., *Significado actual del Formalismo ruso,* Barcelona, Planeta.

1975	————, *Introducción a la Poética clasicista: Cascales,* Barcelona, Planeta.

1977	————, *Formación de la Teoría literaria moderna,* I, Madrid, Cupsa.

1979	————, *Lingüística, literaridad/poeticidad (Gramática, Pragmática, Texto),* en «1616», II, pp. 125-168.

1980	————, *Formación de la Teoría literaria moderna,* II, Murcia, Universidad.

1981	————, *La Poética lingüística y el análisis literario de textos,* en «Tránsito», h-i, pp. 11-16.

1979	García Berrio-Petöfi, J.S., *Lingüística del texto y Crítica literaria,* Madrid, Comunicación.

1835	Gautier, Th., *Prefacio a Mademoiselle de Maupin* (vers. esp., Madrid, D.F. Bueno, 1894, pp. V-XXXIX).

1946	Hazard, P., *La pensée européenne au XVIII* siècle de Montesquieu à Lessing, París, Fayard, 1969.

1832-8	Hegel, G.W.F., *Lecciones de Estética* [Introducción] (vers. esp., Buenos Aires, La Pléyade, 1977).

1832-8a	————, *Estética* (vers. esp. de la 2.ª ed. de Ch. Bérnard, Madrid, Faure, 1908, 2 vols.).

1845	————, *Filosofía del Espíritu* (vers. esp., Buenos Aires, Claridad, 1969).

1937	Heidegger, M., *Hölderlin y la esencia de la poesía* (vers. esp., en *Arte y Poesía,* México, F.C.E.,1958, pp. 125-148).

1833-6	Heine, H., *Para una historia de la nueva literatura alemana* (vers. esp., Madrid, Felmar, 1976).

1888	Hennequin, E., *La crítica científica* (vers. esp., Madrid, Daniel Jorro, 1909).

1772	Herder, J. G., *Ensayo sobre el origen del lenguaje* (vers. esp. en *Obra selecta,* Madrid, Alfaguara, 1982, pp. 131-232).

1774	————, *Otra filosofía de la Historia para la educación de la Humanidad* (vers. esp. en *Obra selecta,* ed. cit., pp. 273-367).

1784	————, *Ideas para una filosofía de la Historia de la Humanidad* (vers. esp., Buenos Aires, Losada, 1959).

1826	Hermosilla, J. G., *Arte de Hablar en Prosa y Verso,* Madrid, Imp. Real, 2 vols.

1976	Hoffmeister, G., *España y Alemania. Historia y documentación de sus relaciones literarias* (vers. esp., Madrid, Gredos, 1980).

ed. 1943	Hölderlin, F., *Ensayos* (vers. esp., Madrid, Hiperión, 1976).

1827	Hugo, V., *Prólogo a Cromwell* (vers. esp. en *Manifiesto romántico,* Barcelona, Península, 1971, pp. 17-94).

1925	Huidobro, V., *Manifiestos,* en *Obras Completas,* I, Santiago de Chile, Edit. Andrés Bello, 1976, pp. 715-756.

1960	Jakobson, R., *Ensayos de lingüística general* (vers. esp., Barcelona, Seix Barral, 1981 [2]).

1884-1914	James, H., *El futuro de la novela* (vers. esp., ed. R. Yahni, Madrid, Taurus, 1975).

1804	Jean Paul (Richter), *Introducción a la Estética,* (vers. esp., Buenos Aires, Hachette, 1976).

1902	Kahn, G., *Symbolistes et décadents,* París, Leon Vanier.

1790	Kant, E. *Crítica del Juicio* (vers. esp. en *Prolegómenos a toda Metafísica del porvenir. Observaciones sobre el sentimiento de lo bello y lo sublime. Crítica del Juicio,* ed. F. Larroyo, México, Porrúa, 1978 [2]).

ed.1969	Kierkegaard, S., *Estudios estéticos* (vers. esp. en *Obras y Papeles de S. K.,* vols. VIII y IX, Madrid, Guadarrama).

1978	Lacoue-Labarthe, Ph.-Nancy, J.-L., (eds.), *L'absolu littéraire. Théorie de la littérature du romantisme allemand,* París, Seuil.

1910	Lanson, G., *La méthode de l'histoire littéraire,* en *Essais de méthode, de critique et d'histoire littéraire,* ed. H. Peyre, París, Hachette, 1965, pp. 31-57.

1828-37	Larra, M. J. de, *Artículos de crítica literaria y artística,* ed. Lomba y Pedraja, Madrid, Espasa Calpe, 1923.

1899	Leopardi, G., *Scritti letterarie,* ed. Mestica, Florencia, Le Monnier.

1766	Lessing, G. E., *Laocoonte* (vers. esp., ed. E. Barjau, Madrid, Editora Nacional, 1977).

1967  Lifschitz, M., *La filosofía del Arte en Karl Marx* (vers. esp., Barcelona, Fontamara, 1982).

1970  Lotman, J. M., *Estructura del texto artístico* (vers. esp., Madrid, Istmo, 1978).

1907  Lukács, G., *A propósito de la filosofía romántica de la vida* (vers. esp. en *Obras Completas*, I, Barcelona, Grijalbo, 1975, pp. 79-96).

1820  Manzoni, A., *Prólogo a El Conde Carmagnola* (vers. esp., Buenos Aires, Espasa-Calpe, 1950, pp. 7-14).

1886  Mallarmé, S., *Avant-dire au «Traité du Verbe»*, en *Oeuvres Complètes*, ed. Jean-Aubry, París, Gallimard, 1961, pp. 857-858.

1894  ————, *La Musique et les Lettres*, en *O.C.*, ed. cit., pp. 633-657.

1895  ————, *Crise de vers*, en *O.C.*, ed. cit., pp. 360-368.

1909-41  Marinetti, F. T., *Teoria e Invenzione futurista*, ed. L. De Maria, Verona, Mondadori, 1968.

1883  Menéndez Pelayo, M., *Historia de las Ideas estéticas en España*, Madrid, C.S.I.C., 1974 [4], 2 vols.

1941  ————, *Programa de Literatura española*, en *Estudios y discursos de crítica histórica y literaria*, I, Madrid, C.S.I.C., pp. 3-75.

1757  Montesquieu, B. de, *Ensayo sobre el gusto* (vers. esp., Buenos Aires, Espasa-Calpe, 1949 [2]).

1871  Nietzsche, F., *Sobre la música y la palabra* (vers. esp. en *Obras Completas*, I, Buenos Aires, Prestigio, 1970, pp. 331-346).

1872  ————, *El origen de la tragedia* (vers. esp. en *Obras Completas*, I, ed. cit., pp. 138-257).

1903  ————, *Nosotros los filólogos* (vers. esp. en *Obras Completas*, I, ed. cit., pp. 845-918).

ed.1929  Novalis (F. von Hardenberg), *La Enciclopedia [Fragmente]* (vers. esp., Madrid, Fundamentos, 1976).

1925  Ortega y Gasset, J., *La deshumanización del arte*, Madrid, Revista de Occidente, 1976 [11]

1974  Paz, O., *Los hijos del limo. Del Romanticismo a la Vanguardia*, Barcelona, Seix Barral.

1870-1923  Pérez Galdós, B., *Ensayos de crítica literaria*, ed. Laureano Bonet, Barcelona, Península, 1972.

1909  Pitollet, C., *La querelle calderonienne de Johan Nikolas Böhl von Faber et José Joaquín de Mora*, París, Alcan.

1846  Poe, E. A., *Filosofía de la composición* (vers. esp. en *Ensayos críticos*, ed. J. Cortázar, Madrid, Alianza, 1973, pp. 65-79).

1850  ————, *El principio poético* (vers. esp. en *Ensayos críticos*, ed. cit., pp. 81-110).

1948  Praz, M., *La carne, la muerte y el diablo en la literatura romántica* (vers. esp., Caracas, Monte Avila Eds., 1969).

1954  Proust, M., *Contra Sainte-Beuve* (vers. esp. *Ensayos literarios. Contra Sainte-Beuve*, Barcelona, EDHASA, 1971, 2 vols.).

1964  Puppo, M., *Il metodo e la critica di Benedetto Croce*, Milán, Mursia, 1966 [2].

1917-26  Reverdy, P., *Nord-Sud, Self Defence et autres écrits sur l'art et la poésie*, ed. Hubert. París, Flammarion, 1975.

1932-60  ————, *Cette émotion appelée poésie: Ecrits sur la poésie*, ed. Hubert, París, Flammarion, 1974.

1968  Romani, B., *La critica francese de Sainte-Beuve allo strutturalismo*, Rávena, Longo.

1781  Rousseau, J. J., *Ensayo sobre el origen de las lenguas* (vers. esp., ed. M. Armiño, Madrid, Akal, 1980).

1969  Rudat, E. M., *Las ideas estéticas de Esteban de Arteaga* (vers. esp., Madrid, Gredos, 1971).

1853  Ruskin, J., *Prerrafaelismo* (vers. esp. en *Las piedras de Venecia y otros ensayos sobre arte*, Barcelona, Iberia, 1961, pp. 261-294).

1942  Russo, L., *La critica letteraria contemporanea*, Florencia, Sansoni, 1977 [5], 3 vols.

1967  Sacristán, M., *Lecturas, I: Goethe, Heine*, Madrid, Ciencia Nueva.

1840-59  Sainte-Beuve, Ch. A., *Port-Royal*, París, Lahure, 1867 [3], 6 vols.

1852-4  ————, *Causeries du Lundi*, París, Garnier, 7 vols.

1862  ————, *Portraits littéraires*, París, Boudier, 3 vols.

1807  Schelling, F., *La relación de las artes figurativas con la naturaleza* (vers. esp., ed. A. Castaño, Buenos Aires, Aguilar, 1980 [5]).

1795  Schiller, F., *La educación estética del hombre* (vers. esp., Madrid, Espasa-Calpe, 1968 [4]).

1795-6  ————, *Sobre la poesía ingenua y sentimental* (vers. esp., Buenos Aires, Hachette, 1954).

1809  Schlegel, A. W., *Curso de literatura dramática*, en *Vorlesungen über dramatische Kunst und Literatur*. Stuttgart, W. Kohlhammer, 1967.

1883 ————, *Leçons sur l'art et la littérature* (en Lacoue-Labarthe, Ph.-Nancy, J.-L. [eds.], ed. cit., pp. 341-368).

1800 Schlegel, F., *Entretien sur la poésie* (en Lacoue-Labarthe, Ph.-Nancy, J.-L. [eds.], pp. 289-340).

1804 ————, *L'essence de la critique* (en Lacoue-Labarthe, Ph.-Nancy, J. L. [eds.], pp. 407-416).

1815 ————, *Historia de la Literatura antigua y moderna.* (vers. esp., Barcelona, Librería de J. Olivares y Gavarró, 1843, 2 vols.).

1800 Schleiermacher, F., *Monólogos* (vers. esp., ed. R. Castilla, Buenos Aires, Aguilar, 1980 [5]).

1851 Schopenhauer, A., *Escritos literarios* (vers. esp., Madrid, Mundo Latino, s.f.).

1962 Scott, Wilbur (ed.), *Principios de crítica literaria* (vers. esp., Barcelona, Laia, 1974).

1821 Shelley, P. B., *Defensa de la Poesía* (vers. esp. en «Camp de l'arpa», 10 [1974], pp. 21-28).

1965 Shumaker, W., *Elementos de teoría crítica* (vers. esp., Madrid, Cátedra, 1974).

1800 Staël, Madame de (Holstein, A. L.), *De la Littérature considérée dans ses rapports avec les institutions sociales,* París, Charpentier, 1887.

1813 ————, *Alemania* (vers. esp., Buenos Aires, Espasa-Calpe, 1947).

1864 Taine, H., *Introducción a la Historia de la Literatura inglesa* (vers. esp., ed. J. E. Zúñiga y L. Rodríguez Aranda, Buenos Aires, Aguilar, 1977 [4]).

1865 ————, *Filosofía del Arte* (vers. esp., Madrid, Espasa-Calpe, 1968 [4], 2 vols.).

1894 ————, *El Arte* (vers. esp. en *Ensayos de Crítica y de Historia,* Madrid, Aguilar, 1953, pp. 966-973).

1946 Tieghem, Ph. van, *Les grandes doctrines littéraires en France,* París, P.U.F., 1965 [7].

1978 Todorov, Tz., *Les genres du discours,* París, Seuil.

1898 Tolstoy, L., *¿Qué es el arte?* (vers. esp., Buenos Aires, El Ateneo, 1949).

1922 Torre, G. de, *Valoración estética de los elementos modernos,* en «Cosmópolis», 37, t. X, pp. 52-58.

1970 ————, *Nuevas direcciones de la crítica literaria,* Madrid, Alianza.

1924 Trotsky, L., *Literatura y revolución* (vers. esp., París, Ruedo Ibérico, 1969, 2 vols.).

1918 Tzara, T., *Siete manifiestos Dada* (vers. esp., Barcelona, Tusquets, 1972).

1937 Valéry, P., *Discours sur l'Esthétique,* en *Oeuvres,* I, ed. J. Hytier, París, Gallimard, 1957, pp. 1294-1314.

1938 ————, *Introducción a la Poética* [*Première leçon du cours de poétique*] (vers. esp., Buenos Aires, Rodolfo Alonso, 1975).

1936 Venturi, L., *Historia de la crítica de Arte* (vers. esp., Barcelona, Gustavo Gili, 1979).

1884 Verlaine, P., *Los poetas malditos* (vers. esp., Buenos Aires, Efece, s.f.).

1725 Vico, G., *Principios de una Ciencia Nueva en torno a la naturaleza común de las naciones* (vers. esp., México, F.C.E., 1978 [2]).

1728 ————, *Autobiografía* (vers. esp., Buenos Aires, Espasa-Calpe, 1948).

1971 Volpe, G. della, *Historia del gusto* (vers. esp., Madrid, Comunicación, 1972).

1734 Voltaire (F.-M. Arouet), *Cartas filosóficas* (vers. esp., ed. F. Savater, Madrid, Editora Nacional, 1976).

ed. 1934 Wackenroder, W.H., *Scritti di Poesia e di Estetica* (Florencia, Sansoni).

1852 Wagner, R., *La poesía y la música en el drama del futuro* [3.ª parte de *Opera y Drama*] (vers. esp., Buenos Aires, Espasa-Calpe, 1952).

1955-65 Wellek, R., *Historia de la Crítica moderna (1750-1950)* (vers. esp., no completa, Madrid, Gredos, 1969-1972, 3 vols.) [Vol. 4, con el subtítulo *The Later Nineteenth Century,* Londres, Jonathan Cape, 1966. Está anunciado el vol. 5 con el subtítulo *The Twentieth Century*].

1963 ————, *Conceptos de crítica literaria* (vers. esp., Caracas, Univ. Central de Venezuela, 1968).

1949 Wellek, R.-Warren, A., *Teoría literaria* (vers. esp., Madrid, Gredos, 1966 [4]).

1891 Wilde, O., *El crítico como artista* (vers. esp. en *Novelas y cuentos. Teatro. Poemas en prosa. Ensayos. Cartas y otros escritos,* Madrid, E.D.A.F., 1974, pp. 1301-1386).

1764 Winckelmann, J. J., *Historia del Arte en la Antigüedad* (vers. esp., Barcelona, Iberia, 1967).

1800-15 Wordsworth, W., *Prefaces,* en *Wordsworth's Literary Criticism,* ed. W.J.B. Owen, Londres y Boston, Routledge and Kegan Paul, 1974, pp. 68-95 y 175-191.

1900 Yeats, W. B., *El simbolismo de la poesía* (vers. esp. en *Ideas sobre el bien y el mal,* Madrid, Felmar, 1975, pp. 147-156).

1880 Zola, E., *Le roman experimental,* París, Charpentier, 1918. (vers. esp. en *El Naturalismo,* Barcelona, Península, 1972).

?        ————, *La crítica contemporánea* (vers. esp. en *Estudios críticos.* Madrid. La España Moderna, s.f.).

1974 Zuleta, E., *Historia de la crítica española contemporánea,* Madrid, Gredos, 2.ª ed. aumentada.

# La crítica de los géneros literarios

JAVIER HUERTA CALVO

## INTRODUCCIÓN AL ESTUDIO DE LOS GÉNEROS LITERARIOS

0.   El estudio actual de los géneros literarios parece precisar, de entrada, una perspectiva INTERDISCIPLINARIA. Constituye, en efecto, el de los géneros un problema que ha venido interesando a disciplinas diversas del saber y no solo a las específicamente literarias. Cuestión de raíces filosóficas, ha estado presente en el pensamiento estético de todos los tiempos, desde el medievo (Bruyne 1946) hasta Hegel (Hegel 1832-38), a quien se debe la más ambiciosa sistematización genérica hasta la fecha. Es justamente en el campo de la *Estética* donde mejor se percibe el paralelo con las otras artes no literarias, como la pintura y la música, en relación con los géneros artísticos (Adorno 1970: 263 ss). Por su parte la *Teoría poética* centró su atención, desde sus comienzos, en el problema de los géneros, sobre cuya naturaleza y caracteres sentó algunas premisas fundamentales, las cuales han venido siendo luego reiteradas como inviolables por las poéticas clasicistas. Tales criterios conformaron una tradición de carácter *didáctico-preceptista,* que hizo crisis con el pensamiento romántico (Foucault 1966: 293-4); a esta tradición se debe, en buena parte, la «mala imagen» –si se nos permite hablar así– con que la cuestión de los géneros ha llegado a nuestros días.

Con ser un problema tangencial a sus objetivos, no puede echarse de menos el papel jugado por la *Retórica,* desde cuya perspectiva se han producido descripciones gramaticales de las estructuras genéricas (Lausberg 1960; Kibedi Varga 1970; cf. *infra*: § 16), al mismo tiempo que reflexiones varias acerca de los géneros propios de la escritura. Frente a la mencionada tradición *didáctico-preceptista,* de consecuencias negativas y deterministas para la consideración del problema, el criterio de géneros sigue manifestándose todavía hoy como el más operativo y eficaz a la hora de clasificar el material objeto de la *Historiografía* literaria (Rodway 1974: 104). Idéntica operatividad se demuestra desde el dominio de la moderna *Literatura Comparada* (Pichois-Rousseau 1967: 111-4; Weisstein 1975: 235 ss.), desde donde se advierten significativas presencias o ausencias en lo que se refiere al cultivo y desarrollo de los géneros en determinadas sociedades o culturas. Lo cual no escapa totalmente a la consideración de la *Antropología,* respecto a géneros ancestrales como el *mito* (Levi Strauss 1977; Dumézil 1977) o a sistemas culturales de tipo marginal como el Carnaval (Bajtín 1965).

Parece, pues, evidente que la reflexión actual de los géneros imbrica el concurso de disciplinas científicas diversas, constituyendo por esa razón un ejemplo palmario de la necesaria integrabilidad de los métodos en orden a la comprensión del fenómeno literario (cf. García Berrio, en este mismo volumen).

1.    Como se ha apuntado, la Poética clásica forjó un concepto en exceso dogmático de los géneros, que se traduciría con el paso del tiempo en la construcción de una PRECEPTIVA rígida, secularmente mantenida sin embargo, como testimonian manuales escolares de uso común, al tiempo que cierta práctica anquilosada de crítica literaria. Desde esta concepción *didáctico-preceptista* los géneros fueron entendidos como instituciones fijas y cerradas, regidas por leyes inamovibles, en virtud de las cuales la obra era juzgada tanto en lo que hacía a su calidad artística como en lo que se refería a su conveniencia o licitud éticas. Por fortuna la práctica literaria más avanzada inutilizó pronto la vieja concepción poética, de suerte que «los códigos de los preceptistas eran constantemente desmentidos por la realidad: unos géneros caían en el olvido, nacían otros nuevos, y los subsistentes experimentaban incesantes variaciones» (Lapesa 1979: 123-4). Bajo la tradición *didáctico-preceptista* subyacía, por lo demás, un propósito jerarquizador, fruto de la mentalidad aristocrático-elitista, reacia a las novedades artísticas, como bien reflejan las poéticas del setecientos (Boileau 1674; Luzán 1737). Dicho principio de orden se entiende de modo distinto en la *Teoría literaria* moderna, «ya que no clasifica la literatura y la historia literaria por el tiempo o el lugar (época o lengua nacional) sino por tipos de organización o estructura específicamente literarias» (Wellek-Warren 1949: 272). En cualquier caso las últimas y más innovadoras corrientes de la *Crítica* actual ven en la reflexión de los géneros amplias y sustanciosas posibilidades para el análisis literario, instaurándose así lo que en su momento *(infra: § 50)* consideraremos un concepto dinámico de la cuestión (Bajtín 1963).

2.    El citado principio de ordenación es, en realidad, un principio LÓGICO aplicado a la clasificación del objeto de estudio. Recordaremos a este propósito la definición que del término género da la *Filosofía:* «una clase que tiene mayor extensión y, por consiguiente, menor comprensión que otra llamada especie» (Ferrater Mora 1980: s.v. *género).* Pero además convendrá recordar una segunda definición de índole ontológica, susceptible de ser traspasada al ámbito de la reflexión literaria: «atributo esencial aplicable a una pluralidad de cosas que difieren entre sí específicamente» *(Idem).* En uno y otro caso nos hallamos ante el problema de «los universales», verificado aquí mediante la oposición *texto individual/género.* ¿Cómo reducir entonces la singularidad del texto a las leyes de alcance universal del género? Pues la Ciencia literaria no es en esto homologable a otras disciplinas, ya que «toda obra

modifica el conjunto de posibilidades; cada nuevo ejemplo modifica la especie» (Todorov 1970: 12-3). Pese a ello cierta crítica decimonónica, al amparo de las tesis darwinistas, identificó el *género literario* con el género biológico, estudiando las diversas fases de su evolución (Brunetière 1890).

3.   El concepto de EVOLUCIÓN puede ser entendido, empero, lejos de cualquier determinismo estéril, tal y como la poética formalista enseña luego de valorar la visión sincrónica como la más relevante, bien que no exclusiva (Tinianov 1920-27). Desde esta perspectiva el texto queda instalado en su *serie histórica,* bajo el precedente de textos anteriores, a los que se asemeja parcial o completamente o de los que se separa en forma llamativa. El estudio de la serie histórica se hace particularmente necesario en la formación de géneros complejos como la *novela* (Bajtín 1963, 1965 y 1975).

4.   Hay que discernir, pues, la existencia de los géneros como un fenómeno natural en el sistema literario, que atañe no solo al dominio de la literatura «escrita» sino también al plano de la COMUNICACIÓN LINGÜÍSTICO-ORAL mediante formas instituidas: la *conversación,* el *coloquio,* la *conferencia* o la *arenga.* Estas modalidades del discurso oral manifiestan los caracteres propios del género, de forma que sus participantes conocen de antemano los convencionalismos que de cada una se derivan. No debe olvidarse, por otro lado, el importante caudal literario que proviene de la comunicación lingüístico-oral, sobre todo en lo que afecta a la formación de *géneros simples* como el *cuento,* la *facecia,* el *proverbio,* el *refrán,* etc.

5.   Supuesto este marco comunicativo amplio en que la idea de género se instala, habrá que convenir la importancia del factor RECEPCIÓN, y ello contra las opiniones de la Poética tradicional, para la cual la evolución del gusto estético debía seguir los criterios de sujeción a las normas. En un plano más pragmático parece indudable que, en todas las épocas, los distintos públicos han venido manifestando una clara conciencia de los géneros, en virtud de la cual han expresado diversas opciones. Hoy mismo esta conciencia es fácilmente perceptible: las editoriales organizan sus colecciones de acuerdo con el criterio genérico; las revistas especializadas dedican números monográficos al tratamiento de un género; los suplementos literarios de los periódicos se ordenan por secciones que se corresponden con los géneros; los lectores, en fin, se agrupan por preferencias genéricas bien establecidas. Por todo ello puede afirmarse con la *Semiótica* (Lotman 1979) que el conocimiento de un género dado se impone en la cultura como un código más, del que ha de valerse el lector al enfrentarse con la obra individual.

6.   Además, el arte por excelencia del siglo XX, el CINE, ha venido a consolidar el concepto de género literario. Frases del tipo «es una obra maestra en su género» no hablan sino de la conciencia que al respecto manifiestan los hablantes. La repetición de determinadas convenciones temático-formales, merced a las cuales puede hablarse de género, se extrema en el arte cinematográfico gracias a la presencia de signos visuales e imágenes iterables que calan con más fuerza que la escritura en la mente del receptor. De

la misma manera los guiones cinematográficos, inspirados en obras literarias más o menos conocidas, coadyuvan a la difusión de estas últimas y, en
consecuencia, al arraigo de los géneros en la conciencia del receptor. Sin
duda el éxito de géneros cinematográficos como el *western* ha impulsado la
difusión de la *novela del Oeste;* lo mismo podría decirse de la *novela policíaca* o
de la *comedia musical.* Tal modo de reconocer el género y acceder a la obra literaria podría esquematizarse así:

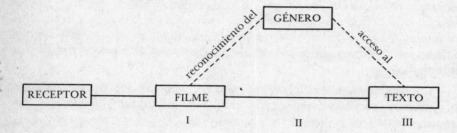

7.  Para los llamados géneros «populares» o, más propiamente, de masas, la SOCIOLOGÍA DE LA LITERATURA encontró campo abonado donde verificar sus tesis. Si respecto de obras pertenecientes a la llamada literatura culta
algunos críticos han repudiado la idea de género en nombre de la individualidad artística (Croce 1902), tales prejuicios desaparecen con relación a las llamadas subliteraturas, infraliteraturas o, mejor, *literaturas marginadas* (García
de Enterría 1982). Estos géneros, característicos de la cultura de masas, como
el *pliego de cordel,* la *novela negra,* el *folletín* o la *ciencia-ficción* han constituido un
buen pretexto para que críticos estructuralistas (Todorov 1971a), semiólogos
(Eco 1964) y, principalmente, sociólogos de la literatura (Díez Borque 1973)
ejerciten sus propuestas metodológicas. La transparencia de tales obras, tanto en su construcción como en su intención ideológica, así como su elevado
índice de redundancia, hacen posible alcanzar satisfactorias conclusiones
acerca de su naturaleza genérica. En este sentido, hay quienes opinan que,
en realidad, solo este tipo de literatura «debería exigir la noción de género, que sería inaplicable a los textos específicamente literarios» (Todorov
1970:13). Late, sin duda, en esta afirmación el concepto peyorativo de género que en la Crítica moderna dejó la tradición didáctico-preceptista a que venimos aludiendo (Lázaro Carreter 1974) y que ya, tras las ricas y sugerentes
aportaciones de Bajtín (Bajtín 1963, 1975), parece haberse abandonado (Todorov 1978, pero sobre todo 1981).

8.  Considerada dentro de la dinámica concepción bajtiniana —que
abajo nos entretenemos de perfilar en detalle—, la relación dialéctica TEX-
TO/GÉNERO ha sido de consecuencias extraordinarias para el progreso de la
creación y de la crítica literarias. La individualidad o genialidad de ciertos
textos literarios está en función de su *especificidad textual,* la cual solo es perceptible en la medida en que, situado el texto en su *serie genérica,* lo valora-
mos comparativamente. Es claro que en dicha serie se comprenden los estí-

mulos necesarios a fin de que el creador pueda brindar una respuesta textual suficientemente singularizada del resto (Lázaro Carreter 1974). En este orden resulta imprescindible el concepto, introducido por la *Semiótica,* de *intertextualidad,* sobre el que más adelante volveremos (Kristeva 1969). Esta noción se ofrece sumamente operativa al tratar del género más complejo, la *novela* (Bajtín 1975; Kristeva 1970) y dentro de este de algunos creadores singulares, tales Rabelais (Bajtín 1965), Cervantes (Riley 1962) y Dostoyevski (Bajtín 1963). De otra parte existen series genéricas en la historia de la literatura, como la constituida por las *parodias,* que muestran, desde la propia práctica del hecho literario, el más alto grado de conciencia de género, solo que negativamente aplicada e invertida la cosmovisión ideológica propia del género parodiado.

9. En efecto, la crítica romántica, especialmente a partir de Hegel (Hegel 1832-38), gustó tejer lazos de unión entre los géneros y las COSMOVISIONES ideológicas. De este modo si la *epopeya* fue el género por excelencia del sistema caballeresco-feudal, la aparición de la *novela* se correspondió con el auge de la nueva clase burguesa. Nietzsche, por ejemplo, identificó el origen de la *tragedia* con un estado hedonista y amoral de la Humanidad, después desvirtuado por la reforma socrática (Nietzsche 1875). En este punto podrían plantearse también los motivos por los cuales, mientras unas épocas se muestran profusas en el cultivo de un género determinado −el *diálogo* en el Renacimiento, la *novela* en el XIX−, otras lo son parcas. Empero es conveniente avisar sobre los excesos deterministas a que pueden conducir tales supuestos, muchas veces no otra cosa sino tópicos de la crítica tenazmente sostenidos. Por ejemplo, al hablar del siglo XVIII en España de la escasez de textos novelescos no puede concluírse la carencia imaginativa del pensamiento ilustrado, cuyo hueco podría ser rellenado por obras pertenecientes a otros géneros, como *utopías, libros de viajes imaginarios,* etc.

10. Otro de los problemas −si bien este más anecdótico− que el estudio de los géneros comporta es su relación, armónica o conflictiva según los casos, con la TITULACIÓN dada por el autor en aquellos casos en que el título o subtítulo manifiesta una clara voluntad genérica: *Divina Comedia, Tratado de Arnalte y Lucenda* ... Si es cierto que el título se presenta, a ojos del lector, como la primera marca significativa con que aquel cuenta para la interpretación del texto, no lo es menos que con frecuencia puede ser deliberadamente engañoso. Eso sin contar con que cada época histórico-literaria posee distintas claves codificadoras de títulos o subtítulos. El siglo XVIII se muestra particularmente riguroso para atender los preceptos clásicos, pero las titulaciones medievales dan la impresión de una gran libertad, en contra, por lo común, de aquellos. Por otro lado, la inexistencia del *verbum* para una *res* que le anteceda es un escrúpulo más que algunos historiadores de la literatura objetan a la hora, por ejemplo, de calificar como *novelas* ciertos *tratados* novelísticos medievales. Tales reservas son ya hoy improcedentes, dada la flexibilidad demostrada por la práctica literaria del siglo XX, sobre todo en lo que respecta a un género complejo como la *novela.* Así pues conviene ir relegan-

do la noción del *título* como caracterizador de género, cuyo estudio debe hacerse, por el contrario, «a partir de las características estructurales y no a partir de sus nombres» (Ducrot-Todorov 1972: 178).

11. Esta posición exige la necesidad de contar con la perspectiva DIA-
CRÓNICA, única desde la cual puede enfocarse correctamente nuestro objeto
de estudio y única capaz al mismo tiempo de mostrar la operatividad del concepto *género*. Por razones obvias la Poética clásica prefería la fijación sincrónica en algún grupo compacto de la historia literaria, fácilmente adaptable a
las exigencias normativas... Por contra, un entendimiento moderno de los
géneros exige –como ya viera y practicara Hegel– delinear la trayectoria histórica de los mismos, pergeñar –digámoslo figuradamente– su biografía
para captar al mismo tiempo sus elementos inmutables y perecederos. De
ahí que en la Primera Parte de este trabajo resumamos las opiniones que,
procedentes de la Poética, la Teoría y la Crítica literaria, se han ido vertiendo
a través de los tiempos, y en la Segunda se sinteticen esas mismas opiniones,
si bien referidas a un género en concreto, con el ánimo de ofrecer una clasificación de los llamados *géneros históricos,* es decir, aquellos que son consecuencia de la práctica histórico-literaria.

12. A pesar de la síntesis descriptiva que este trabajo persigue, convendrá exponer, antes de iniciarla, una TERMINOLOGÍA elemental. El término *género/s* aparece utilizado en su acepción más amplia y con el valor lógi-
co-ontológico dado por la Filosofía (*vid. supra:* § 2), tanto para designar las *formas complejas –epopeya, tragedia, poema lírico–,* como las *formas simples –refrán,
cuento, farsa–.* En cada género puede hablarse de una *constitución formal,* resultado de abstraer los elementos gramaticales, retóricos, tópicos y estructurales de textos que responden a aquel, y de una *ideología,* que viene a corresponderse con la concepcion del mundo subyacente al género. Los rasgos
predominantes en cada uno de los planos derivan de la observación de una
muestra representativa de distintos *casos* (o sea, los textos literarios en su
proyección genérica). La práctica reiterada de un género forma la serie del
mismo o *serie genérica,* en la que se advierte un conjunto de características
predominantes o *dominante* (Ducrot-Todorov 1972: 179), y otras de tipo innovador o *variables.* El conjunto de las variables constituye la *especificidad* de un
texto respecto del modelo o «caso particular del género» (Genette 1968: 39).
A menudo esta especificidad se hace absoluta y entonces se crea el *anti-
género.* En un sentido similar, un texto puede aceptar las convenciones propias de la *constitución formal* y transgredir los elementos ideológicos, dando lugar al *contragénero.* Este puede presentar una intención y un tono serio
–verbigracia, el *contrafactum* o poema profano vuelto a lo divino–, o, lo que
es más común, un propósito humorístico-burlesco *–parodia–.* Finalmente la
construcción de un texto puede requerir el concurso de géneros diversos y
en ese caso nos encontramos ante el *plurigénero* o *texto plurigenérico* (Martín
1973).

# Primera Parte

## LA POÉTICA Y LA CRÍTICA LITERARIA ANTE EL PROBLEMA DE LOS GÉNEROS

13.    La tipología de base trimembre –*lírica, épica, dramática*– que consti-tuye el fundamento del sistema genérico más aceptado en Occidente, se en-cuentra ya esbozada en las breves pero densas reflexiones que PLATÓN dedi-ca al tema en la *República* (Romero de Solís 1981: 108-10). Allí el filósofo grie-go discierne las «ficciones poéticas que se desarrollan enteramente por imi-tación» –*tragicomedia y comedia*– de aquellas que «emplean la narración hecha por el propio poeta» –*ditirambo*–, y una tercera especie de carácter sintético, pues «reúne ambos sistemas, y se encuentra en las *epopeyas* y otras poesías» (III, 70,17). El interés de Platón por los géneros traspasa el ámbito de la Poéti-ca para alcanzar el más trascendente de la política cultural que proyecta para la República ideal, con destino a la cual prevé paradigmas de perfección poé-tica que redunden en el bien de todos. En atención a esto desechará el *género dramático,* de carácter imitativo, pues instala «un régimen perverso en el alma del oyente», al suponer la aparición de caracteres irascibles e irritables. En cambio, son aceptables «los himnos a los dioses y los encomios de los hé-roes» (X, 70, 163). Igual criterio negativo que respecto del teatro tiene Platón de los cantos y poemas épicos, a su parecer formas irracionales de literatura que, en caso de ser cultivadas en la ciudad utópica, inducirían al reinado del «placer y el dolor en vez de la ley y de aquel razonamiento que en cada caso parezca mejor a la comunidad» *(Idem)*. Ha de notarse que, bajo esta perspec-tiva de censura y sin las intenciones idealistas que animaron al filósofo grie-go, ha actuado en algunas épocas históricas la Moral religiosa, dictaminando qué géneros debían proscribirse por su maldad intrínseca (verbigracia, el tea-tro en el Siglo de Oro).

14.    ARISTÓTELES construye su Poética como una vasta reflexión acerca de los géneros, en relación con su naturaleza originaria, su constitución for-mal y su ideología. Para el Estagirita, los géneros son aquellas unidades poé-ticas de imitación que actúan como puentes entre la realidad y la ficción lite-raria. Esta mímesis o imitación podía ser de varias clases según fuesen los medios de imitación, los diversos objetos imitados y la manera de imitar:

> unos más graves, mimetizaban acciones nobles y de gente noble; otros, más vul-gares, las acciones de gente ordinaria, haciendo, en un principio, vituperios, del mismo modo que otros hacían himnos o encomios (Aristóteles, IV, 1448b).

Los tres criterios aludidos servirán para asegurar clasificaciones inter-nas de los géneros de índole temático-formal. De acuerdo con el primero –medios de realización de la mímesis– distingue el *ditirambo* de la *tragedia* y de la *comedia,* pues en estas dos ritmo, melodía y verso se utilizan separada-mente y en aquel se dan al mismo tiempo. En razón del segundo criterio –objeto de la mímesis– la *tragedia* imitaría a personajes moralmente supe-riores a los hombres, frente a la *comedia,* que actuaría a la inversa. Conforme al tercer criterio —modos de imitación— distingue Aristóteles el *modo narrativo* —el poeta narra en su propio nombre o asumiendo personalidades diversas— del *modo dramático* —los actores representan directamente la acción—. La combinación de tales criterios, en fin, permite al Estagirita establecer algunas subdivisiones que luego examinamos. Es entonces cuando, más lejano el punto de partida metodológico —el género como engarce mimético de la realidad—, puede entender Aristóteles de la serie histórica de los géneros o *serie genérica,* de suerte que, va constatando las aportaciones y novedades que los diferentes cultivadores de los géneros han ido introduciendo: por ejemplo, Esquilo en la *tragedia* trató de dos actores y disminuyó la participación del coro; Sófocles elevó el número a tres y añadió la escenografía, etc.

15. Con Horacio la Poética queda fijada en su ámbito metaliterario específico, desligándose de la cuestión de los orígenes y de las relaciones con la realidad. En este punto lo fundamental será comprobar si la mímesis —esto es, la realización virtual del género— es o no pertinente, pues «cada género debe mantener el lugar que le ha correspondido por sorteo (del destino)» (90, 90). Bajo la naturaleza irónica del discurso horaciano —encauzado en el molde artístico de una epístola en verso, la *Epistula ad Pisones*— se esconde un fondo de signo fatalista que entiende la inmovilidad del género como lo poéticamente bueno. De la reflexión horaciana arranca, pues, la que podemos denominar como tradición *didáctico-preceptista* de las poéticas clasicistas, tanto en su versión renacentista —Scaligero, Brocense, Castelvetro—, como en su desarrollo setecentista —Boileau, Luzán—. La *serie genérica* obtiene, de este modo, un prestigio inconmovible, al cual el creador no puede volver las espaldas: «escritor, sigue la tradición» es el consejo horaciano que más tarde harán suyo los preceptistas citados (Horacio, v. 110, 91).

16. La Teoría Medieval de los géneros abre un paréntesis beneficioso en la tradición *didáctico-preceptista* inaugurada por Horacio. El auge de las lenguas vernáculas en Europa —provenzal, italiano, gallego, castellano— produce el confinamiento del latín como vehículo cultural de unos pocos, y con él el arrinconamiento de los modelos de la literatura antigua. Con los trovadores provenzales se verifica la creación de una poesía nueva, que necesita de nuevos géneros para su desarrollo, tales la *cansó* trovadoresca o el *sirventés.* La *épica* experimenta también algunas transformaciones, dando por resultado géneros nuevos como el *cantar de gesta* o el *roman courtois.* Por su parte la Iglesia católica alienta el nacimiento y desarrollo de una *dramática* nueva, vinculada a los oficios eclesiales y a las festividades sacras. De la simple observación de esta nueva producción literaria se deduce la existencia de criterios poéticos flexibles, todavía ajenos a la mentalidad preceptista de los tiempos clásicos venideros. Para ello no fue óbice que en las escuelas y universidades siguiera vigente la teoría aristotélica, con la distinción de dos géneros fundamentales de mímesis: la imitación y la representación directa (Zumthor 1972: 160). Dentro de esta tradición escolar-erudita en la que se moverá Dante, «la doctrina sobre los géneros tiende a confundirse con una teoría de las modalidades de discurso» (Zumthor 1972: 160); respecto a ello la Retórica fijó cuatro

esquemas fundamentales: «de discurso *(genus demostrativum, deliberativum, iudicialis),* de estilo *(genera dicendi: humili, medium, sublime),* de la forma de la representación *(genus dramaticum, narrativum, mixtum)* y de los objetos *(tres status hominum: pastor otiosus, agricola, miles dominans)»* (Jauss 1970: 92).

17.    La teoría de los «tres estilos», procedente de combinar los diferentes géneros retóricos resultantes, demuestra que durante la Edad Media pesó más en el ánimo de los autores la observación directa de los modelos poético-literarios que la rígida normativa aristotélico-horaciana. En tal sentido las obras de Virgilio se constituyeron como paradigmas perfectos, pues las tres —*Bucólicas, Geórgicas, Eneida*— recogían, en su variedad de aspectos, toda una concepción poética  no solo del universo literario sino también de la vida. Al orden de los géneros se le hizo corresponder cierto orden del mundo (Curtius 1948: 512). De este modo se dispuso la célebre *rota Virgili* (Faral 1924: 87), que señalaba, con su círculo totalizador, las correspondencias entre el origen del hombre, su condición laboral, medio de trabajo y género literario, como un anticipo de la teoría romántica de las edades o ciclos (Vico 1725; Hugo 1827; cf. § 29).

18.    Diomedes realizó una aplicación más práctica de la Retórica a la clasificación de los géneros literarios, distinguiendo tres grandes clases: I) *Genus activum vel imitativum (dramaticon vel mimeticon): tragica, comica, satyrica, mimica;* II) *Genus enarrativum (exegeticon vel apangelicon),* con las siguientes subclases: a) *angeltica* —*sentencias*—; b) *histórica* —*relatos y genealogías*—; c) *didascalica* —*poema didáctico*—; y III) *Genus commune: heroica species* —*Iliada, Eneida*—; y *lyrica species* —Horacio— (Lausberg 1960: I, 106-17). Desde una perspectiva moderna se han intentado acomodaciones de la clasificación de los géneros retóricos a la de los géneros literarios (Kibedi Varga 1970: 84-98). Por otra parte la teoría estructuralista coincide curiosamente con la teoría retórica medieval al preferir la noción de *discurso* a la de *género,* y no es extraño que alguno de los representantes más cualificados de aquella se haya interesado por la teoría retórica medieval (Barthes 1970).

19.    La BIBLIA supuso para los medievales otro modelo observable en cuanto libro en que se contenían géneros diversos, algunos de ellos ya existentes en la literatura grecorromana, pero en todo caso más antiguos que éstos (VV.AA. 1957). En sus *Etymologiae* Isidoro de Sevilla piensa, en efecto, que Moisés había empleado el hexámetro antes que Homero, y que mucho antes que los poetas griegos y latinos Salomón había escrito *cantos* y David *himnos* (Curtius 1948: 638 ss.).

20.    La tentativa más ambiciosa por sistematizar los géneros desde un punto de vista histórico próximo y no arqueológico se debe a DANTE, quien en *De volgari eloquentia* teorizó acerca de los nuevos géneros descubiertos por los escritores de las lenguas vernáculas; así, por ejemplo, de los temas que merecían tratamiento en aquellos. Entre las formas Dante destaca la de la *canción,* pues el objeto fundamental de la poética dantesca es, ciertamente, la poesía, que es el género al cual somete a una más avanzada experimenta-

ción, mediante la creación de un extenso poema alegórico-cristiano –*Divina Commedia*–, y la fusión de lo lírico y lo narrativo, la prosa y el verso en *Vita Nuova.* La *poesía lírica* será también el centro de atención preferente de otros tratadistas, como R. Vidal de Besalú, E. de Villena, A. de Baena, J. del Encina y el Marqués de Santillana, que distingue tres grados o géneros de poesía: a) *sublime,* al cual pertenecerían las obras antiguas escritas en metro; b) *mediocre,* compuesto por las escritas en vulgar, y c) *ínfimo,* constituido por los «romances e cantares de que las gentes de baxa e seruil condición se alegran» (ed. Durán 1980: 214). Un talante aristócrata como el de Santillana acoge, de esta suerte, los géneros de condición popular, transmitidos por vía oral, destinados a la distracción de todos, si bien lo hace con cierta actitud de menosprecio y marginación (Huerta Calvo 1982c).

21.   Al igual que sucede con otras esferas de la cultura, la Poética de los SIGLOS XVI Y XVII recupera las coordenadas impuestas por los sistemas aristotélico y horaciano. Junto con la centuria siguiente, en que culminará el didactismo preceptista, son éstos períodos que «toman en serio los géneros; sus críticos son hombres para los cuales los géneros existen, son reales» (Wellek-Warren 1949: 275). La clasificación más común sigue el orden tripartito propuesto desde la Antigüedad: *épica, dramática,* y «alusión no extensa a la *lírica,* como corresponde al concepto no totalmente perfilado que se tenía en los siglos XVI y XVII de este último género en el sentido actual» (García Berrio 1977: 82). El criterio de tripartición se ofrece, sobre base clásica, pero recurriendo a *casos* contemporáneos en Minturno, quien distingue tres clases: *épica, escénica* y *mélica o lírica.* Dentro de la épica hace una tripartición más original: a) en prosa *(diálogo, novella);* b) en verso *(epigrama, himno),* y c) *mixta* (y aquí cita dos casos de *romances pastoriles:* el *Ameto,* de Boccaccio, y la *Arcadia* de Sannazaro). La *poesía escénica* queda dividida en tres subclases: *trágica, cómica* y *satírica* (Minturno 1564); esta última cobra especial relieve por la atención concedida al pasaje en que Horacio habla de los Sátiros (García Berrio 1977: 204-6).

22.   Aun dentro de la escuela aristotélica, admite una casuística mayor, de base retórica (cf. *supra:* § 16) el Pinciano (López Pinciano 1596: I, 239), cuando distingue las siguientes especies: por una parte, el *poema enunciativo o enarrativo,* que podía elaborarse con imitación –*ditirámbico* o descriptorio de alguna cosa– o sin imitación, dentro del cual distingue el *angéltico* –que escribe sentencias–, el *didascálico* –donde se enseñan artes y disciplinas– y el *histórico* –al modo de Heródoto o Lucano–. Por otra parte Pinciano habla del *poema activo* («con perfección de ánima e imitación, mas no siempre de metro»), en el que distingue el de número continuo –*tragedia*–, sin número –*diálogo*– y con él o sin él indistintamente –*tragedia*–. Como, pese a todo, son muchas las especies que quedan fuera del cuadro clasificador, Pinciano opta por introducir un nuevo criterio de división –*regularidad/irregularidad*–, de modo que el *poema lírico* puede ser enunciativo o enarrativo. Asimismo, observador de su contexto literario, acogerá géneros contemporáneos, algunos de creación moderna: el *mimo,* el *apólogo,* el *epigrama,* la *rapsodia,* el *centón,*

la *parodia,* el *grifo,* el *enigma,* el *escolio,* el *epinicio,* el *emblema,* la *empresa* y el *jeroglífico* (López Pinciano 1596).

23.   Pese al carácter mimético de la época renacentista respecto de la Poética antigua, es en esta época cuando se producen profundas transformaciones de los modelos clásicos, tanto en la teoría como en la práctica (Croce 1902: 463-4), y especialmente en el género más sometido a variaciones, el teatro. A los cambios introducidos por la *commedia dell'arte* y la dramática de Shakespeare hay que unir la teorización dramática llevada a cabo por Lope de Vega en el *Arte Nuevo de hacer comedias* (Lope de Vega 1609). Allí Lope fija la nueva formulación de la comedia, opuesta a la establecida en la Antigüedad respecto de la *comedia antigua.* La *comedia nueva* se caracterizará por canonizar el principio de mezclar lo trágico y lo cómico, y romper con las unidades clásicas. En esta mixtura —no se olvide— radica el inicio del teatro moderno, que se aparta de la tradición greco-romana-francesa: la tradición del «teatro medieval, el isabelino, el romántico, el valleinclanesco, el brechtiano y el teatro del absurdo» (Rozas 1976: 74).

24.   En la Preceptiva clásica española tiene un papel importante, entre otros tratados menores (Sánchez Escribano 1972), las *Tablas Poéticas,* de F. de Cascales, tratado en que, por vez primera en la teoría española de los géneros, «se adopta el moderno esquema de los géneros, Épico, Dramático y Lírico, constituidos como entidades dialécticas perfectas, es decir, absolutamente homogéneas en cuanto a su génesis dialéctica y constitución estructural» (García Berrio 1975: 83). Por lo que respecta a su mayor aportación a la teoría general, ésta se refiere a la división tripartita de acuerdo al criterio perspectivista: exegemático, dramático y mixto.

25.   La aceptación incondicional del sistema aristotélico-horaciano condujo en el SIGLO XVIII a entender el género literario «como una especie de esencia eterna, fija e inmutable, gobernada por reglas específicas y también inmutables» (Aguiar e Silva 1967: 164), de tal modo que aquel quedaba entendido «como un mundo cerrado que no admite nuevos desarrollos» (Aguiar e Silva 1967:164). N. Boileau representa este espíritu de sujeción estricta a las normas (Bray 1957), codificadas por él en su *Arte Poética* de acuerdo con la triada genérica, en la cual es el género *dramático* el que resulta mejor asegurado en razón del respeto por las tres unidades y la verosimilitud como categoría inexcusable. Por lo que hace al más importante teórico español, I. Luzán, su mérito estriba en sentar definiciones rotundas de los géneros, como la siguiente sobre la poesía: «imitación de la naturaleza en lo universal o en lo particular, hecha con versos, para utilidad o para deleite de los hombres, o para uno y otro juntamente» (Luzán 1737: I, 5, 95). En cuanto a las formas teatrales trata también de las modalidades genuinamente españolas como la *tragicomedia,* la *égloga,* el *drama pastoril* y el *auto sacramental.* La crítica neoclásica procuró, asimismo, consolidar la jerarquización entre géneros mayores —*tragedia, epopeya*— y géneros menores —*fábula, farsa*— (cf. la oposición géneros altos/bajos, de Tomachevski, en § 35). Aparte de esto los criterios clasificadores fueron muy variados y comprendían posiciones temáticas

y formales por igual. El esquema clásico pareció funcionar bien en relación con unos cuantos géneros asegurados en la tradición, pero —como afirma Wellek— lo que socavaba este esquema «era el éxito conseguido por géneros con los que poco o nada tenían que ver sus preceptos: la novela, el ensayo periodístico, la pieza dramática de tono serio y final venturoso...» (Wellek 1969: 32). Son estos, precisamente, los géneros que luego han sido más desatendidos por parte de la historiografía literaria.

26.   El relativismo del pensamiento ilustrado rompe con el concepto de universalidad de los géneros, tan firmemente sostenido por la preceptiva neoclásica. En realidad —como apuntan Wellek y Warren— «da teoría clásica no explica ni expone ni defiende la teoría de los géneros ni el fundamento de su diferenciación» (Wellek-Warren 1949: 276), ocupándose de cuestiones «como la pureza del género, la jerarquía, la duración, la adición de nuevos géneros» (idem). Además, a mediados del siglo XVIII, el desarrollo de la ciencia biológica produjo una concepción orgánica del hecho literario que «daba pie a una nueva teoría de los géneros apoyada en la semejanza con las especies biológicas» (Wellek 1969: 38-9). En razón de esta analogía se esbozó una historia evolutiva de los géneros, que hacía primar la aparición de unos sobre otros. (Cf. *infra*: §30).

27.   La TEORÍA ROMÁNTICA impuso la primacía en el orden evolutivo al *drama,* como género más evolucionado. Para Lessing, interesado por el paralelismo entre las artes plásticas y las literarias, el género capital es el dramático:

> El drama, que está destinado a ser una pintura a la que el lector debe dar vida, es quizá por eso mismo un género que debería someterse de un modo más estricto a las leyes de la pintura material [...] En el drama no solamente creemos estar viendo y oyendo realmente (Lessing 1766: 65).

No es otro de los menores logros de Lessing el haber tolerado la confusión de géneros, optando por el hibridismo como carácter enriquecedor de la creación literaria, conforme había de seguir la práctica romántica:

> En nuestros manuales bien está que los separemos unos de otros, lo más cuidadosamente posible, pero si un genio, llevado por más altos propósitos, amalgama varios de ellos en una sola obra, olvidémonos de nuestro manual y fijémonos solamente en si ha conseguido sus elevados propósitos. ¿Para qué he de preocuparme de si una obra de Eurípides no es del todo narrativa, ni del todo dramática? Llámela híbrida; me basta con que este híbrido me cause más agrado, me edifique más que los más legítimos partos de nuestros correctísimos Racines o de cualquier otro nombre que pudiera dárseles. (Lessing 1767-69, *apud* Wellek 1969: 199).

El grupo alemán del *Sturm und Drang* rechazó la clasificación de los géneros; así H. W. Gerstenberg y J. C. Herder, que abogará al fin, sin embargo, por historiar los géneros individuales en sus orígenes. Schiller considera los géneros según distintas actitudes ante la realidad; de este modo, refuta la división en categorías inmutables y no fundibles: el *teatro* está sujeto a la causalidad, la *épica* a la categoría de sustancialidad. La poesía de mayor rango estético supondría una síntesis épico-trágica, que habría de trasplantarse a las demás artes en general, hasta culminar en la visión de un R. Wagner (Wagner ed. 1952). J. W. Goethe matizará la triada genérica en su trabajo sobre formas naturales de poesía: «la que narra claramente», la «inflamada por el entusiasmo» y «la que actúa personalmente» (épica, lírica y dramática). En su correspondencia con F. Schiller se ocupa de delimitar las diferencias entre los géneros épico, lírico y dramático. Goethe reprueba la mezcla de los géneros, aunque reconoce el imparable proceso de disolución de las categorías genéricas (Wellek 1969: 248).

28.     Schelling considera positiva la clasificación por géneros, aceptando la división tripartita y dando entrada en el esquema clásico al género por excelencia del ochocientos, la *novela,* a la que reconoce la mayor capacidad totalizadora, y el grado de madurez en la evolución, según se percibe en los *casos* señeros del *Quijote* y el *Wilhelm Meister,* de Goethe, y la individualidad absoluta de ciertos casos como la *Divina Comedia,* obra «tan cerrada en sí que la teoría abstraída de los demás géneros resulta totalmente inadecuada para ella» (Wellek 1949: 306). También para F. Schlegel la novela es género de géneros, pues en ella cabe el mito, la narración, lo romántico y lo irónico; de ahí que le vaticine un porvenir glorioso según vaya superando el prejuicio de la impureza de los géneros. Con arreglo al mismo criterio procederá su hermano, A. W. Schlegel, que toma como modelos al *Quijote* y al *Wilhelm Meister,* pero el objeto de atención predilecta será principalmente el *drama.* Refiriéndose al género dramático, Novalis juzgará la *ópera* como «el grado más elevado del drama» en cuanto unificación de todos estos géneros (Novalis, ed. 1976: 341). Frente a la opinión ortodoxa sobre la pureza de géneros defendida por S. T. Coleridge, Jean Paul Richter (Richter 1804) verá en la multiplicidad de las formas románticas un motivo evidente para la imposibilidad de establecer reglas.

29.     V. Hugo (Hugo 1827: 75-6) se acoge a la teoría evolucionista de los géneros y construye una nueva *rota Virgili* en pleno Romanticismo, señalando las analogías entre la lírica y una primera fase de la Humanidad, entre la épica y una segunda, y la dramática con el período de madurez, simbolizado en Shakespeare. Fuera de la simplicidad de este esquema son interesantes las reflexiones de Hugo acerca de lo cómico-grotesco, señalando la *parodia* como género revolucionario (Hugo 1827: 71), ya que —en su opinión— de la fusión de lo grotesco y lo sublime nace el espíritu moderno. En realidad, Hugo ve en el cultivo de la parodia las posibilidades para el desarrollo del género novelesco, al señalar los casos de Petronio, Juvenal, Apuleyo, el *Roman de la Rose,* Rabelais y Cervantes (Bajtín 1963: 44-5).

30.     La *Estética* de HEGEL concede su más importante sección al estudio de los problemas de los géneros. Aquí Hegel (Hegel 1832-38) construye el sistema más perfecto hasta su fecha de los géneros literarios: sobre la base trimembre clásica, expone las correlaciones entre los géneros y las diferentes cosmovisiones ideológicas, abriendo un camino por el que luego habría de discurrir, entre otras corrientes, la crítica marxista. Para Hegel, el *género épico* expondría con amplitud una acción en todas sus fases. El mundo moral apa-

rece representado en él bajo la forma de la realidad exterior, y esa representación se verifica por la presencia de hombres y dioses. Frente a aquel, el *género lírico* sería la expresión de lo subjetivo: de los movimientos interiores del alma individual. De este modo, si la recitación del texto es mecánica en la épica, en este no puede serlo, pues el poeta lírico debe manifestar sus ideas en concepto de inspiración propia. Finalmente el *género dramático* reuniría lo objetivo y lo subjetivo, esto es, los motivos interiores que impulsan a los personajes.

31.   El paralelo establecido por algunos críticos del siglo XVIII entre los géneros literarios y los biológicos culminó, a fines del XIX, con las teorías evolucionistas y deterministas de F. BRUNETIÈRE:

> La diferenciación de los géneros se opera en la historia como la de las especies en la naturaleza, progresivamente, por transición de lo uno a lo múltiple, de lo simple a lo complejo, de lo homogéneo a lo heterogéneo. (Brunetière 1890).

Los géneros están sometidos, por eso, a los riesgos y peligros de la vida de toda especie natural: por ejemplo, la *herencia* o la *Raza,* en virtud de la cual un género como la *epopeya* está presto a realizarse y desarrollarse en la India pero en Occidente resulta siempre en extremo artificioso. Tales criterios aplica Brunetière al estudio de la *tragedia francesa,* ejemplo de cómo un género nace, crece, alcanza su perfección, decae y finalmente desaparece; o bien de la *poesía romántica,* con intención de analizar el proceso de transformación de un género en otro. En la misma onda se sitúa la filosofía del arte de H. Taine (Taine 1865).

32.   El punto inverso al determinismo de Brunetière lo señala la obra teórica de B. CROCE (Croce 1902, 1954), quien somete a una severa revisión crítica la validez de los géneros, comenzando por trazar una breve historia de los mismos. Para ello Croce abomina de la tradición *didáctico-preceptista* vigente en las Poéticas occidentales desde Aristóteles, ofreciendo como desviación ejemplar, por su heterodoxia, la del Medievo frente al Renacimiento, que dio en establecer «una numerosa serie de géneros y subgéneros poéticos, rígidamente definidos, y dependientes de leyes inexorables» (Croce 1902: 459). Estas leyes fueron, sin embargo, invalidadas luego de aparecer géneros nuevos como la *poesía caballeresca,* la *commedia dell'arte* o la *comedia española* (Croce 1902: 461). Frente a la crítica sumisa —Ricobboni, Scaligero, Castelvetro— Croce saluda la heterodoxia que representan, entre otros, Aretino, Bruno, Guarini y, sobre todo, los críticos españoles:

> España fue tal vez el país de Europa que por más tiempo resistió a las pedanterías de los tratadistas; el país de la libertad crítica, desde Vives a Feijoo, o sea desde el renacimiento al siglo XVIII, cuando, descaecido el viejo espíritu español, fue implantada en él, por obra de Luzán y de otros, la poética neoclásica, de procedencia italiana y francesa (Croce 1902: 464).

La práctica literaria que impone el movimiento romántico, con la mescolanza de géneros, es el mejor apoyo para las tesis croceanas, más acerbamente defendidas tras la teoría de Brunetière, que habría conferido «forma aguda a un prejuicio que, no tan francamente expuesto ni con igual rigor aplicado, infesta las historias literarias de hoy» (Croce 1902: 470). Para Croce, en fin, lo reprobable es supeditar la individualidad artística a la teoría genérica, traducida en normativa. Así pues, no es el concepto lo que al teórico italiano le parece discutible sino la aplicación establecida secularmente.

33.   Las tesis croceanas de los géneros serán recogidas posteriormente por la corriente crítica conocida como *Estilística,* que tiende —como su nombre indica— a estudiar el estilo (individual) (Guiraud 1970: 21), de suerte que diferenciará un estilo *épico, dramático, lírico, epistolar,* etc.

34.   La teoría de los géneros experimenta un notable impulso con el movimiento FORMALISTA. La noción de género es particularmente útil respecto al concepto de evolución literaria. Los rasgos de un género varían según sea el *sistema* literario en que dicho género se inscribe (Tinianov 1920-27: 126). Pese a todo Tinianov relega el valor de la *serie genérica* en favor del sistema, fuera del cual el estudio de los géneros resultaría estéril. En razón de ello la novela histórica de Tolstoi, verbigracia, deberá ser vista «en correlación no con la novela histórica de Zagoskine, sino con la que le es contemporánea» (Tinianov 1920-27: 128). Distinta es la acepción que obtiene el concepto de sistema en los presupuestos de otro paladín formalista, B. Tomachevski, como lugar en que se agrupan una serie de características o rasgos propios del género, de acuerdo con el tema, la función, el uso del lenguaje, el destino de la obra, etc. (procedimientos *dominantes*). Para el crítico ruso, los géneros son algo vivo, que nunca llega a desaparecer del todo en la memoria literaria:

> La novela caballeresca medieval y la moderna [...] pueden no tener rasgo alguno en común, y, sin embargo, la novela moderna ha nacido de la lenta y plurisecular evolución de la novela antigua [...]. De la disgregación del poema descriptivo y épico del siglo XVIII, nació el nuevo género del poema lírico o romántico («byroniano»), a comienzos del siglo XIX. (Tomachevski 1928: 212).

35.   Al mismo tiempo, Tomachevski subraya las connotaciones sociológicas de los géneros, distinguiendo los *géneros altos,* o socialmente prestigiosos, y los *géneros bajos*; ambas categorías mantienen —a su juicio— una pugna similar a la lucha de clases, al término de la cual elementos de los segundos —casi siempre de condición humanística y burlesca— quedan subsumidos en los primeros. Después de Hugo (cf. *supra:* § 29) el de Tomachevski es el primer intento serio por valorar adecuadamente *géneros bajos* o inferiores en el proceso de la creación artística, en la que originaron «efectos estéticos nuevos, inspirados y profundamente originales» (Tomachevski 1928: 214). Sobre esta *intertextualidad* de los géneros bajos discurrirá luego el pensamiento de M. Bajtín, en relación con el género capital, la *novela* (vid. *infra:* § 50).

36.   También Šklovski considera los géneros como fenómenos empíricamente demostrables, que se repiten a lo largo de la historia (Šklovski 1959), y que resultan manipulados por la conciencia estilística de determinados escritores; por ejemplo los tópicos de la *novela griega* aparecen exagerados voluntariamente —parodiados, por tanto— en *Cándido* (Šklovski 1959: 219). Fren-

te a la rígida visión *didáctico-preceptista,* Šklovski concibe el género como sistema que presenta una función operativa:

> El género no es sólo una unidad establecida, sino también la contraposición
> de determinados fenómenos estilísticos que la experiencia ha demostrado que
> son acertados y que poseen un determinado matiz emocional y que se perciben
> como sistema (Šklovski 1975: 315).

El surgimiento de la individualidad genial en la serie genérica no es
—como quería Croce (cf. *supra* § 30)— un alegato contra la teoría de los géneros, pues «el innovador es guía que no sigue el rastro pero que conoce los
viejos caminos» (Šklovski 1975: 316). Las épocas chocan unas con otras, y el
género es «la unidad del conflicto», pues «toda obra de arte, al ser un eslabón
del proceso de autonegación, surge como contraposición a algo» (Šklovski
1975: 328). Dentro asimismo del dominio de la crítica aplicada formalista los
estudios de Propp sobre el cuento folklórico y maravilloso (Propp 1928) demuestran la posibilidad de fijar las leyes por las cuales se rige la estructura de
un género determinado, bien que este género se prestara a una formalización mayor habida cuenta de su carácter folklórico.

37.   R. Jakobson relacionó las particularidades de los géneros con la
*función poética* y las restantes funciones del lenguaje. De este modo el *género
épico,* característico de la tercera persona gramatical, se correspondería con
la intensificación propia de la *función referencial;* el *género lírico,* típico de la primera persona, se correspondería con la *función emotiva;* el *género dramático,*
que hace de la segunda persona la fundamental, realzaría la *función incitativa*
(Jakobson 1958).

38.   Con la crítica anglosajona (NEW CRITICISM) el género pasa a un segundo plano, y de los críticos que habitualmente se adscriben a esta escuela
sólo N. Frye concede una atención pormenorizada al problema, que se tra-
ducirá en una sugestiva teoría de los géneros. Para este crítico, existen cuatro
categorías anteriores a los géneros: *romántica* (de *romance* = «novela»), *trágica,
cómica, satírica,* o *irónica.* Estas categorías forman los cuatro elementos narrativos pre-genéricos en la literatura: los *mythoi* o tramas genéricas. Para Frye, la
base de la crítica genérica es retórica «en el sentido de que el género se determina por las condiciones que se establecen entre el poeta y el público»
(Frye 1957: 324). De ahí que destaque lo que denomina «radical de presentación» —palabra escrita, hablada o actuada—:

> El *epos* y la ficción constituyen el área central de la literatura y van acompaña-
> dos por el drama de un lado y del otro por la lírica. El drama tiene una conexión
> particularmente íntima con el rito, y la lírica con el sueño o la visión, con el indi-
> viduo que está en comunión consigo mismo (Frye 1957: 328).

Cada género impone, por eso, un ritmo distinto: de recurrencia en el
caso del *epos;* de continuidad en la *prosa;* de decoro en el *drama;* de asociación
en la *lírica.*

39.   En cierta manera se considera la *Teoría literaria* de R. WELLEK y A.
WARREN (Wellek-Warren 1949) como la síntesis didáctica de la nueva crítica
anglosajona. Lejana ya de los tiempos normativos de la antigua Poética, en

ella se expone la metáfora del género como *institución,* siempre con un carácter abierto (Wellek y Warren 1949: 272) y se entiende el género de un modo muy pragmático, en cuanto

> agrupación de obras literarias basadas teóricamente tanto en la forma exterior (metro o estructura específicos) como en la interior (actitud, tono, propósito, dicho más toscamente: tema y público) (Wellek y Warren 1949: 278).

La noción de género es una de las causas principales que animan la producción y la lectura literaria (la «genética» literaria).

40.   La Poética ESTRUCTURALISTA, de base lingüística, tendió a sobreponer el concepto de *discurso* sobre el de género, que sería «una función convencional del lenguaje, una relación particular con el mundo que sirve de norma o expectativa para guiar al lector en su encuentro con el texto» (Culler 1975: 195). En este orden algunas figuras de la crítica estructuralista han elaborado ajustadas descripciones de las estructuras discursivas. R. Barthes, por ejemplo, al considerar el relato en varias modalidades genéricas: *leyenda, fábula, cuento, novela, epopeya, historia, tragedia, pantomima, cuadro, cine, comic...* (Barthes 1966: 65-6). En este sentido lo interesante, pues, será estudiar los diferentes estilos narrativos sobre la base de nociones como el punto de vista, los comienzos y finales del relato, modos de intervención del autor, etc. Junto al concepto de *discurso* como unidad superior que permite englobar y seguir el análisis de una temática concreta (por ejemplo, Barthes 1966), esta orientación estructural prefiere el concepto de *escritura,* a la búsqueda del ideal valeryano de una literatura sin nombres de autores ni de géneros (Yllera 1974: 83).

41.   G. Genette propone, de igual manera, analizar previamente el *discurso* formal del texto, pues «el texto a construir depende de una serie de otros textos que le son afines (o con los que se relacionará), ya sea por la forma ("género"), ya sea por el contenido (materia del relato)» (Genette 1968: 35). Denunciando la perspectiva didáctico-preceptista con que el problema de los géneros ha sido examinado a través de los tiempos, Genette señala la fácil transformación de la noción genérica en «una serie de preceptos cuyo rigor se acerca al de la sanción extratextual (desde la Poética) encarnados por la opinión común» (Genette 1968: 37). Cualquier conclusión de orden normativo solo podrá establecerse a posteriori, nunca previamente como sucedía en la Poética tradicional, lo que «explica el retraso de la crítica frente a una obra nueva» (Genette 1968: 37).

42.   La inclusión de la cuestión genérica en la tipología estructural del discurso literario es consolidada por Ducrot-Todorov (Ducrot-Todorov 1972: 178), así como la distinción entre el concepto de *género,* en cuanto resultado de la observación de un período determinado —lo equivalente al *género histórico*— y la noción de *tipo,* deducible «a partir de una teoría del discurso literario», es decir el *género teórico* (Ducrot-Todorov 1972: 178). Esta primacía de los rasgos discursivos sobre las entidades genéricas hace posible que, en el criterio de Todorov, una obra pueda pertenecer a varios géneros, conforme se juzgue importante tal o cual rasgo de su estructura (Todorov 1968a: 97). Por

ejemplo, el *tipo* de *relato polifónico,* de que habla Bajtín (cf. *infra*), puede materializarse en géneros distintos: la *sátira menipea,* el *diálogo socrático,* la *novela,* etc.). Es, sin duda, a partir de las sugerentes reflexiones del citado Bajtín sobre los géneros cuando Todorov ha primado el concepto de género en su sistema crítico, hasta el punto de considerar necesario «empezar a presentar los géneros como principios dinámicos de producción» (Todorov 1978: 53).

43.   Con similar intención analógica lingüístico-literaria T. Todorov ha definido los géneros como *actos de habla,* respecto de los cuales obtiene tres posibilidades:

a)  el género codifica propiedades discursivas como lo haría otro acto de habla: el *soneto;*
b)  el género coincide con un acto de habla que tiene también una existencia no literaria: la *oración.*
c)  el género deriva de un acto de habla mediante cierto número de transformaciones o de amplificaciones: así, por ejemplo, de la simple acción de contar resultaría la *novela*

Esto ampliaría el horizonte de los *géneros históricos* a formas como el *refrán,* la *adivinanza,* el *conjuro* o, en nuestros días, el *graffiti.*

44.   En un sistema opuesto la consideración de los géneros como instituciones socioliterarias, inseparables de los cambios propios del proceso dialéctico de la Historia, constituye la premisa fundamental de la crítica MARXISTA. La teoría romántica de los estadios (Marx-Engels 1969: 44) y la dialéctica hegeliana, que incidía sobre todo en el aspecto social, son los puntos de apoyo de la crítica marxista. Para G. Lukács, por ejemplo, «la determinación histórico-social es tan intensa que puede llevar a la extinción de determinados géneros (la *épica clásica*) o al nacimiento de otros (la *novela*)» (Lukács 1963: 299). No en vano será la novela el género dilecto de esta crítica, en cuanto modalidad vinculada a las transformaciones sociales y económicas del siglo XIX, frente a la *epopeya,* que sería por excelencia el género del tiempo viejo:

> La novela es la epopeya de un tiempo donde la totalidad extensiva de la vida no está ya dada de una manera inmediata, de un tiempo para el cual la inmanencia del sentido de la vida se ha vuelto problema, pero que, no obstante, no ha dejado de apuntar a la totalidad (Lukács 1920: 59).

45.   Sin una vinculación doctrinaria con el marxismo en algunos casos, la SOCIOLOGÍA literaria creada a su sombra ha incidido en los aspectos sociales e, incluso, económicos que la actuación de los géneros en sociedad conlleva. Ello relegando de sus análisis los géneros serios o prestigiosos —la *novela histórica,* el *drama clásico*— y optando por los marginados o de condición inferior: el *folletín,* la *literatura de cordel,* la *novela popular* (Gramsci 1967: 174 ss.), el *melodrama.* Zalamansky (Zalamansky 1974) considera indispensable una sociología de los géneros, capaz de determinar la función de cada uno, condicionada a su vez por las diferentes respuestas que dan los géneros a un problema dado.

46.   Si en algo —como se va viendo— coinciden las distintas corrientes del pensamiento crítico-literario del siglo XX, ello es en la aceptación abierta del concepto de *género* tanto en su vertiente teórica como, de modo especial, en su aplicación al analisis de las obras literarias. Se viene así a reconocer, con Croce, la individualidad de la obra artística, pero al mismo tiempo la naturaleza dialéctica del género (Adorno 1970), y la conciliación de lo universal y lo particular, pues «cuanto más auténticas son las obras, tanto más se pliegan a algo exigido objetivamente, al ajuste de la cosa misma, y esto es siempre universal» (Adorno 1970: 266). Con ello tenemos, pues, la convicción de que las obras más específicas son aquellas que más fielmente cumplen las exigencias de un tipo.

47.   Por otro lado, la crítica moderna, como la antigua poética de fundamento retórico, otorga un papel indiscutible en el problema de los géneros al factor de RECEPCIÓN. En atención a esta los géneros se manifestarán como horizontes de expectativa para los lectores. Desde otra perspectiva se subraya, pues, el carácter dinámico que pueden jugar los géneros «en cuanto son capaces de desempeñar funciones en un nuevo contexto de la expresión poética, o lo que es lo mismo, en cuanto son aptos para establecer la conexión entre el ser y la conciencia, incluso bajo condiciones nuevas» (Köhler 1966: 143).

48.   Las últimas corrientes de la teoría lingüística, tales como la LINGÜÍSTICA DEL TEXTO, parecían desdeñar la noción de género de sus planteamientos crítico-literarios. En línea con la crítica estructuralista (cf. *supra:* § 40-43) sigue prefiriéndose la noción de discurso (Van Dijk 1978: 115, 121). Otro representante, más centrado en la teoría literaria, habla de *universos literarios,* constituidos por un vocabulario específico, una recurrencia de estructuras particulares que los diferencian de otros y una *metalengua* (Mignolo 1978). Es, sin embargo, su introductor español, A. García Berrio (García Berrio 1978 a, 1978 b), quien ha visto la necesidad de definir el texto literario dentro del contexto, «estableciendo las reglas de integración, de afinidades y diferencias, de cada texto en sus clases textuales»; dentro de estas clases ocuparían un lugar importante las «modalidades textuales de género» (García Berrio 1978 a: 263), que el propio autor ha podido tratar en relación con un género lírico, el *soneto,* y dentro de éste, respecto de una *clase,* el *soneto amoroso,* aunque naturalmente el análisis sería ampliable a otras clases (García Berrio 1978 b: 341). En este mismo sentido, parece fructífera la distinción del mismo crítico entre *texto-género* y *texto-individuo* (García Berrio 1979: 161), pues el «primero en sus aspectos estructural-sintácticos constituye una *forma* concreta y delimitada dentro de la sustancia expresivo-sintáctica que incluye todas las estructuras textual-literarias posibles» (García Berrio 1979: 161).

49.   En la moderna SEMIÓTICA la noción de género ha sido postergada en beneficio de la de *código cultural,* en el cual estarían inscritos los fenómenos de originalidad y de repetición, en el sentido de que «los sistemas artísticos que relacionan el valor estético con la originalidad son más bien la excepción que la regla» (Lotman 1970: 348). (Véase también la definición de *gé-*

*nero* por Greimas-Courtés 1979, s.v. *género*). Por su parte J. Kristeva propone «desplazar la antigua división retórica de los géneros por una tipología de los textos» (Kristeva 1969: 47). En esta nueva visión los géneros aparecerían como organizaciones textuales situadas en el texto general de la cultura. La misma autora, sin embargo, recupera la validez del concepto luego de su lectura de Bajtín (Kristeva 1969: 191 ss. y 206-7).

50.    Se debe, efectivamente, a M. BAJTÍN y su círculo (Volochinov, Medvedev) la reflexión más brillante sobre los géneros dentro del pensamiento crítico-literario de nuestro siglo. Para Bajtín, el objeto central de la Poética es el género, noción que supera la dicotomía entre forma y contenido (Todorov 1981: 124-5), asegurando una forma estable de discurso:

> El género es el representante de la memoria creadora en el proceso de la evolución literaria [...]. Las tradiciones culturales y literarias (comprendidas las más antiguas) se preservan y viven, no en la memoria subjetiva del individuo, ni en una *psique* colectiva, sino en las formas objetivas de la cultura misma (comprendidas en las formas lingüísticas y discursivas (*apud* Todorov 1981: 131).

El estudio del texto no puede, pues, realizarse a satisfacción sin antes haber elucidado las claves genéricas del mismo y, consiguientemente, la tradición en que aquel se inserta. A este respecto Bajtín —amparándose en los criterios de Wolfflin— distingue dos tradiciones en la historia literaria: una que llama *lineal,* constituida por géneros de naturaleza idealista, como la *novela griega* o la *sentimental,* y otra que denomina *pictórica* y que comprende los *géneros serio-cómicos,* los cuales han manifestado una gran vitalidad a lo largo de los tiempos. Tales géneros han jugado un papel relevante en la constitución del género novelesco en sus creaciones pioneras: Rabelais (Bajtín 1965), Cervantes y Dostoyevski (Bajtín 1963). Esta tradición se corresponde, además, con el sistema del Carnaval (Bajtín 1965) y ha actuado siempre de revulsivo y vitalizador de las series genéricas más desgastadas mediante las *parodias.* Lo característico del sistema carnavalesco y de la tradición de los *géneros serio-cómicos* es la inversión y el cuestionamiento de la visión monológica de la cultura oficial y de los géneros a ella adscritos. Para Bajtín, el texto carnavalesco por antonomasia es la *novela polifónica,* resultado del cruce de géneros e ideas diversas, que ofrecen una visión heteróclita y nueva del mundo.

51.    Lejanos los tiempos de las exacerbaciones evolucionista e idealista, el pensamiento crítico-literario moderno reconoce en el de género uno de los conceptos más objetivos y eficaces a la hora de analizar el hecho literario. W. Kayser (Kayser 1972) sometió a examen las diversas actitudes y formas que corresponden a las que él llama categorías genéricas: lo lírico, lo épico, lo dramático. En la misma línea contamos con el trabajo de Staiger (Staiger 1946). Las introducciones didácticas a la teoría literaria moderna suelen dedicar amplios capítulos a la exposición del problema (Aguiar e Silva 1967, Garrido Gallardo 1975, Di Girolamo 1978, Amorós 1979, Ynduráin 1979). Junto a la crítica, autores y público siguen amparándose en la idea del género para articular e interpretar los textos, sin los prejuicios puristas que tanto condicionaron la reflexión antigua.

# Segunda Parte

## DESCRIPCIÓN DE LOS GÉNEROS CONVENCIONALES
## (ENSAYO DE UNA CLASIFICACIÓN)

52. Desde el abandono, más o menos explícito, de los propósitos didáctico-preceptistas de la Poética tradicional, la Crítica de los géneros ha tendido a establecer *tipologías* funcionales, lo más realistas y válidas posibles. La fijación de la triada clásica —lírica, épica, dramática— parte, como hemos visto, de la Antigüedad. Y se asegura, más o menos corregida, en el Renacimiento, si bien no cabe afirmar que se consolide por completo hasta la Crítica romántica, con su representante más señalado, Hegel. La Crítica del siglo XX, en más de una ocasión determinada por el carácter negativo de los criterios anteriormente dichos, ha preferido hablar de *estilos:* así, por ejemplo, del *estilo grotesco* en varias artes y géneros literarios (Kayser 1957: 24 ss.). La crítica formal-estructuralista deslindó, a grandes rasgos, la *poesía* de la *prosa,* pero tal división es escasamente operativa por lo que hace a la teoría del género, dada la existencia además de géneros mixtos como el *poema en prosa* (Todorov 1972: 182). El propio Jakobson distinguió, en este mismo orden, la *prosa de inspiración poética* de la *prosa de inspiración prosaica* (Jakobson 1971: 52), pues si, en efecto, el verso es la «marca de la poesía» (Ynduráin 1979: 223), esta marca corresponde a la estructura superficial del género. Como hemos ido viendo en las páginas precedentes, se debe a estos críticos la introducción del concepto de *discurso,* de una validez más amplia que el de género (Barthes, 1977, Todorov 1978). Desde una perspectiva similar A. Jolles habla de *formas* del discurso, dentro de las cuales distingue las *formas simples* de las *complejas* (Jolles 1930). Creemos, sin embargo, que la cuestión no puede reducirse a una mera discusión terminológica y que el establecimiento de una tipología moderna de los géneros implica ya de entrada reconocer la validez del término *género* dentro de los planteamientos de la crítica.

53. En este sentido nada parece más sensato que acoger, desde un punto de vista metodológico, la triada clásica formulada por la Poética tradicional (Gallavotti 1924) y tan claramente sistematizada en la teoría hegeliana. A esta triada añadimos los *géneros didáctico-ensayísticos,* que dan cabida prácticamente a casi todas las manifestaciones de la prosa escrita, aunque en ella no esté siempre presente una voluntad artística bien definida: no se olvide que en estos *géneros* cabrían desde el *artículo* periodístico hasta la *crítica literaria.* Pese a esta aceptación de los grupos genéricos clásicos, no negaremos, sin embargo, la posibilidad de revitalizarlos acudiendo a términos de uso más común hoy o de intelección más próxima. De ello resultan los cuatro grupos fundamentales siguientes:

A)  Géneros lírico-poéticos.

B)  Géneros épico-narrativos.

C) Géneros teatrales.

D) Géneros didáctico-ensayísticos.

Como se observa, reforzamos la palabra *lírica,* hoy en franco desuso, con la más actual de *poética,* claramente reservada a la expresión en verso o en poema, de tal suerte que se incluyen aquí formas antes rechazadas como el *poema narrativo breve,* de fondo lírico, o el *poema en prosa.* El mismo criterio adoptamos con relación al segundo grupo, donde el término *épica* ha perdido inevitablemente actualidad luego de un uso insistente desde tiempos remotos. Por otro lado, el género básico del grupo ya no es el *epos* o *epopeya* sino la *novela,* en su sentido más amplio: la *narración.* En cuanto al tercer grupo es preciso constatar el criterio restrictivo de la Poética tradicional —hechas algunas salvedades— al marginar de sus planteamientos teóricos aquellas formas teatrales no traducidas a la escritura —pongamos aquí los *juegos* y otros espectáculos medievales— y que han alcanzado un creciente papel en la historia del XX; de ahí la sustitución de *dramático* por *teatral.* Por fin dedicamos un grupo último para aquellos géneros destinados a la exposición o enseñanza de pensamiento.

*A)* GÉNEROS LÍRICO-POÉTICOS

54.  Según Hegel, la POESÍA LÍRICA satisface la necesidad «de expresar lo que sentimos y contemplamos a nosotros mismos en la manifestación de nuestros sentimientos» (Hegel 1832-38: 412). A pesar de esta capacidad de subjetivación que viene siendo tópico adscribir a la lírica, la visión de Hegel es más amplia al concederle a su vez la facultad de abarcar temas objetivos del mundo exterior, si bien dentro de unos límites más reducidos que la *épica,* pues los poetas líricos pueden ofrecer «lo que hay de más elevado y más profundo en las creencias, en la imaginación y los conocimientos de un pueblo» (Hegel 1832-38: 413), o con palabras de Schelling encerrar «la representación de lo infinito o general en lo particular» (Schelling 1856:265). Esta concepción amplia, de la que participará la poesía del siglo XX, abre la teoría romántica al sector popular de la lírica, sobre el que a partir de entonces se concentrarán los esfuerzos de la filología positivista (Milà i Fontanals 1870, Menéndez Pidal 1941) y también de la crítica idealista de Croce (Croce 1933); en ese grupo genérico quedan comprendidas las *baladas,* los *romances* españoles y los *cantos heroicos,* que, si resultan épicos en razón de narrar un acontecimiento, son formas líricas por su tono:

> No es la descripción ni la pintura del suceso en sí, sino por el contrario el modo de concepción, el sentimiento gozoso o melancólico de coraje o abatimiento, lo que resulta la cosa principal (Hegel 1832-38 416).

55.  Tanto Hegel por lo que hace a la teoría, como los románticos por lo que se refiere a la práctica poética, acaban con la marginación de la llamada POESÍA POPULAR, constituida por subgéneros que, de modo normal, se

transmiten por vía oral, y que forman el acervo de la *lírica tradicional* (Menén-dez Pidal 1941). En rigor cabe decir que tales prejuicios fueron ya superados, en muy buena parte, por los poetas del Renacimiento (Góngora, Quevedo, Lope) que los admitieron en su repertorio *(villancico, romance)* al lado de los géneros preceptivos venidos de Italia *(soneto, canción),* y superando así el des-precio en que la Poética medieval (Dante, Santillana) los había tenido. Santi-llana, por ejemplo, en pleno otoño del medievo español, coloca en el *grado ínfimo* de la poesía los «*romances e cantares* de que las gentes de baxa e seruil condición se alegran» *(Proemio,* ed. Durán 1980: 214; cf., además, Huerta Cal-vo, 1982c). Ciertamente, Hegel hará corresponder los inicios de esta lírica popular con el estadio primitivo de la Humanidad cuando «el poeta [...] no es más que un simple órgano por el cual la vida nacional se manifiesta bajo la forma del sentimiento o del pensamiento lírico» (Hegel 1832-38: 426). En coherencia con tal estadio primigenio esta poesía recogería los temas de la vida primitiva: la familia, las alianzas tribales, etc.

56.   Sin embargo, Hegel parece aquí pensar más en los cantos épico-líricos, estudiados por Bowra entre otros (Bowra 1952) que en los poemas lí-ricos de tipo amoroso: es decir, en el importante contingente de canciones femeninas, llamadas *Frauenlieder* en Alemania, *chansons de femme* en Francia, y que en la Península corresponden a las *cantigas de amigo* gallegas, las *jarchas* mozárabes y los *villancicos* castellanos. El origen de estas formas, que tienen en común por lo que hace a su constitución formal la presencia de la mujer como sujeto del enunciado, ha sido harto debatido por estudiosos y críticos (Jeanroy, Ribera, García Gómez, Bezzola, Menéndez Pidal) y parece probable la existencia de un fondo lírico común, de carácter primitivo folklórico que trazaría un eje común en esta fase de la historia literaria europea (Frings *apud* Spitzer 1974). Estos géneros entablaron pronta relación con la poesía culta. Un caso muy significativo a este propósito, por lo temprano de su fe-cha, es el de la *jarcha* mozárabe, que, transmitida oral y anónimamente, fue enclavada en la estructura de un género culto, la *moaxaja,* como medio bri-llante de cerrar la composición (García Gómez 1975). Esta inserción plantea algunos problemas de índole temático-estructural, como la introducción del mensaje heterosexual de la *jarcha* dentro de un género que muy a menudo cantaba las relaciones homoeróticas (Huerta Calvo 1982c: 85-7). La populari-zación de la *moaxaja* dio como resultado el *zéjel,* cultivado por Ibn Quzman de Córdoba.

57.   Estas relaciones entre lo popular y lo culto se verifican también en el VILLANCICO, que inicialmente es la forma correspondiente a la jarcha en castellano: breve poema de tema rural compuesto por 2 o 4 versos (Sánchez Romeralo 1967), cuya transmisión más común fue la oral. Los poetas cultos de fines del XV y principios del XVI —Santillana, Encina— utilizarán estos vi-llancicos como estribillos básicos a los que añadirán una *glosa* o comentario poético razonado, y que por antonomasia, recibió luego el nombre global de *villancico,* siendo cultivado por los poetas de la corriente tradicionalista (Sil-vestre, Castillejo) y por otros como Góngora, Cervantes y Lope de Vega,

quien lo introducirá en el teatro, asociado a la música, como ya habían hecho Encina y Gil Vicente. El *villancico de tipo profano* pierde fuerza a partir del XVIII, en que subsiste el *villancico religioso de tema navideño*, si bien luego hay también cultivadores, como J. R. Jiménez, García Lorca y Alberti.

58.    Otro género medieval de raíz popular, típicamente español, es el ROMANCE, nacido a la sombra y como hermano menor del *poema épico*, del que toma algunas de las recurrencias formales y de sus temas histórico-legendarios. —El Cid, Bernardo del Carpio, Fernán González— (Menéndez Pidal 1953). Al igual que ocurre con el *villancico*, el género del *romance* no se traslada a la escritura hasta el siglo XV, y a partir de entonces comienza a ser cultivado por poetas de condición culta, al tiempo que progresivamente va perdiendo su vinculación estrecha con la épica para comprender un *material temático* más amplio e ir ganando, en cuanto a su tono estilístico, un mayor lirismo. Los poetas de fines del XVI someten el género a una profunda revisión creando el llamado *romance nuevo* (Saunal 1969), que tiene como características formales la mayor amplitud temática y el progresivo tono lírico, al que contribuye la instalación del verso octosilábico como el más adecuado al ritmo normal de la lengua española estándar, según lo practicara Lope en su teatro, y permitiendo un cultivo posterior en todas las épocas: en el XIX la recuperación histórico-medieval del Romanticismo lo hace un verso preferido entre los poetas de su escuela, desde Rivas y Espronceda a Zorrilla, e incluso en el siglo XX, donde ha servido como cauce para la construcción de algún poema fundamental de A. Machado *(La tierra de Alvar González)* y de algún poemario *(Marinero en tierra,* de Alberti, *Romancero gitano,* de F. García Lorca, *Cancionero y romancero de ausencias,* de M. Hernández).

59.    En Europa el contagio de los grandes poemas épicos con el género lírico produjo la BALADA, que narra la totalidad de un suceso histórico y/o legendario, del que ofrece la imagen en sus rasgos sobresalientes (Hegel 1832-38: 417); a su narración —que es la característica propiamente épica— se le añade un tono sentimental en el que se funde la queja, la melancolía, el gozo y la tristeza. La balada alcanzó su apogeo en el s. XV gracias a F. Villon, con su *Ballade des dames du temps jadis,* y se puso de moda, como su género análogo —el romance—, en el Romanticismo, que lo entendió en su sentido amplio como «relatos en verso compuestos por estancias regulares y presentando en general un carácter épico, sobre tradiciones o leyendas» (Morier 1961: 138); así lo cultivaron Schiller y Hugo. Es más metafórica su utilización por O. Wilde en *La balada de la cárcel de Reading.*

60.    Asociadas al pueblo y vinculadas a festividades y ritos colectivos, surgieron también —si bien con un propósito culto— las *formas líricas* en la literatura griega (Rodríguez Adrados 1978: 160). Un subgénero destinado al canto era el HIMNO, que venía a contener «sentimientos o ideales religiosos, patrióticos, guerreros, políticos, etc., de una colectividad» (Lapesa 1979: 141). Es género muy arraigado en la literatura altomedieval (Prudencio), donde adopta una finalidad litúrgica; en algún autor, como Pedro Abelardo, obtiene un

cultivo especial. Forma destinada a conmemorar alguna solemnidad, dio título a la composición de Schiller, musicada por Beethoven, *Himno a la alegría.*

61.   Dentro de los poemas líricos de larga extensión cultivados desde la Antigüedad, está la ODA, frecuentada en Grecia por Safo y Píndaro, siendo Horacio, en la literatura latina, quien le confirió las características clásicas que luego habrían de imitar, en el Renacimiento, poetas como Fray Luis de León («A Salinas»), Herrera («A la pérdida del rey don Sebastián») y, sobre todo, F. de Medrano, que intentó despaganizar el modelo horaciano. Su vinculación clasicista la vuelve a poner de moda en el XVIII. Morier distingue varios tipos (Morier 1961): la *oda pindárica,* que cultiva P. Ronsard; la *oda estrófica,* de libre formulación estrófica; la *oda clásica* (aquí entrarían los casos españoles citados y las *Odas* de P. Malherbe, junto a las de V. Hugo); y la *oda simbolista,* que pone en práctica P. Verlaine con sus «Cinq grand odes». Una intención irónica presenta la «Oda a Walt Whitman», de García Lorca. (La ironización de los géneros es procedimiento propio de la literatura de este siglo, cercano a la parodización pero distinto, y se denota, sobre todo, en los títulos: verbigracia, en *Romance de lobos,* de Valle-Inclán).

62.   La ELEGÍA es género de fundamentación temática pero sin patrón formal fijo: la elegía expresaría sentimientos de dolor e iría así muy unida a la muerte, como hecho que provoca la lamentación del poeta. En este sentido puede considerarse una larga elegía las *Coplas a la muerte de su padre,* de J. Manrique, o el *Canto a Teresa,* de Espronceda. Esta falta de rasgos formales, por los que pudiera aquilatarse la adscripción de un texto a este género, obliga a no utilizar la palabra en los propósitos de titulación: «Llanto por la muerte de Ignacio Sánchez Mejías», de Lorca; aunque en ocasiones sí aparezca: «Elegía por Ramón Sijé», de M. Hernández. La ENDECHA es «una elegía popular en versos cortos que no necesitan ajustarse a la fórmula de romance heptasílabo» (Lapesa 1979: 145).

63.   Una constitución formal más definida es la que presenta otro subgénero de abolengo clásico, la ÉGLOGA, diálogo entre pastores en torno, por lo común, a asuntos amatorios. Inventada por Teócrito, fue Virgilio quien, en sus *Bucólicas,* instituyó las dominantes citadas del género, a las que añadió un convencionalismo de tipo ideal: los personajes no son rústicos pastores, sino refinados y elegantes. Los poetas renacentistas, como Ronsard, Du Bellay, Poliziano, Garcilaso, Figueroa y La Torre tenían el género entre sus predilectos. La constitución formal dialogada de la égloga le confiere cierta apariencia dramática y, a veces, incluso, posibilidades teatrales, como en las *Églogas* de Juan del Encina.

64.   Mayor ajuste entre la constitución formal y la ideología ofrecen subgéneros como la ANACREÓNTICA (Lapesa 1979: 143), a la que da nombre el poeta griego Anacreonte, y que es una composición breve centrada en el tema de la orgía y los placeres báquicos. Este limitado carácter temático lo ha hecho género muy extraño en ciertas literaturas como la española, en que existe, por ejemplo, el caso de Villegas *(Eróticas o amatorias).* En su edad

clásica, la poesía árabe sí presentó un gusto por esta temática hedonística, en torno a los placeres de la mesa y del cuerpo, mediante géneros como la *qasida*. El MADRIGAL «se caracteriza sobre todo por el asunto amoroso, por la expresión sencilla y ocasionalmente también por referencia al campo y los pastores» (Baehr 1973: 403). Se basa en antiguas formas italianas de raíz popular que adapta al castellano, por vez primera, Gutierre de Cetina; en el siglo XVIII lo cultivan García de la Huerta y Forner. Forma breve de intención satírico-burlesca es el EPIGRAMA, cultivado por Marcial, Góngora y Quevedo. Con esa misma intención, en los autores españoles citados, se encuentra la *letrilla*.

65.    La actividad poética culta del medievo impuso unos modelos genéricos nuevos, al margen de los clásicos, con la cultura trovadoresca de Provenza (Riquer 1975). El género por excelencia de la nueva poética fue la CANSÓ, formada por una serie de estrofas o *coblas* en las que el *yo* lírico del trovador hablaba de las relaciones sentimentales con su amada, dentro del convencionalismo erótico del *amor cortés,* sobre el que teorizara A. Cappellanus. Temáticamente la *cansó,* en sus mejores cultivadores (Ventadorn, Bornelh, Daniel), presenta una estructura fija: luego de ubicarse en un convencional *locus amoenus,* el trovador medita acerca de su amor, y acaba la comparación con un envío o remate. El alto nivel de topificación hace a este género muy susceptible a los análisis textuales llevados a cabo sobre otros géneros como el soneto (García Berrio 1978b). La *cansó* fue el género que permitió renovar la poética trovadoresca allí por donde ésta extendió su influencia. Su imitación produjo la *cantiga de amor* gallego-portuguesa, de mayor densidad conceptual y menor riqueza imaginística, y la *canción* castellana que da nombre a la producción lírica del cuatrocientos cancioneril. Esta canción difiere de la que se pondrá en circulación un siglo después, la *canción petrarquista,* derivada de la *canzone,* género con el que los *stilnovistas* marcaron sus distancias respecto de la lírica trovadoresca. La *canción petrarquista* estaba compuesta por una serie de estancias rematadas por un *commiato* o *envío.* Boscán, Cetina, Acuña y Garcilaso la cultivaron en el Renacimiento (Segura Covarsí 1949).

66.    Aparte de la *cansó,* la poética trovadoresca se tradujo en una serie de géneros menudos en torno a distinta materia que la amorosa (Riquer 1975: 55-70). De estos géneros menores el más importante fue el SIRVENTÉS, cuya función era atacar, en forma crítica, satírica o burlesca a las personas e instituciones. Pone en evidencia este género, frente a la idealista *cansó,* la faceta realista de las cosas (Dronke 1968). Su equivalente gallego-portugués serán las *cantigas d'escarnho* y *maldizer,* y el castellano será el *decir,* en el que se especializaron muchos poetas del siglo XV, como Alvarez Gato, Villasandino, Juan Alfonso de Baena y Montoro. Fueron subtipos del *sirventés* el *gap,* que consistía en una jactancia o alarde fanfarrón del trovador, y el *sirventés-cansó,* que como su nombre indica fundía los dos géneros.

67.    La dominante formal del *diálogo* define otra serie de géneros de menor importancia pero de indudable fortuna en la literatura medieval, como la TENSÓ, o disputa entre dos trovadores acerca de un tema convenido

(Corti 1978b), el PARTIMEN, una modalidad de aquel, el TORNEJAMEN, o poema en que debaten varios trovadores, etc. Estos géneros, que serán luego cultivados por los poetas cancioneriles castellanos del XV con una gama innumerable de modalidades (Steunou-Knapp 1975) se ajustan a uno de los aspectos de la cosmovisión medieval que entendía el *deporte* o ejercicio entre caballeros como algo radical en la vida del hombre. J. Huizinga ahondó en esta cuestión al considerar la poesía como juego y a esta concepción lúdica obedecerían géneros como la *resverie* y la *fatrasie* francesas, en que se especializan los poetas «rhetoriqueurs» (Zumthor 1975) y el *motto confetto* italiano, y en España los *disparates, chistes* y *perqués,* que tan cultivados habrían de ser a lo largo del siglo XVI (Periñán 1980). La visión burlesca alcanza en estas centurias a todos los temas: surgen subgéneros como el *pronóstico disparatado,* el *enigma,* también la *poesía de imágenes.*

68.    Al margen de las convenciones del *amor cortés,* que dieron origen a la *cansó,* existen otros géneros medievales que exploran la temática amorosa desde otras perspectivas. Por ejemplo el ALBA, o canción de amanecer que recibe nombres distintos según las lenguas: *chanson de toile, aube, albada* (Dronke 1967: 213-17). Su especialidad consiste en describir la separación de los amantes con el amanecer del día. Esta dominante se observa ya en un poeta griego, Meleagro, y se da en diversas lenguas.

69.    La *cansó* trovadoresca prohibía el tratamiento obsceno o en exceso realista de las relaciones eróticas. Los lectores u oyentes medievales pudieron tener otra visión del tema amoroso mediante un género de construcción dialogada, la PASTORELA. En ella el poeta narraba un encuentro ficticio con una pastora, a la que requería de amor abiertamente y de la que al final gozaba y hasta podía permitirse una burla. Sin duda, los textos de este género fueron considerados un buen divertimento en las cortes provenzales, como lo atestiguan pastorelas tan desenfadadas como las de Marcabrú. El género tuvo, en efecto, fortuna en otras lenguas poéticas, surgiendo la *pastourelle* francesa, la latino-goliardesca, la gallega y la castellana. En Castilla tomó un carácter específico que le viene ya del nombre, *serranilla,* desapareciendo sus rasgos idealizados, y haciéndose más realista, como ocurre con las «cánticas de serrana» que Juan Ruiz introduce en su *Libro de Buen Amor.* Más refinadas, pero sin perder la vena realista resultan las de Santillana (Huerta Calvo 1982c). La importancia creciente del componente dialógico permite hablar de «teatralidad» en la serranilla, y esta teatralidad (Taléns 1977) se percibe cuando semejantes encuentros entre caballeros y serranas o pastoras son traspasados al género dramático, tal como ocurre con la *Égloga VII* de Encina o la *Farsa de la Dama,* de L. Fernández.

70.    Más que con la *canzone* petrarquista, el nuevo movimiento poético de Italia —*dolce stil nuovo*— se identifica con el SONETO, forma que suponía una mayor concentración temático-formal, frente a la dispersión de la *cansó* trovadoresca. Cultivado por algún provenzal y por Giacomo da Lentini, el soneto alcanza su perfección con Petrarca y Dante. La corriente italianizante llega a España a finales del siglo XV, en que Santillana experimenta con éxi-

to regular, siendo un siglo después cuando el género obtiene sus mejores cultivadores en Francia —Ronsard, Malherbe, Du Bellay—, en Inglaterra —Shakespeare— y en España con Garcilaso, Herrera, Góngora, Lope, Villamediana y Quevedo. La extremada formalización y topificación del soneto ha llevado a algunos críticos a ofrecer síntesis totalizadoras de sus estructuras (García Berrio 1978c). Disminuye su empleo en los siglos XVIII y XIX, en que el Romanticismo lo evita en tanto forma excesivamente rígida. En los poetas parnasianos, simbolistas (*Sagesse,* de Verlaine) y, sobre todo, en los modernistas vuelve a estar presente. Es Rubén Darío quien introduce modificaciones estróficas y versales en el tradicional esquema del género, que permitía no obstante algunas combinaciones. Esta línea renovadora habría de culminar en P. Neruda con la creación de sus *Cien sonetos de amor,* de carácter arrímico. Posteriormente la utilización del género obedece a razones estético-ideológicas determinantes, como puede ser la recuperación de movimientos clasicistas (así, los poetas de «Juventud Creadora»).

71.    En la historia de la poesía aparecen géneros que, tomando como base el verso, imitan la estructura de géneros en prosa. Tal ocurre con la EPÍSTOLA poética. La comunicación ceñida de un yo → tú (vosotros) supone que se puede transmitir, en forma íntima, un pensamiento o una serie de pensamientos acerca de alguna cuestión. El género ha servido desde sus orígenes para la exposición didáctica de alguna materia como, por ejemplo, la Poética; piénsese en la *Epistula ad Pisones,* de Horacio. Los humanistas hicieron de la epístola en prosa su más eficaz medio de transmitir los mensajes y las novedades de la nueva cultura, y la poesía se sirvió también del género para una comunicación de este tipo: por ejemplo, la *Epístola a Arias Montano,* de F. de Aldana. Como vehículo de sátira política la utilizó F. de Quevedo en su *Epístola censoria al Conde Duque de Olivares.* De orden didáctico-moral es la *Epístola moral a Fabio.*

72.    La mímesis poética puede afectar a géneros en prosa de ficción narrativa; lo que ocurre con la LEYENDA, género auspiciado por los poetas románticos y que encontró algún cultivo en poetas como Bécquer, Zorrilla y Espronceda. Esta mímesis puede ser absoluta: el curso en prosa puede servir en ocasiones para la expresión lírica. En este caso los períodos sintácticos parecen doblegados a una ajustada disposición formal que llega incluso a ser métrica —períodos con igual o menor número de sílabas— o presentando carencias de tipo rímico, tanto consonante como asonante *(similicadencias).* Este artificio fue conocido ya en la Antigüedad y en la Edad Media, en que lo emplearon modalidades como los *sermones* y las *crónicas* (la utilización del procedimiento en estas últimas permitió la reconstrucción de algunos poemas épicos perdidos). De esta *prosa rimada* o PROSIMETRA, se pasa en el XIX al auge del POEMA EN PROSA, de larga y breve extensión, como ya hizo Fenelon con *Télémaque,* y después Chateaubriand con *Les Martyrs.* Después surge el pequeño poema en prosa: *Graziella,* de Lamartine, *Cousine,* de Mme. de Stäel, y Ch. Baudelaire con los *Petits Poèmes en prose* (Bernard 1959). La poesía de la modernidad y de la vanguardia primará este género (Aullón de Haro 1979): Cer-

nuda, con *Ocnos,* Reverdy *(Plupart du temps),* Aleixandre con *Pasión de la tierra,* etcétera.

## B)   GÉNEROS ÉPICO-NARRATIVOS

73.   Dos son los géneros básicos de este grupo: la *epopeya* y la *novela,* considerada como epopeya de los tiempos modernos. A ambas las caracteriza el hecho de ser narraciones de algún suceso o acontecimiento con propósito totalizador: «La poesía épica designa la segunda potencia de la serie ideal: la acción, la objetividad, y en este sentido persigue alcanzar la imagen de lo absoluto» (Schelling 1856). Son ambas las dos *formas complejas* del grupo frente a las *formas simples,* tales el *cuento.* Teóricos del Romanticismo como Schelling admiraron esta concepción totalizadora que encierra el *género épico* y que se traduce en obras tan singulares como la *Divina Commedia* que, no obedeciendo a ningún esquema genérico, crea el suyo propio. De ahí que señale con admiración:

> Es el exponente más universal de la poesía moderna, no una poesía aislada, sino la poesía de todas las poesías, la poesía de la poesía moderna misma (Schelling 1856: 307).

Esta concepción amplia es la que subyace en las grandes creaciones novelísticas, tales el *Quijote* y *Wilhelm Meister,* de Goethe.

74.   Los modelos de la EPOPEYA clásica de la Antigüedad fueron las obras de Homero (*Ilíada* y *Odisea*), de Virgilio *(Eneida)* y de Lucano *(Farsalia).* Para Aristóteles, la epopeya imitaría las acciones de la gente noble, pero con «ritmo único», a diferencia de la tragedia, y dentro de una narración de larga extensión. Tales vendrán a ser luego los caracteres inmutables del género: mímesis de acciones y personajes de condición noble o heroica, sujeta a un ritmo único, verificado mediante la utilización monocorde de un mismo verso o de una misma serie estrófica, a traves de largas tiradas.

75.   El espíritu feudal-caballeresco, animado por el impulso de las primeras nacionalidades, creó la epopeya medieval, que recibe el nombre más común de poema épico o CANTAR DE GESTA. Generalmente estas gestas o hazañas eran referidas a un individuo, que se consideraba prototipo de la raza: Beowulf, Roldán, Rodrigo Díaz de Vivar, etc. De un grupo de cantares épicos, lo más común es que uno de ellos, el más sobresaliente o con intención más totalizadora, representara el espíritu nacionalista antes apuntado: *Cantar de los Nibelungos, Beowulf, Cantar de Mio Cid, La chanson de Roland.* En cuanto el género perseguía la exaltación del héroe, de cualidades sobrehumanas, fue propio del mismo la posibilidad de *generar* otros poemas que tratasen diversos aspectos de su biografía, o de sucesores de la estela heroica: los cantares de gesta franceses siguieron esta técnica (Riquer 1952).

76.   Sobre el carácter popular del *cantar de gesta* medieval se ha hablado mucho, y a veces con exceso. Que la difusión de estos poemas fuese grande, merced a la labor desempeñada por los juglares o rapsodas, no impide el considerar que en su germen fueron creaciones de carácter culto, dominado-

ras de unos recursos tendentes a producir el asombro en el ánimo de los que escuchasen estas noticias. Distinta cosa es el grado de verosimilitud, mayor o menor, que estos cantares presentan, según la idiosincrasia del pueblo en que se forjaron. Los cantares de gesta escandinavos, anglosajones y germánicos presentan un grado mayor de irrealidad y fantasía. Respecto de los románicos, ya es tradicional destacar la discreción fabuladora del cantar español frente al francés, sin que pueda hablarse, no obstante, de una estricta historicidad en aquel.

77.   Nada tiene que ver con el *cantar de gesta* medieval el *poema épico* renacentista, pues las raíces sociopolíticas que sustentaban a aquel han desaparecido para entonces, quedando el género en manos de autores cultos, que componen largos poemas, de índole narrativa y heroica, acerca de los pueblos antiguos y los pueblos de reciente conquista. L. de Camões escribe, por ejemplo, la epopeya de la nación portuguesa en *Os Lusiadas;* Ercilla escribe *La Araucana,* dejando un testimonio impagable sobre los antiguos pueblos chilenos. Pero la cristianización de la *epopeya,* género de raíces paganas, es también progresiva: la vida de Cristo, por ejemplo, se entiende entonces como argumento épico en *La Cristíada,* de Hojeda, dentro de una tradición inaugurada por *El Paraíso perdido,* de J. Milton. Los poetas italianos se especializaron en esta epopeya culta, que persigue a veces fines serios *(Gerusalemme liberata,* de Tasso) y otras fines burlescos *(Orlando innamorato,* de Tasso, *Orlando Furioso,* de Ariosto), en línea con una moda que otros seguirán en España: *La mosquea,* de Villaviciosa, y *La gatomaquia,* de Lope, si bien para esta *epopeya burlesca* el modelo es la *Batracomiomaquia,* de Homero.

78.   Con posterioridad a la edad clásica, el cultivo del género es esporádico, pero los nuevos títulos siguen recordando el viejo esquema del género: *La Henriade,* de Voltaire, o ya en el XIX, *La Atlántida,* de J. Verdaguer, o largos poemas de corte nacionalista como *Martín Fierro,* de J. Hernández, que todavía pueden entenderse dentro del género, aunque con un rebajamiento del tono solemne que tanto caracterizara antes las producciones épicas. Después, como afirma Lapesa, «las condiciones de la sociedad moderna, demasiado civilizada y con sobrado sentido crítico no son propicias al florecimiento de estas producciones» (Lapesa 1979: 134).

79.   En el tránsito del poema épico a la narrativa moderna, en la que la novela es forma básica, hay previamente que dar primacía a la tradición oral, que permitió la difusión a través de los tiempos de mitos, leyendas e historias tradicionales. De esta tradición oral la tradición escrita conservará «por algún tiempo muchas características» (Scholes-Kellog 1966: 14). Los dos tipos antitéticos de narrativa que surgirán de la síntesis épica pueden ser definidos como el *empírico* –con voluntad de permanecer fiel a la realidad– y el *fantástico* –con voluntad de hacerlo respecto del plano ideal–, o para Frye el *epos* (narración oral) y la *fiction* (narración escrita). Dentro del grupo épico narrativo, la novela será la forma más perfecta de fundir ambos impulsos, empírico y fantástico, y se deberá a Cervantes el mérito de haberlo logrado.

80. Este realce de la oralidad pone de relieve géneros de condición simple como el mito, la adivinanza o la saga. El MITO es un «relato tradicional que cuenta la actuación memorable de unos personajes extraordinarios en un tiempo prestigioso y lejano» (García Gual 1981: 9). Se trata de un recuerdo no personal sino colectivo y los temas son los fundamentales en la concepción de la vida: los orígenes del universo, la necesidad de la muerte, etcétera.

81. En esta trayectoria que conduce de la epopeya a la novela, la SAGA pudiera haber jugado un papel importante de no haber estado tan vinculada al ámbito escandinavo. Las sagas empezaron siendo relatos transmitidos oralmente (*Sagen:* decir), que versaban en torno a las vidas de los poetas islandeses (cf. *infra: vida o razós* trovadorescas), contadas en orden cronológico, y que pasaron luego a relatar hechos reales (Borges 1966: 88-9). La introducción del pensamiento cristiano en las comunidades escandinavas, destruyó la antigua «riqueza y complejidad de los caracteres» de la saga antigua para caer en un elemental maniqueísmo de bondadosos frente a malvados (Borges 1966: 98-9). Aunque sea un ejemplo moderno, la *Saga de los Forsythe,* de J. Galsworthy, representa bien esta servidumbre del género. la saga sería equivalente a la GESTA francesa (Jolles 1930: 55-75). Su constitución formal era simple: ajustada a una dicción de caracter formulístico, su gramática textual presentaba una gama bastante reducida de esquemas métricos, sintácticos y semánticos.

82. Dentro de estas *formas simples,* caracterizadas por su transmisión oral (Jolles 1930), hay que poner la LEYENDA, que en el ámbito cristiano jugó un papel importante, por ejemplo en los *Acta Sanctorum* como forma de justificar, desde el universo de la fantasía, la historia de la evangelización cristiana, lo que pone en boga el Romanticismo (cf. las *Leyendas,* de G. A. Bécquer).

83. Esta tradición oral se combina con la presencia de la escritura de intención culta en *géneros simples* como el EXEMPLUM, o *ejemplo,* que tanta importancia jugará en la creación de la prosa de ficción medieval (Stierle 1972). En principio el *exemplum* fue género embebido dentro del cauce de la prosa doctrinal. Así en los escritos de San Ambrosio, San Agustín y otros Padres de la Iglesia se entiende como una forma propia de la predicación, destinada a hacer ésta más amena y soportable para su recepción (un papel similar, por tanto, al de la PARÁBOLA evangélica). Después irá adoptando progresivamente mayor independencia, y el escritor se irá recreando en la fabulación y construcción del *exemplum,* como Pedro Alfonso, con *Disciplina Clericalis;* testimonia esta conciencia el *Alphabetum exemplorum,* de E. de Besançon, los *Gesta Romanorum.* Igual cauce adopta Juan Manuel con su *Libro de Enxiemplos del Conde Lucanor:* historias breves sobre cosas verosímiles que se rematan con una clara enseñanza moral (Krömer 1973: 280).

84. Cuando este *ejemplo* se realiza poniendo en juego personajes sobrenaturales, puede decirse que estamos en el terreno del *Miraculum* o MILAGRO (Ebel 1965); con finalidad doctrinal, el *milagro* versa en torno a «las admi-

rables acciones salvadoras realizadas por un santo» (Krömer 1973: 41). Como
ocurre con el *exemplum,* el *milagro* pudo deslizarse en prosa o en verso, sobre
todo a partir del s. XII. Género típicamente medieval, fue destinado a consolidar la devoción de los oyentes, para lo cual sus autores manejaban recursos
juglarescos de la difusión oral, como en los *Miracles* de Gautier de Coincy,
que inspiraron a Gonzalo de Berceo sus *Milagros de Nuestra Señora.* El receptor
medieval entendía el milagro como un relato verosímil acerca de sucesos
igualmente factibles *(Libro dei cinquante miracoli della Vergine).*

85.    Con función de entretener, pero referido a un tema profano, de
asunto casi siempre anónimo y sin finalidad didáctica, es un género simple
que se cultivó con mayor profusión en Francia: el FABLIAU (Rychner 1961).
Lo utilizaron Jean Bodel, Rutebeuf y Jean de Londé (Bédier 1898). Protagoni-
zado muchas veces por animales, no está lejano de la antigua FÁBULA, forma
breve cultivada por Esopo y por Fedro, y regida por un «impulso intelectual y
moral» (Scholes-Kellog 1966: 17). Su progresiva intelectualización la hace
predilecta a las mentes neoclásicas, como La Fontaine, Iriarte y Samaniego.
Un equivalente del *fabliau* será la FACECIA, o breve relato de intención humanística y jocosa. Castiglione distingue tres clases de facecias: dicho, broma,
narración (*El Cortesano,* cap. XLVIII). Es género que se hace gustar, efectivamente, en el Renacimiento, donde se componen libros monográficos, como
las *Facezie di Bracciolini,* de Poggio, o el *Liber facetiarum,* de L. de Pinedo, pero
por lo común es género que se introduce o coadyuva a la construcción de
otros más complejos, como la *novela picaresca* (Lázaro Carreter 1972). A veces
recibe otros nombres como *cuento risible,* para Soons (Soons 1976), o *cuenteci-
llo,* según Chevalier (Chevalier 1975 y 1978).

86.    Los géneros narrativos simples que venimos enunciando pueden
englobarse —a excepción quizá de los *milagros,* por el carácter religioso-culto
que presentan— en un estudio que analice la cuentística medieval (Marsan
1974) y ello independientemente de que exista una palabra específica para
designar el género básico, que es el CUENTO, si bien ha de hacerse notar que
durante la Edad Media es inexistente. La intensidad narrativa de los géneros
analizados es, sin duda, el único parámetro que permite diferenciar unos de
otros. Por otro lado, en el tránsito que va de la narración breve a la extensa
hay matices que conviene precisar y que difieren según las épocas y las
culturas. Anderson Imbert (Anderson Imbert 1979: 17) expone el cuadro
comparativo que reproducimos en la página siguiente. Como se observa en él,
tal vez sea la lengua italiana aquella que posee una variedad léxica más acorde
para denominar los diferentes tipos de narración: *fiaba - novella - racconto - romanzo.* En español nos referimos a *cuento, novela corta y novela.* En relación con el cuento se distinguen dos series claramente delimitadas: la del *cuento folklórico,* surgido
al calor de la tradición oral, y al cual V. Propp sometió a un riguroso análisis
(Propp 1928), y la del *cuento literario,* de carácter más sofisticado, y que puede definirse con Anderson Imbert como aquella «narración breve en prosa que, por mucho
que se apoye en un suceder real, revela siempre la imaginación de un narrador individual» (Anderson Imbert 1979: 52). La modalidad temática de mayor éxito

ha sido la del cuento maravilloso, desde Ch. Perrault con sus *Cuentos del tiempo pasado,* cuentos de hadas para adultos en los que se juega con lo maravilloso desde un punto de vista racional (Krömer 1973: 265), hasta Andersen y los hermanos Grimm *(Cuentos para los niños y las familias).* En el siglo XIX domina el cuento realista –Maupassant, Daudet, Clarín– (Baquero Goyanes 1949), junto a la modalidad del cuento de terror, cultivado por Allan Poe y E.T.A. Hoffman.

| | Narración corta de tradición oral | Narración corta de tradición literaria | Narración mediana | Narración larga |
|---|---|---|---|---|
| Castellano | Cuento Historia | Cuento Novela corta | Novela | Novela |
| Inglés | Tale Story | Short Story | Short Novel Long Story | Novel Romance |
| Francés | Histoire | Conte Nouvelle Récit | Nouvelle Novelette | Roman |
| Italiano | Storia Fiaba Favola | Novella | Racconto | Romanzo |
| Alemán | Märchen Erzählung | Geschichte Kurzgeschichte | Novelle | Roman |

87. No siempre los límites entre *cuento* y *novella* o *novela corta* son claros. La tradición de la NOVELLA es italiana, y la inaugura Boccaccio con el *Decamerón* y el *Ninfale d'Ameto,* libros en que el hecho de narrar es un placer en sí mismo. Siguen esta tradición F. Sacchetti con sus *Trecento novelle* y Piccolomini, con *Historia de duobus amantibus.* En el s. XVI M. Bandello confiere una nueva estructura de género, dentro de un ámbito más idealizado, que seguirá G. Cinthio con *Hecatommithi,* Margarita de Navarra con el *Heptamerón,* y en España Timoneda, que en *El Patrañuelo* les da el título de patrañas: «Y así, semejantes marañas las intitula mi lengua natural valenciana *Rondalles,* y la toscana, *Novelas».* Más presente tiene Timoneda la tradición folklórica en *El sobremesa y alivio de caminantes.* A la tradición de la *novella* se adscriben las *Novelas ejemplares* de Cervantes, y las *Novelas a Marcia Leonarda,* de Lope de Vega. En el XVII es este el tipo que recibe el nombre de NOVELA CORTESANA (Palomo 1976), cultivado por Tirso de Molina, María de Zayas y otros. Fuera de nuestras fronteras se siguen ajustando al modelo de novela corta *La novela cómica,* de P. Scarron, *La Princesse de Montpensier* y *La Princesse de Clèves.* El género de la NOVELA CORTA, perdidas sus vinculaciones temático-formales con los modelos boccacciano y bandelliano, queda después sólo definido por la extensión de la novela (Pabst 1972).

88. Junto a la *novella* existió en la Edad Media un tipo de relato, de breve o larga extensión, a veces escrito en verso, que recibió el nombre francés de ROMAN; este trataba de aventuras caballerescas, como en el ciclo de

Bretaña debido a Chrétien de Troyes, o versaba en torno a temas de sentido alegórico, como el *Roman de la Rose,* de G. de Lorris y J. de Meung. El modelo de Chrétien sería, sin embargo, el que sentara las bases de la novela *gótica,* o de aventuras medievales, que encontró luego cultivadores en el Romanticismo. Traspasado a la prosa produjo el LIBRO DE CABALLERÍAS, con *Amadís de Gaula* (Cacho Blecua 1979), y *Tirant lo Blanc.* Por otra parte, la materia del *amor courtois* no tuvo solamente un desarrollo lírico merced a los trovadores provenzales, sino también narrativo, en los llamados libros sentimentales. Un sector de la crítica medievalista se resiste a adscribir estas obras al género novelístico, dado el esquema clásico de tratado didáctico que observan. Lo más justo sería utilizar para ellas el término inglés «ROMANCE» (Frye 1976), entendido en un sentido amplio, de modo que habría *romance caballeresco, sentimental, burgués* e, incluso, *revolucionario:* «El romance —para Frye— es el que más se acerca al sueño en que se cumplen los deseos y, por tal razón, desempeña una función social curiosamente paradójica. En todas las épocas, la clase social o intelectual predominante tiende a proyectar sus ideales en alguna forma de romance, en que los héroes virtuosos y las bellas heroínas representan estos ideales...» (Frye 1957: 245).

89.    Puede hablarse, pues, de ROMANCE SENTIMENTAL, el cual gira en torno a los amores, desgraciados la mayor de la veces, de dos amantes. El modelo lo da Boccaccio con *Fiammetta,* y más tarde E. S. Piccolomini con *Historia de duobus amantibus.* El *romance sentimental* del Medioevo se caracterizaba por su composición multiforme, a base de géneros propiamente no narrativos: la *poesía trovadoresca,* el *sermón,* el *tratado didáctico,* la *epístola.* Es esta última unidad la que, con el paso del tiempo, llegó a ser núcleo fundamental del género, como expresión más adecuada de la intimidad de los protagonistas. La presencia de la epístola es ya determinante en la obra de Piccolomini y en las de D. de San Pedro —*Tratado de los amores de Arnalte y Lucenda* y *Cárcel de amor*—, y constituye el soporte genérico de un relato seiscentista español, *Proceso de cartas de amores,* de Juan de Segura, que puede considerarse como la primera novela epistolar europea.

90.    Cabe, pues, constituir con la NOVELA EPISTOLAR un grupo aparte, pues, aun ofreciendo la mayoría de las veces un contenido sentimental, esto es, una forma de *romance sentimental,* pueden darse otros desarrollos. El aprovechamiento narrativo de las epístolas se da ya en las *Heroidas,* de Ovidio, modelo que adoptarán estos primeros cultivadores del romance sentimental. La moda inaugurada por Segura fue seguida luego por autores italianos como Pasqualigo, y en el s. XVIII su empleo se hace común en novelas de tema sentimental, como *La Nouvelle Heloïse,* de J.-J. Rousseau y *Pamela,* de Richardson. El género experimenta un notable impulso con *Werther,* de Goethe. Tanto el *romance sentimental,* como el *epistolar* —rama de aquel— guardan indudables semejanzas con la *novela lírica* moderna (cf. *infra:* § 94): el relato aparece subjetivado al máximo, pues todas las impresiones tanto de carácter interno como externo se dan a través de la óptica individual del sujeto del enunciado.

91. La concepción neoplatónica que primó en los autores renacentistas gustó de enmarcar acciones fabulosas en ámbitos ideales de apariencia real. Tal ocurrió con la llamada NOVELA PASTORIL, que algunos autores (López Estrada 1974) prefieren denominar *libro de pastores*. El género no tiene modelos narrativos en la Antigüedad, sino de carácter lírico, como las *Églogas,* de Virgilio, y en la Edad Media *Ninfale Fiesolano,* de G. Boccaccio, pero el auténtico modelo fue la *Arcadia,* de Sannazaro, imitada abundantemente después en Inglaterra, Francia (por H. d'Urfé) y en España por J. de Montemayor *(Los siete libros de la Diana),* Gil Polo *(Diana enamorada),* Cervantes *(La Galatea)* y otros numerosos autores (Avalle Arce 1975).

92. El mismo esquema de *romance,* en cuanto reunión de convenciones en exceso idealizadoras, presentan géneros narrativos de índole clásico-renacentista como la NOVELA GRIEGA o BIZANTINA (Sklovski 1959: 48 ss.). El carácter genérico fundamental es la idea del viaje y la consecución de aventuras en tierras lejanas, que afectan por lo general a la separación de los amantes. En la Antigüedad lo cultivaron Caritón, con *Las aventuras de Queréas y Calírroe,* Heliodoro con la *Historia etiópica de los amores de Teágenes y Clariclea,* Longo *(Dafnis y Cloe)* y Aquiles Tacio *(Leucipa y Clitofonte).* Para los escritores renacentistas el modelo fundamental fue el relato de Heliodoro, en el que se inspiró Núñez de Reinoso para su *Clareo y Florisea,* y Cervantes con *Los trabajos de Persiles y Sigismunda.* Los ejemplos de *novela griega* enunciados son los que hay que poner en los orígenes del género novelesco (García Gual 1972: 18). Aun dentro de la literatura griega la novela fue un género tardío, que representó la madurez frente a «la normatividad infantil de la epopeya» (García Gual 1972: 24), en un proceso que el propio García Gual perfila del siguiente modo:

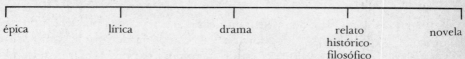

| épica | lírica | drama | relato histórico-filosófico | novela |

Aparte de las novelas enunciadas, habrá que citar los libros de viajes con motivos novelescos, como *Las maravillas de más allá de Tule,* de Antonio Diógenes, *Efesíacas,* de Jenofonte de Efeso y otros relatos como *El asno de oro,* de Apuleyo, un paso más allá del *romance* o de la *novela de aventuras.* Bajtín, el gran teórico de la novela del XX, radica los orígenes de la novela en Grecia, pero apoyándose en otros géneros no novelescos como el *diálogo socrático* o la *sátira menipea,* cultivada por Luciano (Bajtín 1975) (cf. *infra:* § 120).

93. La novela griega es, en realidad, una NOVELA DE AVENTURAS, género que en el siglo XIX adquiere un gran impulso al margen de la *novela burguesa* e, incluso, de la *novela histórica,* que plantea problemas diferentes, según veremos después (Lukács 1955). J. M. Bardavío (Bardavío 1977) ha propuesto una clasificación bastante pormenorizada de la *novela de aventuras,* que deriva sobre todo del espacio en que estas transcurren. Entre las más cultivadas está la *novela de aventuras marinas,* en la que destacan las *Aventuras de*

*Gordon Pym,* de E. A. Poe, *Moby Dick,* de H. Melville, *El lobo de mar,* de J. London, *La isla del tesoro,* de R. L. Stevenson, y *El corsario negro,* de E. Salgari. Otras transcurren en lugares exóticos como *Nostromo,* de J. Conrad; en lugares imaginarios, como *Los viajes de Gulliver,* de J. Swift, *Viaje al centro de la tierra,* de J. Verne y *Robinson Crusoe,* de D. Defoe; en la selva (*Tarzán, de* E. R. Burroughs, y *El libro de la selva,* de R. Kipling). El espacio del Oeste conformará un tipo aparte —NOVELA DEL OESTE— muy difundido en el XX gracias, sobre todo, al cine, si bien uno de sus pioneros es del siglo pasado: F. Cooper *(La pradera);* después Z. Grey, con *La región de la frontera.* También formaría grupo aparte la novela de CIENCIA-FICCIÓN, que tiene los antecedentes de J. Verne *(De la Tierra a la Luna, Veinte mil leguas de viaje submarino),* y con H. G. Wells, como más señalado representante en el XX: *Los primeros hombres en la Luna, Una utopía moderna* (Ferreras 1972).

94.    En un ámbito no idealizado se sitúan las acciones de la NOVELA PI-CARESCA, en la que «un tipo de pocos escrúpulos cuenta la historia de sus experiencias en el mundo actual, que comprende por lo general una serie de viajes de un lugar a otro y a través de un amplio horizonte social» (Scholes-Kellog 1966: 92). El punto de vista autobiográfico caracteriza el género desde su antecedente remoto —*El asno de oro,* de Apuleyo— hasta sus modalidades contemporáneas: *La familia de Pascual Duarte,* de C. J. Cela, *El tambor de hojalata,* de G. Grass, pasando por sus más genuinas representaciones españolas y europeas del Siglo de Oro: *Lazarillo de Tormes* (Rico 1970), *Guzmán de Alfarache, El Buscón,* de Quevedo, *Simplicissimus,* de Grimmelshausen, y versiones dieciochescas como *Gil Blas de Santillana,* de R. Le Sage, *Moll Flanders,* de D. Defoe y *Tom Jones,* de Fielding. A la formación del género contribuyen, en modo relevante, las formas de índole folklórica: *cuentos, facecias, apotegmas,* etc.

95.    Frente a las novelas de aventuras, caracterizadas por su fondo romántico, la NOVELA POLICIACA (Boileau-Narcejac 1968) se yergue como principal ejemplo del género por razones sociológicas para S. M. Eisenstein (Eisenstein 1968), al girar en torno a la idea de propiedad. Del protagonista romántico de aventuras, pasamos al detective que no es sino «el autor del patrimonio, el que "pesca" a los canallas que osan atentar contra la propiedad» (Eisenstein 1968: 29). Puede definirse a E. A. Poe como el fundador del género con un relato excelente, *Los crímenes de la calle Morgue;* Conan Doyle consolida el género creando el personaje de Sherlock Holmes en *Las aventuras de Sherlock Holmes;* D. Hammett *(El halcón maltés)* y J. Le Carré *(El topo)* son otros de sus cultivadores; G. Greene *(El tercer hombre, El factor humano, Nuestro hombre en La Habana)* se vale del género como armazón de sus novelas. Como ejemplos de la literatura hispánica, vale citar a M. Vázquez Montalbán *(Asesinato en el Comité Central),* E. Mendoza *(La verdad sobre el caso Savolta)* y F. García Pavón, que ha intentado la adecuación al ámbito rural de un género típicamente urbano con la serie de Plinio. Un aprovechamiento del género para otros fines es el de U. Eco en *El nombre de la rosa.* (Para una historia del género véase Monte 1962).

96.    Esta reducción al punto de vista de la subjetividad, al *yo lírico,* es lo que caracteriza la llamada NOVELA LÍRICA O POEMÁTICA. Para Freedman, ésta «emerge como una *antinovela* en el verdadero sentido de la palabra, porque describiendo el acto del conocimiento, subvierte las cualidades de la novela comúnmente aceptadas que se enfocan sobre el intercambio entre hombres y mundos» (Freedman 1963: 8). Libros medievales como *Vita Nuova,* de Dante, el *Roman de la Rose* o el *Libro del Arcipreste de Hita,* junto a la novela epistolar (Goethe, Richardson, Rousseau) podrían tomarse como antecedentes de esta novela, a cuyo surgimiento contribuyó la prosa poética o el poema en prosa, que siembra las páginas de bastantes novelas románticas, como *Aurelia,* de Nerval, o después en Inglaterra con *El retrato de Dorian Gray,* de O. Wilde, y *Retrato del artista adolescente,* de J. Joyce. La novela modernista utilizó bastante este recurso: así, las *Sonatas,* de Valle-Inclán, y las escritas en el novecentismo: por ejemplo, los relatos de E. d'Ors *(Gualba la de mil veus),* de Pérez de Ayala, que escribe *Tres novelas poemáticas,* o *El jardín de los frailes,* de Azaña (Villanueva, ed. 1983). Los representantes más destacados en Europa, en el siglo XX, son H. Hesse con *Siddharta* y *El lobo estepario,* y T. Mann con *La muerte en Venecia.* El héroe es también representante disfrazado del yo en A. Gide *(Sinfonía pastoral)* (Freedman 1963: 161) y en V. Woolf, con *Las olas.*

97.    Como reacción frente a la abstracción propia del pensamiento ilustrado nace a principios del siglo XIX la NOVELA HISTÓRICA, con un afán seudohistoricista. El iniciador y principal cultivador del género es W. Scott *(Waverley,* 1814), cuya grandeza, según Lukács, estriba en «la vivificación humana de tipos histórico-sociales» (Lukács 1955: 34), además del aliento épico resultante de exponer grandes y profundas crisis de la vida histórica (Lukács 1955: 37). Las tendencias nacionalistas crean un ambiente propicio para la creación y recepción de los asuntos históricos; así, en Rusia con Pushkin *(La hija del capitán)* y Gogol con *Taras Bulba,* hasta Tolstoi, con *La guerra y la paz,* «verdadera epopeya de la vida popular», en palabras de Lukács (Lukács 1955: 100). En Francia, Stendhal y Merimée pretenden contrastar el pasado con el presente para extraer de ello una lección. En España hay que destacar el ambicioso propósito de Pérez Galdós en los *Episodios Nacionales,* serie que debe situarse en el polo opuesto a la novela scottiana de corte romántico, cultivada por Larra *(El doncel de don Enrique el doliente),* Espronceda *(Sancho Saldaña)* y Gil y Carrasco *(El señor de Bembibre).*

98.    El sentido totalizador del género novelesco, para el cual no debe contar ninguna limitación estilístico-retórica, se recupera en el siglo XIX con la *novela realista* (Balzac, Dickens, Galdós) y la *novela naturalista* (Zola). «Por más que la historia esté diciendo a gritos desde las novelas geográficas de los griegos hasta las obras de Balzac, que no hay límites para el *género novelesco,* que todo cabe en él, porque es la forma libre de la literatura libre, los retóricos, encastillados en sus fórmulas de álgebra estética, siguen lanzando anatemas contra todo atrevimiento que saca la novela de sus casillas», escribía «Clarín» con un criterio ya eminentemente moderno, que será el que prime en nuestro siglo (Alas 1882a: 135).

99.　　Ya en 1887 W. Dilthey reconocía que «la teoría de la novela es actualmente para nosotros la tarea más inmediata, prácticamente la más importante de la poética» (Dilthey 1887: 223). Con las innovaciones experimentales a principios de siglo, gracias a Proust (*A la búsqueda del tiempo perdido*) y
Joyce (*Ulises*), la afirmación cobra todavía mayor fuerza (Raimond 1966: 179
ss.). La acción, que se creía elemento indispensable en la naturaleza del género, pasa con estas novelas a un segundo lugar. «La esencia de lo novelesco
—afirma Ortega— no está en lo que pasa, sino precisamente en lo que no es
"pasar algo", en el propio vivir, en el ser y estar de los personajes, sobre todo
en su conjunto o ambiente» (Ortega y Gasset 1946: 407-8). Lo hermético y lo
oscuro, como desencadenantes de la reflexión trascendente, son concebidos
como caracteres positivos del género, frente al concepto realista. En cualquier caso, las consideraciones más inteligentes entienden la novela como
un género abierto, que no puede ser constreñido por unas normas (H. James
1884: 1173 y ss.).

100.　　Este experimentalismo está en la base de la *nueva novela* o «nou-
veau roman», representado en Francia por N. Sarraute, A. Robbe-Grillet, S.
Beckett y M. Butor. Este último entiende el género como «laboratorio del relato», en el que se experimenta sobre la forma hasta evolucionar hacia una
especie poética nueva, mezcla de narración y didactismo (Butor 1964: 7). Por
su parte, Robbe-Grillet cuestiona las nociones clásicas de la crítica novelística
(personajes, acción, ambiente), y propone una búsqueda en el propio espacio
del texto literario (Robbe-Grillet 1963).

101.　　Dada la resistencia del género a cualquier codificación teórica,
convendremos en aceptar la oportunidad del término *novela polifónica,* empleado por Bajtín (Bajtín 1963) para el caso de Dostoyevski, y que es el resultado de imbricar voces y mundos diversos en el espacio de la novela e incluso en el encuentro de géneros distintos (Guerard 1940, *apud* Hernadi 1978:
45-6). Pues, como dice Robert, «de la literatura la novela hace en rigor lo que
quiere: nada le impide utilizar para sus propios fines la descripción, la narración, el drama, el ensayo, el comentario, el monólogo, el discurso» (Robert
1972: 15). Texto de textos, pues, como *Gargantúa* y *Don Quijote* (Riley 1971),
los dos ejemplos clásicos más señeros de relatos polifónicos.

*C)*　GÉNEROS TEATRALES

102.　　Los románticos reservaron a la poesía dramática el más alto lugar entre las artes. La representación teatral podía aunar, además, lo lírico y
lo épico, convirtiéndose por ello en el género más completo. El género tuvo
su origen «en la necesidad que tenemos de contemplar las acciones y relaciones de la vida humana representadas ante nuestros ojos por personajes que
expresan esta acción por su discurso» (Hegel 1832-38: II, 471). En la concepción cíclica de la historia el género dramático ocuparía el estadio más avanzado: después de los grandes sucesos de tipo colectivo, cantados por la *épica,*

aparecerían los héroes, aislados e independientes, constituyendo el centro de una acción determinada. Lo característico de la poesía dramática es, pues, presentar a la persona moral en acción. Tal presentación debe hacerse de un modo coherente y unitario. Frente a la dispersión temático-formal de la épica —léase, de la novela—, el género dramático ha de acomodarse a las tres unidades de lugar, tiempo y acción, siendo esta última la única inviolable, para el criterio ya más tolerante de Hegel, pues la de *lugar* es prácticamente imposible de seguir por el teatro moderno ante la «rica gama de conflictos, de personajes o acontecimientos episódicos» (Hegel 1832-38: II, 479). Esta tendencia centrípeta del teatro frente a la dispersión imaginativa propia de la novela justifica la afirmación de M. Bajtín en el sentido de atribuir al teatro, pese a su apariencia dialógica, una naturaleza monológica:

> Los héroes se encuentran dialógicamente en el horizonte único del autor, del director, del espectador bajo el fondo de un mundo elemental y único. La concepción de la acción dramática, que resuelve todas las oposiciones dialógicas, es puramente metodológica. Una verdadera multiplicidad de planos destruiría el drama, pues la acción dramática, que se funda sobre la unidad del mundo, no podría contenerla ni convertirla (Bajtín 1963: 26-7).

Al respecto cabe señalar algunas observaciones realizadas por D. Hayman a las objeciones bajtinianas, en relación con dramaturgos de la tradición cómico-grotesca (Marivaux, Shakespeare, Goldoni, Jarry, etc.). (Hayman 1980: 69 y ss.).

103.    Desde sus orígenes poéticos el teatro aparece considerado no sólo en su dimensión textual sino tambien escénica:

> (...) Toda tragedia tiene igualmente espectáculo, caracteres, elocución, pensamiento, espectáculo y melopeya (Aristóteles, 6, 25).

Se encuentra ya en Aristóteles alguna reserva a la condición del espectáculo, que probablemente tuvo en cuenta la normativa clásica posterior al devaluar este elemento en sus consideraciones y primar, por encima de todo, el texto:

> Y de las restantes partes, la melopeya es el principal de los condimentos, pero el espectáculo seduce el alma, una vez alejado del arte y lo menos propio a la poética; pues la fuerza de la tragedia existe sin enfrentamiento en escena y sin actores, e incluso añadiría que con respecto a la representación de los espectáculos es más importante la técnica del que hace los accesorios del montaje que la de los poetas (Aristóteles, 6, 1450 b, 27).

Aristóteles entiende el papel del espectáculo supeditado al texto literario, pues, según él, «es preciso que la fábula esté estructurada de tal manera que incluso sin verla, el que oiga los hechos que ocurren se horrorice y se apiade por lo que pase» (Aristóteles 1453b, 38). Propiamente la crítica de Aristóteles se dirige al espectáculo de tipo efectista, pero en rigor se trata de una crítica al componente mismo de lo dramático. Parecidas reservas expondrá después Horacio (Horacio: 94).

104.    En la historia del teatro y de la crítica teatral se ha valorado de modo no siempre igual la importancia del texto o de la representación escénica. Hay épocas, como la medieval o la renacentista con la *commedia dell'arte,*

en que el espectáculo y la ejecución escénica han rebasado incluso la importancia del texto literario. En realidad tras esta polémica se esconde un enfrentamiento de visiones del mundo: lo didáctico de orden ideológico se impone sobre lo lúdico; el teatro se instituye entonces como lugar sagrado y la escena como púlpito desde el que se lanzan unas ideas. Pensemos en el Barroco: el teatro barroco extremó las formas, de suerte que lo principal en él fue la captación del público mediante los artificios de la tramoya y de la maquinaria escénica (en la *comedia de santos* o en la *comedia mágica*), con el beneplácito además del público. Los ilustrados entendieron esto como una violentación del verdadero espíritu literario que debía educar más que complacer (Andioc 1976) o provocar lo que llama Luzán «deleite de *sentido*», como el producido por la música (Luzán 1737: 394). En la reforma propuesta por Jovellanos se incluye un apartado en el que se propugna la reforma del teatro, comenzando por los actores, la decoración, etc. (Jovellanos 1796: 137 y ss.). Después, ningún siglo como el nuestro ha dado un lugar tan relevante a la representación y la ejecución escénicas. La revolución dramática del XX ha afectado más a la escena que al texto, de manera que es preciso hablar de géneros de representación más que de géneros literarios: el *psicodrama* (Fauchette 1975), el *Living Theatre,* el *happening.*

105.    Una de estas formas es el TEATRO DE LA CRUELDAD, creado por Antonin Artaud. Para Artaud, Occidente ha destruido la idea de teatro, todavía conservada intacta en Oriente, por ejemplo en el teatro balinés. «La escena es un lugar lírico y concreto que exige se le llene de contenido y se le haga hablar un lenguaje concreto» (Artaud 1938: 55). Este lenguaje está destinado a los sentidos y es independiente de la palabra: música, danza, plástica, pantomima, mímica, gesticulación, entonación, arquitectura, iluminación, decorado (Artaud 1938: 58); elementos todos ellos que se incluyen en el teatro balinés. El Teatro de la Crueldad se propondría recurrir al espectáculo de masas, fuera de la concepción psicologista del teatro raciniano (Artaud 1938: 132). Esta renovación del género exige también una renovación en los planteamientos comerciales del teatro, alejados de la dictadura del texto (Derrida 1967b: 52 y ss.). El nuevo género teatral, que escaparía a toda reglamentación normativa recogería temas como:

a)    los no sagrados
b)    el teatro del absurdo
c)    el teatro de la destrucción.

El teatro se instaura entonces como *fiesta* (Derrida 1967b: 62 y ss.). Derrida establece en este punto una curiosa relación de Artaud con Rousseau y su *Carta a d'Alembert,* en la  que Rousseau propone «reemplazar las representaciones teatrales por fiestas públicas sin exposición ni espectáculo» (Derrida 1967b: 63). La fiesta se ve como tiempo y lugar de transgresión, anterior al espectáculo teatral organizado. La escena se convertiría, entonces, en lugar donde el espectador, dándose a sí mismo como espectáculo, no será ya vidente ni mirón, borrará en él la diferencia entre el comediante y el espectador, lo representado y el representante, el objeto mirado y el sujeto que mira (Derrida 1967a: 385).

106. El papel, con todo, que Hegel asigna a la representación y al espectáculo en el género dramático es muy considerable. Hegel distingue tres tipos de poesía dramática:

1. Poesía dramática donde lo predominante es la poesía —esto es, el texto—, y separa sus obras de la ejecución teatral.
2. Arte teatral, en que se incluyen elementos como la declamación, la fisonomía, la acción, etc.
3. Representación, que emplea todos los medios escénicos: *puesta en escena, mímica, danza.*

Cierta teoría dramática moderna renuncia a estos planteamientos espectaculares en favor de una mayor intimidad comunicativa entre actores y espectadores. Tal es la formulación del *teatro pobre* en J. Grotowski (Grotowski 1980). Hegel concede prioridad a los elementos espectaculares y opina que el poeta dramático debe supeditarse a los actores, al igual que ocurría en la *commedia dell'arte,* y en el teatro moderno, con la *ópera* y el *ballet* (Hegel 1832-38: II, 506). Al problema de los actores se le venía concediendo atención desde el XVII: Diderot, por ejemplo (Diderot 1778: 133 y ss.), que ataca a los malos actores por su excesiva sentimentalidad.

107. Los orígenes del teatro medieval han de ser debatidos a la luz de esta misma tensión entre *texto* y *representación escénica.* Si adoptamos el criterio estrecho de ceñirlos a la primera documentación, probablemente hayamos dado con la primera obra teatral escrita, pero sin duda seguiremos alejados de la auténtica realidad. La *teatralidad* viene siendo considerada propiedad inherente al texto medieval, que exigía una transmisión oral con vistas a alcanzar el gran público, mediante un intérprete, llámese juglar, trovador o clérigo (Zumthor 1972, Taléns 1977). En el plano puramente textual esta teatralidad es perceptible en ciertos géneros líricos ya examinados: *tensó, debate, serranilla, danza macabra* (Saugnieux 1972).

108. Aristóteles define la TRAGEDIA como la «mímesis de una acción noble y eminente, que tiene cierta extensión, en lenguaje sazonado, con cada una de las especies de especias separadamente en sus diferentes artes, cuyos personajes actúan y no solo se nos cuenta y que por medio de piedad y temor realizan la purificación de tales pasiones» (6, 1449b, 24). La gravedad de la acción, la nobleza de los personajes e, incluso, la noble intención que anima su objetivo son los caracteres específicos de la tragedia, y las distintas etapas en la evolución del género han ido recogiendo aquello que más convenía a sus intereses. Así puede hablarse de una *tragedia cristiana* o, incluso, de una *tragedia moderna.* Para Nietzsche (Nietzsche 1871) la tragedia surgió como síntesis de dos fuerzas antagónicas: lo apolíneo y lo dionisíaco, que expondrían su tensión en escena como un sino constante:

La lengua, el color, el sentimiento, la dinámica del discurso, aparecen, en la lírica dionisíaca del coro, y por su parte, en el mundo de ensueño apolíneo de la
escena, como esfera de expresiones absolutamente distintas (Nietzsche 1871:
60).

Esta preeminencia de lo hedonístico y, en último término, de lo dionisíaco —siempre hecho valer por la relevancia del coro— conforman el ritmo de
la tragedia, desvirtuado luego de la reforma socrática emprendida por Eurípides y la introducción de la moral por parte del Prólogo.

109.   Es paradójico, y así lo ha hecho notar algún teórico, que la *tragedia,* género de raíces populares, haya ido adquiriendo con el paso del tiempo
un cada vez más marcado carácter elitista. Así por ejemplo, en el Renacimiento, donde la producción de tragedias se considera un refinado ejercicio
de tipo escolar y universitario (Hermenegildo 1973). Después, el Neoclasicismo también la pone de moda. Con los románticos se da una cierta populari-
zación del género: así en *María Estuardo,* de F. Schiller, *Boris Godunov,* de
Pushkin y *Pantasilea,* de Kleist. Pero la relación espectador-tragedia va sufriendo un progresivo deterioro con el paso de los siglos. A este respecto, algunos críticos (Dorfles 1975: 25) opinan que para comprender mejor la recepción que el público griego tenía de sus textos dramáticos, habría que buscar, en la actualidad, otros paralelismos distintos de las coordenadas teatrales propiamente dichas. Así por ejemplo, los conciertos de *rock and roll* o de
música *pop* que presentan, en efecto, «un carácter de exaltación gestual colectiva».

110.   Como otros géneros complejos, la tragedia nace a partir de un
género simple, el *ditirambo,* himno o canto que se entonaba en las fiestas dedicadas a Dionisos, en que alternaban un solista y un coro (Rodríguez Adrados 1972).

111.   Se emplea el término DRAMA, con carácter de generalidad, para
la obra teatral, pero en sentido particular «designa un género determinado
que tiene, como la tragedia, un conflicto efectivo y doloroso», ambientado,
sin embargo, «en el mundo de la realidad, con personajes menos grandiosos
que los héroes trágicos y más cercanos a la humanidad corriente» (Lapesa
1979: 153). Cabe decir, pues, que el drama cumple respecto de la *tragedia* similar papel al de la *novela* en relación con la *epopeya.* De ahí sus usos modernos a partir del *drama barroco* (Benjamin 1963), el *drama neoclásico,* el *drama romántico* y el *drama burgués,* iniciado por Ibsen (Rubio Jiménez 1983) y que presenta conflictos de carácter individual en relación con los nuevos tiempos. En
su vertiente más social nos encontramos ante el *drama histórico,* que deriva en
el *drama-documento* en Peter Weiss *(Marat-Sade, Trotsky).*

112.   Una de las reflexiones más lúcidas en la dramaturgia del siglo XX
se debe a la figura de Bertolt Brecht (Brecht 1918-56), que desecha la concepción aristotélica del teatro como lugar de identificación entre el espectador y
el héroe. Brecht propone el efecto de distanciación, por el cual se rechaza la
pasividad y la ilusión, y que se consigue mediante la introducción del relato
histórico, a la manera del género épico; de ahí la denominación de *teatro épico.*

113.   Aristóteles define la COMEDIA como «mímesis de hombres inferiores, pero no en todo el vicio, sino lo risible, que es parte de lo feo; pues lo risible es un defecto y una fealdad sin dolor ni daño, así sin ir más lejos, la máscara cómica es algo feo y retorcido sin dolor» (Aristóteles: 22). Surge también de las fiestas, con la presencia de coros burlescos. En seguida —*comedia antigua*— se caracteriza por la sátira de la vida política y social (Aristófanes), pasando con la llamada *comedia nueva* (Menandro) a la denuncia de las costumbres contemporáneas, rasgo que todavía persiste. La comedia, para Bergson (Bergson 1900: 153), es una mímesis perfecta de la vida, sobre todo cuando se trata de la en nuestros días denominada *alta comedia* —de la que en España es representante Benavente—, y sólo se aparta de la vida real en las formas cómicas inferiores, como el *vodevil* y la *farsa*». Por otra parte la comedia tiende a lo general, frente a la tragedia, que se ocupa de casos individuales (Bergson 1900: 167). Cualidad inherente a la comedia es el desenlace feliz: «los personajes obstructores quedan, las más de las veces, reconciliados o convertidos, en vez de ser meramente repudiados» (Frye 1957: 219). El mismo Frye considera el género cómico como *mythos de la Primavera,* al significar la derrota del mundo viejo y la victoria de lo joven y fértil.

114.   E. Olson ha subrayado la finalidad intrascendente de la comedia, definida por él como «imitación de una acción sin valor, completa y de cierta magnitud, hecha a través del lenguaje con agradables accesorios que difieren de una parte a otra, representada y no narrada, que causa una catástasis de la preocupación a través del absurdo» (Olson 1968: 67). Sin embargo, B. W. Wardropper ha discutido esta naturaleza intrascendente, que no siempre se cumple, como se advierte en algunas comedias españolas (Wardropper 1978). Bien es cierto que en el Siglo de Oro español se agrupan bajo el rótulo de *comedia nueva* obras de factura muy heterogénea, como *Fuenteovejuna, El burlador de Sevilla* y *El mágico prodigioso.* Por ello de las clasificaciones propuestas han surgido numerosas denominaciones: *drama de honor, comedia de enredo, comedia burlesca, comedia de figurón.* Por lo que hace a la comedia propiamente dicha o *comedia cómica* Wardropper distingue tres clases: la *de capa y espada,* que es la más cercana al modelo clásico, la *comedia fantástica,* diferente de la anterior por situarse su acción en un espacio arbitrario o intemporal y, finalmente, el *entremés.* (Wardropper 1978).

115.   EL ENTREMÉS es como la *farsa* una forma cómica breve, fundamentada en lo hiperbólico y lo desmesurado. Es género español, que deriva del paso renacentista, inventado por Lope de Rueda para aliviar la acción de las obras extensas. Pasos y entremeses, como las farsas europeas, solían escenificar burlas y facecias provenientes del folklore y con el Carnaval como sistema cultural referente (Asensio 1971). En el teatro barroco el entremés, junto con formas similares también de raíz carnavalesca *(jácara, baile* y *mojiganga)* se instalaba entre las jornadas de la comedia, formando un todo homogéneo y totalizador de la representación, semejante a la fiesta (Huerta Calvo 1980). Se iniciaba esta con una *loa,* al principio monologada como heredera del *prólogo* o *introito,* y más tarde dialogada (Flecniakoska 1975).

116.   Este tono festivo ha sido recuperado, como ocurría con la tragedia, en el teatro moderno. Para A. Jarry, creador del *teatro del absurdo* (Esslin 1961), el teatro debe ser una «fiesta ciudadana, puesto que es un espectáculo que se ofrece a ciudadanos reunidos» (Jarry 1890: 111). Parecido fin persiguen las *teatralomaquias* de M. Romero Esteo, en que se funden, de manera polifónica como en la novela, lenguajes teatrales diversos: *rito litúrgico, guiñol, vodevil,* teatro de feria y barraca, etc. (Romero Esteo 1978). El papel de estos géneros simples, como los *títeres,* adquiere un tratamiento extraordinario en algunos autores de vanguardia: Lorca, Valle Inclán. A este último se debe la creación del *esperpento,* forma tragicómica que echa sus raíces en el entremés clásico (Buero Vallejo 1972; Oliva 1978).

117.   La combinación de la música con el texto dramático produce en este grupo géneros de gran reclamo popular. Tal es el caso de la *zarzuela* (Cotarelo 1934), próxima a la *ópera bufa,* el *género chico,* de gran arraigo en el teatro madrileño de fines del XIX y principios del XX (Bergamín 1960), y, en otro tono, la *revista musical* y el *vodevil.*

118.   Se tiene la TRAGICOMEDIA como creación típicamente española desde el insuperable modelo de *La Celestina,* articulada en su origen, sin embargo, como una *comedia humanística,* género destinado a la lectura de los estudiantes en la Edad Media. Dado el criterio mixto e impuro con que Lope concibe la *comedia nueva,* no es raro calificar de tragicomedias algunas de sus obras.

## D)   GÉNEROS DIDÁCTICO-ENSAYÍSTICOS

119.   Se incluyen aquí aquellos géneros considerados tradicionalmente fuera del ámbito de las Poéticas, por considerar su lengua sin rango artístico. La lengua en ellos sirve para la comunicación del pensamiento en sus diversas facetas: filosófica, religiosa, política, científica, etc. Por consiguiente, el propósito estético queda subordinado en este grupo a los fines ideológicos, sin que quepa afirmar, empero, que aquel esté ausente por completo. La forma básica de este grupo, el *ensayo,* testimonia que en determinadas épocas ha prevalecido un concepto muy estetizante, hasta el punto de que los límites entre lo didáctico y lo ficcional han llegado a diluírse. Incluso en nuestros días, el *artículo* periodístico –por hablar de una forma simple– presenta en muchos de sus cultivadores un alto grado de intención artística.

120.   Un género didáctico de la Antigüedad, en que el deslinde no estaba nada claro, es el DIÁLOGO, que tiene dos edades de florecimiento: la Antigüedad (Andriev 1954) y el Renacimiento (Wyss-Morigi 1950). Respecto de la época primera, el diálogo básico fue el socrático, que, cultivado por Luciano de Samosata, condujo a la SÁTIRA MENIPEA. Ambos géneros son considerados por Bajtín dentro del grupo serio-cómico, deudor del sistema carnavalesco, y que desemboca o inspira obras de orden novelesco como *El Satiricón,* de Petronio, y *El asno de oro,* de Apuleyo (Scholes-Kellog 1966: 97). En el Renaci-

miento florecen estos géneros, de la mano de Erasmo y otros humanistas. Falta aún por establecer una morfología del diálogo renacentista, en el que se dan casos extraordinariamente variados: junto al diálogo de marcado carácter didáctico, como el de los hermanos Valdés, se encuentran otros, rayanos con la ficción narrativa; tal es el caso del *Viaje de Turquía,* y del más importante de ellos, *El Crótalon,* o los *Coloquios satíricos,* de Torquemada. (Cf. una síntesis de este panorama en García de la Torre 1983).

121.   Por seguir centrados en la época renacentista es de señalar también un género nacido para acoger múltiples textos y noticias diversas, con una estructura multiforme: la MISCELÁNEA. Sus raíces humanísticas derivan del enciclopedismo de su intencionalidad. Son de destacar el *Jardín de flores curiosas,* de A. de Torquemada, la *Silva,* de P. Mexía. Concomitante con el género misceláneo es la literatura apotegmática (Camporesi 1976: 86 ss.). *Apotegmas* y *refranes* gozaron de gran crédito en la época, hasta el punto de que dieron lugar a varias recopilaciones, como el *Refranero* de Correas (Combet 1951 y Lázaro Carreter 1978).

122.   Este carácter de ficcionalidad que los géneros didácticos alcanzan en el Renacimiento, hasta el punto de borrar los límites entre ambos tonos, ya preside el TRATADO medieval. Más que de un género teórico o histórico, cabría hablar de él como de una denominación genérica, susceptible de ser aplicada a obras en prosa de ficción o a obras de tipo científico o didáctico, o bien a las dos modalidades. En el primer caso nos encontramos ante obras como el *Tratado de los amores de Arnalte y Lucenda,* de Diego de San Pedro o ante cualquier otra muestra de la ficción sentimental (cf. *supra:* § 89), encubierta bajo una envoltura didáctico-moralizante. En el segundo caso ante obras como *De Amore* de Cappellanus, o los diversos tratados renacentistas (en relación, sobre todo, con la preceptiva literaria).

123.   Próxima al tratado, la GLOSA DOCTRINAL servirá en el XVI para el encauzamiento de la poesía mística en el caso más sobresaliente: San Juan de la Cruz (Cuevas 1981: 85). En la estructura de este género el verso representaría «el momento emotivo» o intuicional y los comentarios en prosa serían el «signo de lo conceptual». Toman también el nombre de *glosas* los comentarios a la actualidad socio-cultural originales de Eugenio d'Ors.

124.   La otra denominación más común en este grupo es la de ENSAYO, que echa sus raíces, como los géneros propiamente ficcionales, en la tradición oral, constituida por *proverbios, axiomas, máximas* y *aforismos* (vid. literatura aptegmática o gnómica). Su consolidación artístico-literaria se debe a Montesquieu con los *Essais* (1580), y luego el ejemplo fue seguido por Bacon en *Essays* (1612). Fuera del propósito de ordenación estética que se observa en cierta prosa ensayística (Paraíso del Leal 1977), para Lukács el ensayo es esencialmente un género artístico:

> Hay [...] vivencias −escribe− que no podrían ser expresadas por ningún gesto y que, sin embargo, ansían expresión [...]: la intelectualidad, la conceptualidad como vivencia sentimental, como realidad inmediata, como principio espontá-

neo de la existencia; la concepción del mundo en su deseada pureza, como acontecimiento anímico, como principio espontáneo de existencia (Lukács 1911: 23).

El concepto lukacsiano del ensayo restringe la posibilidad genérica del término, cuyo uso aparece desvirtuado —según él— en la ensayística moderna,
que ha perdido la actitud modesta y la espontaneidad de ir descubriendo las
cosas. Estos caracteres, unidos al afán universalista y al propósito creador —a
veces contenido en los propios títulos de los textos ensayísticos— distinguiría
a estos de los impregnados por una vocación tratadística mayor: la mayoría
de la crítica literaria, por ejemplo (Chassang-Senninger 1972).

125.   Es común a este grupo genérico la íntima fusión entre la realidad
y la expresión literaria en géneros como la EPÍSTOLA y las *memorias*. La
epístola ha sido considerada en otros grupos, pues las hay en verso —*Epístola
moral a Fabio*— y también en forma novelística —*Proceso de cartas de amores*—.
Puede utilizarse como cauce para la expresión didáctica, dentro de una
apariencia fabuladora, y es de uso común en el siglo XVIII: *Cartas persas,* de
Montesquieu, y *Cartas marruecas,* de Cadalso. También puede poseer un valor
puramente documental en relación con su emisor o su destinatario o ambas
cosas a la vez. Respecto a lo primero, la historiografía aprovecha, a veces, los
epistolarios de autores célebres —Moratín, Galdós, Joyce, Freud— para descubrir aspectos íntimos de su personalidad que puedan esclarecer partes de la
obra. Pese a todo, las fronteras entre la realidad y la ficción literaria vuelven
a diluírse en casos tan conocidos como el Epistolario entre el filósofo Pedro
Abelardo y Eloísa, ejemplar luego para su aprovechamiento por parte del
género sentimental. El Renacimiento hace de la epístola el género más utilizado por parte de los intelectuales que, a través de ella, se comunican las novedades culturales y espirituales.

126.   Las MEMORIAS constituyen un género relativamente moderno,
propio de sociedades avanzadas que necesitan recuperar el pasado. Al principio se destinan a la historia bajo la forma de crónicas o testimonios. A partir
del s. XVIII se instalan como un género común en Europa —recuérdese las *Me-
moires de la Cour de France pour les années 1688 et 1689*— y son casi inexcusables
en personajes de cierta nombradía política o social —Napoleón, Clemenceau,
De Gaulle—. Frente a estas memorias, en una proyección más hacia la realidad exterior, se sitúan las memorias de carácter introspectivo, cercanas al
género de la *confesión,* tal como fue empleado por San Agustín en la obra de
igual título, y que más tarde serviría de ejemplo a Teresa de Jesús para su *Libro de la vida* (Zambrano 1943). La narración de los hechos exteriores se funde aquí con su glosa o reflexión lírica (Ortega Muñoz 1981). Constituyen las
memorias un buen soporte argumental para el desarrollo de algunas ficciones novelescas, verbigracia la picaresca o con pretensión recreadora de ciertos hitos históricos —*Memorias de Adriano,* de M. Yourcenar—. En este carácter
introspectivo-espiritual se señala la *autobiografía* (Lejeune 1975).

127.   Las BIOGRAFÍAS forman un capítulo aparte (Soria 1978) y vienen

cultivándose ya desde la Antigüedad en textos como las célebres *Vidas paralelas,* de Plutarco. En otras como la *Vida de Alejandro Magno,* del Pseudo Calístenes, no es nada desdeñable el propósito narrativo. En la Edad Media las *Vidas* o *razós* provenzales exponían muy brevemente los hechos fundamentales en la vida del trovador, casi en forma de semblanza. Esta forma adoptarán, asimismo, algunos libros del siglo XVI como *Generaciones y semblanzas,* de Pérez de Guzmán, o *Claros varones de Castilla,* de H. del Pulgar. El género en estos casos presenta indudables leyes retóricas en cuanto a disposición e ideología. Son propias de este siglo las biografías de Cristo, como *Vita Christi,* de Landulfo de Sajonia. Luego se ha constituido como género obligado a la hora de analizar a personajes de cierta celebridad, y así lo han cultivado Maurois, Zweig y Marañón, entre otros. Como ejemplo de textos de apariencia biográfica pero con un propósito estético literario señalemos las biografías noveladas de R. Gómez de la Serna.

128.  La transmisión oral de la literatura no sólo afecta a las formas primitivas y simples de los géneros, sino también a las de creación más culta y elaborada. Se registran aquí aquellos géneros relacionados con la expresión oratoria, de gran importancia en culturas forenses como la griega —Demóstenes— y la romana —Cicerón—. El DISCURSO, por lo general político, es el título más ajustado para este tipo de textos, si bien luego es aplicable a textos con otro contenido, sea literario, filosófico o social: en el s. XVIII, por ejemplo, con los ilustrados. La especificidad del género será vista, siempre, en función de ciertos hábitos establecidos ya en relación con el oyente (un buen ejemplo es el constituido por los discursos académicos).

129.  Dentro del mismo ámbito, pero con especial incidencia en el plano religioso-moral, está el SERMÓN. Desde sus comienzos estuvo vinculado a la función didáctico-predicadora de la Iglesia (Rico 1977). El sermón, dictado por el clérigo, servía para exponer el punto de vista eclesiástico, la verdad absoluta, y en este sentido ha sido considerado por M. Corti como la forma contraria al diálogo socrático o lucianesco, por ser portavoz de una visión monológica del mundo, enfrentada al descubrimiento de la verdad mediante la dialéctica (Corti 1978). En la Edad Media son sermones muy literarios los de San Bernardo de Claraval, y adquieren una gran relevancia en los períodos más dogmáticos del pensamiento católico, como por ejemplo durante la Contrarreforma. En este tiempo los sermones adoptan una notable virulencia verbal, que hay que imaginar unida a la ejecución de los mismos, al modo de los monólogos teatrales (E. Orozco 1980).

130.  Las épocas de tendencia totalizadora manifiestan siempre su interés por los géneros de tipo enciclopédico, tal el DICCIONARIO. Así, San Isidoro, con las *Etymologiae,* en el medievo; así también Covarrubias, en su *Tesoro de la lengua,* y en el XVIII la *Encyclopédie* francesa. Para Etiemble, «los diccionarios más divertidos son siempre los más aflictivos», por ejemplo los etimológicos (Etiemble 1974: 105).

## FINAL

131.    Como se ha podido ver, el planteamiento genérico ha dado, hasta el momento, interesantes resultados tanto en el orden descriptivo como en el orden interpretativo de la crítica literaria. La riqueza y heterogeneidad de las soluciones aportadas configura un panorama extraordinariamente complejo, en el que son todavía muchas las cuestiones por dilucidar. Queda para nosotros fuera de toda duda la validez de esta consideración, tanto en lo que se refiere al desarrollo del pensamiento crítico-literario como al avance de la creación literaria, desechada cualquier tentación dogmática y prescriptiva. En este sentido las palabras de Stephen Daedalus pueden servir, desde la ficción artística en que se encuadran, de justo corolario a estas páginas:

> El arte, necesariamente impuro, no presenta nunca netamente separadas estas distintas formas de que acabo de hablar. Aun en literatura, que es la más elevada y espiritual de las artes, estas formas se presentan a menudo confundidas. La forma lírica es de hecho la más simple vestidura verbal de un instante de emoción, un grito rítmico como aquellos que en épocas remotas animaban al hombre primitivo doblado sobre el remo u ocupado en izar un peñasco por la ladera de una montaña. Aquel que lo profiere tiene más conciencia del instante emocionado que de sí mismo como sujeto de la emoción. La forma más simple de la épica la vemos emerger de la literatura lírica cuando el artista se demora y repasa sobre sí mismo como centro de un acaecimiento épico, y tal forma va progresando hasta que el centro de gravedad emocional llega a estar a una distancia igual del artista y de los demás. La forma narrativa ya no es puramente personal. La personalidad del artista se diluye en la narración misma, fluyendo en torno a los personajes y a la acción, como las ondas de un mar vital (...). Se llega a la forma dramática cuando la vitalidad que ha estado fluyendo y arremolinándose en torno a los personajes, llena a cada uno de estos de una tal fuerza vital que los personajes mismos, hombres, mujeres, llegan a asumir una propia y ya intangible vida estética. La personalidad del artista, primeramente un grito, una canción, una humorada, más tarde una narración fluida y superficial, llega por fin como a evaporarse fuera de la existencia, a impersonalizarse, por decirlo así. La imagen estética en la forma dramática es sólo vida purificada dentro de la imaginación humana y reproyectada por ella. El misterio de la estética, como el de la creación material, está ya consumado.

## REFERENCIAS BIBLIOGRÁFICAS

(Se señalan con asterisco los trabajos no citados en el interior del texto).

1970  Adorno, T. W., *Teoría estética,* (vers. esp., Madrid, Taurus, 1971).
1967  Aguiar e Silva, V. M. de, *Teoría de la literatura,* (vers. esp., Madrid, Gredos, 1975).
1882a  Alas, L. («Clarín»), *Del naturalismo,* en Beser (ed.) 1972.
1882b  ————, *La novela novelesca,* en Beser (ed.) 1972.
*1788  Alfieri, V., *Del principe e delle lettere,* en *Opere scelte,* París, Librería Europea, 1847, 647-714.
1968  Amorós, A., *Sociología de una novela rosa,* Madrid, Taurus.
1979  ————, *Introducción a la literatura,* Madrid, Castalia.

*1956 Anceschi, L., *Schema di una fenomenología dei generi letterari*, en *Progetto di una sistematica dell'arte*, Milano, 1961.

1979 Anderson Imbert, E., *Teoría y técnica del cuento*, Buenos Aires, Marymar.

1976 Andioc, R., *Teatro y sociedad en el Madrid del siglo XVIII*, Madrid, Castalia-Fundación March.

1954 Andriev, J., *Le dialogue antique. Structure et présentation*, París.

1938 Artaud, A., *Le théâtre et son double*, París, Gallimard, 1964.

1971 Asensio, E., *Itinerario del entremés. Desde Lope de Rueda a Quiñones de Benavente*, Madrid, Gredos.

1979 Aullón de Haro, P., *Ensayo sobre la aparición y el desarrollo del poema en prosa en la literatura española*, en «Analecta Malacitana», II, 1, 109-36.

1975 Avalle Arce, J. B., *La novela pastoril española*, Madrid, Istmo, 1975.

1973 Baehr, R., *Manual de versificación española*, Madrid, Gredos.

1963 Bajtín, M., *Dostoevskij. Poetica e stilistica* (vers. ital. Torino, Einaudi, 1968).

1965 ————, *La cultura popular en la Edad Media y en el Renacimiento. El contexto de François Rabelais* (vers. esp., Barcelona, Barral, 1974).

1975 ————, *Esthétique et théorie du roman* (vers. fr., París, Gallimard, 1978).

1949 Baquero Goyanes, M., *El cuento español en el siglo XIX*, Madrid, CSIC.

*1970 ————, *Estructuras de la novela actual*, Barcelona, Planeta.

1977 Bardavío, J. M., *La novela de aventuras*, Madrid, SGEL.

1953 Barthes, R., *El grado cero de la escritura* (vers. esp., Buenos Aires, Siglo XXI, 1973).

1966 ————, *Introducción al análisis estructural de los relatos*, en VV. AA., *El análisis estructural* (vers. esp., Buenos Aires, Centro Editor de América Latina, 1977).

1968 ————, *Drama, poema, novela*, en Redacción de *Tel Quel, Teoría de conjunto* (vers. esp., Barcelona, Seix Barral, 1971).

1970 ————, *L'ancienne rhetórique*, en *Communications*, 16, 172-224.

1977 ————, *Fragments d'un discours amoureux*, París, Seuil.

1898 Bédier, J., *Les Fabliaux. Étude de littérature populaire et d'histoire littéraire du Moyen Âge*, París.

1963 Benjamin, W., *Il dramma barocco tedesco*, (vers. ital., Torino, Einaudi, 1971).

1960 Bergamín, J., *Vida y milagros del «género chico»*, en *De una España peregrina*, Madrid, Al-Borak, 1972.

1900 Bergson, H., *La risa. Ensayo sobre la significación de lo cómico*, (vers. esp., Valencia, Prometeo, s. a.).

1959 Bernard, S., *Le Poème en prose de Baudelaire jusqu'à nos jours*, París, Nizet.

1972 Beser, S. (ed.), *Leopoldo Alas: teoría y crítica de la novela española*, Barcelona, Laia.

1674 Boileau, N., *Art. Poétique*, ed. A. González, (vers. esp., Madrid, Editoria Nacional, 1977).

1968 Boileau-Narcejac, *La novela policial*, Buenos Aires, Paidós.

*1951 Bonnet, H., *Roman et poésie. Essai sur l'esthétique des genres*, París, Nizet.

*1961 Booth, W. C., *La retórica de la ficción*, (vers. esp., Barcelona, A. Bosch, 1978).

1966 Borges, J. L., *Literaturas germánicas medievales* (con la colaboración de M. E. Vázquez), Madrid, Alianza, 1980.

*1972 Bourneuf, R. y R. Ouellet. *La novela* (vers. esp. Barcelona, Ariel, 1975).

1952 Bowra, C. M., *Heroic Poetry*, Nueva York, 1966.

1957 Bray, R., *La formation de la doctrine classique en France*, París, Nizet.

1918-56 Brecht, B., *Escritos sobre teatro* (vers. esp., Buenos Aires, Nueva Visión, 1970).

*1973 Bremond, C., *Logique du récit*, París, Seuil.

1924 Breton, A., *Manifiesto del surrealismo*, en *Manifiestos del surrealismo*, (vers. esp., Madrid, Guadarrama, 1974).

1930 ————, *Segundo manifiesto del surrealismo, ibidem.*

1890 Brunetière, F., *L'evolution des genres littéraires dans l'histoire de la littérature française*, París, Hachette, 1906.

1946 Bruyne, E. de, *Estudios de estética medieval*, (vers. esp., Madrid, Gredos, 1968, 3 vols.).

1958 Buero Vallejo, A., *La tragedia*, en *Enciclopedia del arte escénico*, ed. G. Díaz Plaja, Barcelona, Noguer.

1972 ————, *García Lorca ante el esperpento*, Madrid, RAE.

1964 Butor, M., *Essais sur le roman*, París, Gallimard.

1979 Cacho Blecua, J. M., *Amadís: heroísmo mítico y cortesano*, Barcelona, Cupsa.

1976  Camporesi. P., *La maschera di Bertoldo G. C. Croce e la letteratura carnavalesca,* Torino, Einaudi.

1617  Cascales, F. de, *Tablas poéticas* (véase García Berrio 1975).

*1977  Castagnino. R. H., *«Cuento-artefacto» y artificios del cuento,* Buenos Aires, Nova.

——  Castelvetro, *Poetica d'Aristotele vulgarizzata e sposta,* ed. Werther Romani, Roma-Bari, Laterza. 1978-79, 2 vols.

*1953  Cioran, E. M., *El fin de la novela,* en «NRFH», 12.

1951  Combet, L., *Recherches sur le «Refranero» castillan,* París, Les Belles Lettres.

*1972  Corti, M., *I generi letterari in prospettiva semiologica,* en «Strumenti Critici», 17, 1-18.

1978a  ————, *ideologie estrutture semiotiche net Sermones ad statos del sec. XIII,* en *Il viaggio testuale,* Tocino Einaudi.

1978b  ————, *IL genere* disputatio *e la transcodificazione di Bonvesin de la Riva,* en 1978a.

1934  Cotarelo y Mori, E., *Historia de la zarzuela,* Madrid.

*1979  Crespo Matellán, S., *La parodia dramática en la literatura española,* Salamanca, Universidad.

1902  Croce, B., *Estética como ciencia de la expresión y lingüística general. Teoría e historia de la estética,* prol. de M. de Unamuno (vers. esp., Madrid, Librería Española y Extranjera, 1926).

1933  ————, *Poesía popolare e poesia d'arte. Studi sulla poesia italiana del tre al cinquecento,* Bari, Laterza.

1954  ————, *El anquilosamiento de los géneros literarios y su disolución,* en *La poesía,* Buenos Aires, Emecé.

1981  Cuevas, C., *La literatura, signo genérico. La literatura, como signo de lo inefable: el género literario de los libros de San Juan de la Cruz,* en *La literatura como signo,* ed. J. Romera Castillo, Madrid, Playor.

1975  Culler, J., *La poética estructuralista* (vers. esp., Barcelona, Anagrama, 1978).

1948  Curtius, E. R., *Literatura europea y Edad Media latina,* (vers. esp., Madrid, FCE, 1976).

*1973  Cvitanovic, D., *La novela sentimental española,* Madrid, Prensa Española.

*1965  Champigny, R., *Le genre dramatique,* Monte-Carlo, Regain.

1972  Chassan, A. y C. Senninger, *La dissertation littéraire générale.* Structuration dialectique de l'essai littéraire, París, Hachette.

1975  Chevalier, M., *Cuentecillos tradicionales en la España del Siglo de Oro,* Madrid, Gredos.

1978  ————, *Folklore y literatura. El cuento oral en los siglos de oro,* Barcelona, Crítica.

——  Dante Alighieri, *De volgari eloquentia* (vers. esp., Madrid, BAC, 1962).

*1978  De Marinis, M., *Lo spettacolo come testo* (I), en *Versus,* 21, 66-100.

1967a  Derrida, J., *De la gramatología* (vers. esp., Buenos Aires, Siglo XXI, 1971).

1967b  ————, *El teatro de la crueldad y la clausura de la representación,* en *Dos ensayos* (vers. esp., Barcelona, Anagrama, 1972).

1778  Diderot, D., *Paradoxe sur le comédien,* ed. R. Laubreaux, París, Garnier-Flammarion, 1967.

1973  Díez Borque, J. M., *Literatura y cultura de masas,* Madrid, Al-Borak.

*1975  ————, y L. García Lorenzo (eds.), *Semiología del teatro,* Barcelona, Planeta.

1976  ————, *Sociología de la comedia española del siglo XVII,* Madrid, Cátedra.

*1965  Díez Taboada, J. M., *Notas sobre un planteamiento moderno de la teoría de los géneros literarios,* en «Homenaje» 2, 11-20.

1978  Di Girolamo, C., *Teoría crítica de la literatura* (vers. esp., Barcelona, Crítica, 1982).

1887  Dilthey, W., *Poética (La imaginación del poeta. Las tres épocas de la estética moderna y un problema actual)* (vers. esp. Buenos Aires, Losada, 1945).

*1967  Domenach, J. M., *El retorno de lo trágico,* Barcelona, Península.

*1943  Donohue, J. J., *The Theory of Literary Kinds,* Iowa, Dubuque.

1975  Dorfles, G., *Para una nueva teoría de la tragedia,* Valencia (vers. esp., Valencia. Fernando Torres).

1968  Dronke, P., *La lírica en la Edad Media* (vers. esp. Barcelona, Seix Barral, 1978).

1972  Ducrot, D. y T. Todorov, *Diccionario enciclopédico de las ciencias del lenguaje,* (vers. esp., Buenos Aires, Siglo XXI, 1974).

1977  Dumézil, G., *Mito y epopeya,* t. 1, Barcelona, Seix Barral.

1965  Ebel, U., *Dar Altoromanische Mirakel. Ursprung und geschichte einer literarischen Gattung,* Heidelberg.

1964  Eco, U., *Apocalípticos e integrados* (vers. esp., Barcelona, Lumen).

1968  Einstein, S. M., *El género policíaco,* en Gubern (ed.) 1970.

1961  Esslin, M., *El teatro del absurdo,* (vers. esp., Barcelona, Seix Barral, 1964).

1974 Etiemble, *Acerca de algunos géneros literarios,* en *Ensayos de literatura verdaderamente general* (vers. esp., Madrid, Taurus, 1977).

1975 Fauchette, J., *Psicodrama y teatro moderno* (vers. esp., Buenos Aires, La Pléyade).

1924 Faral, E., *Les arts poétiques du XII* *et du XIII* *siècles,* París.

1968 Ferraté, J., *Dinámica de la poesía* Barcelona, Seix Barral.

1980 Ferrater Mora, J., *Diccionario de Filosofía,* Madrid, Alianza.

1972 Ferreras, J. I., *La novela de ciencia ficción,* Madrid, Siglo XXI.

1975 Flecniakoska, J. L., *La loa,* Madrid, SGEL.

*1965 Forni Mizzau, M., *Generi letterari, istituzioni, tecniche,* en *Tecniche narrative e romanzo contemporaneo,* Milano.

1966 Foucault, M., *Las palabras y las cosas. Una arqueología de las ciencias humanas* (vers. esp., Madrid, Siglo XXI, 1974-6).

1963 Freedman, R., *La novela lírica. Herman Hesse, André Gide, Virginia Woolf* (vers. esp., Barcelona, Barral, 1972).

*1958 Friedrich, H., *Estructura de la lírica moderna* (vers. esp., Barcelona, Seix Barral).

1957 Frye, N., *Anatomía de la crítica,* (vers. esp., Caracas, Monte Ávila, 1977).

1976 —————, *La escritura profana. Un estudio sobre la estructura del romance* (vers. esp., Caracas, Monte Ávila, 1980).

1951 Fubini, M., *Generi e storia dei generi letterari,* en *Tecnica e teoria letteraria,* Milano, Mazzorati, 25-108.

1924 Gallavotti, C., *Sulle classificazioni dei generi letterari nell'estetica, antica,* «Ateneum. Studi periodici di letteratura e storia».

*1971 Garasa, D. L., *Los géneros literarios,* Buenos Aires, Columba.

*1981 García Barrientos, J. L., *Escritura y actuación. Para una teoría del teatro,* «Segismundo», 15, 10-50.

1975 García Berrio, A., *Introducción a la Poética clasicista: Cascales,* Barcelona, Planeta.

1977 —————, *Formación de la Teoría Literaria moderna. La tópica horaciana en Europa,* Madrid, Cupsa.

1978a —————, *Texto y oración. Perspectivas de la lingüística textual,* en J. J. Petöfi y A. García Berrio (eds.), *Lingüística del texto y crítica literaria,* Madrid, Comunicación.

1978b —————, *Lingüística del texto y tipología lírica («La tradición textual como contexto»),* en *Idem.*

1978c —————, *Tipología textual y análisis del microcomponente (sonetos españoles del «carpe diem»),* en *Idem.*

1979 —————, *Lingüística, literariedad y poeticidad (Gramática, Pragmática, Texto),* «1616», II, 125-70.

1981 —————, *Macrocomponente textual y sistematismo tipológico; el soneto amoroso español de los siglos XVI y XVII y las reglas del género,* en *Zeitzschrift für Romanische Philologie,* 97, 1/2, 146-71.

1982 García de Enterría, M. C., *Literaturas marginadas,* en *Lectura Crítica de la Literatura Española,* t.22, ed. J. Huerta Calvo, Madrid, Playor.

1972 García Gual, C., *Los orígenes de la novela,* Madrid, Istmo.

1981 —————, *Mitos, viajes, héroes,* Madrid, Taurus.

1983 García de la Torre, M., *La prosa didáctica en los siglos de oro,* en *Lectura Crítica de la Literatura Española,* t. 8, ed. J. Huerta, Madrid, Playor.

1975 Garrido Gallardo, M. A., *Introducción a la teoría de la literatura,* Madrid, SGEL.

1982 —————, *Estudios de Semiótica,* Madrid, CSIC.

1983 —————, *Notas sobre el sainete como género literario,* en *El teatro menor a partir del siglo XVI,* Madrid, CSIC.

1975 García Gómez, E. (ed.), *Las jarchas romances de la serie árabe en su marco,* Barcelona, Seix Barral.

1954 *Los géneros literarios de la Sagrada Escritura,* Barcelona, 1957.

1968 *Genette, G., La escritura liberadora: lo verosímil en la «Jerusalén Liberada» del Tasso,* en T. Todorov (ed.) 1968: 31-61.

1969 —————, *Figures II,* París, Seuil.

1979 —————, *Introduction à l'architexte,* París, Seuil.

* 1968 Gil Casado, P., *La novela social española (1942-68),* Barcelona, Seix Barral.

* 1978 Girard, G. et. al., *L'univers du théâtre,* París, PUF.

*1920  Goldmann, L., *Introducción a los primeros escritos de G. Lukács,* en G. Lukács, 1920: 169-203.

*1967  ————, *Para una sociología de la novela* (vers. esp., Madrid, Ciencia Nueva).

*1959  Goytisolo, J., *Problemas de la novela,* Barcelona, Seix Barral.

 1967  Gramsci, A., *Cultura y literatura,* Madrid, Península.

 1966  Greimas, A. J., *Semántica estructural* (vers. esp., Madrid, Gredos, 1971).

 1979  ————, y J. Courtés, *Sémiotique. Dictionnaire raisonne de la théorie du langage,* París, Hachette.

 1968  *Grundriss der romanischen Literaturen des Mittelalters* (GRLM): *La littérature didactique, allegorique et satirique,* vol. VI, t. 1, Heidelberg, Carl Winter-Universitätsverlag.

 1978  GRLM, IV: *Le roman jusqu'à le fin du XIII⁰ siècle,* ed. J. Frappier y R. R. Grimm.

 1979  GRLM, II, 1-5: *Les genres lyriques.*

 1980  GRLM, II, 1-4, 1-5: *Les genres lyriques.*

 1980  Grotowski, J., *Teatro laboratorio,* Barcelona, Tusquets.

*1970  Gubern, R. (ed.), *La novela criminal,* Barcelona, Tusquets.

*1970  Guillén, C., *Literature as System,* Princeton, Princeton University Press.

 1970  Guiraud, P., *La estilística* (vers. esp. Buenos Aires, Nova).

*1974  Gullón, A. y G. (eds.), *Teoría de la novela,* Madrid, Taurus.

 1980  Hayman, D., «Más allá de Bajtín. Hacia una mecánica de la farsa», en *Humor, ironía, parodia,* Madrid, Fundamentos.

1832-38  Hegel, G. W. F., *Esthétique* (vers. fr., París, Aubier, 1875).

*1975  Helbo, A. (ed.), *Semiología de la representación* (vers. esp., Barcelona, G. Gili, 1978).

 1973  Hermenegildo, A., *La tragedia española en el Renacimiento,* Barcelona, Planeta.

 1978  Hernadi, P., *Teoría de los géneros literarios* (vers esp., Barcelona, Antoni Bosch). Horacio, *Epístola a los Pisones (Arte poética),* ed. A. González Pérez, (vers. esp., Madrid, Editora Nacional, 1977).

 1980  Huerta Calvo, J., *Poética de la representación en el Siglo de Oro: función de las piezas menores,* «1616», III, 69-81.

 1982a  ————, *La teoría literaria de M. Bajtín. (Apuntes y textos para su introducción en España),* «Dicenda», I, 143-58.

 1982b  ————, *Introducción al estudio de los Géneros Teatrales Menores en el Siglo de Oro,* en *El teatro menor en España a partir del siglo XVI,* Madrid, CSIC, 1983, 23-66.

 1982c  ————, *La poesía en la Edad Media: lírica,* en *Lectura Crítica de la Literatura Española,* t. 1, Madrid, Playor.

 1827  Hugo, V., «Préface.» de *Cromwell,* ed. A. Ubersfeld, París, Garnier-Flammarion, 1968.

 1933  Jakobson, R., *Qu'est-ce que la poésie?,* en *Questions de poétique,* Paris, Seuil, 1973.

 1958  ————, *La lingüística y la poética,* en Sebeok, T. A. (ed.), *Estilo del lenguaje* (vers. esp., Madrid, Cátedra, 1974).

 1971  ————, *Notes marginales sur la prose du poète Pasternak,* en *Huit questions de poétique,* Paris, Seuil, 1977.

 1884  James, H., *El arte de la novela,* en *Obras escogidas* (vers. esp., Madrid, Aguilar, 1958).

*        ————, *El futuro de la novela* (vers. esp., Madrid, Taurus, 1975).

 1899  Jarry, A., *Doce argumentos sobre teatro,* en *Todo Ubú* (vers. esp., Barcelona, Bruguera, 1980).

*1952  Jaspers, K., *Esencia y formas de lo trágico* (vers. esp., Buenos Aires, Sur, 1960).

*1967  Jauss, H.-R., *La historia literaria como desafío a la ciencia literaria,* en *La actual ciencia literaria alemana* (vers. esp. Salamanca, Anaya, 1971).

 1970  ————, *Littérature médiévale et théorie des genres,* «Poétique», 1, 79-101. Jean Paul, véase Richter.

 1930  Jolles, A., *Formes simples,* París, Seuil, 1972.

 1796  Jovellanos, G. M. de, *Memoria para el arreglo de la policía de los espectáculos y diversiones públicas, y sobre su origen en España,* ed. J. Lage, Madrid, Cátedra, 1977.

*1978  Kaufmann, W., *Tragedia y filosofía,* Barcelona, Seix Barral.

 1957  Kayser, W., *The Grotesque in Art and Literature,* New York, Columbia University Press, 1981.

 1972  ————, *Interpretación y análisis de la obra literaria* (vers. esp. Madrid, Gredos).

 1970  Kibédi Varga, A., *Rhétorique et Littérature. Etudes des structures classiques,* París, Didier.

 1966  Köhler, E., *Sobre las posibilidades de una interpretación histórico-sociológica (mostradas en obras de épocas de la literatura francesa,* en *La actual ciencia literaria alemana,* Salamanca, Anaya, 135-62.

1938-40 ————, *Contribution à une philosophie des genres,* «Helicon», 1, 233-44 y 2, 135-47. 135-47.

*1975 Kowzan, T., *Littérature et spectacle,* La Haya, Mouton.

1969 Kristeva, J., Σημειωτι Ρη *(Semiótica 1, 2)* (vers. esp., Madrid, Fundamentos, 1978).

1970 ————, *El texto de la novela* (vers. esp., Barcelona, Lumen, 1974).

*1974 ————, *La revolution du langage poétique,* Paris, Seuil.

1973 Krömer, W., *Formas de la narración breve en las literaturas románicas hasta 1700* (vers. esp., Madrid, Gredos, 1979).

1979 Lapesa, R., *Introducción a los estudios literarios,* Madrid, Cátedra, 12.ª ed.

*1964 Larthomas, P., *La notion de genre littéraire en stylistique, Le français moderne,* 32, 185-93.

1980 ————, *Le langage dramatique. Sa nature, ses procedés,* París, PUF.

1960 Lausberg, H., *Manual de Retórica literaria,* Madrid, Gredos, 1975, 3 vols.

1972 Lázaro Carreter, F., *Lazarillo de Tormes en la picaresca,* Barcelona, Ariel.

1974 ————, *Sobre el género literario,* en *Estudios de Poética,* Madrid, Taurus.

1976 ————, *La Poética del Arte Mayor castellano,* en *Estudios de poética,* 75-111.

1978 ————, *Literatura y folklore: los refranes,* en *Estudios de lingüística,* Barcelona, Crítica, 1980.

*1976 Lefebvre, H., *Más allá del estructuralismo,* Buenos Aires, La Pléyade.

1975 Lejeune, Ph., *Le Pacte autobiographique,* París, Seuil.

*1966 Lesky, A., *La tragedia griega* (vers. esp., Barcelona, Labor).

1766 Lessing, G. E., *Laocoonte o Sobre las fronteras de la poesía y la pintura,* ed. E. Barjau, Madrid, Editora Nacional, 1977.

1977 Levi-Strauss, C., *La estructura y la forma (Reflexiones sobre la obra de Vladimiro Propp,* en VV. AA., *El análisis estructural,* Buenos Aires, Centro Editor de América Latina.

1974 López Estrada, F., *Los libros de pastores en la literatura española,* Madrid, Gredos.

1979 ————, *Introducción a la literatura medieval española,* Madrid, Gredos, 4.ª ed.

1596 López Pinciano, A., *Philosophía Antigua Poética,* ed. A. Carballo Picazo, Madrid, CSIC, 1973, 3 vols.

1970 Lotman, Y. M., *Estructura del texto artístico* (vers. esp. Madrid, Istmo, 1978).

1979 ————y Escuela de Tartu, *Semiótica de la Cultura,* Madrid, Cátedra.

1911 Lukács, G., *Sobre la esencia y forma del ensayo,* en *El alma y la forma* (vers. esp., Barcelona, Grijalbo, 1975).

1920 ————, *Teoría de la novela* (vers. esp., Barcelona, Siglo XXI, 1966).

1955 ————, *La novela histórica* (vers. esp., México, Era, 1966).

1961 ————, *Sociología de la literatura* (vers. esp., Barcelona, Edicions 62, 1966).

1963 ————, *Estética 1: La peculiaridad de lo estético.* Vol 2. *Problemas de la mímesis* (vers. esp., Barcelona, Grijalbo, 1982).

1737 Luzán, I. de, *La Poética o reglas de poesía en general y de sus principales especies,* ed. I. M. Cid de Sirgado, Madrid, Cátedra, 1974.

1974 Marsan, E., *Itinéraire espagnol du conte médiéval,* París, Klincksieck.

1973 Martín, J. L., *Crítica estilística,* Madrid, Gredos.

*1975 Martínez, J. A., *Propiedades del lenguaje poético,* Oviedo, Universidad.

1969 Marx, K. y F. Engels, *Escritos sobre el arte,* ed. C. Salinari (vers. esp., Barcelona, Península).

*1959 Maugham, W. S., *Últimos puntos de vista. El cuento corto,* Santiago de Chile, Nuevo Extremo.

*1964 Mauron, Ch., *Psychocritique du genre comique,* París, Corti.

1883-91 Menéndez Pelayo, M., *Historia de las ideas estéticas en España,* Santander, Aldus, 1946.

1905-14 ————, *Orígenes de la novela,* Madrid, CSIC.

1941 Menéndez Pidal, R., *Poesía árabe y poesía europea,* Madrid, Espasa-Calpe, 1973

1953 ————, *Romancero hispánico (hispano-portugués, americano y sefardí). Teoría e historia,* Madrid, Gredos.

1957 ————, *Poesía juglaresca y orígenes de las literaturas románicas,* Madrid, Instituto de Estudios Políticos.

*1975 Meyerhold, V., *Teoría teatral* (vers. esp., Madrid, Fundamentos).

1978 Mignolo, W., *Elementos para una teoría del texto literario,* Barcelona, Crítica.

1870  Milá i Fontanals, M., *De la poesía heroico-popular castellana.*
1564  Minturno, A. S., *L'arte poetica,* ed. facsímil en *Poetiken des Cinqueccento,* München, Wilhelm Frink Verlag, 1971.
1962  Monte, A. del, *Breve historia de la novela policíaca,* Madrid, Taurus.
*1966  Montesinos, J. F., *Introducción a una historia de la novela en España en el siglo XIX,* Madrid, Castalia.
1961  Morier, H., *Dictionnaire de poétique et de rhétorique,* París, PUF, 1975.
*1974  Newels, M., *Los géneros dramáticos en las poéticas del Siglo de Oro* (vers. esp., Londres, Tamesis Books).
1871  Nietzsche, F., *El origen de la tragedia* (vers. esp., Madrid, Espasa-Calpe, 1969).
1976  Novalis, *La Enciclopedia. Notas y fragmentos,* Madrid, Fundamentos.
1978  Oliva, C., *Antecedentes estéticos del esperpento,* Murcia, Universidad, 1978.
1961  Olson, E., *Tragedy and the theory of drama,* Detroit, Waine State University Press.
1968  ————, *Teoría de la comedia* (vers. esp., Barcelona, Ariel, 1978).
1980  Orozco, E., *Sobre la teatralización del templo y la función religiosa en el Barroco: el predicador y el comediante,* «CILH», 2-3.
1925  Ortega y Gasset. J., *Ideas sobre la novela,* Madrid, Revista de Occidente,
1946  ————, *Idea del teatro,* Madrid, Revista de Occidente, 1966.
1981  Ortega Muñoz, J. F., *La confesión, género literario y método en filosofía,* «Analecta Malacitana», IV, 2, 219-60.
1972  Pabst, W., *La novela corta en la teoría y en la creación literaria. Notas para la historia de su antinomia en las literaturas románicas,* Madrid, Gredos.
*1978  Pagnini, M., *Estructura literaria y método crítico,* Madrid, Cátedra.
1976  Palomo, P. *La novela cortesana,* Barcelona, Cupsa.
1977  Paraíso del Leal, I., *Teoría del ritmo de la prosa,* Madrid, Cupsa.
*1883  Pardo Bazán, E., *La cuestión palpitante. El naturalismo en la novela,* ed. C. Bravo Villasante, Salamanca, Anaya, 1966.
*1976  Pavis, P., *Problèmes de sémiologie théâtrale,* Quebec, Les Presses de l'Université (col. «Genres et Discours»).
*1958  Pérez de Ayala, R., *Principios y finales de la novela,* Madrid, Taurus.
*1978  Pérez Priego, M. A., *De Dante a Juan de Mena: sobre el género literario de «comedia»,* «1616», I, 151-8.
1980  Periñán, B., *Poeta ludens,* Pisa, Giardini.
*1967  Petit de Julleville, L., *Répertoire du théâtre comique en France au Moyen-Âge,* Geneve, Droz.
1967  Pichois, C. y A.-M. Rousseau, *La literatura comparada* (vers. esp., Madrid, Gredos, 1969).
*1927  Piscator, E., *Teatro político (1927-1966)* (vers. esp., Madrid, Ayuso, 1976).
*1926  Place, E. B., *Manual elemental de novelística española,* Madrid.
————  Platón, *La República,* ed. J. M. Pabón y M. Fernández Galiano, Madrid, Instituto de Estudios Políticos, 1949, 3 vols.
1848  Poe, E. A., *El principio poético,* en *Obras en prosa,* vol. II (vers. esp., Madrid, Revista de Occidente, 193-222).
*1968  Pollman, L., *La «nueva novela» en Francia y en Iberoamérica* (vers. esp., Madrid, Gredos, 1971).
1965  Porqueras Mayo, A., véase Sánchez Escribano 1972.
*1975  Prieto, A., *Morfología de la novela,* Barcelona, Planeta.
1928  Propp, V., *Morfología del cuento* (vers. esp., Madrid, Fundamentos, 1977, 4.ª ed).
1978  ————, *L'epos eroico russo,* Roma, Newton Compton.
1966  Raimond, M., *La crise du roman. Des lendemains du Naturalisme aux années vingt,* París, José Corti.
*1981  Reisz, S., *La posición de la lírica en la teoría de los géneros literarios,* «Lexis», 5, 73-86.
1970  Rico, F., *La novela picaresca y el punto de vista,* Barcelona, Seix Barral.
1977  ————, *Predicación y literatura en la España medieval,* Cádiz, UNED.
1804  Richter, J.-P., *Introducción a la estética,* Buenos Aires, Hachette.
*1970  Riffaterre, M., *Le poème comme réprésentation,* «Poétique», 4, 401-18.
1962  Riley, E. C., *Teoría de la novela en Cervantes* (vers. esp., Madrid, Taurus, 1971).
1952  Riquer, M. de, *Los cantares de gesta medievales franceses,* Madrid, Gredos.
1975  ————, *Los trovadores,* Barcelona, Planeta, 3 vols.
1963  Robbe-Grillet, A., *Por una nueva novela* (vers. esp., Barcelona, Seix Barral, 1973).

1972 Robert, M., *Roman des origines et origines du roman,* París, Bernard Grasset, (vers.esp., Madrid, Taurus, 1973).
*1973 Robey, D. (ed.), *Introducción al estructuralismo,* Madrid, Alianza, 1976.
1972 Rodríguez Adrados, F., *Fiesta, Comedia, Tragedia. Sobre los orígenes griegos del teatro,* Barcelona, Planeta.
1978 ————, *Sobre los géneros literarios en la literatura griega,* «1616», I, 159-72.
*1982 Rodríguez Almodóvar, A., *Los cuentos maravillosos españoles,* Barcelona, Crítica.
1974 Rodway, A., *La crítica de géneros literarios: el acceso a través del tipo, del modo y de la clase,* en M. Bradbury y D. Palmer (eds.), *Crítica contemporánea* (vers. esp., Madrid, Cátedra), 99-126.
1978 Romero Esteo, M., «Introducción» a *Pizzicatto irrisorio y gran pavana de lechuzos,* Madrid, Cátedra.
1981 Romero de Solís, D., *Poíesis. Sobre las relaciones entre filosofía y poesía desde el alma trágica,* Madrid, Taurus.
1758 Rousseau, J.-J., *Carta a D'Alembert,* en *Escritos de combate* (vers. esp., Madrid, Alfaguara, 1979).
1976 Rozas, J. M., *Significado y doctrina del «Arte Nuevo» de Lope de Vega,* Madrid, SGEL.
1983 Rubio Jiménez, J., *El teatro en el siglo XIX,* en *Lectura Crítica de la Literatura Española,* t. 15, ed. J. Huerta Calvo, Madrid, Playor.
1961 Rychner, J., *Les Fabliaux: Genre, stiles, publics,* en *La littérature narrative d'imagination. Des genres littéraires aux techniques d'expression,* París, Colloque de Strasbourg.
*1972 Salinas, P., *Literatura española siglo XX,* Madrid, Alianza.
1972 Sánchez Escribano, F. y A. Porqueras Mayo, *Preceptiva dramática del Renacimiento y el Barroco,* Madrid, Gredos, 2.ª ed.
1967 Sánchez Romeralo, A., *El villancico,* Madrid, Gredos.
———, Santillana, Marqués de, El Proemio e Carta, en *Obras Completas,* II, ed. M. Durán, Madrid, Castalia.
*1976 Sanz Villanueva, S. y C. J. Barbachano (eds.), *Teoría de la novela,* Madrid, SGEL.
*1972 Sastre. A., *Anatomía del realismo,* Barcelona, Seix Barral.
1972 Saugnieux, J., *Les Danses macabres de France et d'Espagne et leurs prolongementes littéraires,* París, Les Belles Lettres.
1969 Saunal, D., *Une conquête definitive du Romancero Nuevo: le romance assonance,* «Ábaco», 2, 93-126.
1856 Schelling, F. W. J., *Filosofía del Arte,* Buenos Aires, Nova, 1949.
1795-96 Schiller, F., *Sobre la poesía ingenua y sentimental.*
1809-11 Schlegel, A. W., *Lecciones de literatura y arte dramático.*
1977 Scholes, R., *An Approch through Genre,* en *Towards a Poetics of Fiction,* ed. M. Spilka, Bloomingtoon y London, Indiana University Press.
1966 ————, y R. Kellog, *La natura della narrativa,* Bologna, Il Mulino, 1970.
*1974 Segre, C., *Las estructuras y el tiempo,* Barcelona, Planeta, 1976.
1949 Segura Covarsí, E., *La canción petrarquista en la lírica española del Siglo de Oro. Contribución al estudio de la métrica renacentista,* anejo V de «Cuadernos de literatura», Madrid, CSIC.
*1965 Sender, R. J., *Valle-Inclán y la dificultad de la tragedia,* Madrid, Gredos.
1959 Šklovski, V., *Sobre la prosa literaria* (vers. esp., Barcelona, Planeta, 1971).
1975 ————, *La cuerda del arco. Sobre la disimilitud de lo símil* (vers. esp., Barcelona, Cupsa).
*1975 Smith, P., *Des genres et des hommes,* «Poétique», 19, 294-312.
1976 Soons, A., *Haz y envés del cuento risible en el Siglo de Oro,* Londres, Tamesis Books.
1978 Soria, A., *El biografismo y las biografías: aspectos y perspectivas,* «1616», I, 173-88.
*1950 Souriau, E., *Les deux cent mille situations dramatiques,* París, Flamarion.
1974 Spitzer, L., *La lírica mozárabe y las teorías de Theodor Frings,* en *Lingüística e Historia Literaria,* Madrid, Gredos.
1946 Staiger, E., *Conceptos fundamentales de Poética* (vers. esp., Madrid, Rialp).
1975 Steunou, J. y L. Knapp, *Bibliografía de los cancioneros castellanos del siglo XV y repertorio de sus géneros poéticos,* París, CNRS.
1972 Stierle, K., *L'Histoire comme Exemple, l'Exemple comme Histoire,* «Poétique», 10, 176-88.
1962 Szondi, P., *Teoria del dramma moderno,* Torino, Einaudi.
* 1970 Tacca, O., *Las voces de la novela,* Madrid, Gredos.

1865  Taine, H., *Filosofía del arte,* 2 vols. (vers. esp., Madrid, Espasa-Calpe, 1968).
1977  Taléns, J., *La escritura como teatralidad,* Valencia.
*1976  Tan, H. G., *La matière de don Juan et les genres littéraires,* Leyde Presse Choir de Leyde.
1920-27  Tinianov, Y., «De l'évolution litteraire», en *Théorie de la littérature,* ed. T. Todorov, París, Seuil, 1965, 120-37.
1969  ————, *Destruction, parodie,* en *La Destruction,* París, Seuil.
1968a  Todorov, T. (ed.), *Lo verosímil,* Buenos Aires, Tiempo Contemporáneo, 1972.
1968b  ————, *Poétique. Qu'est-ce que le structuralisme?,* París, Seuil.
1970  ————, *Los géneros literarios,* en *Introducción a la literatura fantástica* (vers. esp., Buenos Aires, Tiempo Contemporáneo, 1974), 9-32.
*1971a  ————, *Typologie du roman policiel,* en *Poétique de la prose,* París, Seuil.
1971b  ————, *Literatura y significación,* Barcelona, Planeta.
1973  ————, *El análisis estructural en la Literatura. Los cuentos de Henry James,* en *Introducción al estructuralismo,* ed. D. Robey, 111-51.
1978  ————, *Les genres du discours,* París, Seuil.
1981  ————, *Mikhaïl Bakhtine. Le principe dialogique,* París, Seuil.
1928  Tomachevski, B., *Teoría de la literatura,* (vers. esp., Madrid, Akal, 1982).
*1978  Tordera, A., *Teoría y técnica del análisis teatral,* en Taléns, J. (ed.) *Elementos para una semiótica del texto artístico,* Madrid, Cátedra.
*1970  Trabant, J., *Semiología de la obra literaria, glosemática y teoría de la literatura,* (vers. esp., Madrid, Gredos, 1975).
*1956  Valverde, J. M., *Hacia una poética del poema,* «CH», 75, 155-72.
1978  Van Dijk, T. A., *Estructuras y funciones del discurso* (vers. esp., Madrid, Siglo XXI, 1980).
*1938  Van Tieghem, P., *La question des genres littéraires,* «Helicon», I, 95-101.
*1967  Varela Jácome, B., *Renovación de la novela en el siglo XX,* Barcelona, Destino.
1609  Vega, Lope de, *Arte nuevo de hacer comedias en este tiempo* (véase Rozas 1976).
1725  Vico, G., *La Scienza Nova,* ed. P. Rossi, Milán, Rizzoli, 1977.
*1931  Victor, K., *L'Histoire des genres littéraires,* «Poétique», 32 (1977), 490-506.
1983  Villanueva, D. (ed.), *La novela lírica,* 2 vols., Madrid, Taurus.
1727  Voltaire, F. M. Arouet, *Ensayo sobre la poesía épica.*
1957  VV. AA., *Los géneros literarios de la Sagrada Escritura,* Barcelona.
1974  VV. AA., *Hacia una sociología del hecho literario,* Madrid, Edicusa.
1978  VV. AA., *L'Univers du théâtre,* París, PUF.
1977  VV. AA., *Michail Bachtin, Semiotica, teoria della letteratura e marxismo,* ed. A. Ponzio, Bari.
ed. 1952  Wagner, R., *La poesía y la música en el drama del futuro* (vers. esp., Buenos Aires, ed. Espasa, Calpe, col. «Austral»).
1978  Wardropper, B. W., *La comedia española* (véase Olson 1968).
*1966  Wehrli, M., *Introducción a la ciencia literaria,* Buenos Aires, Nova.
*1961  Weinberg, B., *A history of literary criticism in the italian Renaissance,* Chicago, The University of Chicago Press.
1975  Weisstein, V., *Introducción a la literatura comparada,* Barcelona, Planeta.
1955  Wellek, R., *Historia de la crítica moderna (1750-1950). El Romanticismo,* (vers. esp., Madrid, Gredos, 1962).
1963  ————, *Conceptos de crítica literaria,* (vers. esp., Caracas, Universidad Central, 1968).
1965a  ————, *Historia de la crítica moderna (1750-1950). Los años de transición,* (vers. esp., Madrid, Gredos, 1972).
1965b  ————, *A History of Modern Criticism: 1750-1790. The Later Nineteenth Century,* London, Jonathan Cape, 1970).
1969  ————, *Historia de la crítica moderna (1750-1950). La segunda mitad del siglo XVIII,* (vers. esp., Madrid, Gredos).
1949  ————, y A. Warren, *Teoría literaria* (vers. esp., Madrid, Gredos, 1979, 4.ª ed.).
*1948  Woolf, V., *The Common Reader,* London, Hogarth Press.
1950  Wyss-Morigi, G., *Contributo allo studio del dialogo all'epoca dell'Umanesimo e del Rinascimento,* Monza.
*1900  Yeats, W. B., *El teatro,* en *Teatro completo y otras obras,* Madrid, Aguilar, 1962.
1974  Yllera, A., *Estilística, poética y semiótica literaria,* Madrid, Alianza.
1979  Ynduráin, D., *Introducción a la metodología literaria,* Madrid, SGEL.
*1970  Ynduráin, F., *Galdós: entre la novela y el folletín,* Madrid, Taurus.

1974  Zalamansky, H., «El estudio de los contenidos, etapa fundamental de una sociología en la literatura contemporánea», en VV. AA. 1974: 119-29.

1943  Zambrano, M., *La confesión, género literario y método,* México.

1898  Zola, E., *Le roman expérimental,* París.

1972  Zumthor, P., *Essai de poétique médiévale,* París, Seuil.

1975  ————, *Langue, texte, enigme,* Paris, Seuil.

# La crítica lingüística

Tomás Albaladejo Mayordomo

## 1. EL ESTUDIO LINGÜÍSTICO-INMANENTISTA DE LA LITERATURA. LA POÉTICA LINGÜÍSTICA

El estudio de la Literatura, de las obras de arte verbal, es el objeto de la Ciencia de la Literatura, que se compone de Historia de la Literatura, Teoría literaria y Crítica literaria. Este estudio puede realizarse diacrónica o sincrónicamente, y de modo teórico o de modo práctico-analítico. Dejamos fuera de este capítulo el tratamiento de la Literatura en su dimensión diacrónica, es decir, la Historia de la Literatura, aunque a ella en algún momento haremos referencia, y nos centramos en la consideración del estudio sincrónico en sus vertientes teórica y práctico-analítica, que corresponde a la Teoría literaria y a la Crítica literaria, respectivamente (García Berrio, 1981a: 13).

El acceso a la Literatura puede ser extrínseco (Wellek/Warren, 1948: 87 y ss.) o intrínseco (Wellek/Warren, 1948: 163 y ss.). La Ciencia de la Literatura se va construyendo con aportaciones parciales, realizadas unas desde perspectivas sociológicas, psicológicas, etc., y otras desde posiciones cuyo ámbito se concentra en la propia obra literaria. Por consiguiente, las disciplinas parciales que constituyen la Ciencia de la Literatura pueden tener base extrínseca o intrínseca. Podrá realizarse, bien una Crítica literaria que tenga como objeto el estudio psicológico del autor de la obra literaria concreta de la que se ocupa el crítico, el estudio de la sociedad que es reproducida por la obra, etc., bien una Crítica literaria que acometa el estudio de la obra en sí (Avalle, 1970: 41; Lázaro Carreter, 1976b: 30). De igual modo, los estudios de Teoría literaria pueden considerarse extrínsecos o intrínsecos, según que la teorización se haga sobre el contorno psicológico, social, histórico, biográfico, etc. de las obras literarias o sobre éstas consideradas en sí mismas. La situación es, a nuestro juicio, en cierto modo diferente a propósito de la Historia literaria, en la que los aspectos histórico-culturales desempeñan un papel decisivo.

Si adaptamos a la Literatura el conocido esquema de la comunicación lingüística desarrollado por Roman Jakobson (1960: 352 y ss.) a partir del de Karl Bühler (1934), se encontrará que el lugar central de la comunicación literaria, que es comunicación verbal, está ocupado por la obra de arte verbal:

La Teoría y la Crítica literarias han de ocuparse del estudio de la obra literaria, en la cual, junto con el código, reside lo específicamente literario en la estructura de la comunicación literaria, frente a emisor, receptor, canal y contexto, que tienen un funcionamiento comunicativo tanto literario como no literario.

Sin que defendamos un exclusivismo del acceso intrínseco a la Literatura, exclusivismo por otra parte perfectamente explicable y justificable en un determinado momento de la historia de la Ciencia de la Literatura, como más adelante veremos, sí queremos afirmar que la Ciencia de la Literatura ha de dirigir primordialmente su interés hacia la obra literaria y hacia el código mediante el cual es elaborada. No han de ser, por ello, abandonados los estudios extrínsecos, pues son de gran utilidad y dan como resultado aportaciones de valor indudable para un mejor conocimiento del hecho literario; consideramos, eso sí, que tales estudios no deben impedir el conocimiento teórico y práctico-analítico directo de las obras literarias, al cual se llega a través del estudio intrínseco. Concebimos la Ciencia literaria como disciplina en la que se integran el estudio de la obra en sí y el de los aspectos del exterior de la obra.

La hipertrofia de las vías de acceso extrínseco a la Literatura que por acción del positivismo experimentó en el siglo XIX la Ciencia de la Literatura impedía que se estudiara la propia obra literaria, la cual sólo era tratada como pretexto para la determinación de fuentes, para el estudio de la biografía del autor, etc. Tal situación de los estudios literarios ha producido en el siglo XX una reacción consistente, por un lado, en el rechazo de las vías extrínsecas y, por otro, en el desarrollo de importantísimos métodos inmanentistas. Las escuelas que han abierto estos nuevos caminos para la descripción y explicación de la Literatura han puesto su acento en la necesidad de estudiar la propia obra literaria, contrapesando de ese modo el espíritu y la práctica del acercamiento extrínseco a la Literatura, existente hasta el referido cambio de actitud.

Hasta el nacimiento y expansión de las escuelas inmanentistas, los teóricos y críticos literarios realizaban su actividad de espaldas a la Lingüística, mientras los lingüistas, por su parte, no se interesaban en la lengua literaria

(García Berrio, 1973: 101 y ss.; Lázaro Carreter, 1976b: 10). Kayser expresa esta situación con las siguientes palabras:

> Teniendo en cuenta que la poesía, como ya hemos hecho notar, se caracteriza como potencia especial del lenguaje, su investigación y estudio constituyen una parte de la ciencia lingüística. La ciencia de la literatura y la ciencia lingüística están íntimamente unidas. En la práctica se ha producido realmente una separación, y la especialización ha seguido acentuando la unilateralidad (Wolfgang Kayser, 1948: 22).

Serán el Formalismo eslavo y la Estilística las primeras escuelas que permitirán el acercamiento de los estudios lingüísticos y literarios mediante la utilización de la Lingüística en el estudio de la Literatura. Esta colaboración ha sido posible gracias al desarrollo de la metodología lingüística y científica general; en este sentido escribe García Berrio:

> El problema fundamental que la ciencia literaria de todos los tiempos ha encontrado frente a sí es el de los instrumentos de la imitación poética, que es tanto como decir el problema del lenguaje literario. Sin embargo, ha tenido que darse en nuestra época la general renovación metodológica cuya más útil y comprensiva denominación sigue siendo aún hoy, globalizando todas las ciencias a que alcanza, *estructuralismo* [...]; para que, al ensancharse el concepto de lenguaje y de signo lingüístico, haya aflorado, quizás por su propio peso, la problemática lingüística en el centro de los problemas de la poética (García Berrio, 1973: 101).

La colaboración entre la nueva Lingüística surgida con el estructuralismo y los movimientos de estudio de la Literatura con presupuestos inmanentistas no ha alcanzado el mismo grado en cada uno de dichos movimientos de reflexión literaria. Con el Formalismo ruso (García Berrio, 1973; Erlich, 1955), si bien esta escuela no alcanzó, por lo menos durante su desarrollo antes de la emigración de Rusia, un nivel tan elevado en Lingüística como lo había alcanzado en Teoría y Crítica literarias, se obtuvieron importantísimos resultados en el tratamiento de la lengua poética (García Berrio, 1973: 103). En el ámbito del Círculo Lingüístico de Praga (Argente [ed.], 1972; Fontaine, 1974), en el cual se prolonga en parte el Formalismo ruso, que aporta a Jakobson y Trubetzkoy, continuará la colaboración entre Lingüística y estudio de la Literatura, ya con un gran desarrollo de la teoría lingüística, deudor, en gran medida, de los emigrados rusos. En el ámbito germánico, en el que se desarrolla la «Stilforschung», y en el hispánico, en el que activamente trabajan los cultivadores de la Estilística y de la Lingüística histórica, se alcanzaron niveles ciertamente muy elevados en el estudio lingüístico de la Literatura.

La situación de los estudios literarios de base lingüística en las áreas geográfico-culturales mencionadas hizo que en ellas no se planteara de manera problemática, como sucedió en otros lugares, la colaboración entre Lingüística y Ciencia Literaria (García Berrio, 1973: 108; Lázaro Carreter, 1976b: 11).

Mientras que la situación europea era, como hemos visto, favorable a la integración de los estudios de objetos tan relacionados —lenguaje y literatura—, en los Estados Unidos, la Lingüística bloomfieldiana se cerraría a toda colaboración entre ambos (Uitti, 1969). Frente a Bloomfield hay que hacer referencia a Sapir, quien en 1921 abre una puerta a la aproximación entre el estudio del lenguaje y el de la literatura, en el undécimo capítulo de su *Language,* titulado «El lenguaje y la literatura»; pero esta semilla no daría fruto. La actitud general de los heterogéneos miembros del movimiento llamado «New Criticism» (Cohen, 1972), caracterizado por su voluntad inmanentista, no ha de suponer un avance notable en la colaboración que nos ocupa: los «new critics» no poseen una formación lingüística importante, excepción hecha de I. A. Richards y W. Empson, que aparecen asociados a aquéllos.

Llegados a este punto consideramos necesario distinguir dos líneas en el tratamiento intrínseco de la Literatura. La primera es aquélla en la cual se sitúan los estudios literarios de índole lingüístico-inmanentista en los que no se aplica un esquema lingüístico proporcionado por una determinada teoría lingüística; la segunda es la que recoge los estudios literarios realizados mediante la aplicación a la Literatura de teorías generales lingüísticas, elaboradas previamente para la lengua no literaria. Es de destacar la importancia que muchas de las contribuciones realizadas en la primera línea han tenido para la teorización general lingüística.

En Estados Unidos, dada la situación en que allí se encontraba la colaboración entre Lingüística y estudios literarios, fue necesaria la celebración del Congreso de Bloomington de 1958, cuyas actas fueron publicadas por Sebeok (*Style in Language,* Cambridge, Mass., The M.I.T. Press, 1960, parcialmente traducido al español: Sebeok [ed.], 1974) para que se aceptara la colaboración referida.

En varias de las colaboraciones realizadas a ese congreso queda expresado que no es posible abarcar todo el objeto literario con el instrumental lingüístico (García Berrio, 1973: 104-105; Stankiewicz, 1960: 36; Saporta, 1960).

En la aportación de Jakobson a la reunión científica a que aludimos se lee lo siguiente:

> La orientación *(Einstellung)* hacia el MENSAJE como tal, el mensaje por el mensaje, es la función POETICA del lenguaje. Esta función no puede estudiarse de modo eficaz fuera de los problemas generales del lenguaje, y, por otra parte, la indagación del lenguaje requiere una consideración global de su función poética. Cualquier tentativa de reducir la esfera de la función poética a la poesía o de confinar la poesía a la función poética sería una tremenda simplificación engañosa. La función poética no es la única función del arte verbal, sino sólo su función dominante, determinante, mientras que en todas las demás actividades verbales actúa como constitutivo, subsidiario, accesorio (Jakobson, 1960: 358).

Estas palabras de Jakobson apoyan la colaboración de la Lingüística en el tratamiento de la función poética, que se da de modo primordial en los mensajes poéticos. El estudio lingüístico de la poesía abarca, como Jakobson señala, más de lo que constituye la función poética (Jakobson, 1960: 359).

Con posterioridad al Congreso celebrado en Bloomington en 1958 se han desarrollado en América y en Europa importantes discusiones centradas en la colaboración entre la Lingüística y los estudios literarios, cuyo común

denominador es la aceptación prudente de dicha colaboración, considerando la mayoría de los participantes que la Lingüística no puede dar cuenta de
la totalidad de la problemática de la obra literaria (García Berrio, 1973:
104-110). Señala García Berrio el papel desempeñado en esta cuestión por la
antología de Donald C. Freeman (*Linguistics and Literary Style*, Nueva York,
Holt, 1970), el Simposio celebrado en Cluny en 1968 (*Linguistique et Littérature
de «La Nouvelle Critique»*, París, 1968) y el número de la revista *Langages* dedicado al tema *Linguistique et Littérature* «Langages», 12, diciembre de 1968), por
lo que a la situación fundamental de la discusión se refiere.

El tratamiento lingüístico-inmanentista de las obras literarias ha sido
posible gracias a la ruptura del esquema tradicional —bien que no unánime-
mente aceptado en la Poética y Retórica clásicas, como demuestra García Berrio (García Berrio, 1977a: 425)— consistente en la consideración de contenido y forma, de *res* y *verba* como entidades aislables en la realidad literaria
(García Berrio, 1973: 23-59; 1975: 66-71; 1977a: 411 y ss.; 1977c: 182-187;
1979a).

Esta ruptura se produce tanto por las ideas lingüísticas que abren y presiden el siglo XX como por la profundización del concepto de forma llevada a
cabo por los formalistas rusos, que produjo la concepción formal del propio
contenido y, por tanto, de la totalidad de la obra literaria. La actual crítica
formal se fundamenta en la conciencia de forma artística, a cuyo desarrollo
tanto contribuyeron los formalistas rusos (García Berrio, 1973: 34). El interés
por el contenido de la obra se ha trasladado en la crítica formal-lingüística
desde la extensión (Carnap, 1955), dimensión extralingüística y referencial, a
la intensión (Carnap, 1955), formalización lingüística de lo denotado por la
obra. Intensión textual literaria y manifestación lingüística del texto literario
componen una unidad de índole formal: la obra literaria.

Las ideas de los formalistas rusos a propósito de la indisoluble unión entre forma y contenido están en total concordancia con la concepción saussu-
reana del signo lingüístico como la unión de significante y significado y con
las nociones de la gramática generativo-transformacional de estructura profunda y estructura de superficie, procedente esta última, por transformaciones, de la primera. La moderna Lingüística del texto, que recoge y adapta al
ámbito textual las mencionadas nociones estructural y generativo-transformacional, constituye la culminación de la voluntad de la Lingüística del siglo XX de afirmar la unión de forma y contenido.

Escribe Dámaso Alonso sobre la referida vinculación que

> La «forma» no afecta al significante sólo, ni al significado sólo, sino a la rela-
> ción de los dos. Es, pues, el concepto que del lado de la creación literaria corres-
> ponde al de «signo» idiomático saussuriano (D. Alonso, 1950: 32).

En el capítulo dedicado al estudio intrínseco de la literatura en su *Teoría
de la Literatura* consideran René Wellek y Austin Warren que la base de tal
estudio es la concepción de fondo y forma como indisolublemente unidos y

en tanto integrantes del organismo formal que es la obra literaria (Wellek/Warren, 1948: 163 y ss.).

A pesar de que somos conscientes de que la totalidad del objeto literario no puede ser abarcada por la Lingüística, cuando ésta se aplica a su estudio, como ha sido expuesto en las discusiones, principalmente anglosajonas y francesas, sobre el tema, nos encontramos hoy en grado de afirmar, gracias al desarrollo adquirido por los estudios lingüísticos estructuralistas, por la gramática generativo-transformacional y por la Lingüística del texto, y gracias al patrimonio que constituyen los estimulantes logros proporcionados por los formalistas rusos, por la Estilística y, en cierto modo, por el «New Criticism», que el estudio lingüístico de la Literatura es en la actualidad una realidad fuera de toda duda (Halliday, 1964; van Dijk, 1972a: 165 y ss.; 1972b; García Berrio, 1973; 1977 c; 1978b; 1978c; 1979b; 1981a; Ihwe, 1973; Greimas (ed.), 1972; Kloepfer, 1975; Wienold, 1978; Spillner, 1974; Ramón Trives, 1979).

El estudio inmanentista de la Literatura se halla muy estrechamente conectado con la aspiración de un estatuto científico para los estudios literarios. Todos los movimientos de carácter antipositivista que se producen en el estudio de la Literatura en el primer cuarto del siglo XX coinciden en postular una Ciencia de la Literatura (García Berrio, 1973: 62). En el Formalismo ruso, en la Estilística, en el «New Criticism» y en el grupo alemán de Filosofía de la Ciencia de la Literatura se abriga el deseo de una ciencia literaria y una sólida tendencia hacia la misma, apareciendo dicha ciencia como un desiderátum utópico, como un ideal al que es posible acercarse con un alto grado de cientificismo (García Berrio, 1973: 61-77). La posibilidad del estudio científico de la obra literaria es considerada también por el estructuralismo literario desarrollado a partir de los fundamentos establecidos por los formalistas rusos (García Berrio, 1973; Vera Luján, 1977; Yllera, 1974).

Del acercamiento inmanentista a la Literatura ha surgido una nueva Poética (Jakobson, 1960; Lázaro Carreter, 1976 b, Abad Nebot, 1974), que tiene como objeto de estudio una parte de los intereses de la Poética clásica (García Berrio, 1968; 1975; 1977a; 1979a; 1980a). El profesor García Berrio, estudioso de la Poética clásica y también de esta moderna Poética, escribe a ese propósito que

> esta Poética reciente no cubre sino los aspectos de descripción estructural de las obras materiales de la disciplina antigua. Los más importantes cometidos y preocupaciones despejados por ésta —finalidad del arte, peculiaridad del poeta y naturaleza del proceso creador, «decorado» en sus variadísimas facetas, etc., etc.— quedan totalmente fuera de la zona de intereses de esta moderna parcela de la ciencia general lingüística, que se ocupa de explicar la peculiaridad del tipo de discurso lingüístico convencionalizado como literario o poético (García Berrio, 1981a: 12).

Con el fin de evitar la confusión, García Berrio denomina Poética lingüística a esta nueva Poética.

La Lingüística no sustituye a la Crítica literaria en este acceso a las obras literarias, sino que colabora con ella en el análisis de los textos literarios, quedando de ese modo constituida la armazón instrumental de la Poética lingüística por el conjunto de estudios realizados dentro de esta metodología sobre las obras literarias y también por las conclusiones que surgen de dicha aplicación analítica.

La Poética lingüística es una parte de la Lingüística descriptiva (García Berrio, 1981a: 13), la cual engloba una importantísima sección de los cometidos de la Crítica Literaria, precisamente aquélla concerniente a la propia obra de arte verbal. Como resultado de los estudios realizados en el ámbito de la Poética lingüística, se ha ido creando un potente y coherente *corpus* teórico que ha llegado a cubrir una parte muy importante de la Teoría literaria.

La colaboración entre Lingüística y Crítica literaria ha cristalizado en la Poética lingüística, pero, como García Berrio afirma, ésta no se confunde con la Crítica literaria a pesar de tener ambas el mismo objeto de análisis, pudiéndose decir que la Poética lingüística es Crítica literaria de base teórico-instrumental lingüística:

> Así, la Poética lingüística —escribe García Berrio— proyecta las categorías y estrategias implicadas usualmente en la analítica general lingüística, con la finalidad esencial y casi exclusiva de establecer el relieve específico del discurso verbal artístico; en tal sentido, *literaridad* y *poeticidad* se perfilan como los tecnicismos-objeto de la Poética lingüística que establecen la proporcionalidad con *expresividad* y *esteticidad,* tecnicismos-objeto de la Crítica Literaria (García Berrio, 1981a: 13).

El interés especialísimo que la Poética lingüística pone en la determinación de las características del discurso literario/poético es debido a la índole lingüística de la nueva disciplina parcial de la Ciencia de la Literatura.

También en virtud del mencionado carácter lingüístico de la Poética lingüística, que se nutre de las diferentes teorías lingüísticas, cuyo metalenguaje se perfecciona cada vez más, el metalenguaje de la Poética lingüística es diferente al de la Crítica literaria, lo que conlleva una diferenciación entre los usuarios, tanto activos como pasivos, de una y otra disciplina (García Berrio, 1981a: 13-14). En primer lugar, el investigador que realiza estudios de Poética lingüística ha de disponer de un instrumental lingüístico-descriptivo y lingüístico-explicativo adecuado, con el cual abordará la obra de arte verbal; el crítico literario, que ha de poseer, obviamente, un amplísimo conjunto de condiciones y conocimientos, no precisa de la misma preparación lingüístico-técnica para llevar a cabo sus análisis literarios (García Berrio,1981a: 14-15).

En segundo lugar, por lo que a los destinatarios de los análisis de las obras literarias respecta, queda también establecida una distinción paralela a la que acabamos de exponer. En este sentido, sólo podrán ser destinatarios válidos de los análisis ejecutados por medio de la Poética lingüística los que se encuentren en posesión de los conocimientos lingüísticos que les permitan comprender tales análisis; frente a esta situación, podrán ser destinatarios válidos de los análisis crítico-literarios todos aquellos lectores cultos que fueron destinatarios en la intención de los autores de aquellas mismas obras que analiza el crítico literario (García Berrio, 1981a: 14). A causa de esto, como expresa García Berrio, la crítica literaria ejerce una mediación parafrástica entre la obra de arte verbal y el destinatario de la misma, mientras que la Poética lingüística se caracteriza por desarrollar una mediación restringida entre la obra analizada y el destinatario, siendo más reducido el número de destinatarios válidos de la actividad y resultado poético-lingüísticos que el de destinatarios válidos de la actividad y resultado crítico-literarios, formando aquéllos parte, obviamente, del conjunto de estos últimos (García Berrio, 1981a: 14).

El crítico literario es un intérprete de la obra de arte verbal, es un mediador entre el autor y el lector. De acuerdo con ello, el crítico se diferencia del lector o receptor común (Albaladejo Mayordomo/García Berrio, 1982; García Berrio, 1981a: 14; Albaladejo Mayordomo, 1981: 120); este lector común es el que experimenta el primer conocimiento de la obra poética, establecido por Dámaso Alonso en los términos siguientes:

> Este conocimiento (al que llamamos primer conocimiento literario, o del lector) tiene de característico, también, el ser intrascendente: se fija o completa en la relación del lector con la obra, tiene como fin primordial la delectación, y en la delectación termina (D. Alonso, 1950: 39).

El crítico literario ha de tener, como ha quedado dicho, una serie de condiciones y conocimientos que le distinguen cualitativamente del lector común, cuyos conocimientos y formación al crítico se le suponen. De este modo, el crítico experimenta el segundo conocimiento de la obra poética:

> Pero hay —escribe Dámaso Alonso— un segundo grado de conocimiento poético. Existe un ser en el que las cualidades del lector están como exacerbadas: su capacidad receptora es profundamente intensa, dilatadamente extensa. [...] La lectura debe suscitarle al crítico profundas y nítidas intuiciones totalizadoras de la obra. Es el crítico, ante todo, un no vulgar, un maravilloso aparato registrador, de delicada precisión y generosa amplitud.
> Pero, como otra natural vertiente de su personalidad, el crítico tiene también una actividad expresiva. Dar, comunicar, compendiosamente, rápidamente, imágenes de esas intuiciones recibidas: he ahí su misión. Comunicarlas y valorarlas, apreciar su mayor o menor intensidad (D. Alonso, 1950: 203).

Los conocimientos y cualidades de crítico literario ayudan, por consiguiente, a que se produzca en los lectores comunes el primer conocimiento literario. El crítico permite, de este modo, que se actualice en el lector la intelección de la obra literaria (Garrido Gallardo, 1976: 125).

El estudioso de la Literatura que desarrolla su actividad dentro del ámbito teórico-lingüístico se encuentra, en consonancia con lo dicho anteriormente a propósito del deseado carácter científico de los estudios literarios, si no en el tercer conocimiento literario presentado por Dámaso Alonso, sí, al menos, más cerca de él que el crítico literario. Reproducimos las palabras de Dámaso Alonso en punto a este tercer conocimiento:

> El primer conocimiento literario, el del lector, y el segundo, el del crítico, son conocimientos intuitivos, en realidad acientíficos. Dicho de otro modo: conocimientos artísticos de hechos artísticos. Lo que buscamos es, pues, la posibilidad

de un tercer conocimiento literario; lo que buscamos es la posibilidad de un conocimiento científico del hecho artístico (D. Alonso, 1950: 397).

El cultivador de la Poética lingüística, que es capaz de alcanzar un conocimiento literario próximo al tercer conocimiento, ha de estar provisto del
conjunto de conocimientos del crítico y, como éste, ha de ser en primerísimo
lugar un lector culto. El ideal del mediador lo ve García Berrio en el analista
que asocia a la preparación y actividad de naturaleza crítico-literaria la propiamente poético-lingüística (García Berrio, 1981a: 15).

La utilización de un metalenguaje riguroso por el estudioso de las obras
de arte verbal mediante la Poética lingüística está plenamente justificada por
la finalidad de sus estudios y análisis.

Este investigador ha de estudiar con rigor la organización de su objeto
de descripción y explicación y, dentro de este mismo estudio, también las pe-
culiaridades de las obras de arte verbal en relación con otros enunciados de
lengua natural que, a diferencia de aquéllas, no son productos artísticos. El
metalenguaje riguroso y, en la medida de lo posible, formalizado supone una
importante economía y exactitud en la comunicación que el estudioso de la
obra literaria realiza teniendo como destinatario válido a otra persona integrada en los estudios lingüísticos y literarios y no al lector común, una vez establecidas las claves del metalenguaje utilizado.

Serán muchas las precauciones que se tomen en la elaboración y utilización de metalenguajes formales para el análisis de obras de arte verbal, a fin
de que, en virtud del rigor producto de tales precauciones, no se caiga en im-
productivas tautologías (García Berrio, 1977c: 195).

Creemos no pecar por exageración si decimos que la Poética lingüística
es el principal logro de los estudios literarios en el siglo XX. Esta disciplina
parcial, que está integrada, como se ha indicado, por un lado en la Ciencia
de la Literatura a través de la Crítica literaria y, por otro, en la Lingüística a
través de la Lingüística descriptiva, es la confluencia de dos desarrollos para-
lelos y con frecuencia comunicados entre sí: el de la moderna Lingüística iniciada en nuestro siglo por Ferdinand de Saussure y el de la nueva crítica antipositivista y antihistoricista cuya puerta fue tan brillantemente franqueada
por los formalistas rusos. Situadas, pues, las bases de la Poética lingüística en
la actividad de formalistas rusos y checos, de la Estilística y de los nuevos críticos norteamericanos, ha sido en los últimos años cuando se ha consolidado
y extendido muy ampliamente la nueva disciplina.

Tanto los estudios literarios llevados a cabo con el apoyo explícito de
una teoría lingüística determinada como aquéllos en los que no se aplica una
teoría previamente existente para el lenguaje no literario, quedan dentro del
ámbito de la Poética lingüística, disciplina que ha ido construyéndose progresivamente a lo largo del siglo.

En ningún momento consideramos que la Poética lingüística sea la única vía de acceso al objeto literario; en la actualidad, dicha disciplina se nos

presenta como una vía junto a otras de índole extrínseca, constituyendo así
el conjunto formado por éstas y aquélla un complejo sistema de acceso al hecho literario (García Berrio, 1973: 71). El inmanentismo exclusivista de los
primeros momentos de las escuelas de acceso intrínseco estuvo, en su momento, totalmente justificado, dada la situación anterior de los estudios literarios, que se pretendía, y se consiguió, modificar; una vez pasada esa peculiar situación de comienzos, algunas de dichas escuelas fueron aceptando, en
mayor o menor medida, la posibilidad de existencia de otras vías perfectamente válidas de estudio de la Literatura. Por otra parte, la evolución, en líneas generales, de la Lingüística en el siglo XX, puede caracterizarse por una
tendencia constante a la ampliación del objeto de estudio de esta disciplina,
motivada dicha tendencia por las exigencias del propio objeto y por la enriquecedora influencia recibida de la Filosofía del lenguaje; la Poética lingüística ha venido, paralelamente a la Lingüística y guiada por ésta, ampliando sus
intereses hasta llegar a la consecución de un marco semiótico de base pragmática en el que tienen cabida determinados estudios de carácter sociocultu-
ral, psicológico, etc. Esto no significa una vuelta al estado de la Crítica literaria anterior a las primeras actividades críticas inmanentistas, puesto que los
referidos estudios socioculturales y psicológicos últimamente integrados en
la Poética lingüística no olvidan en ningún momento la obra literaria, antes
bien, se basan en el estudio lingüístico de la misma; por lo cual dichos estudios se distinguen de los extrínsecos tradicionales, que, por lo demás, son válidos, ciertamente, para el conocimiento del hecho literario al ser tratados,
desde sus presupuestos, diferentes aspectos de éste.

En las páginas siguientes nos ocupamos de las corrientes crítico-formales del siglo XX, cuyo denominador común es el inmanentismo en el estudio de las obras literarias.

Estudiamos en primer lugar el formalismo ruso y checo, la Estilística y el
«New Criticism», movimientos éstos que se caracterizan, en líneas generales,
por realizar sobre las obras literarias estudios lingüístico-inmanentistas que
en un gran número de casos no constituyen la aplicación estricta de teorías
lingüísticas, lo cual no les impide, sin embargo, servirse de unos principios
generales teórico-lingüísticos. De estos tres movimientos sin duda el menos
próximo a la teoría lingüística es el «New Criticism».

En segundo lugar estudiamos las aportaciones que a la Crítica literaria
han realizado el estructuralismo —que ya había influido en el formalismo eslavo y en la Estilística—, la gramática generativo-transformacional y la Lingüística del texto, que conduce a la pragmática y a la semiótica. Estas aportaciones están caracterizadas, también en líneas generales, por ser en parte resultado de aplicaciones de modelos lingüísticos en el estudio de las obras literarias, junto a lo que hallamos, en el caso de la crítica estructuralista, la utilización de un corpus teórico-narratológico cuyo origen está en el formalismo
ruso.

La consolidación de la Poética lingüística como disciplina parcial lingüís-

tica y crítico-literaria se ha producido gracias a la crítica estructural, generativo-transformacional y lingüístico-textual/semiótico-textual, siendo muy importantes para dicha consolidación las aportaciones de la anterior crítica
formal-lingüística realizada por los inmanentistas europeos y americanos.
Por ello, ya fijada en cuanto a principios y en cuanto a práctica, la Poética lingüística, podemos proyectarla, como denominación de disciplina y de movimiento o corriente, hacia el nacimiento de la crítica literaria intrínseca de
nuestro siglo, con lo cual incluimos en ella las actividades crítico-literarias del
formalismo eslavo, de la Estilística y del «New Criticism».

## 2.  EL FORMALISMO RUSO Y CHECO

Seguimos, en la exposición del formalismo ruso la sistematización que
hace el Profesor García Berrio en su obra *Significado actual del formalismo ruso*
(García Berrio, 1973), libro en el que la doctrina literaria de los formalistas es
puesta en relación con la problemática general de la Crítica Literaria del siglo XX.

Tiene el formalismo ruso una historia muy agitada (Erlich, 1955: 71 y
ss.; García Berrio, 1973: 13-22) a causa de las presiones que sobre los integrantes de la escuela ejercieron los acontecimientos desarrollados en Rusia
en las primeras décadas de nuestro siglo. Los formalistas rusos —el adjetivo
les fue aplicado en principio peyorativamente— proceden de dos grupos: el
Círculo Lingüístico de Moscú, fundado en 1915, y la Sociedad para el estudio
del lenguaje poético (OPOJAZ), fundada en San Petersburgo en 1916; es a
partir de 1916 cuando se forma el grupo formalista, teniendo como pilares
las dos escuelas mencionadas, y se afirma como tal mediante su rechazo del
positivismo imperante (Erlich, 1955: 71-72; García Berrio, 1973: 15) y de la
crítica literaria oficial, representada por Potebnja, que situaba en la imagine-
ría la esencia de la poesía (Erlich, 1955: 107; García Berrio, 1973: 16). Frente
a la consideración externa o extrínseca del lenguaje y de la obra artística mediante éste realizada, defienden los formalistas una actitud inmanentista, en
lo cual son deudores del pensamiento de Husserl en general y de sus ideas
sobre el lenguaje en particular (Erlich, 1955: 86 y ss.). Papel decisivo en la
orientación tomada por los jóvenes críticos rusos es el desempeñado por la
evolución de la praxis poética que constituyen el simbolismo y el futurismo,
ante cuyos productos literarios la crítica tradicional se mostraba impotente
(García Berrio, 1973: 19). Con la elevación del marxismo a doctrina oficial co-
menzarán abiertamente los enfrentamientos entre marxistas y formalistas, a
través de los cuales los últimos fueron duramente hostigados, quedando aislados y debiendo, en muchos casos, emigrar (Erlich, 1955: 141 y ss.; García
Berrio, 1973: 16 y ss.).

En el formalismo ruso se plantea el problema de la consecución del
cientificismo para los estudios literarios. El acercamiento a una Crítica litera-

ria científica lo fundamentan los formalistas rusos en la consideración intrínseca, inmanentista, del objeto literario. La voluntad de los formalistas a este respecto queda claramente expuesta por Ejchenbaum en su trabajo *La teoría del "método formal",* en el que hace balance de la actividad de los formalistas entre 1916 y 1925:

> Mi principal objeto es mostrar cómo el método formal, en su gradual desenvolvimiento y en la ampliación de su campo de investigación, sale completamente de los límites de lo que se suele llamar metodología y se transforma en una ciencia particular de la literatura como serie específica de hechos. En el ámbito de esta ciencia es posible el desarrollo de los métodos más variados, con tal que las propiedades específicas del material bajo examen permanezcan siempre en el centro de la atencion (Ejchenbaum, 1927 a: 32).

La propia obra será la que guíe el método de investigación críticoliteraria, siendo abandonado de este modo el apriorismo metodológico en aras del inmanentismo respetuoso del objeto de estudio (García Berrio, 1973: 76).

Es el deseo de rigor para el examen de las obras de arte verbal lo que conduce a los formalistas a reactivar la conciencia de literaridad; en ello ve García Berrio la mejor contribución de los formalistas a la Crítica literaria (García Berrio, 1973: 74).

El objeto de la Ciencia de la Literatura «no es la literatura, sino la literaridad», escribe Roman Jakobson en *La poesía contemporánea rusa* (citado por Ejchenbaum, 1927a: 37), reclamando así la atención principal de los estudiosos de la Literatura para lo específico de la lengua literaria, que no había sido tomado en consideración por la crítica literaria de base positivista.

Corresponde a los formalistas rusos el mérito de haber sido los primeros que en el presente siglo han planteado el problema de la especificidad de la obra literaria (Ambrogio, 1968: 101 y ss.) y, por tanto, el problema de la relación entre lengua literaria y lengua estándar. Según señala García Berrio, la concepción del arte como procedimiento o artificio, la cual va unida al interés por la literaridad, fue un tópico muy difundido en las discusiones formalistas desarrolladas alrededor de 1920 (García Berrio, 1973: 91); esta concepción ocupa un lugar básico en la aportación que a la teoría y crítica formalistas realizó Viktor Šklovskij (Šklovskij, 1925), quien, oponiéndose a Potebnja, niega que la imagen poética sea el elemento definidor de la obra de arte verbal, y considera que la lengua literaria ha de tener unas cualidades tales que el mensaje construido con ella quede extraído de la comunicación cotidiana. Lo característico de la lengua artística está en la ruptura de la automatización de la lengua estándar, automatización por la cual lo que interesa es lo comunicado y no el mensaje mismo, que es en este caso un mero vehículo, estando basado el arte verbal en el procedimiento consistente en la ruptura de la cotidianeidad del lenguaje (Šklovskij, 1925: 6 y ss.):

> Examinando la lengua poética —escribe Šklovskij— en su dimensión fonética y léxica, como en la modalidad de colocación de las palabras y de las colocaciones

semánticas constituidas por las propias palabras, encontramos por doquier el mismo signo de la artisticidad: el hecho de que es creada intencionalmente para una percepción separada del automatismo y de que su "visión" es el fin mismo del autor, y es creada "artificiosamente" de manera que la percepción nos demore, y alcanza su fuerza y duración más alta posibles, por lo que el objeto es recibido no en su espacialidad, sino, por así decirlo, en su continuidad. La lengua poética también satisface estas condiciones. La lengua poética, según Aristóteles, debe tener el carácter de lo "extranjero" y de lo sorprendente (Šklovskij, 1925: 22-23).

Como expone Šklovskij, el mensaje poético produce un distanciamiento en relación con el lector, lo cual impide que éste lea el texto de modo inconsciente y, en definitiva, automatizado, y le conduce la atención al propio texto, que le proporcionará placer estético. El distanciamiento se realiza tanto en los textos en verso como en los textos en prosa; es creado por el ritmo, por la rima, por las figuras, por los juegos de perspectivas narrativas, por la alteración del orden lógico de los acontecimientos narrados, etc.

Este distanciamiento y la desautomatización que de él se deriva son consecuencias de la función poética del lenguaje.

La cuestión de la diferencia entre lengua estándar y lógico-comunicativa y lengua literaria ha sido planteada de diferentes formas (Kloepfer, 1975: 27 y ss.). La concepción clásica de la lengua literaria, proporcionada por la Retórica, era la de «sermo ornatus»; siendo, de acuerdo con la misma, la diferencia entre una y otra lengua de carácter cuantitativo, gradual; la lengua literaria no sería otra cosa que la lengua estándar más un conjunto de adiciones ornamentales, por lo que aquélla estaría subordinada a ésta, con la cual mantendría una relación meramente adjetival (García Berrio/Vera Luján, 1977: 232 y 236). En el siglo XX ha surgido la concepción de la lengua literaria como código especial, habiendo sido propiciada esta modificación de la visión del problema por la actividad de los poetas, que, como se ha visto, han influido en la propia configuración del movimiento formalista ruso, por la de los críticos literarios, que necesitaban explicar lo específico de las nuevas obras, y por los lingüistas (García Berrio/Vera Luján, 1977: 232-233). Rechazando la solución clásica, los formalistas rusos conciben la lengua literaria como dialecto (García Berrio, 1973: 111).

Jurij Tynjanov defiende la independencia del código poético, que él basa en el conjunto de tensiones a que la palabra poética es sometida por la dinamización textual, quedando a merced del contexto (García Berrio, 1973: 124-132). Resultado de la mencionada dinamización es la potenciación de la palabra poética, la cual adquiere así mayor peso (García Berrio, 1973: 156).

De la serie de características que distinguen el lenguaje literario del estándar forma parte la transracionalidad, «zaúm», de la poesía. Si al lenguaje común lo caracteriza su poder lógico-comunicativo, para que los textos cumplan su misión específica, en el lenguaje poético se encuentra disminuida la capacidad comunicativa en favor del establecimiento de una relación transmental, metalógica, con el lector. El valor transracional de la poesía tiene una sólida base en el manifiesto futurista de 1912 (García Berrio, 1973: 161 y ss.). Se han ocupado de este especial valor del discurso poético Jakobson, Šklovskij, Žirmunskij, Brik, Tynjanov, etc. (García Berrio, 1973: 161 y ss.). Osip Brik, como señala García Berrio, presenta, caricaturizándolas, las dos actitudes extremas: la consistente en ver la poesía como versificación, con or- nato, de un contenido perfectamente expresable en prosa, y la transracional extrema, alejada de cualquier contaminación conceptual-semántica (Brik, 1927: 178 y ss.; García Berrio, 1973: 169 y ss.). Ante la falsedad de la hipótesis de que no es necesaria una base semántica en los poemas transracionales y de que, cuando tal base existe, no se trata sino de una concesión graciosa que el poeta hace al lector, defiende García Berrio la necesidad en el texto poético de una semántica, bien lógico-conceptual, bien sensitiva, que en todo caso ha de elaborarse o incorporarse mediante la acción de la capacidad ra- cional del hombre (García Berrio, 1973: 170).

Elemento de apoyo de la transracionalidad es el ritmo del verso, que se constituye en unidad constructiva de la lengua poética; de esta función del ritmo se ha ocupado con profundidad Tynjanov en su trabajo *El ritmo como factor constructivo del verso* (García Berrio, 1973: 183 y ss.). La sintaxis de la len- gua estándar no es válida para la poesía, que se rige, para su organización compositiva, por exigencias de naturaleza rítmica. El ritmo, que es productor de coherencia textual, potencia la visión totalizadora del texto poético (Gar- cía Berrio, 1973: 186). El componente rítmico permite el establecimiento de límites entre prosa y verso en el sentido de que en aquélla el ritmo no es ele- mento constructivo, no dependiendo de él el resto de los elementos del texto (García Berrio, 1973: 189); esta actitud de Tynjanov implica la consideración de la lengua de la poesía como poseedora de unas características que la ha- cen autónoma con respecto a la lengua de la prosa, en lo cual García Berrio ve un claro antecedente de la posición de J. Cohen, para quien la lengua de la poesía es «antiprosa» (Cohen, 1966: 50; García Berrio, 1973: 190-191). Es destacado el importante papel del ritmo en el poema por Brik (Brik, 1927) y Tomaševskij (Tomaševskij, 1968).

Si la aportación de los formalistas en cuanto a la determinación de los mecanismos generales de la lengua literaria y de los específicos del texto en verso se sitúa en el más alto nivel de la contribución poético-lingüística a los estudios literarios, también es importante su aportación en punto al estudio de la narración, habiendo permitido, una vez que han sido conocidos en el área occidental, el desarrollo de una armazón teórica muy vasta, que consti- tuye la Narratología.

Anteriormente nos hemos referido a la disolución de la dicotomía for- ma-contenido, que es una de las más importantes consecuciones de la crítica inmanentista de nuestro siglo. Puesto que para los formalistas el contenido también era forma, les fue posible realizar un estudio riguroso de la totalidad de la obra literaria, al haber determinado la organización de lo temático no ocupándose de los referentes extralingüísticos, sino de la estructura sintácti- co-formal de la dimensión temática.

En 1928 aparece la *Morfología del cuento* de Vladimir Propp, que fue conocida en Occidente gracias a la traducción inglesa de 1958, a la que siguieron traducciones en otras lenguas, permitiendo ello la influencia que dicha obra ha ejercido sobre los estudios narrativos.

Se insertan los formalistas rusos, mediante sus estudios temáticos, en una larga tradición iniciada, como indica García Berrio, con la *Poética* de Aristóteles, en la que se establece la contraposición entre la fábula de la obra y las partes de la fábula, tradición de la que forman parte Wolf y Bédier y, en la propia Rusia, Vaselovskij, que consideraban que la narración estaba constituida por motivos, elementos atómicos (García Berrio, 1973: 211).

Propp, que estudia un conjunto de cuentos populares rusos, modifica la noción tradicional del motivo, al aportar la noción de función:

> Por función entendemos la acción de un personaje definida desde el punto de vista de su significación en el desarrollo de la intriga (Propp, 1928: 33).

Con la función se penetra en una concepción estructural de la organización narrativa, en la cual cada elemento depende de los demás. Según escribe García Berrio, «para los formalistas los motivos fueron fundamentalmente *funciones,* no configuradas como personajes, objetos o situaciones, unidades aisladas; sino en tanto que miembros de una cadena de acontecimientos, causa y consecuencia de otros motivos, sumidos en una estructura compleja gobernada por una ley estética» (García Berrio, 1973: 211).

Las funciones son elementos constantes en los cuentos; lo que varía de un cuento concreto a otro no son las funciones, sino los personajes. El número de funciones es limitado y en cada cuento concreto pueden realizarse todas o solamente algunas de las funciones (Propp, 1928: 33-34).

Boris Tomaševskij establece los motivos (Doležel, 1972) como elementos temáticos atómicos y los divide en libres, los que pueden no aparecer en una obra concreta, y asociados, los que no pueden omitirse sin que se destruya la sucesión narrativa. Según hagan que cambie o no la situación, los motivos pueden ser dinámicos y estáticos; los motivos libres son generalmente estáticos, lo que no quiere decir que todos los motivos estáticos sean libres. (Tomaševskij, 1928: 314 y ss.). El personaje, al igual que en la concepción de Propp, es para Tomaševskij un elemento secundario que sirve para que los motivos se organicen; escribe este crítico ruso:

> Un procedimiento usual para reagrupar y conectar en serie los motivos es la introducción de personajes que constituyen los portadores vivientes de aquéllos. El esfuerzo de atención del lector es facilitado por la pertenencia de un motivo a un personaje determinado. Tal figura funciona, en fin, como hilo conductor que da el modo de orientarse en la masa de los motivos y constituye un instrumento auxiliar para su clasificación y ordenación (Tomaševskij, 1928: 337).

La mayor aportación de Propp y de Tomasevskij consiste en la sustitución del motivo-sustancia por el motivo-función (García Berrio, 1973: 213-214), lo cual está en concordancia total con la estructura funcional de la lengua de Saussure (Saussure, 1916).

Una vez hecha la presentación de la caracterización de la narración como serie de funciones o de motivos funcionales, pasamos a la consideración de los niveles del texto narrativo. Diremos previamente que, con lo que hemos ofrecido de Propp y de Tomaševskij, hemos estado situados en el plano más profundo del texto narrativo, el plano de la fábula, la cual, según García Berrio, es para los formalistas rusos «el conjunto del contenido independiente de su concreta organización estética en una obra literaria; es pues el resultado arrojado por las operaciones de la "inventio" en la retórica clásica» (García Berrio, 1973: 208).

La fábula, el contenido que se narra, es la base sobre la cual se construye el texto narrativo; sobre ella está situado el plano menos profundo, que resulta de la transformación literaria de los materiales de la fábula; se trata del sujeto (García Berrio, 1973: 209). Este otro plano es opuesto por Tomaševskij al de la fábula en los términos siguientes:

> la *fábula* está construida por el conjunto de los motivos en sus relaciones lógicas causales-temporales, mientras el sujeto es el conjunto de los mismos motivos, en la sucesión y en las relaciones en las que aquéllos se dan en la obra (Tomaševskij, 1928: 315).

El personaje no es, para Tomaševskij, un elemento indispensable de la fábula; el personaje es un resultado de la organización de la fábula en sujeto (Tomaševskij, 1928: 340).

El sujeto es resultado de la «dispositio» retórica. Es preciso, alcanzado este punto, ofrecer la distinción entre los componentes operacionales «inventio», «dispositio» y «elocutio» y los desarrollos particulares de estas operaciones en cada caso concreto de producción de texto. García Berrio ha establecido esta distinción al diferenciar las operaciones retóricas, que tienen lugar en la realidad de cada producción concreta y mantienen entre sí no una relación de sucesividad, sino de cierta simultaneidad, y los componentes estructurales teóricos, componentes operacionales que teóricamente se consideran aislados unos de otros y en relación de sucesividad (García Berrio, 1979b: 156-157; 1973: 209; 1975: 73; 1979a: 36). En este sentido, fábula y sujeto son dos elementos del texto narrativo separables sólo teóricamente, ya que en la realidad de los textos narrativos concretos aparecen fusionados y son simultáneos en la producción concreta de un texto narrativo.

La distinción entre material ordenado lógico-cronológicamente y material ordenado literariamente ha sido importante objeto de estudio para la crítica del siglo XX; así, E. M. Forster distingue entre «story», cuya ordenación es lógico-causal, y «plot», de ordenación literaria (Forster, 1927: 97 y ss.; Baquero Goyanes, 1970: 15-16).

Como en otros puntos de la crítica formal, en éste se recoge uno de los temas tratados por la Poética tradicional, el de la distinción entre «ordo naturalis» y «ordo poeticus» (García Berrio, 1975: 132-135; 1977a: 69-79). La diferencia de ordenación que existe entre fábula y sujeto, determinada por las transformaciones a las cuales es sometido el contenido que constituye la fábula, permite al autor producir un texto caracterizado por el artificio, por el procedimiento. Tomaševskij distingue entre exposición directa, propia de las narraciones en las que el orden del sujeto sigue el de la fábula, y exposición diferida, que es la de las narraciones comenzadas «in medias res» (Tomaševskij, 1928: 318-319). El crítico ruso, en relación con las alteraciones del orden de la fábula en el sujeto, se ocupa de la «Vorgeschichte», que es la narración en la cual los acontecimientos que en la fábula son anteriores a otros son introducidos en el curso de éstos en el sujeto, y de la «Nachgeschichte», narración más rara, caracterizada porque en ella acontecimientos que sucederán en el futuro son expuestos antes de que ocurran los hechos que han de producir dichos acontecimientos, siendo éstos introducidos mediante un sueño, una profecía, etc. (Tomaševskij, 1928: 321).

El desarrollo no lineal de los acontecimientos exige un dispositivo en el que la pieza básica es el narrador o un conjunto de narradores (Tomaševskij, 1928: 321), dispositivo éste que es proporcionado por el «skaz». García Berrio, en su *Significado actual del formalismo ruso,* presenta el «skaz» del siguiente modo:

> la definición de la doctrina del *skaz* como una suma de procedimientos literarios derivados de concebir al narrador en su función de "mediador" entre autor y público. Su finalidad es reforzar la ilusión de la verosimilitud de la mímesis literaria. Los procedimientos básicos para conseguirla: la reproducción de los módulos fonéticos, gramaticales y léxicos del lenguaje hablado y la distorsión continuada de la óptica narrativa, el punto de vista y la voz del narrador (García Berrio, 1973: 253-254).

El tema del perspectivismo y de la voz del narrador ocupa un lugar destacado en el interés de la crítica formal, como base de la ficción (García Berrio, 1973: 248 y ss.; Ejchenbaum, 1927b; 1927c; Baquero Goyanes, 1963; 1970; 1972; Booth, 1961; Tacca, 1971; 1978; Gullón, 1976).

Continúa siendo, en el ámbito narrativo, la literaridad el principal objeto de estudio de los formalistas rusos, que a la determinación de la misma dirigen sus consideraciones. Viene dada en este ámbito la literaridad fundamentalmente por el conjunto de mecanismos que se integran en el «skaz».

La unidad de la obra, la consideración de ésta como un conjunto estructurado en el que las partes se subordinan al todo, idea desarrollada en la Poética tradicional, preocupa a los formalistas rusos (Šklovskij, 1925: 53 y ss.) y está presente en sus consideraciones sobre el texto poético y sobre el texto narrativo.

El inmanentismo en el estudio de la obra literaria produce a los críticos de esta tendencia la tentación de no ocuparse de lo diacrónico en el examen de los textos. Frente a las otras escuelas formalistas, los críticos rusos ofrecen una síntesis que articula la dimensión sincrónica con la diacrónica, preocupándose por la historia literaria como evolución interna del sistema de formas (García Berrio, 1973: 291; Ejchenbaum, 1927a: 67-70).

En la valoración de la escuela rusa del método formal hay que considerar sus aportaciones en dos sentidos: en primer lugar, intrínsecamente y, en segundo lugar, en relación con el contexto histórico en el que se produjeron. Considerada en sí misma, la contribución formalista rusa a la crítica literaria es un corpus innovador que logra romper con la crítica historicista positivista y abre las amplias vías por las que discurre la crítica formal del siglo XX. A pesar del radicalismo inmanentista inicial de la escuela formalista rusa, ésta se ha mostrado menos extremosa que la Estilística en sus exclusiones (García Berrio, 1973: 81). Por otro lado, los formalistas rusos tuvieron que realizar su crítica y su reflexión sobre la obra literaria en un ambiente hostil, a pesar de lo cual la estima intrínseca de su trabajo es de primer orden en la historia de la Crítica literaria.

La escuela formalista rusa llevó a cabo una expansión de ámbito de estudio paralela a la que se produce en la Lingüística en el siglo XX. Los formalistas pasan de los estudios fono-fonológicos a los estudios sintácticos y semánticos (García Berrio, 1973: 198 y ss., 242-243). En la actualidad nos encontramos con una teoría lingüística que se ha ampliado hasta estudiar el nivel textual, habiéndose desarrollado la Lingüística del texto, de la cual, el Formalismo ruso, junto con la Poética y Retórica tradicionales, puede ser considerado antecedente (García Berrio, 1978a: 132). Nociones como la de desautomatización y la de sintaxis rítmica, así como el estudio de la temática textual, del «skaz», de la dinamización textual, etc., constituyen sólidos pilares para la Lingüística del texto (García Berrio, 1973: 135).

Heredero de la escuela formalista rusa es el Círculo Lingüístico de Praga, fundado en 1926 por iniciativa de Mathesius. Entre sus miembros destacaban Mukařovský, Havránek, Trnka y Vachek y, junto a éstos, los rusos emigrados Trubetzkoy, Jakobson y Karcevskij, que desempeñaron un papel muy importante en las actividades de la escuela de Praga (Fontaine, 1974: 7 y ss.).

En 1929 son presentadas al I Congreso de Filólogos Eslavos, celebrado en Praga, las Tesis del Círculo Lingüístco de Praga. El apartado *c* de la tercera tesis está dedicado a la lengua poética; en dicho apartado se observa la causa del incorrecto tratamiento de la función poética en la falta de preparación lingüística de los historiadores de la Literatura y se plantea la necesidad de construir las bases para describir sincrónicamente la lengua poética, que es considerada diferente de la lengua estándar o comunicativa:

> Una propiedad específica del lenguaje poético —escriben— es la de acentuar un elemento de conflicto y deformación, siendo muy variable el carácter, la tendencia y la escala de esta deformación (*Tesis,* 1929: 47).

La lengua poética se caracteriza por una tendencia a resaltar el valor autónomo del signo, desautomatizándose en los textos poéticos las relaciones que existen en los distintos planos lingüísticos. Es reconocido el valor del ritmo como principio organizador del verso (*Tesis,* 1929: 47-48).

En diferentes puntos del apartado correspondiente a la lengua poética se advierte la mano de Roman Jakobson: es considerada índice organizador de la poesía la atención que se ejerce sobre la expresión verbal (*Tesis,* 1929: 51); las repeticiones rítmico-sintácticas revelan el valor autónomo de las estructuras melódicas y sintácticas del verso (*Tesis,* 1929: 49).

El problema de la relación entre lengua poética y lengua estándar es planteado sobre la base de la especificidad de aquélla con respecto a ésta. Jan Mukařovský, que continúa la línea de estudio en esta cuestión de Havránek (García Berrio, 1973: 113), distingue claramente una y otra lengua, afirmando que la poética no es un género de la estándar (Mukařovský, 1932: 314), pero no niega la existencia de una muy estrecha relación entre ambas, al considerar que la estándar sirve a la poética de fondo sobre el que puede realizarse en esta última la ruptura de la norma de la lengua estándar (Mukařovský, 1932: 315), con la cual la lengua poética mantiene una relación de desvío (García Berrio, 1973: 113-114). Para Mukařovský,

> la función del lenguaje poético consiste en la máxima actualización de la manifestación lingüística. La actualización es lo contrario de la automatización, es decir, la desautomatización de un acto determinado; [...] En este lenguaje –el poético–, la actualización adquiere a veces una máxima intensidad, de modo que eclipsa la comunicación en tanto que finalidad de la expresión y se convierte en algo que tiene la finalidad en sí mismo; su objetivo no es el de servir a la comunicación, sino el de destacar en primer plano el acto de expresión (Mukařovský, 1932: 316-317).

La desautomatización puede producirse porque hay elementos automatizados que sirven como punto de referencia o de contraste en relación con el cual resalta lo actualizado. Los medios de actualización son varios y conciernen a los diferentes niveles lingüísticos: una determinada selección léxica producirá desautomatización de la significación (Mukařovský, 1932b: 318) y una determinada combinación fono-fonológica proporcionará actualización en el correspondiente nivel. Pero los elementos desautomatizados pueden llegar a ser habituales para los usuarios de las obras de arte verbal, convirtiéndose entonces en elementos automatizados; de ahí que considere Mukařovský, que en el fondo automatizado, sobre el que se realiza la desautomatización, existe en dos formas: la norma del lenguaje estándar y el canon estético tradicional. Toda obra poética es recibida por el lector en relación con el fondo automatizado constituido por una determinada tradición, sobre la que la nueva obra consigue o no desautomatización según que se manifieste o no como una deformación del mencionado fondo (Mukařovský, 1932: 319).

Las sucesivas desautomatizaciones pueden ir incorporándose al fondo literario automatizado, pueden pasar a formar parte de la tradición literaria; paralelamente, determinados elementos desautomatizados de la lengua poética pueden integrarse en el fondo constituido por la lengua estándar, lo cual apoya en cierto modo la tesis vico-croceana de la prioridad de la lengua poética.

La concepción funcional de la obra es, como indica García Berrio, una aportación fundamental del Círculo de Praga a la Ciencia del texto (García Berrio, 1973: 135). También en este punto se manifiesta la claridad de pensamiento de Mukařovský, para quien la estructura de la obra poética está formada por las relaciones que entre sí mantienen sus componentes, tanto actualizados como no actualizados; esta estructura es indivisible, al adquirir cada elemento su valor, no aisladamente, sino en virtud de la relación que se establece entre él y la totalidad de la obra (Mukařovský, 1932: 319).

De gran interés es el estudio que Mukařovský hace de la función estética de la lengua, a la cual en la poesía se encuentran subordinadas la función representativa, la expresiva y la apelativa (Mukařovský, 1938), en una concepción muy próxima a la elaborada por Jakobson.

La aportación del Círculo Lingüístico de Praga a la crítica formal es fundamental y ha de considerarse dentro de la fructífera conexión existente entre el Formalismo ruso y la escuela checa. El desarrollo de los estudios lingüísticos y crítico-literarios impulsado por los miembros del Círculo continúa en la actualidad en Checoslovaquia (Křesálková, 1979), además de haber influido, ciertamente, en Europa Occidental y en América.

## 3.   LA ESTILÍSTICA

Desarrollada en Europa Occidental simultáneamente al Formalismo ruso, la Estilística coincide con la escuela rusa en muchos puntos y actitudes en relación con la obra literaria, a pesar del aislamiento recíproco de ambas escuelas.

Al igual que el Formalismo ruso, la Estilística se afirma sobre el estudio inmanentista de la Literatura, posición desde la que se rechaza la crítica positiva para redescubrir el objeto poético en la totalidad de su ser (Raimondi, 1967: 11; Lapesa, 1979: 56). Esta nueva escuela, sobre la que influye Croce, se opone al historicismo positivista, registrándose hacia el nuevo rumbo las autorizadas llamadas de Vossler, Spitzer y Bally (García Berrio, 1973: 63). La consideración de la obra literaria en sí como objeto de estudio era la premisa para el acercamiento a la deseada Ciencia de la Literatura (D. Alonso, 1950: 401-402).

Charles Bally define la estilística en estos términos:

> La Estilística estudia, por lo tanto, los hechos de expresión del lenguaje organizado desde el punto de vista del contenido afectivo de éstos, es decir, la expresión de los hechos de la sensibilidad por el lenguaje y la acción de los hechos del lenguaje sobre la sensibilidad (Bally, 1902, I: 16).

Para el discípulo de Saussure, la estilística, en principio, puede ser general, colectiva o individual; él se centra en la estilística colectiva, siendo la suya una estilística de la lengua. No se ocupa Bally del estudio específico de la obra literaria, basándose para él el discurso literario en la expresión de la sensibilidad y en las expresiones producidas por el lenguaje, lo que puede ser estudiado por la estilística de la lengua (Bally, 1925: 81 y ss.). Dámaso Alonso, quien, al referirse al carácter equívoco del término «estilística» distingue entre estilística lingüística y estilística literaria (D. Alonso, 1950: 401), expone sus diferencias con Bally, las cuales basa en que la totalidad de los elementos significativos del lenguaje son objeto de la Estilística, en que el estudio de dichos elementos es productivo principalmente en la obra literaria, y en que «el habla literaria y la corriente son sólo grados de una misma cosa»; mientras que para Bally el único objeto de la Estilística es lo afectivo del lenguaje, y el estudio de lo afectivo es productivo solamente en la lengua usual (D. Alonso, 1950: 584). Frente a la actitud de Bally, Marouzeau, en un ámbito de relativa proximidad, se ocupará de la obra literaria (Guiraud, 1955: 48-49).

La Estilística como escuela crítico-literaria es deudora de Bally principalmente en cuanto a su interés por la dimensión afectiva del lenguaje, que es para la nueva escuela tanto punto de partida como de contraste. Tampoco puede ser entendida la Estilística sin la consideración de la influencia de Croce procedente de su interés por la capacidad de creación lingüístico-poética individual que el hombre posee (Croce, 1909: 164); la influencia del pensador italiano es directa en la estilística idealista de Karl Vossler (Vossler, 1904; 1905; 1923), para quien la estilística se ocupa del lenguaje como creación individual. De este modo entramos en los comienzos de la escuela de investigación del estilo.

La atención de Vossler hacia lo individual en el lenguaje continúa en Leo Spitzer, que se aleja de aquél al apartarse de su historicismo e interesarse por la mente del autor en relación con su producto literario (Yllera, 1974: 19-20). Spitzer, al igual que los formalistas rusos, no posee un método con el que estudia todos los textos, sino que deja que el texto que a su atenta lectura se ofrece, le descubra sus propias posibilidades de estudio; su procedimiento de trabajo es inmanente, pegado al texto como en la «explication de textes» francesa, busca en el texto sin intentar trascender el ámbito de la obra literaria, como lo había hecho la crítica positivista (Spitzer, 1960: 40).

En la larga andadura crítica de Leo Spitzer se distinguen dos períodos: el primero va hasta 1948 y en él realiza una crítica literaria en la que fácilmente puede apreciarse la influencia de Freud —no en vano Spitzer se había formado en la Viena de Freud—. Su objeto es profundizar el conocimiento de la mente del autor y el estudio de la construcción por éste del texto literario; el segundo período comienza en 1948 y en él abandona la investigación psicológica de la producción individual para centrarse aún más en el examen del texto mismo; el cambio de orientación fue producido por la ofensiva de los «new critics» norteamericanos contra la falacia biográfica (Lázaro Carreter, 1980: 17).

En *Lingüística e historia literaria* (Spitzer, 1948), el filólogo austríaco expone el interés en él surgido en sus años de estudiante de Romanística por encontrar «una definición más rigurosa y científica del estilo de un autor particular; una definición de lingüista, que reemplazase las observaciones casuales, impresionistas de la crítica literaria al uso» (Spitzer, 1948: 20); su determinación era la de dotar a los estudios literarios de un cientificismo del que carecían, pero también se propuso comunicar un soplo humano y afectivo a los estudios gramaticales. De su actividad filológica salieron enriquecidas la Lingüística y la Crítica literaria.

El método de Leo Spitzer es general, puesto que en definitiva viene determinado por las obras concretas que se estudien, y se configuró en el llamado círculo filológico; procedimiento que, estando basado en la intuición inicial y en la confirmación final, no es exclusivo de la estilística spitzeriana (García Berrio, 1973: 80). El crítico ha de leer muy atentamente la obra hasta que en ella encuentre un detalle significativo o un conjunto de detalles significativos, con los que construirá un hipotético principio creador que habría estado en el alma del artista; a continuación ha de ver si la propia obra confirma el principio construido a partir de su intuición inicial (Spitzer, 1948: 32). El crítico pasa de este modo del lenguaje al alma del autor, de la obra literaria al alma de su creador. El círculo filológico de Spitzer, que él fundamenta en la operación «Zirkel im Verstehen», es una aportación de primer orden a la hermenéutica literaria. Basa la comprensión en la anticipación, mediante intuición, del receptor y en la confirmación de lo intuido, estableciendo de este modo Spitzer un paralelismo entre el pensamiento humanístico y el pensamiento teológico (Spitzer, 1948: 32 y ss.).

El ametodismo preside el método de Spitzer:

> La solución lograda por medio del método circular —escribe— no puede someterse a una exposición rigurosamente razonada, por la razón de que la operación circular, en su forma más perfecta, es una negación del procedimiento gradual y paso a paso: una vez alcanzado un escalón, tiende a borrar los escalones anteriores (Spitzer, 1948: 49).

Podría pensarse que el método del círculo filológico no es inmanentista y que no puede incluírse con justicia en el acceso intrínseco a la obra literaria, puesto que tiene como finalidad la llegada a un elemento exterior a la obra de arte verbal, como es el alma del autor, el motor de la creación del texto estudiado. Diremos a este respecto que, si el procedimiento spitzeriano bien podía ser dejado fuera de la crítica formal estricta, juzgado desde los puntos de partida iniciales de los movimientos críticos con los que se inicia la crítica inmanentista en nuestro siglo, actitudes que por necesidad eran radicales, no tendría por qué ser excluido desde otras posiciones, quizás por asentadas menos radicales, de los mismos movimientos crítico-formales. Pensamos que en la actualidad el método circular spitzerano puede ser adscrito sin problemas a la crítica formal-lingüística, sobre todo tras haber ampliado la Lingüística su ámbito con la constitución de la Pragmática lingüística y de la Psicolingüística, como disciplinas parciales integradas en la que llamamos Lingüística contextual. Spitzer tiene presente, en cada momento del análisis crítico, el texto literario del que se ocupa; el estudio psicológico que realiza está basado en elementos lingüísticos, volviéndose a dirigir la mirada crítica a lo lingüístico en la confirmación circular de la hipótesis elaborada.

La Estilística ha tenido un gran desarrollo en España, en los seguidores de la escuela de Menéndez Pidal. Amado Alonso, que desarrolló en América la mayor parte de su actividad, realizó una brillante crítica inmanentista sobre la base de su amplia formación lingüística y crítico-literaria. Para este crítico, lo poético radica en el sentimiento y en la intuición (A. Alonso, 1955b: 11; 1955d: 93); situándose Amado Alonso en una posición muy próxima a la de los formalistas rusos en la concepción del «zaúm», ya que opina que el sentimiento, al no ser de naturaleza racional, no puede comunicarse sino «por contagio sugestivo» (A. Alonso, 1955b: 11), mediante el ritmo, la sintaxis, las metáforas, etc.

En su *Carta a Alfonso Reyes sobre la estilística* (A. Alonso, 1955c), presenta el objeto de la estilística, la cual

> Atiende preferentemente a los valores poéticos, de gestación y formales (constructivos o estructurales, o constitutivos; la «forma» como un hacer del espíritu creador), en vez de los «valores históricos, filosóficos, ideológicos o sociales atendidos por la crítica tradicional» (A. Alonso, 1955c: 81).

Es lo específico de la obra en sí lo que ha de ser estudiado por la estilística, en cuyo ámbito también entra el estudio del poder creador de un poeta y del placer estético que produce la obra (A. Alonso, 1955c: 81-82). Utilizando la terminología humboldtiana, escribe Amado Alonso que la obra literaria es estudiada por la estilística «como producto creado y como actividad creadora» (A. Alonso, 1955c: 82), interesándole la constitución de la obra y la delicia estética por ella producida. Naturalmente, el estudio de las capacidades del autor y del placer estético se realiza a partir de la obra de arte verbal. Por su preocupación por el estudio del goce estético se sitúa en la estilística idealista, y por su interés por la estructura de la obra, en la estilística estructural (Yllera, 1974: 30).

En la obra literaria todos los aspectos se encuentran interrelacionados, y es el aspecto «básico y específico de la obra de arte» (A. Alonso, 1955c: 85) aquél en torno al que se disponen los demás, los cuales reciben valor de él. Propuesta de Amado Alonso era que la crítica abordara este aspecto central, anteriormente olvidado por ella en favor de los aspectos marginales (A. Alonso, 1955c: 84-85). Sobre estos presupuestos se fundan sus estudios críticos sobre la poesía de Pablo Neruda (A. Alonso, 1954), sobre Valle Inclán (A. Alonso, 1955d), ocupándose también de las implicaciones estilísticas del sistema del artículo español (A. Alonso, 1951).

Junto a Amado Alonso destaca Dámaso Alonso (Alvar, 1977; Báez San José, 1971; Debicki, 1968) en la Estilística española. Profundo conocedor de la Lingüística, se ocupa del signo lingüístico en relación con la obra poética; amplía el signo al extender el significante más allá de la palabra y al considerar el significado no esencialmente como un concepto, sino como una intuición modificadora de nuestra psique (D. Alonso, 1950: 30); por otro lado, expresa que «en poesía hay siempre una vinculación motivada entre significante y significado» (D. Alonso, 1950: 31-32). Tanto el signo lingüístico ampliado como el carácter motivado de la relación que lo constituye son elementos teóricos que apoyan la unidad de la obra literaria y suponen la adopción de una perspectiva textual en el tratamiento de la misma.

Ya nos hemos referido a la noción de forma en la Estilística y en la crítica inmanentista en general; esta noción, que afecta al conjunto de significante y significado textuales, a la relación entre uno y otro, es vista por Dámaso Alonso en dos direcciones: en tanto «forma exterior» es la relación que existe entre significante y significado considerada desde aquél a este último; en tanto «forma interior» es la misma relación, pero desde el significado al significante.

Para Dámaso Alonso, el estudio crítico de un poema es dirigido por el propio poema, con lo que se encuadra en la línea de investigación para la que es el propio texto que se estudia lo que determina el método, siendo decisiva la intuición:

> Una cosa queda cierta: cuál es, ante un poema, la perspectiva más fértil para el investigador del estilo, es algo que no se gana sino por intuición (D. Alonso, 1976: 492).

Los estudios de las estructuras plurimembres realizados por Dámaso Alonso y Carlos Bousoño constituyen una aportación muy importante al estudio de la estructura de la obra literaria (D. Alonso/Bousoño, 1951; D. Alonso, 1970: 117 y ss; Bousoño, 1952, I: 591-592).

La crítica inmanentista italiana, inserta en una amplia tradición filológica, se encontró en polémica con los críticos de raíz idealista, principalmente con Croce, que, como sabemos, influyó en la estilística alemana y española. Según D'arco Silvio Avalle, que expone la situación de la crítica formalista, el enfrentamiento se realizó fundamentalmente desde el psicologismo croceano, por un lado, y desde el inmanentismo de Giuseppe De Robertis por otro (Avalle, 1974: 15 y ss). Destacan en la aportación italiana a la estilística Contini y Giacomo Devoto (Avalle, 1970: 48 y ss.; Contini, 1970: 633 y ss.).

Según hemos visto, en opinión de Dámaso Alonso, «el habla literaria y la corriente son sólo grados de una misma cosa» (D. Alonso, 1950: 584). Para la Estilística, la lengua poética mantiene con la lengua estándar una relación de desvío; Vossler y Spitzer opinan que es un desvío del uso normal del lenguaje.

La determinación del estilo de un autor (Enkvist, 1973; Enkvist/Spencer/Gregory, 1964; Spillner, 1974) está relacionada con la consideración de la lengua poética; el estilo se define a partir de un sistema con respecto al cual constituye un desvío. La Estilística ha contribuido a la descripción y explicación de los estilos individuales.

Puesto que el interés de los estudios está enfocado a lo específico de la obra literaria, dichos estudios determinan los elementos diferenciales de los textos literarios en relación con los textos de lengua estándar.

El estudio estructural del texto narrativo no ha tenido en la Estilística un desarrollo paralelo al del estudio del poema, lo que constituye una diferencia de esta escuela en relación con el formalismo ruso, en el que tanto el ámbito lírico-poemático como el épico-narrativo fueron estudiados con honda intensidad. Por consiguiente, la aportación de la Estilística a la dimensión teórica textual debe ser valorada, aun sin regatearle importancia, como inferior a la de los formalistas rusos; al menos en este aspecto que consideramos, de haber tratado el objeto literario en mayor amplitud, lo cual no debe restar, insistimos, mérito alguno a las positivas aportaciones estilísticas.

Como a propósito de los formalistas rusos hemos hecho, consideramos que el estudio lingüístico-inmanentista de la obra literaria es un paso firme hacia la moderna Lingüística del texto. En este sentido queremos destacar la afirmación de Helmut Hatzfeld de que la Estilística es una Lingüística del texto en el sentido de Coseriu (Hatzfeld, 1967: 28).

La Estilística puede ofrecer aportaciones importantes a propósito de los puntos problemáticos de la actual crítica literaria lingüística (Garrido Gallardo, 1974). Los estudios estilísticos se funden en la actualidad con aproximaciones analíticas a los textos literarios que se realizan desde diferentes posiciones teóricas.

## 4.  EL «NEW CRITICISM»

El movimiento de los «new critics», al cual oficialmente dio nombre John Crowe Ransom con su libro *The New Criticism,* de 1941, surgió en los años treinta en el Sur de los Estados Unidos. Un centro de decisiva importancia para este grupo fue la Universidad Vanderbilt, en la que Ransom era profesor, Allen Tate ejercía de colaborador suyo en la revista *The fugitive* y Cleanth Brooks se encontraba entre los alumnos de Ransom. Estaba constituido el «New Criticism» por un conjunto heterogéneo de críticos cuyos rasgos comunes son, según Aguiar e Silva: reacción contra los mismos modos de hacer crítica, defensa de una poesía anti-romántica y anti-expresiva y similitud de sus métodos de análisis (Aguiar e Silva, 1979: 414). Ejercieron gran influencia sobre los nuevos críticos los británicos T. E. Hulme, T. S. Eliot, I. A. Richards y W. Empson (Cohen, 1972: 219 y ss.; Aguiar e Silva, 1979: 415 y ss.).

Paralelamente a lo que sucede en Europa gracias al Formalismo ruso y a la Estilística, estos críticos norteamericanos se hallan en desacuerdo con la separación de forma y contenido (García Berrio, 1973: 42). Con retraso en relación con la situación europea se produce en los Estados Unidos, por parte de miembros del «New Criticism» y de otros críticos relacionados con el movimiento, como T. S. Eliot, una sistemática demanda de objetividad en los estudios literarios (García Berrio, 1973: 65 y ss.). El inmanentismo en el análisis de la obra literaria es el punto sobre el cual se afirma el grupo de la nueva crítica estadounidense, que reacciona contra el moralismo crítico imperante en los Estados Unidos, ya que esta actitud y práctica crítica, desde una perspectiva antiinmanentista, dejaba fuera de su interés el valor estético de la

obra (García Berrio, 1973: 86-87). Los «new critics», que combaten la influencia de la sociología y de la antropología cultural sobre los estudios literarios
(Cohen, 1972: 222-223), defienden una posición inmanentista sin obtener un
triunfo paralelo al del Formalismo ruso y al de la Estilística; sobre esta situación de la crítica norteamericana escribe García Berrio que «fuera de las críticas más furiosas y polémicamente comprometidas en la defensa del new-
criticism, la dimensión formal en América no llegó a imponerse nunca por
completo, recibiendo además el lastre inevitable del medio y la tradición»
(García Berrio, 1973: 87). La resistencia al formalismo del «New Criticism»
por parte de la tradición crítica moralista fue tan fuerte que T. S. Eliot o incluso «new critics» más estrictos como Ransom o Brooks fluctuaron en buena parte de su obra entre una tendencia crítico-moralista y la aplicación sistemática del inmanentismo (García Berrio, 1973: 87 y ss.).

Si el Formalismo ruso y la Estilística se caracterizan por la amplia formación lingüística de sus miembros, los «new critics» no poseían sólidos conocimientos lingüísticos. La única base de teoría lingüística con que contó el
«New Criticism» fueron las aportaciones semánticas de Richards y Empson.
Fue útil a los «new critics» la concepción del carácter textual de la significación de Richards, así como sus análisis crítico-literarios (Richards, 1929), y el
tratamiento de la ambigüedad hecho por Empson (Empson, 1930; Cohen,
1972: 221-222). La causa de esta carencia de rigurosa formación lingüística
por parte de los «new critics» quizás deba atribuirse a la separación entre
Lingüística y Crítica literaria existente durante largo tiempo en los Estados
Unidos, no siendo ajeno a este esquema de la situación el hecho de que la
base lingüística les viniera aportada por británicos y no por los propios lingüistas norteamericanos.

Los «new critics» advierten de los riesgos de la crítica extrínseca con la
denuncia de las cuatro falacias. En opinión de W. Wimsatt, la falacia inten-
cional, el engaño del querer decir, hace caer en el biografismo y en el relativismo, y la falacia afectiva conlleva el peligro del subjetivismo y el impresionismo (Cohen, 1972: 223-225). Para Yvor Winters, la falacia del mimetismo y
de la expresividad de la forma produce el riesgo de la consideración del poema como imitación directa de un hecho o de la experiencia del autor (Cohen, 1972: 225). Finalmente está la falacia de la comunicación, utilizando la
terminología de Tate, falacia que consiste en ver el texto literario como portador de doctrinas que el crítico ha de interpretar (Cohen, 1972: 225-226). La
crítica literaria propuesta por el «New Criticism» había de estar alejada de las
cuatro falacias expuestas y debía tener como centro el estudio del texto literario en sí mismo. La técnica de análisis de los «new critics» se fundamenta
en la realización de una lectura atenta y estricta, «close reading».

Su interés por el texto literario les condujo a ocuparse, como en el caso
del Formalismo ruso y de la Estilística, de la organización de dicho texto.
Afirmaba en este sentido Brooks la importancia de la estructura, del esquema, que subyace a todo poema (Cohen, 1972: 228). Su tratamiento de la me-

táfora es una importante contribución a la determinación del mecanismo de la lengua poética (Cohen, 1972: 233-234).

En los presupuestos del «New Criticism» existe la posibilidad de estudiar algunos aspectos extrínsecos sobre la base del estudio textual, intrínseco. En su artículo sobre Yvor Winters reconoce Porqueras Mayo que un buen «new critic» puede ocuparse de la biografía literaria, bien que, como señala Porqueras, «en función de un texto o una serie de textos dados» (Porqueras Mayo, 1971: 62).

Entre las críticas que recibieron los «new critics» destacaron las procedentes de los neoaristotélicos de Chicago, escuela de crítica intrínseca coincidente con el «New Criticism» en algunos objetivos. Los miembros de la Escuela de Chicago censuran a los «new critics» que se enfrentan al texto literario fragmentadamente, sin amoldarse a las exigencias de la unidad de la obra, que se centren excesivamente en el estilo y que analicen los textos poéticos como si todos funcionaran del mismo modo (Cohen, 1972: 237-238; Ynduráin, 1979: 66-69).

La fuerza de la tradición crítica moral y los ataques recibidos hicieron que el «New Criticism» no se viera continuado por críticos basados en los mismos presupuestos, habiendo perdido vigencia el movimiento en los Estados Unidos, fuera de donde, por otra parte, no alcanzó gran difusión. La causa de la extinción del movimiento quizás deba atribuírse a su inmanentismo programático, que, al ligar la labor del crítico tan estrechamente al texto, se olvida del enjuiciamiento de la obra literaria, exigido como resultado del análisis crítico en un ambiente crítico tradicional como el que ejercía presiones sobre el «New Criticism» (Torre, 1970: 102).

Sin embargo, el trabajo crítico-literario realizado por Ransom, Tate, Brooks, Robert Penn Warren, K. Burke, R. P. Blackmur, Wimsatt, los «new critics», sirvió para crear un bastión de inmanentismo en un ambiente antiinmanentista, dando constantes ejemplos de las posibilidades de la crítica intrínseca, con lo que en cierto modo facilitó el surgimiento en los Estados Unidos de un nuevo inmanentismo en los años finales de la década de los cincuenta.

Dado el escaso conocimiento teórico-lingüístico que poseían, los «new critics» no pudieron dar a sus estudios literarios el rigor que las escuelas europeas inmanentistas habían alcanzado, ya que carecían de la armazón conceptual necesaria para el ejercicio riguroso de una crítica lingüística. Por esta razón, sus aportaciones a la visión textual lingüística y teórico-literaria no se encuentran a la altura de las de los formalistas y de la Estilística. Los «new critics» no produjeron un corpus doctrinal coherente, sino un conjunto fragmentario de contribuciones, pues no en vano existían muchas divergencias en los planteamientos de los miembros de este movimiento. Todo lo cual no priva a la producción del «New Cristicism» de una gran importancia, totalmente merecida, en la historia de la Crítica literaria del siglo XX.

## 5.   LA CRÍTICA ESTRUCTURALISTA

En este apartado nos referiremos a los estudios literarios realizados desde los presupuestos de la Lingüística estructural, así como a aquéllos que, sin
ser aplicación estricta de dicha corriente lingüística, constituyen una aplicación de sus principios generales y son una continuación, sobre todo por lo
que al tratamiento de los textos narrativos respecta, de la actividad de los
formalistas rusos. (Habida cuenta de la vinculación directa entre el Formalismo ruso y el estructuralismo checo de los primeros años del Círculo de Praga, este último ha sido incluido en el apartado segundo de este capítulo).

Esta crítica estructural-semiológica (Segre, 1970: 65 y ss.) se fundamenta
en que

> La obra es un sistema integrado por constituyentes funcionales, reconocibles
> como agrupamientos de unidades que definen los distintos niveles de su génesis
> y que son por tanto reconocibles y abstraíbles desde el análisis. (García Berrio,
> 1977c: 188).

La ya mencionada reunión de Bloomington de 1958 será el punto de
partida para los estudios literarios de base lingüística de los Estados Unidos;
con ello se produce en aquel país un desarrollo paralelo a la renovación que,
aproximadamente por los mismos años, experimenta el estudio lingüístico
de la literatura en Europa, no siendo, sin embargo, novedad en este conti-
nente, como es bien sabido, este acercamiento entre Lingüística y Crítica literaria. Se produce de este modo en América una revitalización de presupuestos inmanentistas.

Jakobson, que nos sirve para enlazar este apartado con el formalismo
ruso, ha tenido una influencia decisiva en el inicio de la aproximación entre
Lingüística y Crítica literaria en Estados Unidos, jugando, a este propósito,
un papel muy destacado la noción de función poética, de origen europeo. En
su muy conocido trabajo *Lingüística y Poética* escribe Jakobson:

> *La función poética proyecta el principio de la equivalencia del eje de selección al eje de*
> *combinación.* La equivalencia pasa a ser un recurso constitutivo de la secuencia
> (Jakobson, 1960: 138).

La función poética no es exclusiva del lenguaje poético, puesto que se
da también en el lenguaje no poético, aunque en éste no es, a diferencia de
lo que sucede en aquél, la función dominante (Jakobson, 1960: 358; Lázaro
Carreter, 1971; 1975; Martínez García, 1975: 107 y ss.; Garrido Gallardo,
1978: 172 y ss.). Lázaro Carreter considera que la función poética es función
estructurante para los mensajes que están destinados a sobrevivir, que no
son fungibles, es decir, para los mensajes en lenguaje literal (Lázaro Carreter, 1975: 73; 1976c), de los que los mensajes en lenguaje literario son una variedad (Lázaro Carreter, 1975: 73).

A partir de la concepción de la función estética como equivalencia sintagmática que se manifiesta en recurrencias y paralelismos (Jakobson, 1960:
360 y ss.; 1980: 104 y ss.), realiza Jakobson diferentes estudios sobre obras li-

terarias (Jakobson, 1967; 1972; Jakobson/Valesio, 1966; 1973; Jakobson/Jones, 1970; Jakobson/Lévi-Strauss, 1962; Jakobson/Stegnano-Picchio, 1968).

Partiendo del principio de equivalencia jakobsoniano, Samuel R. Levin se ocupa de las estructuras equivalentes que se dan en la poesía:

> Nuestro análisis, sin embargo, pone de relieve la existencia de unas estructuras que son peculiares al lenguaje de la poesía y que ejercen una función unificadora sobre el texto en que aparecen, estructuras a las que hemos dado el nombre de *apareamientos (couplings)* (Levin, 1962: 22).

Estas estructuras, como indica Levin, unifican el texto dándole cohesión. Es importante la concepción transoracional de Levin, quien considera que las equivalencias que se dan en la poesía actúan sobre el texto poético considerado como globalidad. La especificidad literaria no está en un uso especial por el autor de posibilidades de la lengua normal, sino en el uso de convenciones que, aun derivadas de la lengua estándar, son elementos integrantes del conjunto de características de la lengua poética (Levin, 1962: 87). La especial organización del texto poético permite su permanencia, su no fungibilidad (Levin, 1962: 89; Lázaro Carreter, 1976c). Como ejemplificación del método de análisis de Levin, Lázaro Carreter estudia un soneto de Góngora (Lázaro Carreter, 1975b).

La consideración de las estructuras de equivalencia en la poesía no constituye una novedad para el ámbito de la Hispanística después de la realización de los estudios estilísticos de las pluralidades por Dámaso Alonso y por Carlos Bousoño.

Partiendo de un esquema de la comunicación en cuyos extremos se encuentran el codificador (autor) y el descodificador (lector) y en cuyo centro está el texto, Michael Riffaterre estudia el estilo concediendo un importante papel al lector. Es intención del autor que el lector pueda acceder al texto y para esto se sirve de procedimientos de insistencia (metáforas, especial orden de palabras, etc.), puesto que carece de los mecanismos de que dispone el hablante, que son los gestos, la entonación, etc. De este modo, el autor ayuda al lector en su descodificación (Riffaterre, 1971: 41 y ss.). Esta dirección de la descodificación, que diferencia el texto literario del no literario, es el mecanismo del estilo del autor (Riffaterre, 1971: 45).

El anterior esquema de la comunicación queda, en realidad, reducido al mensaje y al lector, ya que el autor no está presente, pero todo el esquema se reproduce a partir del mensaje (Riffaterre, 1971: 391). Las indicaciones del autor sobre la descodificación están incluidas en el texto. Para Riffaterre, «la poesía es lenguaje, pero produce efectos que no produce el lenguaje cotidiano» (Riffaterre, 1971: 369); estos efectos proceden de la concentración de la atención sobre el propio mensaje en virtud de la función poética, o función estilística, como propone Riffaterre que sea denominada (Riffaterre, 1971: 178).

En la determinación del estilo no considera pertinente Riffaterre la existencia de una norma ideal y toma como plano de referencia el contexto; el estímulo estilístico que experimenta el lector procede de la ruptura que un elemento imprevisible lleva a cabo en relación con el contexto (Riffaterre, 1971: 64 y ss., 69 y ss., 395). La finalidad del análisis del estilo es la determinación de los elementos de estímulo estilístico (Riffaterre, 1971: 134), que son estudiados estructuralmente; como escribe Riffaterre, «los componentes estilísticamente activos están unidos entre sí del mismo modo que los polos marcados y no marcados de cualquier oposición» (Riffaterre, 1971: 391). El análisis estructural comparado permite, según este crítico, la determinación sistemática de los rasgos de estilo (Riffaterre, 1971: 425 y ss.).

A partir de una corriente peculiar y privilegiada del estructuralismo lingüístico, la teoría glosemática, han realizado ciertos sectores aproximaciones lingüísticas a las obras literarias. En la Glosemática, una semiótica es una jerarquía cuyos componentes pueden ser analizados en clases que se definen por las relaciones que entre sí mantienen, pudiéndose analizar dichas clases a su vez en derivados, que serán también definidos por las relaciones existentes entre unos y otros (Hjelmslev, 1943: 150). En toda semiótica se distinguen dos planos: el de la expresión y el del contenido, cada uno de los cuales está formado por una forma y una sustancia. Hjelmslev considera tres tipos de semióticas: semiótica denotativa, que es aquella semiótica ninguno de cuyos planos es una semiótica; semiótica connotativa, aquélla en la que el plano de la expresión está constituido por una semiótica, y metasemiótica, aquélla en la que una semiótica es el plano del contenido (Hjelmslev, 1943: 160 y ss.). Las lenguas naturales son semióticas denotativas; las obras literarias son semióticas connotativas, y los metalenguajes son metasemióticas (Barthes, 1964b: 62-63; Arrivé, 1972).

La semiótica connotativa cuyo plano de la expresión está representado por sustancia y forma es la base del modelo de Johannsen (Trabant, 1970: 26):

| Plano connotativo de la expresión | | ~ | Plano connotativo del contenido | |
| --- | --- | --- | --- | --- |
| Sustancia → denotativa de la expresión | Forma ~ denotativa de la expresión | | Forma ← denotativa del contenido | Sustancia denotativa del contenido |

El texto literario tiene un significado connotativo, estando constituido el significante del signo literario por el signo de la lengua estándar (Abad Nebot, 1981: 17). En España un destacado intérprete de los presupuestos glose-máticos ha sido Gregorio Salvador, quien los ha llevado a verificación analíti-ca en numerosos trabajos (Salvador, 1965; 1967; 1975).

El desarrollo de la semántica estructural, en el que desempeña un papel de primer orden el lingüista Algirdas J. Greimas, ha constituido un fuerte im-pulso para el perfeccionamiento del instrumental lingüístico de análisis de la obra literaria. La influencia de la semántica estructural es doble: por un lado ha permitido la consecución de mayor rigor en el estudio del texto lírico y, por otro, ha facilitado el progreso del tratamiento del texto narrativo y del relato mítico.

Fundamenta Greimas las estrechas relaciones que mantienen la Lin-güística estructural y la Poética en que «el objeto descrito es idéntico en am-bos casos: se trata de un objeto lingüístico. El método es uniforme: tanto en un caso como en el otro se intenta descubrir un sistema de relaciones o es-tructura compleja» (Greimas, 1970: 317).

En punto a la especificidad de la lengua literaria, señala Greimas que ésta está basada en la particularidad de la comunicación consistente en el agotamiento progresivo de la información que se produce según avanza el discurso:

> Tal fenómeno general —escribe Greimas— queda sistematizado en la *clausura* del discurso. Gracias a ésta, que ya tiene la virtualidad de contener la avalancha de las informaciones, la redundancia cobra una nueva significación y, en vez de constituir una pérdida de información, valoriza los contenidos seleccionados y clausurados. La clausura transforma así el discurso en objeto estructural y la his-toria en permanencia (Greimas, 1970: 318).

En el texto poético se encuentran las unidades lingüísticas, ya que la obra poética es transmitida como discurso de una lengua natural, y además hay en él unas nuevas unidades, que son las unidades poéticas; las caracterís-ticas de dichas unidades son: ser reconocibles por la redundancia que consti-tuyen, bien en lo sintagmático-textual, bien en lo paradigmático-intertextual; constituir largas secuencias de discurso, sobrepasando los límites oraciona-les, y ser unidades estructurales, caracterizadas por consiguiente por la rela-ción entre, al menos, dos elementos (Greimas, 1970: 319).

El texto poético ofrece una coherencia y estructuración más sólidas que el texto no literario, como resultado de la función poética, según es sabido. Las equivalencias en el texto poético se producen en dos planos o ejes: hori-zontal y vertical; en el primero, a causa de la contigüidad sintagmática, y en el segundo, por la superposición e intercomunicación de los niveles lingüísti-cos (Coquet, 1972: 39).

La noción de isotopía, que es la reiteración de una unidad lingüística (Greimas, 1966: 105 y ss.; 1970: 323; Rastier, 1972: 107 y ss.), es fundamental para el análisis estructural de la obra de arte verbal, la cual se presenta soste-nida por un conjunto de redes, de relaciones, en los diferentes niveles lin-güísticos. El análisis isotópico permite describir la relación de adecuación

que en el texto poético existe entre expresión y contenido; esta relación, que
ha estado presente en los análisis de equivalencias de Dámaso Alonso y Samuel R. Levin, así como en el detallado análisis que Nicolas Ruwet hizo sobre *La Géante* de Baudelaire (Ruwet, 1968; 62 y ss.), procede de una articulación simétrica de las sustancias de la expresión y del contenido por la acción
de las matrices fémicas y sémicas (Greimas, 1970: 325; 1972: 19 y ss.). A propósito de esta adecuación afirma Greimas:

> Todos los fenómenos emparentados con el *opus poeticum* recurren a un resor-
> te común: acortan la distancia entre los significantes y los significados. Parece
> que el lenguaje poético, a pesar de ser un auténtico lenguaje, está a la búsqueda
> del «grito original» (Greimas, 1970: 326).

Los rigurosos estudios estructuralistas que en relación con la adecuación expresión-contenido se han realizado, constituyen una continuación del
principio de la transracionalidad de la lengua poética y son, en cierto modo,
un apoyo reciente a la tesis vico-croceana sobre el origen del lenguaje, tan in-
justamente olvidada, así como sobre la relación entre lengua poética y lengua común.

Son posibles, para determinados textos, lecturas pluri-isotópicas, como
demuestra Rastier en su análisis de *Salut* de Mallarmé. Para Greimas, la posibilidad de lectura pluri-isotópica no es exclusiva del texto poético, «aunque
constituye una de sus características más pertinentes» (Greimas, 1972:25).
La lectura pluri-isotópica no conlleva la posibilidad de cualquier lectura, a diferencia de la pluralidad de lecturas posibles (Greimas, 1972: 25-26), que estudiamos más adelante al presentar la tesis bartheana de la plurisignificación
textual.

El dominio literario adquiere relieve, según Greimas, al articularse en el
universo semántico de la totalidad de las significaciones de una lengua natural, distinguiéndose de otros dominios autónomos, como, por ejemplo, el derecho y la religión, porque el dominio literario no abarca una sección particular de la sustancia del contenido (Greimas, 1970: 317).

Sobre la base de esta integración del dominio literario en el universo semántico situamos la aportación de Greimas a la determinación de la estructura del discurso. De los actantes se había ocupado Lucien Tesnière en el ámbito oracional (Tesnière, 1959: 105 y ss.; Weinrich, 1976: 51 y ss.) y de las funciones había tratado, como es bien conocido, Vladimir Propp en su *Morfología
del cuento,* y, a propósito del teatro, Souriau; Greimas propone que «el mi-
crouniverso semántico no puede ser definido como universo, es decir, como
un todo de significación, más que en la medida en que puede surgir en todo
momento ante nosotros como un espectáculo simple, como una estructura
actancial» (Greimas, 1966: 265-266). Esta propuesta estructural de Greimas,
que mantiene para los actantes las características de las unidades poéticas, es
concretada por el lingüista lituano-francés en tres categorías actanciales,
cada una de las cuales está formada por la oposición de dos actantes; tales categorías son las siguientes: «sujeto» vs. «objeto», «destinador» vs. «destinatario» y «adyuvante» vs. «oponente» (Greimas, 1966: 270 y ss.). Los actantes son

categorías que se realizan en los actores concretos; son clases de actores (Greimas, 1966: 267-268 y 281 y ss.).

La contribución de Greimas al estudio del relato mítico, del que se había ocupado con instrumental estructuralista Lévi-Strauss, ha sido muy útil a la crítica estructural. Puesto que el relato se desenvuelve en el tiempo, los acontecimientos y conductas que en él son presentados mantienen unos con otros relaciones de anterioridad y de posterioridad; determinados relatos, como los mitos, cuentos, etc., presentan su dimensión temporal basada en la dicotomía «antes» vs. «después», a la que corresponde una inversión de la situación.

García Berrio señala que el grupo formado por Greimas y sus discípulos, a diferencia de otros sectores de la Crítica lingüística, ha desarrollado un importante conjunto de trabajos analíticos, que sirven de contrapeso a la excesiva teorización que separa peligrosamente especulación abstracta y tratamiento de los textos concretos (García Berrio, 1977c: 189 y 205). Son ejemplos de este desarrollo analítico los numerosos trabajos realizados (Greimas, 1972; Geninasca, 1972; Arrivé, 1972; Gueunier, 1972; Dumont, 1972).

En los años sesenta se produjo en Francia una reacción por parte del grupo de la «nouvelle critique» contra la crítica académica, sobre la que todavía estaba vigente la influencia positivista de Lánson. Ese heterogéneo grupo formalista recibió principalmente influencias del formalismo ruso, que en esos años estaba siendo ampliamente conocido en Francia, y del estructuralismo. La «nouvelle critique» defendía una crítica centrada en el lenguaje y en el texto.

Figura particularmente destacada en este grupo es Roland Barthes, quien comenzó la reacción contra la crítica académica (Barthes, 1964a: 293 y ss.). A la respuesta que Picard hace a los ataques, contesta Barthes fijando la finalidad metalingüística, metatextual, de la «nouvelle critique»:

> Para ser subversiva, la crítica no necesita juzgar, le basta hablar del lenguaje, en vez de servirse de él. Lo que hoy reprochan a la nueva crítica no es tanto el ser «nueva»: es el ser plenamente una «crítica», es el redistribuir los papeles del autor y del comentador y de atentar, mediante ello, al orden de los lenguajes (Barthes, 1966a: 14).

La ruptura producida por la nueva crítica en Francia se basa, pues, en que toma como objeto el lenguaje y no lo utiliza para hablar del mundo, sino para hablar del propio lenguaje, del texto, con lo cual la crítica se constituye como «escritura sobre la escritura», como metadiscurso.

Según Roland Barthes, el texto no se presenta al lector en la comunicación como objeto significante acabado, sino que ha de ser terminado de construir en la lectura, pues está provisto de polisentido, noción ésta que, como recuerda García Berrio, tiene su origen en el Formalismo ruso (García Berrio, 1953: 151). La idea de polisentido ha sido favorecida por la praxis literaria del siglo XX; con tal fundamento, Barthes opone las obras clásicas, ca-

racterizadas por la claridad, a las modernas, definidas por la plurisignificación (Barthes, 1953: 49 y ss.). En otra formulación, estas últimas serían obras
abiertas (Eco, 1962: 23 y ss.) que cada lector cerraría, con su lectura, de un
modo diferente, produciéndose variedad de lecturas. Resultado del carácter
plurisignificativo del texto es la pluralidad crítica. Por esta vía se llega al extremo de defender en S/Z Barthes la posibilidad de cualquier lectura, considerando que el texto es una galaxia de significantes, no un significado estructurado (Barthes, 1970: 12). Una concepción extrema como ésta conlleva la negación de la comunicación; a este respecto escriben García Berrio y Vera Luján: «Si cualquier lectura es posible y válida, es que la obra carece de significado» (García Berrio/Vera Luján, 1977: 260). Es preciso que en el texto
exista una estructura significativa constante, junto a la cual se sitúa una peri-
feria connotativa que permite una necesariamente limitada pluralidad de
lecturas (García Berrio, 1977c: 194; García Berrio, 1978a: 145-146; García Be-
rrio/Vera Luján, 1977: 260). La obra es portadora de significado y por ello
es significante (Vera Luján, 1975: 333); la destrucción del significado de la
obra implica la destrucción de la obra misma. La negación del significado de
la obra es una negación del autor (Hirsch, 1967: 14).

Lo específico del texto literario estará para Barthes en su naturaleza
connotativa, frente al carácter denotativo y unívoco del texto de la lengua estándar (García Berrio, 1973: 152). El polisentido no podrá ser alcanzado nunca plenamente, ya que ello, de acuerdo con lo expuesto anteriormente, aten-
taría al fundamento mismo de la comunicación, para la que se precisa la
existencia de una armazón semántica en el texto; en este sentido García Berrio afirma lo siguiente:

> El plurisentido de la lengua-poesía se ve limitado por las exigencias estructu-
> ral-comunicativas inherentes a las palabras de la poesía en su función no poéti-
> ca, y a los hábitos estructurantes del plan textual del emisor poético. El plurisen-
> tido absoluto se presenta así como un 'desideratum' ideal de la poesía en sus fór-
> mulas de máximo rendimiento. Por el contrario, la lengua comunicativo-
> estándar contempla la univocidad, la ausencia de referencias equívocas, como la
> más feliz realización del acto de habla (García Berrio, 1979c: 135).

La lengua poética y la lengua estándar quedan, de esta manera, situadas
en los dos extremos del eje de la ambigüedad. La ausencia de monosemización, la persistencia de la ambigüedad, es la característica que diferencia la
lengua poética de la coloquial (Ramón Trives, 1976: 595).

Roland Barthes ha realizado una interesante aportación a la semiología
de la narración. Distingue tres niveles en la obra narrativa: el nivel de las
funciones (en sentido proppiano), el nivel de las acciones (realizadas por los
actantes de Greimas) y el nivel de la narración. La relación que existe entre
estos tres niveles es de incrustación progresiva, puesto que «una función sólo
tiene sentido si se ubica en la acción general de un actante; y esta acción misma recibe su sentido último del hecho de que es narrada, confiada a un discurso que es su propio código» (Barthes, 1966b: 15).

Barthes ha desempeñado un papel importante en la crítica europea. Sus contribuciones, realizadas siempre con gran intuición y brillantez, han supuesto un apoyo indiscutible a la renovación del hacer crítico; su concepción de la pluralidad significativa, de la que discrepamos sólo si se extrema hasta ser considerada ilimitada, es una aportación de suma importancia para el tratamiento de las relaciones semántico-pragmáticas entre autor, obra literaria y lector.

Julia Kristeva es otro de los nombres sobresalientes del estructuralismo francés; nacida en Bulgaria, es decisivo en la elaboración de sus aportaciones teóricas su conocimiento del generativismo soviético. En este sentido, la distinción entre genotexto y fenotexto procede de la teoría lingüística de Šaumjan y Sobolova, quienes se basan en la dualidad establecida en biología entre genotipo y fenotipo. Propone el estudio de la novela como transformación, para lo cual se sirve de la distinción entre el nivel de la generación textual o genotexto y el nivel del fenómeno textual o fenotexto, correspondiente éste a la actuación generativa y aquél a la competencia (Kristeva, 1969, II: 97 y ss.; 1970a: 95 y ss.; 1972: 281).

Kristeva incorpora la Semiótica que se desarrolla en la U.R.S.S. (Lotman/Uspenskij, 1973); define Kristeva la semiótica como «una formalización, una producción de modelos» (Kristeva, 1969, I: 37) y considera que «la semiótica puede proponerse como tarea principal la *producción* del sentido en una *práctica significante* o, mejor aún, los tipos de prácticas significantes como diferentes tipos de *producción* de sentido» (Kristeva, 1972: 281). La literatura es para Kristeva una práctica semiótica que tiene sobre otras prácticas semióticas la ventaja de facilitar el conocimiento de la producción de sentido; pero esta práctica semiótica de orden literario tendrá interés sólo al ser considerada irreductible a la producción lingüística denotativa (Kristeva, 1969, I: 53). Con esta idea se enlazan las palabras de la investigadora búlgara acerca del texto literario:

> Para nosotros el texto no es un objeto estético, literario, etc... Es una operación translingüística que, aunque se produce en la lengua, es irreductible a las categorías conocidas del lenguaje de la comunicación —objeto de la lingüística—. Se puede decir que el texto no está fuera de la lengua, sino que es «ajeno a ella» (Kristeva, 1972: 279).

En la base del planteamiento de Julia Kristeva está la diferencia entre lengua poética y lengua estándar, que son para ella dos códigos diferentes, frente a la posición para la cual la lengua poética es un desvío de la estándar. La lengua poética es el código primario, en el cual se realiza, a diferencia de lo que sucede en el código de la lengua estándar, toda la potencia del código del hablante; es, por tanto, en la literatura donde podrán descubrirse y estudiarse todas las posibilidades del lenguaje. La lengua común es un subconjunto del código que es la lengua poética (Kristeva, 1969, I: 231-233).

Piensa Kristeva que para el texto moderno es necesaria una semiótica que participe de la Lingüística y del Psicoanálisis, a la cual llama semanálisis; la finalidad de esta semiótica es el estudio de las operaciones significantes que se producen en cada texto concreto, las cuales forman parte de un sistema (Kristeva, 1972: 273 y ss.). La muy enriquecedora distinción entre genotexto y fenotexto permite estudiar la producción poética como actualización de un conjunto de elementos potenciales no sólo lingüísticos, sino también culturales e ideológicos. Tras exponer que en el genotexto, como fase del funcionamiento de la lengua poética, interviene la generación sintáctico-semántica del genotexto, a lo cual llama significancia, define el texto como «toda práctica del lenguaje mediante la cual se despliegan en el feno-texto las operaciones del geno-texto, intentando el primero representar al segundo, e invitando al lector a reconstruir la significancia». (Kristeva, 1972: 284).

Una Semiótica completa ha de ocuparse también de cómo se redistribuye en el texto lo mítico-cultural (muerte, sexualidad, espacio, tiempo, etc.) y de cómo se articula el modo de significar con el de la producción (Kristeva, 1972: 285). Estos caminos señalados por Kristeva enlazan el texto con la sociedad y permiten el estudio de la relación de aquél con ésta. Así amplía su ámbito la crítica de Kristeva, pero si tenemos presente la ya referida tendencia de la Lingüística del siglo XX a la ampliación del objeto de estudio, siempre que la crítica se mantenga centrada en el texto y lo estudie, no como mero reflejo de la sociedad o de la cultura, sino como objeto lingüístico, como signo.

Continuando en el ámbito del estructuralismo crítico-literario francés, pasamos a ocuparnos del estudio estructural de la narración.

Como hemos tenido ocasión de exponer, el tratamiento crítico del texto narrativo fue realizado en profundidad por los formalistas rusos, a diferencia de los cuales ni la Estilística ni el «New Criticism» prestaron gran interés al estudio de la narración. Con el conocimiento en Europa occidental de la *Morfología del cuento* de Propp y de los textos de otros formalistas rusos comenzó en Francia el estudio estructural del género narrativo. A la influencia ejercida por el Formalismo ruso hay que añadir la del estructuralismo lingüístico, que tanto desarrollo había adquirido en Francia. Fue la de los sesenta la década del comienzo y auge de los estudios narratológicos en ese país. En páginas anteriores hemos hecho referencia a las aportaciones de Greimas y de Barthes a la narratología.

Claude Bremond ha propuesto un sistema de funcionamiento de la narración que es una modificación de la contribución de Propp, de la que parte. Frente a la sucesión lineal de las funciones proppianas, presenta Bremond una estructura de la realidad narrativa más compleja:

> En lugar de representar la estructura del relato bajo la forma de una cadena unilineal de términos que se suceden de acuerdo con un orden constante, la imaginaremos como la yuxtaposición de un cierto número de secuencias que se superponen, se imbrican, se entrecruzan, se anastomosan como las fibras musculares o los hilos de un tejido (Bremond, 1966: 87).

A diferencia de la concepción del carácter fijo de las funciones en la totalidad del relato, propone Bremond que se consideren fijas las funciones dentro de las secuencias, pero independientes en cuanto al orden que entre sí mantengan las secuencias (Bremond, 1966: 87).

Para Bremond, una secuencia elemental está constituida por la agrupación de tres funciones, que se disponen en dicha secuencia de este modo: una función abre la posibilidad del proceso, otra función es la realización de esa posibilidad y una tercera función cierra el proceso realizado (Bremond, 1966: 87). Si en el modelo de Propp una función necesita a la que en la secuencia viene a continuación de ella, en el modelo de Bremond, ante una función introducida, ésta puede ser actualizada o no, y, una vez que es actualizada, el proceso iniciado puede terminar o no (Bremond, 1966: 88).

La combinación de las secuencias elementales produce las secuencias complejas, sobre las cuales se organiza el relato. La definición de relato que da Bremond es ésta: «discurso que integra una sucesión de acontecimientos de interés humano en la unidad de una misma acción» (Bremond, 1966: 90). Los acontecimientos se estructuran y adquieren sentido narrativo en relación con un proyecto humano. Los tipos básicos de los acontecimientos del relato son, de acuerdo con la relación positiva o negativa que mantengan con el proyecto humano, de mejoramiento y de degradación. La secuencia de mejoramiento parte de un beneficio o ventaja a obtener ante el cual se ofrecen dos posibilidades, que son el proceso de mejoramiento y la ausencia de proceso de mejoramiento; en caso de seguirse la primera opción se abren otras dos: mejoramiento obtenido y mejoramiento no obtenido. La secuencia de degradación parte de un empeoramiento previsible al que puede suceder un proceso de degradación o una ausencia de proceso de degradación; en caso de que se produzca el proceso las dos opciones que pueden seguir al mismo son degradación producida y degradación evitada (Bremond, 1966:92).

La combinación entre secuencias puede realizarse por encadenamiento por continuidad, por enclave y por enlace. El encadenamiento por continuidad se produce cuando la función final de una secuencia es función inicial de otra. Tenemos combinación por enclave cuando en un proceso, para que éste sea culminado, se incluye otro mediante incrustación. Por enlace se produce la combinación cuando un mismo acontecimiento es una secuencia para un personaje y otra secuencia para otro. El mejoramiento y la degradación se combinan en el relato; esta combinación se realiza según los tres tipos generales indicados: así un proceso terminado de degradación puede ser el punto de partida para un mejoramiento a obtener, siendo su combinación mediante encadenamiento por continuidad. Un proceso de mejoramiento puede fracasar porque, mediante combinación de enclave, se inserte un proceso de degradación cuya función final, degradación producida, equivalga a la final de mejoramiento obtenido, y el mismo proceso puede ser mejoramiento para un personaje y degradación para otro, combinadas dos secuencias por enlace.

El equilibrio que puede indicar el fin del relato se alcanza cuando un proceso de mejoramiento termina. Para que el relato pueda continuar habrán de ser creadas nuevas tensiones que permitan el comienzo de un proceso de degradación (Bremond, 1966: 102).

Uno de los no más desdeñables aspectos positivos de la teoría de Bremond es su razón de continuidad tradicional, ya que, como señala García Berrio, en Aristóteles en la definición y descripción de la trama de la intriga incorporada en la fábula hay innegables antecedentes de este modelo (García Berrio, 1977c: 205).

Un crítico búlgaro afincado en Francia, Tzvetan Todorov, ha contribuido a los estudios estructuralistas franceses, principalmente en el ámbito de la narración. Todorov distingue tres aspectos en la narración: el aspecto verbal, el aspecto sintáctico y el aspecto semántico. En el aspecto verbal se incluyen las cuestiones de las propiedades estilísticas (registros verbales) y del punto de vista. El aspecto sintáctico comprende las relaciones que las unidades narrativas mantienen entre sí. El semántico es el relativo a lo que el relato representa (1967: 16-18; 1969: 35-36; 1970: 28 y ss.). En relación con esta clasificación de los aspectos de la narración, distingue entre historia y discurso: la obra literaria es historia porque representa una realidad, es decir, unos acontecimientos y unos personajes, y es discurso porque esa historia es referida por un narrador; interesando en el nivel del discurso cómo se cuenta y no qué se cuenta. Estas dos nociones, historia y discurso, corresponden a las de fábula y sujeto, respectivamente (Todorov, 1966: 157); la historia correspondería a los aspectos semántico y sintáctico, y el discurso al aspecto verbal.

Situado en el plano de la historia, expresa Todorov la evidencia del carácter lógico de la sucesión de las acciones y considera que en la literatura occidental clásica el personaje es el elemento en torno al cual se organiza el relato, a diferencia de lo que sucede en algunas tendencias contemporáneas (Todorov, 1966: 165; 1967: 77).

En su difundida obra *Gramática del Decamerón* establece el sistema narrativo de los cuentos de Boccaccio, partiendo de la base siguiente:

> Cada cuento particular no es más que la manifestación de una estructura abstracta, una realización que estaba contenida, en estado latente, en una combinatoria de las realizaciones posibles (Todorov, 1969: 35).

Lo que se obtiene del análisis de los relatos concretos es su estructura general o sistema narrativo, que mantiene con los relatos particulares una relación paralela a la que existe entre los cuentos populares y la estructura funcional de Propp. Es la relación entre el sistema y la realidad, entre lo émico y lo ético (Pike, 1967: 37-38).

La unidad básica del plano sintáctico es para Todorov la oración, organización sintáctica de una acción atómica, es decir, que no puede ser descompuesta. Las oraciones pueden mantener entre sí relaciones lógicas (de implicación), temporales y espaciales (Todorov, 1969: 39). Expone Todorov la existencia de secuencias, que son series de oraciones que se perciben como acabadas (Todorov, 1969: 39-40).

Las categorías primarias del sistema narrativo que Todorov construye son: nombre propio, adjetivo y verbo. El nombre propio es agente y se opone al conjunto formado por adjetivo y verbo, que constituyen los predicados. La definición de agente es formal, el agente es «el que puede convertirse en sujeto de un predicado» (Todorov, 1969: 57).

De acuerdo con la función que desempeñan en las secuencias, las relaciones que las oraciones mantienen entre sí pueden ser obligatorias, facultativas y alternativas. Las relaciones obligatorias son las que tienen que aparecer en todas las secuencias; las facultativas son las que pueden aparecer o no en todas las secuencias, y las alternativas, que son las inversiones de atributo y los castigos, son aquéllas una de las cuales aparece sólo si la otra está ausente (Todorov, 1969: 103-114). Toda secuencia contiene dos relaciones obligatorias, el deseo y la modificación, relaciones facultativas y una relación alternativa. La relación alternativa determina el tipo de secuencia; si la que aparece es la inversión de atributo (el personaje cambia) tenemos una secuencia atributiva; en cambio, si la relación alternativa presente es el castigo, la secuencia es de leyes (Todorov, 1969: 116 y ss.).

Para la estructura del relato no son importantes solamente las relaciones que permiten la constitución interna de las secuencias, sino también las que enlazan unas secuencias con otras. Todorov recoge tres tipos de combinación de secuencias: encadenamiento, que es el modo más elemental puesto que se trata de la mera sucesión de dos secuencias; inserción, que es la instrucción de una secuencia que trae nuevamente un acontecimiento sucedido antes de la secuencia a continuación de la cual se inserta, y alternancia, por la que las secuencias se enlazan en virtud del paso que el narrador hace de un personaje a otro cuando trata de las aventuras de dos personajes (Todorov, 1969: 130 y ss.).

En el plano del discurso trata Todorov del tiempo, que en dicho plano «es, en un cierto sentido, un tiempo lineal, en tanto que el tiempo de la historia es pluridimensional» (Todorov, 1966: 174). Si en la historia pueden suceder a la vez varios acontecimientos, la presentación lingüística de los mismos, dado el carácter lineal del significante, necesariamente se realizará linealmente en una sola dimensión. Al estudiar el formalismo ruso nos hemos ocupado de la diferencia temporal entre el plano de la fábula y el plano del sujeto; en la fábula el orden temporal es natural, mientras que en el sujeto puede ser alterado literariamente aquel orden, siendo presentados los acontecimientos en muchos relatos según un orden temporal diferente. Por consiguiente, la presentación discursiva de los acontecimientos narrados será lineal sólo en relación con la sucesividad de tal presentación, pero no en cuanto al orden interno que entre sí mantienen los acontecimientos. Consideramos necesario recordar a este propósito la aportación del crítico italiano Cesare Segre, quien trata de la existencia de tres niveles: fábula, intriga y discurso (Segre, 1974: 14). La fábula es para Segre «el contenido, o mejor, sus elementos esenciales, colocado en un orden lógico y cronológico» (Segre,

1974: 14); la intriga es «el contenido del texto en el mismo orden en el que se presenta» (Segre, 1974: 14), y el discurso es «el texto narrativo significante» (Segre, 1974: 14). Segre, que sigue en cuanto a la fábula y la intriga, la distinción de los formalistas entre fábula y sujeto, deslinda un tercer elemento, el discurso, que funciona como significante del signo lingüístico narrativo, cuyo significado, compartimentado en dos niveles, estaría formado por fábula e intriga. La linealidad del discurso todoroviano existe en relación con el nivel discursivo-significante de Segre.

El tiempo del significado narrativo no es el mismo en el plano de la fábula que en el del sujeto (discurso en Todorov). En este sentido, Jean Ricardou discierne entre tiempo de la ficción, el de la fábula, y tiempo de la narración, el del sujeto (Bourneuf/Ouellet, 1972: 13). Reproduciremos un bello texto del profesor Baquero a propósito del tiempo narrativo:

> En el tiempo se mueven los personajes de una novela y del tiempo se sirve el autor para montar sobre él su mundo imaginario. Pues existe un tiempo novelesco —el de la acción imaginaria— y otro real —el de la andadura narrativa—. Toda una vida humana puede sernos referida en menos de una página. Y, por el contrario, un acto brevísimo, que dura unos segundos, al ser descrito en una novela, puede llenar varios minutos de lectura (Baquero Goyanes, 1974: 231-232).

En la estructura de la novela, género en el que, según indica Thibaudet, se dispone libremente del tiempo, resulta, pues, fundamental el factor temporal (Baquero Goyanes, 1970: 80).

En el plano del discurso de Todorov, es decir, en el plano del sujeto, están situados los aspectos del relato, sobre los cuales se organiza la relación entre narrador y personaje. Toma Todorov la clasificación de los aspectos de Pouillon y la expone mínimamente modificada; éstos son los aspectos o visiones de la narración:

*a)* Visión «por detrás» (narrador > personaje). Se presenta en aquellos relatos en los que el narrador sabe más que el personaje, pudiendo aquél exponernos el pensamiento e incluso el futuro de éste.

*b)* Visión «con» (narrador = personaje). El narrador sabe lo mismo que los personajes; es la visión que se da en los relatos en primera persona.

*c)* Visión «por fuera» (narrador < personaje). El narrador sabe menos que los personajes y es un mero testigo de los acontecimientos (Todorov, 1966: 99 y ss.; 1967: 177 y ss.).

Se refiere también Todorov a los modos del relato, asimismo situados en el discurso; los modos atañen a la relación entre narrador y lector. Hay dos principales: representación y narración; el primero proviene del drama y el segundo del texto histórico (Todorov, 1966: 181). Mantienen fuerte relación los modos y los aspectos del relato.

De gran interés es el estudio de Todorov sobre la literatura fantástica (Todorov, 1972), en él considera ese género desde una posición estructural y semiótica. La aportación de lo fantástico a la literatura abarca las tres dimensiones semióticas: semántica, sintáctica y pragmática (Morris, 1938; Todorov, 1970: 112).

Los estudios de Todorov sobre la Literatura han continuado el camino abierto por los formalistas rusos y llenan en la actualidad una parcela muy importante del corpus narratológico y crítico-literario europeo.

En esta revisión de los sistemas críticos producidos por el grupo estructuralista francés, nos ocupamos a continuación de Gérard Genette, quien, sin olvidar la tradición crítica de su país, vinculada al estudio del texto, aborda la obra literaria desde una posición marcadamente estructuralista (Genette, 1966-68). Define el relato como «la representación de un acontecimiento o de una serie de acontecimientos, reales o ficticios, por medio del lenguaje, y más particularmente del lenguaje escrito» (Genette, 1966: 193), pudiéndose verificar ya en esta definición la formación clásico-tradicional de este crítico, a que aludíamos antes.

Siguiendo a Benveniste, fundamenta la distinción entre relato y discurso en que aquél es objetivo y éste es subjetivo, ya que mientras que en el discurso está presente, de modo implícito o explícito, el *yo* que habla, en el relato nadie habla (Genette, 1966: 202 y ss.). Debiendo recordarse a este mismo propósito, la distinción que Harald Weinrich hace entre el tiempo del mundo narrado y el tiempo del mundo comentado, a los cuales corresponden los tiempos gramaticales del comentar y del narrar, respectivamente (Weinrich, 1964: 61 y ss.).

Sitúa Genette como relación entre narración y descripción, es decir, entre la representación de acciones y de acontecimientos y la representación de objetos y de personas, la subordinación de la segunda a la primera. En este sentido, Félix Martínez Bonati expresa que para que una composición pueda ser considerada narrativa, el discurso narrativo predominará sobre el descriptivo. Para Martínez Bonati, en la unidad de la obra el estrato básico es el constituido por el discurso mimético, es decir, narrativo-descriptivo o discurso del narrador (Martínez Bonati, 1972: 62). Las estructuras lingüísticas de los fragmentos de narración presentan características que las diferencian de las de los fragmentos de descripción; estas diferencias (Reis, 1975: 289 y ss.) están basadas en la adecuación entre expresión lingüística y referente.

Habremos de considerar asimismo la contribución de William O. Hendricks a los estudios narratológicos. Este autor norteamericano se ocupa del estudio semiológico del folklore y de los textos narrativos. Insiste en el carácter de la estructura narrativa como estructura subyacente, la cual se abstrae del texto en primer lugar porque un texto narrativo no sólo consta de narración, sino también de exposición, descripción y metanarración o metadiscurso, que es el comentario que el autor hace sobre su propia narración; en segundo lugar porque en algunas narraciones se pueden presentar directamente las expresiones de los personajes, como si de una obra teatral se tratara, y en tercer lugar porque la narración pura no está ofrecida en el texto de un modo específico, siendo representados muy detalladamente algunos acontecimientos y de manera global otros (Hendricks, 1973: 182). Es necesario, de acuerdo con esto, realizar una normalización antes de analizar el relato; las operaciones de normalización tienen como finalidad la obtención, por separación de los elementos no narrativos y por conversión de los no explícitamente narrativos, de la serie de acontecimientos que forman la narración. Estas operaciones están en cierto modo basadas en un tratamiento similar al transformacional, al que son sometidas las narraciones; siendo su objetivo la determinación de la que podemos llamar estructura sintagmática narrativa, a la que en la producción textual se aplicarían las transformaciones necesarias para la obtención del texto narrativo que recibe el lector (Hendricks, 1973: 182 y ss.). Vemos por tanto en Hendricks un puente entre la crítica estructural de la narración y la crítica generativo-transformacional y la crítica lingüístico-textual.

La aportación del estructuralismo lingüístico a la crítica literaria ha dado como resultado un importante avance en el conocimiento de los mecanismos de la obra literaria. Jonathan Culler escribe que «el intento de entender cómo damos sentido a un texto nos induce a concebir la literatura, no como representación o comunicación, sino como una serie de formas que obedecen a la producción de significado y le oponen resistencia» (Culler, 1975: 362); las formas que constituyen los textos literarios abarcan la expresión y el contenido, y precisamente por las relaciones que entre sí mantienen producen significado. En estrecha relación con los estudios literarios está el tratamiento del folklore (Greimas, 1970; Dundes, 1972).

Los estudios sobre la estructura del relato se inscriben en la Semiología estructuralista (Pérez Gállego, 1973), de origen saussureano y de fundamento lingüístico, que es diferente de la Semiótica de origen filosófico, de la que nos ocuparemos más adelante. Estos estudios semiológico-narrativos suponen un avance en relación con la Lingüística estructural en el sentido de que se realizan sobre un nivel —el textual— no abordado por aquélla. La Semiología de la narración se basa en resúmenes de los relatos; a diferencia de esto, la crítica estructuralista realizada sobre textos poéticos se mantiene muy próxima a la forma inicial con la que el texto ha sido producido. Casi generalmente, la crítica estructural sobre el género lírico está hecha a partir de posiciones muy cercanas a los modelos lingüísticos de índole estructural, en los que, lógicamente, se han introducido las modificaciones necesarias para el tratamiento del texto literario; en cambio, a causa de la naturaleza de los textos que estudia, la crítica semiológico-narrativa se ha visto precisada a utilizar modelos estructurales que, aun teniendo un innegable carácter estructural e influencia de la lingüística, están más alejados de la teoría desarrollada por los lingüistas estructuralistas; produciendo los logros alcanzados beneficio y enriquecimiento para la propia teoría lingüística, como sucede a propósito de la aportación actancial de Greimas. Tanto la crítica estructural realizada sobre textos de poemas como la llevada a cabo sobre textos narrativos han contribuido al desarrollo de un apartado teórico-crítico que se sitúa como importante precedente de la moderna Lingüística del texto y de la crítica lingüístico-textual, y han constituido, gracias a la solidez del apoyo teórico-lingüístico con que han contado, un firme paso en el camino hacia ese desiderátum que es la Ciencia de la Literatura.

## 6. LA CRÍTICA GENERATIVO-TRANSFORMACIONAL

El desconocimiento mutuo en el que, como es sabido, se movieron en Estados Unidos durante largos años Lingüística y Crítica literaria se rompió con el Congreso de Bloomington de 1958 y con el nacimiento de la Gramática generativo-transformacional, que procede de la tradición bloomfieldiana, la cual modifica sustancialmente.

La Gramática generativo-transformacional supuso una renovación muy profunda de la ciencia lingüística. Las nociones hoy tan difundidas de competencia y actuación, estructura profunda y estructura superficial, transformación, etc., integrantes de un corpus teórico en continuo enriquecimiento, han modificado sustancialmente el curso de la Lingüística del siglo XX; sus repercusiones en la Poética lingüística no se han hecho esperar.

La noción de transformación, que, a partir de su maestro Harris (Harris, 1981: 167 y ss.; García Berrio, 1968), reformula Chomsky (1957), es altamente importante para la contribución de Richard Ohmann a la determinación del estilo literario. Para Ohmann el estilo se presenta como modo de expresión de un contenido determinado, modo que mantiene una relación de alternancia con otros modos posibles de expresar dicho contenido (Ohmann, 1964: 427). Al concebir el estilo como uso característico de una lengua, expresa la necesidad de que se establezca previamente el sistema para, a partir de él, poder delimitar ese uso especial. Su propuesta de definición del estilo va pareja a su crítica de los estudios tradicionales sobre el estilo que se realizan sin un instrumental lingüístico adecuado, es decir, sin una descripción previa del sistema sobre el que perfila el estilo; esa ayuda instrumental le vendrá dada por la Gramática generativa, concretamente por las reglas transformacionales, que en el modelo chomskyano de 1957 se dividen en obligatorias y facultativas. En este sentido, apoya su investigación lingüística del estilo en tres características: muchas transformaciones son facultativas; una transformación se realiza sobre una o más cadenas, y la posibilidad de explicar con la Gramática generativo-transformacional la generación de las oraciones compuestas y la relación de éstas con las simples (Ohmann, 1964: 425-430). El camino a seguir para la investigación del estilo será la construcción de las oraciones nucleares a partir de las oraciones del texto que estudia, y la construcción de oraciones no nucleares a partir de las nucleares obtenidas, a fin de disponer de una serie de oraciones alternativas en relación con las oraciones originales. Es consciente de que las transformaciones no dejan inalterado el conteni-

do, por lo que utiliza el término «contenido» en el sentido de contenido cog
nitivo, que no es altérado por las transformaciones (Ohmann, 1964: 430-431).
Con estos presupuestos estudia fragmentos de Faulkner, Hemingway, Henry
James y D. H. Lawrence, describiendo sus características de estilo sobre la
base de la utilización de determinadas transformaciones.

Próxima a esta vinculación del estilo a la manera particular de expresar
un contenido es la distinción que en 1921 realizaba Edward Sapir en estos
términos:

> El arte literario emplea el lenguaje como medio, pero ese medio consta de
> dos capas: el contenido latente del lenguaje –expresión intuitiva de la experien-
> cia– y la conformación peculiar de una lengua determinada, o sea el cómo con-
> creto de nuestra expresión de la experiencia (Sapir, 1921: 252).

Distinción de capas mediante la cual Sapir separaba la literatura que
puede ser traducida sin perder mucho de su carácter, que es aquélla que se
fundamente en la primera capa, de aquélla que, por estar basada en la segunda capa, pierde valor estético al ser traducida a otra lengua (Sapir, 1921:
252). El contenido latente queda en gran medida inalterado aunque se cambie la expresión del mismo.

En su artículo de 1964 estudia Ohmann solamente la descripción del estilo, pero reconoce que «el paso de la descripción formal de los estilos a la interpretación crítica y semántica debe ser el fin último de la estilística» (Ohmann, 1964: 434).

La utilización de las transformaciones facultativas es susceptible de estudio estadístico; en esta línea ha trabajado C. W. Hayes, que ha combinado el
análisis de Ohmann con la estadística (Lázaro Carreter, 1969: 43-44).

Frente a la propuesta de estudio estilístico de Ohmann encontramos la
de James Thorne, quien parte de que en muchos poemas están presentes
oraciones que no están bien-formadas y de que estas oraciones poseen consistencia, encuadrándose en series de oraciones que ofrecen el mismo tipo
de desviación, lo cual implica que oraciones que no son bien-formadas en la
lengua estándar correspondiente al poema, se muestran como oraciones
normales en el contexto del poema, por lo que advierte la posibilidad de
construir una gramática de la lengua en la cual el poema está escrito, gramática que será diferente de la gramática de la lengua estándar correspondiente (Thorne, 1965: 49 y ss.; 1969: 147-148). Las diferencias entre la lengua estándar y la lengua del poema son situadas por Thorne principalmente en la
estructura profunda, ello en el caso de la buena poesía, mientras que en muchos de los malos poemas la divergencia entre la lengua de éstos y la estándar queda limitada a transformaciones de estructura de superficie (Thorne,
1969: 148). La gramática de la lengua de un poema determinado es la gramática de este dialecto de la lengua estándar (Thorne, 1965: 155). De interés es
el papel de la intuición en la construcción de la gramática de un poema:
«Leer un poema, se sugiere, es con frecuencia como aprender una lengua.
Cuando aprendemos una lengua desarrollamos la capacidad de tener intui-

ciones sobre su estructura. Una gramática es un tipo especial de afirmaciones acerca de estas intuiciones» (Thorne, 1965: 155).

La propuesta de Samuel R. Levin es la del obtener una gramática que
genere, además de las oraciones de naturaleza estándar, aquellas oraciones
que se caractericen por constituir desviación poética (Levin, 1964: 308 y ss.).

Hendricks ha criticado el modelo de Thorne proponiendo la utilización
del modelo teórico-lingüístico proporcionado por *Aspectos de la teoría de la sintaxis* (Chomsky, 1965) y estimando desacertado considerar un poema como
muestra de un dialecto de la lengua estándar. La contribución de Ohmann,
por su parte, no resulta adecuada vista desde el mencionado modelo chomskyano de 1965, en el que ha sido sustancialmente modificada la parte transformacional; con todo, Spillner opina que «hubiera sido recomendable, incluso después de 1965, seguir el camino propuesto por Ohmann en el desarrollo de una teoría estilística lingüística» (Spillner, 1974: 74-75), por las facilidades que la distinción entre transformaciones facultativas y obligatorias
ofrecía a quienes consideraban el estilo como elección entre diferentes rasgos facultativos (Enkvist, 1973: 80).

Las propuestas generativo-transformacionales acerca del estilo suponen
la reactivación de la noción de desvío como base de la especificidad poética
(García Berrio, 1973: 123).

El concepto chomskyano de competencia lingüística (Chomsky, 1965;
Aguiar e Silva, 1980), que acompaña al de actuación, es importante para el
establecimiento del concepto de competencia literaria (Thomas, 1978: 21 y
ss.; Culler, 1974: 163 y ss.; van Dijk, 1972b: 190), capacidad de producir y de
comprender textos literarios; pero en la competencia literaria o poética no
se da entre emisor y receptor el paralelismo que hallamos a propósito de la
competencia lingüística, puesto que muchos lectores que poseen competencia literaria o poética pasiva no la tienen activa (García Berrio, 1979b:
141-142).

Jean-Jacques Thomas arguye la necesidad de conectar el objeto lingüístico con otros objetos, en lo cual la Gramática generativo-transformacional, y
la crítica mediante ésta realizada, se muestra ineficaz (Thomas, 1978: 16). La
ayuda a este respecto y al del tratamiento de las presuposiciones viene dada
por la Pragmática (Thomas, 1978: 16-17). Somos conscientes de que la crítica
generativo-transformacional no es sino una parcela, bien que muy importante, en el tratamiento del objeto literario y de que, por ello, no va a resolver la
totalidad de los problemas que la obra de arte verbal plantea; la contribución de la crítica generativo-transformacional es, sin lugar a dudas, positiva.

La serie de trabajos realizados en el ámbito de la crítica literaria generativo-transformacional (García Berrio, 1977c: 199) es el fruto de la aportación
que al estudio de la Literatura realiza la Gramática generativo-
transformacional, que «deja sentir su influjo modélico en la concepción dinámica del organismo complejo de la obra literaria» (García Berrio, 1977c:

188). De esta influencia participan la Lingüística del texto y la crítica lingüísti-co-textual.

## 7.  LA CRÍTICA LINGÜÍSTICO-TEXTUAL, PRAGMÁTICA Y SEMIÓTICA

Siguiendo la tendencia a ampliar su objeto de estudio ha alcanzado la Lingüística la unidad de texto y el nivel textual. La Linguística del texto se ha desarrollado gracias a las aportaciones de la Gramática generativo-transfor-macional, de la que no es negación, sino ampliación, a las del estructuralis-mo lingüístico, destacando en tal sentido las contribuciones de Hjelmslev, Ha-rris y Coseriu, y también a las del formalismo y estructuralismo crítico-lite-rario, sin que dejemos de lado la muy importante influencia de las no siem-pre recordadas Retórica y Poética clásicas (García Berrio, 1978a: 132, 142 y ss.; 1979c: 152).

La consecución de la unidad texto por parte de la Lingüística implica el reforzamiento de la colaboración entre dicha disciplina y la Crítica literaria, para la que la unidad texto era una realidad con la cual en cada análisis se enfrentaba. Lingüística del texto y Poética lingüística mantienen una rela-ción de mutuo enriquecimiento: por un lado, la Poética lingüística está en la base del nacimiento y primeros pasos del desarrollo de la Lingüística del tex-to, estando situados en el área de los estudios literarios los primeros trabajos de varios cultivadores de Lingüística textual (García Berrio, 1978a: 141) y, por otro lado, la propia Poética lingüística se beneficia del avance de la Lin-güística del texto. La Poética Lingüística recibe, con la Lingüística del texto, un instrumental idóneo para el estudio de la unidad objeto poético-lingüís-tica: el texto literario y su especifidad. Los análisis realizados en el ámbito de la Poética lingüística sin instrumental lingüístico-textual tienen, natural-mente, dimensión textual y sus resultados son positivos, pero no abarcan la totalidad de los aspectos lingüísticos de los textos estudiados.

La noción de competencia lingüística se completa mediante la de com-petencia textual (van Dijk, 1972a: 3; 1972b: 63). La competencia literaria es de carácter textual (van Dijk, 1972a: 170, 207; 1972b: 190; García Berrio, 1979c: 141-142).

Los fundamentos generativo-transformacionales de la Lingüística del texto se observan fácilmente en la propuesta de una teoría generativa del texto poético que hace van Dijk. Este investigador holandés distingue entre estructura profunda textual, o macroestructura textual y estructura de super-ficie textual o microestructura textual; en esta última existe un nivel de es-tructura profunda oracional y un nivel de estructura de superficie oracional (van Dijk, 1972a: 6, 17; 1972b: 66 y ss.).

El texto (T) es reescrito por van Dijk como un conjunto ordenado de oraciones (0) (van Dijk, 1972b: 70):

$$\# T \# \rightarrow O_1, O_2, \ldots, On$$

En la reescritura de las oraciones habrá reglas desviantes de carácter opcional, que den cuenta de ausencias de elementos oracionales en la estructura de superficie.

Ya que la existencia de un conjunto de oraciones no es requisito suficiente para que exista un texto, es necesaria la introducción de un estructurador relacional (R):

$$\# \ T \ \# \ \rightarrow R \ O_1, O_2, \ldots, On$$

Este estructurador actúa sobre los niveles fónico, sémico y sintáctico del texto y tiene como tarea la definición formal de las relaciones que existen entre las oraciones del texto, funcionando como componente transformacional de la producción del texto poético (van Dijk, 1972a: 74-75). De este estructurador depende también la organización gráfica del texto. Corresponde al estructurador, pues, la organización del texto poético en todos sus niveles.

János S. Petöfi, lingüista húngaro que ha desarrollado un exhaustivo modelo lingüístico textual, la teoría de la estructura del texto y de la estructura del mundo (Petöfi, 1973; 1975; 1978) dedicó algunos de sus primeros trabajos en Lingüística textual a la obra de arte verbal. En la estructura lingüística del texto poético distingue Petöfi, por un lado, un componente de signo lingüístico, del que forman parte los subcomponentes sintáctico y semántico y, por otro lado, un componente musical, en el que están integrados los subcomponentes rítmico y eufónico (Petöfi, 1967a; 1967b). El elemento básico de la obra de arte verbal considerada en su totalidad es la correlación de las unidades de un componente con las de otro. Es importante la consideración de la posibilidad de analizar las relaciones poéticas exteriores de la obra, esto es, las relaciones obra-estilo, obra-lengua literaria, etc. (Petöfi, 1967a; 1967b).

Sin embargo, no son muchos los análisis crítico-literarios que se han realizado en la Lingüística textual germánica, y los realizados en ese área son más bien constatación de presupuestos teóricos.

Es en España donde encontramos la aplicación crítico-literaria más importante que se ha hecho de la Lingüística textual: el estudio del soneto amoroso del Siglo de Oro que ha llevado a cabo el Profesor García Berrio (García Berrio, 1978b, 1978c; 1979b; 1980b; 1980c; 1981b). Este estudio, cuya realización continúa, ha dado como resultado un muy potente modelo lingüístico-textual, que permite el tratamiento de corpus amplios de textos e incluso el tratamiento, mediante tipologización intratextual, de textos extensos. La investigación textual que sobre más de mil sonetos ha desarrollado García Berrio demuestra que en la praxis literaria del Siglo de Oro se da una estructuración tan sólida como la fuerte organización tópica de la teoría literaria de la misma época, también estudiada por él (García Berrio, 1975; 1977a; 1980a); todo soneto amoroso funciona dentro de un esquema perfectamente trazado, siendo posible, a partir precisamente de la consideración de dicho funcionamiento, comprender un soneto concreto en su complejidad artística (García Berrio, 1981b: 146).

El modelo lingüístico textual de García Berrio consta de una sección macrocomponencial y de otra microcomponencial; la primera tiene como objeto el tratamiento de la macroestructura textual, y la segunda, el de la microestructura textual. Consta, además de un componente semántico y de un componente sintáctico.

La tipología temática, que ha sido hecha sobre quinientos sonetos de Garcilaso, Herrera, Quevedo y Góngora, se obtiene a partir del macrocomponente semántico. La forma inicial básica que se encuentra en la macroestructura semántica de todo soneto amoroso clásico es la siguiente:

$$[\varphi]\{s/p, \quad o/d\}$$

en la que «$\varphi$» es un funtor que representa «amar»; s/p es la representación del sujeto-poeta, y o/d, del objeto-dama, por lo que la fórmula se lee así: «el poeta/ama/a la dama». Esta fórmula constituye el primer rango del modelo (García Berrio, 1978b).

En el siguiente rango la mencionada fórmula inicial se diversifica en dos ramas: una es la de correspondencia-reciprocidad (el poeta ama a la dama y ésta ama al poeta −o al menos no es explícito que no le ame−) y otra la de no correspondencia-no reciprocidad (el poeta ama a la dama y ésta no ama al poeta). Dentro de este rango encontramos tres nudos: canto, que depende de la primera de las dos ramas y domina los sonetos en los que el poeta canta a la dama o al Amor; queja, que depende de la segunda rama y cubre los sonetos en los que el poeta extiende su queja explícita contra algo, el Amor, la dama, o él mismo en su obstinación, y sufrimiento, que depende también de la segunda rama y domina los sonetos en los que el poeta expresa su sufrimiento sin queja contra ningún culpable (García Berrio, 1978b).

La especificación de los actantes constituye el tercer rango, en el cual el nudo de canto queda diversificado en dos nudos: canto a la dama y canto al Amor, y el nudo de queja se ramifica en tres: queja de la dama, queja del Amor y queja del poeta mismo. En este rango está situado el confidente, actante término indirecto con quien el poeta se queja o canta (García Berrio, 1978b).

La modalidad expresiva está en el cuarto rango, en el que cada uno de los nudos del tercer rango se ramifica en dos: expresión directa y símil.

En el quinto rango son incluidos los rangos temáticos centrales de los sonetos, con lo que se definen los tipos de sonetos (García Berrio, 1978b).

Con posterioridad García Berrio ha perfeccionado y modificado en algunos puntos su modelo de la tipología temática. El confidente es integrado como actante suplementario en cada una de las columnas de canto, queja y sufrimiento; del mismo modo es incluido un nuevo elemento, el circunstante, que se diversifica en tiempo y lugar. La especificación de la modalidad expresiva directo/símil es trasladada al quinto rango, mientras que pasa al cuarto rango la especificación temática (García Berrio, 1980c: 473 y ss.).

El estudio del macrocomponente sintáctico fue comenzado por García Berrio sobre unos ciento cincuenta sonetos amorosos de Lope de Vega, a partir de los cuales obtuvo una organización macrosintáctica con la que ha estudiado unos mil quinientos sonetos. La tipología macrosintáctica está basada sobre la modalidad expresiva de la comunicación textual, que puede ser expositiva o narrativa; sobre la construcción del texto, en la que están conectadas y delimitadas las unidades textuales, y sobre la incidencia actancial, que depende del predominio de una de las tres funciones del lenguaje de Bühler: apelación, síntoma y representación (García Berrio, 1980b). Con este estudio macrosintáctico ha podido establecer García Berrio numerosas conclusiones de tipo lingüístico, estilístico e histórico-literario, tales como la evolución estilística de Lope de Vega, o el grado de topicalidad de este autor con relación a las estructuras macrosintácticas tradicionales.

Hemos de destacar a propósito de la crítica lingüístico-textual de García Berrio la importancia que en ella tiene en todo momento la realidad textual, así como las decisivas conclusiones con las que ha enriquecido la teoría, tanto lingüístico-textual como literaria. Los textos literarios han sido estudiados en relación con el contexto formado por la tradición literaria (García Berrio, 1978b), por otros textos literarios, de donde se obtiene una muy rica aportación a la Historia literaria.

En la contribución crítica lingüístico-textual conviene señalar los muy fructíferos análisis del Profesor Ramón Trives sobre textos de Unamuno, Quevedo, Lupercio Leonardo de Argensola, etc., análisis realizados desde la Semántica lingüístico-textual (Ramón Trives, 1979).

La investigación del estilo puede llevarse a cabo muy satisfactoriamente, como puede verse por los estudios tipológico-textuales de García Berrio, con la ayuda de la Lingüística del texto, que puede tratar adecuadamente los marcadores textuales del estilo (Enkvist, 1978: 176 y s.).

La especificidad de la lengua literaria no puede ser determinada con independencia del nivel textual. Numerosos mecanismos lingüísticos de la Literatura pertenecientes a niveles infratextuales tienen cierta dimensión textual, siendo en el nivel textual donde adquieren sustantividad las diferencias entre lengua literaria y lengua estándar presentes en los niveles integrados en el textual (García Berrio, 1979b: 152).

El modelo lingüístico textual de carácter tipológico construido por García Berrio determina la literaridad/poeticidad de un texto sintáctica, semántica y pragmáticamente. La cuestión de la literaridad/poeticidad es tratada a propósito del texto-género y a propósito del texto-individuo; en el primer caso, el texto-género es una concreción dentro de todas las posibilidades estructural-sintácticas y semántico-temáticas; en el segundo, la literaridad/poeticidad vendría dada, para la concepción artística clásica, por la adhesión a un riguroso esquema tópico y, en la concepción artística moderna, por la exclusión, en términos macroestructurales, del conjunto de realizaciones textuales precedentes (García Berrio, 1979b: 161-165). En cuanto a definición de la poeticidad sobre la base de la adecuación pragmática a convenciones culturales, el modelo tipológico-textual aporta, frente a convenciones extraliterarias, la consideración del contexto literario como la convención cultural a la que los textos se adhieren (García Berrio, 1979b: 160-161).

García Berrio, que habla de literaridad/poeticidad y no solamente de literaridad o de poeticidad, términos que con gran frecuencia son utilizados indistintamente, distingue entre uno y otro; literaridad y poeticidad son características de textos que se diferencian de los textos de lengua estándar, son grados sucesivos de la tendencia lingüística que las opone a la condición de la lengua estándar. Propone García Berrio dos vías para la distinción entre Literatura y Poesía: la lingüística, basada sobre la consideración del componente acústico-rítmico, y la pragmática, fundamental en los mecanismos relativos al campo del sentimiento (García Berrio, 1979c: 165-167). La contribución del modelo tipológico-textual al deslinde de literaridad y poeticidad es muy fructífera: en la praxis clásica la literaridad venía dada por la adhesión a un esquema tópico de macrocomponente textual, mientras que la poeticidad se situaba en el paso de la macroestructura a la microestructura textual, es decir, en las transformaciones textuales que conducen del macrocomponente al microcomponente (García Berrio, 1979c: 168). Reproducimos por su importancia el siguiente texto de García Berrio, en el que quedan perfectamente delimitados literaridad, poeticidad y no especificidad lingüística literario-poética:

> Condición estándar de la lengua, literaridad y poeticidad se ofrecen tras este análisis como tres momentos sucesivos de un proceso general lingüístico. *Lengua estándar* y *lengua literaria* se aproximan, en líneas generales, por la *naturaleza denotativa de su objeto* de comunicación, y divergen en el diferente entendimiento de la *economía verbal* de sus mensajes. Tal entendimiento económico, realizado por lo demás, sobre estructuras de modelización secundaria diferentes, aproxima la lengua literaria y la poética, las cuales, sin embargo, divergen en sus resultados, literatura y poesía, en lo mismo que se aproximaban los mensajes literarios y los de comunicación «estándar»; a saber, en la naturaleza del objeto de comunicación: *experiencia representada* en la literatura, y *descubrimiento-compartido* sugerido por la poesía (García Berrio, 1979c: 168).

Tanto la lengua literaria como la lengua poética participan, como anteriormente se ha visto, de una tendencia polisémica general, aunque de forma diferente. La lengua literaria tiende a la monosemia y la lengua poética se mantiene en la polisemia (Ramón Trives, 1981: 17). En la lengua literaria, lengua de la prosa, tras un proceso de monosemización que tiene lugar con la lectura se alcanza una estructura significativa textual de carácter unívoco; del trapecio semántico (Heger, 1974: 1 y ss., 135 y ss.; Baldinger, 1970: 149 y ss.; Ramón Trives, 1979: 15 y ss.; 1981: 18) se llega a un triángulo semántico, monosémico. En cambio, la polisemia de la lengua poética es irreductible, el resultado de la lectura es una situación significativa de índole trapezoidal, polisémica (Ramón Trives, 1981: 19). En esta tendencia polisémica reside la autonomía de la lengua poética, que no está al servicio de un referente; esta autonomía está estrechamente vinculada a la función poética. Escribe Ramón

Trives a propósito de la tendencia polisémica, de la irreductibilidad de la polisemia poética:

> En cambio, en la poesía, la palabra se aleja de la abstracción apta para la denotación concreta, desprovista de las ataduras deícticas, espacio-temporales, e invade el reino del mundo denotado, en una auténtica *cosificación* de las estructuras lingüísticas, quedando entregada a la polisemia como razón de ser de su estructura toda, sin ceder a la pura instrumentalización sígnica, cuyo proceso significativo ordinario, no usado, convoca a su captación directa, a su contemplación [...] (Ramón Trives, 1981:19).

En la comunicación poética, como señala Abad Nebot, «en parte los signos no denotan nada distinto de sí mismos» (Abad Nebot, 1977: 220).

Las nociones de macroestructura textual, microestructura textual, transformación textual, tipología de estructuras textuales, etc., que han proporcionado la Lingüística del texto y la crítica lingüístico-textual, han supuesto un sólido apoyo para la cada vez más fructífera colaboración entre Lingüística y Crítica literaria. Este caminar juntos de las dos disciplinas es una prueba evidente de que la Poética lingüística no va necesariamente detrás de la teoría lingüística, siguiendo sus pasos; la Poética lingüística, que, como es sabido, se ha constituido a partir de aportaciones críticas inmanentistas y a partir de aportaciones teórico-lingüísticas, va en muchos casos por delante de la teorización lingüística general, esto es, no dedicada específicamente al texto literario o a la lengua literaria/poética, según puede deducirse del examen de los estudios de los formalistas rusos o del modelo tipológico-textual de García Berrio; en estos casos la teoría lingüística se beneficia de la actividad de la Poética lingüística, disciplina parcial de la Ciencia del lenguaje. Se recorren de este modo dos caminos de innegable enriquecimiento interdisciplinar: la Crítica literaria es influida, en unos casos, por principios inmanentistas de base lingüística y, en otros, por la teoría lingüística y, a su vez, esa Crítica literaria de índole lingüística produce resultados que revierten en la propia teoría lingüística.

La crítica lingüístico-textual ha contribuido principalmente desde España al tratamiento de los textos líricos, que se hallaba en cierto modo en un segundo lugar, aunque no olvidado, a causa de la mayor atención que se dedicaba en el grupo crítico estructuralista francés a los textos narrativos. La Lingüística textual es un instrumento adecuado también para el estudio de la narrativa, para lo cual ha de contar con las aportaciones realizadas por la Narratología.

Como es bien sabido, la Pragmática, junto con la Sintaxis y la Semántica, es parte de la Semiótica (Morris, 1938: 21-23, 63-64). La progresiva ampliación del objeto de estudio de la lingüística ha permitido que se llegue a la Pragmática lingüística, que estudia las relaciones que existen entre los textos, los participantes en la comunicación y el contexto en el que ésta tiene lugar. Esta disciplina parcial de la Lingüística ha surgido gracias a la influencia de la Filosofía del lenguaje y del pragmatismo norteamericano y por el tratamiento adecuado que exigían diversos aspectos de las expresiones lingüísticas relacionados con la comunicación de las mismas.

La relación de la orientación pragmática de la Poética lingüística con la orientación lingüístico-textual de ésta es paralela a la que la Pragmática lingüística mantiene con la Lingüística, la Pragmática lingüística es Pragmática lingüístico-textual, la cual se incluye en la Lingüística del texto. La relación entre la dimensión pragmática y la textual es de integración del nivel pragmático en el ámbito del dominio textual (García Berrio, 1979c: 127 y 146); en este sentido, en el modelo semiótico-lingüístico-textual que elaboramos, el componente de Pragmática textual, en el que se integran los componentes correspondientes a la Sintaxis textual y a la Semántica textual, depende directamente del marco general lingüístico-textual (Albaladejo Mayordomo, 1983).

La aportación de la Pragmática lingüística a la Poética lingüística es importante y permite que entren en el campo de interés de la Crítica literaria los aspectos de la obra de arte verbal relativos a la comunicación del texto. La comunicación literaria es, de manera evidente, diferente de la comunicación normal lingüística (Corti, 1976; Pratt, 1977). La relación entre autor y lector es especial en relación con la que mantienen el emisor y el receptor en la comunicación normal y en virtud de la función poética el texto literario adquiere, en cuanto expresión lingüística, una importancia que no posee el de la comunicación normal. En consonancia con el carácter especial de la comunicación literaria, la Ciencia de la Literatura es concebida por Schmidt, cuya teoría textual es de índole pragmática (Schmidt, 1973), como teoría de la comunicación literaria (Schmidt, 1974: 23 y ss.).

La concepción pragmática de la literariedad se sitúa en el acto de comunicación en el que la obra literaria es participada por el autor al lector; lo específico literario está, de acuerdo con esto, en el acto de habla especial que constituye la comunicación de una obra de arte verbal (Levin, 1976; Lázaro Carreter, 1982). Con la utilización del texto literario el productor quiere que el receptor cambie su valoración acerca de lo que se comunica y que reconozca como literario el texto (van Dijk, 1972b: 36 y ss.). La definición pragmática de la especificidad del texto literario se fundamenta en la existencia de un sistema de convenciones culturales según las cuales unos productos lingüísticos son literatura y otros no (Mignolo, 1978: 41 y ss.). Será en este punto necesario establecer los paradigmas pragmáticos de la especificidad literaria, pero tales patrones, que configuran la convención cultural sobre la literariedad/poeticidad tienen que ser establecidos a partir de una serie de rasgos lingüísticos y no lingüísticos convencionalizados sobre la base de su especificidad (García Berrio, 1979c: 128).

La colaboración de la Pragmática lingüística con la Crítica literaria ha tenido como mayor logro, a nuestro juicio, la introducción en la Poética lingüística de la estructura de la comunicación lingüística, con la que puede realizarse el tratamiento crítico-literario riguroso de las relaciones que se establecen entre autor, lector, obra literaria y contextos de la comunicación literaria (Corti, 1976). Dentro de este esquema, cuyas dimensiones son, en relación con el nivel superior, textuales, se lleva a cabo el estudio de la producción del texto literario, de su recepción, de la presencia del autor y lector en la obra, de las relaciones entre los contextos y las obras, etc. La extensión del objeto de estudio lingüístico implica la extensión del objeto de estudio poético-lingüístico. El movimiento hacia estructuras más amplias es expresado por E. Raimondi, que lo basa en el interés por la recepción, en los siguientes términos:

> Pero a medida que el concepto de forma se convierte en complejo punto de encuentro de las fuerzas y de los conflictos que regulan la vida literaria, su interpretación dinámica conduce [...] a una pragmática de más allá del texto, en el campo de acción del lector. Aquí tiene también su origen el interés concomitante por la retórica, por la sociología implícita de una palabra que se hace acto, llamada a la potencialidad dramática de una situación intersubjetiva (Raimondi, 1979: 382).

Dentro de esta armazón teórica pueden ser integrados los estudios realizados sobre el papel del receptor de la obra literaria (Weinrich, 1971; Jauss, 1971; Iser, 1972; 1976; Grimm, 1977; Eco, 1979). Los trabajos relativos al resumen y comprensión de textos realizados desde la Lingüística textual (van Dijk, 1977: 197 y ss.; van Dijk/Kintsch, 1978; van Dijk, 1979) son altamente productivos para el estudio de la recepción literaria.

También concierne esta estructura pragmática a las consideraciones sobre la producción de la obra de arte verbal, actividad que se refleja en la propia obra, es el caso de los estudios de Kristeva sobre el semanálisis. En este sentido, la voluntad de cierre del autor en relación con la obra literaria que produce (Lázaro Carreter, 1976c: 166) es una característica pragmática.

Por lo que a la relación con el contexto respecta, la comunicación del texto literario tiene normalmente contextos diferentes en cuanto a tiempo y en cuanto a lugar en la producción y en la recepción. Como escribe Alarcos Llorach, «el texto poético se nos presenta aislado, fuera de situación, al revés que el texto lingüístico cotidiano [...]. Es decir, no hay *situación*» (Alarcos Llorach, 1976: 249).


La Semiótica es la ciencia de los signos (Morris, 1938; Eco, 1968; 1975; Bobes Naves, 1973; Jakobson, 1978). Este término es utilizado de un modo muy amplio como hemos podido comprobar en páginas anteriores, cuando nos hemos referido a la semiótica de Hjelmslev, a la semiótica de Kristeva o a la de Morris. La situación del término se complica por la utilización del nombre Semiología; ante el uso indistinto de uno y otro vocablo, en la reunión de 1969 de París de la que surgió la Asociación Internacional de Estudios Semióticos se propuso que se utilizara el término Semiótica para designar la teoría de los signos. El término Semiología ha sido muy empleado para hacer referencia a la ciencia de los signos de base lingüística, de mayor desarrollo en Francia, mientras que el término Semiótica ha estado más vinculado a la ciencia de los signos de base filosófica, y de origen anglosajón. En el apartado quinto del presente capítulo hemos usado la palabra Semiología para referirnos al estudio de la relación entre los signos que constituyen el texto narrativo.

Antes de la adquisición de la dimensión pragmática, la Poética lingüística era una Sintaxis en el sentido semiótico morrisiano, puesto que se ocupaba de las relaciones que los signos mantienen entre sí o que mantienen, unos con otros, los elementos que componen el signo lingüístico-textual que es la obra de arte verbal. La influencia de la filosofía no se ha ejercido únicamente en el sentido de introducir la dimensión pragmática en la Lingüística y, por consiguiente, en la Poética lingüística, sino que también se ha realizado mediante la contribución de la Semántica filosófica, que, a su vez, está muy estrechamente relacionada con la Pragmática, a la Lingüística. De este modo la Lingüística ha llegado a disponer de una sección de Semántica extensional, esto es, Semántica del referente, Semántica semiótica, cuya tarea es el estudio de las relaciones que existen entre los signos y los denotados; el aprovechamiento por parte de la Lingüística de esta contribución ha sido muy productivo gracias a la Lingüística del texto, que se articula como teoría semiótica lingüística. A partir de estos presupuestos la Poética lingüística adopta la Semántica extensional y pasa a tener una armazón semiótica.

Es en este punto donde situamos el estudio del problema de la ficcionalidad, que tan alto rendimiento ha dado en la Poética clásica y en la Poética lingüística. Sobre la ficción, enfrentada a la relación de hechos verdaderamente sucedidos, se ha establecido en la Poética clásica la diferencia entre Poesía e Historia y, por tanto, la especificidad de lo poético (García Berrio, 1975: 80-81; 114 y ss.; 1977a: 163 y ss.). En el ámbito de la crítica lingüística se ha prestado gran atención al tema de la ficcionalidad, que es de naturaleza semántico-extensional, puesto que atañe al referente, y de naturaleza pragmática, ya que exige un acuerdo entre autor y lector, acuerdo que está enmarcado en la convención institucionalizada de lo literario; esta convención consiste en que para las obras literarias no es necesario que el referente exista en el mundo real (Schmidt, 1976: 161-162; Reisz de Rivarola, 1979). S. J. Schmidt expone el carácter de la ficcionalidad:

> la noción de ficcionalidad describe el principio regulativo que domina todas las operaciones semánticas, a saber, valoraciones, en el sistema social e históricamente institucionalizado de la comunicación literaria. Para el emisor textual que quiere producir un texto como objeto potencial de comunicación literaria, este principio significa principalmente que tiene que esperar que los mundos que los lectores puedan adscribir a sus textos en el proceso de recepción sean considerados como *mundos ficticios*. Para los receptores, este principio significa que tienen que tratar (procesar/valorar) como ficticios los mundos que ellos son capaces de asignar a un texto (si les es presentado como un texto literario). (Schmidt, 1976: 172-173).

También Levin se ocupa de la ficcionalidad en su tratamiento de la comunicación literaria del poema como acto de habla basado en un acuerdo entre productor y receptor (Levin, 1976: 149 y ss.). S. Y. Kuroda considera, a propósito de la ficcionalidad, que ésta es creada, en relación con el lector, por las expresiones del narrador, no por las del autor; es decir, la realidad ficcional la crea el propio texto (Kuroda, 1976: 128-129).

La Semiótica tiene un gran desarrollo en la U.R.S.S. (Lotman/Uspenskij, 1973; VV.AA., 1969; Prevignano (ed.), 1979; Lozano, 1979); sus fundamentos se encuentran en el estructuralismo, en el Formalismo ruso, en la Cibernética, en las Matemáticas y en la Semiótica occidental. La Semiótica soviética se ha propuesto, utilizando la Cibernética y la teoría de la información, hacer de la teoría literaria rusa una Ciencia de la Literatura, en lo que siguen el camino señalado por la vieja aspiración de los formalistas rusos y se caracteriza por dirigir su interés hacia todos los objetivos semióticos (Lozano, 1979: 20-21).

Muy destacada en la Semiótica de la U.R.S.S. es la figura de Jurij Lotman, que encabeza el grupo que constituye la Escuela de Tartu. Lotman concibe la cultura como la memoria común de la humanidad, como el conjunto de información no genética; desde este presupuesto considera que la cultura ha de ser estudiada, a través de los textos que la constituyen, como comunicación y como código según el cual pueden ser descodificados los textos (Lotman, 1973: 40; Segre, 1977). Para Lotman y Uspenskij la cultura es un sistema integrado por signos que se definen por las relaciones que entre sí mantienen (Lotman/Uspenskij, 1979: 68). Es en este ámbito semiótico de la cultura donde se integra el estudio de la Literatura; todos los sistemas comunicativos son sistemas de modelización, de representación, por lo que la lengua estándar es un sistema de modelización, pero de carácter primario. Frente a la lengua estándar, la lengua poética, la lengua artística, es un sistema de modelización secundario (Lotman, 1970: 15 y ss.; 1979: 69) porque tiene la lengua estándar como material. La lengua poética está configurada como un sistema altamente complejo; como escribe Lotman, «la compleja estructura artística, creada con el material de la lengua, permite transmitir un volumen de información que sería absolutamente imposible transmitir con los medios de la estructura lingüística normal» (Lotman, 1970: 17). La Poesía es un sistema semiótico orientado a la transmisión de informaciones no primarias, comunicación más compleja que la de la lengua estándar (Lotman, 1979: 108-109). A propósito de la relación entre forma y contenido, es importante la idea de que el pensamiento del escritor es indivisible de la estructura artística en la que se realiza (Lotman, 1970: 17-19).

Hemos hecho referencia a la consideración del arte verbal como sistema de simulación, esto es, de modelización secundario; éste es aplicado por Lotman a artes no verbales, como la pintura y la música, por lo que la expresión mencionada no ha de ser entendida solamente en el sentido de que un sistema de ese carácter utiliza una lengua natural como material; las artes no verbales son sistemas de modelización secundarios porque sobre ellos ejerce influencia, dado que la lengua es el sistema de comunicación más potente que poseen los hombres (Lotman, 1970: 15-16).

Boris Uspenskij ocupa un lugar muy importante en los estudios semióticos en la U.R.S.S.; se ha ocupado tanto de Semiótica del arte (Uspenskij,
1973) como de Semiótica del texto literario, estudiando el punto de vista
como factor composicional (Uspenskij, 1970).

Un crítico que ha ejercido una importante influencia en la Semiótica de
la U.R.S.S. es Mijail Bajtín, cuyas obras han sido difundidas durante los
años sesenta. Bajtin dirigió a los formalistas una crítica «inmanente» (Kristeva, 1970: 8), es decir, una crítica al formalismo desde una posición a su vez
formalista. La propuesta bajtiniana se basaba en un desplazamiento de la
problemática formalista por medio de la atención al lugar que la lengua literaria ocupa en la historia de los sistemas significantes y a los sujetos de la actividad lingüística (Kristeva, 1970: 8-9). Bajtín da importantes pasos para la
ampliación del formalismo hacia una fenomenología de la comunicación y de
la recepción, pasos que constituyen el tránsito del formalismo a la Pragmática (Raimondi, 1967: 382-383). En 1929 publicó Bajtín su libro sobre Dostoevskij, que, reelaborado, apareció nuevamente en 1963; en esta obra estudia
Bajtín la novela de Dostoevskij, cuya característica es la polifonía, la pluralidad de voces y de conciencias, frente a la novela monológica; el diálogo es la
base del lenguaje para el teórico ruso, quien sitúa el principio de la visión del
mundo de Dostoevskij en «afirmar el *yo* de otro no como objeto sino como
otro sujeto» ( Bajtín 1963: 17); la novela polifónica es un lugar abierto a la
confrontación de las ideologías. En 1965 publicó una obra sobre Rabelais
que había escrito alrededor de 1940 (Bajtín, 1965), en la que se ocupa de las
relaciones entre la obra del autor francés y el contexto cultural de la misma.
La contribución crítico-literaria de Bajtin es un gran avance en el camino hacia la Semiótica literaria; sus estudios tienen la obra literaria como centro a
partir del cual se establecen las relaciones semióticas de carácter semántico y
pragmático; como él mismo expresa, el tema de su estudio sobre Rabelais
«no es la cultura cómica popular, sino la obra de Francisco Rabelais» (Bajtín,
1965: 57).

La Semiótica tiene en la actualidad gran desarrollo asimismo en el resto
de los países eslavos, destacando las aportaciones checoslovacas, entre las
cuales hay que señalar las de Červenka, Křesálková, 1979, y las de la Semiótica polaca, de carácter estructuralista-fenomenológico, en las que ha ejercido
honda influencia Roman Ingarden (Faccani, 1970).

Gracias a la ampliación del objeto de estudio lingüístico y poético-
lingüístico, se elaboran métodos de análisis que puedan abarcar dicho objeto; la metodología lingüístico-textual resultante de dicha ampliación puede
ser utilizada con éxito en el tratamiento del discurso pictórico, como ha de-
mostrado García Berrio con la realización de un estudio semiótico-textual sobre la obra del pintor español Enrique Brinkmann (García Berrio, 1981c).

## 8.   LA NEO-RETÓRICA Y LA CRÍTICA LITERARIA

La Retórica ha venido sufriendo una crisis progresiva que se ha visto reflejada en la inestabilidad de su objeto de estudio (Groupe $\mu$, 1977: 13), que de su inicial amplitud (Lausberg, 1960) se redujo al estudio de las figuras. Esta crisis de la Retórica es la crisis de la cultura clásica y humanística (Heilmann, 1978: 285). En el siglo XX se ha asistido a un resurgimiento de la Retórica propiciado por la Filosofía, la Lingüística y la Crítica literaria (Heilmann, 1978: 291 y ss.); en el nacimiento de la Neo-retórica ha sido muy importante la aportación de orientación filosófica de Perelman, quien utiliza la expresión «nueva retórica» para designar la teoría de la argumentación (Heilmann, 1978: 292 y ss.).

Nos ocupamos de la Neo-retórica de base crítico-literaria, con la que se sigue la tendencia de tradicional a crear un corpus teórico unificado a partir de la conglomeración retórico-poética (García Berrio, 1975; 1977a: 37 y ss.; 1980a).

Los procedimientos de estilo eran en la Antigüedad objeto de estudio de la Retórica, que era, en este sentido, una Estilística (Guiraud, 1955: 11). Para el Grupo $\mu$, de Lieja, la literatura es un uso especial de la lengua y el primer objeto de una Retórica general es la teoría de dicho uso (Groupe $\mu$, 1970: 14). La Retórica clásica pretendía la codificación de los desvíos y para ella la lengua poética era una desviación de la lengua estándar creada mediante la ornamentación de un discurso de lengua común; era, por tanto, «sermo pulchrior». El Grupo $\mu$ considera insatisfactoria la tesis clásica de la edición ornamental como característica de la lengua poética y fundamenta la distinción en la noción de desvío; no existe una lengua poética como código diferente de la lengua estándar, sino una especial utilización de las posibilidades de ésta, según escriben en *Rhetórique générale:*

> Pero no diremos más que la poesía (ni la literatura en tanto que arte) constituye un lenguaje aparte, otro lenguaje: no hay más que un lenguaje, que el poeta modifica, o, por decirlo mejor, transforma completamente (Groupe $\mu$, 1970: 19).

De este modo, la creación poética es una construcción que se realiza sobre el lenguaje como materia. En esa construcción queda situado el desvío en relación con la norma, que es la materia lingüística, la lengua estándar. Pero la dificultad surge en cuanto a la determinación de la norma frente a la que se define el desvío (Genette, 1968: 9), a pesar de lo cual ésta es una noción altamente operativa. El estilo viene dado por la relación entre norma y desvío, y no por éste considerado en sí mismo (Groupe $\mu$, 1970: 22). La índole anticomunicativa del texto poético es resaltada por el grupo de Lieja: la lengua poética no es referencial como tal lengua poética, es referencial en cuanto no es lengua poética, es decir, en lo que tiene de lengua estándar, por lo que el discurso poético no constituye un acto de comunicación, entendida ésta en el sentido de comunicación de contenidos; el texto poético solamente se comunica a sí mismo y comunica con él mismo, por lo que el poeta cierra

el discurso sobre sí mismo y esta clausura constituye lo que se llama obra
(Groupe $\mu$ , 1970: 19). De acuerdo con esto, el texto poético es una «totalización en funcionamiento», por lo cual la razón de ser del poema estaría en la
clausura del texto sobre sí mismo (Groupe $\mu$ , 1977: 24). Klinkenberg, miembro del Grupo $\mu$ , considera que la especificidad poética ha de buscarse en el
plano del significado, en su forma y no en su sustancia (Klinkenberg, 1977:
87).

Denominan los miembros del Grupo $\mu$ función retórica a la función
poética jakobsoniana; esta función se basa en la intención retórica, por la
que el poeta (poeta-rétor), a fin de conducir la atención del lector sobre el
mensaje, puede transformar cualquier factor de la lengua. El poeta actúa sobre el código lingüístico y lo transforma en sus diferentes niveles, e igualmente puede modificar la relación del mensaje con el referente (Groupe $\mu$ ,
1970: 23-24).

El Grupo $\mu$ llama metábole a «toda especie de cambio de un aspecto
cualquiera del lenguaje» (Groupe $\mu$ , 1970: 24), según el sentido que tiene en
Littré (Véase Fontanier, 1830: 332-333, con una acepción distinta, y Lausberg, 1960, I: 231; II: 121-122; III: 359, como modificación –*variatio*–). La Retórica estudia las metáboles, esto es, las modificaciones desviacionales lleva-
das a cabo en virtud de la función retórica del lenguaje; se ocupa, pues, la Retórica de las operaciones de estilo, cuyo efecto estético, que es llamado *ethos,*
es el objeto de la comunicación artística (Groupe $\mu$ , 1970: 45).

Las metáboles se clasifican del modo siguiente (Groupe $\mu$ , 1970: 33-34):

|  | Plano de la expresión | Plano del contenido |
|---|---|---|
| Palabra (y $<$) | METAPLASMOS | METASEMEMAS |
| Oración (y $>$) | METATAXIS | METALOGISMOS |

Los metaplasmos (Lausberg, 1960, II: 24-34) son metáboles que se producen en el plano de la expresión y en la palabra o en unidades inferiores a
ésta, incidiendo sobre el aspecto sonoro o gráfico; son las figuras de dicción.
Las metataxis son metáboles que actúan en el plano de la expresión y en el
dominio oracional o supraoracional, modificando la estructura de la oración;
son las figuras de construcción. Los metasememas son metáboles que, actuando en el plano del contenido y en la palabra, producen cambio de significado mediante la sustitución de un semema por otro; son los tropos. Los me-
talogismos son las metáboles que se producen en el plano del contenido y en
el dominio oracional o supraoracional, modificando el valor lógico de la oración o conjunto de oraciones; son las figuras de contenido (Groupe $\mu$ , 1970:
33-34).

Las operaciones retóricas, cuyo común denominador reside en la alteración desviacional que producen, se dividen en sustanciales y relacionales. Las
primeras son de supresión, de adición y de supresión-adición; las de supresión consisten en la cancelación de unidades; las de adición, en la aportación

de unidades; si las de supresión implican pérdida de información y las de adición aumento de información, las de supresión-adición son aquéllas en las que se mantiene aproximadamente la misma cantidad de información. Las operaciones relacionales son aquéllas por las que se altera el orden lineal de las unidades; estas operaciones se basan en la permutación (Groupe $\mu$, 1970: 45 y ss.).

La Retórica general propuesta por el Grupo de Lieja no se reduce al nivel de «elocutio», sino que extiende el ámbito de la figura al discurso y a los interlocutores (Groupe $\mu$, 1970; 1977). El autor producirá efectos específicos al desviarse del discurso de grado cero (Groupe $\mu$, 1970: 158, 171 y ss.).

En *Rhétorique de la poésie* se ocupa el Grupo $\mu$ de la organización del texto poético desde una perspectiva retórica cuyos fundamentos han sido establecidos en *Rhétorique générale*. Conocedores de la aportación estructural de Greimas, los integrantes del Grupo $\mu$ utilizan las nociones de isomorfía de la expresión y contenido, isotopía, poli-isotopía, etc., en sus contribuciones teóricas y análiticas.

La Neo-retórica del Grupo $\mu$ es un paso muy importante en la reactivación de las amplísimas posibilidades que a la Poética lingüística y a la Lingüística (Lüking, 1977; Spillner, 1977; Kopperschmidt, 1973) ofrece la Retórica. La propuesta del mencionado grupo se inscribe con pleno derecho en la Neo-retórica que, desde diferentes disciplinas, se está haciendo en la actualidad. Las principales ventajas que vemos en la aportación de este grupo, que encabeza Dubois, son éstas: enriquecimiento de la Poética lingüística y de la Lingüística a partir de la Retórica, avance considerable en la constitución de una nueva ciencia del texto de carácter poético-retórico-lingüístico y presencia de la Retórica en el quehacer crítico actual. Sin embargo, sería de desear que la integración de la Retórica clásica en los estudios literarios del presente fuera más completa, de modo que se utilizaran también otras categorías retóricas que por ahora quedan fuera de la contribución del Grupo $\mu$.

Si Barthes exponía la necesidad de un replanteamiento estructural de la Retórica (Barthes, 1966c), en la actualidad la recuperación de la Retórica es lingüístico-textual y pragmática, textual en definitiva (García Berrio, 1979 c: 152 y ss.; Kopperschmidt, 1973: 21-22, 65 y ss.), por lo que creemos que dicha recuperación, realizada sobre la base de la unidad texto, puede llevarse a cabo hoy con más éxito que en anteriores momentos; en este sentido, el Grupo $\mu$ era consciente en 1970 de la dimensión textual de las figuras de la narración.

## 9.   CONSIDERACIONES FINALES

La colaboración entre Lingüística y Crítica literaria es, sin lugar a dudas, positiva. Si bien la Lingüística no puede abarcar la totalidad de los aspectos de la obra literaria, sí puede dar cuenta de los esenciales aspectos lingüísticos de ésta. El punto de partida del hacer crítico-lingüístico que va desde la segunda década del siglo XX hasta nuestros días fue la reacción contra la crítica extrínseca, reacción muy beneficiosa para el conocimiento de la obra literaria. El desarrollo de una crítica intrínseca ha permitido recuperar el tiempo que la crítica de finales del siglo XIX no dedicó a la definición y explicación de la esencia poética y literaria (Wellek, 1965: 13).

Pero si la justificación del planteamiento inmanentista de los movimientos formalistas de las primeras décadas de nuestro siglo la hacemos sin ninguna vacilación, no juzgamos apropiado el mantenimiento de semejante actitud inmanentista aun después de haber sido contrarrestada la crítica restrictivamente extrínseca. Si la utilización de las vías de acceso intrínseco a la obra ha sido altamente enriquecedora para los estudios literarios, en el momento presente la fidelidad a los presupuestos de un inmanentismo exclusivista podrá ser solamente empobrecedora. No olvidemos, a este respecto, que los formalistas rusos se mostraron abiertos en cierto modo a un estudio de la obra literaria no exclusivamente intrínseco y que la Estilística se interesó también por la Historia literaria y por el autor de la obra. Es hoy tarea urgente sacar los estudios crítico-lingüísticos del aislamiento y del atomismo en que un amplio número de éstos se encuentra; hay que conectar los resultados de los análisis poéticos-lingüísticos concretos con otros textos, con el sistema literario de la época de los textos analizados y con los sistemas literarios de otras épocas, a fin de combinar el interés por el estudio de la estructura de los textos concretos con la descripción y explicación del funcionamiento de cada texto dentro del sistema literario (García Berrio, 1977c: 192-193).

Es necesario integrar el estudio lingüístico-inmanentista de la obra literaria en un conjunto de estudios que dé cuenta de la totalidad del hecho literario (García Berrio, 1973: 90-91). La Poética lingüística ha de realizar sus análisis sin olvidar la existencia de otras formas de Crítica literaria, con las que ha de colaborar para que pueda obtenerse una visión global de la Literatura. Es importante a propósito de esto la ya referida ampliación del objeto de estudio de la Lingüística y de la Poética lingüística; con la Poética lingüística de índole textual, pragmática y semiótica se facilita la colaboración entre la crítica extrínseca y la Poética lingüística. Lo que subyace a esta ampliación y a la conexión entre crítica extrínseca y crítica lingüística es una tendencia a la crítica integral (García Berrio, 1973: 90-91) o total, crítica que implicaría la ruptura, en la práctica y no necesariamente también en un nivel teórico o metateórico, de la dicotomía crítica intrínseca vs. crítica extrínseca. La ampliación del ámbito de estudio de la crítica lingüística procede de la exigencia del propio hecho literario de ser tratado en su integridad.

## REFERENCIAS BIBLIOGRÁFICAS

1974    Abad Nebot, F., *Concepto y valor explicativo de la ciencia poética*, en «Revista Española de Lingüística», 4, 1, pp. 155-161.
1977    ————, *El signo literario*, Madrid, Edaf.

1981 ——————, *Sociolingüística y poética,* Zaragoza, Pórtico.

1968 Aguiar e Silva, V. M. de, *Teoría de la Literatura* (vers. esp., Madrid, Gredos, 1972).

1977 ——————, *Competencia lingüística y competencia literaria* (vers. esp., Madrid, Gredos, 1980).

1976 Alarcos Llorach, E., *Ensayos y estudios literarios,* Gijón, Júcar.

1981 Albaladejo Mayordomo, T., *Aspectos del análisis formal de textos,* en «Revista Española de Lingüística», 11, 1, pp. 117-160.

1983 ——————, *Componente pragmático, componente de representación y modelo lingüístico-textual,* en «Lingua e Stile», 18, 1, pp. 3-46.

1982 ——————, y García Berrio, A., *La lingüística del texto,* en Abad Nebot, F. y García Berrio, A. (eds.), *Introducción a la lingüística,* Madrid, Alhambra, pp. 217-260.

1951 Alonso, A., *Estilística y gramática del artículo en español,* en *Estudios linguísticos. Temas españoles,* Madrid, Gredos, 1974, 3.ª ed.

1954 ——————, *Poesía y estilo de Pablo Neruda,* Barcelona, Edhasa, 1979.

1955a ——————, *Materia y forma en poesía,* Madrid, Gredos, 1977, 3.ª ed.

1955b ——————, *Sentimiento e intuición en la lírica,* en 1955a, pp. 11-18.

1955c ——————, *Carta a Alfonso Reyes sobre la estilística,* en 1955a, pp. 78-86.

1955d ——————, *La musicalidad de la prosa en Valle-Inclán,* en 1955a, pp. 268-314.

1955e ——————, *La interpretación estilística de los textos literarios,* en 1955a, pp. 87-107.

1950 Alonso, D., *Poesía española,* Madrid, Gredos, 1976, 5.ª ed., reimpr.

1970 ——————, *Estudios y ensayos gongorinos,* Madrid, Gredos.

1951 Alonso D. y Bousoño, C., *Seis calas en la expresión literaria española,* Madrid, Gredos, 1979, 4.ª ed., reimpr.

1977 Alvar, M., *La estilística de Dámaso Alonso,* Salamanca, Universidad de Salamanca.

1968 Ambrogio, I., *Formalismo y vanguardia en Rusia* (vers. esp., Caracas, Ediciones de la Biblioteca de la Universidad Central de Venezuela, 1973).

1972 Argente, J. A. (ed.), *El Círculo de Praga,* Barcelona, Anagrama, 1980, 2.ª ed.

1972 Arrivé, M., *Estructuración y destrucción del signo en algunos textos de Jarry* (vers. esp. en Greimas [ed.], 1972, pp. 85-105).

1970 Avalle, D'A. S., *Formalismo y estructuralismo* (vers. esp., Madrid, Cátedra).

1975 ——————, *Modelli semiologici nella Commedia di Dante,* Milán, Bompiani.

1971 Báez San José, V., *La estilística de Dámaso Alonso,* Sevilla, Universidad de Sevilla.

1963 Bajtín, M., *Dostoevskij. Poetica e stilistica* (versión italiana, Turín, Einaudi, 1976).

1965 ——————, *La cultura popular en la Edad Media y en el Renacimiento. El contexto de François Rabelais* (vers. esp., Barcelona, Barral, 1974).

1970 Baldinger, K., *Teoría semántica,* Madrid, Alcalá, 1977, 2.ª ed.

1902 Bally, Ch., *Traité de stylistique française,* Ginebra-París, Georg-Klincksieck, 1951, 3.ª ed.

1925 ——————, *El lenguaje y la vida* (vers. esp., Buenos Aires, Losada, 1977).

1963 Baquero Goyanes, M., *Perspectivismo y contraste,* Madrid, Gredos.

1970 ——————, *Estructuras de la novela actual,* Barcelona, Planeta, 1975, 3.ª ed.

1972 ——————, *Temas, formas y tonos literarios,* Madrid, Prensa Española.

1974 ——————, *Tiempo y «tempo» en la novela,* en Gullón, G. y Gullón, A. (eds.), *Teoría de la novela,* Madrid, Taurus, 1974.

1953 Barthes, R., *El grado cero de la escritura* (vers. esp., seguido de *Nuevos ensayos críticos,* Buenos Aires, Siglo XXI, 1973).

1964a ——————, *Ensayos críticos* (vers. esp., Barcelona, Seix Barral, 1973).

1964b ——————, *Elementos de semiología* (vers. esp., en VV.AA., 1974, pp. 9-43).

1966a ——————, *Crítica y verdad* (vers. esp., Buenos Aires, Siglo XXI, 1972).

1966b ——————, *Introducción al análisis estructural de los relatos* (vers. esp., en VV.AA., 1974, pp. 9-43).

1966c ——————, *L'ancienne rhétorique. Aide-memoire,* en «Communications», 16, pp. 172-229.

1970a ——————, *S/Z,* París, Seuil.

1961 Booth, W., *La retórica de la ficción* (vers. esp., Barcelona, Bosch, 1974).

1972 Bourneuf, R. y Ouellet, R., *La novela* (vers. esp., Barcelona, Ariel, 1975).

1952 Bousoño, C., *Teoría de la expresión poética,* Madrid, Gredos, 2 vols., 1976, 6.ª ed.

1973 Bobes Naves, M. del C., *La semiótica como teoría lingüística,* Madrid, Gredos.

1964 Bremond, C., *El mensaje narrativo* (vers. esp., en VV.AA., 1976, pp. 71-104).

1966 ——————, *La lógica de los posibles narrativos,* vers. esp., en VV.AA., 1974, pp. 87-109.

1927 Brik, O., *Ritmo e sintassi. Materiali per uno studio del discorso in versi* (versión italiana, en

Todorov [ed.], 1965, pp. 151-185).

1934   Bühler, K., *Teoría del lenguaje* (vers. esp., Madrid, Alianza, 1979).

1966   Cohen, J., *Estructura del lenguaje poético* (vers. esp., Madrid, Gredos, 1974, reimpr.).

1972   Cohen, K., *Le «New Criticism» aux États-Unis (1935-1950),* en «Poétique», 10, pp. 217-243.

1970   Contini, G., *Varianti e altra linguistica,* Turín, Einaudi, 1979.

1972   Coquet, J.-C., *Poética y lingüística* (vers, esp., en Greimas [ed.], 1972, pp. 37-59).

1976   Corti, M., *Principi della comunicazione letteraria,* Milán, Bompiani.

1908   Croce, B., *Estetica come scienza dell'espressione e linguistica generale,* Bari, Laterza, 1909, 3.ª ed. revisada.

1975   Culler, J., *La poética estructuralista* (vers. esp., Barcelona, Anagrama, 1978).

1968   Debicki, A., *Dámaso Alonso* (vers. esp., Madrid, Cátedra, 1974).

1972a  Dijk, T. A. van, *Some Aspects of Text Grammars,* La Haya, Mouton.

1972b  ————, *Per una Poetica generativa* (versión italiana, Bolonia, Il Mulino, 1976).

1976   ————, *Pragmatics of Language and Literature,* Amsterdam, North Holland.

1976   ————, *Pragmatics and Poetics,* en van Dijk (ed.), 1976, págs. 23-57.

1977   ————, *Texto y contexto* (vers. esp., Introducción de A. García Berrio, Madrid, Cáte-
1979   dra, 1980).

1979   ————, *Cognitive Processing of Literary Discourse,* en «Poetics Today», 1, 1-2, pp. 143-159.

1978   ———— y Kintsch, W., *Cognitive Psychology and Discourse: Recalling and Summarizing Stories,* en Dressler (ed.). 1978, pp. 61-80.

1972   Doležel, L., *From Motifemes to Motifs,* en «Poetics», 4, pp. 55-90.

1978   Dressler, W. U. (ed.), *Current Trends in Textlinguistics,* Berlín-Nueva York, De Gruyter.

1972   Dumont, J.-P., *«Literalmente y en todos los sentidos». Ensayo de análisis estructural de un cuarteto de Rimbaud* (vers. esp., en Greimas [ed.], 1972, pp. 169-185).

1972   Dundes, A., *From Etic to Emic Units in the Structural Study of Folktales,* en Koch, W. A. (Hrsg.), *Strukturelle Textanalyse,* Hildesheim-Nueva York, Olms.

1962   Eco, U., *Opera aperta,* Milán, Bompiani, 1972, 4.ª ed.

1968   ————, *La estructura ausente* (vers. esp., Barcelona, Lumen, 1975).

1975   ————, *Trattato di semiotica generale,* Milán, Bompiani.

1979   ————, *Lector in fabula,* Milán, Bompiani.

1927a  Ejchenbaum, B., *La teoria del metodo formale* (versión italiana, en Todorov [ed.], 1965, pp. 29-72.

1927b  ————, *Teoria della prosa* (versión italiana, en Todorov [ed.], 1965, pp. 231-247).

1927c  ————, *Come è fatto «Il capotto» di Gogol'* (versión italiana, en Todorov [ed.], 1965, pp. 249-273).

1930   Empson, W., *Seven Types of Ambiguity,* Londres, Chatto and Windus, 1977, 3.ª ed. revisada, reimpr.

1973   Enkvist, N. E., *Linguistic Stylistics,* La Haya, Mouton.

1978   ————, *Stylistics and Text Linguistics,* en Dressler (ed.), 1978, pp. 174-190.

1964   ————, Spencer, J. y Gregory, M., *Lingüística y estilo* (vers. esp., Madrid, Cátedra, 1974).

1955   Erlich, V., *El formalismo ruso* (vers. esp., Barcelona, Seix Barral, 1974).

1979   Faccani, R., *Tra strutturalismo e semiotica,* en Prevignano (a cura di), 1979, pp. 585-592.

1974   Fontaine, J., *El Círculo Lingüístico de Praga* (vers. esp., Madrid, Gredos, 1980).

1830   Fontanier, P., *Les figures du discours,* París, Flammarion, 1968.

1927   Forster, E. M., *Aspetti del romanzo* (versión italiana, Milán, Il Saggiatore, 1968).

1968a  García Berrio, A., *España e Italia ante el conceptismo,* Madrid, Consejo Superior de Investigaciones Científicas.

1968b  ————, *El distribucionalismo lingüístico. Z. S. Harris,* en «Anales de la Universidad de Murcia, Filosofía y Letras», 26, 4, pp. 433-455.

1973   ————, *Significado actual del formalismo ruso,* Barcelona, Planeta.

1975   ————, *Introducción a la Poética clasicista: Cascales,* Barcelona, Planeta.

1977a  ————, *Formación de la Teoría Literaria moderna.* I, Madrid, Cupsa.

1977b  ————, *Ideas lingüísticas en las paráfrasis renacentistas de Horacio. Estructura del significante y significado literarios,* en *Homenaje al Profesor Muñoz Cortés,* I, Universidad de Murcia, 1977.

1977c  ————, *Crítica formal y función crítica,* en «Lexis», 1, 2, pp. 187-209.

1978a ————, *Texto y oración,* en «Analecta Malacitana», 1, 1, pp. 127-146.

1978b ————, *Lingüística del texto y texto lírico. La tradición textual como contexto,* en «Revista Española de Lingüística», 8, 1, pp. 19-75.

1978c ————, *Tipología textual de los sonetos clásicos españoles sobre el «carpe diem»,* en «Dispositio», 3, 9, pp. 243-293.

1979a ————, *Poética e ideología del discurso clásico,* en «Revista de Literatura», 41, 81, pp. 5-40.

1979b ————, *Lingüística, literaridad/poeticidad (Gramática, Pragmática, Texto),* en «1616. Anuario de la Sociedad Española de Literatura General y Comparada», 2, pp. 125-170.

1979c ————, *Situación de la teoría textual,* en Petöfi y García Berrio, 1979, pp. 53-98.

1979d ————, *A Text-typology of the Classical Sonnets,* en «Poetics», 8, pp. 435-458.

1980a ————, *Formación de la Teoría Literaria Moderna.* II, Murcia, Universidad de Murcia.

1980b ————, *Construcción textual en los sonetos de Lope de Vega. Tipología del macrocomponente sintáctico,* en «Revista de Filología Española», 60, 1978-1980, pp. 23-157.

1980c ————, *Estatuto del personaje en el soneto amoroso del Siglo de Oro,* en «Lexis», 4, 1, pp. 61-75.

1981a ————, *La Poética lingüística y el análisis literario de textos,* en «Tránsito», h-i, pp. 11-16.

1981b ————, *Macrocomponente textual y sistemático tipológico: el soneto amoroso español de los siglos XVI y XVII y las reglas de género,* en «Zeitschrift für Romanische Philologie», 97, 1-2, pp. 146-171.

1981c ————, *Semiótica textual de un discurso plástico: E. Brinkmann,* Montpellier, Centre d'Études et Recherches Sociocritiques de l'Université Paul Valéry.

1977 ————, y Vera Luján, A., *Fundamentos de teoría lingüística,* Madrid, Comunicación-Alberto Corazón.

1974 Garrido Gallardo, M. A., *Presente y futuro de la estilística,* en «Revista Española de Lingüística», 4, 1, pp. 207-218.

1976 ————, *Introducción a la teoría de la literatura,* Madrid, Sociedad General Española de Librería.

1978 ————, *Todavía sobre las funciones externas del lenguaje,* en «Revista Española de Lingüística», 8, 2, pp. 461-480.

1966 Genette, G., *Fronteras del relato* (vers. esp., en VV. AA., 1974, pp. 193-208).

1966-68 ————, *Figure, Retorica e Strutturalismo* (versión italiana, Turín, Einaudi, 1969).

1968 ————, *La rhétorique des figures,* introducción a Fontanier, 1830.

1972 Geninasca, J., *Fragmentación convencional y significación* (vers. esp., en Greimas [ed.], 1972, pp. 61-82).

1979 González Ollé, F., *Forma lingüística de expresión y función poética en «La soledad de Alcuneza»,* en «Revista de Literatura», 51, 81, pp. 117-153.

1966 Greimas, A. J., *Semántica estructural* (vers. esp., Madrid, Gredos, 1971).

1970 ————, *En torno al sentido* (vers. esp., Madrid, Fragua, 1973).

1972 ————, *Hacia una teoría del discurso poético* (vers. esp., en Greimas [ed.], 1972, pp. 9-34).

1976 ————, *Maupassant. La sémiotique du texte: exercises pratiques,* París, Seuil.

1972 ————, *Ensayos de semiótica poética* (vers. esp., Barcelona, Planeta, 1976).

1977 Grimm, G., *Rezeptionsgeschichte,* Munich, Fink.

1970 Groupe μ ., *Rhétorique générale,* París, Larousse.

1977 ————, *Rétorique de la poésie,* Bruselas, Complexe.

1972 Gueunier, N., *«L'impossible» de Georges Bataille. Ensayo de descripción estructural* (vers. esp., en Greimas [ed.], 1972, pp. 141-165).

1955 Guiraud, P., *La Stylistique,* Paris, Presses Universitaires de France, 1975, 8.ª ed.

1977 Gülich, E. y Raible, W., *Linguistische Textmodelle,* Munich, Fink.

1976 Gullón, G., *El narrador en la novela del siglo XIX,* Madrid, Taurus.

1964 Halliday, M. A. K., *The Linguistic Study of Literary Texts,* en Lunt, H. G. (ed.), *Proceedings of the Ninth International Congress of Linguists,* Cambridge, Mass., 27-31 de agosto de 1962, La Haya, Mouton.

1981 Harris, Z. S., *Papers on Syntax,* Dordrecht, Reidel.

1967 Hatzfeld, H., *Estudios de estilística* (vers. esp., Barcelona, Planeta, 1975).

1974 Heger, K., *Teoría semántica.* II, Madrid, Alcalá.

1978 Heilmann, L., *Rhetoric, New Rhetoric and Linguistic Theory,* en «Folia Linguistica», 12, 3-4, pp. 285-300.

1969    Hendricks, W. O., *Three Models for the Description of Poetry,* en «Journal of Linguistics», 5, 1, pp. 1-22.

1973    ————, *Semiología del discurso literario* (vers. esp., Madrid, Cátedra, 1976).

1967    Hirsch, E. D., *Teoria dell'interpretazione e critica letteraria* (versión italiana, Bolonia, Il Mulino, 1973).

1943    Hjelmslev, L., *Prolegómenos a una teoría del lenguaje* (vers. esp., Madrid, Gredos, 1974).

1973    Ihwe, J., *On the Validation of Text-Grammars* in the *«Study of Literature»,* en Petöfi/Rieser (eds.), pp. 300-348.

1972    Iser, W., *Der Implizite Leser,* Munich, Fink.

1976    ————, *Der Akt des Lesens,* Munich, Fink.

1960    Jakobson, R., *Lingüística y poética* (vers. esp., en Jakobson, 1974, pp. 347-395).

1967    ————, *Microscopia del último «Spleen» de «Les fleurs du mal»* (vers. esp. en 1973, pp. 179-199).

1972    ————, *Carta a Haroldo de Campos sobre la textura poética de Martín Codax,* (vers. esp., en 1973, pp. 23-30).

1973    ————, *Ensayos de poética* (vers. esp., Madrid, Fondo de Cultura Económica, 1977).

1974    ————, *Ensayos de lingüística general* (vers. esp., Barcelona, Seix Barral, 1975).

1978    ————, *Lo sviluppo della semiotica,* Milán, Bompiani.

1980    ————, *Lingüística, poética, tiempo. Conversaciones con Krystina Pomorska* (vers. esp., Barcelona, Crítica, 1981).

1970    ———— y Jones, L. G., *El arte verbal en «Th'expence of Sprit» de Shakespeare* (vers. esp., en 1973, pp. 99-123).

1962    ———— y Lévi-Strauss, C., *«Les chats» de Charles Baudelaire* (vers. esp., en 1973, pp. 155-178).

1968    ———— y Stegnano-Picchio, L., *Los oxímonos dialéticos de Fernando Pessoa* (vers. esp., en 1973, pp. 235-260).

1966    ———— y Valesio, P., *Vocabulorum constructio en el soneto de Dante «Se vedi li occhi miei»* (vers. esp., en 1973, pp. 35-52).

1973    ———— y Valesio, P., *«Si nostre vie»: Observaciones sobre la 'composition & 'structure de motz' en un soneto de Joachim du Bellay* (vers. esp., en 1973, pp. 53-98).

1967    Jauss, H. R., *La historia literaria como desafío a la ciencia literaria* (vers. esp., en VV.AA., 1971, pp. 37-114).

1948    Kayser, W., *Interpretación y análisis de la obra literaria* (vers. esp., Madrid, Gredos, 1976, 4.ª ed., reimpr.).

1977    Klinkenberg, J.-M., *Rhétorique et spécificité poétique,* en Plett (Hrsg.), 1977, pp. 77-92.

1975    Kloepfer, R., *Poetik und Linguistik,* Munich, Fink.

1973    Kopperschmidt, J., *Allgemeine Rhetorik,* Stuttgart, Kohlhammer, 1977, 2.ª ed.

1979    Křesálková, J., *Per una storia delle idee strutturali e semiotiche in Cecoslovacchia,* en Prevignano (a cura di), 1979, pp. 487-493.

1969    Kristeva, J., *Semiótica* (vers. esp., Barcelona, Fundamentos, 2 vols., 1978).

1970a   ————, *El texto de la novela* (vers. esp., Barcelona, Lumen, 1974).

1970b   ————, *Une poétique ruinée,* presentación a Bajtín, M., *La Poétique de Dostoievski,* París, Seuil, 1970, pp. 5-27).

1972    ————, *Semanálisis y producción de sentido* (vers. esp., en Greimas [ed.], 1972, pp. 274-306).

1976    Kuroda, S.-Y., *Reflections on the Foundations of Narrative Theory,* en van Dijk (ed.), 1976, pp. 107-140.

1979    Lapesa, R., *Introducción a los estudios literarios,* Madrid, Cátedra, 1979, 12.ª ed.

1960    Lausberg, H., *Manual de Retórica literaria* (vers. esp., Madrid, Gredos, 1966-1968).

1969    Lázaro Carreter, F., *La lingüística norteamericana y los estudios literarios en la década 1958-1968,* en 1976a, pp. 31-49.

1971    ————, *Función poética y verso libre,* en 1976a, pp. 51-62.

1973    ————, *Lengua literaria frente a lengua común,* en 1980a, pp. 193-206.

1975a   ————, *¿Es poética la función poética?,* en 1976a, pp. 63-73.

1975b   ————, *Apéndice. Un soneto de Góngora,* en Levin, 1962, pp. 95-106.

1976a   ————, *Estudios de Poética,* Madrid, Taurus, 1979, 2.ª ed.

1976b   ————, *Introducción: la Poética,* en 1976a, pp. 9-30.

1976c   ————, *El mensaje literal,* 1980a, pp. 149-171.

1976d   ————, *La literatura como fenómeno comunicativo,* en 1980a, pp. 173-192.

1980a ——————, *Estudios de lingüística,* Barcelona, Crítica.

1980b ——————, *Leo Spitzer (1887-1960) o el honor de la filología,* en Spitzer, 1980, pp. 7-29.

1982 ——————, *Comunicación y lenguaje poéticos,* en «Boletín Informativo de la Fundación Juan March», 114, pp. 33-38.

1962 Levin, S. R., *Estructuras lingüísticas en la poesía* (vers. esp., Madrid, Cátedra, 1979, 3.ª ed.).

1964 ——————, *Poetry and Grammaticalness,* en Lunt, H. G. (ed.), *Proceedings of the Ninth International Congress of Linguists,* Cambridge, Mass., 27-31 de agosto de 1962, La Haya, Mouton, pp. 308-314.

1976 ——————, *Concerning what Kind of Speech Act a Poem is,* en van Dijk (ed.), 1976, pp. 141-160.

1970 Lotman, J. M., *La struttura del testo poetico* (versión italiana, Milán, Mursia, 1976, reimpr.).

1973 ——————, *Il problema del segno e del sistema segnico nella tipologia della cultura russa prima del xx secolo,* en Lotman/Uspenskij (a cura di), 1973, pp. 40-63.

1979 ——————, *Un modelo dinámico del sistema semiótico,* en Lotman y otros, 1979, pp. 93-110.

1973 —————— y Uspenskij, B. A. (a cura di), *Ricerche semiotiche. Nuove tendenze delle scienze umane nell'URSS,* Turín, Einaudi.

1973 ——————, *Introduzione,* en Lotman/Uspenskij (a cura di), 1973, pp. xi-xxvii.

1979 ——————, *Sobre el mecanismo semiótico de la cultura,* en Lotman y otros, 1979, pp. 93-110.
—————— *,et al, Semiótica de la cultura,* Madrid, Cátedra.

1979 Lozano, J., *Introducción a Lotman y la Escuela de Tartu,* en Lotman y otros, 1979, pp. 9-37.

1977 Lüking, B., *Rhetorik und Literaturtheorie,* en Plett (Hrsg.), 1977, pp. 45-61.

1960 Martínez Bonati, F., *La estructura de la obra literaria,* Barcelona, Seix Barral, 1972, 2.ª ed.

1975 Martínez García, J. A., *Propiedades del lenguaje poético,* Oviedo, Universidad de Oviedo.

1978 Mignolo, W., *Elementos para una teoría del texto literario,* Barcelona, Crítica.

1938 Morris, Ch., *Foundations of the Theory of Sings,* en *Writings on the General Theory of Signs,* La Haya, Mouton, 1971, pp. 13-17.

1977 Mukařovský, J., *Escritos de estética y semiótica del arte,* Barcelona, Gustavo Gili.

1932 ——————, *Lenguaje standard y lenguaje poético* (vers. esp., en 1977, pp. 314-333).

1938 ——————, *Denominación poética y función estética de la lengua* (vers. esp., en 1977, pp. 195-201).

1964 Ohmann, R., *Generative Grammars and the Concept of Literary Style,* en «Word», 20, pp. 423-439.

1973 Pérez Gállego, C., *Morfonovelística,* Madrid, Fundamentos.

1967a Petöfi, J. S., *On the Structural Linguistic Analysis of Poetic Works of Art,* en «Computational Linguistics», 6, pp. 53-82.

1967b ——————, *Some Problems of the Linguistic Analysis of Poetic Works of Art,* en *Actes du X.ᵉ Congrès International des Linguistes,* III, Bucarest, pp. 105-106.

1973 ——————, *Towards an Empirically Motivated Grammatical Theory of Verbal Texts,* en Petöfi/Rieser (eds.), 1973, pp. 205-275.

1975 ——————, *Vers une théorie partielle du texte,* Papiere zur Textlinguistik, 9, Hamburgo, Buske.

1978 ——————, *Una teoría formal y semiótica como teoría integrada del lenguaje natural* (vers. esp., en Petöfi/García Berrio, 1979, pp. 127-145).

1973 —————— y Rieser, H. (eds.), *Studies in Text Grammar,* Dordrech, Reidel.

1979 —————— y García Berrio, A., *Lingüística del texto y crítica literaria,* Madrid, Alberto Corazón-Comunicación.

1967 Pike, K. L., *Language in Relation to a Unified Theory of the Structure of Human Behavior,* La Haya, Mouton, 1967, 2.ª ed. revisada.

1977 Plett, H. F. (Hrsg.), *Rhetorik,* Munich, Fink.

1971 Porqueras Mayo, A., *El «New Criticism» de Yvor Winters,* en VV.AA., 1971, pp. 57-63.

1977 Pratt, M.-L., *Toward a Speech Act Theory of Literary Discourse,* Bloomington, Indiana University Press.

1979 Prevignano, C. (a cura di), *La semiotica nei Paesi slavi,* Milán, Feltrinelli.

1928 Propp, V., *Morfología del cuento* (vers. esp., Madrid, Fundamentos, 1974).

1967 Raimondi, E., *Tecniche della critica letteraria,* Turín, Einaudi, 1975, 6.ª ed.

1979 ——————, *Dal formalismo alla pragmatica della letteratura,* en «Lingua e Stile», 14, 2.3, pp. 381-393.

1976 Ramón Trives, E., *Lengua y poesía,* en *Homenaje al Profesor Muñoz Cortés,* Murcia, Universidad, vol. II, pp. 589-604.

1979	————, *Aspectos de semántica lingüístico-textual,* Madrid, Istmo-Alcalá.
1981	————, *Aproximación metateórica a la producción literaria,* en «Tránsito», h-i, pp. 17-23.
1972	Rastier, F., *Sistemática de las isotopías* (vers. esp., en Greimas [ed.], 1972, pp. 107-140).
1975	Reis, C., *Técnicas de análise textual,* Coimbra, Almedina, 1979, 2.ª ed.
1979	Reisz de Rivarola, S., *Ficcionalidad, referencia, tipos de ficción literaria,* en «Lexis», 3, 2, pp. 99-170.
1929	Richards, I. A., *Lectura y crítica* (vers. esp., Barcelona, Seix Barral, 1967).
1971	Riffaterre, M., *Ensayos de estilística estructural* (vers. esp., Barcelona, Seix Barral, 1976).
1968	Ruwet, N., *Límites de l'analyse linguistique en poétique,* en «Langages», 12, pp. 56-70.
1965	Salvador, G., *Análisis connotativo de un soneto de Unamuno,* en «Archivum», 14, pp. 18-39.
1967	————, *Estructuralismo y poesía,* en VV.AA., *Problemas y principios del estructuralismo lingüístico,* Madrid, Consejo Superior de Investigaciones Científicas, pp. 263-269.
1975	————, *El signo literario y la ordenación de la ciencia de la literatura,* en «Revista Española de Lingüística», 5, 1, pp. 295-302.
1921	Sapir, E., *El lenguaje* (vers. esp., México, Fondo de Cultura Económica, 1975, reimpr.).
1960	Saporta, S., *La aplicación de la lingüística al estudio del lenguaje poético* (vers. esp., en Sebeok [ed.], 1960, pp. 39-61).
1916	Saussure, F. de, *Curso de lingüística general* (vers. esp., Buenos Aires, Losada, 1973, 12.ª ed., traducción de A. Alonso).
1975	Schlieben-Lange, B., *Linguistische Pragmatik,* Stuttgart, Kohlhammer.
1973	Schmidt, S. J., *Teoría del texto* (vers. esp., Madrid, Cátedra, 1977).
1974	————, *Elemente einer Textpoetik,* Munich, Bayerischer Schullbuch-Verlag.
1976	————, *Towards a Pragmatic Interpretation of «Fictionality»,* en van Dijk (ed.), 1976, pp. 161-178.
1960	Sebeok, T. (ed.), *Estilo del lenguaje* (vers. parcial esp., Madrid, Cátedra, 1974).
1970	Segre, C., *Crítica bajo control* (vers. esp., Barcelona, Planeta, 1974).
1974	————, *Las estructuras y el tiempo* (vers. esp., Barcelona, Planeta. 1976).
1977	————, *Semiótica, cultura e historia* (vers. esp., Barcelona, Ariel, 1981).
1974	Spillner, B., *Lingüística y literatura* (vers. esp. Madrid, Gredos, 1979).
1977	————, *Das Interesse der Linguistik an Rhetorik,* en Plett (Hrsg.), 1977, pp. 93-108.
1948	Spitzer, L., *Lingüística e historia literaria* (vers. esp., Madrid, Gredos, 1974, 2.ª ed., reimpr.).
1980	————, *Estilo y estructura de la literatura española,* Barcelona. Crítica.
1960	————, *Desarrollo de un método* (vers. esp. en Spitzer, 1980, pp. 33-60).
1960	Stankiewicz, E., *La lingüística y el estilo del lenguaje poético* (vers. esp., en Sebeok, T. [ed.], 1960, pp. 15-37).
1975	Šklovskij, V., *La cuerda del arco* (vers. esp., Barcelona, Planeta, 1975).
1925	————, *Teoria della prosa* (versión italiana, Turín, Einaudi, 1976).
1971	Tacca, O., *La voz del narrador en la estructura narrativa,* en VV.AA., 1971a, pp. 137-147.
1978	————, *Las voces de la novela,* Madrid, Gredos.
1959	Tesnière, L., *Éléments de syntaxe structurale,* París, Klincksieck, 1976, 2.ª ed., reimpr.
1978	Thomas, J.-J., *Théorie générative et poétique littéraire,* en «Langages», 51, págs. 7-64.
1965	Thorne, J. P., *Stylistics and Generative Grammar,* en «Journal of Linguistics», 1, pp. 49-59.
1969	————, *Poetry, Stylistics and Imaginary Grammars,* en «Journal of linguistics», 5, pp. 147-150.
1966	Todorov, Tz., *Las categorías del relato literario* (vers. esp., en VV.AA., 1966, pp. 155-192).
1967	————, *Literatura y significación* (vers. esp., Barcelona, Planeta, 1971).
1969	————, *Gramática del Decamerón* (vers. esp., Madrid, Taller de Ediciones J. B., 1973).
1970	————, *Introducción a la literatura fantástica* (vers. esp., Buenos Aires, Tiempo Contemporáneo, 1972).
1965	————, (a cura di), *I formalisti russi. Teoria della letteratura e metodo critico* (versión italiana, Turín, Einaudi, 1968).
1928	Tomaševskij, B., *La costruzione dell'intreccio* (versión italiana, en Todorov [a cura di], 1965, pp. 305-350).
1929	————, *Sul verso* (versión italiana, en Todorov [a cura di], 1965, pp. 187-204).
1970	Torre, G. de, *Nuevas direcciones de la crítica literaria,* Madrid, Alianza.
1970	Trabant, J., *Semiología de la obra literaria. Glosemática y teoría de la literatura* (vers. esp., Madrid, Gredos, 1975).

1969    Uitti, K., *Teoría literaria y lingüística* (vers. esp., Madrid, Cátedra, 1977).

1970    Uspenskij, B. A., *A Poetics of Composition* (versión inglesa, Berkeley-Los Angeles, University of California Press, 1973).

1973    ————, *Per l'analisi semiotica delle antiche icone russe,* en Lotman/Uspenskij (a cura di), 1973, pp. 337-397.

1975    Vera Luján, A., *Barthes o la utopía textual,* en «Prohemio», 6, 2-3, pp. 313-336.

1977    ————, *Análisis semiológico de «Muertes de perro»,* Madrid, Cupsa.

1904    Vossler, K., *Positivismo e idealismo en la lingüística* (vers. esp., Madrid-Buenos Aires, Poblet, 1929).

1905    ————, *El lenguaje como creación y evolución* (vers. esp., publicada con Vossler, 1904).

1923    ————, *Filosofía del lenguaje* (vers. esp., Buenos Aires, Losada, 1978, 6.ª ed., traducción y notas de A. Alonso y R. Lida).

1966    VV.AA., *Análisis estructural del relato.* «Comunicaciones», 8 (vers. esp., Buenos Aires, Mundo Contemporáneo, 1974).

1969    ————, *Semiótica della letteratura in U.R.S.S.,* Milán, Bompiani.

1971a   ————, *Historia y estructura de la obra literaria,* Madrid, Consejo Superior de Investigaciones Científicas.

1971b   ————, *La actual ciencia literaria alemana,* Salamanca, Anaya.

1964    Weinrich, H., *Estructura y función de los tiempos en el lenguaje* (vers. esp., Madrid, Gredos, 1974).

1967    ————, *Para una historia literaria del lector* (vers. esp., en VV.AA., 1971b, pp. 115-134).

1976    ————, *Lenguaje en textos* (vers. esp., Madrid, Gredos, 1981).

1965    Wellek, R., *Historia de la Crítica moderna (1750-1950),* III (vers. esp., Madrid, Gredos, 1972).

1948    ————, y Warren, A., *Teoría literaria* (vers. esp., Madrid, Gredos, 1974, 4.ª ed.).

1978    Wienold, G., *Textlinguistic Approaches to Written Works of Art,* en Dressler (ed.), 1978, pp. 133-154.

1974    Yllera, A., *Estilística, poética y semiótica literaria,* Madrid, Alianza, 1979, 2.ª ed. ampliada.

1979    Ynduráin, D., *Introducción a la metodología literaria,* Madrid, Sociedad General Española de Librería.

# La crítica literaria marxista

Julio Rodríguez Puértolas

Como ha dicho el crítico inglés Terry Eagleton (1976: vi) con palabras que quien esto escribe hace suyas,

> El marxismo es un asunto altamente complejo, y no lo es menos ese sector del mismo conocido como crítica literaria marxista. Sería por lo tanto imposible en este breve estudio hacer otra cosa que tratar unos cuantos temas básicos y plantear algunas cuestiones fundamentales (...) He intentado presentar el asunto tan claramente como me ha sido posible, si bien esto, dadas las dificultades, no es tarea fácil.

Tarea, por otro lado, cada vez más acuciante, ya que en los últimos años se ha visto la utilización de «nuevos instrumentos para reprimir la Historia» (Eagleton, 1981b: 59). Pues como dijera Trotsky (1976: 430), «el invocar las normas abstractas no es un error filosófico desinteresado, sino un elemento necesario en la mecánica de la engañifa de clase».

Karl Marx y Friedrich Engels, los fundadores del socialismo científico, no articularon su pensamiento estético en un estudio concreto, pero salpicaron sus obras de observaciones y comentarios acerca de la cuestión, llegando en algunos casos a hacer auténtica crítica literaria. Por otro lado y como veremos, explicitaron algunas ideas básicas que serían desarrolladas posteriormente, y que constituyen en buena medida el fundamento de la crítica literaria marxista, ideas que no pueden entenderse correctamente disociadas de la teoría general del marxismo: la de la producción y sus relaciones, del materialismo histórico y de la lucha de clases. Las relaciones de producción son las relaciones materiales, objetivas, que se dan en toda sociedad, independientes de la conciencia del hombre, y que se van estableciendo entre los individuos durante el proceso en que se crea el producto social. Esas relaciones se basan en las relaciones de propiedad sobre los medios de producción. Por otro lado, los modos de producción son formas históricamente condicionadas, cada una de las cuales constituye la base determinante del régimen social del momento histórico; de ahí provienen, además, las ideas dominantes del momento y la superestructura, como vamos a ver (sobre todo esto, Rosental *et al*, 1975).

## 1.  BASE Y SUPERESTRUCTURA

*o estructura*

Se hace preciso distinguir entre *base* y *superestructura*. La primera (llamada también estructura) es el conjunto de relaciones de producción que constituye la organización económica de la sociedad en un momento histórico dado, pues cada formación económico-social tiene una base determinada, a la cual corresponde una estructura correlativa. La superestructura es el conjunto de ideas e instituciones características de un momento histórico dado, conjunto originado como consecuencia de unas ciertas relaciones de producción o base. Figuran en ese conjunto las concepciones políticas, jurídicas, morales, religiosas, filosóficas y estéticas. Esos elementos, llamados también formas de conciencia social, reflejan de un modo u otro las relaciones económicas, la estructura de la sociedad, unas de manera inmediata (política, leyes...), y otras de manera mediata (filosofía, estética...). La superestructura, si bien determinada por la base, posee una cierta independencia en su desarrollo, no es un reflejo mecánico de esa base, e incluso, a la inversa, puede influir eficazmente sobre ella, en una característica y compleja relación dialéctica. Con el fin de situar adecuadamente tan importante cuestión, acudamos en primer lugar a lo dicho por Marx:

> En la producción social de su vida, los hombres entran en relaciones determinadas, necesarias, independientes de su voluntad; estas relaciones de producción corresponden a un grado de desarrollo determinado de sus fuerzas productivas materiales. El conjunto de estas relaciones de producción constituye la estructura económica de la sociedad, la base real sobre la cual se eleva una superestructura jurídica y política y a la que corresponden determinadas formas de conciencia social. El modo de producción de la vida material condiciona el proceso de la vida social, política e intelectual en general. No es la conciencia de los hombres lo que determina la realidad, sino, por el contrario, es la realidad social la que determina su conciencia (...) Con el cambio de la base económica, toda la enorme superestructura es más o menos lenta o rápidamente conmovida (Marx-Engels, 1964: 38; cf. también 32).

Acerca de las relaciones base/superestructura, señala Engels que «la economía no crea nada directamente en este terreno, pero determina la clase de modificación y el desarrollo de la materia intelectual existente» (Marx-Engels, 1964: 49-50). Esa relación entre base y superestructura es precisamente *dialéctica,* es decir, nada mecánica, contra lo que han llegado a pensar por un lado los marxistas «vulgares» y por otro los interesados enemigos del marxismo, también «vulgares» por lo general. En efecto, Marx y Engels han insistido en el hecho de que la superestructura deriva «en última instancia» de las condiciones económicas (*ibid.:* 42-43, 56), de que los hombres hacen su propia Historia, pero en condiciones determinadas (*ibid.:* 52, 109). Mas también es cierto que de modo especial Engels hizo hincapié en que se entendiera correctamente la cuestión (*ibid.:* 51-52):

> Según la concepción materialista de la Historia, el factor determinante en la Historia es, *en última instancia,* la producción y la reproducción de la vida real. Ni Marx ni yo hemos afirmado nunca otra cosa. Si alguien quiere deformar esta afirmación hasta decir que el factor económico es el *único* determinante, transforma esta proposición en una frase vacía, abstracta, absurda. La situación eco-

nómica es la base, pero las diversas partes de la superestructura (...) ejercen igualmente su acción sobre el curso de las luchas históricas y determinan de manera preponderante *la forma* en muchos casos.

Queda así claro el carácter en verdad dialéctico de la relación base/superestructura, y la reacción de los fundadores del socialismo científico contra el mecanicismo y la deformación economicista. Mas conviene insistir en ello, toda vez que se trata de uno de los puntos clave de la teoría marxista y también uno de los más sistemáticamente deformados, así como fundamental para las cuestiones artísticas y literarias. Al respecto dice Lukács, recogiendo las ideas de Marx y Engels:

> De esta básica afirmación el materialismo vulgar infiere la tesis mecánica y falsa, deformadora y confusionaria, de que entre la base y la sobreestructura existe una simple relación causal en la cual la base es sólo causa y la sobreestructura es sólo efecto (...). La dialéctica niega que exista en alguna parte del mundo una relación causa-efecto puramente unilateral (...) El que ve en las ideologías el producto mecánico pasivo del proceso económico que constituye su base, no entiende absolutamente nada de la esencia y la evolución de las ideologías mismas, y no está representando al marxismo, sino una caricatura de marxismo (Lukács, 1966b: 234. Cf. también y por ejemplo, Arundel, 1967: 23; Jakubowsky, 1973: 94; Stalin, 1977: 95; Williams, 1980. Un claro resumen en García Buchaca, 1961).

Al llegar aquí no conviene olvidar las críticas que Adorno hiciera de las teorías de Benjamin, quien veía una relación excesivamente simplista entre base y superestructura, buscando analogías entre hechos económicos y hechos literarios (cf. Eagleton, 1976: 74-75). Por otro lado, Jakubowsky (1973: 64-65) hace una importante distinción en el campo de la superestructura, partiendo de Plejanov (1973: 44-68) y modificándolo al propio tiempo. Así, distingue entre: 1) Base económica o estructura: nivel económico. 2) Orden político y jurídico que corresponde a la base: nivel político-jurídico, es decir, el Estado. 3) Las superestructuras ideológicas «que coronan el edificio», esto es, el nivel ideológico, que incluye las manifestaciones artísticas y literarias. Añade Jakubowsky (*ibid.:* 85) que «cada forma de Estado segrega las ideologías que le corresponden y que constituyen una parte esencial de su existencia». La superestructura, en fin —como ya vimos—, y más aún la ideológica, si bien *en última instancia* depende de la base económica, es relativamente autónoma, independiente. Pero como indica Lukács (1966b: 236),

> De ello no se sigue que la convicción subjetiva de que cada esfera de la vida espiritual se desarrolla por sí misma sea una mera ilusión (...) Engels ha escrito sobre esta cuestión: «Las gentes que suministran esto (los productos ideológicos) pertenecen a su vez a determinadas esferas de la división del trabajo, y tienen la impresión de sí mismos de estar trabajando un terreno independiente».

El propio Stalin (1977: 134) distinguía con toda claridad la especificidad económica de la base de las particularidades específicas de la superestructura, las cuales «consisten en que ésta sirve a la sociedad con ideas políticas, jurídicas, estéticas y otras, y crea para la sociedad las correspondientes instituciones políticas, jurídicas y otras». Pero de las relaciones del arte y la literatura con la ideología, y de la autonomía relativa de ese arte y esa literatura, se hablará más adelante. Avancemos, en todo caso, que creer en la total autonomía de las superestructuras, y con ellas del arte y de la literatura, es la forma suprema de *ideología,* esto es, de la falsa consciencia creada e impuesta por la clase dominante de cada momento histórico determinado con el fin de asegurar la cohesión de la sociedad clasista y su dominio sobre ella.

Otras ideas complementarias de las anteriores es preciso asimismo tener en cuenta. Así la tan conocida frase de que «las ideas de la clase dominante son, en cada época, las ideas dominantes», esto es, que la clase «que es la potencia material dominante de la sociedad, es igualmente la potencia espiritual dominante» (Marx-Engels, 1964: 32). Al nivel cultural, la clase dominante es la que «posee el control de la emisión y circulación de los mensajes verbales y no verbales constitutivos de una comunidad» (Rossi-Landi, 1972: 35). O la idea de que «la producción intelectual se transforma con la producción material» (Marx-Engels, 1964: 36), idea desarrollada por Marx en otro lugar, al tratar de cómo cambia el arte con el cambio de las relaciones sociales, de producción (*ibid.:* 71-73). Y, en fin, en texto fundamental:

> Cuando se quiere examinar la relación entre la producción espiritual y la producción material, es ante todo necesario examinar ésta no como una categoría general, sino bajo una forma histórica determinada. Es así, por ejemplo, que al modo de producción capitalista corresponde otra especie de producción espiritual que al modo de producción de la Edad Media. Si no se examina la producción material bajo su forma histórica específica, es imposible obtener las características de la producción espiritual que le corresponde, y las reacciones de la una sobre la otra (*ibid.:* 45).

Así pues, es posible concluir por el momento que el arte, la literatura, es un fenómeno social que forma parte de la superestructura ideológica, en relación con otras manifestaciones de la misma, y en conexión íntima con la ideología de la clase dominante, tanto para aceptarla como para rechazarla, como habremos de ver.

## 2.  TEORÍA DEL CONOCIMIENTO Y DEL REFLEJO

Todo lo anterior se halla relacionado con lo que se ha llamado la cuestión fundamental de la filosofía, y que al mismo tiempo constituye, según Lukács (1966b: 250), la «tesis básica de la dialéctica materialista», y según Balibar-Macherey (Althusser *et al,* 1975: 25), la «clave de la concepción marxista de la literatura», al propio tiempo que ha provocado una vivísima discusión en el ámbito del marxismo: la *teoría del conocimiento.* Es decir, la relación entre conciencia y existencia, que en términos artísticos conducirá a la compleja problemática de la *teoría del reflejo.* Hay que partir del libro de Lenin *Materialismo y empiriocriticismo* (1972; publicado en 1909), cuyo denso contenido y para lo que aquí atañe podría resumirse en su parte más concreta del modo siguiente. Existe una realidad objetiva exterior al ser humano, el cual comienza por captar los elementos de esa realidad fenomenológicamente, de modo sensorial. Después, el ser humano es capaz de captar la relación existente entre los objetos, sus relaciones internas, con lo que se alcanza el nivel conceptual. Entre uno y otro momento de la captación de la realidad se pasa, obviamente, de lo cuantitativo a lo cualitativo. Tras ello surgen las conclusiones lógicas. Es decir: la percepción inmediata es la experiencia directa, tras de lo cual se llega a la percepción de las relaciones internas y contradictorias de las cosas-en-sí (objetivas); un paso más consiste en la captación de los procesos dialécticos de una totalidad no fragmentada. Así que la realidad, la Naturaleza, es previa y objetivamente exterior al ser humano (Lenin, 1972: 76); existen una realidad y una verdad objetiva (*ibid.*: 142); «la primera premisa de la teoría del conocimiento es, sin duda, que la única fuente de nuestro conocimiento es la sensación» (*ibid.*: 140). Existe, además, una verdad absoluta, a la que se va accediendo a través de una cadena de verdades relativas (*ibid.*: 146 y ss.), verdad y verdades sólo asequibles por la vía de la práctica (*ibid.*: 155, 161). Por otro lado,

> La filosofía marxista sostiene que el problema más importante no radica en comprender las leyes del mundo objetivo y por lo tanto ser capaces de explicar éste, sino en aplicar el conocimiento de esas leyes, activamente, a cambiar el mundo (Mao Tse-Tung, 1971: 76).

Ello, de acuerdo con la famosa tesis XI sobre Feuerbach de Marx: «los filósofos no han hecho más que *interpretar* de diversos modos el mundo, pero de lo que se trata es de *transformarlo*» (Marx-Engels, 1974: 229). El crítico Tchang En-Tsé desarrolla asimismo el pensamiento de Lenin, el cual resume del siguiente modo (1976: 63):

> Primero, el objeto del conocimiento, el mundo real, existe objetivamente; segundo, el pensamiento y el conocimiento teórico son el reflejo del mundo real; tercero, el pensamiento humano está en condiciones de reflejar fielmente el mundo real, y la verdad consiste en el conocimiento que refleja fielmente la realidad.

Añadamos que en este ámbito el marxismo se opone antagónicamente tanto al relativismo filosófico característicamente burgués, como al dogmatismo filosófico (cf. para todo lo anterior Serrano, 1978).

Es ahora cuando podemos ocuparnos del *reflejo artístico,* mas señalando, para empezar, que

> En buena medida el término *reflejo* es desafortunado, ya que nos remite tradicionalmente a la imagen del espejo que reproduce «fotográficamente» lo que frente a él aparece, sin que entre dicho espejo y la realidad medie la visión subjetiva de quien *trabaja* directamente la realidad (reflejo cotidiano), de quien la *conceptualiza* de manera abstracta (reflejo científico) o de quien la transforma *estéticamente* (reflejo artístico) (Rodríguez Puértolas, 1982: I. 24).

Es cierto que ni Marx, ni Engels ni Lenin hablaron de reflejo artístico como tal, pero también lo es que en los trabajos literarios de los tres se utiliza de alguna manera tal idea (Eagleton, 1976: 49). Como hemos visto, en ocasiones se reduce el reflejo artístico a la metáfora —confusa, errónea a veces, mal utilizada otras— del espejo. El propio Marx argüía «que el espejo era defectuoso porque el hombre es una parte interesada de la realidad que observa. No existe ojo ideal posible en una sociedad dividida por la lucha de clases» (Corradi, 1977: 7). Añade este mismo crítico que Marx luchó por romper la metáfora del espejo y por hallar un lenguaje más apropiado; he aquí un ejemplo característico:

> Si en toda ideología los hombres y sus relaciones se nos muestran de cabeza, como en una cámara oscura, el fenómeno responde a su proceso histórico de vida, de la misma manera que la inversión de los objetos en la retina responde a su proceso de vida físico (Marx-Engels, 1974: 37).

Mas toda actividad humana procede de la realidad y a la realidad conduce. Ello ocurre con los varios tipos de reflejo posibles ya mencionados: el cotidiano, el científico y el artístico. Y en cada uno de ellos con particularidades propias, que, en el caso del artístico de manera especial, vienen marcadas por la subjetividad.

> Pues nos hallamos ante la interpretación que el artista, el escritor, da a la vida que refleja, y respecto a la cual ofrece determinadas valoraciones ideológicas, expresando mediante la misma selección y enfoque de los hechos de la vida que representa, su actitud ideológica ante la realidad. Nos encontramos, por así decirlo, ante el contenido subjetivo de la creación artística (Timoféiev, 1979: 23).

Lo cual lleva al importante asunto de las mediaciones y de las relaciones entre arte e ideología, de lo cual se tratará más abajo. Naturalmente, todo esto presupone que el arte es *una* forma de conocimiento, y que como tal refleja *de algún modo* la realidad. Así lo afirman Marx, Engels y Lenin en sus críticas literarias y artísticas: hacen notar el aspecto cognoscitivo del arte, unido a su aspecto ideológico. Las obras literarias «son formas de percepción, modos particulares de ver el mundo» (Eagleton, 1976: 6); para Brecht (1973: 198-199), la obra «no es tan sólo una bella apreciación acerca de un objeto real (...) ni tan sólo una bella apreciación sobre la belleza de un objeto, sino también y ante todo, una apreciación del objeto, una explicación del objeto». Ahora bien,

> El arte sólo puede ser conocimiento (...) transformando la realidad exterior, partiendo de ella, para hacer surgir una nueva realidad, u obra de arte. El conocer artístico es fruto de un hacer; el artista convierte el arte en medio de conocimiento no copiando una realidad, sino creando otra nueva (Sánchez Vázquez, 1965: 35-36).

Lo que significa que la auténtica teoría marxista del reflejo en general y del reflejo artístico en particular rechaza directamente toda connotación mecanicista, desviación y peligro en que han caído no pocos, y que ha provocado, además, la negación de dichas teorías por abundantes críticos marxistas, que ven en ellas más sus posibles peligros que otra cosa (cf. al respecto el estudio de *Materialismo y empiriocriticismo* realizado por Lecourt, 1973). No es de extrañar, por tanto, que abunden los textos en que se pone de manifiesto ese antimecanicismo. Pues la literatura «no se halla en relación reflectiva, simétrica y directa con su objeto; el objeto es deformado, refractado, disuelto» (Eagleton, 1976: 51). O como dice Soutchkov (1971: 5):

> El arte no se limita a la sola reproducción de la apariencia real y no tiene como único fin el de considerar sus propias creaciones como *analogías* de la realidad. No debe confundir sus obras con las del mundo exterior (...).

También el cubano Portuondo se refería (1972: 9) a

> la concepción estrecha del realismo como expresión suprema del arte, y de éste como simple reflejo de la realidad, que (...) pretendió confundir el quehacer estético con la pasiva función especular que Stendhal asignaba a la novela.

Incluso el propio Lukács, criticado en ocasiones por quienes ven en él una adscripción mecanicista a la teoría del reflejo, dejó bien clara su opinión al respecto al decir, por ejemplo, que la concepción dialéctica.

> subraya el carácter no mecánico, no fotográfico, del reflejo, la actividad propia del sujeto en la forma de planteamientos y problemas de la concreta construcción del mundo reflejado (Lukács, 1969: 166; cf. también 1966b: 76, 246-247; 1966-1972, *passim;* Sánchez Vázquez, 1965: 106.)

Como se ha señalado más arriba, ante los peligros de una utilización mecanicista de la teoría del reflejo, y también acaso por una interpretación demasiado cerrada de la misma, una serie de críticos modernos se orientan hacia el concepto de arte y literatura como *producción,* de lo que se hablará después (cf. Mittenzwei, 1979: 161). Por otro lado, ya en 1964 decía Garaudy que el arte «es una forma de trabajo, pero de ningún modo una forma de conocimiento» (*apud* Zis, 1976: 52), tesis desarrollada después hasta el punto de afirmar que era preciso librar el marxismo del lastre de su interpretación cognoscitiva del arte (Garaudy, 1964), y, por lo mismo, del concepto de reflejo. Algo parecido cabe decir de Fischer; cf. a este respecto «Arte y conocimiento» y «Arte e ideología» en el primer capítulo de su libro de 1973 (cf. también 1978). Para Althusser (1974, 1978) el arte es más que un reflejo pasivo de la experiencia humana, al tiempo que para él, el conocimiento no es en sentido estricto sino conocimiento científico, despojando de tal carácter al artístico. En la misma línea contra la teoría del reflejo se hallan, de un modo u otro, Posada (1969), Eagleton (1976, 1978, 1981), Williams (1980), Jameson (1981), Sinningen (1982). Quizá haya sido Vernier (1975: 21-22) quien haya explicitado con mayor claridad esta posición crítica:

> Podemos, en fin, preguntarnos (...) si la teoría del reflejo (...) debe ser mantenida, aunque sea con las precisiones y matizaciones necesarias. Parece que, más bien que operatoria, sea molesta por las ambigüedades a que ha dado lugar y que continúa provocando (...) Tenemos más interés en conservar el elemento esencial, que es el de una dependencia del fenómeno literario respecto a la realidad de las relaciones sociales, que es su fuente, sin negarnos tampoco a la existencia de una imagen que ha tenido su utilidad, pero que se ha prestado a tantas deformaciones por las que se ha desfigurado.

En ocasiones se atribuye a la histórica polémica entre Lukács y Brecht —antes de la Segunda Guerra Mundial— el origen de las críticas marxistas contra la teoría del reflejo. Se ha llegado incluso a afirmar que el propio Brecht no aceptaba tal teoría. Se trata sin duda de una polémica de resultados riquísimos para el desarrollo de la estética marxista —como habremos de ver—, pero centrada básicamente en el concepto de realismo. Mas lo cierto es que tanto Lukács como Brecht eran partidarios de la teoría leninista del reflejo, si bien con notorias variaciones en el caso del segundo, que parece conveniente reseñar aquí. En efecto, Brecht señalaba que «si el arte refleja la vida, lo hace con espejos especiales» (*apud* Eagleton, 1976: 49). Para Brecht, la base de la teoría del reflejo se halla en la dialéctica del reflejo y lo reflejado, y «es más bien el proceso de la mutua acción de lo uno sobre lo otro lo que origina el procedimiento del reflejo que Brecht describe como el realista» (Mit-

tenzwei, 1979: 162; cf. Brecht, 1973). Esto, resulta claro, se conecta con la técnica del distanciamiento teatral del propio Brecht y con su concepto no dogmático de realismo y de eficacia social del arte. Lukács, por su lado, se basa a
lo que parece en una lectura demasiado rígida de *Materialismo y empiriocriticismo* –y, desde luego, en Hegel–, llegando a reducir «el concepto de realidad a
la relación entre esencia y fenómeno» (Mittenzwei, 1979: 163), relación que
para Lukács era la de una unidad inseparable. Mas la contradicción en el
seno de esa unidad es factor necesario de todo reflejo dialécticamente comprendido (*ibid.:* 164):

> Si se compara con Brecht, los principales puntos débiles de la teoría lukacsia-
> na del reflejo se ponen de manifiesto con especial claridad: le falta el elemento
> activo (...) En las obras de Lukács se habla casi siempre de la conciencia; pero
> el sujeto, como portador de la conciencia, no está presente (...) El proceso de re-
> flejo dialéctico se rebela contra la imagen en el espejo, contra la parcialización a
> una sola función (*ibid.:* 165-166).

Es probablemente de esta diferencia teórica y práctica acerca del reflejo
en Lukács y en Brecht de donde han surgido las dos grandes corrientes marxistas actuales acerca de tal cuestión. Una, la que llega a negar –como dijimos– toda capacidad cognoscitiva y reflexionista al arte, orientándose más
bien por el camino del arte como producción. Otra, la que sigue aceptando
el carácter cognoscitivo y reflexionista del arte, con variantes y matizaciones,
y sin caer en el dogmatismo estrecho y mecanicista, que suele coincidir
–como veremos– con la teoría y la práctica del llamado realismo socialista.
En este sentido, son de sumo interés las ideas de Trotsky acerca de la literatura y el arte. Distingue, en efecto, entre conocimiento científico y artístico, distinción basada en que el primero es básicamente objetivo y el segundo básicamente subjetivo. Así ocurre, por ejemplo, en el campo de la poesía, donde
«lo que hay es una expresión del mundo a través de imágenes, no un conocimiento científico del mundo» (Trotsky, 1973: 69-70). Debido a esa subjetividad artística, el famoso espejo no ofrece un reflejo exacto de la realidad, ni
éste es estático ni mecánico (*ibid.*: 61). Pues

> La creación artística, por supuesto, no es un delirio, pero es sin embargo una
> alteración, una deformación, una transformación de la realidad según las leyes
> particulares del arte. Por fantástico que pueda ser el arte, no dispone de más
> material que el que le ha proporcionado el mundo tridimensional en que vivi-
> mos y el mundo más limitado de la sociedad de clases (*ibid.*: 94).

Para Trotsky, en fin, hay que ocuparse del arte y de la literatura en tanto que tales, como una específica actividad humana, mas

> tenemos, claro está, criterios de la clase que se aplican también al terreno ar-
> tístico, pero esos criterios de la clase deben ser sometidos en este caso a una
> especie de refracción artística, es decir, que deben adaptarse al carácter absolu-
> tamente específico de la esfera de actividad a la que los aplicamos (*ibid.:* 137).

Es de estas y otras ideas de Trotsky de donde parte Macherey, quien acepta
la metáfora del espejo modificándola. Se trataría así de que «el espejo
opera una elección, selecciona, no refleja la totalidad de la realidad que se le
ofrece» (Macherey, 1974: 143). Es un espejo quebrado, incluso, en ocasiones,

opaco: «el espejo es expresivo tanto por lo que no refleja como por lo que refleja» (*ibid.*: 151). Se trataría, para Macherey, de que el arte, la literatura, más que imitar la realidad la *deforma* a través de esos elementos de la realidad no reflejados, *silenciados;* de esto se tratará más adelante, en la sección referente a Literatura/Ideología/Historia. (Para Macherey en conjunto, 1974, así como Balibar-Macherey en Althusser *et al,* 1975: 23-46). Señalemos, por último, que ya la Escuela de Frankfurt (Benjamin, Adorno; cf. Slater, 1981) se iba despegando de la teoría del reflejo —al menos en parte— para acercarse a la de mediación y producción (Williams, 1980: 115-120), a la función social del arte de modo específico, jamás negada, por otra parte, por marxista alguno.

## 3. MEDIACIONES

Vernier, que como hemos visto, se plantea serias dudas acerca de la teoría del reflejo artístico, se hace, sin embargo, una pregunta (1975: 20) que abre un importante camino con sus posibles respuestas: «¿reflejo a los ojos de quién?» Sin duda, a los ojos de quien percibe la realidad, en este caso los del artista. Ahora bien, de acuerdo con la famosa frase de Lenin (1971: 22), «es imposible vivir en la sociedad y no depender de ella», bien sea para aceptarla, rechazarla o cuestionarla más o menos parcialmente. Hay que partir así de que el arte es portador de ideología en toda sociedad dividida en clases —lo que veremos más adelante con algún detenimiento—, y que esa ideología presente en una obra de arte está en íntima relación dialéctica con la visión del mundo de su autor, esto es, con su visión personal de la realidad. En efecto, toda obra de arte es así un «cuadro subjetivo del mundo objetivo» (Zis, 1976: 73). Por ello, en todo producto artístico puede hallarse «su aspecto objetivo, determinado por la propia realidad» y su aspecto subjetivo, «una interpretación de la vida que dimana de la concepción del mundo del artista» (Timoféiev, 1979: 71). Esa visión subjetiva de la realidad se produce como consecuencia de las *mediaciones,* de todo lo que se interpone entre la realidad objetiva y el observador, el artista aquí, lo cual puede englobarse en términos generales en la ideología dominante en la cual se halla inmerso el artista, inseparable, por otro lado, de su pertenencia a una clase o a otra. Vernier habla de este mecanismo en los siguientes términos (1975: 23):

> La naturaleza histórica de las diversas mediaciones, variables según las épocas y los modos de dominación de las ideologías dominantes, por las que pasan las relaciones entre infraestructura, otros elementos de las superestructuras y el fenómeno literario en una época dada y en una sociedad dada. A partir de aquí es desde donde se podrán determinar las leyes que rigen estas relaciones.

Para Jameson, que ha tratado por extenso del tema (1981), se trataría, según lo ha visto uno de sus comentaristas (Kegan Gardiner, 1981: 18), de que la obra de arte parte de una realidad social en la cual

> la familia del «autor» media entre los conflictos de clase y las condiciones materiales y el propio autor, quien percibe así y retrata la realidad social de acuerdo con la psicología formada en la interacción entre la familia y las más amplias fuerzas sociales.

No es posible olvidar que en todo proceso de producción literaria hay

que ejercer al menos dos tipos de selección, una, la primaria, de tipo lingüístico, y otra más general de elementos de la realidad histórico-social. En ambos casos, seleccionar significa elegir, esto es, decidirse por ciertos aspectos
lingüísticos y no por otros (y cada elemento de la lengua está cargado de significaciones ideológicas, como veremos), por ciertos aspectos del mundo exterior y no por otros. La selección depende así, por lo que se refiere a un escritor, de «su relación personal e ideológica con la Historia de su tiempo»
(Macherey, 1974: 143). Esa tarea de selección subjetiva e ideológica de los
materiales con los que trabaja un artista es lo que hace que el producto artístico sea irrepetible, como también lo es su autor:

> Eso se debe a que en el planteamiento mismo del tema aparece ya el momen-
> to ideológico que da lugar a una diversa selección del material dentro de los lí-
> mites del tema dado, a la representación de diferentes relaciones entre fenóme-
> nos, a la diversa valoración de éstos, etc.; y el propio «objeto del reflejo» adquie-
> re diferente significación (Timoféiev, 1979: 113).

Y por otro lado, en la producción de un autor (sin olvidar sus eventuales
contradicciones, evolución y cambios personales a lo largo del tiempo histórico),

> Observaremos un parecido, o más exactamente observaremos la unidad de
> las peculiaridades fundamentales artístico-ideológicas (ideas, temas, caracteres,
> argumentos, lenguaje) presentes en toda la producción del escritor. Esta unidad
> se llama habitualmente estilo del escritor (*ibid.*: 251).

Ahora bien, si es cierto que puede afirmarse que la clase social constituye la mediación primera de todo artista, y junto a ella dialécticamente el
grado de aceptación o de rechazo de la ideología dominante —su grado de
mediatización—, no es posible caer en el reduccionismo esquemático, mecanicista y antidialéctico de afirmar que el estilo es la clase. Así lo ha visto Trotsky (1973: 120):

> «El estilo es la clase». Sin embargo, el estilo no nace con la clase, ni mucho
> menos. Una clase halla su estilo por caminos muy complicados. Sería muy senci-
> llo que un escritor, por el mero hecho de que es un proletario fiel a su clase, pu-
> diese instalarse en la encrucijada y declarar: «¡Yo soy el estilo del proletariado!»

Eagleton ofrece un claro e ilustrativo ejemplo de lo anterior, que, pese a su
extensión, parece apropiado transcribir aquí:

> Una explicación «marxista vulgar» sobre *The Waste Land* de T. S. Eliot podría
> consistir en decir que el poema está directamente determinado por factores
> ideológicos y económicos, por el vacío espiritual y el agotamiento de la ideolo-
> gía burguesa provocada por esa crisis del capitalismo imperialista conocida
> como Primera Guerra Mundial. Esto significa explicar el poema como «reflejo»
> inmediato de tales condiciones; pero es claro que no tiene en cuenta toda una
> serie de «niveles» que «median» entre el texto mismo y la economía capitalista.
> No dice nada, por ejemplo, sobre la situación social del propio Eliot (...) No dice
> nada sobre formas más generales de esa ideología; nada de su estructura, conte-
> nido, complejidad interna (...) No dice nada sobre la forma y la lengua de *The
> Waste Land,* sobre por qué Eliot, a pesar de su extremado conservadurismo polí-
> tico, era un poeta de *avant-garde* (...) La relación de *The Waste Land* con la Histo-
> ria real de su época se halla altamente *mediatizada;* lo mismo ocurre con todas
> las obras de arte (Eagleton, 1976: 14-16; cf. también 1978: 58-60).

Según todo lo anterior, podríamos terminar esta exposición sobre las mediaciones del artista recordando lo dicho al respecto por Trotsky y Lukács, al margen de que más adelante tratemos específicamente del papel del crítico marxista. Para Trotsky (1957: 60), se trata de «analizar la individualidad del artista (esto es, su arte) en sus elementos constitutivos, y mostrar sus correlaciones». Para Lukács (1966a: 20), se trata del

> análisis de la procedencia social y del rango social del artista, incluido simultá-neamente en diversos sistemas de referencia social que se entrecruzan mutua-mente (comunidad nacional y de lengua, comunidad social, profesional, religio-sa, espiritual-intelectual, o político-ideológica).

## 4. TENDENCIA

En relación con el tema de las mediaciones y del autor se halla sin du-da la *teoría de la tendencia,* manifestada por Engels en varios textos suyos. La primera vez que se ocupa de tal asunto es en un artículo de 1851 en que cri-tica bien irónicamente el movimiento literario llamado *La Joven Alemania* (1831-1835), entre otras cosas porque toda su producción «estaba llena hasta los bordes de lo que llamaban "tendencia", es decir, que manifestaban más o menos tímidamente un espíritu de oposición (...). Después se arrepentieron de sus pecados de juventud, pero no mejoraron su estilo» (Marx-Engels, 1964: 126). Algo semejante, pero mucho más duro, dice Engels en 1884 con respecto a Jules Vallés, un «lamentable componedor de frases literarias (...) que, falto de talento, se ha convertido en extremista y se ha hecho escritor "tendencioso" para colocar así su mala literatura» (*ibid.:* 126). Más conocidas son las ideas de Engels manifestadas en dos textos posteriores. En 1885, co-menta la novela histórica *Los viejos y los nuevos* de la socialista alemana Minna Kautsky, a la que critica por manifestarse en ella con toda obviedad las ideas socialistas. Tras afirmar Engels que «no soy en manera alguna adversario de la poesía de tendencia como tal», y señalar que «tendenciosos» fueron Esqui-lo, Aristófanes, Dante, Cervantes, Schiller, los novelistas rusos y noruegos de la época, escribe:

> Pero yo creo que la tendencia debe resaltar de la acción y de la situación, sin que sea explícitamente formulada, y el poeta no está obligado a dar al lector la solución histórica futura de los conflictos que describe (...). En mi opinión, una novela de tendencia socialista llena perfectamente su tarea cuando, por una pin-tura fiel de las relaciones reales, destruye las ilusiones convencionales, rompe el optimismo del mundo burgués, constriñe a dudar de la perennidad del orden existente, aunque el autor no indique directamente solución, aunque, dado el caso, no tome ostensiblemente partido (*ibid.:* 178).

Y en 1888 dice a Margaret Harkness, socialista inglesa a propósito de su no-vela *City Girl:*

> Estoy lejos de reprocharos el no haber escrito un relato puramente socialista, una «novela de tendencias», como decimos los alemanes, en que fuesen glorifi-cadas las ideas políticas y sociales del autor. No es eso lo que pienso. Vale más para la obra de arte que las opiniones [políticas] del autor permanezcan escondi-das. El realismo de que hablo se manifiesta aun fuera de las opiniones del autor (*ibid.:* 182).

Todo lo cual se resume en que las cuestiones ideológicas que el artista se plantea tienen que ser resueltas *artísticamente,* al igual que los problemas cognoscitivos (Sánchez Vázquez, 1965: 44).

Ni Engels ni ningún otro marxista niegan la existencia de la tendencia en literatura; lo que él y otros muchos rechazan es que esa tendencia aparezca de modo explícito, de modo que pueda llegar a ser brutalmente ostentoso, hasta transformar la obra literaria en algo directamente político e incluso panfletario. Es precisamente esa obviedad de la literatura lo que ha provocado la transformación de la tendenciosidad en *partidismo,* en ciertos ámbitos del pensamiento estético marxista más rígido y probablemente más mecanicista. Básicamente, la cuestión parte del famoso texto de Lenin titulado «La organización del partido y la literatura del partido», de 1905 (1971: 18-23). Se trata de un texto distorsionado habitualmente por quienes –gracias a esa distorsión– aceptan sin ambages la posición de la literatura partidista, y, en otro orden de cosas pero no sin estrecha relación con lo anterior, defienden la teoría y la práctica del realismo socialista, como veremos. En el citado texto, Lenin trata de temas básicos de estética marxista, que han sido vistos así por Sánchez Vázquez (1965: 18):

> Partiendo de la tesis enguelsiana del espíritu tendencioso de la obra artística, como condición interna de ella, Lenin subrayó el carácter de clase y la función social e ideológica de la literatura y el arte. Cuando ya está clara –con la aparición del marxismo– la perspectiva ideológica y social del proceso transformador de la sociedad, el artista que aspira a ligar su creación a la causa revolucionaria del proletariado asume conscientemente esa perspectiva e integra su esfuerzo creador en el marco de la revolución. La literatura tiene, en ese sentido, un carácter de partido (...). Tal era la parte medular del famoso artículo de Lenin.

Es cierto, además, que mucho de lo que dice Lenin ahí se refiere en concreto a la prensa y publicaciones del partido, y no exactamente a la literatura como tal. Escribe que

> La literatura debe adquirir un carácter partidista (...). La literatura debe ser una *parte* de la causa proletaria, debe ser «rueda y tornillo» de un solo y gran mecanismo social-demócrata, puesto en movimiento por toda la vanguardia consciente de toda la clase obrera. La labor literaria debe pasar a ser una parte integrante del trabajo organizado, coordinado y unificado del Partido Socialdemócrata (1971: 19).

Señala Lenin irónicamente a quienes se pueden escandalizar –en palabras muchas veces conscientemente olvidadas– pensando que la cita anterior significa negar la libertad de la creación individual: «¡Tranquilizáos, señores! En primer lugar, se trata de la literatura del Partido y de su subordinación al control del Partido» (*ibid.:* 21). Pues lo que ocurre con la literatura es que

> Sin duda, la labor literaria es la que menos se presta a la igualación mecánica, a la nivelación, al dominio de la mayoría sobre la minoría. Sin duda, en esta labor es absolutamente necesario asegurar mayor campo a la iniciativa personal, a las inclinaciones individuales, al pensamiento y a la imaginación, a la forma y al contenido. Todo esto es indudable, pero sólo demuestra que la función literaria del Partido del proletariado no puede ser identificada mecánicamente con sus demás funciones (...). Estamos lejos de la idea de preconizar un sistema uniforme o una solución del problema mediante unas cuantas disposiciones reglamentarias (*ibid.:* 20).

Todo esto coincide con lo que el propio Lenin manifestó durante una conversación con Clara Zetkin (*ibid.*: 250), triunfante ya la Revolución de Octubre: «todo artista, todo el que se considera artista, tiene derecho a crear libremente según su ideal, sin depender de nada». De estas tesis de Lenin

> No podía deducirse, en modo alguno, una regimentación de la creación artística, una unificación de sus temas, formas, estilos, etc. (...). Lenin se atuvo siempre firmemente —no sólo en el plano teórico, sino también en el práctico— a esos principios. Sin embargo, interpretados sectaria y mecánicamente, con un espíritu normativo, como se interpretaron más tarde en los años del período estaliniano, habrían de conducir a resultados opuestos a los que buscaba Lenin: acercar el escritor a la vida, asegurar una perspectiva más clara y firme de la realidad y, finalmente, garantizar la verdadera libertad de creación (Sánchez Vázquez, 1965: 18; cf. también 1972, y Arundel, 1967: 129-136).

Efectivamente, ni de la tesis de Lenin podían deducirse otras cosas que las por él manifestadas ni tampoco de las de Trotsky:

> El arte debe seguir su propio camino y por sus propios medios (...). El dominio del arte no es de aquéllos que deba quedar sujeto a los órdenes del Partido (...). En ningún caso el Partido puede tomar ni tomará la actitud de un círculo literario que simplemente lucha y compite con otros círculos literarios (Trotsky, 1957: 218; cf. también 219-222).

Con insuperable ironía defendía Brecht en los años cincuenta estas mismas ideas (1973: 423): «No es misión del Partido Marxista-Leninista organizar la producción de poesías como si fuera una granja avícola, pues de ser así las poesías se parecerían como un huevo a otro». En relación con este asunto, el caso de un crítico como Lukács es en verdad espectacular. Cuando el joven Lukács, por breve tiempo, fue Comisario del Pueblo para Educación y Cultura de la República Soviética Húngara dirigida por Bela Kun, en 1919, declaró que su Comisariado no apoyaría «oficialmente ninguna tendencia ni ningún partido», pues

> El programa cultural comunista diferencia tan sólo entre buena y mala literatura, y no está dispuesto a condenar a Shakespeare o a Goethe porque no fueron escritores socialistas, como no está dispuesto a prostituir el arte al diletantismo en nombre del socialismo (Mittenzwei, 1979: 19-20).

Quien esto propugnaba en 1919 pasaría después a proponer incluso la sustitución del término *tendencia* por el de *partidismo,* ya en 1933 (Lukács, 1966a: 105-117; 1966b: 161; 1969: 221-223). La lucha ideológica en torno a este fundamental problema fue decidida de modo definitivo y *oficial* en 1934, en el Primer Congreso de Escritores Soviéticos (cf. Zhdanov, 1935). Desde entonces hasta hoy, junto a la teoría y a la práctica del llamado realismo socialista (del que se hablará más abajo), y pese a los cambios ocurridos en la Unión Soviética tras la muerte de Stalin, se ha mantenido allí el principio del «espíritu de partido en el arte», definido como «la expresión más completa de la orientación ideológica del arte; es la defensa de los intereses de una determinada clase social en el arte», pues la «ausencia de espíritu de partido en la obra de creación artística no es sino una manera de encubrir el espíritu burgués de partido» (Rosental *et al,* 1975: 150. Cf. además y por vía de ejemplo: Parjómenko, s. f.: 142-173; Zis, 1976: 267-268; Timoféiev, 1979: 266. Un panorama del problema del partidismo en literatura puede verse en Williams, 1980: 228-235). Señalemos, en fin, que no puede confundirse el partidismo en el arte con el compromiso inicialmente existencialista de Sartre, quien dijera, entre otras cosas semejantes, que (1957: 63)

> El escritor debe comprometerse por completo en sus obras y no proceder con una pasividad abyecta, exponiendo sus vicios, sus desdichas y sus debilidades, sino con una voluntad decidida y con una elección, como esa empresa total de vivir que somos cada uno.

## 5. LO TÍPICO

Un concepto estético de gran importancia se halla también en los escritos de Marx y de Engels, particularmente en este último: el de *lo típico,* imbricado profundamente en la cuestión del realismo. De manera simultánea y al propio tiempo independiente, Marx y Engels comentaron en sendas cartas de 1859 a Ferdinand Lassalle el drama histórico de éste *Franz von Sickingen.* Entre otras cosas Marx le dice a Lassalle que debería

> *shakespeareizar* un poco más, pues considero como una gran falta tu *schillerización,* la transformación de los individuos en simples portavoces del espíritu del siglo (...) Por otra parte, lamento la ausencia de rasgos característicos en los personajes (Marx-Engels, 1964: 168).

Lo que significa «shakespeareizar» y «rasgos característicos» queda más claro en la carta de Engels (*ibid.:* 171-172):

> Los principales personajes representan efectivamente clases y corrientes determinadas y, por consecuencia, ideas determinadas de su época, y los móviles de sus actos no son las pequeñas pasiones individuales, sino la corriente histórica que los lleva (...). Esto va ligado a la manera de caracterizar los personajes (...). Me parece que el individuo se caracteriza no solamente por lo que hace, sino también por la manera como lo hace (...); podrías haber tenido más en cuenta el papel desempeñado por Shakespeare en la historia del drama.

Llegamos así al conocido texto de Engels sobre lo típico, en las ya citadas observaciones sobre Margaret Harkness (*ibid.:* 181):

> Si algo encuentro que criticar, es únicamente que vuestro relato no sea suficientemente realista. El realismo, en mi opinión, supone, además de la exactitud de detalles, la representación exacta de caracteres típicos en circunstancias típicas.

Es por esto por lo que Engels, seguidamente, elogia el arte del reaccionario Balzac, que supo trazar un cuadro histórico correcto en sus novelas, pese a sus simpatías legitimistas. Vemos así, en los textos citados y particularmente en el tercero de ellos, que tipicidad y realismo son conceptos inseparables, y, además, en íntima conexión con la cuestión ya vista del reflejo. Y ello porque como explica Lukács (1966b: 249), quizá el crítico que más se haya centrado en esta cuestión,

> El tipo se caracteriza porque en él confluyen en contradictoria unidad todos los rasgos salientes de la dinámica unidad en la cual la literatura auténtica da su reflejo de la vida; se caracteriza porque en él se entretejen en unidad viva esas

contradicciones, las principales contradicciones sociales, morales y anímicas de
una época (...). En la representación del tipo −en el arte típico− se unen lo concreto y la ley, lo permanentemente humano y lo históricamente determinado,
lo individual y lo social general.

Veamos también cómo lo explica Brecht (1973: 409):

> Son históricamente significativos (típicos) las personas y los acontecimientos
> que, no siendo tal vez los más frecuentes por término medio ni los que más lla-
> man la atención, son, sin embargo, decisivos para los procesos evolutivos de la
> sociedad. La elección de lo típico debe hacerse según lo que para nosotros es po-
> sitivo (deseable) y según lo que para nosotros es negativo (indeseable).

## 6. REALISMO

Al llegar aquí se impone detenernos en la cuestión del *realismo* en arte y
en literatura, base tradicional de la estética marxista y origen también de
uno de los más fructíferos enfrentamientos dentro del ámbito marxista. Se
trata del de Lukács y Brecht a causa de sus contrapuestas posiciones en torno
al realismo, e importante asimismo porque todo ello habrá de desembocar
−como ya se mencionó y veremos− en el realismo socialista de modelo soviético. Es necesario recordar la bien conocida posición lukacsiana en cuanto al
realismo en literatura, que él ejemplifica en la gran novela burguesa del siglo XIX europeo, y de manera particular en Balzac y más tarde en Thomas
Mann, al tiempo que descalifica de la forma más rotunda los productos literarios modernos, considerados por él como decadentes y escasamente o
nada «artísticos». Esto último puede verse en uno de sus juicios sobre el expresionismo (1966a: 308), de 1934:

> El expresionismo sólo es, sin duda alguna, una de las numerosas corrientes de
> ideología burguesa que más tarde desembocaron en el fascismo, y su papel de
> preparación ideológica no es mayor −ni tampoco menor− que el de otras co-
> rrientes de la época.

Se enfrenta también Lukács con el naturalismo, distorsión del realismo,
y con lo que él llama «formalismo», esto es, la literatura moderna: la del expresionismo, Joyce, Kafka, Beckett, incluso ciertos dramas del propio Brecht.
Pues si el naturalismo es, por su lado, una suerte de objetividad abstracta, el
formalismo es una subjetividad abstracta: uno y otro, según Lukács, se apartan del verdadero realismo, que engloba lo concreto y lo general, la esencia
y la existencia, lo típico y lo individual (Eagleton, 1976: 31). Así resume un crítico los conceptos de Lukács en este ámbito:

> Se deduce inequívocamente que el verdadero arte es, para Lukács, el arte rea-
> lista, y que el realismo es la vara, el criterio para valorar toda realización artísti-
> ca cualquiera que sea el período en que surja o concepción del mundo que ex-
> prese (...). Lukács define de una vez y para siempre los límites del gran arte (Sán-
> chez Vázquez, 1965: 40-41; cf. las opiniones de Goldmann en Lukács, 1971:
> 171-203).

Durante los años treinta del presente siglo, Lukács polemizó vivamente
con diferentes escritores y críticos marxistas, y ello desde varios frentes.

Aparte de su choque con los «escritores proletarios» alemanes en la revista *Linkscurve,* entre 1929 y 1932 (Gallas, 1977; Mittenzwei, 1979), y con la novelista Anna Seghers (Mittenzwei, 1979: 177-215), del cual emergió como el representante oficial de la estética marxista según el modelo soviético, aunque fuera muy cuestionado por otras razones (Partido Socialista Obrero Húngaro, 1965; Eagleton, 1976: 81; Garasa, 1972; Mészáros, 1981), es el debate con Brecht lo más significativo y fundamental en torno a la cuestión del realismo. El dramaturgo alemán amplía los límites del realismo de forma *realista,* pues

> Realismo no equivale tampoco a exclusión de fantasía o inventiva. El *Don Quijote* de Cervantes es una obra realista, porque muestra lo anticuado de la caballería y del espíritu caballeresco, y, sin embargo, nunca caballeros han luchado contra molinos de viento (Brecht, 1973: 275; cf. también 257).

Pensaba Brecht, en efecto, que «en arte, saber y fantasía no son contradicciones incompatibles» (*ibid.:* 406). Para él, los escritores modernos, burgueses y decadentes no son despreciables artísticamente en modo alguno. Así, el *Ulysses* de Joyce «constituye una obra de consulta imprescindible para los escritores» (*ibid.:* 58) como compilación de distintos modos de observación, con el monólogo interior en primer lugar: «los escritores socialistas pueden llegar a conocer en estos documentos de la desesperación valiosos elementos técnicos de alta perfección» (*ibid.:* 267; cf. también 220-221). Lo mismo dice Brecht de Kafka, quien, por otra parte,

> describió con espléndida fantasía los campos de concentración inminentes, la inseguridad jurídica inminente, la absolutización inminente del aparato estatal, la vida indolente de muchos individuos, guiada por fuerzas inabordables (...). En realidad estoy muy lejos de proponer aquí un modelo. Pero no me gustaría ver a este escritor puesto en el índice con todos sus defectos (*ibid.:* 338-339).

Y exclama Brecht:

> ¡No prediquéis con ademán de infabilidad la única y verdadera manera de describir una habitación, no excomuniquéis [*sic*] el montaje, no pongáis el monólogo interior en el índice! (*ibid.:* 213).

La posición de Brecht ante el arte moderno queda también explícita en sus juicios sobre la pintura abstracta (*ibid.:* 191). Le gustan, por ejemplos los caballos azules pintados por Franz Marc,

> los cuales han levantado más polvareda que los caballos de Aquiles. Y me fastidia que se grite a los pintores que no deberían pintar los caballos azules; no veo en ello ningún crimen, la sociedad soportará esta ligera deformación de la realidad (*ibid.:* 192; cf. también 212).

En fin, si para Luckács era «formalista» —en sentido peyorativo— gran parte del arte y la literatura del siglo XX, para Brecht era «formalista» —también peyorativamente— el tipo de crítica lukacsiana y de otros marxistas que siguieron en su misma línea, llegando en ocasiones al dogmatismo más esquemático (Brecht, 1973: 215, 217). El realismo no es fórmula ni receta (*ibid.:* 214, 257-258); el modelo de Lukács es totalmente insatisfactorio (*ibid.:* 217, 231, 233, 249). Pues para Brecht, realista significa

Aquello que descubre el complejo causal social / desenmascara los puntos de vista dominantes como puntos de vista de los que dominan / escribe desde el punto de vista de la clase que dispone de las más amplias soluciones para las dificultades más apremiantes en que se halla la sociedad humana / acentúa el momento del desarrollo / posibilita lo concreto y la abstracción (...). Y permitiremos al artista que emplee ahí su fantasía, su originalidad, su humor, su sensibilidad. No nos apegaremos a modelos literarios demasiado detallados, no obligaremos al artista a técnicas narrativas demasiado definidas (*ibid.*:237-238).

## 7. REALISMO SOCIALISTA

Las discusiones y polémicas mencionadas, las opiniones diversas y enfrentamientos teóricos y prácticos en torno a la cuestión del realismo reflejaban, sin duda, las varias corrientes artísticas que en la Unión Soviética se habían desarrollado a partir de la Revolución del 17. Lenin, como vimos, al igual que Trotsky, era partidario de la libertad en el arte, de la no existencia de normativas impuestas. Diferentes escuelas y tendencias, en efecto, desde el futurismo por un lado hasta el *Proletkult* por otro, florecieron en la Unión Soviética sin mayores problemas hasta 1928 —ya muerto Lenin—, coincidiendo con la puesta en marcha del Primer Plan Quinquenal (Borland, 1950; Hayward-Labetz, 1963; Maguire, 1968; Mittenzwei, 1977). Mas en 1932 son disueltas las varias organizaciones de escritores y sustituidas por una sola Unión de Escritores Soviéticos, cuyo primer congreso tuvo lugar en 1934. Fue ahí donde se fijó oficialmente el *realismo socialista* como fórmula estética soviética, tras que Stalin dijera, en frase famosa, que los escritores son los ingenieros del espíritu. En los estatutos de la UES se decía que el nuevo método era capaz de «reflejar de un modo veraz e históricamente concreto la vida en su desarrollo revolucionario», y que los escritores soviéticos estaban unidos por «la actitud socialista ante la vida, el esfuerzo por participar activamente en la construcción del socialismo y por el partidismo comunista» (Zis, 1979: 268). El teórico número uno del realismo socialista, Zhdanov, explicaba así en 1945 cuál era la misión:

> El escritor debe educar al pueblo y armarlo ideológicamente. Al mismo tiempo que escogemos los mejores sentimientos y cualidades del hombre soviético y le revelamos su mañana, debemos mostrar a nuestro pueblo lo que no debe ser, debemos castigar los remanentes del ayer (...). Los escritores soviéticos deben ayudar al pueblo, al Estado, al Partido, a educar a nuestra juventud en la plenitud de ánimo y en la confianza en sus propias fuerzas y en la falta de temor ante cualesquiera dificultades (en Zhdanov-Gorki, 1968: 97-98).

Poco ha cambiado en este sentido la estética oficial soviética. Para comprobarlo bastaría repasar cualquiera de los libros teóricos publicados en la URSS (por ejemplo: Parjómenko, s. f.; Zis, 1976; Timoféiev, 1979, y previamente y como base lo que podríamos considerar como las actas del mencionado Congreso de 1934: Zhdanov, 1935). El realismo socialista es en buena medida consecuencia histórica del realismo crítico burgués previo (Lukács, 1963; Partido Socialista Obrero Húngaro, 1965). Mas como decía Brecht (1973: 279-280),

> El paso de la novela realista burguesa a la novela realista socialista no es una cuestión puramente técnica ni formal, aunque tenga necesariamente que transformar a la técnica muchísimo. No puede ser que simplemente un estilo literario quede intacto del todo (en calidad de «el» estilo realista) y se cambie tan sólo, pongamos por caso, el punto de vista burgués por el socialista (es decir, proletario).

Decíamos más arriba que las polémicas de los años treinta entre Lukács y otros marxistas de la época reflejan agudamente las varias opiniones y enfrentamientos acerca de la literatura en la URSS de aquellos momentos. Quizá sea en los escritos de Brecht donde ello queda más patente, en torno siempre al realismo socialista. Escribe Brecht, por ejemplo (*ibid.*: 338):

> Se ve que los camaradas rusos se ven obligados a librar sus batallas siempre en dos frentes por lo menos. Tienen que combatir el doctrinarismo estéril, abstracto, y tienen que plantar cara al naturalismo mecánico sin compromiso.

Años después, ya en 1953 y con referencia a la República Democrática Alemana, señalaba Brecht (*ibid.*: 418-419) que la política cultural oficial «no daba a ver a los artistas un gran ideario, sino que les obligaba a tomárselo como cerveza agria». Mas no rechazaba Brecht los conceptos del realismo socialista como tal, sino su deformación esquematizada; en este sentido declaró taxativamente que «nuestro realismo socialista ha de ser a la vez un realismo crítico» (*ibid.*: 420). Más allá de consideraciones y tomas de posición políticas —inseparables, por otro lado, de lo aquí tratado—, lo cierto es que la fórmula soviética del realismo socialista impuesta en 1934 es fácilmente susceptible de ser calificada de dogmática, mecanicista, burocrática y directamente partidista, en su sentido más *duro*. Como ha dicho Benedetti (1973 : 141; cf. también Portuondo, 1975 : 6-7), apelando a una opinión de *Che* Guevara, creer

> que cierto *realismo socialista* es la única propuesta que puede enfrentarse a un arte elitario, es asimismo una tácita confesión de pobreza imaginativa. ¿Por qué pretender buscar —se pregunta el *Che*— en las formas congeladas del realismo socialista la única receta válida?

## 8.   FORMA Y CONTENIDO

Dentro de la estética marxista, y no sin íntimas relaciones con la cuestión del realismo y otras de las hasta aquí tratadas, es de importancia básica la de *forma y contenido* del producto artístico, así como sus relaciones. Dijo Marx en cierta ocasión no ciertamente hablando de arte, sino de leyes, pero con fórmula perfectamente aplicable a nuestro propósito, que «la forma no tiene valor si no es la forma del contenido» (*apud* Jakubowsky, 1973: 77). Es decir, es el contenido ideológico, social, histórico, el que se materializa en una forma determinada y apropiada para expresarlo. Así, una forma artística, literaria, es una forma social, o, como se ha dicho, «es experiencia social solidificada» (Fischer, 1978: 181). La frase de Marx no es irrelevante en modo alguno en el ámbito artístico, pues, en efecto,

> se define el contenido como el conjunto de elementos y procesos de un objeto, y la forma como la conexión interna y modo de organización; en esta definición la obra de arte coincide con cualquier otro objeto, ser o proceso (Bosch, 1972: 62).

Por otro lado, de acuerdo con la concepción materialista, no hay formas artísticas —ni de ninguna clase— eternas e inmutables, sino *históricas,* y por lo tanto, cambiantes; en este sentido es revelador el paso, en la literatura europea, de la épica a la novela, y en el caso específico castellano, el paso intermedio del romancero. Como decía Brecht (1973: 406), «únicamente los nuevos temas toleran nuevas formas; las exigen, incluso». Así, la forma cambia históricamente cuando cambia el contenido histórico-social (Eagleton, 1976: 22). Pero de la misma manera que en la Naturaleza y en la realidad histórico-social, económica, los contenidos suelen cambiar antes que las formas, así ocurre en el dominio del arte (Fischer, 1973: 169; Zis, 1976: 119), lo que provoca, de inmediato, que la adecuación forma/contenido no sea en modo alguno mecánicamente perfecta. Pues existe, por ejemplo, el caso de un artista que se «desvía» con respecto a las formas dominantes antes de tiempo, digámoslo así, del mismo modo que existen artistas retardatarios, apegados al uso de formas tradicionales ya periclitadas o en vías de extinción. Ello, sin duda, está en relación con el asunto de las mediaciones, ya tratado. Mas también puede ocurrir, como de hecho ocurre, que en el ámbito del arte se produzca una analogía con respecto a ciertas formas históricas:

> Toda clase dirigente que se siente amenazada intenta disimular el *contenido* de su dominación de clase y presentar su esfuerzo por salvar una forma anticuada de sociedad como la defensa de algo «eterno», inatacable y común a todos los valores humanos (Fischer, 1973: 153).

En este sentido es bien significativo, por ejemplo, lo ocurrido en España al finalizar la guerra civil de 1936-1939, cuando los vencedores, del mismo modo que impusieron una forma tradicional, «imperial», de sociedad, impusieron también una forma literaria equivalente, representada por el soneto y por lo que suele llamarse el «garcilasismo».

Lo cierto es que forma y contenido —como base y superestructura— son elementos dialécticamente inseparables de una unidad que en este caso se llama producto artístico; inseparables aunque discernibles y distinguibles al nivel de la crítica, claro está (Eagleton, 1976: 22). Separar forma y contenido significa romper el mecanismo dialéctico y la unicidad y totalidad de la obra, que es en sí misma una realidad estructurada dialécticamente y que remite como tal, y según sabemos, a la realidad exterior y objetiva (Zis, 1976: 118-165). Esa inseparabilidad, correctamente entendida, impide caer en dos extremos de signo contrario: el formalismo, que propugna la tesis de que el contenido existe en función de la forma, y el contenidismo del marxismo «vulgar», que sugiere que la forma es un mero artificio exterior impuesto al contenido (Vernier, 1975: 43). En esa delicada adecuación entre forma y contenido radica, precisamente, para muchos críticos, la base de lo que suele llamarse «obra maestra» (cf. Kelle, en Lenin-Mao Tse-Tung, 1969: 142). Pero se trata de una adecuación

> determinada por el hecho de que una nueva forma es descubierta, proclamada y desarrollada bajo la presión de una necesidad interna, de la exigencia de una psicología colectiva, que, como toda psicología humana, tiene sus raíces en la sociedad (Trotsky, 1957:233).

En este sentido, conviene añadir que la cuestión de forma y contenido reviste diversos aspectos según el dominio específico en que funcione. Así, en una teoría social de la literatura, forma sería el problema de las relaciones entre los modos sociales, colectivos, y los proyectos individuales (Williams, 1980: 214). Todo lo cual envía, claro está, al ámbito de la ideología: «la forma en sí no es sino el trabajo del contenido en el reino de la superestructura» (Jameson, *apud* Eagleton, 1976: 22). De ello, de las relaciones producto artístico/ideología, se dirá algo más adelante.

Es sin duda Lukács el crítico marxista que más se ha ocupado de la cuestión forma/contenido (pero cf. también Jameson, 1971), centrándose de tal modo en la primera que ha llegado a ser acusado, como sabemos, de «formalista», y más aún al fijarse de modo particular en la forma novelística del siglo XIX como modelo del realismo. Quien dijera ya en 1909 que «lo verdaderamente social de la literatura es la forma» (Lukács, 1966a: 67), casi cincuenta años después se defendía de sus acusadores afirmado que «de todos modos, un estudio especial de la forma no es en absoluto ocioso», por no estar «en contra del método del materialismo dialéctico e histórico» (1969: 191). Sin duda, si ello no conduce a caer en el exceso formalista (cf. Letricchia, 1980). Goldmann sigue en ciertos aspectos a su maestro Lukács (1964, 1975, y en Lukács, 1971: 169-203, así como en Barthes *et al,* 1971: 205-222), aunque con las notorias modificaciones articuladas en su teoría del estructuralismo genético. Macherey, con su idea de la «forma descentrada» (1974), y Lotman, con las aplicaciones de la semiótica soviética (1972, 1978; cf. Segre, 1981), han abierto nuevas perspectivas en este campo (sobre la «estética» soviética en conjunto, cf. Plebe, 1981). Terminaremos este apartado mencionando a Eagleton (1978: 84), para quien, en efecto,

> El texto establece una relación con la ideología por medio de sus formas, pero lo hace sobre la base del *carácter* de la ideología con la que trabaja (...). Al producir ideología, el texto le da [a ésta] una forma, pero esa forma no es meramente arbitraria (...). Pues la forma así dada se halla determinada en última instancia por la «forma» de la problemática en la cual opera el texto.

Y dice Eagleton en otro lugar (1976: 26) que la forma

> es siempre una compleja unidad de por lo menos tres elementos: está en parte conformada por una historia literaria de las formas «relativamente autónomas»; cristaliza gracias a ciertas estructuras ideológicas y dominantes (...) y englobaba una serie específica de relaciones entre el autor y el público.

Todo lo cual lleva de nuevo a las relaciones de la literatura y sus formas con la ideología y la Historia (de que se tratará más adelante), a la comunicación con el público, a la «sociología» de la literatura.

## 9.  «SOCIOLOGÍA» DE LA LITERATURA

La división del trabajo existente dentro de cada modo de producción es fundamental también para el arte y la literatura. La clase dominante en cada uno de esos momentos históricos, como señalan Marx y Engels (1964: 66), distingue «entre el trabajo directamente productivo, que es preciso organizar, y el trabajo que no es directamente productivo». Y continúan con un ejemplo (*ibid.:* 66-67):

> Rafael, como todo artista, ha sido condicionado por los progresos técnicos del arte llevados a cabo antes de él, por la organización de la sociedad y la división del trabajo en su país, y finalmente por la división del trabajo en todos los países con los que el suyo estaba en relaciones. Que un individuo como Rafael pueda desarrollar su talento, depende completamente de la demanda, la cual, a su vez, depende de la división del trabajo y de las condiciones de educación de los hombres que de ella se derivan.

No es difícil comprender, en efecto, que a cada momento histórico-social corresponda —si bien no mecánicamente— una forma específica de arte, de artista y de relaciones entre éste, la clase dominante y su ideología y el público. Un repaso a la Historia y a la historia del arte y de la literatura lo demuestra con facilidad; recordemos, como ejemplo, en el paso del feudalismo al capitalismo renacentista, la sustitución del cliente colectivo (Iglesia, corte, municipio) por el cliente individual (noble, burgués, mecenas) (cf. Sánchez Vázquez, 1965: 166-178; Hauser, 1971, como panorama general). Esta realidad de las relaciones cambiantes entre arte y sociedad, junto al desarrollo mismo de la propia sociología, ha producido la aparición de la llamada *sociología del arte,* de la literatura. La cual, por una parte, cayó de inmediato en el característico idealismo burgués, al considerar que el arte era «una forma de actividad autónoma vinculada a los solos aspectos inmutables y eternos del hombre, y que requería por esto un estudio enteramente desvinculado de toda problemática social» (Paz, 1970: 161-162). La otra línea tradicional de esta sociología es la positivista, representada paradigmáticamente por Escarpit, dedicado sobre todo al hecho de la difusión de la obra literaria «en una sociedad cualquiera sin que entre realmente en juego el principio de la producción y sin que, de hecho, se atienda a la obra literaria en cuanto tal» (Rodríguez Puértolas, 1982: I. 32). Un tipo de sociología que incluye, por ejemplo y entre otras cosas, la procedencia social del escritor; su situación nacional, lingüística, profesional; el efecto de la obra en el público, su éxito; los lectores; el aparato cultural (Lukács, 1966a: 20-22). Se trata, en cualquier caso, de «una versión adecuadamente domesticada y edulcorada de la crítica marxista, apropiada para el consumo occidental» (Eagleton, 1976: 3). Los métodos de Escarpit (1958, 1974) han sido desarrollados en grado sumo últimamente por la llamada «estadística». Tal positivismo ha sido superado en buena medida por el sociologismo estructural de Pierre Francastel (1978), para quien en la creación artística existe «una acción colectiva e individual que se ejerce sobre la experiencia misma del hombre»; el arte sería así «una actividad necesaria y complementaria con todas las otras actividades humanas significativas», con lo cual, «la relación entre arte y sociedad es en tal sentido una relación real, dialéctica, viviente» (Paz, 1970: 163).

También dentro del marxismo estricto se ha intentado crear una sociología del arte y de la literatura. Así Medvedev decía ya antes de 1934 que la «sociología» de la literatura tendría que referirse a

> La vida concreta de una obra de arte en la unidad del desarrollo de un am-
> biente literario; el ambiente literario en el seno del proceso de generación del
> medio ideológico en el cual se inscribe; y, finalmente, el medio ideológico en el
> proceso de generación del medio socioeconómico del cual está penetrado (en
> Voloshinov, 1973: Ap. II.178).

Mas en cualquier caso, hay diferencias notables entre el «sociologismo» del arte y la estética marxista. Si el primero reduce la obra a su condicionamiento, tras separar éste y la autonomía posible de aquélla,

> nosotros pretendemos mantener los dos términos en su unidad dialéctica, no
> para empobrecer nuestra visión del arte, sino justamente para enriquecerla a
> partir de su condicionalidad. En suma, lo que para los sociólogos del arte es el
> punto de llegada, para nosotros no es más que el punto de partida (Sánchez Váz
> quez, 1965: 99; cf. también Williams, 1980: 161, y en general, Bottomore, 1976).

Ese punto de partida, precisamente, o al menos uno de ellos, no es otro que el de considerar que el producto artístico en la sociedad capitalista es un auténtico objeto de cambio y no de uso meramente; el arte se transforma así en mercancía, análoga —pero no igual— al producto industrial, e inserta en la economía de mercado:

> Lo que podría ser llamado el valor de uso en la recepción de los bienes cultu
> rales, es sustituido por el valor de cambio; al disfrute lo reemplaza el tomar par
> te y el estar al corriente, a la inteligencia la ganancia de prestigio. El consumidor
> se vuelve la industria de las diversiones, a cuyas instituciones no puede sustraer
> se (Adorno-Horkheimer, 1972: 170).

Es en este sentido como se aclara la conocida idea de Marx según la cual «la producción capitalista es hostil a ciertas ramas de la producción espiritual, como el arte y la poesía» (Marx-Engels, 1964: 46). Mas conviene distinguir y no caer en esquematismos: esa hostilidad se refiere no a toda la producción artística bajo el capitalismo, «sino a aquélla a la cual se aplica la ley de la producción material capitalista, o sea, el criterio de productividad que rige para el trabajo asalariado» (Sánchez Vázquez,1965: 216). Es así, dentro de tal ámbito, donde se desarrolla el proceso de relación autor/lector, por la vía de la distribución y del consumo, como otro resultado de la producción capitalista. Señalemos que, como se ha dicho (Vernier, 1975: 60), todo ello se reduce a «un binomio ideológico: producción/consumo, que oculta el de explotadores/explotados o el de productores/aprovechadores». Esto es, que pretende ocultar la realidad de la lucha de clases en el mundo de lo literario.

En cualquier caso, toda esta problemática nos remite a una serie de importantes cuestiones interrelacionadas entre sí, siendo no la menor de ellas la del arte como *producción*, de lo que se hablará poco más abajo. Remite también a lo que se ha llamado por largo tiempo el «gusto» artístico, ideologema mixtificador que oculta también todo un entramado de condicionamientos sociales, ideológicos, como ha visto della Volpe (1966, 1972). Mas todo producto literario presupone, en cualquier caso, un lector; o espectador, en el caso del teatro. Hay quien llega a afirmar que «el destino del lector depende de los libros que lee» (Zis, 1976: 285); Brecht decía (1973: 276), de manera líricamente expresiva y dirigiéndose al escritor: «No luchas tú solo, también tu lector lucha contigo, si le contagias el entusiasmo por la lucha.

No sólo tú encuentras soluciones, también él las encuentra». Ataca así Brecht un concepto básico de la estética burguesa, que

> contribuye a reforzar doblemente la estructura opresiva de la sociedad capitalista: además de comunicar representaciones ideológicas que legitiman la división de la sociedad en clases, metacomunica, a través de la forma de mensaje, el modo en que deben relacionarse las clases, quiénes hacen y quiénes padecen la Historia (García Canclini, 1977: 114).

Basándose en que, en todo caso, es obvia la existencia de obras que exigen la participación directa de su público en la producción artística, que no se cierra así con el texto mismo, Eco ha podido hablar de la «obra abierta» (1970):

> Se trata de acabar con el papel pasivo del consumidor estético [...]. El arte tradicional tiene que dejar paso a un modo de producción que reclame, a su vez, un nuevo modo de apropiación estética. Se trata de incorporar al espectador o intérprete del pasado al proceso creador (Sánchez Vázquez, 1973: 41).

Señalemos, con todo, que otros críticos marxistas rechazan que el lector sea el «último garante de la validez del texto», y reclaman la necesidad de «regresar al proceso productivo del texto mismo» (Eagleton, 1978: 86). De ello, y de otros temas relativos al arte como producción, trataremos enseguida. Mas antes de ello no será ocioso recordar que en la «sociología» del arte y de la literatura, y repercutiendo notoriamente en su consumo y accesibilidad, intervienen de modo especial y definitivo los *aparatos culturales*. Dentro de lo cual es de radical importancia la articulación de la literatura en el aparato educacional, pues es ahí donde surge como más aparente la función ideológica de la literatura: la de reproducir las relaciones sociales del modo de producción dominante (Eagleton, 1978: 56). Es fundamental cómo se maneja la literatura en los varios niveles de la enseñanza; qué textos se estudian, qué textos se ignoran y silencian, qué otros se elogian, qué otros se critican:

> Desde la escuela primaria hasta la universidad, la literatura es un instrumento vital para la inserción de los individuos en las formas perceptuales y simbólicas de la formación ideológica dominante, y capaz de cumplir tal función con una «naturalidad», espontaneidad e inmediatez de experiencia de que no es capaz ninguna otra práctica ideológica (*ibid.*: 56).

Pues como se ha dicho, «nada se enseña inocentemente» (Vernier, 1975: 9). Es imprescindible comprender, en efecto, que los textos, la literatura, se utilizan con una extraordinaria técnica de enmascaramiento, como añade Vernier (*ibid.*: 79):

> La clase dominante pretende siempre, por una transposición interesada, ponerse al servicio de los textos, esclarecerlos, interpretarlos, mientras que *los pone* a su servicio, primero, condicionando a todos los niveles su producción, luego, manipulándolos en su provecho (cf. también Althusser, 1974; Althusser *et al*, 1975: 57-60).

## 10.  ARTE COMO PRODUCCIÓN

Veamos, pues, la cuestión del *arte como producción*. Decía Marx (1945:

176) que «un escritor es un obrero productivo, no porque produzca ideas, sino porque enriquece a su editor». De este modo, el trabajo intelectual y artístico se integra perfectamente –como ya vimos– en la economía capitalista. Falta un dato: «el producto sólo conoce su cumplimiento final en el consumo» (Marx, *apud* Sánchez Vázquez,1965: 223). Lo mismo ocurre con el objeto artístico, que crea su propio consumidor: «la producción, por tanto, no sólo produce un objeto para el sujeto, sino también un sujeto para el objeto» (Marx, *ibid.*: 224). Y un detalle más: es perfectamente aplicable al arte-mercancía del capitalismo (cf. Althusser *et al,* 1975) lo que Marx dice sobre el fetichismo de la mercancía en *El capital* (1959: I. 36-38):

> A primera vista parece como si las *mercancías* fuesen objetos evidentes y triviales. Pero [...] el carácter misterioso de la forma mercancía estriba, por tanto, pura y simplemente, en que proyecta ante los hombres el carácter social del trabajo de éstos como si fuese un carácter natural social de estos objetos [...]. Lo que aquí reviste, a los ojos de los hombres, la forma fantasmagórica de una relación entre objetos materiales, no es más que una relación social concreta establecida entre los mismos hombres [...]. A esto es a lo que yo llamo el fetichismo.

Vemos así que el propio Marx sienta las bases para poder estudiar el arte como producción. Fueron los componentes de la Escuela de Frankfurt en la época de entreguerras quienes, aparte de algunos antecedentes en la entonces joven Unión Soviética (Arvatov, 1973), se interesaron en tal cuestión, desarrollando la teoría de que

> el arte es *producción* porque consiste en una apropiación y transformación de la realidad material y cultural, mediante un trabajo, para satisfacer una necesidad social, de acuerdo con el orden económico vigente en cada sociedad (García Canclini, 1977: 112).

Benjamin (1968, 1970), Adorno (1962; Adorno-Horkheimer, 1972, Brecht (1970, 1973), en efecto, se ocuparon del arte como producción, en particular el primero de ellos en la teoría y el tercero en la práctica. Para Benjamin la cuestión no consiste, como suele hacerse, en averiguar cuál es la posición del arte en conexión con las relaciones de producción de su época, sino en saber cuál es la posición de una obra *dentro, en* las relaciones de producción de su época, y más específicamente en la época contemporánea, la de la reproducción mecanizada del arte. Benjamin defiende la idea de que toda forma de producción, también la artística, depende de ciertas técnicas que son parte de las fuerzas productivas, y que engloban una serie de relaciones sociales entre el productor artístico y su público. El artista debe desarrollar y revolucionar los medios de la producción artística, creando así nuevas relaciones sociales entre artista y público. Y así, debe incorporar a su trabajo el cine, la radio, la fotografía, las grabaciones musicales... (cf. Eagleton, 1976: 61-62; 1981). Todo ello lo puso en práctica Brecht en el teatro, con su efecto de «distanciamiento», con su idea de que la obra no es tanto un reflejo de la realidad social como una reflexión sobre ella:

> La obra misma, lejos de formar una unidad orgánica que transporta a un público hipnóticamente desde el comienzo hasta el fin, es formalmente desigual, interrumpida, discontinua, yuxtapone sus escenas [...]. La unidad orgánica se altera también por el uso de diferentes formas artísticas: películas, vueltas atrás,

canciones, coreografía [...]. El texto de la obra misma es siempre provisional: Brecht lo reescribía sobre la base de las reacciones del público, y animaba a otros a participar en tal tarea (Eagleton, 1976: 65-66).

Ni estas teorías, ni su práctica, fueron aceptadas por todos los críticos marxistas de la época:

> La vida urbana moderna se caracteriza por la colisión de sensaciones fragmentarias, discontinuas; pero mientras un crítico marxista «clásico» como Lukács veía en tal hecho un ominoso índice de la fragmentación de la «totalidad» humana bajo el capitalismo, Benjamin descubría típicamente en ello posibilidades positivas, la base de formas artísticas progresistas (*ibid.:* 63).

Althusser sigue también el concepto del arte como producción, a partir de la práctica, que para él significa todo proceso de transformación de una determinada materia prima en un determinado producto, transformación realizada gracias a un determinado trabajo humano que utiliza determinados medios de producción (Althusser, 1968). Macherey, en fin, continúa, con modificaciones, las exploraciones en este dominio: el autor no «hace» los materiales con los que trabaja —formas, símbolos, ideologías, etc.–, del mismo modo que un obrero de la industria automovilística trabaja con materiales ya recibidos. Macherey se opone, en fin, a la idea de autor como «sujeto individual», pues lo que ocurre, dice, es que el texto se produce a sí mismo a través del autor (Macherey, 1974; cf. también Jitrik, 1975; una aplicación española de todo esto en Rodríguez, 1974).

Mas en nuestros días es con toda probabilidad Eagleton quien ha profundizado más en la teoría del arte como producción y práctica material (1978). Parte del concepto de modo de producción, definido como «una unidad de ciertas fuerzas y relaciones sociales de la producción material», siendo el Modo General de Producción o MGP «el modo *dominante* en cada formación social» (*ibid.:* 45), aquí y hoy el capitalismo. Trata seguidamente Eagleton de lo que llama el Modo Literario de Producción o MLP, esto es, «una unidad de ciertas fuerzas y relaciones sociales de la producción literaria en una determinada formación social» (*loc. cit.*). Coexisten varios MLP en una sociedad dada, pero uno de ellos habrá de ser el dominante y coincidente con el MGP. No es necesario insistir en que pueden sobrevivir MLP anticuados y aparecer otros que se adelantan a su época, creando también sus propias dialécticas. En cualquier caso, cada MLP se estructura en torno a la producción, la distribución, el intercambio y el consumo; todo ello exige un productor o conjunto de productores, materiales, instrumentos, técnicas, y un producto resultante. Junto a las fuerzas productivas existen relaciones sociales específicas de producción literaria, representadas a lo largo de la evolución histórica en, por ejemplo, el bardo, el juglar, el poeta medieval cortesano, el autor moderno «independiente» con su oportuno editor, etc.: es decir, aquello que suele estudiar, en parte, la «sociología» de la literatura (cf. más arriba). Fundamental es el hecho de que el texto internaliza en cierto sentido las relaciones sociales de producción literaria, muestra el camino de su propio consumo y codifica su propia ideología, la del cómo, por quién y para quién es producido (*ibid.:* 45-48). Existen, por fin, unas relaciones dialécticas entre el MLP y el

MGP: el primero sería una particular subestructura del segundo. La producción literaria y su consumo dependen del desarrollo del MGP (*ibid.:* 49-54). Hay también relaciones dialécticas entre el MLP y lo que Eagleton llama «Ideología General», o ideología dominante (*ibid.:* 54-58), así como la ideología del autor y la «Ideología Estética», insertas ambas en la general o dominante (*ibid.:* 62-63). En fin, el texto «se produce a sí mismo en constante relación con la ideología» (*ibid.:* 89). Estos dos últimos puntos nos conducirán, primero y de inmediato, a la importantísima cuestión de Literatura/Ideología/Historia, y subsiguientemente, a la del texto en sí.

## 11.  LITERATURA/IDEOLOGÍA/HISTORIA

Bien conocida es una de las ideas básicas del marxismo, la de la totalidad de lo real y de las actividades humanas en esa realidad, una totalidad que, sencillamente, se llama Historia (Lukács, 1966b: 232). De ahí se deduce que el arte, la literatura, como actividades humanas que son, son inseparables de la Historia: no existe como tal una historia de la literatura por un lado y una historia social y política por otro (Vernier, 1975: 28). Así ha podido decirse que «la literatura es una rama de la Historia» (Rodríguez Puértolas, 1982: I. 33), y, por lo mismo, que «el arte despierta y mantiene despierta nuestra conciencia histórica» (Lukács, 1966a: 58). Incluso un formalista como Tinianov reconocía que junto a lo que llamaba «serie literaria» existían las calificadas por él como «las otras series», que incluían la Historia (Varios, 1970a: 120-130). Sin embargo, así como la Historia es una realidad objetiva y la historiografía pretende mantener esa misma objetividad —sin conseguirlo, claro está—, la literatura aparece casi siempre como *ficción,* y por lo tanto, como al margen de la Historia, intentando mantener un distanciamiento «estético», pese a que su base referencial es justamente esa Historia que niega (cf. Eagleton, 1978: 74, 78). Así pues, de lo que se trata en este sentido es de

> entender que el llamado «contexto» es (está) siempre (en) el texto mismo, afirmando y negando a la vez su calidad de referente; y que, por lo tanto, en cuanto tal, conforma y determina la estructura misma de los textos (Blanco Aguinaga, 1978: 16).

Lo contrario significaría aceptar la total autonomía de la literatura con relación a la Historia, su extraña independencia de la inmediatez real, como habremos de ver. En cualquier caso, es cuestión fundamental en la estética marxista el problema de las relaciones entre literatura e Historia (Jameson, 1981; Eagleton, 1981b). Conviene advertir que todo esto no tiene demasiado o nada que ver con el llamado historicismo, completamente a-dialéctico, pues como se ha dicho, es rasgo característico del historicismo burgués la visión empírica y positivista (Rosental *et al,* 1975, «Historicismo»).

Inseparable de la dialéctica literatura/Historia es la cuestión según la cual —clásico pensamiento marxista— el arte es portador de ideología (Plejanov, 1973: 97; Borland, 1950: 3). Mas siendo ello así, no ocurre de forma elemental o mecánica. Se hace necesario al llegar aquí tener muy en cuenta cuál es el sentido marxista, precisamente, de *ideología*:

> Los hombres se han formado siempre, hasta ahora, ideas falsas sobre ellos mismos, acerca de lo que son o debieran ser [...]. Son los hombres los productores de sus representaciones, de sus ideas, etc., pero los hombres reales, activos, condicionados por un desarrollo determinado de sus fuerzas productivas y de las relaciones que les corresponden hasta llegar a sus formaciones más amplias (Marx-Engels, 1974: 11, 36-37).

Se trata pues y como dice Engels (Marx-Engels, 1964: 59), de una falsa consciencia, de una visión del mundo mediatizada por la realidad histórico-social, pero no considerada como tal. Algún crítico moderno como Eagleton (1978: 61) matiza el concepto clásico diciendo que es demasiado simplista, pues no capta el hecho de que la ideología es una compleja formación que «permite múltiples maneras y grados de acceso a esa Historia», y que «ciertas ideologías y niveles de ideología son más falsos que otros». Pero lo cierto es que, en cualquier caso, la ideología tiene misiones bien concretas y funciona también de modo bien concreto. Así lo explicita, por ejemplo, Althusser, en excelente resumen de un crítico:

> La ideología expresa una relación imaginaria de los individuos con sus condiciones reales de existencia. La ideología es necesariamente una representación deformante de la realidad. —En toda sociedad, la ideología cumple una función social: asegurar la cohesión de sus miembros. —En las sociedades de clases, la fundación social de la ideología como factor de cohesión social está al servicio de la clase dominante. —En la sociedad de clases, la ideología de las clases dominadas [...] se halla sujeta a la ideología de la clase dominante (Sánchez Vázquez, 1978: 30-35).

Una clase dominante que quiere poner a su servicio, entre tantas otras cosas, todo el entramado ideológico de la superestructura, incluido, claro está, el arte (Plejanov, 1973: 89; Vernier, 1975: 26). La ideología, producida en su núcleo central por la clase dominante de cada momento histórico, es uno de los instrumentos más eficaces de dominación de esa clase. Y lo que es más: la ideología dominante *produce estética* (Balibar-Macherey en Althusser *et al,* 1975: 23-24). Ello puede hacerse, además de por otros procedimientos más sutiles, por medio de los aparatos ideológicos del Estado (*ibid.:* 28, 36; Althusser, 1974: 75-137; Vernier, 1975: 31-32). Siendo esto así, y pese al ya mencionado concepto de arte como portador de ideología, ello no significa que ese mismo arte sea un receptor/transmisor pasivo y mecánico de la ideología. Para Eagleton se trata (1978: 167), en el ámbito de la literatura, de más bien «texto-para-la-ideología» que de reducir el texto a su posible contenido ideológico. Ello significaría aceptar «una ficción útil a la clase dominante, colocarse en el terreno que ella trata de imponer» (Vernier, 1975: 35; cf. también Sánchez Vázquez, 1965: 27, 44; Jameson, 1981). Además e inversamente, el arte, la literatura, tienen en sí los componentes necesarios para «hacernos ver» la ideología en la que se inserta (Althusser, 1970; Fischer, 1973; Macherey, 1974; Vernier, 1975: 25-35; Balibar-Macherey en Althusser *et al,* 1975: 28-32; Williams, 1980: 71-89). Así,

> el texto literario no es tanto la *expresión* de una ideología (su «puesta en pala-

bras»), como su *puesta en escena,* su exhibición, operación en la que la misma ideología se resuelve de alguna manera contra sí misma, puesto que no puede ser exhibida de tal manera sin mostrar sus *límites* (Balibar-Macherey en Althusser *et al,* 1975: 35).

El asunto, sin embargo, es todavía más complejo, pues la literatura, además «provoca otros discursos ideológicos» (*ibid.:* 44), produce ella misma ideología, y no sin contradicciones: de esto se dirá algo más al poco. Otro problema es el de la utilización del texto literario, su *lectura,* el «descubrimiento» de su «mensaje». Cabe resumir, en todo caso, lo dicho hasta aquí del siguiente modo, acaso algo esquemático: los textos literarios están insertos en y plantean en sí mismos una posición de clase (Balibar-Macherey en Althusser *et al,* 1975: 24. Cf. también Ambrogio, 1975; Angelis, 1977; Varios b, 1970).

En esta cuestión de las relaciones Literatura/Ideología/Historia, como en otras, acaso haya sido Eagleton quien haya profundizado más en su complejidad, justamente en su libro de 1978. Comienza por estudiar, como ya vimos, las relaciones entre la Ideología General (IG) o dominante y el Modo Literario de Producción (MLP), señalando que la IG contiene elementos generales o estructuras que todos o parte de ellos pueden explicar el carácter del MLP (1978: 54-58). Continúa tratando de la Ideología del Autor (IAu), que no es exactamente la del texto, aunque sí parte de ella: se trata de la inserción biográfica del autor en la IG (*ibid.:* 58-60). Por otro lado, la Ideología Estética (IE) es la región específicamente estética de la IG, relacionada con la ética, la religión, etc., en relaciones de dominio y de subordinación, y todo, en última instancia, determinado por el MGP (*ibid.:* 60). Existen unas complejas relaciones entre IG, IE e IAu (*ibid.:* 60-63). El texto sería así el producto de una conyuntura específica sobredeterminada de todos los factores anteriores. El texto no sería la «expresión» de ideología, ni ésta la «expresión» de clase social: el texto sería «una cierta *producción* de ideología» (ibid.: 63-64). Se pregunta Eagleton en qué sentido es correcto sostener que la ideología más la Historia es el objeto del texto, y afirma que «dentro del texto, la ideología llega a ser una estructura dominante», si bien la Historia es el último significante de la literatura, como es también el último significado» (*ibid.:* 69, 72). Estas relaciones las representa Eagleton con el siguiente esquema:

(*ibid.:* 80).

Añadamos que para Eagleton las llamadas contradicciones del texto son, en realidad, contradicciones entre la ideología y lo que ésta oculta, que no es otra cosa que la Historia (*ibid.:* 95). Por ello, no acepta Eagleton las tesis de Goldmann, pues para éste la obra más «válida» es la que mejor lleva a la «creación imaginaria» la visión del mundo de un grupo social, de una clase, y según Eagleton (*ibid.:* 97), «en las manos de Goldmann, el texto es despojado rudamente de su materialidad, reducido a simplemente el microcosmos de una estructura mental». En fin, la verdad del texto no es una esencia, sino una práctica: la de su relación con la ideología y a través de ésta con la Historia; el texto, así, ilumina oblicuamente esa relación (*ibid.:* 98, 101). Lo que ha de llevarnos de nuevo a la posición de clase del texto, como se dijo, y por el lado contrario, a la supuesta autonomía del producto literario.

## 12. LENGUA. TEXTO. «AUTONOMÍA» DEL TEXTO

> El lenguaje es tan antiguo como la conciencia, el lenguaje «*es*» la conciencia real, práctica, existente también para otros hombres y por tanto existente también para mí mismo; y al igual que la conciencia, el lenguaje nace con la necesidad de relación con otros hombres (Marx-Engels, 1974: 45).

El lenguaje, por otro lado, es una realidad material, y como tal, parte de las fuerzas de la producción material (Eagleton, 1978: 55), en conexión íntima con la superestructura. La lengua es la «materia prima» de la literatura, formada ésta en primer lugar por el léxico disponible para el escritor. El primer paso en la producción literaria es así la tarea de *selección* de los materiales léxicos, como después lo será la tarea de estructuración de los mismos y de las imágenes artísticas. Mas seleccionar significa elegir, es decir, aceptar ya desde el comienzo mismo del proceso de la producción literaria unos puntos de vista y no otros: los señalados por el contenido referencial de una palabra y no de otra, la elegida. Pues lo que ocurre es que

> Las palabras del texto le vienen a éste de fuera de sí mismo, y aunque se transforman y adquieren realidad nueva en las relaciones que en él se establecen, puesto que persisten de algún modo en ellas los significados extratextuales, además de atraer nuestra atención sobre sí mismas en cuanto forma, nos remiten invariablemente al exterior del texto..., y de ahí otra vez al texto, en un proceso dialéctico permanente (Rodríguez Puértolas, 1982: I. 12).

Se trata de que el texto se halla ya condicionado al mero nivel lingüístico, de que la selección lingüística es una selección social e ideologizada (Vernier, 1975: 59). Así lo dicen Balibar-Macherey (en Althusser *et al,* 1975: 29; cf. también 31, 35):

> La determinación «lingüística» resulta fundamentalmente de que el trabajo de la producción literaria tiene por material y por objeto (pues contribuye directamente a constituírla) la existencia de una *lengua común* que codifica los intercambios lingüísticos: la literatura se separa de ella de una manera *determinada* (no arbitraria), que atestigua la realidad de su punto de partida (cf. Zis, 1976: 115; Timoféiev, 1979: 111, 153).

Es precisamente esta innegable importancia de la palabra en la «creación» li-

teraria lo que ha hecho que el formalismo exagere al grado máximo su papel, hasta el punto de ignorar todo aquello que se supone es «exterior»
y «ajeno» a «lo» literario, cuestión comentada así por Trotsky (1973: 101):

> Los formalistas muestran una religiosidad que madura rápidamente. Son los
> discípulos de San Juan: para ellos, «en el principio era el Verbo». Pero para no-
> sotros, en el principio era la Acción. La palabra la siguió, como su sombra foné-
> tica.

Lo cierto es que, simplemente, las palabras, la lengua, remiten a la realidad exterior al texto, es decir, a la ideología y a la Historia, como ya se dijo.
Pues, por otro lado, el lenguaje no es neutral, contra lo que pensaba de
modo sin duda idealista el propio Stalin (1977: 95, 101): «la lengua no es un
instrumento neutro, sino uno de los lugares donde se inviste la ideología dominante, uno de los lugares donde se libra la lucha de clases» (Vernier, 1975: 68).

Quizá sea ahora cuando convenga tratar de la *sociocrítica* en sentido estricto. Se trata de una sociocrítica de la producción literaria que según
uno de sus más destacados representantes tiene estas finalidades:

> *a)* Por una parte, analizar la *estructura profunda* de los textos con arreglo a las
> estructuras de sociedad (socioeconómica, sociopolítica, sociocultural, estructuras
> mentales que la determinan).

> *b)* Por otra parte, tratar de captar, de manera simultánea, la historia y la se-
> mántica, la historia a través de la semántica, y la semántica a través de la histo-
> ria, sentando como hipótesis básica que en las transformaciones de aquélla sólo
> repercuten las modificaciones de ésta (Cros, 1977a: 60).

Así pues, esta sociocrítica «examinará los sistemas de signos y de combinaciones de signos en sus funcionamientos autónomos sin conexión alguna con el enunciado antes de comparar entre sí los dos niveles (enuncia-
do/semiológico), para tratar de captar la estructura profunda del texto» (*loc.
cit.*). Se trata, como puede verse, de un método que intenta recoger buena
parte de los avances de la crítica contemporánea, pues «se sitúa en las con-
fluencias de la historia, de la semántica, de la lingüística y de la semiología»
(*ibid.:* 66).

Por todo lo dicho aquí desde diferentes ángulos, nos encontramos con
algo que puede parecer una perogrullada: el texto constituye un problema
que es preciso resolver (Eagleton, 1978: 87-88). Ahora bien, el texto se halla,
como sabemos, en relación con la Historia y con la ideología: sus problemas
y sus posibles respuestas son también de tipo histórico e ideológico. También, claro está, en el nivel lingüístico, lo que implica la necesidad de una inicial descodificación en tal campo, sobre todo y además, si tenemos en cuenta
el carácter polisémico de la «materia prima» del texto, la palabra (Eagleton,
1978: 92; Timoféiev, 1979: 151, 171). Pero el texto es lo que es y además lo
que parece que no es: el texto contiene lo que dice y también *lo que no dice*
(Macherey, 1974), como vimos más arriba. Una buena parte de las aparentes
contradicciones del texto, del muy posible aspecto contradictorio del producto
to literario, son resultado así de los *silencios* del texto, no exactamente del reflejo de contradicciones históricas, sino de la *ausencia* de éstas (Balibar-

Macherey en Althusser *et al,* 1975: 33-34). En cualquier caso, resolver los problemas del texto, hallar, como a veces suele decirse, su «verdad», no significa descubrir una «esencia», sino una *práctica:* la de la relación del texto con la ideología, y a través de ésta, con la Historia. Pues el texto:

> desestructura la ideología para reconstruirla en sus propios términos relativamente autónomos, para procesarla y transformarla, moldeándola en la forma de producto estético, al tiempo que el texto mismo es desestructurado en diferentes grados por el efecto que la ideología causa en él (Eagleton, 1978: 98-99).

Estamos así de nuevo en el centro del entramado Literatura/Ideología/Historia. Pero también se ha venido hablando a lo largo de los últimos párrafos de *lo* estético y de la «autonomía» del producto literario. De lo primero se dirá algo más abajo; de lo segundo, a renglón seguido.

Uno de los aspectos más típicamente ideológicos en el ámbito del arte y de la literatura es el de creer en su supuesta autonomía, independencia y peculiaridad absolutamente libre de la realidad socio-histórica, de las «contaminaciones» de lo real, y junto a ello, pensar que el «artista» es un personaje dotado de extrañas particularidades que le apartan del resto de los seres humanos. El propio Marx manifestó en alguna ocasión, al hablar de su admirado Heinrich Heine, que los poetas son gentes originales a los que no se les debe aplicar la misma medida que a los demás (Marx-Engels, 1964: 196-197). Naturalmente, media un abismo entre esta opinión de Marx y lo dicho por ejemplo por el formalista ruso Chlovski: «El arte ha sido siempre independiente de la vida, y su color no ha reflejado nunca el color de la bandera que ondeaba sobre la fortaleza de la ciudad» (*apud* Trotsky, 1973: 84). Mas reconocer que «la autonomía aparente de la superestructura es la forma más importante de la ideología» (Jakubowsky, 1973: 191) no significa en modo alguno negar la peculiaridad específica del arte —explicitada a lo largo de estas páginas—, ni tampoco caer en las trampas del mecanicismo. Como se ha dicho (Eagleton, 1978: 73), la idea de que el texto literario no tiene ni fuente ni objeto, está a un paso de la mitología burguesa de la libertad individual. Que en el texto literario su referente final, la Historia, quede en muchas ocasiones *como* oculto, no quiere decir que el propio texto no sea «un tejido de sentidos, recepciones y respuestas que se insertan, en primer lugar, en esa imaginaria producción de lo real que es la ideología» (Eagleton, 1978: 75). Como consecuencia, se hace preciso negar la «naturalidad» del texto para hacer que «aparezcan sus determinaciones reales» (*ibid.:* 101; sobre esa «naturalidad» o *literariedad* químicamente pura, cf. Marghescou, 1979). La falacia de la interesada alternativa «o literatura o nada», la noción misma de esa *literariedad* abstracta y radicalmente idealista, procede de un fenómeno «históricamente analizable que tiene por función atemporalizar, sublimar, a fin de hacerla escapar [a la literatura] a un análisis materialista» (Vernier, 1975: 15). Terminemos esta cuestión de la «autonomía» de la literatura insistiendo en algo básico, con palabras de Balibar-Macherey (en Althusser *et al,* 1975: 46):

> En el texto literario (y en el efecto literario que produce), que opera la reproducción de la ideología de la clase dominante como ideología dominante, la lucha de clases no está abolida.

## 13.  ESTÉTICA. BELLEZA. «VALOR» LITERARIO

Como tampoco queda abolida en el ámbito de la llamada «estética». Marx, en conocido y a veces malignamente manipulado texto, declaraba su admiración por el arte de la Grecia clásica, y se preguntaba acerca de las razones por las cuales continúa manteniendo su capacidad de atracción en tiempos modernos:

> La dificultad no es comprender que el arte y la epopeya [griegos] se hallen ligados a ciertas formas de desarrollo social, sino que aún puedan procurarnos goces estéticos, y se consideren en ciertos casos como norma y modelo inaccesibles (Marx-Engels, 1964: 73).

Compara Marx el arte griego con la ingenuidad de la infancia y la atractiva añoranza que produce en los adultos; algo parecido ocurriría con el arte clásico. Mas ese encanto, sigue diciendo *(loc. cit.)*,

> No está en contradicción con el carácter primitivo de la sociedad en que se ha desarrollado este arte. Es más bien su producto; mejor podría decirse que se halla enlazado indisolublemente al hecho de que las condiciones sociales imperfectas en que ha nacido y en las que forzosamente tenía que nacer no podrán volver nunca más.

Situando correctamente estos fragmentos de Marx en su contexto, cosa que no suele hacerse, queda claro su verdadero sentido, pues revela la nostalgia del hombre fragmentado y alienado en la sociedad capitalista por un «mundo infantil» en que todavía podía existir un cierto grado de armonía entre hombre y naturaleza (Eagleton, 1976: 12; cf. también Lukács, 1966b: 510-512). Lo cierto es que, además, el arte griego es incomprensible en una sociedad que excluya la relación de la mitología con la naturaleza, en que la imaginación artística no se apoye en la mitología. Pues como sigue diciendo con ironía Marx *(loc. cit.)*, no parece posible suponer un Aquiles en la era de la pólvora y el plomo, una *Ilíada* en la de la imprenta. El mismo problema es ejemplificado por Trotsky con el caso de la *Divina Commedia* (1973: 130); para él, una buena parte del interés continuado por Dante, por un autor y una obra de la Edad Media, se hallaría en el hecho de que «todas las sociedades de clase, por diversas que sean, poseen rasgos comunes». Marx se ocupa de la «estética» en otro de sus textos tempranos, los manuscritos de 1844 (1974). He aquí un resumen de ello:

> *a)* Existe una relación peculiar entre el sujeto y el objeto (creación «conforme a las leyes de la belleza» o «asimilación artística de la realidad») en la cual el sujeto transforma al objeto, imprimiendo una determinada forma a una materia dada. El resultado es un nuevo objeto −el objeto estético−, en el que se objetiva o despliega la riqueza humana del sujeto. *b)* Esta relación entre sujeto y objeto −relación estética− tiene un carácter social; se desarrolla sobre una base histórico-social en el proceso de humanización de la naturaleza, mediante el trabajo, y de objetivación del ser humano. *c)* La asimilación estética de la realidad alcanza su plenitud en el arte como trabajo humano superior que tiende a satisfacer la necesidad interna del artista de objetivarse, de expresarse [...] (Sánchez Vázquez, 1965: 88).

La «estética», así, lejos de ser algo inmutable y abstracto, tiene un carácter social e histórico, y por lo mismo relacionado íntimamente con la ideología, como ya se dijo:

> Lo estético es lo que habla de sus condiciones históricas permaneciendo en silencio [...]. Esas condiciones históricas, en la forma de lo ideológico, llegan a ser la mera estructura determinante de ese proceso de autoproducción textual que es enteramente «estético» [...] ese distanciamiento interno que es lo estético (Eagleton, 1978: 176-178).

Decía Trotsky (1973: 100) que «el "factor" estético es el meñique, el más pequeño, aunque no el menos querido». Resulta curioso, aunque no casual, pues nada es casual en la Historia, que mientras el marxismo soviético actual acepta el concepto y la existencia de lo «estético» sin mayores problemas, aunque, desde luego, historificándolo (cf. por ejemplo Rosental *et al*, 1975: «Estética»), el marxismo «occidental» se enfrenta de modo mucho más radical con la cuestión. Así, Balibar-Macherey piensan (en Althusser *et al*, 1975: 23-24) que es un problema impuesto al marxismo por la ideología dominante, que exige del mismo que produzca una estética «para "rendir cuenta" [...] del arte, de la obra de arte, del efecto estético del arte». Algo parecido dice Eagleton (1978: 178), que traza un interesante paralelo entre «Estética» y «Moral»: en realidad, no habría que embarcarse «en un debate moral con aquéllos para quienes moralidad significa sólo moralismo». Mas lo que ocurre es que «lo "estético" es demasiado valioso para ser entregado sin lucha a los estéticos burgueses, y demasiado contaminado por la ideología para apropiárselo tal cual es» (*ibid.*: 178). La teoría estética es así uno de los más preciados y sutiles instrumentos ideológicos de la burguesía. Para sus más complejos y modernos teóricos —que llegan incluso a utilizar una terminología marxista—,

> El «arte» es un tipo de producción que debe ser comprendida separadamente de la norma productiva burguesa dominante: la producción de mercancías. Por tanto, debe ser [...] descrito mediante el nuevo término de «creación»; distinguido de sus propios procesos materiales; y distinguido, finalmente, de los demás productos de su propio tipo o de tipos estrechamente relacionados con él: el «arte» de lo que «no es arte»; la «literatura» de la «paraliteratura» o «literatura popular»; la «cultura» de la «cultura de masas» [...]. La teoría estética es el principal instrumento de esta evasión (Williams, 1980: 177).

Se hace imperativo así rechazar la «Estética», o al menos negarse a aceptar la lucha en el terreno y en los términos impuestos por la clase dominante: en los de una «esencia» abstracta y ahistórica (Vernier, 1975: 17; Eagleton, 1978: 176, 187; Williams, 1980: 180). La «Estética» no es, pues, la llamada habitualmente «ciencia de lo bello», sino, en todo caso, del conocimiento artístico (cf. más arriba). Brecht negaba incluso (1973: 426) la existencia de la «belleza» artística, y también de la «fealdad»: «Hay arte grande y arte pequeño, arte provechoso y arte perjudicial, arte bajo y arte alto, pero no arte bello y arte feo». Se precisa, por lo tanto, decir algo acerca del concepto de «Belleza». También aquí cabe distinguir entre el marxismo soviético y el «occidental». Para uno de los críticos soviéticos contemporáneos,

> Es bello aquello que nos permite ver la vida tal como debe ser según nuestros conceptos. Así pues, el arte nos proporciona el ideal a través del cual debemos valorar la vida, y además, este ideal aparece en su plasmación inmediata como algo bello [...], es lo que suscita en nosotros ese peculiar sentimiento estético [...],

un sentimiento de placer estético (Timoféiev, 1979: 50-51; cf. Zis, 1976: 177, 189).
189).

Pero las cosas no son ni tan elementales ni tan ideales. En primer lugar, hay que plantear la cuestión de la objetividad/subjetividad de la «Belleza», cosa también reconocida por los críticos soviéticos: «lo bello» es objetivo e independiente de la conciencia humana, mas hay un componente subjetivo en la valoración de «lo bello» (Zis, 1976: 171). Por otro lado, el marxismo «atribuye belleza a todo trabajo humano» (Bosch, 1972: 25, nota); ya decía Gorki que en la Naturaleza no hay belleza, que la «belleza» la crea el ser humano (*apud* Parjómenko, s. f.: 15). Pues como escribe Sánchez Vázquez (1965: 90):

> El hombre hace emerger lo estético de las cosas mismas, en una actividad práctica material [...] lo bello no puede existir al margen del hombre [...]. La belleza no es un atributo de un ser universal.

Es por esto por lo que el objeto estético no es −como afirma la ideología burguesa− «inútil», sino que reviste y ofrece una «utilidad» no identificable exactamente con la utilidad material (*ibid.*: 94), aunque muchas veces tenga una significación práctica (Zis, 1976: 183). Pero como en el caso de la «Estética», también la «Belleza» «enmascara, bajo la ficción de una esencia universal, las contradicciones» (Vernier, 1975: 86).

«Estética» y «Belleza» conducen directamente a la cuestión del *«valor»* de un producto artístico, de un texto literario. Se habla de «obras maestras», por ejemplo, lo que implica de inmediato un juicio de valor, el cual es históricamente conformado y analizable (Vernier, 1975: 14-15). ¿Qué es lo que hace, en efecto, que llegue a ser considerado un texto como «obra maestra», un autor como «clásico»? ¿Quién y cómo decide tal valoración? Si nos preguntamos el porqué un autor o una obra recibe el honor de pasar a las historias de la literatura, habremos de cuestionarnos también qué es una historia de la literatura y cómo se hace, y descubriremos que su contenido suele coincidir con lo que se llama la cultura establecida, esto es, la cultura dominante impuesta por la clase dominante. De lo que se trata, en fin, como en el caso de la «Estética», de la «Belleza» y de todo otro «valor», es de insertar el producto literario y su productor en sus coordenadas histórico-sociales y en su entramado ideológico. Lo mismo ha de hacerse, sin duda, con los juicios de los críticos, con la crítica literaria: de ello se hablará poco después.

Digamos, para terminar, que el marxismo, como se ha dicho (Sánchez Vázquez, 1965: 49), utiliza «lo estético»

> para esclarecer mejor cuánto ha perdido el hombre en esta sociedad enajenada, y vislumbrar así cuánto puede ganar en una nueva sociedad −comunista− en la que rijan unas relaciones verdaderamente humanas.

De este modo llegan a identificarse humanismo y «estética» marxistas:

> Frente a los prejuicios burgueses, eficazmente alimentados por la grosera y adialéctica concepción del marxismo vulgar [...], el humanismo socialista permite a la estética marxista la unificación de conocimiento histórico y conocimiento puramente artístico, la coincidencia constante de consideración histórica y consideración estética en un punto central (Lukács, 1966b: 259-260).

El *valor estético* es así inseparable del *valor humano.* Pues como dijera Fidel Castro (*apud* Torrás, 1977: I. 26), «No puede haber valor estético sin contenido humano. No puede haber valor estético contra el hombre».

## 14.  LA CRÍTICA Y LOS CRÍTICOS

Después de todo lo aquí tratado no parece fuera de lugar que nos ocupemos de la *crítica* y de los *críticos,* de quienes se especializan en leer, interpretar y explicar la literatura, aunque se haya dicho algo sobre ello en las páginas anteriores. Frente a las teorizaciones idealistas extremadas, según las cuales nunca será posible «descubrir» el «misterio» del «creador» y de la «creación» (cf. Rodríguez Puértolas, 1982: I. 14), el marxismo afirma no sólo que el conocimiento de los textos es posible, sino que, además, los procedimientos para llegar a ese conocimiento revisten un carácter científico, puesto que es factible analizar metodológicamente el proceso de producción de esos textos (Eagleton, 1978: 168). Para ello es necesario tener en cuenta que tanto el objeto de la crítica como ésta misma forman parte del ámbito de la superestructura (*ibid.:* 96-97). El propio crítico está ideologizado y mediatizado (*ibid.:* 57 Portuondo, 1972-1973; Vernier, 1975: 76-77; Timoféiev, 1979: 119), por lo cual, todo acto crítico, como toda lectura, es, en última instancia, *un acto político* (Jameson, 1981; Kegan Gardiner, 1981). Es preciso, para empezar, enfrentarse en todo momento de modo científico con la crítica burguesa tradicional, con su característico paternalismo: luchar, como decía Marx (Marx-Engels, 1964: 193), contra «la protección inmediata del santo espíritu de la crítica». Se hace preciso también rechazar lo habitual, lo recibido, «pedir *pruebas* a las pretendidas "evidencias", que no pueden aportarlas» (Vernier, 1975: 74), poner al descubierto «un defecto decisivo de la crítica burguesa moderna: es ahistórica» (Lukács, 1966a: 200). Y también recordar que en la teoría marxista no existen compartimientos estancos, esto es, que no existe la brutal especialización del conocimiento, la fragmentación del saber, como ya se vio más arriba. Como consecuencia, hay que evitar caer en las trampas tendidas por «la basura filológica del separatismo profesoral», del «separatismo de la ciencia burguesa» (*Ideologie,* 1969: 7). Es decir,

> La crítica literaria ha de ser, precisamente, *crítica;* ha de negarse a suspender el juicio histórico al negarse a aceptar la realidad de un texto cualquiera como algo fijo, permanente y vacío de tendencia o partidismo; ha de mantener frente a él un tipo de distanciamiento comprometido similar al que exigía Brecht frente a su propio teatro (Rodríguez Puértolas, 1982: I. 28).

Algunos rasgos específicos de la crítica marxista y de sus funciones han sido enumerados ya anteriormente. Una recapitulación de todo ello habrá de comenzar por tener en cuenta la teoría del reflejo y del conocimiento, la posición de clase del autor, las formas ideológicas y su relación con las formas literarias, las técnicas de la producción literaria, la teoría «estética», y la inserción de todo ello en el modelo base/superestructura (Eagleton, 1976:

16). Se trata también de «analizar detalladamente el método, esto es, el método creador» (Lukács, 1966a: 140). Lo cual significa poner al descubierto las relaciones Literatura/Ideología/Historia, como ya se vio, esto es, rechazar el texto tal como se nos aparece en su supuesta «inocencia» y «naturalidad», desarticular metodológicamente el entramado ideológico del texto. Remitir, finalmente y como consecuencia, el texto a la lucha de clases (Vernier, 1975: 61). La crítica marxista no es —o no debe ser— normativa: «aspira a dar razón de lo que es, no a señalar lo que debe ser» (Sánchez Vázquez, 1965: 109; también Portuondo, 1972-1973: 214). Pues como decía Lenin, «la cuestión esencial para los críticos literarios no es lo que piense el escritor, sino lo que expresa» (*apud* Arundel, 1967: 24; cf. también Morawski, 1965). Véase, en fin, lo que era la investigación literaria para Trotsky (1973: 88):

> No «recrimina» en absoluto a un poeta por los pensamientos y sentimientos que expresa, sino que plantea cuestiones de un significado mucho más profundo, por ejemplo: ¿a qué tipo de sentimientos corresponde una determinada obra de arte con todas sus peculiaridades, cuál es el condicionamiento social de estos pensamientos y sentimientos, qué lugar ocupan en el desarrollo histórico de una sociedad y de una clase?

Conviene señalar que dentro de las actividades de la crítica literaria marxista hay dos aspectos que en cierta medida y durante algún tiempo han estado relativamente marginados: el estudio de las formas y la historia de la literatura. En cuanto a lo primero —de lo que ya se trató en la sección oportuna—, esa marginación ha sido superada en buena parte en los últimos años, mas cabe recordar aquí y aplicar las palabras con que Engels (Marx-Engels, 1964: 59, 61) justificaba la especial atención que él y Marx habían prestado al contenido de los hechos económico-sociales:

> Al hacer esto, hemos descuidado el aspecto formal por el contenido [...] lo hemos descuidado más de lo que merece. Es la vieja historia: al principio, siempre se descuida la forma por el fondo.

La segunda cuestión, también hoy en gran parte superada, es la de la historia de la literatura y la crítica, aunque ya Lunacharsky (Comisario de Instrucción Pública de los Soviets, 1917-1929) decía (*apud* Fernández Retamar, 1975: 78; cf. el propio Lunacharsky, 1965) que

> Suele hacerse una distinción entre las tareas del crítico y las de historiador literario, y en esas ocasiones la distinción se traza entre investigación del pasado e investigación del presente [...]. Para el crítico marxista tal división pierde casi todo su valor.

Así pues, no sólo es posible la existencia y el funcionamiento de una crítica de la literatura y trazar una historia de esta última, sino que también y al mismo tiempo la crítica literaria es de importancia primordial en el conjunto de la teoría y la práctica del marxismo. Y hay razones: porque si no ponemos en relación la literatura del pasado con la lucha contra la explotación, no acabaremos de comprender nuestro presente ni seremos totalmente capaces de cambiarlo; porque quedarían disminuidas nuestras facultades para *leer* textos y para producir otros que contribuyan a un mejor arte y una mejor sociedad; porque es parte del proceso histórico de liberación contra la opresión

(Eagleton, 1976: 76). Y todo esto sin olvidar que, como se ha dicho (Burns, 1972: 108),

> Hay que dejar en claro que el marxismo no reclama para su concepción del mundo, el materialismo dialéctico, más que una ventaja: la de que dicha interpretación de la realidad ayuda a los investigadores en cada campo de la ciencia a ver y a comprender los hechos.

## 15. LITERATURA, ¿PARA QUÉ?

Para terminar este panorama, no será ocioso intentar responder a la vieja, conocida y por lo general falaz pregunta de *arte, literatura, ¿para qué?* No lo olvidemos: como se ha ido diciendo en las páginas anteriores, el arte y la literatura son «creación» y producción. «El hombre se eleva, se afirma, transformando la realidad, humanizándola, y el arte, con sus productos, satisface esta necesidad de humanización» (Sánchez Vázquez, 1965: 47; cf. también 48-49, 60, 95, y Fischer, 1978). Arte y literatura, pues, para la vida, para humanizar el mundo, para recuperarlo (Sartre, 1957: 80). La actividad artística es un ejemplo superior de la lucha contra «la fragmentación del hombre, la fragmentación de la totalidad concreta en especialidades abstractas». (Lukács, 1966b: 241). Pues lo que ocurre es que

> El rasgo de *humanitas,* el apasionado estudio de la naturaleza del hombre, es esencial a toda literatura, a todo arte; y, en estrecha relación con eso, todo buen arte y toda buena literatura es también humanística en la medida en que no sólo estudia apasionadamente al hombre, la real esencia de su constitución humana, sino que, además, defiende apasionadamente la integridad humana del hombre contra todas las tendencias que la atacan, la rebajan o la deforman (*ibid.:* 240).

Ello es correlato de que, además «el escritor proporciona a la sociedad una conciencia inquieta» (Sartre, 1957: 97), y al ser humano, «conciencia de sí mismo» (Lukács, 1966a: 396); en efecto, «el arte despierta nuestra autoconsciencia histórica y la mantiene en vela» (*ibid.:* 512). Y es, también, una respuesta socialmente simbólica a la Historia de cada época (Jameson, 1981). Como dijera el cubano Alejo Carpentier hablando de la narrativa con palabras aplicables a toda manifestación literaria y artística, la novela «empieza cuando, trascendiendo el relato, llega a ser un instrumento de investigación del hombre» (en Vargas Llosa, 1965: 31). Y sin olvidar que, además, el arte es comunicación:

> El problema de la comunicabilidad artística es inseparable del problema de la conquista de una verdadera comunicación de los hombres. El destino del arte se vuelve así solidario del de las fuerzas sociales que pugnan por poner fin al desgarramiento que padece, en nuestra época, tanto la sociedad como cada hombre en particular, entre la verdadera individualidad y la comunidad (Sánchez Vázquez, 1965: 119).

¿Para qué la literatura, el arte? Así lo dijo Brecht (1973: 410):

> Puede convertirse en instrumento de unos pocos que desempeñan para la mayoría el papel de dioses del destino y exigen una fe que ante todo ha de ser

ciega, *y puede ponerse al lado de la mayoría y dejarles el destino en sus propias manos.* Puede proporcionar a los hombres estados de éxtasis, ilusiones y maravillas, *y puede poner el mundo en sus manos.* Puede hacer más grande la ignorancia. Puede apelar a los poderes que demuestran su fuerza destruyendo, *y apelar a los poderes que demuestran su fuerza ayudando* (el subrayado es mío).

Sin duda. Mas para que el arte, la literatura, cumplan ese papel humanizador, para que en uno y otro los hombres gocen de la vida, como también decía Brecht (*ibid.:* 426), hay que recuperar al mismo tiempo la vida, el arte y la literatura, eliminar la división explotadora, enajenante y clasista del trabajo. Y así, como dijeran Marx y Engels (1964: 68),

> En una sociedad comunista ya no habrá pintores, sino, cuando mucho, hombres que, entre otras cosas, pinten.

## REFERENCIAS BIBLIOGRÁFICAS

1962    Adorno, Theodor W., *Notas de literatura,* vers. esp., Barcelona, Ariel.
1972    ————— y Horkheimer, Max, *Dialectic of Enlightment,* Nueva York, Seabury Press.
1968    Althusser, Louis, *La revolución teórica de Marx* [2], vers. esp., México, Siglo XXI.
1970    —————, *Lenin y la filosofía,* vers. esp., México, Era.
1974    —————, *La filosofía como arma de la revolución* [6]; vers. esp., México, Siglo XXI.
1978    —————, *Criticism and Ideology,* Londres, Greenwood.
1975    ————— *et al,: Para una crítica del fetichismo literario,* vers. esp., Madrid, Akal.
1975    Ambrogio, Ignazio, *Ideologías y técnicas literarias,* vers. esp., Madrid, Akal.
1977    Angelis, Enrico de, *Arte e ideología de la alta burguesía: Mann, Musil, Kafka, Brecht,* vers. esp., Madrid, Akal.
1967    Arundel, Honor, *La libertad en el arte,* vers. esp., México, Grijalbo.
1973    Arvatov, Boris, *Arte y producción,* vers. esp., Madrid, Alberto Corazón.
1975    Balibar, Étienne, y Macherey, Pierre, *Sobre la literatura como forma ideológica,* en Althusser *et al,* 1975.
1971    Barthes, Roland, *et al, Literatura y sociedad,* vers. esp., Barcelona, Martínez Roca.
1973    Benedetti, Mario, *El escritor latinoamericano y la revolución posible,* en «Casa de las Américas», 79, pp. 136-144.
1968    Benjamin, Walter, *Illuminations,* Nueva York, Zohn, vers. esp., Madrid, Taurus.
1970    —————, *Brecht: ensayos y conversaciones,* vers. esp., Montevideo, Arca.
1978    Blanco Aguinaga, Carlos, *Prólogo* a *La Historia y el texto literario,* Madrid, Nuestra Cultura.
1982    —————, Cf. Rodríguez Puértolas, Julio.
1950    Borland, Harriet, *Soviet Literary Theory and Practice During the First Five-Year Plan, 1928-1932,* Columbia University Press.
1972    Bosch, Rafael, *El trabajo material y el arte,* México, Grijalbo.
1976    Bottomore, Tom, *La sociología marxista,* vers. esp., Madrid, Alianza.
1970    Brecht, Bertolt, *Escritos sobre teatro,* vers. esp., Buenos Aires, Nueva Visión.
1973    —————, *El compromiso en literatura y arte,* vers. esp., Barcelona, Península.
1972    Burns, Emile, *Introducción al marxismo,* vers. esp., México, Grijalbo.
1977    Corradi, Juan Eugenio, *Textures: Approaching Society, Ideology, Literature,* en «Ideologies and Literature», 2, pp. 5-21.
1977    Cros, Edmond, *Fundamentos para una sociocrítica. I: Presupuestos metodológicos y aplicaciones,* en «Ideologies and Literature», 3, pp. 60-68.
1977    —————, *Foundations of a Sociocriticism. II: Methodological Proposals and an Application to the Case of the «Buscón»,* en «Ideologies and Literature», 4, pp. 63-80.
1976    Eagleton, Terry, *Marxism and Literary Criticism,* Londres, Methuen.
1978    —————, *Criticism and Ideology. A Study in Marxist Literary Theory,* Londres, New Left Books.

1981 ————,*Walter Benjamin, or Towards a Revolutionary Criticism,* Londres, New Left Books.

1981 ————, *The Idealism of American Criticism,* en «New Left Review», agosto pp. 52-65.

1965 Eco, Umberto, *La obra abierta,* vers. esp., Barcelona, Seix-Barral.

1970 ————, *La definición del arte,* vers. esp., Barcelona, Martínez Roca.

1964 Engels, Friedrich cf. Marx-Engels.

1974 ————, cf. Marx-Engels.

1958 Escarpit, Robert, *Sociologie de la littérature,* París, P.U.F.

1974 ————, *et al, Hacia una sociología del hecho literario,* vers. esp., Madrid, Cuadernos para el Diálogo.

1975 Fernández Retamar, Roberto, *Para una teoría de la literatura hispanoamericana y otras aproximaciones,* La Habana, Casa de las Américas.

1973 Fischer, Ernst, *Arte y coexistencia,* vers. esp., Barcelona, Península.

1978 ————, *La necesidad del arte* [5], vers. esp., Barcelona, Península.

1978 Francastel, Pierre, *La réalité figurative. Élements structurels de sociologie de l'Art,* en *Oeuvres,* II, París, Conthier.

1977 Gallas, Helga, *Teoría marxista de la literatura* [2], vers. esp., México, Siglo XXI.

1972 Garasa, Delfín Leocadio, *György Lukács y las aristas del dogma,* Buenos Aires, Universidad.

1964 Garaudy, Roger, *De un realismo sin riberas,* vers. esp., La Habana, Unión.

1961 García Buchaca, Edith, *La teoría de la superestructura, la literatura y el arte,* La Habana, Consejo Nacional de Cultura.

1977 García Canclini, Néstor, *Para una teoría de la socialización del arte latinoamericano,* en «Casa de las Américas», 89, pp. 99-119.

1964 Goldmann, Lucien, *The Hidden God,* Londres, Humanities Press.

1971 ————, *Introducción a los primeros escritos de György Lukács,* vers. esp., en Lukács, 1971.

1975 ————, *Para una sociología de la novela* [2], vers. esp., Madrid, Ayuso.

1968 Gorki, Maxim, cf. Zhdanov, A. A.

1971 Hauser, Arnold, *Historia social de la literatura y el arte* [4], vers. esp., Madrid, Guadarrama, 3 vols.

1963 Hayward, M., y Labetz, L., *Literature and Revolution in Soviet Russia, 1917-1962,* Londres, Greenwood.

1972 Horkheimer, Max, cf. Adorno, Theodor W.

1969 *Ideologie:* «Rivoluzione e Studio», editorial, 9-10, pp. 5-22.

1973 Jakubowsky, Franz, *Las superestructuras ideológicas en la concepción materialista de la Historia,* vers. esp., Madrid, Alberto Corazón.

1971 Jameson, Frederic, *Marxism and Form,* Princeton University Press.

1981 ————, *The Political Unconscious: Narrative as a Socially Symbolic Act,* Cornell University Press.

1975 Jitrik, Noé, *Producción literaria y producción social,* Buenos Aires, Sudamericana.

1981 Kegan Gardiner, Judith, *How to Read as a Political Act,* en «In These Times», 28 octubre - 3 noviembre, pp. 18-19.

1969 Kelle, V., *El arte,* vers. esp., en Lenin-Mao Tse-Tung.

1963 Labetz, L., cf. Hayward, M.

1973 Lecourt, Dominique, *Une crise et son enjeu. Essai sur la position de Lénine en philosophie,* París, Maspéro.

1971 Lenin, Vladimir Illich, *La literatura y el arte,* vers. esp., Moscú, Progreso.

1972 ————, *Materialism and Empiriocriticism,* Pekín, Foreign Languages Press.

1969 ————, y Mao Tse-Tung, *Arte, literatura y prensa,* vers. esp., México, Grijalbo.

1980 Letricchia, Frank, *After the New Criticism,* Chicago University Press.

1972 Lotman, Yuri M., *El problema de una tipología de la cultura,* vers. esp., en «Casa de las Américas», 71, pp. 43-48.

1978 ————, *Estructura del texto artístico,* vers. esp., Madrid, Istmo.

1963 Lukács, Geörgy, *Significación actual del realismo crítico,* vers. esp., México, Era.

1966 ————, *Sociología de la literatura,* vers. esp., Barcelona, Península.

1966 ————, *Aportaciones a la historia de la estética,* vers. esp., México, Grijalbo.

1966-1972 ————, *Estética,* vers. esp., Barcelona, Grijalbo, 4 vols.

1969 ————, *Prolegómenos a una estética marxista* [2], vers. esp., Barcelona, Grijalbo.

1971 ————, *Teoría de la novela,* vers. esp., Barcelona, EDHASA.

1965    Lunacharsky, Anatoli V., *On Literature and Art,* Moscú, Progreso.

1974    Macherey, Pierre, *Pour une théorie de la production littéraire* [2], París, Maspéro.

1975    ————, cf. Balibar, Étienne.

1968    Maguire, R. A., *Red Virgin Soil. Soviet Literature in the 1920's,* Princeton University Press.

1969    Mao Tse-Tung: cf. Lenin, Vladimir Illich.

1971    ————, *Selected Readings,* Pekín, Foreign Languages Press.

1979    Marghescou, Mircea, *El concepto de literariedad,* vers. esp., Madrid, Taurus.

1945    Marx, Karl, *Historia crítica de la teoría de la plusvalía,* I, vers. esp., México, Fondo de Cultura Económica.

1959    ————, *El capital* [2], I, vers. esp., México, Fondo de Cultura Económica.

1972    ————, *Textos sobre la producción artística,* vers. esp., ed. V. Bozal, Madrid, Alberto Corazón.

1974    ————, *Manuscritos: economía y filosofía* [5], vers. esp., Madrid, Alianza.

1976    ————, *Elementos fundamentales para la crítica de la economía política,* vers. esp., Madrid, Siglo XXI.

1964    Marx, Karl, y Engels, Friedrich, *Sobre arte y literatura,* vers. esp., Buenos Aires, Revival.

1974    ————, *La ideología alemana*[3], vers. esp., México, Cultura Popular.

1981    Mészáros, István, *El pensamiento y la obra de G. Lukács,* vers, esp., Barcelona, Fontamara.

1977    Mittenzwei, Werner, *Revolución y literatura. Relaciones entre tradición, revolución y literatura,* vers. esp., Madrid, Akal.

1979    ————, *Diálogos y controversias con Geörgy Lukács. La controversia de los escritores socialistas alemanes,* vers, esp., Madrid, Akal.

1965    Morawski, Stefan, *Lenin as a Literary Theorist,* en «Sciencie and Society», XXIX pp. 2-25.

s. f.     Parjómenki, M., *El realismo socialista en la literatura y el arte,* vers. esp., Moscú, Progreso.

1965    Partido Socialista Obrero Húngaro, Comité Central: *Of Socialist Realism,* en «The New Hungarian Quarterly», 19, pp. 52-71.

1970    Paz, Alfredo de, *Sociología del arte y sociedad dividida,* en «Unión», 2, pp. 154-172.

1981    Plebe, Armando, *Una reconsideración de la estética soviética,* México, Fondo de Cultura Económica.

1973    Plejanov, Gueorgui V., *La concepción materialista de la Historia. El arte y la vida social,* vers. esp., México, Roca.

1972    Portuondo, José Antonio, *Crítica marxista de la estética burguesa contemporánea,* en «Casa de las Américas», 71, pp. 5-13.

1972-1973 ————, *La crítica y los modos de interpretación de la obra literaria,* en «Anuario L-L», 3-4, pp. 214-219.

1975    ————, *Ideas estéticas de la Revolución Cubana,* en «Anuario L-L», 6, pp. 3-11.

1969    Posada, Francisco, *Lukács, Brecht y la situación actual del realismo socialista,* Buenos Aires, Galerna.

1974    Rodríguez, Juan Carlos, *Teoría e historia de la producción ideológica. Las primeras literaturas burguesas,* Madrid, Akal.

1982    Rodríguez Puértolas, Julio (coordinador), Blanco Aguinaga, Carlos, y Zavala, Iris M., *Explicación Previa,* en *Historia Social de la Literatura Española* [2], I, Madrid, Castalia.

1975    Rosental, M., *et al, Diccionario de Filosofía,* Madrid, Akal.

1972    Rossi-Landi, Ferrucio, *Programación social y comunicación,* en «Casa de las Américas», 71, pp. 20-35.

1965    Sánchez Vázquez, Adolfo, *Las ideas estéticas de Marx,* México, Era.

1972    ————, *Notas sobre Lenin, el arte y la revolución,* en «Casa de las Américas», 71 (1972), pp. 14-20.

1973    ————, *Socialización de la creación o muerte del arte,* en «Casa de las Américas», 78, pp. 32-43.

1978    ————, *Ciencia y revolución. El marxismo de Althusser,* Madrid, Alianza.

1957    Sartre, Jean-Paul, *¿Qué es la literatura?* [2], vers. esp., Buenos Aires, Losada.

1981    Segre, Cesare, *Semiótica, Historia y Cultura,* vers. esp., Barcelona, Seix-Barral.

1978    Serrano, Sebastià, *Literatura y teoría del coneixement,* Barcelona, Laia.

1982    Sinningen, Jack H., *Introducción a Narrativa e ideología,* vers. esp., Madrid, Nuestra Cultura.

1981    Slater, Phil, *Origins and Significance of the Frankfurt School,* Londres, Routledge and Kegan Paul.

1971    Soutchkov, Boris, *Les destinées historiques du réalisme,* vers. franc., Moscú, Progreso.

1977    Stalin, José, *El marxismo, la cuestión nacional y la lingüística,* vers. esp., Madrid, Akal.

1976    Tchang En-Tsé, *Verdad y conocimiento,* vers. esp., Madrid, Akal.

1979    Timoféiev, N., *Fundamentos de teoría de la literatura,* vers. esp., Moscú, Progreso.

1977    Torrás, Norma, *Lecciones de literatura cubana,* I, La Habana, Pueblo y Educación.

1957    Trotsky, León; *Literature and Revolution,* vers. esp., Ruedo Ibérico.

1973    ————, *Sobre arte y cultura* [2], vers. esp., Madrid, Alianza.

1976    ————, *La era de la revolución permanente,* vers. esp., Madrid, Akal.

1970    VV. AA., *Formalismo y vanguardia,* vers. esp., Madrid, Alberto Corazón.

1970    ————, *Littérature et Idéologie,* número especial de «La Nouvelle Critique», 39 bis.

1965    Vargas Llosa, Mario, *Cuatro preguntas a Alejo Carpentier,* en «Marcha», 12 de marzo, p. 31.

1975    Vernier, France, *¿Es posible una ciencia de lo literario?,* vers. esp., Madrid, Akal.

1973    Voloshinov, V. N., *Marxism and the Philosophy of Language,* ed. Nueva York-Londres, Merlin.

1966    Volpe, Galvano della, *Crítica del gusto,* vers. esp., Barcelona, Seix-Barral.

1972    ————, *Historia del gusto,* vers. esp., Madrid, Alberto Corazón.

1980    Williams, Raymond, *Marxismo y literatura,* vers. esp., Barcelona, Península.

1982    Zavala, Iris, M., cf. Rodríguez Puértolas, Julio.

1935    Zhdanov, A. A., *Problems of Soviet Literature,* ed. Moscú-Leningrado, Co-operative Publishing Society of Foreign Workers in the USSR.

1968    ————, y Gorki, M., *Literatura, filosofía y marxismo,* vers. esp., México, Grijalbo.

1976    Zis, A., *Fundamentos de la estética marxista,* vers. esp., Moscú, Progreso.

## OTRA BIBLIOGRAFÍA UTILIZADA (NO CITADA)

Apresjan, Yuri D., *La lingüística estructural soviética,* vers. esp., Madrid, Akal, 1975.

Baxandal, Lee, *Marxism and Aesthetics. A Selected Annotated Bibliography,* Nueva York, Humanities Press, 1968.

Caudwell, Christopher, *Illusion and Reality. A Study of the Sources of Poetry,* Nueva York, International, 1967.

Dmitrieva, N. A., *Ensayos de estética marxista-leninista,* vers. esp., Montevideo, Pueblos Unidos, 1961.

Eco, Umberto, y Faccani, Remo, *I sistemi di segni e lo strutturalismo sovietico,* Milán, Bompiani, 1969.

Engels, Friedrich: cf. Marx, Karl.

Egórov, A., *Problemas de la estética,* vers. esp., Moscú, Progreso, 1978.

Faccani, Remo, cf. Eco, Umberto.

Finkelstein, Sidney, *The Form and Content of Art,* en «Mainstream», XVI, (1963), pp. 30-49.

Fox, Ralph, *Aspects of Dialectical Materialism,* Londres, NBH, 1934.

————, *La novela y el pueblo,* vers. esp., Madrid, Akal, 1975.

Gisselbrecht, André, *Notas para una estética marxista,* vers. esp., en «Unión», 4, (1965), pp. 14-20.

Gramsci, Antonio, *Literatura y vida nacional,* vers. esp., Buenos Aires, Lautaro, 1961.

————, *La formación de los intelectuales,* vers. esp., México, Grijalbo, 1967.

————, *Cultura y literatura* [3], vers. esp., Barcelona, Península, 1973.

Jiménez, Marc, *Adorno: Art, idéologie et théorie de l'art,* París, Union Générale D'Éditions, 1973.

Mao Tse-Tung, *On Literature and Art* [3] ed. Pekín, Foreign Languagues Press, 1967.

Mao Tun, *The Key Problems in Art and Literature,* en «Chinese Literature», IV, (1956), pp. 223-228.

Marcuse, H., *La dimensión estética,* vers. esp., Barcelona, Materiales, 1978.

Marx, Karl, y Engels, Friedrich, *Obras Escogidas,* vers. esp., Madrid, Akal, 1975, 2 vols.

Mészáros, István, *Marx's Theory of Alienation,* Londres-Nueva York, Merlin Press, 1972.

Morawski, Stefan, *The Aesthetic Views of Marx and Engels,* en «Journal of Aesthetics and Art Criticism», XXVIII, (1969-1970), pp. 301-314.

————, *Fundamentos de estética,* vers. esp., Barcelona, Península, 1977.

Mozhnyagun, S., *Problems of Modern Aesthetics,* Moscú, Progreso, 1969.

Plejanov, Jorge, *Cartas sin dirección. El arte y la vida social,* vers. esp., Madrid, Akal, 1975.

Portuondo, José Antonio, *Estética y Revolución,* La Habana, Unión, 1963.

Sánchez Macgrégor, Joaquín, *En torno a la estética marxista,* «Unión», 7 (1963), pp. 33-42.

Sánchez Vázquez, Adolfo, *Estética y marxismo* [2], México, Era, 1975, 2 vols.

Thomson, George, D., *Marxismo y poesía,* vers. esp., La Habana, Instituto del Libro, 1969.

Todorov, Tzvetan, *Poética,* vers. esp., Buenos Aires, Signos, 1975.

VV.AA., *La estética marxista-leninista y la creación artística,* vers. esp., Moscú, Progreso, 1980.

Vigotski, L. S., *Thought and Language,* Harvard Univ. Press, 1962.

—————, *Psicología del arte,* vers. esp., Barcelona, Barral, 1972.

Wolff, Janet, *The Social Production of Art,* Londres, Macmillan, 1981.

Zhdanov, A. A., *Some Recent Soviet Studies in Literature,* en «Soviet Literature», VIII, (1956), pp. 141-148.

Zimmerman, Mark, *Brecht and the Dynamics of Production,* en «Praxis», 3 (1977), pp. 115-137.

# El psicoanálisis y el universo literario

Carlos Castilla del Pino

## 1. PSICOANÁLISIS Y LITERATURA

A los pocos años de haberse formulado la teoría y el método psicoanalíticos, como comprensión y terapia del mundo de las neurosis en un principio, posteriormente como dinámica del comportamiento humano que lo haría inteligible en sus motivaciones inconscientes, el propio Freud, creador de ambos, los hizo incidir sobre la creación y sobre la temática de algunos textos literarios. No en balde Freud reconocía su deuda con los grandes creadores, como precursores de su propio pensamiento, como los grandes abastecedores del conocimiento del ser humano como tal. Era lógico que fuese así. La Psiquiatría había llegado a un punto de desviación epistemológica de tal naturaleza que la patología del hombre como sujeto, como persona que se comporta, había sido sustituida por la patología de un órgano, el cerebro. El hombre en sus relaciones como tal hombre había sido soslayado [1]. Si el creador literario, si el poeta en términos generales, no podía ocuparse del cerebro de sus criaturas sino de seres, se comprende que Freud, que comienza a inteligir las conductas como predicados de personas, vaya una y otra vez a los viejos clásicos a encontrar la confirmación a sus propios planteamientos. En 2.1. he de volver sobre la relación entre Freud y el universo literario con cierto detalle, como apunte histórico al problema y como base de la que inevita-

---

[1] Hasta la aparición del Psicoanálisis, la Psiquiatría se había degradado en orden a la consideración de su objeto epistemológico, por el erróneo planteamiento surgido del positivismo decimonónico: en lugar de atender a la persona, al sujeto de la conducta, se ocupó del órgano que hace posible la conducta del sujeto, el cerebro, y consideró a éste responsable de las conductas-respuestas a situaciones. Todavía hoy, para muchos, la conducta no es un acto de relación, en la que no se puede prescindir ni del sujeto de la conducta ni del sujeto u objeto para el cual la conducta se hace, sino exclusivo resultado del funcionalismo cerebral. Es tanto como considerar que la comprensión de los mensajes que recibimos a través de la televisión se hará tanto mejor cuanto más sepa el teleespectador de electrónica. Es confundir −situar equivocadamente el nivel lógico del problema− los mecanismos que hacen posible la conducta (nivel observacional, en este caso biológico) con el de las motivaciones de la conducta (que es un metanivel del anterior, resultado de la codificación convencional de los datos.

blemente hay que partir. Desde entonces, la bibliografía acerca de la incidencia del psicoanálisis en el universo literario (ver *infra* nuestro concepto de
Universo Literario *versus* Literatura) es muy abundante, y aunque en manera
alguna está sistematizada, podemos reconocer ahora que ha procedido sobre
los siguientes cuatro aspectos: 1) en el proceso de la creación del texto literario; 2) sobre la significación del texto, de la obra, en tanto biografía «profunda» del autor [2]; 3) acerca de las significaciones y metasignificaciones del texto
en sí mismo, o bien en orden a su referencia a problemas genéricos de la
conducta humana, sobre todo de carácter mitocéntrico; y 4) en la significación del texto para el lector o receptor, tanto por su temática cuanto como
objeto de logro del goce estético.

¿En qué medida pueden denominarse estas cuatro tareas aludidas, tareas «críticas» si nos atenemos a lo que la crítica literaria *sensu stricto* considera como tales? Al decir de Bradbury, cuatro son los objetos principales de
la crítica literaria (Bradbury, 1974: 41): el escritor, el escrito, el tema del escrito y el lector. La crítica prefiere con mucho al segundo. Pero en los cuatro aspectos citados no debe inadvertirse que, aun concediendo la primacía al dis-
cuso literario, incluso personaje, trama y descripción son *estructuras de lenguaje* (Hough, 1974), y esto último es lo que le confiere el carácter de objeto literario y objeto para la crítica literaria [3]. Escritor y lector importan, claro está,
en otro plano, a saber, en la medida en que las necesidades internas de uno y
otro se convierten en discurso narrativo y lectivo, respectivamente, y además
con caracteres de literario, o mejor dicho, en estructuras de lenguaje literario. En sí mismos, escritor y lector no son componentes de ese ámbito que
denominamos *Literatura* (cosa que, sin embargo, un Sainte-Beuve o un *Clarín*
estaban dispuestos a considerar), aunque sí los incluimos necesariamente en
lo que denomino *Universo Literario* [4]. Dicho de otra forma: si el Universo Literario lo componen Creador-Texto-Lector, Literatura sería sólo lo concerniente al texto (análisis sintáctico, estilístico, semántico, gramática textual,
etc.). Y aun cuando tales investigaciones literarias deriven siempre de la posición del intérprete en un marco de referencias y valores, podríamos considerar. en una forzada hipostasía del intérprete, como Literatura aquella indagación que toma como objeto epistemológico al texto en su (presumible) autonomía.

El mismo Bradbury cita a Eliot para advertir que la crítica literaria tendría dos cometidos: el enjuiciamiento (la corrección del gusto, en palabras de

---

[2] «Profunda» quiere decir aquí, en el sentido que le quiso dar Freud cuando hablaba del
Psicoanálisis como *Tiefenspsychologie,* psicología que atiende a los procesos no conscientes del
sujeto, a sus motivaciones no reconocibles.

[3] Hace algunos años, José Mª Guelbenzu, en una entrevista, hablando sobre su modo de
escribir y concebir la novela, decía «hago lenguaje la historia» (cit. por L. Suñén, *El río de la
luna,* de José Mª Guelbenzu, *Insula,* 419, 5 oct. 1981)

[4] El positivismo en Literatura, que tiene su expresión no en el realismo sino en el natura-
lismo (verismo), atendía a la anécdota en un sentido que hoy resulta totalmente rudimentario.
Sobre Sainte-Beuve véase el inteligentísimo trabajo de Proust, *Ensayos literarios,* subtitulado
*Contra Sainte-Beuve,* vers. esp., 2 vols., Barcelona, Edhasa, 1971, I, 119.

Eliot; la corrección, ¿respecto de qué?) y la interpretación de la obra. Sin embargo, parece haberse alcanzado un cierto consenso acerca de la imposibilidad de establecer juicios de valor, en nuestro caso de categoría estética, que posean el mínimo de objetividad necesario para que la crítica valorativa pueda ejercerse con parecido rigor a los análisis textuales (del tipo de la gramática del texto: Barthes, Todorov, Propp, Greimas, Morin, Kristeva, entre los estructuralistas [5]; van Dijk o Petöfi, entre los que se inspiran en la filosofía analítica, el primero, y en la gramática transformacional el segundo). Desde una perspectiva completamente aparte, la aportación psicoanalítica se pronunció desde el primer momento: no sólo no cabe en ella, como he hecho ver (Castilla del Pino, 1969), una teoría objetiva del valor en general, sino que, por lo que a la obra literaria concierne, el psicoanálisis considera que el valor estético de un texto no es de su incumbencia, ni siquiera el interés estético del texto tiene que ir parejo con el que pueda ofrecer para la perspectiva psicoanalítica.

Ni siquiera es, ni puede ser, objeto de la investigación psicoanalítica la *literariedad* (Jakobson, 1963) del texto, su *esteticidad,* como prefiero denominarla. Una u otra se encuentran en otro nivel epistemológico que aquel en el que, como haré ver posteriormente (*infra,* 3.1), se desenvuelve la investigación analítica en el universo literario. Pertenece a una teoría del valor (Axiología). Por otra parte, el hecho innegable de que los valores estéticos cambien de un grupo social a otro, hasta el punto de constituirse en signos indicadores (ideológicos, de clase, etc.), o según etapas históricas de un mismo grupo social, son cuestiones que ante todo pertenecen a la sociología de la literatura, o más precisamente, a la sociología del gusto, de la estética literaria, de la cual una perspectiva fue ofrecida hace años por Galvano della Volpe (1963).

Dejando a un lado discusiones que en todo caso serían de tipo nominalista, a saber, si a la elucidación psicoanalítica conviene o no la denominación de «crítica», la justificación de las cuatro tareas citadas al comienzo como propuestas por la investigación psicoanalítica en el universo literario se encuentran, a mi modo de ver, en lo siguiente: el texto literario es un objeto que alguien aporta a la realidad empírica pretendidamente para alguien (en realidad para muchos). Hablamos de «objeto» por doble razón: a) como producto de la creación del autor se objetiva, queda absolutamente externo a él, se convierte, como he dicho, en «la cosa» que, como aportación, se incorpora al mundo empírico; b) en segundo lugar, autor y lector establecen con el objeto literario, el texto, como no puede ser de otro modo, relaciones de objeto (relaciones objetales: es decir, de sujeto-objeto; o lo que es lo mismo: relaciones en las que se involucra la totalidad del sujeto, lo consciente y

[5] Sobre el punto de vista estructuralista en el análisis del relato, que procede del formalismo ruso, pero que alcanza su auge en Francia en la década de los 60, y hoy prácticamente estancado, puede verse el volumen de estos autores, Barthes, Greimas, Bremond, Gritti, Morin, Metz, Todorov y Genette, *Análisis estructural del relato,* vers. esp., Buenos Aires, Tiempo Contemp., 1972.

lo no consciente de él); sobre estas relaciones objetales ha de incidir nuestra indagación psicodinámica, si hemos de dilucidar qué tipo de vinculación estatuye el autor con su obra y el lector con esta misma [6]. Como objeto, como constructo, el texto es una secuencia de actos de conducta sumamente complicada y en la que todavía queda mucho que decir con visos de plausibilidad. Pero todo acto de conducta es precisamente un *acto de relación,* lo que es igual a considerarlo *acto de comunicación.* Por qué el autor elige el texto como forma de comunicación con entes imaginarios, esto es, el texto como mediación comunicacional, es algo que habrá de ser analizado posteriormente (*infra,* 3.2). Pero en términos genéricos, la conducta, en este caso el texto, es *predicado* del sujeto, en este caso el autor: dice de él; pero en la medida en que apela a alguien, predica también de ese alguien para el cual el texto se hace, una vez que se convierte en receptor (lector) de dicho texto. Aunque el análisis crítico de la índole que sea se interesa sobre todo por conjuntos amplios de discurso, lo dicho para la unidad funcional (podría ser la frase) vale para la totalidad del texto. Cualquier componente del discurso literario, fuera de su contexto y del co-texto (Petöfi y García Berrio, 1978:79), tiene categoría de *signo*; pero en cuanto se engarza en una cadena sintagmática deriva en texto, es decir, en discurso. Un discurso sin reciprocidad síncrona, porque la relación autor-lector es imaginaria y, por otra parte, en general sigue tan sólo una dirección, la que va del autor al lector a través de la obra. Conviene no perder de vista que el receptor del texto no está en silencio, como en algunos contextos situacionales puede darse, sino que, como he dicho, es imaginario, habla al autor en la fantasía de éste. Mientras el silencio es significante y compone una forma de habla extraverbal del interlocutor constituido en receptor de un contexto oral [7], en el contexto del escritor el interlocutor es imaginario, e imaginario su discurso. El esquema muestra el tipo de relaciones que se establecen en torno al texto (las líneas continuas muestran las relaciones empíricas; las discontinuas, las imaginarias):

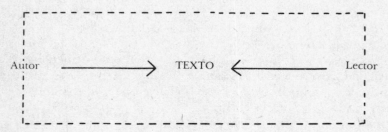

---

[6] Aunque mis puntos de vista sobre las relaciones sujeto-objeto, tanto en el orden de las relaciones objetales cuanto objetivas, han cambiado sustancialmente, una introducción a este problema puede verse en Castilla del Pino, *Sexualidad, represión y lenguaje,* Madrid, Ayuso, 1978.

[7] De aquí la imposibilidad de incomunicarse, o enunciado a la inversa, la imposibilidad de no comunicar. Sobre esta cuestión ver Watzlawick y otros, 1971: 49. Dos sujetos que se ponen en contacto y se observan se constituyen en emisores y receptores de mensajes verbales o, cuando menos, extraverbales.

De momento el esquema es útil en el sentido de demarcar nuestra investigación del modo siguiente:

1) El texto ha de ser estudiado como *creación*, en tanto que secuencia de alguna manera inédita en su contenido (cualquiera sea lo que se tome de la realidad empírica, la aprehensión es ya colectiva y, además, la elaboración es singular), del mismo modo que creación es, si bien con mayor transitoriedad, cualquier discurso verificado con cualquiera que sea el tipo de conducta, verbal o extraverbal (mimemas) y, como he dicho, al margen de que se plasme en forma de texto literario o con pretensión de tal. El problema de la creación nada tiene que ver con la (supuesta y, en todo caso, subjetiva) categorización estética, y en este sentido recordaré cómo Freud homologaba el juego infantil con el quehacer poético, o se interesaba por los productos literarios simples, pero con proyección amplia (ver *infra* 2.1). ¿Tiene alguna peculiaridad la creación que denominamos literaria? ¿En qué consiste ésta? (ver sobre este punto García Berrio y Vera Luján, 1977). El psicoanálisis de la creación literaria puede aportar un tipo de conocimiento a este respecto que alude a motivaciones específicas y que, desde luego, caen por fuera de la investigación psicológica al uso. El proceso creativo, pues, puede investigarse incluso con independencia del contenido de la obra.

2)  El texto pertenece obviamente al autor que lo lleva a cabo, incluso en el caso, nada infrecuente, de temas que proceden de la tradición oral o del mundo sociofísico empírico: la selección y elaboración ulterior son del autor. De la obra podemos inferir, por tanto, quién es el autor, cuál su identidad latente por cuanto se oculta tras la máscara manifiesta de su obra. En algún sentido la obra aparece como la biografía del autor, y no puede negarse que, incluso como acontecimiento, la obra representa significativamente más, la mayoría de las veces, que una buena parte de los acontecimientos narrados en las biografías usuales. De muchos creadores literarios podemos afirmar que contrastan los datos obtenidos a expensas de su biografía, extremadamente escasos, frente a la complejidad de su obra (tal, por ejemplo, Galdós), que naturalmente le pertenece. Por eso se dice, significativa pero inexactamente, que determinado autor es inferior a su obra (de Cervantes se ha dicho, por citar un ejemplo), cuando ésta, como objeto de su conducta, es de mayor valor, digámoslo así, que la conducta restante del autor. Todo lo más se justifica una formulación de este género como «licencia» coloquial, ya que la obra *es* el autor. El adjetivo «profunda» que yuxtaponemos a la biografía implícita en la obra, y a la que aludimos en este momento, tiene una significación contrapuesta a la biografía acontecimiental, la que deriva del mero desenvolvimiento del sujeto en la realidad social. Mientras en la acepción usual biografía es, en última instancia, narración de hechos ocurridos en la realidad de la existencia empírica de alguien, en la denominación «biografía profunda» se introduce también lo no empíricamente acontecido, lo transcurrido en el ámbito de la fantasía, o sea, no sólo lo que ha sido sino también lo que se había *deseado* que fuera. Proust decía (1971, ver nota 4) que «un libro es el producto de otro yo, distinto al que expresamos a tra-

vés de nuestras costumbres en sociedad»; y añadía: «si queremos intentar comprender ese yo como podemos lograrlo es yendo hasta el fondo de nosotros mismos, tratando de recrearlo en nosotros mismos»; y continúa: «el yo que produce las obras puede ser inferior al yo externo de otros, quedar ofuscado por éstos y por tanto aún se oculta más ante los demás». De este modo el texto se ofrece como la *proyección* y *externalización* de esta biografía no acontecida del autor, en virtud de que, por una parte, expone su mundo fantástico, aun cuando se sustente sobre hechos empíricos; y por otra parte, como toda obra, por el mero hecho de resultar un producto en el que los requerimientos intelectuales están en primacía (la obra ha de ser estructurada, mas también ha de presentarse ante el lector como viable, para lo que entre otras cosas el autor se exige su distanciación, que es en buena parte su enmascaramiento), es un *objeto transaccional,* resultante de un juego de externalización y ocultación: gracias a éste se consigue la apariencia de algo objetivo, distanciado del autor, aunque a veces, a mayor abundamiento, se presente como simulada autobiografía, identificándose imaginariamente autor y narrador. La falacia objetivista, como podríamos denominar la pretensión stendhaliana de hacer que el autor se comporte como el espejo que se desliza al borde del camino (Stendhal 1970), no deja de ser una fantasía de omnipotencia, en este caso de autor absolutamente objetivo. Ahora bien, si negamos la posibilidad de que el autor deje de proyectarse en su obra, cualquiera que sea el motivo de que se valga, y que en consecuencia la objetividad se alcance (en el supuesto de que ésta sea su pretensión, que no siempre lo es, y la mayoría de la veces no lo es), he de advertir las dificultades y riesgos de especulación que contiene el derivar inferencias de la obra que sean susceptibles de algún tipo de contrastación. Todo texto es transaccional, como he dicho; quiere decir que está sobredeterminado, o sea, que se constituye en objeto de múltiples significaciones en un mismo y en distintos niveles lógicos, de forma tal que la multivocidad está prácticamente presente siempre[8].

3)  La pretensión de que el texto por sí solo y su análisis constituya el objeto *sensu stricto* de la investigación psicoanalítica, tiene su sentido: la obra tiene vida autónoma, se dice; es, de hecho, un objeto en el que cada lector ha de contrastar sus asertos; el texto, en suma, es el objeto real al que ha de remitirse el análisis, y toda aseveración que no pueda ser contrastada en el texto debería desecharse como «proyección», ahora, del lector en la obra. Un análisis de este marco restringido que es el texto sería meramente literario, ni psicológico ni sociológico, y posibilitaría lecturas de otro nivel que las formalistas o de cohesión textual superficial (García Berrio y Vera Luján, ob. cit.: 179).

4)  El último punto ha sido escasamente tratado en la investigación psicoanalítica: lo concerniente a la significación del texto para el lector. Freud (1908) ha llamado la atención sobre que determinados temas poseen siempre una resonancia emocional, y de añadidura también intelectual, en cierto

---

[8] Sobre el concepto de «sobredeterminación» ver *infra* 3.1 y 4.1.1.

modo ahistórica. También Marx hizo referencia a este hecho, aunque bajo
otro punto de vista, pero advirtiendo contra la interpretación mecanicista ru-
dimentaria de la relación infra-supraestructura. Como señala Bradbury (ob.
cit.) el arte es concebido ahora, en este caso, más como «manifestación» que
como «creación». Las grandes tragedias clásicas (Sófocles, Eurípides, Esquilo,
Séneca, etc.), las isabelinas y barrocas (Shakespeare, Calderón), los reiterados
planteamientos de los mismos temas (Fausto, Edipo, la muerte del padre, la
envidia y celos del padre, el objeto erótico materno, la pérdida del objeto
amado, el anhelo de inmortalidad, el sentimiento de culpa, la rebelión frente
al destino, entre otros muchos) prueban que el interés no es sólo intelectual
o filológico. La historia se encarga de arrinconar en el olvido aquello que
deja de ser «útil», en un sentido muy amplio de este vocablo, como lo que
realmente interesa. La función catártica de la tragedia fue señalada en la
Grecia clásica y sobre ella he de volver más adelante en dos ocasiones. Pero
aparte la constancia de los grandes temas mitocéntricos, hay un dato al que
importa aludir: se trata de la lectura preferente en cada época histórica, e incluso en cada época por cada lector, lo que podríamos denominar *idiolexia*
del texto[9]. Estas singulares lecturas permiten la adición de nuevas dimensiones del texto a las ya conocidas; al mismo tiempo que hay que dar cuenta del
hecho de que tales nuevas lecturas invaliden a veces, o de momento, lecturas
precedentes: recuérdese la lectura romántica del *Quijote* a título de ejemplo.
Para explicar tales hechos se puede acudir a la denominada en psicología
«puntuación de la secuencia de hechos», merced a la cual cada lector «pun-
túa» en el texto, como un campo perceptual dado, de entre los componentes
del mismo, aquellos que convienen para su lectura-gestalt[10]. Se trata, en
suma, del mismo proceso de proyección antes citado, pero ahora no del autor en la obra sino del lector en la obra. Aunque se carece en la actualidad de
posibilidades instrumentales rigurosas que permitan obtener y extraer las
consecuencias de este hecho, es posible intuir, en efecto, de qué forma el dis-
curso-texto del autor predica de aquel, incluso si cabe con menor número de
mediaciones ocultantes. Pues el proceso de identificación del lector en el texto —con las situaciones que viven los personajes del texto— no está sujeto a
los factores de des-regresión[11] a que el autor se obliga para hacer aceptable
su texto como objeto de la realidad social en la que se desenvuelve, es decir,

[9] La idiolexia del texto, a diferencia del idiolecto (del habla individual), se entiende desde
la interpretación que hago de la lectura-objeto, que es algo semejante al «principio de la patencia» de que habla Sánchez Ferlosio en *Las semanas del jardín,* II. No obstante, es preciso señalar que la idiolexia del texto señala que la posición de cada lector es tal que aplicará singularmente el principio de patencia, en el supuesto de que quiera detenerse exclusivamente en
él, renunciando a la interpretación.

[10] Sobre la puntuación en la secuencia de hechos, que es una forma de plantear la idiolexia del texto leído, ver Watzlawick, ob. cit.: 56.

[11] El concepto de *des-regresión* hay que plantearlo desde su antónimo *regresión*. La regresión en Psico(pato)logía implica el retorno (parcial; en circunstancias patológicas puede llegar
a ser total y permanente) a etapas infantiles o a conductas infantiles, detectables mediante la
estructura de los *patterns* de conducta. El proceso inverso es la des-regresión, en virtud del cual
el sujeto queda inserto de nuevo en la etapa del desarrollo que le corresponde y, por tanto,
con el adecuado tipo de relación del sujeto consigo mismo y con la realidad exterior. La regre-

el cuidado de la forma y de la estructura narrativa. ¿Qué es o cuáles son los intereses que determinan que *Hamlet* no sea leído ahora como paradigma de la indecisión, ni que se considere válida la interpretación goethiana? En el lector de hoy se movilizan, en algunos, por supuesto, dinamismos que el *Hamlet,* esto es, el mismo texto era incapaz de movilizar con anterioridad. Pero esto es válido incluso para tratamientos temáticos que, sin duda, desde el punto de vista estético, dejan mucho que desear la mayor parte de las veces. Me refiero, por ejemplo, a la temática del terror, la pornografía o la aventura. Uno debe preguntarse honestamente qué significa el interés por el tema y no limitarse tan sólo a constatar que, en efecto, interesan incluso a sujetos que están dispuestos a reconocer, por lo demás, el deleznable tratamiento del tema desde el punto de vista estético o literario. Desde este punto de vista hay que advertir la contradicción que entraña calificar por el mismo sujeto de «tratamiento trivial» de un tema el que, sin embargo, reconocemos que es capaz de suscitarnos la ansiedad, la excitación sexual o el «suspense».

Tras las páginas que preceden, se puede preguntar ahora a qué punto o puntos conviene la calificación de «crítica» psicoanalítica del texto literario. Mientras el punto 1, que concierne al proceso de creación, parece evidente que no tiene demasiado que ver con la Literatura, por cuanto ésta se interesa en el texto y al estudioso para nada importa el proceso mismo de gestación; y el punto 2, que coloca en relación la significación de la obra respecto de la vida latente, oculta, del autor, tampoco es Literatura, sino psicoanálisis del autor o, si se quiere, consideración biográfica del mismo, cuyo conocimiento apenas añade a la interpretación del texto (nada añade a la mejor interpretación del texto cervantino el que sepamos más de su vida y milagros, y existen excelentes biógrafos de Cervantes que se muestran romos ante su obra); y el punto 4, que correlaciona el texto con el lector en términos generales, pertenece a la sociología de la literatura, el punto 3 sería en puridad al que conviene la calificación de «crítica»: en éste se toma al texto en sí mismo y verifica con dicho texto un intento de dilucidación de las connotaciones implícitas en él.

Puede pensarse en contra si con esta consideración no se está llevando a cabo un reduccionismo abstracto y desencarnado que contradice lo esencial del punto de vista psicoanalítico; pues, en último término, lo que a éste lo caracteriza es la introducción del sujeto como objeto analítico, hasta el punto que puede afirmarse que *en el psicoanálisis el objeto epistemológico es el sujeto,* cualquiera sea el *cuantum* de hipostasía que del sujeto haya de hacerse en la teoría metapsicológica [12]

sión que tiene lugar en circunstancias emocionales es pasajera, y, una vez pasada, des-regresa el sujeto. Es conveniente usar del término des-regresión y no de progresión, porque este último supone ir más adelante de donde previamente se estaba, mientras que el de des-regresión supone tan sólo la vuelta a la etapa en que se estaba.

[12] Lo que se quiere decir en este momento es que si bien el psicoanálisis introduce el sujeto como objeto epistemológico, en realidad de toda psicología y ciencias afines, (y ésta es la significación más profunda de la incidencia del pensamiento psicoanalítico en el conjunto de las ciencias humanas), y aunque en su aplicación el psicoanálisis trate al sujeto singular y con-

Hay otro tipo de consideraciones que se oponen al reduccionismo en el tratamiento de este tema literario. Es el siguiente: una de las significaciones trascendentes del psicoanálisis, con la introducción del sujeto, es, también, la del sujeto analista, en este caso intérprete del texto. Por ejemplo, en el acto médico, la consideración de sujeto no corresponde sólo al que ostenta el síntoma y se esconde tras él, sino también al (sujeto) que constata y valora e interpreta el síntoma; en suma, el *análisis del analista;* o lo que es lo mismo, la *determinación de la posición del intérprete en el sistema de referencias psicológicosociales desde la cual se va a condicionar la propia interpretación.* El **intérprete** es, pues, parte del experimento que constituye la interpretación, y aunque la relación con el autor sea, la mayor parte de las veces, y como la del autor mismo, imaginaria por parte del lector, la existencia de un *transfert* positivo o negativo va a cualificar ostensiblemente la propia perspectiva del texto.

Por tales motivos he preferido tratar con el suficiente pormenor todos los componentes fundamentales del universo literario desde el punto de vista psicoanalítico, con la pretensión, cuando menos, de ofrecer una sistematización preliminar del mismo.

## 2. APUNTES HISTÓRICOS

Si bien en algunos aspectos singulares el psicoanálisis tiene ciertos precedentes —por ejemplo, la obra de Schopenhauer, de Federico Nietzsche, de **Hartmann, de Lipps,** este último un autor muy leído y respetado por Freud—, ciertamente se trata de asertos dados de manera asistemática, no en un *corpus* doctrinal y operativo tal y como el que ofreció Freud a partir de *La interpretación de los sueños* (1900) [13]. Menos precedentes aún tiene la perspectiva psicoanalítica del artista, de la creación literaria, de la elección temática y de la significación del texto para el lector (a excepción del concepto de catarsis para la espectación de la tragedia). El psicoanálisis introduce en estas cuestiones puntos de vista completamente innovadores, pero, sobre todo, los encierra dentro del contexto general de la conducta humana, de su dinámica de la motivación, y de la historia biográfica del ser humano en general. Pues la biografía dejará de ser, a partir del reconocido papel de la fantasía en la metapsicología psicoanalítica, sólo lo que acontece para ser, también y ante todo, lo que el sujeto deseó que aconteciera, es decir, ser y hacer de otro

creto, en tanto pretende constituírse en un ámbito propio del saber, todavía con rango precientífico, trata del sujeto en abstracto, elabora una teoría del sujeto (en Freud, positivista siempre, del «aparato psíquico»), que es lo que se denomina Metapsicología.

[13] Cito según la traducción castellana de las obras completas de Sigmund Freud editadas por Amorrortu, XXIII vols., Buenos Aires, 1978. El volumen I, *Publicaciones prepsicoanalíticas y manuscritos inéditos en vida de Freud,* aún no ha sido publicado; tampoco el dedicado a *Indices y bibliografía,* que compone el volumen XXIV. Fuera de esta edición sólo se cita la correspondencia Freud-Fliess, publicada la traducción castellana como *Los orígenes del psicoanálisis,* Salvador Rueda, Buenos Aires, 1956. (Esta traducción fue plagiada por Ramón Rey Ardid íntegramente, incluidas las notas del traductor plagiado, y publicada en el volumen III de Freud, *Obras completas,* Biblioteca Nueva, Madrid, 1968).

modo a como se fue y se hizo. El hombre, en efecto, es una máquina deseante y, en consecuencia, un fabricante de sueños, diurnos unos –las denominadas fantasías propiamente dichas– nocturnos otros, los sueños en sentido estricto. Pero también de otros productos, por ejemplo culturales, que son formas sofisticadas de hacer realidad el deseo, y de las cuales la obra literaria es una de ellas.

A continuación señalaré los textos en los cuales Freud hace referencia a los cuatro aspectos del universo literario a que antes se ha aludido. Posteriormente me referiré a las aportaciones de otros psicoanalistas.

## 2.1.  LA OBRA DE FREUD

Las primeras alusiones de Freud al mundo literario aparecen ya en *La interpretación de los sueños,* referidas al tema de Hamlet y de Edipo. Pero considero que su primera aportación sistemática es su libro sobre el chiste (1905a), y sus análisis acerca de los mecanismos del chiste y sobre todo de la técnica pueden ofrecer una interesante contribución a algunos aspectos particulares de la técnica literaria. Freud se remite en este libro sobre el chiste a su obra sobre los sueños, para dar cuenta de los fenómenos de condensación y desplazamiento que, análogamente, se dan también en la narración cómica.

El primer análisis de un texto literario lo lleva a cabo Freud muy precozmente en la historia del pensamiento psicoanalítico, en unas cartas a Wilhelm Fliess acerca del cuento de Carl Ferdinand Meyer *La señora juez* (Freud, 1887-1902: cartas 90 y 91). Freud señala que en este cuento, en su temática, se trata de un doble cometido: re-crear un hecho de la biografía del personaje; defenderse del mismo por su calidad traumática y culpable, llevando a cabo desplazamientos del sentimiento de culpa sobre personajes que de alguna manera, por su externalización y proyección, liberan al que los padece. A este análisis sigue la breve interpretación del *Hamlet* a que antes se ha hecho alusión, y en el que la temática hamletiana se pone en relación con la problemática de Shakespeare y la muerte del padre de éste; por el contrario, el que realiza sobre *Edipo rey,* de Sófocles, alude no al autor sino al espectador o lector, y trata de interpretar el hecho, en tanto que síntoma en el lector, de que aún hoy podamos conmovernos con la lectura o la representación de un drama tan alejado en el tiempo del hombre actual. Cuando afirma que «su destino nos conmueve (el de Edipo) porque podría haber sido el nuestro», se está gestando el dinamismo que conocemos hoy como «identificación», y del que hablará ya desde trabajos anteriores, en el análisis fragmentario de una histeria, el caso Dora (Freud, 1905b), en sus investigaciones sobre la sexualidad (Freud, 1905c) y, en el contexto en que nos movemos, en su artículo, inédito hasta 1942 (Freud, 1905d) al que me referiré posteriormente.

Un análisis completo de un tema literario tiene lugar con la publicación de su trabajo sobre la novela de Wilhelm Jensen, *Gradiva,* (Freud, 1906), en la que los delirios y sueños del protagonista, Norbert Hanold, son analizados, sin esfuerzo alguno, de acuerdo a las normas trazadas en su trabajo sobre la interpretación onírica, de manera que la trama y la temática de la novela son homologables a las formaciones oníricas y a los sueños diurnos del habitual fantaseo. Quizá por razones de prudencia, Freud soslaya la correlación entre texto y autor (Jensen vivía todavía; falleció en 1911) y se limita al análisis textual.

Dos años después (Freud, 1908) publica su trabajo más importante acerca de la creación literaria y su relación con la producción fantástica. Se contiene aquí, en primer lugar, una referencia preliminar acerca del origen mismo de la fantasía, y en segundo lugar, de la fantasía literaria, la significación que ésta posee para el creador de la misma, la dinámica del simbolismo temático, la obligada transacción entre las instancias del autor y la adecuación a la realidad para dar viabilidad y aceptación al producto literario y, finalmente, la significación del goce estético y la índole de la identificación del lector con el tema y el tratamiento del mismo. Pese a su brevedad, el trabajo es de gran importancia. ¿De dónde extrae el poeta —en sentido amplio, como creador literario— el material con el que construye su texto, y cómo le es posible conseguir con él la emoción que nos procura? Para Freud, el mero juego del niño es ya un quehacer poético, puesto que, como en el del poeta, tiene lugar la creación de un mundo propio y, además, lo vive seriamente. Porque lo opuesto al juego no es, pues, la seriedad, sino la realidad fáctica, dice Freud, y esta disyunción excluyente (o fantasía o realidad fáctica, pero ambas vividas seriamente) es fundamental. Lo que distingue el jugar del fantasear es que en el primero el niño se apoya sobre objetos reales para operar fantásticamente con ellos, mientras que el novelista opera sólo en la fantasía al modo de un producto mental puro en tanto que irreal. (Hoy utilizaríamos una terminología distinta, y no llamaríamos irreal a la fantasía sino realidad interna; ni consideraríamos a la fantasía como un producto mental puro sino apoyado también sobre componentes de la realidad externa.) En ambos casos hay una separación de hecho de la realidad fáctica. El juego y la fantasía tienen de común el hecho de procurar placer. Pero el adulto, que ha sacrificado el logro del placer que le suscita el juego para entregarse a los requerimientos de la realidad externa, permuta el juego por el fantasear. Tanto el juego como la fantasía son huidas de la «carga demasiado pesada que le impone la vida»; es decir, resultados, o mejor, conductas resultantes de la frustración inherente a la necesaria adecuación a la realidad efectiva. Por tales motivos, la fantasía, incluso «cada fantasía singular es un cumplimiento de deseo, una rectificación de la insatisfactoria realidad». Los deseos satisfechos son, a su vez, de dos tipos: o tienden a la exaltación de la personalidad, o son deseos eróticos, pero de hecho ambos se dan de consuno, puesto que la exaltación de la personalidad se pone al servicio del deseo, de la satisfacción del deseo erótico. Encontramos aquí, quizá, la primera referencia a cómo lo que hoy denominaríamos exaltación narcisista del *self*, de nuestra identidad, remite a la satisfacción del narcisismo erótico [14]. Para Freud, el sentimiento de vergüenza que acompaña al adulto ante la manifestación de sus fantasías es debido, por una parte, al carácter pueril de las mismas, impropio de un adulto, del adulto y maduro que representa en su vida social, y, por otra, a la índole prohibida de los contenidos de tales fantasías, cuando menos la mayoría de las veces. Esta no permisión de las fantasías va a tener importante consecuencia cuando, al fin y a la postre, haya de expresarse como necesidad: se recurrirá a toda suerte de transacciones que las hagan tolerables y, además, irreconocibles respecto del mundo del creador de las mismas, de forma que la relación entre la fantasía narrada y la estructura interna del narrador aparezca como distante, incluso aparente no ser de él. Finalmente, un rasgo del contenido fantástico es su omnipotencia, y en este sentido el producto de las mismas le asemeja por una parte a los contenidos oníricos, y por otra a los contenidos psicóticos, es decir, delirantes. Este pensamiento lo desarrollará posteriormente (Freud, 1911), tratando de hacer ver que la creación literaria sigue las mismas leyes que la formación de síntomas (neuróticos y/o psicóticos). Para establecer esta comparación entre fantasías diurnas y la creación literaria, Freud se vale de los productos de narradores poco pretenciosos pero de amplia repercusión entre los lectores. En ellos se da un héroe sujeto a múltiples obstáculos, dotado sin embargo de la capacidad para superarlos y, en consecuencia, para salir indemne de todos ellos y reafirmada su seguridad en sí mismo, cualesquiera que sean sus avatares; junto a él figuran los auxiliares del héroe. Y frente a todos ellos, los «malos», los que encarnan el mal a veces gratuitamente, para impedir que la justicia triunfe. En ocasiones, el yo del héroe se escinde en varios yo parciales bajo la forma de coprotagonistas, como ocurre cuando el personaje principal encarga a sus partidarios o subordinados tareas subsidiarias y complementarias de las que él mismo se encomienda. Freud advierte de qué manera en algunas novelas el yo permanece distanciado, igual que ocurre en algunos sueños o en algunos delirios de psicóticos cuya producción delirante está ya suficientemente desarrollada y elaborada [15]. Por lo demás, hay creadores que se valen de materiales ya dados en la realidad exterior, pero en primer lugar el crea-

[14] En Freud no está precisado el concepto de *self*, de sí-mismo, de identidad, de mismidad. Por eso usa muchas veces como sinónimo el de «personalidad», pero las más de las veces el vocablo «Yo». Sin embargo este último se presta en Freud a confusión, porque en la tópica freudiana, «yo» es una parte del aparato psíquico que contacta con la realidad exterior y con el Ello, según sus caras, por decirlo así; realiza funciones de percepción, de control pulsional, de síntesis entre pulsión y mundo exterior, etc. Pero al mismo tiempo Freud denomina Yo, en ocasiones, a la totalidad, al sujeto. Dejando aparte esta aclaración necesaria, interesa ver cómo Freud advierte que las gratificaciones obtenidas en el Yo, como parte del aparato, remiten a instancias más profundas, p. ej. eróticas, de modo que las gratificaciones narcisistas del Yo aparecen como sublimaciones de las que no pueden lograrse en el plano de las pulsiones libidinales.

[15] En los delirios sistematizados, p. ej. de carácter cósmico, propios de algunos temas de los psicóticos paranoides crónicos, el falso *self* del sujeto delirante puede llegar a veces a constituírse en creador de un mundo, de manera que, aparte el acto de creación, no toma parte en la vida misma del mundo creado. Es un yo observador, como el yo del novelista, como el yo de Dios en algunas religiones.

dor mismo lleva a cabo su elección, esto es, los hace suyos, y después, tras la elección, procede a su elaboración autonómica. Tales son las narraciones o escenificaciones de mitos seculares o de hechos históricos singulares. A continuación Freud señala que tales fantasías carecerían de interés en sí mismas y no provocarían efecto estético alguno en el lector. Para que esto se consiga es preciso que el creador las encubra, las modifique respecto de su estado bruto y les dé finalmente forma literaria que revista carácter estético. El placer estético y el inherente al desarrollo de la trama se convierten así en el placer «preliminar», incentivo de otro aún mayor que se sabe que ha de llegar y que remite a instancias más profundas necesitadas de satisfacción. Se reproduce así el mismo esquema que en la relación erótica, con sus preliminares retenidos a la espera del placer final de mayor intensidad.

Como expone en un trabajo ulterior (Freud, 1911), ya citado, el arte logra la conciliación de dos objetivos: la satisfacción del placer y la adecuación a la realidad. El artista, después de una etapa de retracción de la realidad, retorna de nuevo a ella plasmando sus fantasías en un nuevo tipo de realidades objetivas: sus creaciones. De este modo él mismo se convierte en héroe, en creador, sin el enorme costo que significaría la modificación directa de la realidad externa para hacerla por sí mismo. Dicho de otra forma, entre vivir la aventura del héroe a escribirla y ofrecerla como texto hay toda suerte de diferencias: evitación del riesgo para el sujeto de la acción, del eventual fracaso y, en suma, la del costo psíquico que todo ello conlleva. Pero la aceptación de la obra se obtiene en la medida en que el autor sabe que los otros hombres experimentan idéntica insatisfacción ante la renuncia al placer a que se obligan también para su adaptación a la realidad (idéntica formulación en Freud, 1916-17). La actividad artística, pues, como hace notar dos **años más tarde** (Freud, 1913a) se propone «el apaciguamiento» de deseos no tramitados en el artista creador y en su lector o espectador...». «Lo que el artista busca en primer lugar es autoliberarse, y la aporta (la obra) a otros que padecen de los mismos deseos retenidos». Y a continuación añade algo de interés para conocer su idea acerca de la posición que el arte ocupa en el discurso de la conducta humana en general: «Como una realidad objetiva convencionalmente admitida, en la cual, merced a la ilusión artística, unos símbolos y formaciones sustitutivas son capaces de provocar afectos reales y efectivos, el arte constituye el reino intermedio entre la realidad que deniega deseos y el mundo de la fantasía que los cumple, un ámbito en el cual, por decirlo así, han permanecido en vigor los afanes de omnipotencia de la humanidad primitiva.

En 1913 Freud se ocupa de dos temas literarios shakespearianos, uno, el de los tres cofres, de *El mercader de Venecia,* otro, el de las tres hijas, de *El rey Lear* (Freud, 1913b). La novedad de este trabajo consiste en que los temas tratados se enlazan con mitos generales y, por tanto, trascienden de la mera temática concreta de ambos dramas. Por el contrario, en otro trabajo ulterior (Freud, 1916), un tema de Shakespeare, Macbeth, y otro de Ibsen, la Rebeca Gamvik de *Rosmersholm,* son utilizados como personas reales a las que el éxito les está vedado desde dentro de sí mismos merced a los sentimientos de culpa que les depara. También en estos dos trabajos, como en el que dedicó a la *Gradiva,* se trata de análisis textuales.

«Un recuerdo infantil en *Poesía y Verdad»* (Freud, 1917) no puede considerarse en verdad como aportación psicoanalítica a la literatura. Se trata simplemente del análisis de un acto de conducta de un gran creador literario, Goethe, contado por él mismo y al que él no puede dar interpretación alguna, pero que mantiene vivo en su recuerdo.

En su trabajo sobre el chiste, ya citado, y en el que dedicará al humor posteriormente y al que he de referirme, lo cómico ha sido objeto de su atención en orden a su génesis y a su finalidad. Pero ahora Freud (1919) se ocupa del sentimiento de lo ominoso en términos generales, usando de *El hombre de la arena,* de Hoffmann, para su análisis concreto, en primer lugar, y luego de *Los elíxires del diablo* del mismo autor. Freud se propone demostrar que lo siniestro, lo terrible, lo ominoso, a que tan proclives son niños y adultos, creadores y lectores, está en relación con la angustia de castración; mas también se hace preciso acudir al denominado por él «principio de repetición» para ofrecer una interpretación plausible de la instancia a la reiteración de lo ominoso en el ámbito de la fantasía. Las angustias y temores vividos en la realidad son experimentados, repetidos, en la fantasía, como forma de disolverlos –son, entonces, temores sin fundamento– y también con miras a la preparación del sujeto para posibles situaciones semejantes en la vida real. En este mismo trabajo, en su última parte, Freud estudia el fenómeno del doble en la literatura y lo concibe como otro yo al que cargar precisamente con lo ominoso, y equivalente, pues, a la literaria creación de fantasmas, espíritus y demonios, en donde lo ominoso se encarna, limpiando de esta carga, entonces, a las criaturas reales.

El trabajo sobre el humor (Freud, 1927) tiene un aspecto que añadir a la consideración de lo cómico que antes había verificado en el análisis del chiste. Lo cómico no es solamente, como el chiste, una forma de liberación, bajo la máscara del humor (decir en broma lo que en serio no sería permisible) de instancias eróticas o agresivas, sino que también viene a ser el triunfo del yo, un triunfo narcisista en la inatacabilidad del yo, en la medida en que se permite la broma sobre el mundo, es decir, sobre un universo hostil y amenazador.

A Dostoyewski dedica Freud el último de sus trabajos referidos a autores o a temas literarios (Freud, 1928). En este trabajo Freud entrevé, en el tema del parricidio de *Los hermanos Karamazov,* el odio al padre del propio Dostoyewski, su culpa ante el mismo, el odio como equivalente del asesinato, la necesidad de castigo ante la culpa. En la segunda parte interpreta la pasión del juego que asoló buena parte de la existencia de Dostoyewski sobre la base de la necesidad de autocastigo que le liberase de sentimientos de culpa y del bloqueo que éstos suscitaban en su actividad literaria.

En 1942 se publicó un trabajo hasta entonces inédito (Freud, 1905d) acerca de personajes psicopáticos en la escena. En él trata de la catarsis, tanto cómica como de terror, catarsis de los afectos merced a la cual el espectador vive como un juego cuanto acontece en la escena. La identificación con el héroe tiene lugar mediante una transacción: por una parte, siente como el héroe y «actúa» como él; por otra, sabe que carece de los riesgos e inconvenientes de la existencia del héroe. Es, por tanto, una identificación que, como todas, tiene lugar en el plano de la fantasía. Por otra parte, esta identificación exige que el personaje representado nos muestre su conflicto o, mejor, el proceso mediante el cual se genera el conflicto, pues de no ser así nos encontraríamos con la neurosis, que del conflicto resulta, como ya establecida, y el sujeto espectador, que se resiste a visualizar en sí mismo análoga situación, no la entendería, y en consecuencia la identificación no se lograría. Pensemos, por ejemplo, lo que ocurre en *Crimen y castigo:* de entrada la identificación con Raskolnikov sería negativa, pero a medida que el proceso se nos expone, que la vía oculta generadora de la conducta criminal se nos hace manifiesta, la negatividad se torna positividad, y aunque nos consideramos distantes para cometer una acción semejante, comprendemos el que haya podido verificarse y comprendemos asimismo las consecuencias de la expiación que el personaje mismo se propone. En este trabajo de Freud, el personaje Hamlet es, una vez más (Freud se ocupará de él toda su vida, hasta en *Esquema de psicoanálisis,* de 1938, es decir, un año antes de su muerte), utilizado para ejemplificar la tesis.

La revisión de los trabajos freudianos es, naturalmente, incompleta, y el lector interesado en este orden de cosas hará bien en acudir a las fuentes. He pretendido tan sólo llevar a cabo una somera exposición que sirva más bien de índice o catálogo que oriente al lector en una aproximación preliminar.

## 2.2.   OTRAS APORTACIONES

A partir de 1910 pierde Freud su estatuto solitario. De cerca o de lejos, puede contar ya con algunos seguidores y discípulos. Algunos de ellos orientan algún trabajo aislado hacia la confirmación de los puntos de vista psicoanalíticos en la obra de los grandes creadores (Ferenczi, 1981, Groddeck, Abrahan, 1961). Uno de estos discípulos, no médico, especialmente dotado en el campo de la Literatura, es Otto Rank, que colabora con Freud en ulteriores ediciones de *La interpretación de los sueños* con un capítulo sobre el sueño y la poesía (que Freud suprimiría luego, tras la escisión de Rank), y sobre todo con dos obras: una, acerca del motivo del incesto en la poesía, y otra sobre el tema del doble en la literatura (Rank, 1912,1976). Stekel, otro discípulo que habría de separarse, escribe un volumen curioso pero sin enjundia sobre el sueño de los poetas (Stekel, 1965). Desde entonces se han sucedido las aportaciones a este respecto y hoy día son muy numerosas, pudiéndose clasificar en los siguientes apartados:

a)   Los que, como los autores hasta ahora citados, no han hecho otra cosa que la búsqueda de la corroboración de puntos de vista freudianos en el universo literario.

b)   Los que han usado del psicoanálisis para la biografía profunda del autor (estudios de Badouin sobre Víctor Hugo; de Marie Bonaparte sobre Edgar Allan Poe; de Delay sobre André Gide; de Laforgue sobre Baudelaire; de Hitschmann sobre Samuel Johnson; de Laplanche sobre Hölderlin, etc.). Una revisión sobre este problema del psicoanálisis de los escritores puede verse en Bergler (Bergler, 1944) y también en Kris (1964) y en Clancier (1976).

c)   Los limitados a la investigacin psicoanalítica de textos literarios (estudios de Jones sobre Hamlet y Edipo, de Melanie Klein sobre la novela de Green *Si yo fuera usted,* el mío propio sobre *La Venus de las pieles,* de Sacher-Masoch (Castilla del Pino, 1973) y sobre todo el de Charles Mauron, cuya obra en conjunto representa una excepción a la crítica que he de hacer a continuación, aunque no esté exenta de puntos objetables a su vez).

Aparte el libro de Clancier, ya citado, algunas compilaciones que pueden leerse con provecho son: *Entretiens sur l'Art et la Psychanalyse* (París-La Haya, Mouton, 1968); la edición de W. Phillips, *Art and Psychonalysis* (Nueva York, 1957); la de Leonard y Eleanor Manhein, *Hidden Patterns* (Nueva York, 1966); la de Holland, *The Dynamics of Literary Response* (Nueva York, 1968); la de Creews, *Literature and Psychology,* en *Relations of Literary Study;* la de Ruitenbeek, *Psicoanálisis y Literatura,* (trad. cast. México, 1973).

Muchos de estos trabajos no son los suficientemente creativos, en primer lugar, por la fidelidad al pensamiento freudiano, si no en su totalidad, sí en la parte que les interesa desarrollar; pero en segundo lugar, salvo en el de Mauron y en el Holland, en donde existe una reflexión metodológica, los demás se caracterizan por la aplicación de los axiomas o de los supuestos psicoanalíticos, bien para la interpretación de la obra o de la biografía del autor, bien como confirmación de tesis psicoanalíticas. Ningún análisis posterior supera al convincente que Freud llevó a cabo sobre la novela de Jensen, *Gradiva,* en 1906. Señalemos, por otra parte, que para Freud la consideración del texto como síntoma le condujo en la práctica a la equiparación del análisis (sintomático) del texto y los de la conducta no literaria (el sueño, por ejemplo), indicando los puntos en los que la obra literaria se separaba de la conducta en general. Sin embargo, dado el avance obtenido en los análisis textuales por parte de los gramáticos de textos, naturalmente bajo otras perspectivas y con otros fines que los de la interpretación psicoanalítica, actualmente los protocolos narrativos, de textos literarios o coloquiales, que se someten a la hermenéutica psicoanalítica contrastan por su carácter intuitivo, «silvestre», en última instancia arrigurosos. El reproche de acientífico, o cuando menos de precientífico, que al psicoanálisis puede hacerse, no estriba tanto en que no se estime a su objeto —los procesos inconscientes— con entidad, sino al hecho notable de que aún hoy no se haya enunciado una sistemática metodología que lo aborde con precisión. Una ciencia no se constituye solamente con la demarcación de su objeto; es preciso, además, un método de aprehensión de ese objeto. Si el método no existe, puede hablarse de un ámbito del saber, no de una ciencia.

## 3. TEORÍA DE LA CRÍTICA PSICOANALÍTICA

Como hemos visto en 2, las aportaciones psicoanalíticas en el universo literario son muy abundantes. No obstante, al margen de la desigual valoración que puede hacerse de tales trabajos, aparte algunos textos freudianos −tan sólo pocos, y en esbozo por lo demás−, se carece de una teoría sistemática de cómo incidir con el instrumental psicoanalítico en el universo literario. Los más de los trabajos hacen psicoanálisis del autor a partir del texto. Los riesgos que entraña esta tarea son grandes, y de no plantearse el problema con rigor, junto a dejar paso a cualquier interpretación indisciplinada y silvestre, contribuirá al desprestigio de teoría y método.

Por otra parte, en orden a la aplicación del psicoanálisis al universo literario no hay una sistemática metodológica; simplemente cada cual, a partir de los conocimientos que posee, y la adopción de parte o de toda la tesis freudiana (la contenida en Freud, 1915-17 y Freud 1932-36), procede a abordar cualquiera de los componentes de dicho universo.

Una tarea por hacer, y que ocupará las páginas que siguen de este capítulo, es la demarcación precisa de los componentes del universo literario, así como la significación dinámica de cada uno de ellos en el contexto de este ámbito. Ante todo, sin embargo, situaré la cuestión de los aspectos epistemológicos de la crítica psicoanálitica.

### 3.1. LOS PROBLEMAS EPISTEMOLÓGICOS DE LA CRÍTICA PSICOANALÍTICA

Cuando he diferenciado entre Literatura y Universo Literario y me he decidido a considerar como objeto epistemológico de la indagación psicoanalítica a todo él, es por la siguiente razón: la interpretación del texto −bien desde las gramáticas textuales hoy en proceso de desarrollo fecundo (van Dijk, 1980; Petöfi y García Berrio, 1978; Schmidt, 1977), bien desde la perspectiva psicoanalítica− exige la consideración del contexto. Mientras para una gramática textual el contexto es el texto, para la hermenéutica psicoanalítica del texto el contexto es necesariamente también extratextual. Veámoslo con detalle [16]

Todo acto de conducta, por simple que sea, en tanto *signo,* tiene triple función: histeroléptica, que se constituye en *sintomática* del sujeto actor; proléptica, atendiendo anticipadamente al efecto o efectos que pretende provocar en el sujeto receptor con el acto de conducta, y que se denomina *signaléptica* por cuanto adquiere rango de señal y, por tanto, apela al receptor a quien se dirige de antemano [17]; referencial, *simbólica* por cuanto se verifica a

---

[16] Ver sobre esta cuestión Castilla del Pino (1981).

[17] El término retórico «prolepsis», como anticipación del rendimiento a obtener, fue utilizado por el neurólogo Victor Von Weiszaecker (1962) para dar cuenta de la propiedad del sujeto de disponerse antes de la ejecución de la acción de forma tal que se adecúa al objeto so-

expensas de símbolos verbales, y en la que se hace referencia a «objetos» internos o externos. El esquema 1 muestra gráficamente estas tres funciones y la posición de cada una de ellas en el contexto autor-texto-lector.

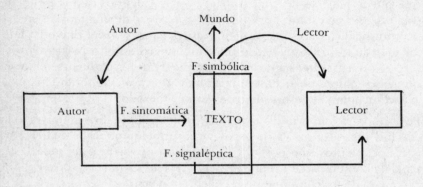

*Figura 1*

La función sintomática se confunde con la predicativa de sí, del sujeto: la obra es síntoma del autor, como lo es cualquier otro tipo de conducta; es la respuesta a este interrogante: ¿qué dice el autor de sí mismo a través del texto?

La función signaléptica es también apelativa; trata, mediante el texto, de producir determinados efectos en el lector, pero al mismo tiempo es predicativa respecto de la imagen que el autor tiene del lector; constituye la respuesta a esta pregunta: ¿cómo nos considera el autor para que pretenda decirnos lo que en el texto se contiene?

La función simbólica es referencial, hace alusión mediante los símbolos lingüísticos a objetos que, por hipótesis, son el contexto y pertenecen también, obviamente, al universo literario; es la respuesta a esto: ¿de qué habla el autor?

Pero, ¿dónde se encuentran las posibles referencias que constituyen el/los contexto/s posible/s del texto? Ésta es una cuestión que vamos a analizar pormenorizadamente.

a)    *Texto y Contexto. El/los contexto/s como referente/s.*

En primer lugar, el contexto incluye todo el espacio (virtual) del autor, lector y mundo de ambos, tal y como se representa en la figura 2:

bre el cual recaerá la acción. Como contraposición, he usado el de histerolepsis (de *histeron*, posterior) para designar al componente del acto dependiente de lo anteriormente hecho: así, el texto remite histerolépticamente al autor, cada componente del texto al texto que lo precede, etc.

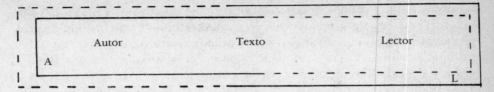

*Figura 2*

(A = contexto del autor; L = contexto del lector. Las líneas continuas muestran el componente empírico del contexto; las discontinuas, el
componente imaginario del contexto)

Obsérvese que he situado los contextos de autor y lector como superpo-
nibles, es decir, como comunes. La identidad o comunidad de ambos contextos es una tarea imaginaria: en efecto, el autor *cree* dirigirse a un lector que le
ha de entender, y el lector *cree* entender al autor, ambos precisamente porque se *imaginan* en el mismo contexto o capaces de situarse en tal. Al describir la función imaginaria de la escritura (ver *infra,* 3.22, e) trataré esta cuestión con mayor detenimiento. El único elemento común de ambos contextos
–común para autor y lector– es el texto como objeto. Pero en la obra se contiene un discurso que habla de un mundo, habla de sí mismo el autor y habla
en ocasiones del lector y siempre para el lector. Todo el conjunto de referencias y los referentes extratextuales componen el contexto del texto, sin el
cual el texto no será inteligible hasta un alto grado de plausibilidad. La figura
esquemática siguiente (fig. 3) expresa la constitución del contexto:

*Figura 3*

Se comprende que toda labor hermenéutica ha de proceder desde el
texto al contexto y tratar de precisar qué claves del texto remiten a qué elementos de uno u otro sector del contexto; o, merced a la sobredeterminación (ver *infra* c), a varios elementos de un mismo sector o varios de distintos
sectores del contexto.

La dificultad de la tarea, no siempre bien entendida por parte de los
que cultivan la aplicación psicoanalítica a los textos literarios, se incrementa
si nos detenemos a considerar lo que en verdad contiene ese sector del contexto que denominamos «autor» del texto. Con autor de texto, sujeto de esa
conducta textual, se hace referencia no sólo a los accidentes biográficoem-
píricos de él, sino *sobre todo* a su mundo interno: deseos, fantasías, raciocinios,

sentimientos y actitudes, todos ellos objetos imaginarios, mentales en última instancia, pero no menos reales por cuanto condicionan la conducta externa y determinan (motivan) los vectores más relevantes de ella, como por ejemplo el texto literario. Aunque Kris (ob. cit.) advierte que en la actualidad, gracias al desarrollo alcanzado por la investigación psicoanalítica del yo [18], los acontecimientos narrados por biógrafos son de interés (un ejemplo de ello lo tenemos en la biografía de Proust llevada a cabo por Painter —Painter, 1972—, desgraciadamente excepcional), hay el riesgo, que señala Bradbury (ob. cit.: 21), de ir más allá del texto por información extrínseca (recuérdese a este respecto la «crítica» biográfica positivista de Sainte-Beuve).

El texto como conjunto de referencias en clave que remiten a los micro/macrocontextos muestra la ardua tarea que supone la interpretación del mismo. Las claves son, la mayoría de las veces, incluso por razones «literarias», indicios, meros síntomas y, como tales, de escaso valor como significantes. Aumenta el valor de cada uno de ellos a través de la acumulación y de la cohesión y cosemanticidad de una serie. Así como el análisis formalista de la estructura del texto ha sido tarea relativamente fácil, y en todo caso objetivable, susceptible de contrastación positiva, las referencias contextuales no permiten más que conjeturas (de mayor o menor probabilidad) respecto de sus significaciones y metasignificaciones. Si se añade la ampliación del contexto a los mundos internos de cada creador, se ha de tomar conciencia de las dificultades que asaltan al intérprete. La interpretación del texto, en suma, no puede pretender en modo alguno carácter de total, de 1 : 1.

Condición fundamental de la investigación psicoanalítica en este respecto es la de precisar a qué sector o área del contexto se alude en un momento dado; y se han de exigir siempre los pasos lógicos o inferencias que le llevan a ofrecer una interpretación determinada y no otra [19].

*b)   Los niveles lógicos de significación del texto. Denotación y connotación.*

En los párrafos precedentes se ha considerado al texto como conjunto de referencias a elementos de los distintos sectores del contexto que todo universo de discurso literario ofrece. Por tal motivo, el texto es un conjunto complejo, y la contrastación inequívoca de las claves que permitan la relación texto-contexto constituirá el éxito de toda interpretación.

[18] A partir de los trabajos de Anna Freud, Alexander y sobre todo los de Hartmann, el psicoanálisis, que había incidido ante todo sobre los procesos inconscientes, prestó gran interés a la dinámica del yo. Coincidió también con el intento de aproximación al mundo del psicótico, el cual deriva ante todo de la incapacidad del yo para hacer frente a la realidad exterior. Por otra parte, Freud ya lo había hecho en repetidos trabajos suyos, como p. ej. en el titulado *El Yo y el Ello,* pero, no obstante, lógicamente prestó mayor dedicación a lo que fue su descubrimiento característico.

[19] Ni una cosa ni otra caracterizan en general el proceder de los psicoanalistas en este aspecto de su tarea, esto es, de investigación. Y no vale aducir como pretexto el hecho de que se han de dar como presupuestos en el lector los conocimientos de la doctrina psicoanalítica, lo que sería natural. Lo que se exige es la aceptación de sus hipótesis. Todo discurso científico es persuasivo a través de la demostración, en manera alguna es un discurso apodíctico.

Pero el texto no es un objeto homogéneo, como no lo es ningún acto comunicacional. En 3.3 señalaré que la lectura por antonomasia es la *lectura-objeto,* es decir, de *1er nivel,* en la que el texto se lee como contenido de información. El lector usual, que concibe la lectura como «diversión», es decir, como apartamiento de la realidad de carácter transitorio, se desliza en esta lectura de 1er nivel. Pero es notorio que existen otras posibles lecturas, en realidad otros niveles lógicos de lectura, que llamo *metalecturas,* en las que han de situarse otros lectores, constituidos ahora en intérpretes, exégetas, investigadores literarios, estudiosos de la estilística, gramáticos, lexicógrafos, etc. De momento este tipo de lecturas no me interesa para mi objeto. Importa tan sólo que el lector del 1er nivel, denotativo, del texto como información, puede elevarse sobre la peripecia contenida en la trama para tender a la captación metainformativa (comunicativa) de los siguientes puntos: ¿qué sentido/s (intencionalidad) posee lo que se me informa?; en suma, ¿cuáles son las connotaciones derivables de lo denotado?

Una breve alusión a lo que comparativamente ocurre en el proceso de la comunicación interpersonal usual hará ver las diferencias con la que tiene lugar mediante el texto. Supongamos el caso más simple, la comunicación entre dos sujetos, uno de los cuales, por hipótesis, hace sólo de Emisor, el otro sólo de Receptor. El proceso es éste:

$$E \xrightarrow{\text{mensaje}} R$$

en donde el mensaje ($m$) contiene nada más que información (por ejemplo, «ven aquí»).

Pero vehiculado sobre el $m$, las dos personas entran en relación: no se puede transmitir un $m$ sin una forma determinada (amablemente, despectivamente, agresivamente, dominantemente, etc [20].), o sea ofreciendo: a) una imagen de sí mismo (por ejemplo de sujeto dominante); y b) una imagen del otro, del $R$ (en este caso de sujeto dominable). Por tanto, puede decirse que, cualquiera que sea el mensaje (esto es muy importante), lo que se oculta tras él es la propuesta de una forma de relación del $E$ al $R$: esta zona oculta, que califica al $m$ independientemente de su contenido (una orden puede ser tanto «fume este cigarrillo» cuanto «aquí tiene el arroz con leche» o «póngase de rodillas mirando a la pared»), se denomina metamensaje y no es otra cosa sino lo que connota el $m$ respecto del $E$ del mismo. El esquema, pues, se representa así:

$$E \xrightarrow{\text{mensaje}} R$$
$$\text{metamens.}$$

---

[20] Jakobson (1963: 215) ha recordado que un viejo actor discípulo de Stanislawski, el gran director de escena ruso, le contó cómo éste les hacía emitir de cuarenta maneras distintas la frase «buenas tardes». En la teminología actual diríamos que el mensaje (información) era el mismo (la denotación de «llego» o «me voy» y que las cuarenta formas distintas de decirla eran cuarenta metamensajes vehiculados sobre el mensaje.

El nivel lógico del $m$ es denotativo; el de $Mm$ es connotativo [21]. El tratamiento lógico de ambos ha de ser forzosamente distinto. Mientras el $m$ es
contrastable, el $Mm$ es sólo conjeturable; mientras la intelección del $m$ puede
llegar a ser de 1:1, la del $Mm$, que es la que importa en el proceso de comunicación interpersonal, es tan sólo de $1 \rightarrow 1$. En el $Mm$ se contiene el sentido, la
intencionalidad, el/los metasignificado/s que el autor, en el caso del texto
como mensaje, da a la información contenida en éste: lo que con ella pretende, la imagen que quizá pretende dar de sí, la imagen que tiene de los lectores imaginarios y presuntos (hay autores cuyo texto parece implicar la inteligencia del lector —un ejemplo: Valle Inclán; otro ejemplo: Lewis Carrol—, o
más bien la estupidez del mismo, o su estatuto infantil— Amicis, Andersen). El
$Mm$ es, pues, de un nivel lógico superior al $m$ y compone un conjunto complejo en sí mismo, porque es desde él desde donde se disparan las claves referenciales hacia los distintos sectores del contexto (hacia sí mismo, hacia el
autor, hacia el mundo). (Una más extensa y detallada exposición analítica del
proceso comunicativo en Castilla del Pino, 1980: 129 y ss.).

Ahora bien: ¿es el $m$ del E igual al $m$ del R? En el caso del texto escrito,
sí, porque el $m$ está objetivado en el texto. Pero ¿son los $Mm$ del emisor idén-
ticos a los del receptor? Si lo son es imposible verificarlo. En la comunicación
interpersonal sería lo siguiente: ¿es la intención que creo que tiene el acto
de A la intención real? En la figura 4 vemos que, como decíamos antes, la su-

Figura 4

[21] Connota de quién habla, de a quién habla, de qué habla. Así, «fume este cigarrillo» podría connotar lo siguiente: el que habla *puede* ordenar al oyente (*luego* el hablante ocupa una
posición superior al oyente) y al mismo tiempo *podría* aludir a la mala calidad del cigarrillo
(algo así como «le ordeno que fume Ud. mismo este cigarrillo para que se dé cuenta de la pési-
ma calidad de lo que me vende y/o el precio excesivo y/o la veracidad de lo que afirmo»).

perposición de los contextos es de tal índole que lo imaginario de uno se superpone sobre lo real del otro, lo que implica que, como también dijimos, sólo hay una comunidad en el área del texto *como texto-información, es decir, en el texto como denotación, pero no en el texto como connotación* (conjunto connotativo); esto es, en el *metatexto.*

Todo proceso de lectura y metalectura camina del texto metatexto y de éste a aquél en la persecución en el texto de una contrastación de lo supuesto. Al tratar de la interpretación *sensu stricto* haré ver sobre qué fundamentos puede alcanzarse una aproximada contrastación metatextual.

Si en el esquema comunicativo usual el $m$ del $E$ es igual al $m$ del $R$, lo que ocurre también en el caso del texto escrito, la identidad de ambos $Mm$, el $Mm$ emitido y el $Mm$ recibido, sólo cabe conjeturarla, porque el proceso, en este sentido, es estocástico, es decir, probabilístico, opuesto a la certidumbre matemática. En el caso del texto literario se formularía así: todos los $Mm$ (sentidos, significaciones) del metatexto aprehendidos por el lector pueden ser o no ser los $Mm$ del autor. Si tal cosa ocurre en la obra narrativa, en la poesía lírica la ambigüedad pasa a ser una propiedad característica de la misma, de acuerdo a la consideración de Jakobson de que en la poética hay siempre un excedente a la frase (Jakobson, ob. cit.: 12). Todo intento, pues, de hacer de *nuestra interpretación una superposición inequívoca del sentido del texto es lógicamente imposible.*

Todo lo anterior predica acerca de la cautela lógica, no de otro tipo, que debe presidir cualquier forma de interpretación de un texto, su intrínseca inagotabilidad, la presencia de la subjetividad a través de lo imaginario. Tal situación afecta, como no podía ser de otra manera, a la interpretación psicoanalítica. Frente a las brillantes aseveraciones de psicoanalistas, aseveraciones saltígradas, sin la fuerza de los pasos lógicos imprescindibles, la consideración epistemológica del texto como objeto obliga a la adopción de puntos de vista conjeturales, aproximativos, probabilísticos.

## 3.2. DINÁMICA DE LA CREACIÓN LITERARIA

Trataré en este apartado no del *contenido* de la creación literaria (a ello me referiré en 3.4), sino al acto mismo de la creación, o sea, su sobredeterminación; dicho de otra forma: el análisis de las actitudes del creador ante el hecho de la *necesidad* de crear. Sea el autor compulsivo ante el hecho de la insistente creatividad (Balzac, Galdós, Kafka, por sólo citar algunos), o esté inhibido frente a la necesidad de crear, es cierto que en ambos casos ésta aparece en el primer plano de sí mismo como ineludible objeto ante el que tomar posición. De pasada advertiré que esta cuestión ha sido escasamente tratada, y la aportación de Kris (1955), además de antigua, es poco ilustrativa y esclarecedora.

Parto de la consideración —eje rector de este trabajo— de la creación como un tipo peculiar de conducta. Por tanto, en términos generales, la relación del sujeto con la obra a crear es idéntica a la de cualquier sujeto respecto de cualquier otra conducta por hacer. Porque la conducta, cualquiera que sea, es un acto de creación; por tanto, un acto transitivo, puesto que, de la manera que sea y en la medida que sea, modifica la realidad y crea nueva realidad. La conducta, pues, como proceso que va desde el sujeto a la realidad y mediante el cual se genera un objeto, obliga al sujeto a la adopción de una relación (de objeto) con dicho proceso. Sabido es que ante el acto de conducta hay sujetos que se comportan de modo espontáneo, y en los que la secuencia de conductas fluye de manera desinhibida, como una necesidad infantil de juego, a expensas del cual se afirman en cada acto sobre la realidad con la que se relacionan, sin conciencia apenas de que sus actos de conducta quedan ya objetivados, cosificados, que, entre otras posibilidades, podrían volverse contra ellos mismos. En el extremo opuesto, hay sujetos para quien cada acto de conducta ha de ser sopesado al máximo antes de verificarse, se barajan todos los posibles efectos de los mismos, y viven angustiados por el temor que les asalta de que la índole del acto –qué ha de hacer, cómo lo ha de hacer– que ellos mismos verifican sea la responsable de que, en un efecto *boomerang,* revierta hacia ellos y de forma negativa, es decir, destructiva, parcial o totalmente: son sujetos inhibidos, a veces hasta el grado de la parálisis del yo, de un yo que puede llegar hasta la inacción (la inacción es, como el silencio, significante también). Pero hay, además, formas complejas, y en manera alguna se trata de construir una tipología al respecto: así por ejemplo, hay creadores en los que la espontaneidad es tan sólo aparente, y resulta ser la compulsión a una acción de esta índole el único recurso del sujeto para el logro de una identidad, o la afirmación de una identidad que se sabe insegura si experimenta la más breve pausa; o en otro orden, aquellos para quienes el acto de creación, aun deparándoles inhibición por el temor que les procura la acción a realizar, viven esta acción, no obstante, como un deber, y la relación de objeto ante el proceso de creación tiene, entonces, este carácter ambivalente: lo que se desea no hacer y, al mismo tiempo, se obliga uno a hacer [22].

¿A qué índole de necesidades responde la instancia a la creación? Desdeñamos las causas externas, por ejemplo, las que parecen revestir carácter económico. Siempre cabría preguntarse, aun en el supuesto de que para el autor apareciesen en primer plano o únicas, si por un lado el logro económico no habría podido ser obtenido, con el mismo esfuerzo y posiblemente con mayor rendimiento, mediante otro tipo de comportamientos profesionales, y, por otro, si la causa económica no representará sino la forma simbólica de afirmación de sí mismo y el descubrimiento de que la única forma de logro es, además, a través de la creación literaria.

[22] En este sentido, Fairbairn (1972: I) ha sido el psicoanalista que ha llamado más la atención acerca del carácter impuesto, inherente a una instancia superyóica, que tiene en muchos casos la creación estética. Reconoce, pues, que la obra de arte alivia la tensión entre los impulsos reprimidos y el yo, y, por otra, en virtud de la aceptabilidad de los contenidos de la obra estética, se alivia la existente entre el yo y el superyo.

### 3.2.1. El oficio de escritor

a) *La identidad de escritor.*

El poeta (uso este término en su acepción amplia, como creador litera-rio), como cualquier otro artista, y con independencia del valor estético que obtenga en su obra, se propone hacer arte: ésta es su finalidad[23]. Es más, en tanto en cuanto no es posible para el autor desprenderse de su obra, afirmar que la finalidad es hacer arte implica, de inmediato, esta otra: con su obra el artista se propone el logro de la identidad de tal (en nuestro caso, de escri-tor). Claro está que nada de esto resuelve el problema; tan sólo lo plantea. ¿Qué es lo que motiva el que alguien decida o se proponga ordenar su vida de forma tal que todas sus acciones, las más relevantes de su existencia desde luego, se orienten hacia la obtención de una identidad como la que supone ser «poeta»?

Aspiramos a poseer una identidad determinada, la que quiera que sea, por la gratificación narcisista que nos procura[24]. El éxito está en la identidad misma, esto es, en función del *cuantum* de identidad lograda, y de carácter positivo en su valoración, respecto de la meta propuesta. Por esta razón, es posible que muchos, que como escritores han tenido reconocimiento social extenso, acompañado incluso de importante gratificación económica, no obstante se muestren envidiosos de la identidad poseída por otro, identidad apenas reconocida fuera de círculos estrictos de elite. El precio que se paga por ello, toda suerte de renuncias, se considera adecuado si al fin se acompa-ña del éxito que representa la posesión de esta identidad que se desea.

La orientación narcisista, por consiguiente, está proyectada sobre aque-llos sectores del yo que confieren valor máximo a la identidad intelectual. En un sentido amplio, el buen escritor, aunque no sea leído por todos aque-llos que le reconocen como escritor, es aquel cuyo «talento» no se discute porque está probado en su obra. De los cuatro parámetros sobre los que se construye la identidad (*self*) −erótico, actitudinal, corporal e intelectual−, en los que el yo espera obtener la gratificación narcisista (Castilla del Pino, 1980: 142 y ss.), el escritor la ha ordenado en el ámbito del *self* intelectual. Dicho en

[23] O lo que se estima como tal. Y en este contexto, cualquiera que sea la sanción que épo-cas ulteriores emitan, la creación de la obra responde al intento de gratificación narcisista que entraña crear un objeto cuya categoría estética supone, entre otras cosas, la originalidad, es decir, el reconocimiento de nuestra identidad.

[24] El concepto de identidad, de sí-mismo, *self* (es preferible dejar el término sin traducción) es fundamental en la psicodinámica actual, es decir, en el desarrollo proseguido por la investi-gación psicoanalítica. Aunque afecta fundamentalmente a la psicología del yo −la identidad es aquello por lo que se nos reconoce y, a través del valor que se le confiere, lo que provoca el tipo de relación con los demás que estatuimos, o sea la posición que se ocupa ante y frente a los demás−, desde el yo se remite a posteriores y más profundas instancias (una cosa es, por otra parte, nuestro *self* cara al exterior, el *self*-personaje, y otra la imagen que tenemos de no-sotros mismos, nuestro *self* oculto), pues, al fin y al cabo, en el yo sólo puede tener lugar la sa-tisfacción sublimada, mediatizada, de instancias de placer o de destrucción.

términos psicoanalíticos: ha catectizado especialmente esta área del yo que compone «la inteligencia» como rendimiento estético.

La hipertrofia de esta área del *self*, inherente a su catectización, implica necesariamente la hipotrofia, es decir, la contracatectización de una o más de una de las restantes [25]. Si se piensa que el resultado de nuestra relación con la realidad, las relaciones con los objetos, deriva de la identidad que poseemos por y ante el objeto, esto quiere decir que lo deseable sería la posible puesta en juego de cada aspecto de nuestro *self*, concorde con la instrumentalización que se pretendiera verificar con cada objeto. O sea, que pudieran ponerse en juego relaciones eróticas y actitudinales, junto a las que conlleva la relación de orden intelectual. Pretender ser creador literario significa, por el contrario, que de manera relevante establecemos relaciones «intelectuales» con los objetos, relaciones muchas veces sólo fantásticas, tanto con los objetos que componen la realidad empírica cuanto con la realidad interna (nuestra fantasía, nuestros deseos, nuestras pulsiones). Gracias a esta relación supone el escritor que adquiere, además, una posición categorial en el mundo. Como dice Sartre, «uno de los principales motivos de la creación artística es indudablemente la necesidad de sentirnos esenciales en relación con el mundo» (Sartre, 1950: 67).

Ser escritor, pues, haber hecho todo el proceso a través del cual la identidad de escritor ha sido obtenida, junto a la predominante acción intelectual sobre la realidad (veremos luego los distintos tipos de la misma, pues en manera alguna pueden homologarse el novelista y el pensador), implica el sacrificio de las otras posibles modalidades de acción sobre la misma. Sacrificio no quiere decir renuncia *voluntaria*, sino, por lo general, renuncia forzada, a partir de la carencia de otras posibilidades de acción. Posteriormente (3.23), haré ver que el contenido (la trama y el conflicto) de la obra puede, entre otras cosas, interpretarse como la realización fantaseada de la forma de vida que, pasajera o permanentemente, se hubiera deseado llevar. El escritor surge desde la impotencia, y obtiene su potencialidad, es decir, su identidad, de la forma que puede. Constituye en algunos una circunstancia afortunada el que las condiciones para el logro de esa identidad anhelada sean de tal rango que la hagan posible, real, fáctica. No siempre es así, y son muchos los que ni siquiera pueden llegar a ser aquello a que aspiran, por carencia, ostensible tal vez *a posteriori*, de la capacidad correspondiente para ello.

La identidad exige el reconocimiento «público». Pero el público es tan vario que en manera alguna puede corresponderse con la celebridad. Y no

---

[25] El vocablo «catexia» se aplica para denominar la carga afectiva de que se dota a un objeto, externo o interno (en este último caso, uno mismo o parte de uno mismo). El objeto puede llegar a ser descatectizado cuando se le despoja del afecto previamente fijado a él. Las más de las veces, la descatectización no es tal, sino que la catexia se neutraliza mediante la contracatexia, la cual consiste en despojar al objeto del afecto de determinado signo (p. ej., de amor) para dotarlo del signo opuesto (en este caso, de odio). Catexia y contracatexia responden ante todo a la concepción energética del aparato psíquico inherente al psicoanálisis, mas también a la concepción tópica, puesto que las catexias derivan de los sectores del yo, el ello o el superyo y cada uno de ellos está en una relación de dinámica reciprocidad.

obstante, un poeta inglés, el jesuita Gerard Manley Hopkins, decía a otro, Bridges: «la fama en sí misma no es nada. Lo único que importa es la virtud. Jesucristo es el único verdadero crítico literario. Pero desde cualquier nivel inferior a ése, debemos reconocer que la fama es el lugar establecido y verdadero para los hombres de genio» (Berryman, 1980). Lo que es perfectamente compatible con el rechazo de la «celebridad» al modo como lo sentía Pessoa: «la celebridad es una plebeyez... Hay que ser muy tosco para sentirse a gusto con la celebridad» (*Poesía*, 7-8, 1980).

En efecto, mientras la celebridad es o representa el logro de una identidad basada sobre la constitución del «personaje» (se es célebre incluso para quienes no conocen los motivos reales de la celebridad: pensemos en la celebridad de Cajal, entre nosotros, y la desproporción entre la misma y el conocimiento que el que sabe de la existencia de Cajal tiene de su obra), la fama, en el sentido en que la enuncia Hopkins, alude al reconocimiento por su obra, o sea a la obtención de una identidad relevante a expensas de ella y entre los que son capaces de apreciarla. Claro es que no es posible establecer una tajante separación entre estos dos logros posibles, como instancias buscadas por un mismo creador, pues el narcisismo puede no quedar satisfecho con la «fama» y desear anhelosamente la «celebridad», y a la inversa, quien tiene esta última envidiar la fama de aquel que la posee ante precisos círculos. No es posible pensar que, cuando la identidad a que se aspira como yo ideal está todavía en cierne, se pueda tener noción exacta de la distinción entre la satisfacción narcisista que se ha de obtener, si se obtiene, de una u otra forma. Todos tenemos constancia de cómo, aun cuando la celebridad suponga una servidumbre muchas veces pesada, incluso una «plebeyez» al decir de Pessoa, no deja por ello de suscitar satisfacción.

b)   *El contacto mediato con la realidad*

Ciertamente, mediante la acción intelectual que se denomina «escribir», «hacer literatura» en sentido estricto, la relación del sujeto con la realidad es mediata, intermediada. Significa, pues, que el escritor ha logrado distanciarse de la realidad empírica, y ello, naturalmente, al margen de que pueda ofrecerse como la plataforma ideal para la mejor perspectiva de la realidad, implica huida. Es cierto que hay escritores cuya vida, cuya existencia ostenta una disociación, y en tanto que no escritores muestran su pragmatismo y, en contadas ocasiones, incluso su categoría como hombres de acción. Ya advirtió Benedetto Croce de esta disociación, cuando hablaba de la personalidad empírica y la personalidad pragmática, coincidentes ambas en el escritor. Aun así, las más de las veces ser escritor entraña una preliminar retirada de la realidad externa como no gratificante, seguida de una introversión, es decir, de una relación de objetos fuertemente catectizada con la realidad interna, o sea consigo mismo, o, mejor, con la parte de sí mismo que contribuye a la elaboración fantaseada de la realidad externa. Tanto esta preliminar huida de la realidad, cuanto el ulterior retorno a ella a través de la acción y logro de la identidad de escritor, remiten al narcisismo: en la primera fase, como herida narcisista provocada o simplemente temida; en la segunda, como búsqueda de la gratificación correspondiente por vía sustitutoria. «El amor por sí mismo es siempre el comienzo de una vida novelística... pues sólo cuando el propio yo se ha convertido en una tarea que debe encararse llega a tener algún sentido escribir», decía Thomas Mann. «El amor por sí mismo es el comienzo de una novela», había dicho antes Oscar Wilde (cit. ambos en O. Rank, 1976: 69).

La obtención de la identidad de escritor, y posteriormente su mantenimiento, constituye un imperativo profundo, tendente a satisfacer la instancia de seguridad por el único modo por el que al sujeto le es dable —o piensa que le es dable— obtenerla. Pensemos en Flaubert (Sartre, 1975), en Kafka (1977), con su consideración de que ser escritor es su única tarea, hasta el extremo de que, para él, la relación misma con los objetos amados ha de realizarse a través de la escritura: «toda mi forma de vida está centrada exclusivamente en la creación literaria», escribe a Felice, apenas conocida. Porque «escribir significa entregarse por completo... A menudo he pensado que la mejor vida para mí consistiría en recluirme con una lámpara y lo necesario para escribir en el recinto más profundo de un amplio sótano cerrado. Me traerían la comida desde fuera y la depositarían lejos, tras la puerta más externa del sótano. El ir a buscar esta comida, vestido sólo con una bata, a través de los pasillos del sótano, sería mi único paseo. Luego regresaría junto a mi mesa, comería lentamente reflexionando, y de inmediato volvería a escribir» (Kafka, 1977). El imperativo adquiere en Proust un intenso dramatismo, entregado al trabajo corrector de *La Fugitive* hasta los últimos momentos (Painter, 1972).

c)   *Connotaciones de la «inteligencia»*

Pero, ¿qué significa la identidad fantaseada o ya lograda como escritor para el propio escritor? ¿Por qué depara gratificación narcisista suficiente?; y sobre todo, ¿qué significa en verdad la fantasía de la identidad de escritor para aquel que aún no la posee? Hemos de remitirnos a la simbólica de la «inteligencia». En primer lugar, la inteligencia se opone a la acción; permite usar de aquellos, incluso, que en todo caso no pueden hacer otra cosa que la mera acción. La superioridad de la inteligencia, mostrable a través de la obra, yace en el fondo de la cuestión. Superioridad que confiere a quien la posee carácter cuasi omnipotente, tanto más cuanto que la tarea intelectual no se propone la modificación inmediata de la realidad, sino, directamente, una operación «mental», por tanto fantástica. La superioridad de la inteligencia, que gratificará de sobra a quien se sienta poseedor de la misma en alto grado, encuentra mayor facilidad, en orden a la autosatisfacción, por el hecho de que se ejerce, de manera preliminar, sobre la realidad interna, la fantasía, la cual permite —es la regla fundamental del pensamiento fantástico— «hacer todo».

La omnipotencia de la inteligencia va pareja con el rango «divino» que se confiere a la misma. Dios es pura inteligencia y, por consiguiente, también omnipotente. La inspiración de que habla el escritor, a su vez, «un soplo divino», lo que quiere decir que el artista se convierte en privilegiado receptor de la misma. La renuncia a otras posibilidades de contacto no intelectual con la realidad, a expensas de las cuales otros, y también el propio escritor, realizan y obtienen su identidad, resulta bien pagada a expensas de la aspiración y mantenimiento de la identidad intelectual. La descatectización a que se obliga el sujeto en la renuncia al objeto de la realidad inmediata, se vuelca ahora catectizando, primero, al sujeto, al yo del futuro escritor, y, después, a su mera actividad como tal. A través de la creación literaria, como obra indeleble, el autor satisface otra instancia que de alguna manera le aproxima a Dios, a saber, su ansia de inmortalidad, en la que cree a expensas del carácter personal de la obra. En ningún otro producto de la creatividad humana —esto no debe olvidarse— más que en el estético puede lograrse la presencia literal del creador, el reconocimiento eterno de su identidad personal mediante su nombre y apellidos.

d) *Etapas en el logro de la identidad de escritor*

Estas dos fases aludidas son importantes en la vida de todo escritor. La renuncia a la realidad externa, a su contacto inmediato, dirige las catexias del yo hacia sí mismo. Es una etapa que coincide generalmente con la adolescencia, etapa en la que aún, claro es, no se ha tenido ocasión de hacerse la identidad a que se aspira (salvo Rimbaud y algún otro), y por tanto sólo cabe la posibilidad de imaginarse hecho, con la identidad soñada, fantaseada. Esta etapa adolescente se caracteriza por la exaltación narcisista del yo y, en tanto la identidad no ha sido construida y edificados los dinamismos de defensa de la misma, la exaltación es de carácter fantástico, que torna al sujeto especialmente sensible a las heridas narcisistas que el contacto con la realidad empírica le provoca. Al mismo tiempo, el hecho de que en esta fase el sujeto aún no actúe como escritor en el aspecto o la esfera pública (cualquiera que sea el grupo de referencia que elija como «su» público), que en última instancia será la que habrá de confirmarle en la identidad hasta entonces sólo fantaseada, compone la etapa de gestación: la fantasía de ser alimenta suficientemente las necesidades narcisistas del yo. Por el contrario, cada contacto con la realidad externa forzosamente le niega la identidad que anhela.

Esta huida de la realidad para, a través de la exaltación fantástica del *self,* volcarse sobre la realidad interna, da a esta primera etapa en el proceso de logro de la identidad de escritor un carácter desreístico, incluso autista, desde luego introversivo. «Al principio, ni siquiera mi hermano supo de mi nuevo mundo de libros. No hablaba de él con nadie... mis compañeros no me hubieran entendido. Así que fue un mundo completamente mío por un tiempo», confiesa W. C. Williams (1980). «Desde niño tuve tendencia a crear a mi alrededor un mundo ficticio, de rodearme de amigos y conocidos que nunca existieron... Desde que me conozco como aquello a lo que llamo yo, me acuerdo en rostro, movimientos, carácter e historia de varias figuras irreales que eran para mí tan visibles y mías como las cosas de aquello que llamamos, siempre abusivamente, la vida real», escribe Fernando Pessoa a Adolfo Casais Monteiro (1980). Como Freud advierte (1908), no se renuncia a nada, simplemente se sustituye. La realidad interna, la existencia fantástica, sustituye la existencia real. Pero el escritor tiene, sin embargo, a diferencia del psicótico, capaz de vivir la existencia fantaseada como real, una posibilidad de no renunicar del todo a la existencia real externa a él. Lo que ha hecho ha sido la renuncia a la acción *inmediata*. La acción deviene ahora tras la mediación de la obra hecha. El sentido de realidad se conserva, y aun se aspira a la recuperación del mundo objetivo a través de la acción inteligente e intelectualizada. La cualidad pública de escritor viene dada por la capacidad del escritor para integrarse en la realidad a través de la obra.

Ni siquiera en casos extremos el escritor pierde todo contacto con el mundo externo. Como he dicho antes, el escritor no es un psicótico, y cuando se convierte en tal sobreviene el derrumbe de su capacidad creativa (Strindberg, Hölderlin, Kleist, Baudelaire, Maupassant, etc.). «Sabe» que la confirmación de su identidad no puede basarse en la pura consideración fantástica de la misma. Precisa del otro, ajeno a él, que se la confirme. No sólo tiene en cuenta al otro —en el texto la presencia del otro es constante—, sino que sabe que la comunicación con ese otro ha de ser verificada mediante la obra creada. Que una persona como Kafka, para quien con «este mundo terrible, con el que sólo me atrevo a enfrentarme en noches dedicadas a escribir», goce extrañamente con la lectura en alta voz y ante el público de sus textos, revela hasta que punto conserva el sentido de lo real. La obra se constituye en el ineludible vehículo de la comunicación con el otro, nunca interrumpida cuando menos como deseo, y también en el medio a través del cual sólo puede proponer su imagen al otro. La susceptibilidad del poeta, tantas veces advertida, se interpreta en función del valor que confiere a la obra como portadora de su identidad, puesto que sólo ella evidencia el valor de la imagen de sí que trata de ostentar. La menor crítica a su obra suscitará la agresión. Nótense los celos de Kafka ante los autores que prefiere leer Felice, o el servilismo de Joyce para la obtención de buenas críticas, o la defensa ante la eventualidad de la crítica negativa de Berryman: «Bien, cuando tenía treinta y cinco años, no sólo no leía mis reseñas, ni siquiera las media (alude a Conrad: «no leo las reseñas sobre mi trabajo, las mido»), nunca les daba un vistazo. Yo creía que eso era indiferencia, pero ahora estoy convencido de que lo que sucedía era que no tenía piel que me abrigase, usted lo entiende, me encontraba en carne viva y tenía miedo de morirme a causa de algún comentario» (1980). La crítica a la obra, si es negativa, viene a poner en cuestión, tal vez en crisis, la imagen de sí mismo tanto tiempo trabajada.

La conservación del sentido de lo real en el escritor se prueba con todo lo que implica la preparación de la obra. Llamaré la atención a este respecto con posterioridad (ver 3.4). La obra ha de ser estructurada, organizar la trama, cuidar el estilo. Todo ello es revelador de que el contacto con la realidad externa es el que ordena permanentemente en él. Ni siquiera en los momentos más entregados a la tarea creadora, los que habitualmente se denominan de inspiración, alcanza el creador la regresión que supone el apartamiento total de la vida exterior. En tales momentos, la regresión es meramente parcial: huye del mundo externo, se evade de él, mas no tanto como para que se obtenga un estado homologable de ensoñación autista. En estos estados regresivos pasajeros ocurre algo significativo: el sujeto, por la regresión, experimenta la liberación de los controles del yo sobre su mundo interno, sobre su fantasía, que emerge relativamente libre, y eso es, precisamente, lo que se denomina inspiración, el logro de esa espontaneidad creadora, muchas veces buscada a conciencia, no siempre, naturalmente, conseguida. Durante estos momentos, el artista incrementa notablemente su productividad original, hasta el punto de que puede no reconocerse en el producto de la creación, experimentar incluso el extrañamiento ante la propia creación. «¿Qué hay del estado creador? En él se saca al hombre de sí mismo. Se deja caer a sí mismo en su subconsciente (...) y extrae afuera algo que normalmente está más allá de su alcance (...). Puede ser una buena o mala obra de arte (no estamos aquí examinando la cuestión de la calidad), pero, sea buena o mala, se habrá compuesto de esta forma inusual, y después él mismo se maravillará de cómo lo hizo. Tal parece ser el proceso creador. Puede utilizar mucha ingenuidad técnica, puede sacar partido de pautas críticas; pero mezclado con todo ello está este material del cubo, este material subconsciente, que no puede obtenerse sobre pedido. Y cuando el proceso ha terminado, cuando el cuadro, o la sinfonía, o la poesía, o la novela se ha completado, el artista, volviendo la mirada atrás, se maravillará de cómo pudo, con sus fuerzas terrenas, llegar a hacerlo» (E. M. Forster, cit. en Allot, 1962: 203). La creación, en esos momentos de regresión inspirada, es «algo que tiene una extraña voluntad propia», que el propio creador siente como ajeno (Charlotte Brontë, cit. en Allot:158). Sentimiento de extrañeza que también ha sido advertido, respecto de lo creado, por el propio Stendhal: «Cuanto más ahonda uno en el alma, más se atreve a expresar su pensamiento más secreto, más se estremece cuando lo ve escrito, tan extraño le parece, y es en esta extrañeza en donde reside el mérito» (Allot: 164).

La capacidad creadora se incrementaría hasta extremos impensables si nos fuese posible la espontaneidad, es decir, si no hubiésemos interiorizado la no permisividad de la espontaneidad. La observación de dos mundos, el infantil y el onírico, muestran de manera ostensible esto que digo. Hasta la aparición de la represión eficaz, esto es, hasta que la represión no ha sido interiorizada, el niño posee una inventiva que asombra a todo adulto que asiste a la misma. Ahora bien, el adulto cree, quizá con razón, dada la estructura normativa del mundo social, que con tal inventiva el niño no adquiere la deseada adecuación al mundo sociofísico que, por otra parte, éste exige. Pero esta adecuación, adaptación o como quiera denominarse no es otra cosa que la represión del mundo interior a costa de la integración en el mundo empírico, y la educación que se imparte es eficaz, cuando menos en parte, en la medida en que consigue la domesticidad de la mayoría a costa de la inhibición e incluso el bloqueo de todo cuanto representa originalidad. Porque en la espontaneidad todo el mundo mostraría su singularidad, su heterogeneidad, lo cual no quiere decir que con ello se habría alcanzado la prima de esteticidad que la obra de arte requiere, sino tan sólo su originalidad. Y es esto mismo lo que ocurre en el segundo de los mundos a que hicimos mención, el de los sueños: no todos los sueños ofrecen la esteticidad deseable, pero sí la originalidad, por cuanto emergen con menos control del yo que el que tiene lugar en la vida diurna. La mayoría de nuestros sueños, por lo pronto, tienen notas de originalidad muy superiores a las que ofrece cualquier obra de ficción.

e)   *La creatividad del novelista: su peculiaridad*

A diferencia del trabajador intelectual en general, el novelista asume una especificidad. El intelectual *sensu stricto* opera con el pensamiento como sustituto de la acción, esto es, con el pensamiento *sobre* la realidad antes que con la acción sobre la realidad. Ortega ha contrapuesto de modo magistral la teoría del intelectual frente a la del hombre de acción (Ortega y Gasset, 1943: VI, 492 y ss.) en su ensayo-prólogo a las memorias del capitán Alonso de Contreras. Pero el novelista no es exactamente un intelectual: se abstiene aún más que éste ante la realidad del mundo exterior; no reflexiona sobre la índole de las relaciones en él existentes, o sobre la naturaleza de esa realidad, sino que sustituye la realidad por el mundo de ficción creado por él. Crea el mundo de ficción para llevar a cabo toda suerte de acciones en él. De aquí que el novelista, frente a la indecisión del intelectual ante la acción, aparezca como capaz de vivir a expensas de entes de ficción, y, en tanto fabulador, su tarea intelectual parece menor que la del «pensador» propiamente dicho. De esta forma, cuando en la novela se interfieren «pensamientos», «doctrina» (Thomas Mann en *La montaña mágica,* Huxley, Bernard Shaw, entre otros), reconocemos que se trata de formas impuras de novelar, por una parte, y, por otra, formas indisciplinadas de filosofar.

3.2.2.   Función simbólica de la escritura

Pese a todo cuanto ha sido dicho en el apartado anterior, de que el propósito del aspirante a escritor se consuma en el logro de su identidad como tal, como forma suprema de gratificación narcisista para él, hay que analizar aún lo que en verdad simboliza el acto mismo de escribir, de hacer literatura, para dar cumplida interpretación al hecho, excepcional por lo demás, de algunos quienes, merced a la adopción de actitudes que se aproximan ya al autismo, dan la espalda, indiferentemente, al mundo exterior, como si en manera alguna fuera desde éste desde donde habrá de confirmarse esa identidad que anhelan. Se trata de personas para las cuales el escribir es, al parecer, una tarea en sí misma, no un medio de comunicación cuando menos con una realidad presente. Escritores de diarios ejemplifican este tipo de personas a las que aludo. Estos sujetos nos ofrecen ocasión para acercarnos con provecho a la significación profunda de la «escritura». Partiré, por razones metodológicas, del «habla» para contraponerla a la «escritura» como habla escrita.

a) *Hablar*

Hablar es una forma de acción, pero distinta de la acción no verbal, la acción propiamente dicha. El habla es la formulación exteriorizada del pensamiento, pero muchas veces el habla queda en sólo expresión de nuestros pensamientos y deseos, sustituye la acción propiamente dicha, cuando ésta, por las razones que sea, no puede llevarse a cabo. Cuando alguien dice, por ejemplo, «te comería a besos» o «te mataría» está sustituyendo la acción, que hasta su consecuencia última sabe que *no puede* llevar materialmente a cabo en el primer caso, y que *no debe* llevar a cabo en el segundo. Pero la palabra posee, precisamente por su carácter sustitutorio, una función catártica, la misma que, en otro orden, la fantasía, el puro pensar: fantaseamos que cohabitamos, o que asesinamos, allí donde no es posible hacer ni una cosa ni otra: lo que nos sirve, por una parte, para descargar la tensión suscitada por la frustración de la acción imposibilitada, y a continuación nos hace, por otra parte, factible presentarnos de nuevo o actuar ante ese mismo objeto frustrante, libre ya de tensión y, por tanto, capaz de permanecer ante él sin el riesgo de que la acción deseada se verifique por nuestro descontrol.

La palabra, pues, tiene un poder, una eficacia evidente. No hace lo que la acción propiamente dicha, pero posee un efecto aliviador de la frustración, inherente a la acción no realizada. De aquí el carácter mágico que a la palabra se le confiere en ocasiones. La magia estriba en conferirle un poder que en verdad posee tan sólo en la fantasía, esto es, un plus de poder. Una cosa es el poder real de la palabra, al que hemos hecho mención, y otra el poder mágico, fantástico. Sin embargo, el paso de uno a otro se hace inadvertidamente. En situación de relativa neutralidad emocional —nunca hay, de hecho, neutralidad emocional— a la palabra se le confiere su poder real; pero en situaciones emocionales, en las que el sujeto regresa al nivel del pensamiento mágico, la palabra adquiere, para el sujeto que la usa, un poder equiparable al de la acción, con la ventaja sobre la misma de que no precisa, como ésta, la aproximación al objeto sobre el que actúa. Así, cuando maldecimos a alguien presos de la cólera que nos invade, quedamos casi tan satisfechos como si la destrucción deseada en nuestra formulación hubiera tenido lugar. Sabemos que no es así, pero ¿y si por azar, momentos después, acaece al maldecido aquello que le deseábamos de palabra? Nos sentiríamos tentados a conferirnos el papel de agente causal —tal vez incluso para sentirnos culpables— de la desgracia anhelada.

Naturalmente la magia de la palabra se relaciona con las connotaciones que posee en el universo semántico en el que nos desenvolvemos. Es lógico que las que tienen connotaciones eróticas (el piropo, por ejemplo) y las destructivas (la maldición) sean las más relevantes en este respecto. Hay palabras y frases que apenas si «podríamos» pronunciar, de igual modo que —como sabemos por la terapia analítica— la verbalización de fantasías ofrece en general para el sujeto una notable resistencia, como si hablar acerca de su deseo hecho imagen fuera homologable a la actuación propiamente dicha [26].

### b)  *Escribir*

Si la palabra hablada tiene ese poder real, y además, en ocasiones, poder mágico, aún mayor es en el caso de la palabra escrita. Escribir es una acción intermedia entre el hablar y el actuar en sentido estricto. No es lo mismo una palabra hablada que escrita, y aquí puede traerse a colación lo que significa la orden escrita, la titulación o el reconocimiento escrito de una determinada categoría, el valor simbólico de los diplomas, incluso con el ornato que los caracteriza. «Dilo por escrito» puede ser el desafío que se le hace a aquel que, sin embargo, se atrevió a pronunciar algo. La permanencia de lo escrito, la individualidad de la grafía, convierte a la escritura en una objetivación personal, una prolongación objetiva de nuestra persona. Hablar *versus* escribir. Todavía hace cuarenta años no se toleró que Sartre titulase con todas sus letras *La P. respectueuse;* la obscenidad de *Ulises,* de Joyce, atendía ante todo al uso escrito de palabras quiza tolerables, aunque maleducadas, del habla coloquial.

De hecho, pues, escribir es ya un objeto con todo lo que de perennidad lleva consigo. Mientras la palabra es, al fin y al cabo, *flatus vocis,* la palabra escrita, una carta, un poema, un ensayo, un libro de ciencia, una novela son, en cualquier caso, objetos que se incorporan al conjunto de los objetos del mundo real.

La palabra escrita no tiene poder mágico, tiene tan sólo poder real. Vale o puede lo que en verdad vale o puede. La sobrevaloración que a veces se hace de lo escrito nada tiene que ver con el poder mágico, sino sencillamente con el mayor poder que posee respecto del poder real de la palabra emitida. Lo escrito es ya permanentemente nuestro, dificilmente puede ser desdicho, es la constancia de lo que somos por lo que fuimos capaces de escribir. Por eso es difícil escribir todo lo que, no obstante, pese a la enorme resistencia, puede ser oralmente verbalizado. La versión escrita de algunos psi-

[26]  La razón de la resistencia a hablar, de la que se tiene constante experiencia en la práctica clínica y especialmente psicoterapéutica, estriba en, por una parte, el rechazo a exponer ante otro cómo se es, cosa hasta ese momento apenas si sabida del propio sujeto tan sólo, mediante la constatación de sus fantasías y de la índole de sus impulsos; y por otra, porque si bien pensar es una suerte de acción, en algún sentido lo es menos que la acción, intermedia entre el pensar y el actuar propiamente dicho, que constituye el hablar. Una vez que se habla uno queda ya definitivamente marcado por sí mismo, porque en última instancia cada cual es según hace, y hablar es una forma de hacer —aunque exista todo el trecho que se desee entre el dicho y el hecho, que dice nuestro proverbio.

coanálisis, hecha por el propio analizando, resulta ridícula: la autocensura adquiere al escribir caracteres extremos en todos los casos, a excepción de aquellos que, como Sade, están dotados de la dinámica peculiar del «perverso» [27]. La inhibición ante el escribir es general, aun cuando se denomine así el caso extremo del que ni tan siquiera puede llegar a escribir. También escribir sólo lo que es posible, no todo lo que sería deseable, es una forma de inhibición.

La inhibición ante el escribir tiene dos motivaciones: 1) como angustia ante la acción, en tanto ésta nos devuelve la identidad que ofrecemos a través de lo que hacemos. Se trata de la angustia ante la exhibición del *self*, en cualquiera de sus aspectos, la posibilidad de que tras ella sobrevenga una crisis o un derrumbe de la imagen hasta entonces ostentada; 2) como angustia ante las consecuencias que de la acción sobre el objeto se derivan: al escribir se actúa sobre lo que se escribe [28]. En un caso que traté hace años de total inhibición ante la escritura, un intelectual altamente dotado, lo que ocurría era lo siguiente: de escribir habría de hacerlo sobre lo que para él (sacerdote descreído) ya no tenía vigencia, de manera que lo escrito le devolvía la imagen de mentiroso. Pero como era la identidad de intelectual creyente la que le deparaba su elevada imagen en el medio en que se desenvolvía, escribir lo que para él era ya su verdad entrañaba, de inmediato, la destrucción tanto de un objeto querido (al fin, era el que le había servido para la edificación de su *self*), cuando de algo más querido aún: su propia identidad. La inhibición, pues, ante el escribir representa la angustia ante la exhibición de aspectos de sí mismo que considera vulnerables. En suma, es dolorosamente difícil escribir de todo lo que se podría hablar, hablar de todo lo que ha sido fantaseado alguna vez, e incluso pensar acerca de aquello que no quisiéramos que hubiese aparecido ni remotamente como pensamiento «nuestro». Pensar, hablar, escribir, actuar son cuatro momentos gradativos de la conducta humana.

Lo opuesto a la inhibición, el escribir, más aún el publicar, compone una inequívoca tendencia exhibicionista. Mediante la letra impresa el yo del sujeto se expande, se publica. Nuestra identidad no precisa ser confirmada de uno en uno, como en la comunicación oral, sino que de una vez, mediante el periódico o el libro, se dirige a miles. La letra impresa, nuestro nombre impreso, sí posee connotaciones fantásticas: el mero hecho de haber sido admitido para la publicación confiere al autor del escrito el reconocimiento

---

[27] «Perverso» no tiene aquí una connotación moral: constata el hecho, que caracteriza al perverso en el sentido psicológico del vocablo, de sujetos carentes de sistemas interiorizados de represión. Por tanto, en este sentido, perverso es aquel que es capaz de pensar, hablar o actuar sin mediación alguna entre estas actividades del yo y sus impulsos.

[28] Naturalmente el propio sujeto ágrafo no se propone a sí mismo estas motivaciones como responsables de la inhibición que padece, sino que recurre a toda suerte de racionalizaciones, la más socorrida de todas la siguiente: la exaltación de su *self* precisamente a expensas de su inhibición, porque ésta no es tal sino su sentido de la crítica, el descontento consigo mismo del honesto intelectual quente a expensas de su inhibición, porque ésta no es tal sino su sentido de la crítica, el descontento consigo mismo del honesto intelectual que es, lo que naturalmente implica su distinción superior respecto de los demás, que hacen lo opuesto.

preliminar de la identidad anhelada. Publicar, pues, es hacer explosión del *self,* ofrecer éste a la mayoría en la seguridad de la confirmación. Por eso, publicar sólo puede hacerse en un estado de cierta euforia, aquel en el que el *self* está tan seguro de sí, se experimenta tan omnipotente respecto del efecto que ha de provocar, que resulta incontenible la necesidad de exhibición.

La gratificación narcisista se obtiene ahora, o espera obtenerse, a expensas de la obra hecha y el carácter multiplicador de la obra impresa [29]. Todo texto se hizo con la pretensión de lograr un efecto sobre «todo» el mundo, porque todo el mundo es, presumiblemente, lector del texto. Esto es lo que denomino efecto apelativo del texto. La omnipotencia fantástica del creador se prueba en la posibilidad de que este efecto se produzca de manera indeleble, universal e intemporal. Por otra parte, tales fantasías se alimentan, como los delirios, de un hecho de la realidad empírica, a saber: existen obras de arte de permanencia inequívoca, lo que quiere decir que su efecto se proyecta en todos y para siempre. Como dice Sartre, «escribir es, pues, revelar el mundo y proponerlo como una tarea» (Sartre, 1950: 82). Pero Sartre se equivoca cuando piensa que el autor solicita generosidad por parte del lector. La obra no se entrega por el autor a la generosidad de las gentes: eso es lo que se suele decir en prólogos mentirosos. La obra se hace para «revelar el mundo» que el autor otea, esto es, para provocar en los demás determinados efectos que el autor estima que sin su obra no habrían sido nunca suscitados.

c)  *Los efectos de la escritura*

Pero ¿qué efecto o efectos persigue el autor con su texto?

Los dos grandes impulsos que mueven al autor a crear son los eróticos y los destructivos. El acto creador pertenece al «ordo passionalis». Todo lo que se ha hecho en arte se motiva en el amor o en el odio, o en el amor y el odio de consuno. El autor pretende conseguir el placer que da el amor –la estimación, la admiración, etc.– de los demás, por la vía del placer que en los demás provoca. La gratificación narcisista deviene entonces desde la transitividad del placer previamente producido en los demás. Saber que se amará su obra, que se ha de gozar con las formas creadas, o a las criaturas inventadas y descritas por uno, es saberse amado. La fama le vale al creador en cuanto que constituye la medida de la estimación de los demás para con él. Es cierto que para los estudiosos de la literatura los componentes personales

[29]  La gratificación narcisista que por sí depara la publicación de la obra es conocida de editores, que pueden lograr la obra sin nada a cambio, y en estas condiciones son muchos los que se hallan, a juzgar por el cúmulo de material que amenaza a los editores. Esta imperiosa necesidad de expansión del *self* tras la publicidad alcanza su máxima expresión en la televisión, la cual puede permitirse usar de personajes de la mayor celebridad sin coste alguno. Por supuesto no se trata de gratuidad alguna por parte del personaje. Mi corta experiencia en este aspecto me ha llevado a considerar que el director del programa sabe que el personaje se encuentra suficientemente pagado por el hecho de hacerse visible a unos cuantos millones de espectadores.

pasan a un segundo plano, en favor de la primacía del texto; pero aun así, el autor sabe que la glorificación de su obra conlleva la suya para el común de las gentes, incluso para los mismos eruditos. Esta glorificación anhelada es el tipo de amor que espera obtener y desea producir en los otros para sí mismo.

Pero también son de suma importancia como motivación de la creación los impulsos de odio y de destrucción. Mediante la obra se subvierte, y no tanto se propone —me refiero a la obra de arte— un orden nuevo, aunque sea sólo de carácter estético, cuanto se destruye el que hasta ahora tiene vigencia. También aquí la omnipotencia fantástica del creador juega un papel decisivo. La destrucción de los valores estéticos o éticos establecidos supone también la de *aquellos* que los sustentan. En ocasiones, esta destrucción se lleva a cabo bajo especiales formas de enmascaramiento, como la ironía o el humor, y el intérprete hará bien en tener en cuenta que, como advertía Shakespeare, sólo de broma puede decirse aquello que en serio no sería permisible. Decir en broma no es no sentir lo que se dice; es otra forma de decir lo que se siente.

En todo caso, ofreciendo placer mediante la creación —el placer estético, el placer inherente a la trama— para obtener amor, deparador a su vez de placer, en forma de estimación, admiración, etc. y/o destruyendo, el autor, mediante la escritura, obtiene la gratificación narcisista de todo su *self*, mediante la cual se siente suficientemente compensado. En este sentido, es por tanto lógico que el producto de la creación, en nuestra cultura, posea de manera específica categoría fálica y que la creación haya sido estimada hasta ahora como la forma sublimada de atributo viril [30].

d)   *La escritura como defensa*

Como hemos visto, la escritura resulta ser, por la mediación que entraña entre el pensar y la acción, una defensa frente a la realidad, de cuya relación inmediata se huye por la angustia que suscita. Recordemos la cita de Kafka: «este mundo terrible, con el que sólo me atrevo a enfrentarme en noches dedicadas a escribir». El temor a la realidad es, ante todo, el temor al otro: «tal como uno no puede caer cuando yace en el suelo, nada puede ocurrirle a uno si se encuentra solo», afirma también Kafka (1977). Apenas puede caber duda de la correlación entre creación literaria e inacción. No se actúa ante la realidad, o cuando menos no se actúa como se hace actuar a la criatura de ficción. Por eso, además de ser por sí misma una defensa de orden espacial ante la realidad (defensa-distancia), el texto mismo va a constituir otra forma de defensa a través del enmascaramiento. De una manera extrema lo ha expresado Pessoa: «Escribir —en el sentido de escribir para de-

---

[30] Recuérdese lo dicho antes de que la obra se genera desde la impotencia. Si en última instancia toda impotencia es, en nuestra cultura, simbólica de impotencia del falo, entonces la obra la resuelve transaccionalmente, mediante la sublimación, y se convierte en objeto mostrativo de la potencia a-fálica.

cir algo— es un acto que tiene el cuño de la mentira y el vicio» (1980: 42). Veremos esta labor de enmascaramiento con más detalle al tratar del producto de la creación (3.4). Estas defensas a través del texto son de tal complejidad que exigen del hermeneuta toda suerte de cautelas en lo que concierne a la relación «biográfica» con el autor. «Como escritor me enmascaro», dice Berryman (cit.). Constituye una prueba de la capacidad de integración del creador el hecho de que ante la realidad adopte formas de enmascaramiento que, no obstante, no pierden su eficacia respecto de la provocación de efectos; incluso estos efectos se logran, muchas veces, en buena parte gracias a la estética del propio enmascaramiento, pues si el autor no tolera su autodescubrimiento, sabe que tampoco el lector toleraría esa desnudez que también le pertenece como humano.

Ante todo, el objeto de que el escritor se defiende es de la realidad que son los otros. Como se sabe, el ser humano o se defiende de esa realidad externa a él o bien de sí mismo, de sus pulsiones y deseos temibles por cuanto le revelan un sí-mismo, un *self,* y unas posibilidades de relación de objeto reprobables. La defensa frente a la realidad lleva a la introversión, a la invención de una realidad fantaseada, característica del psicótico cuando la estima de idéntica categoría a la realidad empírica. La defensa frente a sí mismo implica sublimaciones, negaciones, formaciones reactivas, etc. (Castilla del Pino, 1980: 166 y ss.).

La defensa frente a la realidad externa la lleva a cabo el novelista de la forma más fácil: sustituye la realidad por otra, que, en última instancia, es la realidad deseada. Su inacción ante la realidad viene ahora compensada por el modelo de realidad que propone, por el mundo alternativo que ofrece a los demás. En ocasiones, un mundo ideal, utópico, pero que pone de manifiesto el rango indeseable que posee el mundo real, con el que contrasta. Otras veces, parece tratarse tan sólo de la constatación de una realidad concreta, pero en la medida en que es selectiva, declara la intencionalidad axiológica del autor, y obliga al lector a la toma de posición estimativa respecto de ella.

La defensa frente a sí mismo convierte a la escritura en expulsiva. El sí-mismo es ominoso y precisa ser expulsado de uno mismo bajo tres formas: 1) como atribución ajena, mediante el proceso de externalización, merced al cual lo ominoso de uno es atribuido a un objeto externo; 2) como forma de expiación y castigo, a partir de la cual se obtiene la calma de la angustia que suscita el sentimiento de culpa; 3) como exhibición de lo malo de sí mismo, atenuado quizá por la esteticidad, pero reveladora de la componente sádica, destructiva del objeto exterior, en evitación de la destrucción de sí mismo.

En los dos casos últimos la relación texto-autor es más inmediata. El enmascaramiento sólo tiene una función liviana, cara al exterior; si fuera mayor, dejaría de cumplir los cometidos masoquistas y sádicos que pretende. De aquí el impudor sobresaliente con que muchos autores se nos presentan en una obra en la que apenas si está disimulado su carácter de autobiografía (Dostoyewski, Kafka, Stendhal, Joyce).

Cuando estas defensas no son suficientes, o cuando las gratificaciones que se esperaba obtener no han sido logradas y se carece de otros recursos por parte del yo para la aceptación de la frustración narcisista total que supone la crisis de identidad o el derrumbe de la misma, un gran número de creadores literarios alcanza la psicosis. La locura y/o el suicidio han sido la lógica, desde el punto de vista psicológico, conclusión del frustrado desarrollo de su propia existencia. Si el logro de la identidad de escritor fue la apuesta de *toda* la vida de autor, no cabe lógicamente otra salida. La locura tiene aquí el claro sentido de desestructurar la identidad, el *self,* ya que ha fracasado el intento compulsivo de construir en la realidad un *self* magnificado. Es significativo que aquellos creadores, que culminaron su existencia en la locura, no hiciesen una psicosis paranoide crónica, esto es, un delirio estructurado, sistemático, mediante la construcción de un *self* delirante (megalomaníaco), sino una forma deteriorativa, disociativa, de psicosis, las que hoy conocemos como psicosis esquizofrénicas, en las que se pierde al fin toda identidad. O se busca la psicosis de hecho si ésta no acontece por sí, como es el caso de la entrega al alcoholismo y otras drogadicciones. O, por último, la intolerancia ante la frustración del *self* se traduce en la forma de aniquilación completa del mismo que es el suicidio [31].

Qué es lo que aparece ante la ruptura de las defensas en tales casos es lo que interesa indagar. Como siempre ocurre, lo que las defensas han obtenido es la construcción de un *self* a partir del cual todo tipo de relación-comunicación se establecía: mas no sólo con los demás —«quiero que me vean siendo X»—, sino ante sí mismo —«quiero verme X»—. Rotas las defensas, no sólo uno es visto de otra forma a como desea, sino, lo que es más, tiene que verse a sí mismo despojado del *self* que representaba. Esto es lo intolerable. La intolerancia a la frustración, que yace en el origen de toda neurosis y de toda psicosis, tiene dos salidas posibles: a la psicosis (soy X, aunque los demás lo nieguen) o a la depresión (he perdido el objeto X que era, en donde el objeto X, el *self,* podía ser tan sólo una expectativa, que ahora se le cierra definitivamente).

e)   *La comunicación imaginaria*

Según hemos visto, la escritura es defensa frente a la realidad, esos obje-

[31] Psicóticos fueron Strindberg, Kleist, Swedenborg, Hölderlin, Ezra Pound, por sólo citar algunos; habría que contar también con los episodios psicóticos sobrevenidos en algunas etapas biográficas de determinados creadores: Poe, Pessoa, Baudelaire, Mallarmé y todo el club del hashich (para su época mucho más significativo que en la actualidad), como los que buscaron la psicosis artificial. Suicidas fueron Larra, Ganivet, Montherland, Pavese, Hölderlin, Hemingway, Zweig, Mario de Sa Carneiro, Leopoldo Lugones, Alfonsina Storni, Virginia Woolf, Arguedas, Maiakowski. Berryman (cit.) da la lista de suicidas de su grupo: Vachel Lindsay, Hart Crane, Sara Teasdale, Sylvia Plath, Randall Jarrel, y añade: «y Roethke y Delmore prácticamente se suicidaron mediante el alcoholismo..., y Dylan Thomas murió en un coma alcohólico». Berryman concluye: «la lista es horrible».

tos de la realidad que son los otros hombres. La defensa se obtiene mediante
la distanciación que supone escribir, mediar la escritura entre yo y el mundo.
La escritura se transforma en el medio «natural» de relación, esto es, de comunicación.

Pero, ¿qué tipo de comunicación puede lograrse mediante la escritura
que lleva a cabo el creador literario? ¿Con quién o quiénes trata de llevar a
cabo dicha comunicación?

A esta segunda pregunta he respondido antes de esta forma: la comunicación que se pretende es con «todo» el mundo. Hay algo de megalomaniaco
en la entrega de la obra impresa al público, algo así como una expansión del
yo, de hacer ostensible el *self* que uno mismo, a través del texto, ha de ofrecer. Que tales efectos no sean obtenidos en la medida anhelada devolverá en
muchos casos al escritor el sentido de lo real, tras la etapa de euforización en
la que la explosión del *self* tuvo lugar.

La pretensión expansiva del creador es, desde luego, superior a la que
ha de obtener, porque la gratificación narcisista que proyecta en la fantasía
es mucho mayor de lo que es dable esperar de la realidad. La pregunta primera es más interesante. Si se tiene en cuenta que la función de la obra es
esencialmente comunicativa —lo es todo acto de conducta, pero en muchos
de ellos la comunicación no se propone como tal, simplemente surge; en la
obra, en el texto, está presente porque el texto se hace ante todo para la ex-
hibición-comunicación del yo—, entonces hay que tratar de ver en qué se diferencia la comunicación obtenida con el texto escrito y la lograda con los actos comunicacionales usuales.

En primer lugar, el proceso comunicativo usual es recíproco y síncrono.
No hay emisor y receptor, sino que ambos sujetos del acto comunicacional
son emisores y receptores al mismo tiempo, en la forma representada en el
esquema:

$$E \longrightarrow R$$
$$R \longleftarrow E$$

lo que significa que preferentemente, en un momento dado, el sistema se inclina por la relevancia de la función emisora por parte de uno de los componentes, y a la inversa [32].

No ocurre así en la comunicación creador-lector. El emisor es tan sólo el
creador; el receptor, el lector. La dirección del acto comunicativo marcha en
un solo sentido:

$$E \longrightarrow R$$

[32] Éste es el principio de circularidad, fundamental en la teoría de la comunicación. Cada
uno comunica según lo comunicado por el otro. Incluso el proceso de comunicación de A a B
se modifica en su propio curso a través de la comunicación de B hacia A. Se sabe, p. ej., que las
modificaciones coloquiales de la expresión verbal acontecen en virtud de la expresión extraverbal que verifica el que escucha mediante los denominados autorreguladores, gestos de
aceptación, dubitación, afirmación, perplejidad, rechazo, etc. que obligan al hablante a modificar su discurso sobre la marcha en el sentido que le indica el oyente.

En segundo lugar, dejando a un lado los lectores inmediatamente cercanos, cuando existen, que pueden asistir incluso a la gestación de la obra, lo usual es que el lector sea un ente imaginado en su totalidad, una especie de receptor ideal, aunque multiplicable. A diferencia de lo que ocurre en la comunicación habitual, en la que efectivamente operamos con imágenes de objetos, pero el objeto existe —Juan y Pedro están ahí, se comunican, se transmiten información, y se ofrecen recíprocamente imágenes de sí mismos, lo que compone la *parte imaginaria* de la relación comunicacional—, ahora *el objeto no existe,* ha de constituírse *a posteriori* una vez la obra surgida —en todo caso, está por ver. Quien escribe imagina lectores que no existen en el acto de la escritura, a diferencia de lo que ocurre en la comunicación oral, en la que la presencia del interlocutor es condición necesaria.

En tercer lugar, este lector imaginario resulta ser *parte del texto.* Si el texto resulta de la fantasía del creador, la fantasía desborda al texto y se proyecta en forma de creación de esos entes imaginados que son los lectores de su texto. El autor no vive de manera delirante el mundo creado. Sabemos que la creación del texto expresa la conservación del sentido de lo real, a saber, que el mundo creado es imaginario. Sin embargo, sí vive con alguna pérdida de realidad el *self* de escritor que ha de adquirir y, por tanto, la existencia de lectores. El problema así planteado responde a la pregunta de para quién se escribe: para aquel que imaginamos adecuado a la intelección del texto en su mensaje literal y en sus múltiples sentidos.

La mayoría de los autores, aun los de más éxito, retornan íntegramente a la realidad pasado algún tiempo, cuando advierten la unilateralidad del proceso de comunicación; cuando observan el carácter reducido de la misma; cuando al fin se sienten mal leídos, o insuficientemente leídos, o no leídos de la manera que imaginaron. Aun así, la mayoría de los escritores pugnan una y otra vez por reiterar el proceso, como una compulsión; los menos abandonan finalmente la tarea.

f) *La forma de la escritura*

La forma misma de lo creado, prosa, poesía, los distintos tipos de una y otra, el uso de seudónimos y heterónimos, la narración en primera persona real o imaginaria, el uso de la tercera persona, la identificación autor-narrador, etc., todo ello es significante, y está pendiente de un análisis pormenorizado. La poesía es, como regla, la licencia que a sí mismo se permite el poeta de dejar de llamar a las cosas por su nombre empírico; la metáfora no es tal, sino que, mientras dura el juego, *es* aquello que simboliza, porque *es* imagen, no objeto comparado con la imagen. La poesía, por otra parte, es en sí misma ambigüedad; multívoca, como advertía Jakobson. La regla del juego poético exige que las frases sean solamente la plataforma sobre la que se sustentan los ambiguos e inconcretos sentidos a que se alude como mundo imaginario del poeta, un mundo inasible en su totalidad para cualquiera que sea el lector. Contrariamente, la escritura académica supone el vuelco hacia el lado de la exterioridad, de la realidad: se escribe tan formalmente que no ha lugar para dejar entrever la relación del texto con el autor [33].

## 3.3. EL OFICIO DE LECTOR. FUNCIÓN DE LA LECTURA

Ante todo hemos de ponernos de acuerdo acerca de los diferentes tipos de actitudes que se adoptan ante un texto literario, las cuales aunque tienen de común la exigencia de la función de leer, ciertamente implican diversas formas de hacerla. Es plausible, en este sentido, distinguir entre lectura, en la acepción laxa del vocablo, e interpretación. Si no lo hacemos, discutiríamos vanamente acerca de cuál es la lectura por antonomasia, cuál la «mejor» o la «deseable», la que todos debiéramos adoptar como hábito, etc. Es posible que para algunos el mejor lector fuera el intérprete y analista de la obra; o a la inversa, el que es capaz de vivir el goce ingenuo que la lectura de las peripecias de la trama le depara. Como siempre, se trata de la interferencia de juicios de valor que oscurecen el planteamiento y resolución del problema. Un enfoque objetivo prescindiría de la consideración de mejores o peores lecturas, y hablaría de distintas lecturas.

La obra de mayor complejidad y excelsitud en el orden estético no parece haber sido hecha para pasto de estudiosos de la literatura. Como función social, la de éstos es relativamente reciente, como lo es la literatura misma como tal. Primero son los textos, luego la literariedad de algunos de ellos, que, al pasar a un conjunto caracterizado por esta cualidad, obliga a la adopción de una teoría a la que denominamos «literatura». Por el contrario, la función de lector es tan antigua como la del texto escrito, es decir, como la de escritor, porque evidentemente no parece que se deba contar con la existencia del escritor sin que al propio tiempo coexistan con él presuntos lectores de su obra. Si embargo, es impensable que la interpretación de los textos, que exigen instrumentos intelectuales cada vez más sutiles, se diesen ya *ab initio* de los textos escritos. Lo lógico es pensar que primero fue la escritura, luego la Literatura.

Por tanto, leer, en el sentido lato del término, de entender lo que está escrito y, en el supuesto de la obra literaria, gozar con ello, es algo que, precisamente por su independencia de la calidad estética del texto, no requiere más aprendizaje que el de la mera lectura. Incluso esto no sería condición suficiente, ya que se puede gozar de la lectura hecha por otros: la condición de saber leer puede estar en uno y la de gozar con lo leído en otro u otros.

Debemos abandonar, pues, la idea de una normativa de la lectura y considerar todos los tipos de la misma para el análisis fenomenológico de lo que

[33] Entre nosotros quizá sea Azorín quien haya llevado al extremo la defensa de su interioridad frente a los demás con la opción por un tipo de escritura meramente denotativa, en la que el autor parece quedar tan sólo como el observador distanciado al máximo de lo observado. Que este enmascaramiento no sea, pese a todo, eficaz se debe al hecho de que todo acto de conducta es acto comunicacional y, por tanto, de existir comportamiento, y siempre existe, se consuma el principio de la imposibilidad de no comunicar. Azorín comunica, pues, que no quiere comunicarse o que «comunico sólo lo que quiero comunicar».

en cada uno de ellos sucede. No es nuestro objeto esa tarea en este momento, y me basta ahora señalar la distinción que establezco entre lectura-objeto (o de 1.er nivel) y metalecturas.

a) *La lectura-objeto (lectura de 1.er nivel)*

Llamo lectura-objeto o de primer nivel a la que considera el texto como el vehículo mediante el cual se narra lo que acontece en un mundo real o imaginario. La escritura es, en este sentido, una descripción, y la lectura-objeto la intelección de lo descrito, con la ventaja de que el narrador es omnisciente y sabe —es una de las reglas del juego entre escritor y lector— no sólo lo que acaece en el imaginado mundo exterior de el/los personaje/s, sino incluso en su interioridad. De aquí la función del monólogo en los textos clásicos, o la simple referencia a lo que el personaje piensa o siente por parte de narradores posteriores en sentido estricto (quizá pueda situarse en la invención de la novela moderna, con Cervantes, esta intromisión directa del autor en el personaje). Que esta lectura-objeto es fundamental lo revela el que constituye una condición necesaria no sólo para ella, lo que es obvio, sino incluso para las metalecturas ulteriores; y también el hecho de su misma autonomía y suficiencia: lectores capaces, por supuesto, de metalecturas no por eso dejan de experimentar la emoción que la lectura-objeto suscita ante obras cuya calidad literaria sería considerada ínfima por ellos mismos. A la inversa, textos sólo interesantes en una consideración de otro nivel que la lectura-objeto son reconocidamente aburridos, es decir, poco útiles para una lectura de este primer nivel, bien por la inanidad de la trama, bien por la ingenuidad del conflicto o del conjunto de los personajes.

b) *Metalecturas técnicas*

Aparte la lectura de 1.er nivel, el texto puede ser objeto de análisis sintácticos, estilísticos, lexicográficos, incluso la trama y el conflicto pueden ser analizados estructuralmente (Propp), o bien en su significación simbólica respecto del autor (Mauron, por ejemplo) o en función de otros referentes, por ejemplo sociales. Cualesquiera de estas lecturas es claro que atienden a aspectos intelectuales del texto y nada tienen que ver con el proceso (psicológico en última instancia) que acontece en la lectura-objeto, y que analizaremos a continuación. La lectura psicoanalítica es, claro está, una metalectura.

c) *Quién es lector*

Llamaré lector a los que llevan a cabo lecturas del tipo de la lectura-objeto, con independencia de que, posteriormente, procedan a metalecturas del propio texto. Esta consideración tiene por objeto, ante todo, demarcar mi indagación al respecto y tan sólo cuenta en su apoyo con lo que estimo la función originaria de la lectura. La lectura del texto literario se hizo inicialmente para «divertir», esto es, con la intención de procurar que el lector se aleje, durante algún tiempo, de frustraciones inherentes al contacto obligado con la existencia real. *Divertir* deriva de *divertere,* apartarse (Corominas, 1961: 588, art. *verter:* 587). Mediante lo que divierte se aparta al sujeto de su mundo para ser llevado a otro, capaz de lograr el deseado apartamiento. Parece indudable que la lectura constituye tan sólo una de las muchas formas de diversión.

Ahora bien, lector es, en nuestro concepto, no sólo aquel que experimenta diversión con la lectura sino el que, además, experimenta la *necesidad* de diversión mediante ella. La lectura constituye entonces un tipo de diversión necesario para determinados sujetos.

¿En qué consiste esta necesidad, que ahora se plantea en primer término? ¿Qué textos son los que resultan ser necesarios a qué lectores para el logro de esta pretensión?

En primer término, señalemos que esa necesidad puede ser satisfecha con independencia de la literariedad del texto. He conocido personas para quienes tal necesidad estaba lograda con novelas de serie de ínfima categoría (El Zorro, El Vengador, etc.). Es importante tener esto en cuenta porque ello supone que en este nivel de lectura-objeto, como en el de cine-objeto, los factores estéticos están en otro nivel y pueden ser dejados a un lado de momento en orden a los efectos que se persiguen.

## d)  *El proceso de la lectura-objeto*

La lectura del texto como objeto —la lectura-objeto, tal como la denominamos siguiendo la terminología de Carnap (1942) de los niveles lógicos de lenguaje hace del texto el objeto sobre el que el lector se proyecta. Tal como la conocemos en psico(pato)logía, la proyección conlleva el proceso de identificación, que no debe concebirse como un proceso simple de mimesis, sino de interiorización del objeto, lo que supone ante todo la puesta en juego de vectores emocionales. La identificación, en este sentido estricto en que la usamos en psico(pato)logía, se expresa bien a las claras cuando observamos al lector reír, llorar, sobresaltarse, amar, desesperarse, indignarse, etc. *como* el personaje que se le describe. O reír, llorar, amar, etc. *por* el personaje, como es el caso cuando uno se indigna con lo que al personaje ocurre, aunque a éste el autor no le atribuya indignación alguna. Pensemos, por ejemplo, en situaciones que reputamos injustas y que el autor se las hace vivir al personaje, el cual, no obstante, no se indigna. Observando las actitudes de espectadores de filmes se tienen ocasión de contrastar toda una amplísima gama de matices en el proceso de identificación. Lo que caracteriza al proceso de identificación es, en el caso más elemental y frecuente, la coincidencia entre las (supuestas) actitudes del personaje y las del lector, hasta el punto de vivir transitoriamente la situación que las provoca como reales, situación que puede calificarse de prepsicótica en los grados extremos en que a veces acontece: «X soy yo», en donde X es el personaje con el que nos identificamos positivamente en el proceso de regresión (luego me ocuparé de las identificaciones negativas y de las identificaciones parciales), criticado de inmediato con «X no soy yo», cuando acontece la des-regresión.

En la identificación se proyectan «mis» sentimientos y actitudes en el personaje, lo que no quiere decir, como he afirmado antes, que sean empíricamente iguales a los que el personaje experimenta. Ocurre exactamente igual que en la vida cotidiana: alguien nos hace llorar porque nos identificamos con él imaginándole con «nuestra» actitud en su situación, pero ello nada dice acerca de la actitud del sujeto que realmente vive la situación.

Para comprender exactamente este proceso, de suma importancia en el acto de la lectura, en el de la espectación de filmes, etc., hay que partir del hecho de que el sujeto se relaciona con el objeto (S y Ob, respectivamente) no de modo directo, sino a través de la imagen del objeto (imOb). Ahora bien, la imOb *es* del S, que es el que la construye, en manera alguna del Ob; luego es parte del S. En esquema, podemos representarlo así:

$$XP \longrightarrow imXP\,(L)$$

que se leería del modo siguiente: el personaje P en la situación X provoca en el lector L una imagen de XP. Es obvio que un lector distinto, L', formaría otro conjunto completamente distinto, imXP(L'). Por tanto, los lectores, cualesquiera que sea su número, han de formar su imagen singular, lo que quiere decir que en puridad puede hablarse de que cada lector hace su lectura-objeto, que hay tantas lecturas-objeto cuanto lectores. En este sentido es en el que puede hablarse en propiedad de cada lector como re-autor de la obra. Pero una obra consta de muchos personajes, o de personajes en muchas situaciones. Esto da lugar a identificaciones positivas, de aceptación, o negativas, de rechazo, bien con la totalidad de un personaje, bien con partes de él, por ejemplo, con él en determinadas situaciones (identificaciones totales y parciales, respectivamente). Sólo textos relativamente rudimentarios son los que dan lugar a identificaciones positivas o negativas totales, como es el caso de narraciones en las que hay una estricta separación entre los totalmente buenos y los totalmente malos.

Dado el carácter proyectivo de toda lectura-objeto, hecha a expensas de estas identificaciones positivas y negativas, la discusión entre lectores acerca de las actitudes y conductas de cada personaje es por completo estéril, si de antemano ambos lectores no se aperciben del carácter de su proyección, de su subjetivación, y adquieren conciencia de qué ha sido movilizado en ellos a través del personaje constituido en test. Por esta razón, T. Reik, después de su análisis de los textos musicales de Mahler, consideró como «el último movimiento» la «discusión psicoanalítica de mis propios problemas», esto es, los que la figura de Mahler le había movilizado. (Reik, 1975).

El análisis de la lectura-objeto llevada a cabo por distintos lectores puede hacerse en la práctica mediante la consideración de los contextos situacionales de cada personaje. Supongamos al personaje P actuando en las situaciones X, Y, Z, con los respectivos comportamientos x, y, z.

Una identificación positiva del L con P conlleva la identificación pareada de los comportamientos x, y, z del personaje con los imaginados por el L en la misma situación en que el personaje se encuentra. Una identificación positiva parcial implica que al menos una mayoría de los comportamientos de P serían «realizables» por L. La identificación negativa obedece a la misma estructura, pero sobre la base de la desigualdad.

Un análisis de este tipo representa un test proyectivo en el que el objeto test es el texto, y pone de manifiesto, no sólo la estructura dinámica del lector, sino sobre todo el fundamento subjetivo de la lectura y, por tanto, la indeterminación de toda lectura-objeto del texto.

e) *La regresión en la lectura-objeto*

La lectura-objeto, caracterizada por el proceso de identificación-proyección, supone un grado, más o menos intenso, de regresión emocional. La abstracción en la trama como tal es ya un indicador de que el proceso acaece, y que no cabe en cualquier otro tipo de metalectura. La regresión sobreviene durante el acto mismo de la lectura, rara vez después de ella, aunque en las identificaciones infantiles sí tiene lugar con frecuencia e incluso son utilizadas para la manipulación comercial. Como en toda regresión, también en ésta el sujeto retorna a situaciones infantiles, pues la lectura-objeto, como cualquier forma de juego, de entrega a la fantasía, implica la vuelta a pautas de conducta desreísticas, de huida de la realidad. El que posean carácter de juego no significa que no se vivan con absoluta seriedad: como decía Freud (1908, cit.) lo opuesto al juego no es la seriedad sino la realidad. Y tan seriamente se vive el juego como seriamente se huye de la realidad. El proceso de identificación que he descrito en las páginas precedentes es incompatible con la frivolidad. Por eso, la lectura-objeto requiere un cierto grado de rudimentariedad, o cuando menos la posibilidad de que los dinamismos rudimentarios se movilicen de vez en vez. De aquí también el hecho de que algunas personas sean incapaces de llevarla a cabo, en la medida en que carecen de la posibilidad de regresión que se exige para identificarse con Julián Sorel o Fabrizio o con Rodion Romanovich Rakolnikov durante el tiempo que dura la lectura del texto respectivo.

Realmente, hay personas que precisan que los mundos fantásticos se le den construidos, incapaces por sí mismos de elaborarlos. Para tales sujetos, la lectura-objeto puede llegar a constituir la posibilidad de huida de la realidad que su propia fantasía no le depara. En este sentido, la elección de un autor como «predilecto» muestra ya que el proceso de identificación no tiene lugar con este o aquel personaje tan sólo, sino con el «mundo» que el autor es capaz de ofrecerle. A veces tiene carácter colectivo esta identificación, como fue el caso de Dickens en el ámbito anglosajón, por citar un ejemplo.

f) *Función de la lectura-objeto. La catarsis en la lectura.*

La lectura-objeto tiene precisamente como función la de provocar (por parte del autor) y provocarse (por parte del lector) esta regresión emocional que de alguna manera satisface la identificación narcisista (lector = héroe; héroe vencedor de enemigos, poseedor del objeto amado, etc.). La huida de la realidad empírica tiene carácter transitorio, pero suficiente para la obtención del gozo que implica la satisfacción obtenida por la identificación. En verdad, al propio tiempo que la identificación acontece, el lector está viviendo situaciones inusuales, de aquí que la lectura-objeto requiera necesariamente de peripecia, de trama y que los textos habituales para la obtención de esa lectura-objeto sean pura trama, como lo es la novela de aventuras o la policiaca. En éstas el proceso de identificación tiene lugar sobre los aspectos sublimados del *self,* y el héroe vive la aventura en aras de ideales en los que el fin es el triunfo de los mismos en un mundo hasta entonces carente de ellos. Pero hay dos temas que interesa tratar aunque sea someramente, porque pueden ser ejemplificaciones para aspectos específicos del proceso de identificación: uno es el tema pornográfico; otro, el del terror.

En la novela pornográfica la identificación con el personaje revela la impotencia del lector para vivir el mundo que la pornografía le muestra y, en todo caso, para llevar a cabo en dicho mundo lo que el personaje realiza. Toda fantasía es impotencia sobre la realidad, porque es deseo insatisfecho; pero ahora, en la temática concreta de la pornografía, la impotencia se muestra en la incapacidad del sujeto para la obtención de una identidad erótica como la que se le abastece en la trama pornográfica. La lectura pornográfica es una lectura «secreta». La impotencia a que hacemos mención, y que es la que se precisa ocultar, ha de ser interpretada en su doble posibilidad: 1) como impotencia para la consecución del objeto, merced a una relación asimétrica del sujeto-lector con el objeto erótico ($S_1 <$ Ob$_{er}$.): tal es el caso de la fantasía ante objetos eróticos ideales; 2) como impotencia derivada no de una insuficiencia del $S_1$ ante el Ob$_{er}$., sino como prohibición interiorizada del $S_1$ de pautas de conducta que sirven para el estatuto de relaciones objetales determinadas, por ejemplo, las que el S mismo considera aberrantes, perversas, etc. (homoxesuales, sadomasoquistas, sodomía, paidofílicas, entre otras muchas posibles).

La lectura pronográfica pone además de relieve el desconocimiento del sujeto respecto de sí mismo en la identificación negativa, y el papel de la estética para el logro de la identificación positiva. En efecto, estaríamos dispuestos a rechazar la identificación que verificamos con el personaje que se expresa en términos de abyección abierta, pero con ello no es que no exista una identificación, sino que, una vez efectuada, es negada por el lector, rechazada, como si nada tuviera que ver con él. Lo reprobable aparece desenmascarado y en lo reprobable no nos vemos. Pero basta que en el texto se presente con el suficiente enmascaramiento y adobado estéticamente para que la identificación sea aceptada, es decir, se torne identificación positiva.

Éste es el cometido, entre otros, de la esteticidad: hacer que lo que sería rechazado de no ofrecerse estéticamente, sea aceptado por el lector, es decir, el lector lo considere permisible. Sin embargo, en la lectura pornográfica ocurre que durante la misma la identificación, aunque la niegue el lector en su positividad, es vivida como tal, a juzgar por los correlatos emocionales que provoca, entre otros el de la excitación erótica. Pero luego, cuando la lectura se suspende, el lector está dispuesto a reconocer la ínfima categoría de lo leído, la suciedad del texto, etc., o sea, se identifica negativamente y aparece el rechazo. Lo que se rechaza aquí es la identificación positiva verificada, las partes de sí mismo en las que se tendría que reconocer en el texto leído y que no está dispuesto a aceptar como propias.

En suma, todo proceso de identificación negativa exige de antemano la identificación y luego la negación de la misma. Porque nos identificamos con todo cuanto percibimos, no hay neutralidad posible en la imágenes de los objetos, los objetos han de ser necesariamente valorados, o positivamente (aceptados) o negativamente (rechazados). Las identificaciones positivas son en última instancia consideradas bellas; las negativas, feas, por tanto como im-propias de nosotros. Por esta razón, como ha reconocido entre otros Ehrenzweig (1976), para que la fealdad sea aceptada es necesario que se presente de modo que sea tolerable, y aquí emerge la función de la estética. ¿Cómo podemos aceptar nuestra identificación (positiva) con el personaje abyecto, obsceno? No obstante, está en nosotros, y precisamos rechazarlo, considerarlo como no-nuestro, como feo, para así eludir la culpa o la angustia de reconocernos en él (ver sobre esta cuestión Rickman, 1940). El escritor, por otra parte, juega con ventaja y facilita al lector el que aparentemente no se identifique con los personajes rechazables, que es desde luego lo que el lector desea. De aquí el fácil éxito de las narraciones en las que el malo es pintado con las más negras tintas. Compruébese una y otra vez lo difícil que resulta hacer que el lector se reconozca en aquel que rechaza. En los test proyectivos ocurre otro tanto: las figuras «feas» o «malas» son vistas como objetivamente tales, y en ocasiones resulta infructuoso persuadir al probando de que hay otros sujetos que a las mismas figuras les confieren propiedades o valores opuestos. Por otra parte, tampoco el soñante está dispuesto a aceptar como de sí mismo la parte del sueño que le muestra instancias reprobables: se reconocería a sí mismo salvando a su madre, no asesinándola, y sin embargo, parece obvio que todo cuanto soñamos nos pertenece, es pura imagen y, en consecuencia, indudable parte de nosotros mismos. Como decía antes, en el texto el autor juega con nuestra tendencia a no reconocernos en el personaje que rechazamos, toda vez que el personaje es invención del autor, sin advertir que, pese a todo, nos deja en libertad para imaginarnos al personaje y valorarlo como y cuanto nos venga en ganas.

La lectura de terror plantea problemas más complejos. Los más usuales resultan ser inherentes a una doble identificación: por una parte, con el objeto terrorífico, una identificación parcial de carácter sádico con un sujeto todopoderoso que es, no obstante, al fin vencido, o, cuando menos, ahuyentado, como es el caso del conde Drácula, sujeto de la noche, aterrorizado él mismo por el amanecer, por la luz, reproduciendo así la tenebrosa pesadilla cuya angustia desaparece cuando nos despertamos; por otra parte, nuestra identificación parcial con la figura amenazada tiene carácter positivo, es igualmente desvalida que nosotros en nuestra recordada situación infantil. Otras veces, las identificaciones logradas son auténticas redes de antinomias que sitúan al lector o espectador en paradojas lógicas difícilmente resolubles o irresolubles. Éste es el caso del personaje Frankestein: la identificación inicial se obtiene a través del desvalimiento preliminar con que se nos presenta el personaje robotizado; ulteriormente logra ser indominable y dominar, por tanto, a sus propios constructores; pero en su deambular el lector o espectador toma conciencia del carácter humano del monstruo, de la aparición de sentimientos de ternura que, sin embargo, suscitan el inevitable rechazo a través de la fealdad y del horror que inspira. La tragedia de Frankestein, con la que nos identificamos, estriba en que, pese a todo, hemos de compadecerle por el hecho de suscitar el miedo y la repugnancia invencibles que nos impide forma alguna, por mínima que sea, de acercamiento, el que él demanda: cualquiera que sea su bondadoso comportamiento, nos resulta(ría) imposible una relación «normal», la que fuese, con él. Una situación que de alguna manera nos es posible vivir a través de la experiencia de nuestra demanda afectiva respondida muchas veces con el rechazo, cuya motivación en el otro no comprendemos.

Freud (1919, 1920) señaló que en estas situaciones de terror que, por lo demás, son tan frecuentes en el sueño, el sujeto vive la experiencia y la vive con un cierto gozo ulterior, inherente al hecho de la superación que sabe ha de venir. Es lo que nos ocurre de niños con la incansable audición de cuentos de terror: sabemos que concluirán como es debido. ¿A qué viene entonces experimentar el terror que la situación nos procura? Como se verá, una de las funciones o cometidos de la fantasía es preparar al sujeto para el comportamiento en situaciones posibles y homologables con la fantaseada. Por consiguiente, cuando fantaseamos en una situación de este tipo fantaseamos también sobre nuestra posición en ella y fantaseamos nuestro triunfo sobre ella. Es, pues, un triunfo del yo. Y del mismo modo que la experiencia interna en general sirve al propósito de prepararse para el dominio de la situación que se espera —pensar en la situación que nos espera es vivirla interiormente y fantasear acerca de cómo habremos de actuar cuando la situación se torne real—, las fantasías de terror sirven a la afirmación de nuestro *self* casi como si fueran situaciones reales.

Toda lectura-objeto exige, y el autor ha de procurarlo si no quiere fracasar en el empeño, la creación de un preclímax, en el que la tensión se suscite; un clímax en el cual la tensión alcanza su plenitud; y, por último, el anticlímax en el que la tensión se relaja y que permite fácilmente la abreacción que el sujeto precisa necesariamente. En ocasiones el preclímax consiste tan sólo en la presentación de la situación en una visión global de la misma, pero por lo general aparece ya el personaje, el protagonista, en una relación asi-

métrica respecto de la situación que constituye su mundo (P < Sit.). En todo
caso, en el preclímax se alcanza a notar, hasta el punto de la predictibilidad
plausible, que la asimetría se va haciendo menor. El clímax viene determinado por la fase de meseta, en la que el P culmina el proceso de igualación-
dominación con la situación (P = Sit.). En el anticlímax el P domina la situación (P > Sit.). Ahora bien, en las identificaciones negativas, la relajación de
la tensión que el anticlímax procura ha de resultar del vencimiento del personaje, porque el lector exige que la narración «termine bien», en este caso
con el castigo del personaje malo con el cual nos hemos negativamente identificado (como en *La verdad sobre el caso Savolta,* de Mendoza).

Es propio de la novelística compleja el seguir esta pauta, pero de forma
tal que el anticlímax ofrezca una situación paradójica. Tal es el caso de *Crimen y castigo,* de Dostoyewski: ¿concluye «bien» en una consideración superficial del problema? Desde luego que no, puesto que en la apariencia el P
aparece vencido y castigado por su culpa. Pero el proceso de identificación
positiva con él no permitiría la relajación del anticlímax si la culpa no fuese
castigada, y precisamente como asunción por parte del P. De esta forma el
proceso se corona con éxito, como puede juzgarse de imaginar la situación
opuesta: si el protagonista no fuera (auto)castigado, cuando con anterioridad, en virtud de los sentimientos de culpa tras el asesinato, la identificación
positiva nos la había provocado el autor, nuestra indignación subiría al punto de hacer inaceptable la narración, y no sólo por la «inmoralidad» que implica la impunidad del asesino dejada por el autor, sino por la carencia de lógica en la dinámica psicológica del personaje: si siente la culpa ha de expiar-
la: ésta es la regla a que nos ha de conducir el final, dados preclímax y clímax. En este sentido hay una «lógica del personaje» a la que ha de ajustarse
el autor, porque el personaje es una criatura con su destino, y la única diferencia con la criatura real es que en aquella hay alguien, el autor, que sabe
de su destino. Pero el destino va siendo predictible también para el lector a
medida que avanza en la lectura, de manera que el autor ni puede inventar-
se otro destino ni el lector lo toleraría. (Sobre la lógica del personaje, Castilla
del Pino, 1981).

Es importante en este respecto tener en cuenta que la lógica de los procesos narrativos es distinta a la lógica de los procesos lectivos. Mientras en
una narración, supongamos de la vida real, hay una lógica que hace posible
el triunfo del perverso (o que consideramos tal), la lógica de los procesos lectivos es distinta: el narrador ha de ajustarse a lo que pretende conseguir en
el lector y no a lo ocurrido realmente. No hemos de olvidar que, como dice
George Eliot (cit. en Allot: 122), «el hombre o la mujer que publica sus escritos adopta inevitablemente la actitud de persona que enseña y que influye en
la mentalidad del público»; y en este sentido, autor y lector convienen en
enseñar y dejarse enseñar, o, lo que es lo mismo, en vivir la fantasía como fábula con su moraleja final. Es en la fantasía donde tiene lugar la identificación, no en la realidad; porque nuestra identificación, repitámoslo una vez
más, tiene lugar con la imagen del Ob. identificado, no con el Ob. mismo. Y

tal cosa ocurre también cuando el objeto de la identificación, en lugar de proceder del mundo fantástico del autor, procede del mundo de la realidad empírica: también, ahora, el objeto que tomamos como ideal y que permite nuestra fácil identificación positiva con él, es objeto imaginado, el Juan o Pedro imaginados, no el Juan o Pedro reales (que por lo demás ignoramos *quiénes* son).

La forma como se cuenta el relato, el juego del autor con el lector ocultando sus propias intenciones, obligando al lector a identificaciones negativas tras el logro de previas identificaciones de signo opuesto, etc. entra dentro de las reglas del juego de la fantasía misma: aquí sí existe, las más de las veces, una estrategia lúdica por parte de autor «para mantener el interés», en la que, por ejemplo, en pleno clímax pueden diferenciarse momentos que parecen inclinar el anticlímax en el sentido opuesto al que anteriormente se presumía. Al fin, no obstante, el anticlímax es el esperado, es decir, el que conviene a la lógica del proceso lectivo que el narrador conoce. Freud (1908) hizo notar que tanto este juego contradictorio como la estética de la narración misma entraban en el ámbito del juego preliminar al goce último.

### 3.4. EL PRODUCTO DE LA CREACIÓN LITERARIA: LA OBRA

Todo texto literario tiene el valor de síntoma; en sentido estricto, de síndrome (como conjunto de síntomas). Apenas he de aclarar que el vocablo «síntoma» no posee aquí connotación médica alguna, mucho menos psiquiátrica, de indicio de proceso patológico. «Síntoma» es tan sólo indicio del proceso (de conducta) que lo hace posible, que es la acepción semióticopsicológica; en este caso, también, del *estado* del sujeto de la conducta. Con esta acepción procederé para el análisis del texto desde el punto de vista que nos importa en este momento. Por razones de ejemplificación, me referiré sobre todo al texto narrativo, y por alusión al texto poético, que, aunque en parte se rige por las mismas leyes generales de la creación literaria, en muchos aspectos habría de poseer un tratamiento especial, sobre todo en los usos del lenguaje, tanto en sus aspectos fónicos, cuanto sintácticos y semánticos. Sobre este punto ver Jakobson (1963: 209 y ss), y entre nosotros García Berrio (1975).

En las páginas que siguen me ocuparé de los siguientes aspectos: a) procedencia del contenido del texto narrativo; b) génesis del texto; c) significado/s del mundo de ficción (espacio imaginario); y d) función catártica de la creación imaginaria.

### a) *Procedencia del contenido de la narración*

*Toda* narración es de un mundo singular, personal. Carece de sentido plantear la división entre procedencia intrínseca y extrínseca de los contenidos del mundo narrado. La razón de ello es la siguiente: siempre se da la procedencia en último término externa de dicho contenido, porque el conteni-

do de la fantasía —como el del delirio en el ámbito de lo psicopatológico— posee siempre anclaje en algún componente de la realidad empírica. La distinción entre textos de imaginación y textos fantásticos, que algunos usan, es
tan sólo de grado, por decirlo así: en los últimos, el autor trataría, y así entraría en las propias reglas de juego entre autor y lector, de suscitar o exhibir lo
inverosímil, mientras que en el primero la regla sería la alternativa a un
mundo real por otro que podría serlo. Para nuestro cometido, es interesante
y básica la distinción entre realidad interna y realidad externa, acentuando
en este momento el carácter de *realidad* para ambas. En este sentido, todo
mundo personal *es* de la realidad externa porque se apoya en objetos del
mismo; pero no sólo la elaboración, sino incluso la mera percepción del objeto pertenece ya al sujeto, porque es *imagen* y, como tal, de aquel que la forma: como en verdad no hay otro remedio que operar con la imagen del objeto, quiere decir que el contenido del texto narrativo *es* también de realidad
interna, subjetiva.

Por esta razón nos importa ante todo tomar como sistema de referencias el mundo interno del autor: lo externo es accidente, anécdota, como se
prueba en el sinnúmero de autores que, bajo distintas rúbricas anecdóticas,
repiten en el fondo el mismo mundo interno, las mismas pautas de relación
entre los personajes de ficción, incluso los mismos personajes.

El contenido de la narración es, pues, siempre fantástico. Pero hay distintos tipos de fantasía, a los que he de referirme aunque sea brevemente,
porque de todos ellos se nutre el mundo narrativo; incluso sería posible una
tipificación del texto narrativo atendiendo a la índole y procedencia del material fantástico que lo constituye, cuando menos de modo relevante.

La fantasía como actividad mental surge muy precozmente en la vida de
todo sujeto. Hay motivos fundados para pensar acerca de la existencia de
fantasías en los primeros estadios. Es más, en contra de lo que ha sido el punto de vista tradicional, en el recién nacido y en los primeros meses de la vida
del niño es plausible pensar que la actividad mental preferente sea la actividad de la fantasía. La razón para juzgar así es la siguiente: el desarrollo sensorial del niño apenas si le es útil todavía para la aprehensión del mundo exterior, mientras que a partir de las sensaciones corporales puede construir
esbozos de un mundo imaginario. Si a ello se une la indistinción aún entre
realidad externa y realidad interna [34] —la no adquisición aún de la capacidad de clivaje o diacrítica—, quiere decir que el mundo del recién nacido y del
niño de los primeros meses es ante todo su mundo interno, fantaseado.
Cuando tenemos ocasión de contrastar de manera palmaria la existencia de

[34] Como puede comprenderse, la distinción entre contenidos u objetos internos y contenidos u objetos externos, es decir, la capacidad diacrítica, es fundamental para la adquisición
del sentido de lo real. Veremos luego (4. 1.3.1., punto 2), que la deixis espacial dentro-fuera es
la que decide el rango normal o neurótico, por una parte, o de psicótico, por otra. Ninguna
otra deixis tiene idéntico rango. Una vez perdida la diacrisis, el sujeto se disocia, se escinde,
parte de él —imágenes, objetos internos, pues— pasan a ser objetos externos (alucinaciones, delirios).

tales fantasías en los niños, por ejemplo hacia los 14-16 meses, éstas apare-cen ya como formaciones muy complejas y elaboradas; de manera que, a se-mejanza de lo que ocurre en el psicótico respecto de su delirio, del que tene-mos pruebas para pensar que cuando éste aparece la psicosis es ya antigua y ha tenido que exisitir un tiempo para la elaboración del delirio, también aquí, en el niño, con sus fantasías complejas y estructuradas, ha tenido que exisitir una fase elaborativa previa suficientemente prolongada, en verdad toda su vida anterior.

Estas fantasías tienen siempre un carácter relacional, porque siempre se componen de varios elementos estructurados entre sí. La fantasía, como conducta, aunque conducta interna, según sabemos ya cuando adultos, se rige por idénticas leyes que los actos de conducta transpersonales. Si el niño no ha hecho aún la escisión mundo interno-mundo externo, quiere decir que la conducta fantástica ha de tener la misma estructura (relacional) que la conducta reística. Pero, ¿con qué se relaciona la conducta fantástica? La res-puesta es obvia: con objetos fantásticos o con objetos reales fantaseados, es decir, a los que se añade un plus de fantasía. Pero todo ello concluye en lo si-guiente: sobre lo que fantasea el niño es sobre sí mismo, sobre partes de sí mismo a las que confiere el carácter de ajeneidad. Así, habla con sus fantas-mas, hace hablar a sus muñecos, en sus juegos relaciona los distintos perso-najes entre sí.

A diferencia de Freud, que pensaba que la actividad fantástica derivaba inicialmente de la frustración del deseo sobre el mundo de lo real (externo), es decir, como frustración de la instancia de placer, la tesis que he expuesto parte de la existencia de una actividad fantástica inicial e inherente no sólo a frustraciones –éstas serán un punto de partida tardío, ulterior–, sino a las re-laciones sujeto-objeto. En efecto, la relación sujeto-objeto es en verdad suje-to-imagen de objeto. Y si es así, entonces el componente fantástico está pre-sente *ab initio,* por cuanto no hay otra forma de aprehender el objeto como tal. Nosotros operamos con las imágenes del objeto como si fueran el objeto, en gracia a que el consenso de tales imágenes parece ofrecer plausibilidad a nuestro intento de reconocer tras ellas al objeto en su nuda realidad.

He afirmado que no hay forma de aprehender el objeto como tal, lo que puede parecer desmesurado. Pero aprehender un objeto como tal obje-to implica poseer el objeto concorde con lo que imaginamos que el objeto es. Ahora bien, no hay ningún objeto que sea idéntico a la imagen que de él po-damos formarnos cada uno de los que con él nos relacionamos, por lo que entonces es cuando sobreviene la frustración. Pensemos, por ejemplo, en las relaciones con el objeto amado: la frustración no acaece porque no se pueda hacer el deseo en el objeto, sino porque lo imaginado en el objeto no es idéntico al objeto; es decir, el objeto deseado no es el objeto.

La frustración de uno mismo ante el objeto hace que nos quedemos con la imagen del objeto para operar con ella, la cual tiene la importante ventaja económica de que puede ser modificada de acuerdo con nuestro deseo («a voluntad»), sustituida, permutada en parte, o fragmentos de ella conectarse con otros fragmentos *(collage),* como tenemos ocasión de comprobar en el mundo narrativo. Toda esta serie de operaciones puede realizarse con imágenes de objetos, nunca con los objetos, y cuando con éstos se intenta, como es el caso del niño en sus juegos, y en ocasiones también del adulto, entonces destruímos el objeto: éste, en efecto, no puede responder a todos los requerimientos imaginables. Acaece así, por ejemplo, la destrucción del juguete.

*Toda fantasía sobre objetos es fantasía sobre sí mismo,* esto es, fantasía del *self* como objeto. Tener esto en cuenta es importante para la comprensión de la función catártica de la obra de ficción. Pero sin entrar ahora en ella, cuando el niño fantasea con un cojín como elefante, hay necesariamente también la fantasía de que es él quien lo monta, o lo caza, o lo observa. De aquí que las fantasías primigenias, aquellas que parecen constituir el mundo fantástico inicial, se compongan de relaciones objetales bifrontes: por una parte, con el objeto; por otra, consigo mismo. Dicho de otra forma: la producción fantástica corre paralelamente hacia el objeto y hacia sí mismo. Esta imagen de sí mismo es el *self* imaginario, como el objeto fantástico o fantaseado es objeto imaginario. Este planteamiento es de gran fecundidad: no hay manera de fantasear acerca de un mundo que no entrañe, en él, la fantasía del sujeto mismo de ella, o sea, la fantasía acerca de una identidad para el sujeto distinta a la que cree poseer en el mundo empírico. El niño que se inventa un mundo de aventura se sabe dentro de ella, y él, sin duda, como héroe de la misma. Pero también el autor que inventa un mundo de ficción tiene que haber estado en él (recordemos a este respecto las declaraciones de Flaubert, de Unamuno, del propio Cervantes), aunque a través de la forma lo enmascare a la hora de ofrecerlo a la luz pública.

Por tanto, no es la frustración de la realidad o del sujeto en la realidad empírica, sino la que el sujeto tiene de sí mismo la que le lleva a la producción fantástica. A veces uno dejaría la realidad tal cual es, pero fantasea precisamente sobre el papel que jugaría en ella de ser él distinto a como en verdad es. Cuando alguien se siente humillado, marginado en una realidad determinada, descalificado en su identidad, no quisiera precisamente modificar la realidad soñando un mundo paradisíaco, sino que, por razones vindicativas, le interesa cambiar de ella tan sólo lo posición que él ocupa, y aparecer de vencido en vencedor.

De manera que en todo caso no caben más que estas dos posibilidades: o se fantasea sobre un mundo en su totalidad, con el sujeto fantaseador dentro de él ocupando determinada posición, o se fantasea sólo sobre sí mismo dejando a la realidad externa más o menos como es. Son grados de inventiva, cuantum de invención.

Hay fantasías que acompañan al sujeto a lo largo de la vida merced a que representan las frustraciones primigenias del *self.* Son, por decirlo así, las *reivindicaciones primarias,* tanto en el deseo de logro de un objeto cuanto en el deseo de destrucción del objeto. Una y otra vez aparecerán estas fantasías, transformadas, elaboradas, como «obsesiones» del creador (Mauron; 1966: 58) [35]. Pero la construcción del *self*, que es lo que más importa, ha de tener lugar a lo largo de toda la vida, o ha de defenderse para mantener la identidad positiva lograda, que en cualquier momento puede hacer crisis y sobrevenir el derrumbe. La adolescencia ocupa en este proceso un sustancial papel: el *self* fantaseado trata, durante ella, de hacerse *self* real mediante el ejercicio de una vida concorde a los ideales del yo. La crisis de adolescencia es, en este sentido, la expresión de la contradicción entre la aceptación del mundo sociofísico y de las relaciones en él existentes, por un lado, y la posibilidad, por otro, de llegar a construir y vivir el *self* ideal que se anhela. (Sobre esta cuestión ver Erikson 1972, 1981.)

Todas estas fantasías a que he hecho mención hasta ahora son fantasías sustitutivas, en el fondo reivindicativas, según he dicho y las he denominado, compensadoras de la frustración del *self*. Estas fantasías son conscientes o preconscientes, y en cualquier caso el sujeto las vive y experimenta como pertenecientes al yo, sin extrañeza alguna.

Hay también otro tipo de fantasías que emergen en el sujeto sin advertencia: se trata de fantasías inconscientes que movilizan dinamismos profundos del sujeto (pulsiones parciales expresivas de relaciones parciales de objeto). Cuando emergen, de ser advertidas, sugieren en el sujeto la extrañeza acerca de su pertenencia: ¿son de uno mismo? ¿son expresión de un *self*, o de un parte de este *self* hasta entonces desconocido y que nos asombra a nosotros mismos y en ocasiones nos aterra? [36] Muchos escritores (Baudelaire, Mallarmé, Rimbaud, Keats, Rilke, Flaubert, Kleist, Kafka y otros) han sabido de la experiencia de «llegar hasta el fondo», por lo cual, en ocasiones, para hacerlo tolerable, precisaron de recursos específicos, como el uso de drogas, de alcohol o de estados próximos al onirismo. Se trata de un auténtico «descenso a los infiernos». En carta a Max Brod, Kafka escribe: «Ese descenso hacia las potencias tenebrosas, esa liberación de espíritus atados por la naturaleza, sospechosos abrazos y todo cuanto pueda acontecer allá abajo, y de lo que arriba no se tiene ni idea cuando se escriben historias a la luz del sol. Tal vez exista otra clase de creación literaria, pero yo sólo conozco ésta...»

[35] Lo que Mauron denomina impropiamente «obsesiones» del autor se observa también, en forma de temas persistentes y reiterados, en los tests proyectivos, especialmente en el de Murray, el test de apercepción temática. Es más, la reiteración afecta asimismo al mero proceso de relación sujeto-objeto, es decir, a la forma de efectuar cada cual el proceso de aprehensión del objeto, dando el conjunto de los protocolos de un mismo sujeto muestra de una consistencia intertextual característica.

[36] Tales fantasías son aterradoras, suscitan angustia ante el reconocimiento, primero, de la índole y cuantía de las pulsiones que se contiene, y segundo, del objeto al que van dirigidas. Por ambas razones surge la necesidad de defenderse de las mismas y aparecen desplazamientos, objetos sustitutorios, que alivian la angustia y surgen como auténticas obsesiones ya, es decir, contenidos mentales que aparecen en el nivel de la conciencia, contra la voluntad del sujeto, y a los que éste reputa absurdos tanto por su contenido cuanto por el hecho de su presentación.

Las fantasías en su totalidad componen el *espacio imaginario* de cada cual, espacio perfectamente estructurado en orden a las fantasías sustitutivas, es decir, las conscientes, las que constituyen una «doble vida» a lo Walter Mitty, el protagonista del conocido cuento de Thurber (1926), o como las que, también como doble vida, se observan a veces en secuencias oníricas continuadas durante largo tiempo, a las que se refirió Jung (1957).

Las fantasías inconscientes son inestructuradas, las más de las veces caóticas o casi caóticas, como la mayoría de las formaciones oníricas. No ha existido en ellas ese trabajo elaborativo de la fantasía que permitió su estructuración, porque cada vez que hacían acto de presencia surgía el sentimiento de lo ominoso, de lo intolerable, de lo inmediatamente precisado de ser rechazado.

De todo esto se desprende el carácter *singular* del espacio imaginario. La *originalidad* del mismo no es un esfuerzo, sino que resulta ser una consecuencia inevitable [37]. Quien se deje exponer a sí mismo su propia actividad fantaseadora necesariamente aparecerá como un ser singular; nuestros sueños son singulares. Es sólo cuando hemos de transformar o utilizar este producto fantástico, externalizándolo cara a los demás, cuando buena parte de la singularidad desaparece. De la singularidad de este espacio imaginario provendrá nuestra vida oculta durante la cotidianeidad (sueños diurnos), la vida onírica, la actividad lúdica, la producción novelesca. Pero este espacio imaginario ha de ofrecerse formalizado, de manera que muchos de estos elementos de carácter caótico se han de transformar en *proyecto de imaginación.* Se trata, en última instancia, de adecuar los contenidos derivados de la satisfacción del principio del placer a los requerimientos y exigencias del principio de realidad: las formalizaciones sintácticas, las concordancias sintácticas y semánticas, la cohesión y la consistencia textuales, la credibilidad y la verosimilitud del texto, etc. presiden, como principios, la construcción del mundo imaginario como condición previa al ofrecimiento exterior. El espacio imaginario es, en consecuencia, una transacción resultante, por una parte, de la satisfacción alucinatoria de deseos (fantasía = deseo; fantasía como icono = «alucinación» [38]) y, por otra parte, de la necesaria mutación de los mismos para hacerlo viable a los demás. Dado el carácter icónico del pensamiento fantástico, el espacio imaginario nos aparece *imagenizado,* a modo de una representación escenificada, es decir, como serie de acontecimientos. De esta forma, el creador puede sencillamente operar con la serie de sucesos imaginados de igual modo que lo haría con acontecimientos de la vida real: mediante la narración de lo que ocurre.

[37] Ver nota 23.
[38] El carácter alucinatorio de la satisfacción fantástica del deseo viene dado por el hecho de que el deseo no emerge como tal, por decirlo así, desnudo, sino en forma de imagen, como icono.

b)   *Génesis del contenido narrativo. Función de la fantasía:*
     *1, sustitución del espacio real.*

Hasta ahora he distinguido entre fantasías inconscientes y fantasías conscientes o preconscientes, y la posibilidad de convertir ambas en proyecto de imaginación, proyecto ordenado cara a su objetivación como texto narrativo. Interesa también distinguir entre fantasías como contenido y fantasía como actividad, el fantasear. Y así como para la mayoría es consciente que fantaseamos, por qué fantaseamos, y por qué lo hacemos sobre tales y cuáles contenidos y no sobre otros queda, no obstante, para otros, en el plano de lo reprimido y, por tanto, ignorado por el sujeto. Hasta qué punto los contenidos de la fantasía vienen a cumplir determinadas necesidades no satisfechas es algo que el fantaseador ignora, pese a la evidencia. Hay una enorme resistencia, como lo sabemos por la práctica terapéutica, para el autorreconocimiento (mucho más, claro es, para el reconocimiento ante otro) de estas necesidades que sólo el recurso al espacio imaginario permite satisfacer, dado su carácter muchas veces inconfesable, por lo odioso, de tales contenidos, pero sobre todo por su carácter pueril, por la regresión infantil que verificamos en nuestra vida de adultos. No olvidemos el rango infantil del cuento. Y si el narrador opera con idéntica ignorancia respecto de la génesis de sus fantasías y de los cometidos que cumple, recurre a ello sin pudor alguno porque lo convierte en tarea intelectual de alta cualidad, en el orden estético por la forma del mismo y el modo de su narración, en el ético por las consecuencias «morales» que directa o indirectamente trata de provocar.

El espacio imaginario es una sustitución del espacio real y, como he dicho, un juego transaccional entre principio del placer y principio de realidad. En algunos temas, como los que deparan grandes temores, Freud (1919, 1920) acude al denominado *principio de repetición:* se goza de alguna manera con el regreso a situaciones de amenaza en el ámbito de la fantasía porque, gracias a ello, es posible superarlas y nos imaginamos superándolas; de este modo se alivia la tensión que la angustia de la situación nos suscita y, al mismo tiempo, nos prepara para la posible adopción de idénticas actitudes en nuestra vida real. En todo caso, la asintacticidad y la asemanticidad que caracterizan el curso del pensamiento fantástico son sustituidas por la concordancia sintáctica y la cosemanticidad propias del pensamiento discursivológico.

c)   *La estructura del espacio narrativo. Función de la fantasía: 2, compensación*

Aparte la función sustitutiva del espacio real, la creación del espacio imaginario tiene otra función: la de compensar las mínimas posibilidades de acción en el mundo real. La escritura es la forma de actividad que el escritor se puede permitir cuando sabe que sin esa mediación la acción le sería difícil o imposible. Por consiguiente, el mundo imaginario, por el hecho de ser narrado y convertido en objeto reificado a compartir con los demás objetos del

mundo real, compensa ya de la inacción [39]. Por otro lado, el mundo imaginario está hecho y se elabora para ser vivido, no sólo para asistir pasivamente a
algo así como su representación escénica. Por consiguiente, vivir ese mundo
es poder compensar lo que no es vivido en el mundo real. Personajes, trama
y situaciones van a ser, objetos imaginarios los primeros, conflictos imaginarios los segundos y «escenarios» las terceras, de que el autor va a disponer
para establecer las formas de vida, los tipos de relaciones y las soluciones que
le importan cara a esta tarea compensadora. Agonistas y antagonistas jue-
gan cada cual su rol de acuerdo a la identidad que el autor les confiere.
El espacio imaginario puede alcanzar tal intensidad que adquiera, para el sujeto, rango de espacio real. «Las realidades del mundo −hace decir Edgar
Allan Poe a Egoes (nótese la afinidad de ambos nombres), personaje principal de *Berenice*− me afectaban como visiones y sólo como visiones, en tanto
que las locas ideas del país de los sueños, a su vez, se volvían no el material
de mi existencia cotidiana, sino, de hecho, esa existencia, exclusiva y profunda, en sí misma.» (Poe, 1970).

Pero la estructura del espacio narrativo ha de tener, en cualquier caso,
homología con la del espacio real, con la del mundo. En esto no cabe originalidad total. La razón de ello es que, por una parte, al ser un mundo alternativo toma como referencia al mundo real, del cual el sujeto autor se evade.
Pero, en segundo lugar, ese mundo imaginario ha de ofrecerse como alternativo también a los lectores, y ello sólo es posible, en lo que respecta a su
aceptación, *si cumple reglas en todo análogas a las que rigen para el mundo real*. De
aquí el que sea absolutamente precisa la función sintética del yo, mediante la
cual realidad externa y deseo van a poder ser unificados. Pero la síntesis resultante tiene que ofrecerse como «verosímil», como «creíble», de acuerdo a
la lógica de los personajes y situaciones creados, que en modo alguno difiere
de la que rige para las criaturas y situaciones del mundo empírico.

d)    *La creación como catarsis*

La función catártica de la escena recoge en gran parte el sentir con el
personaje por parte del espectador y, mediante esta identificación emocional
que conlleva la fantástica transposición del espectador a la situación del personaje de la identificación, descargar buena parte de tensiones preexistentes
en el sujeto. En la narración inventada no hay personaje con el cual esforzar-
nos, en tanto narradores, por vivir la identificación: nos inventamos el personaje que interesa, desde el punto de vista de la economía mental, para la
identificación. No tenemos, cuando inventamos, que proyectarnos en sujeto
u objeto alguno, sino que tan sólo creamos el personaje y lo hacemos vivir,

---

[39] El término «reificación», mediante el que se designa la propiedad de convertirse en
cosa la imagen, lo que el niño hace habitualmente en sus juegos (un dedo, un trozo de made-
ra, *pueden ser* una pistola) fue usado por primera vez por Culli (cit. en Piaget, 1971). La reificación es expresión de la adiacrisis, es decir, de la indistinción interno-externo característica de
lo infantil y de lo psicótico.

es decir, lo situamos en un mundo fantásticamente exterior. Este proceso de externalización adquiere expresión nítida en el caso del narrador-cronista, esto es, la narración en tercera persona: con ella se enmascara la inevitable identificación preliminar que es obligada y, sin engañar a nadie, el autor se propone como simple contador de hechos que sucedieron. Hasta mediado este siglo se da el narrador tan omnisciente como para saber no sólo lo que pasa o pasó, sino también lo que sintieron y pensaron los personajes por él creados [40]. Incluso en la novela naturalista (Zola, *Clarín,* Flaubert) el autor no sólo sabe qué pasa en la interioridad de sus criaturas, sino que, sin quererlo quizá, toma partido, a favor de algunos personajes, en contra de otros. Esto resulta muy claro en Galdós y en Dickens, de manera que, como si dijéramos, el autor ofrece al lector toda clase de facilidades en orden a la identificación positiva que debe verificar respecto de algunos y la negativa respecto de otros. Veremos en 4 de qué manera tales identificaciones expresas del autor con sus personajes son observables en los usos y estructuras de lenguaje. Pero allí donde autor, protagonista y narrador se confunden no se implica que el autor acepte desenmascaradamente la identificación positiva o negativa con el personaje: se trata simplemente de una trama —ingenua, por lo demás—mediante la cual, como licencia, el autor se permite hablar en primera persona a sabiendas de que sólo un lector ininteligente podría tomar la narración como auténtica (en el sentido de empíricamente acontecida). También habría que tener en cuenta variantes de este tipo de identificación enmascarada mediante el uso del presente o el pretérito indefinido, que de momento he de soslayar.

Las más de las novelas, especialmente las que podríamos caracterizar como de acción, deben ser consideradas como *formaciones reactivas* del autor: en ellas «se hace» simplemente lo que el autor no puede hacer. La trama de la narración se constituye por decirlo así en la imagen inversa de la vida misma del narrador. Por lo pronto, la inversión más saliente es la de sujeto pasivo frente a sujeto (fantaseado) activo. A veces, la necesidad de la acción adquiere caracteres compulsivos, como en las trepidantes narraciones de Salgari: toda vida interior parece haber desaparecido cara a la necesidad de actuar que caracteriza a los personajes, o, cuando menos, al protagonista. Sin este carácter intenso, formaciones reactivas representan algunas novelas de Stevenson, de Melville, de Baroja (en sus novelas del tipo de *Shanti Andía, La estrella del capitán Chimista, El laberinto de las sirenas,* incluso *César o nada* o *La feria de los discretos.*

Pero la mayoría de la novelística moderna se ofrece con mucha mayor complejidad y se hace preciso considerar el conjunto de identificaciones como antinómico. A veces, junto a la identificación positiva con el héroe hay

---

[40] En Marcel Proust esto se lleva al extremo, porque tratándose de una obra introspectivista, lo «lógico», de no mediar la licencia poética, sería que ésta se ejerciese tan sólo sobre el narrador, no sobre la totalidad de los personajes. Proust muestra así cómo el autor se identifica con la totalidad de los personajes creados y, en consecuencia, cómo cada uno de ellos representa imágenes de sí mismo.

héroes auxiliares que encarnan aspectos parciales del *self* del narrador. Y contrariamente, identificaciones negativas que constituyen *formaciones expulsivas* generalmente de carácter parcial: también en estos casos se trata de una proyección del sujeto, precisado de la expulsión de culpas, y sobre todo de su exhibición, como manera de objetivarlas. No obstante, en estos casos la función abreactiva se cumple apenas, precisamente por el enmascaramiento que supone la concreción en una figura que suscita la identificación negativa y, por tanto, el rechazo, viviéndose ambos como no propios. Lo importante en todo caso es la observación de las relaciones entre los distintos personajes entre sí, para inferir de ello las relaciones *intra*personales, esto es, las relaciones del sujeto consigo mismo, derivadas de las imágenes parciales que de sí mismo posee. En este sentido, una obra como la de Kafka viene a ser paradigmática.

La función catártica de la novela se cumple la más de las veces a la perfección por el rango imaginario de los procesos identificativos del autor (y del lector) con el/los personaje/s. Toda identificación es imaginaria, en efecto. Porque «yo no soy P» (P = personaje), sino que «yo desearía ser P en esa situación». Sólo en la regresión emocional que a veces acontece se alcanzan posiciones propias de deliremas o predeliremas, como se sabe por algunas descripciones, muy especialmente por las de Flaubert, pero ostensible en el lector o espectador por cuanto llega a provocarse en él la regresión emocional misma (llanto, risa, cólera, sobresalto, etc.) [41]. La identificación positiva (ser o desear ser como P) es fácil de comprender. Por otra parte, esta identificación puede ser total o parcial, y de esta última tenemos ejemplos muy claros en la identificación que verificamos con personajes secundarios que vienen a representar tan sólo una actividad, es decir, una parte del *self* con el que la identificación tiene lugar. La identificación negativa, con el personaje que rechazamos, es más complicada. Tiene lugar en tres momentos: 1) positivo: soy como R (R = personaje al que se rechazará); 2) no me gusta R, no lo acepto; 3) no soy R. El personaje con el que acontece la identificación negativa *a posteriori* aparece como objeto malo, expulsado de sí, y, en tanto que personaje creado, el autor puede permitirse cargarlo con toda suerte de propiedades negativas que faciliten su extrañamiento, su identificación negativa a través de la mayor distanciación aparente con él mismo: menos se reconoce en él cuando más «malo» lo hace. Tales identificaciones negativas, precisamente por ello, representan simbólicamente partes de uno mismo que se tiende a negar, menos frecuentemente totalidades de uno mismo, porque ello implicaría que de alguna manera se reconoce o habría de reconocerse en esa identidad total [42].

[41] Recuérdese cómo Flaubert confesó que en su identificación con Madame Bovary había llegado a sentir el sabor del arsénico durante la gestación narrativa del suicidio de ella.

[42] En la correspondencia de Flaubert se recoge la observación del esfuerzo que le suponía tener que identificarse con un personaje vulgar de manera tal que pudiera reflejar en el texto la vulgaridad. Pero esto no es obstáculo para que, por bajo de esta identificación consciente, se diese la identificación real, se reconozca en el personaje y afirme: «Madame Bovary soy yo».

Esta operación con los personajes, aunque inicialmente hayan sido entidades empíricamente reales, es factible porque, como he dicho antes (3.3d), no tenemos acceso a los objetos sino a las imágenes de objetos. Entonces, nuestra relación con cada objeto es como sigue: tenemos una imagen de sí en la relación con la imagen del objeto. Así, Juan tiene una imagen de sí en su relación con Pepa, a quien domina, completamente distinta a la que tiene de sí cuando se relaciona con el jefe del Estado, al que imagina superior, o con cada una de las personas con las cuales establece relación. La relación sujeto-objeto es, como se ha dicho, im.S-im.Ob, y basta para probarlo hacer un somero análisis de cada relación interpersonal. Pero cada imagen del objeto la forma el sujeto, luego es parte de él. El que yo me forme una imagen mala de P no es propiedad de P, sino mía, y por tanto es una mala imagen de mí mismo que, naturalmente, tiendo a no reconocer y preciso expulsar como ajena a mí.

La poesía goza de una especial licencia, que le permite ofrecer, sobre todo en la poesía lírica, directamente mensajes metafóricos, asentados sobre una realidad de carácter simbólico, animista, en la que, mientras dura el juego poético, los objetos dejan de ser lo que son en el lenguaje-observación para jugar a ser lo que simbolizan. La función catártica de la poesía es en este sentido mucho menor que la del juego narrativo, precisamente por la conciencia de la licencia que a sí mismo se permite el poeta.

No siempre llega una obra a cumplir la función catártica a que inconscientemente el narrador aspira. Casos como los del tantas veces citado Kafka, o Joyce, o Poe, entre otros muchos, componen ejemplos de esto que digo. Por el contrario, Dostoyewski sí parece que ha cumplido con su obra esta tarea, cerrando el ciclo de requerimientos sucesivamente. Cuando la función catártica no ha sido cumplida, la escritura adquiere carácter compulsivo, de absoluta necesidad, que se impone como única fuerza capaz de superar la conflictualidad latente del narrador. Si aún así no es factible la superación, el narrador sigue sumido en los espacios imaginarios, viviéndolos ya autistamente, pero librándose aún del delirio mientras la escritura como defensa mantiene la expectativa.

Mauron sostiene, con razón, que hay una contradicción entre neurosis y obra creativa. No me interesa introducir términos médicos en este texto, que confundirían más que explicarían lo que se quiere dar a entender, incluso por su propia vaguedad. El narrador ciertamente obedece a necesidades que están fuera del ámbito de su conciencia, inherentes desde luego a su interna conflictualidad. Es cierto que las necesidades que aparecen visibles ante él son de carácter intelectual y estético, las cuales también por supuesto cuentan. Pero habría de explicarse entonces por qué es a través de esa vía como el autor se siente impelido a obtener la afirmación de sí mismo y a satisfacerlas compulsivamente. Pero aún hay más en este respecto: ¿Por qué el tema elegido? El tema, pues, ha de representar necesidades de otro orden que las estéticas e intelectuales. Cuando se ven bajo estas perspectivas la insistente temática, las «obsesiones» de los distintos autores, uno comprende que la ca-

tarsis, es decir, la obra como síntoma (expresión y defensa) no acaba plenamente de cumplir su función. Pues el síntoma, en efecto, por el hecho de su
persistencia, muestra que el proceso que lo motiva subyace aún en el fondo.
De lo contrario, la obra cumpliría el papel de un psicoanálisis de éxito, en el
que el analizando es el autor y el analista imaginario el público ante el que
exhibe la obra. Ciertamente, estudiando la totalidad de la obra de un autor y
por orden cronológico puede notarse a veces la existencia de ciclos y, por
consiguiente, cómo determinados temas aparecen, se desarrollan y desaparecen para no volver a ser del interés del creador, incluso para no reconocer-
los, andando el tiempo, como suyos. En otros casos, sin embargo, como en
Kafka, Proust y Joyce, toda la obra la ocupa un mismo tema, y en el caso del
primero se tiene la clara impresión de que ha quedado inconcluso.

Hay además otro factor que motiva el que la función catártica de la narración tienda a no ser conclusa. Se trata del conocido *beneficio secundario del
síntoma*. Hoy estamos remisos a considerar que este beneficio sea atributo de
sujetos histéricos. Toda conducta, me refiero a la conducta normal, tiene una
finalidad, se hace para alguien y por algo. El beneficio secundario del síntoma que constituye la instancia creadora no es sólo la gratificación narcisista
que obtiene con el texto, sino la que espera seguir obteniendo merced a la
inagotabilidad intrínseca de dicha instancia. Esto es lo que confiere también
a la creación y gestación de la obra un carácter lúdico, de juego del autor con
el lector a través del objeto de su creación.

## 4.   PARA UNA SISTEMÁTICA DE LA INTERPRETACIÓN PSICOANALÍTICA DEL TEXTO NARRATIVO

### 4.1.   PRESUPUESTOS DE TODA TEORÍA DE LA INTERPRETACIÓN

Tradicionalmente, la pretensión científica era conseguir la objetividad,
o sea, un valor de verdad unívoco. Esta pretensión ha de ser abandonada. En
la actualidad, se tiende a considerar que todo análisis científico no hace sino
una aproximación, mayor o menor, en todo caso de determinada cuantía, y
que necesariamente ha de ser superada por aproximaciones ulteriores, facili-
tadas precisamente por las precedentes. Incluso en el ámbito de las ciencias
físicas se plantea esta situación: la certidumbre matemática ha sido sustituida
por la aproximación probabilística, y los procesos han dejado de ser considerados como matemáticos para ser estimados como estocásticos. En las ciencias denominadas humanas, celosas casi siempre de la «objetividad» de las
ciencias de la naturaleza, las explicativas, la resignación ante la imposibilidad
de una verdad inequívoca ha sido consustancial con su propio desarrollo. La
introducción de una metodología positiva venía a ser el intento de compensar las vaguedades de las aseveraciones hechas sin contrastación. Pero esta
metodología, que tiene indiscutiblemente su campo de aplicación, no puede pretender por ahora (quizá pueda discutirse si para siempre, en el supuesto de que las aplicaciones metodológicas no se hicieran con un instrumental
distinto) usufructuar la totalidad de los análisis practicables, porque en ver-

dad lleva a cabo tal suerte de reducción que despoja al objeto del análisis de las propiedades que lo caracterizan. Aunque todo reduccionismo es consustancial con la tarea científica —la aplicación de modelos es ya reduccionista—, condición indispensable es que la reducción no elimine del objeto las propiedades que lo definan. Parece, pues, que en este momento estamos en condiciones de afirmar que la resignación ha de ser sustituida por la convicción de que a todos nos está vedada la obtención de verdades que, por así decirlo, valgan de una vez para siempre. Y si esto es válido en cualquiera que sea el ámbito del saber, tanto más necesario de tenerlo en consideración es en el de la conducta humana. Nótese lo siguiente: cuando llevamos a cabo un acto de comunicación, cada uno de los que intervienen en el mismo se constituye en intérprete de la conducta del otro. Ahora bien, no nos relacionamos mediante lo observable de la conducta, es decir, mediante los mensajes, sino a través de las significaciones que damos a los mismos, esto es, mediante los metamensajes. La conducta, pues, no se realiza sólo en el nivel de observabilidad, es decir, como objeto empírico, sino también en otro plano, inobservable, y al que podemos abordar sólo mediante la inferencia. El plano de las intenciones, el del metamensaje, es, pues, sólo conjeturable, inferible, supuesto y, pese a todo, es el decidídor de la interpretación que hacemos de la conducta de nuestro interlocutor y, en consecuencia, en la cualidad de la relación que efectuamos.

Toda interpretación, pues, debe contar inevitablemente con el carácter *conjetural* de la misma. En nuestra no renuncia a esta propiedad de la conducta, a analizarla de la manera que sea posible, es en lo que nos diferenciamos de los *behaviouristas,* para los que, por ejemplo, por el hecho de que el significado no sea susceptible de la observabilidad que caracteriza al significante, se hace abstención de todo tratamiento [43]. Desde otro punto de vista completamente distinto al nuestro, Sartre (ob. cit.: 77) decía también: «esto no quiere decir que descifremos fácilmente las intenciones del artista; son, como hemos dicho, materia de conjeturas».

¿Sobre qué bases gnoseológicas podemos afirmar el carácter conjetural, aproximativo, de toda interpretación? A renglón seguido trataré dos tipos de cuestiones a este respecto: las basadas en las condiciones del texto, es decir, del objeto a interpretar; las fundamentadas en las del intérprete mismo.

### 4.1.1.   Las condiciones del texto

El texto, como he dicho reiteradamente a lo largo de este trabajo, debe ser considerado como un síndrome, es decir, como un conjunto de síntomas, en tanto estos componen el *segmento observable* de la conducta. El texto, en efecto, hace posible la lectura-observación. Pero las metalecturas connotati-

---

[43] Bloomfield representa en Lingüística el punto de vista *behaviourista*. Con menos extremismo, también Hocket.

vas (no me refiero ahora a las de orden técnico) aluden a las que tienen lugar
en niveles lógicos superiores al de observación: al metamensaje que contiene el texto (el metatexto), los sobrentendidos, todos ellos constitutivos del
*segmento interno, inobservable,* de la conducta. ¿Tiene sentido preguntarse si
este nivel lógico del texto, el del metatexto, *está* en el texto? La mala intención hacia mi interlocutor al emitir esta frase: «desde luego, usted es muy inteligente» (que es una de las muchas formas de decirle a alguien que es estú-
pido desde nuestro punto de vista), ¿donde está? Y, sin embargo, en algún
lado ha de juzgarse que está cuando, como respuesta, se puede recibir un in-
sulto o una agresión extraverbal. En cualquier caso, parece evidente que no
tenemos acceso directo a este nivel lógico del texto y que, por lo tanto, la significación metatextual la obtenemos a expensas de procesos de inferencia, lo
mismo cuando actuamos como sujetos comunicantes que cuando actuamos
como investigadores (semantistas, comunicólogos, psicólogos, etc.). Tales
procesos de inferencia no permiten otra cosa que hipótesis acerca de los me-
tasignificados, esto es, de las connotaciones intencionales implícitas en el texto, y el interlocutor o el intérprete en última instancia basan su conjetura sobre *juicios de intención* acerca del autor (o del hablante).

Por otra parte, todo acto de conducta responde al *principio de compositivi-
dad* de la misma, lo que quiere decir que es la resultante de vectores de naturaleza dispar inherentes a la heterogeneidad del sujeto. En toda conducta se
contienen, en proporción distinta y no cuantificable, instancias procedentes
de la esfera pulsional, tendentes al logro de gratificaciones elementales, instancias tendentes a la adaptación a la realidad, instancias que, desde nosotros mismos, tienden al control de las primeras (superyóicas). Una interpretación de una conducta —mucho más si es de la complejidad de un texto— ha de
dar cuenta de la referencia que, desde la conducta observable, puede hacerse a los distintos vectores del sujeto. Esto hace de cada acto-síntoma un acto
«sobredeterminado», de lo que habló Freud al referirse a los contenidos oníricos, y reconocer su significación múltiple, lo que podía dar lugar —da lugar
en realidad— a que interpretaciones varias sean, sin embargo, válidas. Ningún texto, onírico o de la índole que sea, queda agotado en su interpretación con una significación dada.

### 4.1.2.  Las condiciones del intérprete

A las condiciones del texto hemos de añadir ahora las del intérprete,
para el cual el texto constituye un objeto de la realidad, de su mundo y, por
tanto, sobre el cual ha de proyectarse, como de hecho nos proyectamos sobre los demás objetos que entran en nuestro campo perceptual. Los tests
proyectivos muestran las versátiles condiciones de la interpretación, de
modo que cuestionan la capacidad del sujeto para desempeñar de manera
plausible el rol de sujeto epistémico. Parece que si tal cosa es hasta cierto
punto factible en el nivel del lenguaje-objeto, que da cuenta del nivel obser-

vacional en que los objetos empíricos se hallan, por ejemplo en la ciencia física, el propio científico muestra de nuevo su versatilidad en el plano de la discusión teórica, como si ésta perteneciera al ámbito de las «creencias».

Si el intérprete se proyecta en el texto el intérprete es parte del experimento que constituye la interpretación, lo que es evidente en lo que respecta
al texto narrativo, pues este se hizo contando de antemano con la existencia
del lector. Por tanto, si el texto es síntoma del autor, el tipo de lectura que
del texto se haga ostenta ahora la categoría de síntoma del lector, y procede,
desde la lectura, al análisis del lector, del mismo modo que procedemos con
los textos orales obtenidos en el test de apercepción temática de Murray [44].

Pese a ello, es claro que la interpretación ha de hacerse y que ella supone una serie de supuestos teóricos que, como instrumentos, se han de poner
en uso en el acto de interpretación. Una teoría interpretativa es tanto más
útil y menos expuesta a errar cuanto menos exigencias de supuestos conten-
ga. Para nuestro objeto basta la aceptación axiomática de: a) la heterogeneidad del sujeto; b) la existencia de procesos conscientes e inconscientes; que
los primeros constituyen la conducta manifiesta, o mejor, el segmento manifiesto de la conducta, mientras los segundos componen el segmento interno
o conducta latente u oculta; e) las relaciones Sujeto-Objeto.

Sólo las relaciones sujeto-objeto (S-O) requieren ahora una explicación
más pormenorizada, porque de ellas deriva la exacta intelección de los procesos de identificación y proyección sin los cuales no es posible hacer la interpretación del texto narrativo. Con anterioridad hemos tratado ya en buena
parte esta cuestión, pero conviene ahora hacerlo más detenidamente. (Ver
3.3 c y 3.4 d.)

El S que se relaciona con un O tiene una imagen de sí (im.S) y forma una
imagen del O (im. O) y se relaciona con el O en función de la imagen y no de
otra cosa. Supongamos que yo me formo la imagen de que un diamante es
un vidrio vulgar: es con esta imagen con la que le es posible inferir a un intérprete la índole de la relación que verifico con ese objeto inanimado. Pero
lo mismo ocurre en la relación con un animal o con una persona. Me dirijo a
alguien de una forma que implica la imagen que tengo de él en función de la
imagen que tengo de mí *en esa relación* (mi imagen con el sujeto A es distinta
que la que tengo con el sujeto B). Ahora bien, la im. O es del S (que la forma),
es decir, es parte de él; luego la imagen del Sujeto, como conjunto, es la suma
de las imágenes de los objetos que forma (o puede formar a través de relaciones fantásticas de objetos, que se añadirían a las anteriores). Cada imagen de
O es, pues, miembro del conjunto que denominamos imagen del S (abrevia-
damente Sujeto, S). Dicho de otra forma: la imagen de uno es el conjunto de

---

[44] El test de Murray, al que ya se ha hecho mención, consiste en una serie de láminas en
las que se expone al sujeto una situación. Salvo una, que es blanca, y dos que no contienen
figuras humanas, las demás presentan éstas y algunos objetos inanimados. El probando tiene
que construir una hipótesis acerca de qué es lo que pasa en la lámina. Al final de este capítulo
(4.1.4., punto 4) se dan algunos textos obtenidos en la administración de este test.

todas las imágenes que uno se forma de los demás. Por esta razón, cada objeto, del que cada cual ha de formar una imagen en la medida en que contacta-
mos con él, nos moviliza algo de nosotros mismos: no se trata de que el Objeto nos haga como él, sino que nos hace ser como nos imaginamos que es él.
Dejemos ahora el caso en el que sabemos de alguien por ejemplo que es un
asesino, sino el de aquel de quien no sabemos nada –lo acabamos de ver por
primera vez en el autobús– y del que decimos «tiene cara de asesino» (lo he
imaginado como capaz de asesinar). Lo que moviliza en nosotros es nuestra
imagen (no la de otro, ni la de asesino, porque esta última no existe), es decir,
la imagen de nosotros mismos como asesino (que, por otra parte, puede ser
muy varia: asesino cínico, asesino pasional, asesino sádico, etc.).

El intérprete ha de interrogarse acerca de si una interpretación de carácter psicoanálitico es por principio terminable. La respuesta es afirmativa
si se efectúa sobre un objeto demarcado antes con precisión y de antemano
se propone toda evitación de componentes contextuales extratextuales, es
decir, si se limita al texto y co-texto. Pero si el objeto no ha sido demarcado y
se le mantiene dentro de contextos de amplitud varia, entonces la interpretación psicoanalítica no es terminable, de la misma manera que en la semiótica de Peirce hubo de hacerse entrar el concepto de *interpretante* para aludir al
hecho de que un signo (en tanto perteneciente a un código o sistema) adqui-
ría la propiedad de la totalidad del sistema y, desde él, se podía remitir a éste
(Peirce, 1932: vol. II), concepto homologable al *principio de función múltiple,* de
Waelder (Waelder, 1936) [45]. Esto se tiene ocasión de comprobar insistente-
mente en nuestros análisis de sueños: si autolimitamos el contexto, la interpretación del sueño, por extenso que sea el contenido del mismo, puede darse por conclusa; si no nos proponemos limitación alguna, entonces el sueño
remite a toda la historia del sujeto, lo que quiere decir: la del sujeto y la de
los contextos en los cuales se desenvolvió. Ésta es la razón de que un acto
cualquiera pueda ser el punto de partida para un psicoanálisis, en la medida
en que ese acto *es* del sujeto y, en consecuencia, remite a *todo* lo que el sujeto
entraña.

La interpretación psicoanalítica no puede pretender, digámoslo de antemano, el monopolio de toda interpretación. No se contradice sino con
aquellas que se sitúan en el mismo nivel lógico en el que se halla la perspectiva psicoanalítica. Por el contrario, interpretaciones que se mantienen *ex pro-
feso* en la estructura superficial del texto son compatibles con interpretaciones psicoanalíticas, aun cuando los resultados de ambas sean contradictorios
entre sí *en apariencia.* Pues no se trata de contradicción (las dos significaciones
no serían excluyentes: o una u otra, tal como «esta figura, 2, o es el número 2
o no lo es»), sino de interpretaciones que sitúan al objeto en distintos niveles
respectivamente («esto, el 2, es el número 2" y una «figura bonita» o de «buena suerte»).

[45] Equivalente al concepto de sobredeterminación que enunció Freud en la interpretación de los contenidos oníricos, y que ha sido ya mencionado.

Por tanto, y esto concierne tanto al texto cuanto al interprete del mismo, junto a la demarcación del texto a interpretar hay que rotular a qué nivel lógico del mismo corresponde la interpretación que en cada momento se lleva a cabo. Así, por ejemplo, los criterios de verdad en el nivel del lenguaje objeto («esto es un 2») son de otro tipo que los que tienen lugar en el metalenguaje («el 2 es bonito»), para cuya verificación habría que remitirse a las connotaciones del 2 para el sujeto y no a la que tiene lugar por la identidad de «2» con el número 2. Wetzlawick (ob. cit.) pone el ejemplo de «Chicago es una ciudad populosa» y «Chicago es trisilábica», y advierte cómo es imposible desde el punto de vista lógico situar ambos asertos en el mismo nivel y decir —lo que sería un absurdo muy propio de la no rotulación lógica a que nos tienen acostumbrados algunos esquizofrénicos— «Chicago es una ciudad populosa y trisilábica».

Eso implica que la verdad o falsedad en un nivel lógico de interpretación nada tiene que ver con la falsedad o verdad en otro, y, como veremos luego, los análisis textuales «de superficie» pueden ser válidos (o no) pero en todo caso compatibles con los que conciernen a la estructura profunda de la frase y en general del texto.

### 4.1.3. Sistemática de la interpretación textual. Hermenéutica del texto

Para nuestro cometido es indiferente un texto oral o escrito. En cualquier caso el texto es sólo el segmento observable, externalizado de la conducta —en este caso verbal; hay textos extraverbales, naturalmente—, desde el cual se ha de aprehender todo el amplio segmento interno, inobservado de la conducta, es decir, los en general múltiples y sobredeterminados sentidos de lo dicho. Hay, pues, por lo pronto, una parte manifiesta y otra latente de la conducta, y esta última, de la forma que sea, ha de ser inferida desde la primera. Mientras el texto manifiesto es informativo, referencial, denotativo (sobre denotados o referentes externos o internos), el texto inobservable, latente, es connotativo, alude a todas las connotaciones, cualquiera que sea el nivel lógico de las mismas, que el habla contiene y que, como vimos anteriormente (3.1 b), se dirigen al mundo externo, al hablante como objeto y como componente de la estructura comunicacional, al oyente, etc., esto es, a cualquiera que sea el componente del contexto. Merced a este último es como tiene lugar, «por encima» de la información ofrecida en qel segmento manifiesto, la comunicación interpersonal, es decir, la forma de la relación que entre ambos sujetos de la comunicación tiene lugar. Esta relación es de dos tipos: simétrica (de paridad) y asimétrica (desigual), y en esta última uno de los miembros adopta una posición de superioridad y el otro de inferioridad, bajo matices muy varios, tales como dominación, despotismo, paternalismo, cortesía y amabilidad del primero y sus opuestos en el segundo.

Por tanto, todo texto (T) contiene dos bloques subtextuales o subtextos

($S_t$): el bloque informativo ($S_{t\,(\text{inf.})}$) y el bloque connotativo($S_{t\,(\text{conn.})}$), ambos situados en niveles lógicos distintos: el informativo (o denotativo) en el del lenguaje-objeto; el comunicativo (o connotativo) en el del metalenguaje. «Tráeme agua» informa en el nivel del lenguaje-objeto de mi necesidad de beber; pero en el del metalenguaje comunica un orden (o una súplica). No cabe duda de que pertenece al metalenguaje por cuanto califica al mensaje del lenguaje-objeto. De manera que, en esquema, tenemos:

$$T = S_{t\,(\text{inf})} + S_{t\,(\text{conn.})} \; ; \text{ o bien, } T = \left\{ \begin{array}{c} S_{t\,(\text{inf})} \\ \downarrow \uparrow \\ S_{t\,(\text{conn.})} \end{array} \right\}$$

Cada uno de los $S_t$ es un subconjunto. Y dado que el informativo es el único observable y el comunicativo imprescindible para la interpretación (incluso la que es preciso efectuar en la cotidianeidad para tratar de penetrar en las intenciones de nuestro interlocutor), toda interpretación acerca de las connotaciones que el hablante confiere a su texto se hace a expensas de unas reglas entre uno y otro subtextos. Como ocurre con las reglas gramaticales que el hablante usa sin saber de las mismas, también aquí las reglas de inferencia de la/s connotación/es son utilizadas por los comunicantes sin que les sean explícitas. Lo que el interlocutor hace ante el sujeto que le habla es responderse acerca de ¿qué me comunica —qué pretende, qué relación propone— tras lo que me informa? Dicho de otro modo: ¿cuál es el $S_{t\,(\text{conn})}$ oculto tras el $S_{t\,(\text{inf})}$? Porque es evidente que si consideramos que el mensaje «tráeme agua» implica un metamensaje de «orden», entonces puede inferirse que el que habla tiene la imagen de sí de «sujeto que puede ordenar» y la imagen del otro de «sujeto al que yo puedo ordenar porque ha de obedecerme». He aquí, pues, cómo los metamensajes, aparte otras connotaciones, tienen la fundamental de conjeturar acerca de la imagen que de sí tiene el hablante (el sujeto de la conducta en general) en su relación con el oyente (del que tiene y ofrece una imagen y al que trata de imponerle que acepte la imagen que de él tiene). Esta enorme complicación que se vislumbra en una unidad comunicacional tan simple como la que acabamos de utilizar como ejemplo revela buena parte del conjunto de inferencias que pueden llevarse a cabo y la necesidad en que estamos de sistematizarlas.

> —Buena se pondría tu tía Luisa —dijo varias veces con cierta ironía—. ¡Casarse con una criada! ¡Un chico de porvenir! ¡El sobrino de la señora de Arellano! Nada, nada; lo mejor es que te vayas a Irún. Allí se te pasará la chifladura (P. Baroja, *La sensualidad pervertida*, de *Las ciudades*, Alianza, Madrid, 529).

El lector puede utilizar este texto a modo de ejercicio multiplicador de inferencias respecto de las relaciones entre: hablante-oyente; la tía (no presente) y sobrino; la hablante y la tía Luisa; el oyente y la criada; la hablante y la criada. Para lo cual deberá tratar de establecer qué imagen tiene de sí la (¿no inferimos también que quien habla es del sexo femenino y adulta?) que habla, la que tiene del que escucha, la que tiene de la tía Luisa (y la que tiene la hablante de sí en su relación con la tía Luisa).

Los dos $S_t$ son comunicables entre sí, y la interpretación ha de ir desde el $S_{t\,(inf)}$ al $S_{t\,(conn)}$ y, a renglón seguido, en dirección inversa, para la verificación co-textual.

### 4.1.3.1.  Sistemática

Consta de 11 operaciones que se enumeran a continuación y que se explicitan después con mayor detalle. Son éstas:

1.  Demarcación del texto.
2.  Precisión de Indicativas y construcciones del árbol de las mismas.
3.  Adición de las Estimativas insertas en las I correspondientes.
4.  Determinación de las conectivas y funcionalidad de las mismas. Lexematografía.
5.  Determinación de los grupos aloracionales (G. alor.) y su funcionalidad.
6.  Traslación del árbol a una secuencia lineal.
7.  Aplicación de coeficientes.
8.  Re-lectura del texto (1.ª).
9.  Re-lectura del texto (2.ª): identificativa primaria.
10.  Re-lectura del texto (3.ª): identificativa secundaria.
11.  Lectura metapsicológica.

1.  *Demarcación del texto.* Lo que define un texto es el hecho del que en su totalidad pueda encontrarse un sentido genérico y al que puede remitirse desde cualesquiera de los textos restringidos que constituyen sus componentes (a excepción de aquellos textos indivisibles, tales como «prohibido fumar», «es peligroso asomarse al exterior» y análogos). Esta definición del texto legitima el análisis de textos restringidos, a sabiendas de que, *cum grano salis,* los resultados pueden ser homologables a otros textos restringidos o incluso al texto en general. La consistencia intertextual es un rasgo caraterístico que precisamente hace posible la identificación de un texto y su atribución probable (consistencia estilística, léxica, secuencial, connotativa, etc.).

En un T, pues, deben ser aislados los Textos restringidos ($T_{r1}$, $T_{r2}$, $T_{r...n}$), e incluso interesa en algunas ocasiones subdividir un $T_r$ concreto.

2.  *Construcción del árbol de Indicativas.* Determinadas proposiciones tienen como función la deixis, la indicación, la denotación. Son proposiciones descriptivas, y en realidad definiciones de objetos. Por tanto, son proposiciones referenciales a un objeto (o varios). Este objeto no importa en qué área de la realidad esté. La realidad es «lo que hay» (Quine, 1962: 25) y comprende objetos internos varios (pensamientos, imágenes, deseos, sentimientos, etc.) y externos (cosas, animales, otros hombres, sonidos, colores), esto es, la parte empírica de la realidad. Esta concepción de la deixis, absolutamente

necesaria en nuestro ámbito (la Psico(pato)logía), había sido considerada ya como necesaria también en el campo de la Lingüística. Así, K. Bühler (1934) ha señalado la *Deixis am Phantasma,* cuando la referencia a que alude el hablante tiene lugar en lo recordable de ambos o en la fantasía de uno de ellos (ver también el art. *Deixis,* en Lázaro Carreter, 1971: 130). La función informativa (f I) es, pues, aquella mediante la cual se transmite el mensaje, esto es, la información acerca de lo denotado; es una función denotativa. Esta f I, pues, se desempeña mediante una proposición en la que se contiene, como señala Bühler, o una *demonstratio ad oculus,* o una anáfora (o su opuesta, la catáfora), o una deixis en fantasma.

La f I puede tener carácter total o parcial. Una I total refiere un T o un $T_r$ de la realidad y lo propone como *gestalt* ($I_t$). Una I parcial ($I_p$) es un componente de dicha *gestalt.*

La f I puede realizarse correcta o incorrectamente y entonces la proposición que la refiere, I, será, además de t ó p, verdadera o falsa, respectivamente (v ó f). El principio de verificación rige en este contexto. Hay también I que son indefinidas, en las que el valor de verdad o falsedad queda en suspenso ($I_?$), e Imprecisas ($I_a$).

En ocasiones se ofrecen como I denotados inexistentes, que se neoforman, como es el caso de la alucinación ($I_{f+}$) (ver después, en este mismo apartado: espacialización), o se dejan de ver *(−I)* constituyentes fundamentales de la estructura perceptual. A veces, no se hacen I —el silencio como significante— y entonces hablamos de bloqueo de I *(b1.I).*

Es infrecuente encontrar proposiciones I que realicen tan sólo f I, es decir, I puras: la mayor parte de las veces se incrusta en ellas otra función, estimativa, a la que haremos referencia de inmediato. Así, p. ej., en la frase «este tío está mirando a alguien del piso de abajo», «tío» cumple una *f I* con incrustación estimativa notoria (cuyas connotaciones habrán de ser determinadas por el co-texto).

La *f I* puede quedar elíptica o cuasi elíptica, pero en todo caso es ineludible, mediante la deixis (demostrativos, pronombre relativos, etc.).

Antes de calificar una I como v ó p hay que tener en cuenta que la *f I* o función denotativa contiene cuatro funciones parciales: a) identificación (el objeto a es «a»; b) designación (el objeto a se denomina «a»); c) espacialización (deixis espacial: el objeto a está arriba-abajo, izquierda-derecha, delante-atrás, aquí-allí, dentro-fuera, etc.); d) temporalización (deixis temporal: el objeto a ocurrió antes-después-ahora, tarde-temprano, rápido-breve, etc.). En la espacialización la más importante es la deixis dentro-fuera (en donde «dentro» significa el espacio interior, mental, y «fuera» el espacio empírico): esta distinción la denomino diacrisis. La pérdida de la capacidad de diacrisis (adiacrisis) es el rasgo definidor de lo psicótico. Las tablas de verdad ofrecen las 16 posibilidades combinatorias (1 de ellas totalmente v; 14 parcialmente f, 1 totalmente f) entre estas cuatro subfunciones. La alucinación *($I_{f+}$)* aparece entonces como identificación, designación y deixis dentro-fuera erradas, para citar un ejemplo.

La *f I* predica acerca del sentido de lo real (sentido de realidad tanto respecto de la externa cuanto de la interna) del hablante, en sus aspectos totales o parciales o en algunas de las subfunciones.

*El presupuesto de ficción.* Denominamos así la regla antepuesta −explícita o inexplícita− a la enunciación del texto, merced a la cual autor y lector (u oyente) aceptan el juego de «cuanto se va a decir no corresponde a la realidad» (entendida aquí en el sentido coloquial como realidad objetiva, empírica). Este presupuesto de ficción confiere categoría de verdad al texto, del mismo modo que dice verdad quien afirma «estoy mintiendo». Se trata de un punto a tener en cuenta en la narración de sueños, fantasías, narraciones de ficción, etc. El presupuesto de ficción es, en realidad, una meta-regla que preside las reglas del lenguaje-objeto que va a ser enunciado.

Si una alucinación es un conjunto $I_{ft+}$, el presupuesto de ficción confiere al mismo categoría de «criticado» (criticado de antemano, es decir, rectificado). De forma que se reescribiría así: $I_{ft+(v)}$. La meta-regla de ficción queda explícita muchas veces («he soñado que....», «estaba pensando en...»), pero las más mediante el proceso de *rotulación:* en el discurso oral el paso de un nivel de realidad a otro se hace a través de marcas (tono, componentes paraverbales o extraverbales, etc.) que advierten del mismo.

3.   *Adición de Estimativas.* Aparte la función referencial, el hablante (o escritor) usa de otro tipo de función que denomino Estimativa *(f E)*, mediante la cual manifiesta sus actitudes respecto de: a) sí mismo; b) el objeto (u objetos) externo. Del mismo modo que la *f I* es en el lenguaje verbal lo que la deixis extraverbal (la mera indicación o señalamiento), la *f E* a que hacemos mención es la expresión verbal de los «mostradores de afecto y emoción» en el lenguaje extraverbal. Mientras la f I lleva a efecto el discurso denotativo, la f E hace el discurso connotativo. Expresa, pues, la complicada relación sujeto-objeto ofreciendo el rango proyectivo de la misma en forma de sujeto-imagen del objeto. En última instancia, una proposición tal como «la Venus de Milo es bella» da cuenta de la imagen que el hablante tiene de ese objeto, pero nada del objeto (salvo la identificación y designación del mismo, es decir, la I).

Puesto que la *f E* tiene como cometido la expresión de las relaciones objetales, el análisis de la *f E* nos ha llevado a la convicción de que *toda* relación de objeto es relación objetal (esto es, que contiene componentes afectivos). Comparado con el discurso de *I*, en el que sólo se constatan denotables, el discurso a expensas de *E* añade el de las relaciones mismas del sujeto con los objetos y de los objetos entre sí.

También las $E_v$ pueden ser *v* ó *f.* En el primer caso, se contienen datos que suministran indicios de que, en el acto de habla, el sujeto sabe del carácter subjetivo de la valoración o relación que establece con el objeto. De este modo, la relación afectiva con el objeto está supeditada al control del yo. Por el contratio, en el $E_f$, al no tener conciencia del carácter subjetivo de la valoración, la proyección del sujeto en el objeto es inconsciente y escapa al servicio del yo. La distinción se hace por los denominados «marcadores de veracidad («me parece», «pienso que», «creo que»), usados con las $E_v$.

Las $E$ son totales o parciales (t ó p, respectivamente), según la $I$ de la que se sustentan.

Las $E$ también se dividen en asertantes (intransitivas) en las que el sujeto se toma a sí mismo como objeto y establece la estimación de sí mismo ($aE$), y relacionantes ($rE$), en las que o establece relaciones con objetos del mundo exterior o entre objetos del mundo exterior. En las $aE$ el hablante alude a la imagen de sí mismo («estoy triste», «soy serio», «agresivo»). En las $rE$ hay generalmente un estatuto de relación del hablante con el objeto, pero si es de los objetos entre sí, suele haber una identificación con algún objeto (identificación primaria) desde el cual se establece la relación con los demás objetos. Pero también estos objetos son partes del sujeto (de acuerdo al axioma de que la relación S-O es, en realidad, S-im. O).

Para la interpretación de textos narrativos esto es muy importante. Supongamos que alguien dice ante la lámina en la que existen un hombre y una mujer que «el hombre está mirando a esta mujer con ternura». La $rE$ es del hombre hacia la mujer. Pero ambos son imágenes del hablante: la primordial, el hombre; la secundaria, la mujer. La identificación primaria permite, de entrada, reconocer que esa sería la relación deseada de el hablante con una figura femenina de este tipo; pero como la mujer es también imagen del hablante, representa la parte del hombre merecedora de ternura, una parte, quizá en este caso, femenina (en tanto que donadora-receptora de ternura). Lo que quiere decir: el hombre hace con la mujer lo que yo quisiera hacer con una mujer y que una mujer me hiciera a mí.

Veamos este otro ejemplo de la misma lámina: «este hombre es muy serio, parece jefe o algo así. Pero se acerca a esta mujer con deseos eróticos». También la identificación primaria es con «hombre». Este hombre ofrece dos imágenes: de jefe y serio, por una parte; por otra, de hombre con deseos eróticos. Parece que por el hablante es considerado, como una antinomia la presencia o coexistencia de estas dos imágenes («pero...»). Si el hablante = hombre, entonces hay una $aE$ (serio), una $rE$ (jefe, dominante sobre mujer) y otra $rE$ (deseos eróticos hacia la mujer). Pero de la mujer no existe E alguna, lo que quiere decir que la mujer no establece relación con el hombre. Luego, para el hablante, la cuestión se plantea de este modo: «pese a la imagen que tengo de mí he de aceptar la imagen de erótico que también poseo, aunque ambas sean incompatibles. Deseo la relación erótica con la mujer, pero ella no establece relación alguna.» Y como ella es parte imaginada del hablante también, aquí representa el deseo opuesto de no establecer tal relación (deseo de... y deseo de no desear, o cuando menos de no establecer la relación, de controlarla, de mantener la posición inicial).

En los análisis de textos narrativos pueden ocurrir, entre otras posibilidades, las siguientes: el autor emite sus propias estimativas (tal Galdós, entre nosotros); el autor no emite estimativas, pero se las hace emitir al, cuando menos, protagonista (por ejemplo, Baroja). La narración literaria cuenta también con el presupuesto de ficción en este contexto de las E: del hecho de que un personaje haga E y de la índole que sea no se infiere, sin más, que las del autor sean de idéntica categoría [46].

La *rE*, naturalmente, relaciona cuando menos dos *I*. Puede ser unidireccional, con las dos posibilidades siguientes:

$$I_{rE} \leftrightarrow I \quad \text{(dextrógira)}$$

$$I \leftrightarrow I_{rE} \quad \text{(levógira)}$$

o bidireccional:

$$I_{rE} \leftrightarrow I_{rE}$$

Las bidireccionales pueden ser de relación simétrica ( = ) o asimétrica ( ≠ ); y estas últimas, por tanto, ofrecen las dos posibilidades siguientes: superioridad del 1er miembro e inferioridad del 2º, o la inversa. Se representan de este modo:

$$I_{rE} > I_{rE}$$

$$I_{rE} < I_{rE}$$

Si las posiciones entre ambos miembros, aunque asimétrica, no es definible, debe quedar constatado tan sólo mediante el ≠ .

4. *Análisis y funcionalidad de las conectivas. Lexematografía.* La conexión entre I o entre I y E tiene lugar a expensas de conectivas (conjunciones, adverbios, partículas). Pero tales conectivas han de ser analizadas no por su funcionalidad genérica, sino pragmática, en el T que se hace objeto de análisis. La «lógica del hablante» usada en el T se ha de poner de manifiesto por el uso, permisible gramaticalmente, de tales conectivas. La conexión, pues, es la que da la estructura semántica al texto y la que va a hacer posible el paso del $S_{t\,(inf.)}$ al $S_{t\,(conn)}$ en el caso concreto del T explícito. El análisis de las conectivas se hace con dos pasos: 1) en el lenguaje-objeto ofrece la constatación de las relaciones cotextuales, o sea las relaciones internas de la semántica intensional del $S_{t\,(inf.)}$ ; 2) en el metalenguaje, las conectivas inmediatamente se proyectan hacia las relaciones contextuales, y adquieren éstas el rango semántico extensional (pragmático) [47]. Nuestros hallazgos coinciden en gran parte con los rigurosos análisis hechos por van Dijk, Petöfi y, entre nosotros,

[46] Ver sobre esta cuestión nuestra breve referencia a hermenéutica del lenguaje y la Literatura en Castilla del Pino (1972: 148).

[47] En realidad, el metalenguaje (metamensaje) pertenece ya al contexto, no está sólo en el texto. «Tráeme agua», como orden, remite a los componentes contextuales del hablante, que ordena, al oyente, que obedece. En un mensaje más amplio, «tráeme agua, pero sin prisa, cuando te sea posible», las connotaciones extratextuales son más ostensibles.

García Berrio. Pienso que la consideración de los subtextos ($S_t$) permite delimitar claramente la semántica cotextual, y el cotexto como 1er nivel del texto, en el $S_{t\,(inf)}$, y la semántica contextual, pragmática, como metatexto, el $S_{t\,(conn)}$.

Pero el análisis de las conectivas ha de ir seguido de la específica tarea de dilucidar el uso particular del léxico. En este sentido, atendemos preferentemente a las reglas de uso (rU) del cotexto. *Las rU constituyen las condiciones de verificación* a que antes hacíamos referencia *para la determinación del contexto en el cual una proposición I o/y E es v ó f.* Dicho de otra forma, constituye el conjunto de las condiciones bajo las cuales a = a, a designa a. Por ejemplo, se trata de determinar si la proposición «A es un cabrón» es una *I* o una *E*. Es *I* si en el cotexto se descubre que «cabrón» = hombre al que su mujer engaña, que se designa de esa manera (entre otras); pero es *E* si es factible verificar que para el hablante y en ese cotexto «cabrón» = sujeto de mala intención o «cabrón» = persona con una gran suerte que suscita la envidia cordial de los demás, cuando menos del hablante.

Las rU son también las que permiten establecer el *sistema de inferencias* (deducciones) que ha de llevar a cabo el intérprete, y *que constituye el conjunto inverso de las presuposiciones del hablante.* Lo que el intérprete, que puede ser el interlocutor en un momento comunicacional, lleva a cabo es inferir lo que el hablante presupuso [48]. *Inferir es postsuponer por uno lo presupuesto en otro.* Las presuposiciones remiten también a los dos niveles textuales, y mientras en el $S_{t\,(inf.)}$ las presuposiciones cotextuales son *miembros* de clase, las presuposiciones contextuales son de *clase* y conciernen al $S_{t(conn)}$.

Una tarea importante en este respecto es la valoración, positiva o negativa, y en todo caso con el matiz peculiar que confiere el cotexto, de los lexemas de categoría *E*, porque son útiles para la determinación singular del sistema de valores del narrador. Por tanto, damos especial relevancia al análisis de adjetivos o a la función adjetiva (o adverbial, pero sobre todo adjetiva) incrustada o no en el nombre, es decir, en la *I.* Con ello no sólo, como en el paso anterior, hemos precisado la *f E* en el sentido de *t ó p, v ó p, aE ó rE,* la existencia también de bloqueo de *E (bl. E)* en algunos tipos de narración, sino que, ahora, se pueden establecer conexiones particulares entre el tipo de *E* y el contenido de la *E.* Por ejemplo, he comprobado reiteradamente cómo las *E* de contenido negativo son con mayor frecuencia *Ef* que las de contenido positivo. En efecto, cuando hacemos un juicio de valor positivo (estético, moral, etc.) tendemos a darle más fácilmente categoría subjetiva, es decir, a hacer una *Ev* («a mí Mozart es el que más me gusta», «yo creo que Goya es el mejor pintor del mundo», etc.), mientras que cuando el juicio que valor es negativo tiende a conferírsele categoría de juicio de hecho, es decir, de propiedad del objeto («X es un granuja», «P es horrible»). A mayor abundamiento, la detención en el análisis lexematográfico permite precisar entonces a qué eje

---

[48] No olvidemos el carácter *conjetural* de las connotaciones, frente a la posibilidad de *certidumbre* de la denotación.

del sistema de valores confiere el sujeto la mayor relevancia, y de este modo vemos que hay sujetos para los cuales las *E, v ó f,* se proyectan ante todo en el eje estético, otros en el ético.

5. *Funcionalidad de los grupos aloracionales (G. Alor.).* En los textos directamente obtenidos del habla coloquial, o en los que se trata de reproducirlos, el hablante intercala con frecuencia sintagmas que poseen la función de una *aE,* tales como «bueno, y qué voy a decir yo aquí», «caray», y afines. Aparte esta función de *aE* de perplejidad del hablante, tiene otra: en el contexto provoca desviaciones de modo tal que permite a veces establecer subdivisiones en el T $_r$ (rotulaciones en el T. Ver *supra, Presupuesto de ficción*).

6. *La secuencia.* El árbol puede ser reproducido linealmente mediante un sistema de parentización. He aquí un ejemplo muy sencillo:

> Dentro de la habitación había dos personas, un hombre y una mujer. El hombre miraba fijamente a la mujer, como indagando qué sentía; la mujer estaba muy seria, y en su regazo tenía un gato al que acariciaba de manera automática.

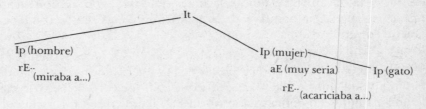

$$It (Ip_{rE} Ip_{aE \; rE} Ip); \text{ o bien: } It \left\{ \begin{array}{l} Ip_{rE} \\ Ip_{aE} \\ \quad\quad _{rE} \; Ip \end{array} \right\}$$

En los ejemplos que figuran al final de este apartado (4.1.4) el lector puede tener ocasión de observar formalizaciones más complejas y, además, analizadas íntegramente.

La secuencia tiene la ventaja de ofrecer la visualización del curso mismo del lenguaje del hablante, y en la medida en que pragmáticamente homologamos pensamiento y lenguaje, obtenemos así el curso del pensamiento.

7. *Aplicación de coeficientes.* En otro trabajo nuestro (Castilla del Pino, 1972:129), hemos dado la serie de coeficientes que pueden aplicarse en el análisis de un texto tras estos momentos formales. De todas formas, los más interesantes son éstos:

| Iv / If | de realización |
| It / Ip | de totalización |
| Ivt / Ivp | de totalización real |
| Ift / Ifp | de totalización irreal |

| Ev / Ef | de valoración |
| Et / Ep | de valoración total |
| Evt / Evp | de valoración real |
| Eft / Efp | de valoración irreal |

A éstos añadimos ahora los siguientes:

| aE / rE | de valoración referencial (hacia sí mismo, hacia objetos) |
| aEv / aEf | de valoración real de sí mismo |
| rEv / rEf | de valoración real de objetos |

8. *Re-lectura 1.ª del T.* Los análisis anteriores permiten una precisión del $S_{t\ (inf.)}$ en orden a la jerarquía de los objetos y de las relaciones entre los mismos (simetría o asimetría como relaciones de clase; subclase de relaciones a través de la lexematografía y de la aplicación de las rU). Se trata, por consiguiente, de una paráfrasis.

9. *Re-lectura 2.ª del T.* Es la lectura identificativa. En ésta se trata de establecer la identificación primaria a través de la I más relevante (sobre todo por el número de E que en ella se inserta) y que coincide con el objeto de máxima jerarquía derivado del paso anterior. Esta identificación primaria permite establecer el objeto sobre el que el hablante (o escritor) se proyecta de modo preferente y lo acepta como imagen de sí, como *self* imaginario, que se relaciona con los demás objetos a los cuales confiere, de momento, imágenes de otro u otros. La identificación primaria es, pues, una metáfora del sujeto sobre sí mismo.

10. *Re-lectura 3.ª del T.* Es también lectura identificativa. Lo que se dirime en esta lectura es el tipo de identificación secundaria que el hablante establece con los demás objetos y que son imágenes parciales de sí mismo merced al axioma «todo es identificación-proyección» (una formulación distinta de relación sujeto-objeto = relación imagen del S-imagen del O, en la que imagen del O es parte del conjunto que compone la imagen del S). El carácter secundario de la identificación lo que revela es que, por las razones que sea, el sujeto prefiere no mostrar la identificación que con tales objetos lleva a cabo. En tanto que imágenes parciales, estas identificaciones secundarias son metonímicas, metonimias del sujeto sobre sí mismo.

Las lecturas 2.ª y 3.ª pueden hacerse simultáneamente, en un mismo paso. Precisan el $S_{t(conn)}$.

11. *Lectura metapsicológica.* Es la traducción o codificación de las lecturas anteriores, sobre todo la 2.ª y la 3.ª, en términos de instancias (narcisistas, eróticas, destructivas, etc.).

## TEORÍA HERMENÉUTICA

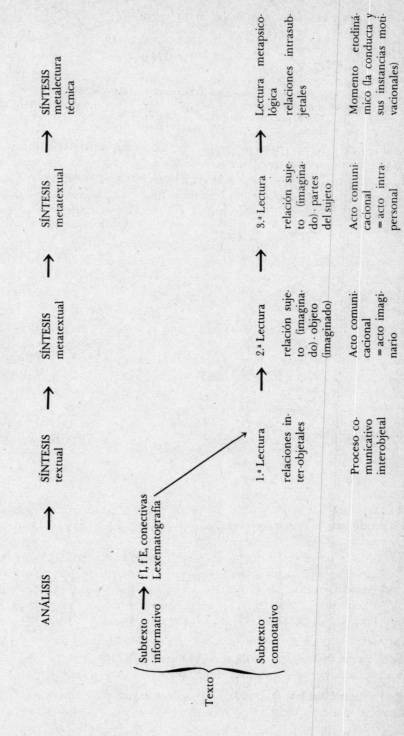

| ANÁLISIS | SÍNTESIS textual | SÍNTESIS metatextual | SÍNTESIS metatextual | SÍNTESIS metalectura técnica |
|---|---|---|---|---|

Subtexto informativo → f I, f E, conectivas Lexematografía

Subtexto connotativo

Texto

1.ª Lectura
relaciones inter-objetales

2.ª Lectura
relación sujeto - (imaginado) - objeto (imaginado)

3.ª Lectura
relación sujeto - (imaginado) - partes del sujeto

Lectura metapsicológica
relaciones intrasubjetales

Proceso comunicativo interobjetal

Acto comunicacional = acto imaginario

Acto comunicacional = acto intrapersonal

Momento etodinámico (la conducta y sus instancias motivacionales)

### 4.1.4.  Algunos ejemplos de análisis hermenéuticos

*1)  De una fantasía diurna*

> En una playa. Estoy mirando cómo un niño hace un castillo de arena. El
> niño mira hacia mí de vez en cuando, como buscando mi aprobación. Yo sonrío,
> dándosela, porque el castillo es muy bonito: está lleno de almenas, en lo alto de
> una colina. Da la impresión de inaccesible. Al concluir de hacerlo, el niño se le-
> vanta y se pone a mi lado.

Es un texto con presupuesto de ficción. Lo que quiere decir que serán *I*
aquellas proposiciones o componentes de las mismas que tomen como referente a denotados, y *E* los que aludan a actitudes hacia sí mismo o interob-
jetales, y que además posean categoría de *v*. Como la categoría de *v* precede
a todo el texto («es verdad que lo que voy a contar es una fantasía»), puede
escribirse así: vT.

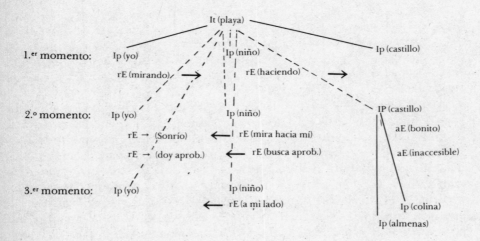

(se ha considerado «playa» como It por ser la definición de la *gestalt*)

$$T_v = I_t \left\{ \begin{matrix} I_p & & r_E \\ I_p & & r_E \\ \\ I_p \end{matrix} \right\} \left\{ \begin{matrix} I_p & & r_{E_{r_E}} \\ I_p & & r_{E_{r_E}} \\ \\ I_p & a_E & a_E \end{matrix} \right\} \left\{ \begin{matrix} I_p \\ I_p & r_E \\ \\ \end{matrix} \right\}$$

Se trata de una secuencia ordenada a partir de una It, desde la cual parten Ip, y estableciéndose dinámicamente relaciones entre las mismas.

Re-lectura 1.ª. Hay dos figuras de distinta jerarquía: «yo» y «el niño»,
que establecen entre ambos una relación *Ip > Ip* a través de mirar-hacer y,

más precisamente, busca aprobación-la doy, y posteriormente «ponerse a mi lado»: la relación es, por tanto, asimétrica, si bien tiende a disminuir cuando en el 3.ᵉʳ momento el niño, a expensas de lo que ha hecho y la aprobación que ha merecido, se pone al lado del narrador. Contrastan la actitud pasiva, contemplativa, del sujeto «yo», y la activa del «niño». Ahora bien, lo que el niño hace es un acto fantástico, un «castillo de arena», que es también lo que el «yo» contempla. El narrador, «yo», considera al castillo hecho como «bonito» *porque* «está lleno de almenas, en lo alto de una colina», lo que le confiere carácter de «inaccesible». De manera que la aprobación de «yo» a lo hecho por el niño deriva de que es bonito, pero es bonito porque es inaccesible, o cuando menos esto parece ser una propiedad que contribuye decisivamente a considerársele «bonito».

Re-lectura 2.ª. Aunque el número de $E$ es superior en 1 en la $I$ «niño» (4; 3 para «yo») la identificación primaria parece inclinarse hacia «yo»: en primer lugar, porque es el yo del narrador, y en segundo lugar porque se sitúa en posición superior en la relación entre las dos figuras. Por tanto, esta identificación primaria permite homologarla con la parte «social» de la identidad del narrador, el yo autoritario pero condescendiente, juzgador, es decir, capaz de discernir entre lo bien y lo mal hecho. Es, pues, un yo ideal, un yo que se conduce ante los demás como en una posición de superioridad intelectual e incluso moral.

Re-lectura 3.ª. Una primera identificación secundaria, el niño, el ser juzgado y finalmente aprobado por lo que hace. Pero lo que hace es un acto fantástico, un castillo de arena, lo que quiere decir que aquello que es aprobado es la construcción de un mundo aparte del mundo exterior; un mundo que, ciertamente, es vulnerable porque es de arena; es más: que rápidamente se va a destruir incluso por sí mismo, porque no puede intrínsecamente sostenerse. Es un acto típicamente infantil, y aprobable por el yo adulto que juzga en tanto que es infantil. Una vez que lo ha terminado, la figura infantil ha adquirido algo del adulto que le va a posibilitar ponerse al lado de éste, aunque aún sigue la diferencia. Y esto que ha sido hecho y que tan vulnerable y débil se presenta es aquello que se usa para la defensa del mundo exterior, una defensa que implica dos cosas: a) «almenas», es decir, barreras separadoras; y b) «en lo alto de una colina», o sea separación a través de la posición elevada (la misma en la que se halla el yo del narrador respecto del niño). Que estas defensas no son seguras parece que el sujeto ha de reconocerlo así, porque «da la impresión de inaccesible», no se asegura que lo sea, aparte de que ¿cómo va a serlo un castillo de arena? Es, pues, tan sólo una fantasía de inaccesibilidad, propia por lo demás del yo infantil que la construye.

En suma, mediante el axioma «todo es identificación-proyección» nos encontramos tres partes del sujeto y las relaciones intrasubjetales correspondientes: el yo maduro, adulto que juzga benévolamente a lo que todavía se conserva del yo infantil, que es la entrega a un mundo fantástico que además trata de preservar mediante defensas, pero poco eficaces. Lo que podría reescribirse así: todo intento de defenderme del mundo exterior y de vivir a expensas de mi fantasía de inaccesibilidad es completamente infantil, tolerable como juego, pero ineficaz, sólo útil para que, después del juego, me ponga al lado de yo que posee sentido de la realidad. La playa, definidora de la *gestalt,* esto es, de la situación, representa ahora la realidad en la que se está, allí donde hay que actuar con sentido de lo real y en donde el uso de la fantasía sólo puede tener carácter lúdico, de momento, como una regresión transitoria al mundo de la infancia, que ha de ser borrado precisamente por su vulnerabilidad ante la misma realidad.

La lectura metapsicológica. Este *self* social, que es el que se muestra ante la realidad, no deja de contener también el deseo de regresión lúdica a un mundo infantil, propio, que desearía defender de sí mismo, en tanto que adulto componente de la realidad, pero que al mismo tiempo sabe —es decir, desea— no defender sino sólo jugar a la defensa, porque lo que desea o se impone como conducta es la realización en el mundo socioempírico.

2) *El relato de un sueño*

> Estoy en el interior de la casa de mis padres, lo que fue «mi casa»; es oscura, grande, desangelada.
> Acabo de enterrar a una niña, o en el suelo o en el último cajón del armario. Estoy triste, pero tranquila, porque he cumplido con mi deber, con una misión obligada.
> Acto seguido, estoy sentada con mis padres en la mesa del comedor. Yo soy adulta; ellos, como en sus años primeros de matrimonio. La niña aparece, se pone a corretear de un lado para otro; se sienta a mi lado y come también.
> Yo me disculpo: «no comprendo», digo a mis padres.
> Ellos responden con un gesto cariñoso, de comprensión.
> Luego la niña se hincha, sobre todo la cara y parece que va a explotar.
> Yo me angustio y digo a mis padres eso de que «va a explotar». Ellos no parecen hacerse cargo del fenómeno ni de mi angustia.

Se trata de un vT (texto con presupuesto de ficción)
El interior de la casa es la definidora de la *gestalt,* como It
El árbol de I es como sigue:

(Se suprime la disyunción *o* por razones que se han de ver luego, ya que en los procesos inconscientes no existen disyunciones excluyentes).

La adición de E deja el árbol del modo siguiente:

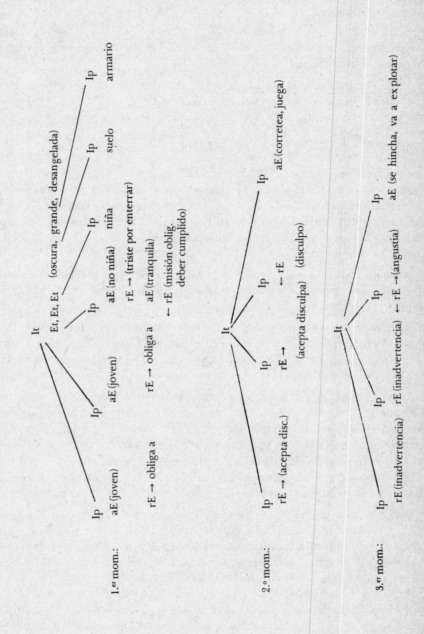

Conectivas. Interesa especialmente llamar la atención sobre la disyunción *o,* que no es excluyente, sino que admite ambas posibilidades. Desde el
punto de vista psicodinámico quiere decir que ambas posibilidades han sido
tenidas en cuenta, cualquiera que sea la elegida (si es que es elegida alguna).
Porque aquí de lo que se trata es de que ambas han sido pensadas, y en el
caso de que al fin una haya sido elegida, connotaría todo lo más la decisión
por una frente a la otra, pero evidentemente deja intacto el hecho de que
ambas han sido barajadas.

Lexematografía. Ahora importa analizar qué significa la afirmación de
la narradora de que «ellos no parecen hacerse cargo del fenómeno ni de mi
angustia», y que ha sido estimada como una *rE*. Efectivamente, la narradora
hace una *rE* con los padres, puesto que dice a los padres lo que puede ocurrir; luego ella confiere a los padres el silencio (como significante).

1.ª relectura. Hay tres tipos de relaciones:

a) Narradora con los padres (aunque jóvenes, su posición es superior a la
de la narradora) por el hecho de ser padres, que pueden obligar a hacer una
misión y que ella ha de obedecer; ante los que se disculpa por el fracaso de
la misma; ante los que se angustia pidiendo ayuda cuando la niña va a explotar.

b) Narradora con la niña, también asimétrica, de superioridad de la primera, pero de insumisión la segunda (no es que no acepte la superioridad de la
primera, es que ni tan siquiera se la plantea).

c) Narradora con el suelo o el cajón, objetos pasivos, inanimados, de los
cuales sólo se hará uso, o podrán ser usados, aunque no son útiles, no por
ellos mismos, sino por el objeto niña que será incluido en uno u otro, y que
vence a lo que la contiene.

De manera que esta relectura puede hacerse del siguiente modo: «mis
padres me obligan a enterrar o cuando menos a meter en el último cajón del
armario a la niña sin duda, mi hija, pero no lo consigo; me disculpo por mi
torpeza y soy perdonada de manera paternal. Se tolera que la niña esté con
nosotros. Pero la niña se hincha y puede explotar, y me angustio por ella y
trato de comunicar mi angustia a mis padres, que no se dan cuenta de que la
niña se hincha ni de mi angustia.

2.ª relectura. Obviamente, la identificación primaria es con ella misma
en el sueño. Nótese, por otra parte, en primer lugar el cúmulo de *E*, mayor
en la figura de ella que en ninguna otra; y en segundo lugar, el coeficiente
de valoración referencial *(aE / rE)* es igual a 1, lo que quiere decir que esta figura se constituye en central, puesto que se relaciona consigo misma más
que las demás y, además, es la que más relaciones establece con las figuras
restantes. ¿Cuál es la identidad de esta figura en el sueño, es decir, cuál es la
im.S obtenida de la relación con las demás figuras? De sumisión hasta el punto de cumplir la orden de los padres; de conciencia de ineficacia en la acción
a que se obliga; de tolerancia de los padres ante esta ineficacia; de angustia

ante el futuro de la niña; de no respuesta entonces de los padres frente a esta doble motivación.

3.ª relectura. Podemos representar el conjunto de la forma siguiente:

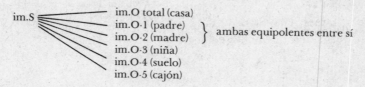

im.S
- im.O total (casa)
- im.O·1 (padre)
- im.O·2 (madre) } ambas equipolentes entre sí
- im.O·3 (niña)
- im.O·4 (suelo)
- im.O·5 (cajón)

Encontramos entonces lo siguiente: con la im.O total, la casa, en donde ella está incluida como parte o miembro del conjunto, y con el que se relaciona por ser sujeto, es de sordidez, de oscuridad (no del todo visible), no abarcable fácilmente en su totalidad. Por tanto, la casa es ella misma comprendiendo a todas las partes de ella, como no puede ser de otra manera por ser una *It*. Las demás *Ip* son, pues, partes de ella misma, incluida la *Ip* (ella) que representa la parte de sí misma que contacta con los demás, su yo social, llamémoslo así. Las imágenes de los padres son débiles, pueden ser desobedecidos (no haberla enterrado a la niña, sin duda haber preferido incluírla en el cajón). La imagen de la niña es la de la parte espontánea, libre, desreprimida de ella, que en efecto no ha logrado, no ya anular definitivamente (enterrar), sino ni dejar a un lado (en un cajón de sí misma). Pero la emergencia de mi identidad infantil en mi yo social lleva consigo el riesgo, cuando se hipertrofia (cuando se hincha) de que se autodestruya y (de explotar) destruya mi yo adulto, con la indiferencia de las partes morales de mí misma, es decir, con la ineficacia de las mismas para haber hecho que mi yo controlador fuese efectivo.

4.ª relectura. Mi deseo profundo: no aniquilar la satisfacción del placer. Las instancias morales para la represión han sido débiles, de manera que la instancia racional no ha incidido con eficacia en la represión. Deseo correr el riesgo de autodestruírme antes que aniquilar mi instancia de placer.

3) *Análisis de un cuento. «El Buitre», de F. Kafka.*

Érase un buitre que se picoteaba los pies. Ya había desgarradolos zapatos y las medias y ahora me picoteaba los pies. Siempre tiraba un picotazo, volaba en círculos inquietos alrededor y luego proseguía la obra. Pasó un señor, nos miró un rato y me preguntó por qué toleraba yo al buitre.

— Estoy indefenso, le dije, vino y empezó a picotearme, yo lo quise espantar y hasta pensé torcerle el pescuezo, pero estos animales son muy fuertes y quería saltarme a la cara. Preferí sacrificar los pies; ahora están casi hechos pedazos.

— No se deje atormentar, dijo el señor, un tiro y el buitre se acabó.

— ¿Le parece?, pregunté, ¿quiere encargarse usted del asunto?

— Encantado, dijo el señor; no tengo más que ir a casa a buscar el fusil, ¿puede usted esperar media hora más?

— No sé, le respondí, y por un instante me quedé rígido de dolor; después añadí: por favor, pruebe de todos modos.

— Bueno, dijo el señor, voy a apurarme.

El buitre había escuchado tranquilamente nuestro diálogo y había dejado errar la mirada entre el señor y yo. Ahora vi que había comprendido todo: voló un poco lejos, retrocedió para lograr el ímpetu necesario y como un atleta que arroja la jabalina encajó el pico en mi boca, profundamente. Al caer de espaldas sentí como una liberación que en mi sangre, que colmaba todas las profundidades y que inundaba todas las riberas, el buitre irreparablemente se ahogaba. (ver. esp. de Jorge Luis Borges, en F. Kafka, *La Metamorfosis*, Buenos Aires, 1943. Edit. Losada)

He aquí la serie de árboles sucesivos:

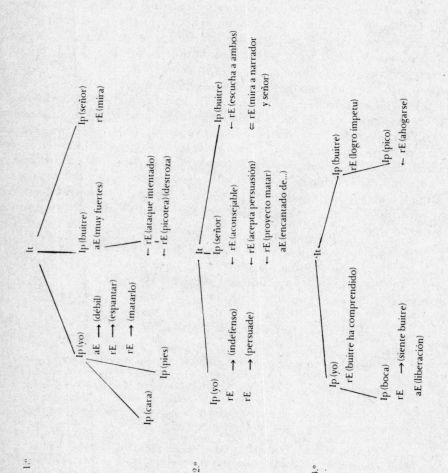

1.ª relectura. Indefenso ante el mucho más fuerte buitre, entrego mis pies, ya que sólo intentar espantarlo o pensar en matarlo motivó un ataque aún mayor, a la cara. En conjunto y brevemente, la relación puede expresarse así, en su gran asimetría: $Ip_{rE} < Ip_{rE}$, en la que se da el matiz de la resignación, como si la asimetría fuera irresoluble.

Ofrecimiento de otro de que se defienda.

Tras una breve duda, ofrece al otro que le defienda.

Este otro acepta gustoso matar al buitre.

El narrador «ve» que el buitre ha comprendido que va a ser muerto.

El buitre ataca al narrador hincando el pico en la boca y ahogándose en la sangre del propio narrador. Éste experimenta su liberación.

(Como rige aquí el presupuesto de ficción, queda la duda de si el narrador muere al mismo tiempo que el buitre, experimentando muerte y liberación al mismo tiempo; o si el narrador no muere «puesto» que es el que narra, relación lógica que, dado el carácter de ficción, no tiene por qué darse necesariamente. Me inclino a pensar que el narrador muere al mismo tiempo que el buitre).

2.ª relectura. La identificación primaria es con el narrador, el cual está indefenso ante al buitre, con dos partes vulnerables de sí mismo: cara y pies, la primera de mayor relevancia para el narrador, ofreciendo a cambio la segunda, que el buitre acepta. La identificación es claramente positiva. La relación con «el señor que pasa» es, por parte de éste, de perplejidad ante el hecho de que no se defienda a pesar de lo fácil que racionalmente parece; el narrador acepta este argumento pero pide a alguien, que es totalmente ajeno a él, que se encargue del asunto, lo que hace «gustosamente». Ambos, pero especialmente, por su trascendencia, el narrador, ignoran que el buitre les entiende y acabará matando al narrador y matándose él en el narrador; pero éste, a pesar de sentirse morir, experimenta liberación.

3.ª relectura. La identificación secundaria con el señor es también positiva: representa la parte mínima de él que podría, cuando menos como proyecto, adoptar una actitud defensiva llevada al máximo. Esta parte es vivida como ajena a él, hasta el punto de que el que aparezca le suscita extrañeza, como algo inesperado en él mismo. La identificación negativa es con el buitre, ser absolutamente poderoso, destructivo y con ese carácter también extraño a él. ¿Por qué hay una parte tan poderosa de sí mismo que busca su destrucción (autodestrucción)?: no lo entiende. Todo intento de anular (espantar) la instancia destructora la exalta y la convierte en destructora total; conviene, pues, destruírse sólo en parte para calmar su instancia autodestructora, y escoge los pies. Que la cara representa la totalidad de sí mismo está cotextualmente claro a través del hecho de que, al fin, el ataque a la cara es el que deparará la muerte de ambos. Pero los pies que ofrece como alternativa parcial a la destrucción total tienen que ser una parte muy valiosa de sí para poder equipararse a la total. El intento de evitar la destrucción parcial conlleva la destrucción total, esto es, incluso la propia instancia destructora.

Lectura metapsicológica. Existe una instancia a la total autodestrucción, sólo evitable mediante el ofrecimiento de la destrucción parcial de algo
muy valioso, tanto (en la práctica) como la totalidad: sólo aquello que le pri-
vará definitivamente de toda satisfacción (de placer) puede compensarle de
la instancia a la destrucción total de su *self.* Esta instancia masoquista, de mutilación, ante la instancia sádica que podría llevarle a la destrucción total, ha
de estar basada en la necesidad de expiación de una culpa. La culpa merece-
ría, de no ser expiada, la muerte; de ofrecer la expiación de la misma, sólo la
mutilación de la parte valiosa de sí, instrumentalizadora de cualquier satisfacción. Esa mutilación ha de ser la (auto)castración, que le va a permitir sobrevivir, aunque sea con un futuro incierto («no sé si podré resistir»), y desde
luego dolorosamente. Opta al fin por no castrarse intentando aniquilar su
instancia destructora, pero entonces ella le lleva a la destrucción total (que
incluye la de la instancia misma).

Si se admite como posible que muere el buitre pero no el narrador, entonces la modificación sería tan sólo la siguiente: la instancia destructora acaba por ella misma destruyéndome en la identidad (la cara, el espejo del *self* )
que poseo. No sería castrado, pero tampoco tendría identidad alguna, porque ésta la obtengo gracias a la coexistencia de la instancia autodestructora:
en suma, sería como estar muerto en vida, al no tener identidad por la que
se le reconociera (cara destruida).

4)  *Relatos sobre láminas del test de apercepción temática*

A continuación ofrezco tres análisis de protocolos tan sólo. El lector interesado puede consultar en Castilla del Pino (1980: 369) para mayores detalles, así como para los análisis obtenidos sobre otros tipos de test proyectivos.

> a)  de la lámina 13 (Una mujer joven yace en la cama, desnuda de medio
> cuerpo para arriba, cubierta la otra mitad con la ropa de la cama; los pechos son
> visibles; el brazo derecho pende. Un joven de pie, de espaldas a ella, a falta de la
> chaqueta tan sólo, cubre sus ojos con el antebrazo derecho).
> «A mí se me ocurren dos cosas: bien que [el hombre se levanta de la cama y se
> ha vestido ya; después de haber tenido relaciones sexuales con la mujer se
> está llevando las manos a los ojos para despertarse. La mujer tiene sueño y
> está durmiendo.] También se me ocurre una escena violenta: [ha matado a la
> mujer por celos u otra cosa]. La habitación es oprimente, oscura, se siente
> uno oprimido en esta habitación.»

Se trata de dos situaciones posibles, que en el T han sido separadas mediante paréntesis cuadrados ($t_{r1}$ y $T_{r2}$). El T comienza con un G. Alor. (grupo
aloracional), que se toma al hablante como referente y que confiere al T el
carácter de «ocurrencia», equivalente al presupuesto de ficción. Hay otro G.
Alor. que separa ambos $t_r$ y que ha quedado fuera del T de momento («también se me ocurre»). El T concluye con un tercer G. Alor. («se siente uno...»).
Estos grupos aloracionales son *aE* que el hablante hace sobre sí mismo, y,
por tanto, constituyen marcadores de veracidad respecto de los $T_r$ que siguen («lo que ha de venir es ocurrencia mía», «para mí la habitación es opri-
mente», etc.).

He aquí los dos árboles:

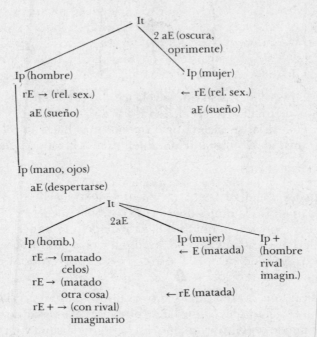

Conectivas y lexematografía. Me interesa especialmente subrayar el «también» que, evidentemente, excluye el que entre los dos T $_r$ exista alternativa: son ambas situaciones las que han de ser tenidas en cuenta.

Los G. Alor. tan abundantes revelan la actitud del narrador respecto de la situación que se le muestra, y, en general, ante la realidad exterior y, de rebote, ante la realidad de sí mismo. Es una actitud que muestra un gran sentido de realidad, ya que advierte que todo va a ser ocurrencia: esto quiere decir que no existe una identificación total con realidades externas que permita superar el distanciamiento que establece entre la realidad y él (y entre la realidad interna y su yo). Es una posición «correcta», por decirlo así, «académica», que naturalmente muestra la incapacidad del sujeto —la inhibición— para fundirse con la realidad perdiendo momentáneamente su diacrisis, que es lo que efectivamente hace el sujeto que se identifica profundamente.

Addenda. Nótese que en el árbol en que se ofrece la 2ª situación existe una Ip + (neoformada) es decir, alucinatoria (no está en la lámina): se trata del sujeto del cual el hombre de la lámina, la figura masculina, podría sospechar que fuera el objeto amoroso para la mujer de la que siente celos. Por tanto, hay también en la figura masculina una rE +, que es la relación alucinada que el hombre ha de establecer necesariamente con el presunto rival. Naturalmente la relación del hombre con el rival es asimétrica en este sentido Ip < Ip +.

Secuencia:

$$\text{vT} = \text{It} \quad \begin{array}{} \text{Ip} \quad \text{rE} \\ \qquad \text{aE} \quad \text{Ip} \\ \qquad\qquad \text{aE} \\ \text{Ip} \\ \text{rE} \\ \text{aE} \end{array} \Bigg\} \qquad \Bigg\} \qquad \begin{array}{} \text{Ip} \\ 3\text{rE} \\ \\ \text{Ip} \\ \text{rE} \\ \text{Ip} \end{array} \Bigg\}$$

$2\text{aE}$

Todas las *I* y *E* son verdaderas, lo que revela un alto coeficiente de realización, de totalización, de totalización real, de valoración, de valoración real, pero la valoración referencial se inclina ligeramente más hacia la relación con objetos que a sí mismo. No obstante, también es alta la valoración real de sí mismo.

1ª relectura. En una situación opresiva, oscura, hombre y mujer han tenido relaciones sexuales; a ambos les ha producido sueño, pero el hombre trata de despertarse, mientras la mujer duerme. O también puede ser que en una habitación opresiva, oscura, el hombre haya matado a la mujer ante la posibilidad de que le haya engañado o por cualquier otra cosa que ella le hubiera podido hacer. En todo caso, ella aparece como provocadora de su propia muerte ejecutada por el otro.

En la primera situación, las relaciones entre ambos no están precisadas, pero él aparece como el sujeto activo, que ha de despertarse a pesar de tener sueño, mientras ella puede seguir durmiendo. En la segunda situación, la relación tiene dos fases: en una primera la asimetría es ésta: Hombre > Mujer; en la segunda Hombre < Mujer; pues si la mujer fue provocadora, dio celos, engañó o hizo cualquier otra cosa, evidentemente él fue preterido; mientras que al matarla aniquila toda posible identidad y, en consecuencia, tras haberla dominado (ha podido matarla), desaparece la relación. Él provoca, pues, al fin, la pérdida de objeto amado.

2.ª relectura. La identificación en conjunto, con la situación oscura, opresiva, en la que han de desenvolverse sus relaciones —las del protagonista = identificación primaria— con las demás figuras femeninas. Esta relación puede ser de dos tipos: o con figuras femeninas que sean totalmente pasivas, o con figuras femeninas a las que habría que aniquilar porque darían lugar para ello: preferentemente, el hecho de que la figura masculina con la que tiene lugar la identificación primaria sea preterida frente a otra; de no ser por este motivo, «por cualquier cosa», es decir, se buscaría algo que fuese pretexto: en todo caso ella es la que provoca su aniquilación por mí.

3ª relectura. Mi situación es oscura y en todo caso opresiva, porque consto de dos partes, una, de proyección social, masculina; otra, secundaria, femenina, la cual o está pasiva (dormida) completamente dormida o de estar despierta habría que destruírla, ya que me llevaría a las siguientes dos posibilidades: 1) a amar a un hombre, mostrándose entonces mi parte femenina, es decir, homosexual; 2) cualquier otra cosa, es decir, aunque no me llevase a una relación homosexual, simplemente el hecho de ser ostensible sería suficiente.

Lectura metapsicológica. Ostento una parte masculina, y otra femenina que he de adormecer. De no ser así, instancia destructora de mi parte femenina como forma de evitar la instancia homosexual o simplemente la emergencia de la misma. Pero esta destrucción representa la pérdida de una parte (homosexual, femenina) amada por mí.

(Nota: aunque no sea éste el sitio adecuado, señalo que el análisis de este texto pone de manifiesto el carácter homosexual profundo de los celos, cosa ya advertida por Freud (1922), pero referido por él a los casos de celos delirantes. He de señalar que se trata en este caso de un joven con tendencias homosexuales, no asumidas, que por consiguiente le deparaban una depresión por la ineficacia del rechazo de las mismas y la angustia ante la posibilidad de que tales tendencias le fuesen descubiertas.)

> b) de la lámina 1 (un niño sentado, apoyado sobre una mesa, con el brazo izquierdo y la mano sobre su mejilla, tiene delante de él un violín con su arco, y debajo de éstos el gran cuaderno de la partitura).
>
> [«Un chico mirando a un violín. Postura pensativa... que no lo mira con curiosidad, sino como diciendo '¡el día que sea grande y lo pueda tocar!', o algo así.] $_{Tr1}$
>
> [Pienso en un final trágico... Que después de... ¿qué diría yo?... que una persona mayor, sin darse cuenta de la mirada del chico, le dijese: 'deja esto, no lo vayas a romper'. La persona mayor no aprecia la mirada del chico, se lo quita y queda frustrado»] $_{Tr2}$

He aquí los árboles, que han de ser comentados en algunas de sus particularidades.

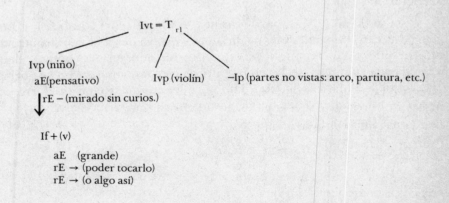

(–*Ip*: se trata de alucinaciones negativas, cuya dinámica es clara aquí: para la probando el único objeto es el violín, y no de gran interés en sí mismo, sino en cuanto le sirve para pensar y fantasear sobre el niño. Como fantasía «ve» «el día que sea grande», por tanto, es una *If*, y además neoformada (*If+*), porque no se encuentra en la lámina, pero criticada de antemano («como diciendo»: presupuesto de ficción), lo que le confiere el rango de *v*: *Ifp + (v)*.

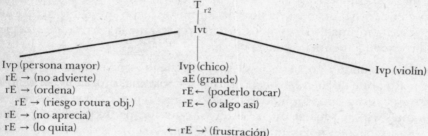

(La persona mayor no está en la lámina, pero la probando lo advierte; por tanto, es un denotado o referente interno de ella misma («pienso que... una persona mayor»). «No darse cuenta de la mirada del chico» es una forma de relación: se ha relacionado con él, pero no le ha comprendido porque no advierte la índole de la mirada del niño al violín. La orden de que no lo toque porque lo puede romper es también una *rE*, porque supone que la relación con el niño es con una imagen de éste de tal naturaleza que podría estropear, destruir, el objeto. Para evitarlo, la persona mayor le quita el objeto. Esto quiere decir que hay *rE* del niño con el violín, en el sentido de que ya, por ser mayor, «grande», el objeto es suyo o cuando menos puede usarlo, de lo contrario no habría que quitárselo. Para comprender la *aE* del niño (que la probando lo debe ver-verse grande y por lo tanto pudiendo tocar el violín) hay que considerar que el $T_{r1}$ y $T_{r2}$ se comunican, y lo que ocurre es que en el $T_{r1}$ se anticipa el futuro del $T_{r2}$, ya que sueña con el día que sea grande y lo pueda tocar, futuro que luego, hecho presente, se ve frustrado por la orden del adulto.

«Pienso en un final trágico» es un G. Alor. que separa ambos $T_r$. También existe otro G. Alor.: el «¿qué diría yo?», que va después de un anacoluto («que después de...»), lo que revela que la probando, en su profunda identificación con el niño, ha hecho un intento, ha esbozado un proyecto de acción sobre el objeto, pero lo ha abortado porque, en una acción catáfora, sabe que no podrá tocar el violín, ni «algo así» como tocarlo.

La secuencia es la siguiente:

$$
T \begin{cases}
T_{r1} \begin{cases} \text{Ivp} \quad \text{aE} \quad \text{rE} \quad \text{If+(v)} \quad \text{aE} \quad \text{2rE} \\ \text{Ivp} \\ -\text{I} \end{cases} \\
\\
T_{r2} \begin{cases} \text{Ivp} \quad \text{4rE} \\ \text{Ivp} \quad \text{aE} \quad \text{3rE} \\ \text{Ivp} \end{cases}
\end{cases}
$$

1ª relectura. El niño es la figura central. El objeto no le interesa al niño más que en la medida de que en el futuro pueda ser poseído o cosa semejante; por eso, la relación con el objeto, ahora que no se cumple la condición de ser adulto, es sólo fantaseada. De niño sólo puede mirar el objeto.

Pero ya cumplida la condición por ser «grande», alguien de fuera, mayor que él por supuesto, y que puede hacerlo por la posición superior que ostenta; alguien, además, que no comprende la intensidad del deseo del niño-ya-grande de relación con el objeto (intensidad notable en su mirada, que el adulto no advierte), le impide, no ya tocarlo, sino incluso cogerlo, convencido como está de la posibilidad de que lo destruya, y para evitar esto de modo definitivo, se lo sustrae. La asimetría existente entre niño y persona mayor se mantiene en su enorme cuantía tanto en la etapa infantil propiamente dicha cuanto en la fantaseada de «grande».

2ª relectura. La identificación primaria es con el niño, y de tal índole que no sólo entrevé las actitudes sino que sabe lo que piensa («como diciendo» es «como diciéndose», no hablando en sentido estricto). Pero como niño sólo puede mirar el objeto para darse a sí mismo pie para fantasear acerca de lo que desearía en un futuro. Por tanto, como niño no desea, salvo ser adulto, grande, para entonces poder establecer una relación directa con el objeto, en forma de uso o de algo semejante. Tiene, pues, interiorizado que de niño no puede desear relación alguna con el objeto. Pero también cuando desea ser adulto y se imagina tal le estará prohibida, entonces por una figura externa a él, y todopoderosa, la relación con el objeto, ante la posibilidad de que pueda romperlo, destruirlo. Incluso le sustrae el objeto, no para usarlo esa figura, sino para que no lo use él. Esto le depara una trágica frustración.

3ª relectura. En tanto que yo infantil ni siquiera puedo esperar otra relación con el objeto que la propiamente *voyeurista;* ese objeto que es una parte de mí que anhelo usar cuando sea mayor, es decir, cuando el yo infantil haya sido anulado. Pero he aquí que aun entonces no usaré de esa parte de mí porque otra parte, hiperpotente, me lo prohibe a mí misma sobre la base de que soy incapaz de usar de aquella parte anhelada hasta el punto de que pueda destruirla. O sea, la única manera de preservar esta parte de mí es que yo misma me prohiba terminantemente usarla «o algo así». Esa parte de mí que no puedo usar es el instrumento de placer, es decir, el genital, el cual puede ser usado de modo apropiado («tocar el violín») o de modo semejante; o usado para la relación con objetos externos a mí en la forma adecuada o casi adecuada.

Lectura metapsicológica. Deseo el placer que depara la relación libidinal con el objeto. La he anhelado de niña, pero asumí su imposibilidad por ser niña; esperé de adulta poder tener la gratificación erótica. Hasta entonces sólo me era factible el placer obtenido de la observación, que me permitía esperar la satisfacción ulterior por el uso propiamente dicho. Pero tampoco me es permisible, entre otras cosas, o sobre todo, porque instancias destructivas hacia esa fuente de posible placer podrían acabar con ella. Con tal motivo, tengo que suprimirme esa instancia de donde está y pasarla a otra parte de mí que sé que no usará de aquella como fuente de placer. Lo genital, pues, no podrá ser usado para fuente de relación libidinal con el objeto, sino usado no libidinalmente (desexualizar el genital).

    c) de la lámina 1. «Ésta sí la recuerdo. Me sugiere que es un niño pensando; es lo que me sugería antes. Tiene un violín y no lo toca; no sé si evita algo o que no tiene ganas de tocar. Puede que esté triste. No digo que lo esté. Está el niño apoyado más en la mano derecha que en la izquierda.»

He aquí el árbol:

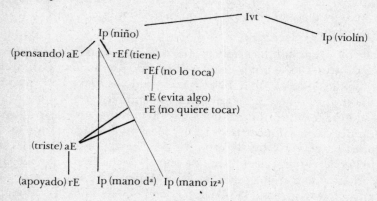

«O» no tiene una función excluyente: el marcador de veracidad «no sé» permite inferir que ambas posibilidades están equilibradas. También el «puede» referido al estado de ánimo permite deducir que la posibilidad opuesta («puede que no») debe ser tenida en cuenta, aunque quizá como menos probable.

Hay un G. Alor. al comienzo («Ésta sí...»); otro, ulterior («Es lo que me sugería...»).

1ª relectura. Sitúa al niño en actitud de ensimismamiento, sin que se explicite si es por el objeto. La relación con el violín es de posesión («tiene») y de no usarlo, y como Ef posee un alto grado de certidumbre. El no usarlo ofrece dos posibilidades: o por evitación (de algo que contiene un riesgo) o por indeseado. Parece plausible pensar que cualquiera que sea la causa, le depara tristeza.

Ulterior dejación de la relación con el objeto. El niño se relaciona ahora con partes de sí mismo, de su propio cuerpo.

2ª relectura. La identificación primaria es con el niño. El objeto, temido o indeseado, es eludido. Aparece tristeza. Relación consigo mismo en su corporalidad. Ensimismamiento.

3ª relectura. Aquella parte de sí mismo, que tiene y sirve para ser tocada, es evitada por peligrosa o indeseable. Esta parte de sí mismo es abandonada y depara tristeza. La relación, entonces, aparece con aquellas partes de sí mismo que son «neutras», pero que le sustentan, y con las cuales hay una relación cosificada. Autismo.

Lectura metapsicológica. Deseo no usar de aquella parte de mí mismo de la que se derivaría el riesgo de mi destrucción; este deseo de no usar puede alcanzar el grado del no deseo. Fragmentación de sí mismo por distanciación de aquella parte, con la que mantendrá una relación de pura cosa, como con aquellas otras partes de sí mismo (manos) con las que tal relación es factible. Aquella parte de sí mismo o peligrosa o no deseada es ahora peligrosa, luego indeseada, y al representar la parte de sí mismo que es tocable, con la que el sujeto se realiza, es metáfora fálica, que se evita por arriesgada y de la que no existe ya ni deseo de usar. El ensimismamiento, autismo, muestra la retracción narcisista a la esfera de la corporalidad, a aquella que no sirve para la relación con los otros, sino consigo mismo; de aquí la negación de aquellas partes del *self* que se enfrentan relacionalmente con los demás (pulsiones, afectos).

(Nota). Este protocolo corresponde a un joven adulto esquizofrénico.

## REFERENCIAS BIBLIOGRÁFICAS

1961     Abrahan, K., *Sueños y mitos,* en *Estudios sobre psicoanálisis y psiquiatría,* vers. esp., Buenos Aires, Hormé.
1966     Allot, M., *Los novelistas y la novela,* vers. esp., Barcelona, Seix Barral.
1972     Badouin, Ch., *La Psychanalise de Victor Hugo,* París, Armand Colin.
1944     Bergler, E., *A Clinical Approach to the Psychoanalysis of Writers, Psa. Rev.* 31, p. 70.
1980     Berryman, *entrevista* de Peter A. Stit con..., en «Gaceta del F. de C. Econ.», 120, diciembre.
1973     Bloomfield, L., *Aspectos lingüísticos de la ciencia,* vers. esp., Madrid, Josefina Betancourt
1933     Bonaparte, M., *Edgar Poe,* París, 2 vols.
1974     Bradbury, M., *Estado actual de la crítica,* en Bradbury, M. y Palmer, D., *Crítica contemporánea,* vers. esp., Madrid, Cátedra.
1979     Bühler, K., *Teoría del lenguaje,* vers. esp., Madrid, Alianza Univ.
1942     Carnap, R., *Introduction to Semantics,* Cambridge, Harvad Univ. Press.
1969     Castilla del Pino, C., *Psicoanálisis y marxismo,* Madrid, Alianza.
1972     ————, *Introducción a la hermenéutica del lenguaje,* Barcelona, Península.
1973     ————, *Introducción al masoquismo,* en Sacher-Masoch, L., *La Venus de las pieles,* vers. esp., Madrid, Alianza.
1976     ————, *Aspectos epistemológicos de la crítica psicoanalítica,* en Clancier, A., ob. cit.
1978     ————, *Sexualidad, represión y lenguaje,* Madrid, Ayuso.
1980a    ————, *Introducción a la psiquiatría,* 2 vols.; vol. 1, *Problemas generales, Psico(pato)logía,* Madrid, Alianza Textos.
1980b    ————, *Don Quijote. La lógica del personaje,* Rev. Occidente, 3.
1981     ————, *Texto y contexto,* en «Omkring Sven Skydsgaard», Copenhague, Roman Institut.
1976     Clancier, A., *Psicoanálisis, literatura, crítica,* vers. esp., Madrid, Cátedra.
1961     Corominas, J., *Breve diccionario etimológico de la lengua castellana,* Madrid, Gredos.
1957     Delay, J., *La jeunesse d'André Gide,* París, Gallimard, 2 vols.
1980     Dijk, T. A. van, *Texto y contexto,* vers. esp., Madrid, Cátedra.
1976     Ehrenzweig, A., *Psicoanálisis de la percepción estética,* vers. esp., Barcelona, Gustavo Gili.

1981    Erikson, E. H., *Identidad, juventud y crisis,* vers. esp., Madrid, Taurus.

1972    —————, *Sociedad y adolescencia,* vers. esp., México, Siglo XXI.

1972    Fairbairn, W. R. D., *Psicología del artista. Los fundamentos de la experiencia estética,* vers. esp., Buenos Aires, R. Alonso.

1981    Ferenczi, S., *Obras completas,* vers. esp., 3 vols. 1, *Anatole France, psicoanalista,* Madrid, Espasa-Calpe.

1887-1902 Freud, S., *Los orígenes del psicoanálisis,* vers. esp., Buenos Aires, Salvador Rueda.

1900    —————, *La interpretación de los sueños,* vers. esp., de las *Obras Completas* en 23 vols., Buenos Aires, Amorrortu; vols, IV y V.

1905 a   —————, *El chiste y su relación con lo inconsciente,* VIII.

1905 b   —————, *Fragmento de análisis de un caso de histeria (Dora),* VII.

1905 c   —————, *Tres ensayos de teoría sexual,* VII.

1905 d   —————, *Personajes psicopáticos en la escena,* VII.

1906    —————, *El delirio y los sueños en «Gradiva» de W. Jensen,* IX.

1908    —————, *El creador literario y la fantasía,* IX.

1911    —————, *Formulaciones sobre los dos principios del acaecer psíquico,* XII.

1913 a   —————, *El interés por el psicoanálisis,* XIII.

1913 b   —————, *El motivo de la elección del cofre,* XII.

1916    —————, *Algunos tipos de carácter dilucidados por el trabajo psicoanalítico,* II, *Los que fracasan cuando triunfan,* XIV.

1915-17  —————, *Conferencias de introducción al psicoanálisis,* XV y XVI.

1917    —————, *Un recuerdo de infancia en «Poesía y verdad»,* XVII.

1919    —————, *Lo ominoso,* XVII.

1920    —————, *Más allá del principio del placer,* XVIII.

1922    —————, *Sobre algunos mecanismos neuróticos en los celos, paranoia y homosexualidad,* XVIII.

1927    —————, *El humor,* XXI.

1928    —————, *Dostoyevski y el parricidio,* XXI.

1932-6   —————, *Nuevas conferencias sobre psicoanálisis,* XXII.

1977    García Berrio, A. y Vera Luján, A., *Fundamentos de teoría lingüística,* Madrid, Comunicación.

1945    Hitschmann, E., *Samuel Johnson's Character,* en «Psa. Rev.», 32.

1974    Hough, G., *La crítica como disciplina humanística,* en Bradbury y Palmer, cit.

1963    Jakobson, R., *Linguistique et Poétique,* en *Essais de Linguistique Générale,* trad. franc. 2 vols., París, Minuit, vol. 1 (vers. esp., Barcelona, Seix Barral).

1967    Jones, E., *Hamlet et Oedipe,* París, Gallimard.

1957    Jung, C. G., *Psicología y alquimia,* vers. esp., Buenos Aires, Santiago Rueda.

1977    Kafka, F., *Cartas a Felice,* vers. esp., Madrid, Alianza Tres, 2 vols.

1955    Kris, E., *Psicoanálisis y arte,* vers. esp., Buenos Aires, Paidós.

1931    Laforgue, R., *L'echec de Baudelaire,* París, Denoël y Steele.

1961    Laplanche, J., *Hölderlin et la question du Pére,* París, P. U. F.

1972    Lázaro Carreter, F., *Diccionario de términos filológicos,* Madrid, Gredos.

1966    Mauron, Ch., *Des métaphores obsédantes au mythe personnel,* París, Corti.

1943    Ortega y Gasset, J., *Obras completas,* Madrid, Rev. Occidente, vol. VI.

1972    Painter, G. D., *Marcel Proust,* vers. esp., Madrid, Alianza, 2 vols.

1932    Peirce, Ch. S., *Collected Papers,* II, Cambridge, Mass., 2 vols.

1980 a   Pessoa, F., en «Poesía», n.º 7-8, dedicado a...

1980 b   —————, *Fragmentos de una carta de... a Adolfo Casais Monteiro,* en «Gaceta del F. C. Econ.», 121.

1978    Petöfi, J. y García Berrio, A., *Lingüística del texto y crítica literaria,* Madrid, Comunicación.

1971    Piaget, J., *El criterio moral en el niño,* vers. esp., Barcelona, Fontanella.

1970    Poe, E. A., *Berenice,* en *Cuentos,* 1, vers. esp., Madrid, Alianza, 2 vols.

1962    Quine, W. V. O., *Desde el punto de vista lógico,* vers. esp., Barcelona, Ariel.

1912    Rank, O., *Das Inzest-Motiv in Dichtung und Sage,* Viena Leizig.

1959    —————, *El sueño y la poesía,* en Freud, S. *Obras completas,* vers. esp., en 3 vols., Madrid, Biblioteca Nueva, vol. 1, p. 512.

1976    —————, *El doble,* vers. esp., Buenos Aires. Orión.

1975    Reik, T., *Variaciones psicoanalíticas sobre un tema de Mahler,* vers. esp., Madrid, Taurus.

1940    Rickman, J., *Nature of Ugliness and the Creative Impulse,* Int. J. Psychoanal, 21, 294.

1950 Sartre, J. P., *Qué es literatura,* vers. esp., Buenos Aires, Losada.
1975 —————, *El idiota de la familia,* vers. esp., Buenos Aires, Tiempo Contemporáneo, 2 vols.
1977 Schmidt, S. J., *Teoría del texto,* vers. esp., Madrid, Cátedra.
1965 Stekel, W., *Los sueños de los poetas,* vers. esp. Buenos Aires, Citerea.
1970 Stendhal, *Rojo y negro,* vers. esp., Madrid, Alianza.
1926 Thurber, J., *La vida secreta de Walter Mitty,* vers. esp., en *Antología de grandes cuentistas norteamericanos,* Madrid, Aguilar, 1955.
1963 Volpe, Galvano Della, *Crítica del gusto,* vers. esp., Barcelona, Seix Barral.
1936 Waelder, R., *The principle of multiple Function,* en «Psychoan. Quart.», 5.
1971 Watzlawick, P., Beavin, J. H., Jackson, D. D., *Teoría de la comunicación humana,* vers. esp., Buenos Aires, Tiempo Contemporáneo.
1962 Weizsaecker, V. V., *El círculo de la forma,* vers. esp., Madrid, Morata.
1980 Wiliams, C. W., *Fragmentos de un autorretrato,* en «Gaceta del F. Cult. Econ.», 120.

# Epílogo

## Más allá de los «ismos»: Sobre la imprescindible globalidad crítica

Antonio García Berrio

0.   Parece que los distintos sectores de la actividad filológica viven en este día, más que nunca, un nítido proceso de agotamiento de los *ismos*. Formalismo, como contenidismo o sociologismo; o poética lingüística como psicoanálisis crítico o retórica general, son defendidos partidariamente las más de las veces por obcecados cultivadores como salidas privilegiables y excluyentes en la analítica del texto literario. Yo no lo veo así, ni mucho menos; antes por el contrario vivo persuadido —en una convicción que ha crecido en los últimos tiempos— de que, si se cultiva alguno de los ismos críticos con cierta asiduidad o mayor conocimiento de causa que los restantes, a ese hecho hay que adjudicarle una pura y simple tacha de limitación e impotencia, y no de todo lo contrario, contra lo que suele ser habitual [1].

---

[1]   Mi actual postura, crítica y distanciada respecto a los métodos formales, no obecede a coyunturas de opinión de última hora, ni tampoco es consecuencia de cierto auge, ya incluso algo pasado de moda y casi siempre irracionalmente triunfalista, de los métodos de la sociocrítica ideológica. Mi creencia en las posibilidades necesariamente complementarias de los formalismos arranca desde mi primera y quizás más conocida exposición de un sector de los mismos, en *Significado actual del formalismo ruso,* Barcelona, Planeta, 1973. Toda la segunda mitad de aquel libro era un intento de mediación complementaria con el sociologismo ideológico. La situación de aquellos años en España, sin embargo, predisponía a muchos —que luego, paradógicamente, no han resultado ser los demócratas y liberales «de siempre», sino los mismos incómodos críticos «de toda la vida»— demasiado en favor de los que considerábamos ingenuamente como «débiles». Con el paso de los años se me han ido iluminando simultáneamente las grandezas del discurso artístico y la miseria de sus paráfrasis, especialmente aquellas que se autolimitan dentro de cualquiera de los ismos metodológicos, entre los que proclamo no obstante, como el menor de los males, el formalismo, por su propio volumen de aportaciones pertinentes a la explicación, si se quiere adyacente y del material, del texto literario. Pero, con todo, no he regateado ni mucho menos mis críticas, cada vez más severas en el paso de estos años cuanto personalmente más maduras y objetivamente más justificadas contra los desarrollos aberrantes de las demasías metodológicas del -ismo, cuya naturaleza primordial he proclamado siempre. Recuerdo especialmente mi artículo, *Crítica formal y función crítica,* en «Lexis», I, 2 (1977), pp. 189-209; del que son eco ciertos rechazos radicales del capítulo sobre «la Lengua literaria» de mi libro en colaboración con A. Vera Luján, *Fundamentos de teoría lingüística,* Madrid, Comunicación, 1977, especialmente en pp. 257-260.

Así pues todo *ismo* crítico simboliza claramente la historia de una tentativa frustrada; porque, lo diré cuanto antes, el objeto de reflexión de la actividad crítica literaria, la obra de arte verbal, desborda las posibilidades de iluminación concreta de cualquiera de las parcialidades metodológicas de acceso a ella. Me parece que hasta aquí mi propuesta es tan escasamente cuestionable, que casi su único riesgo pudiera ser el que se siguiese de su condición de lugar común de evidencia inmediata. Lo curioso es, sin embargo, que, repasando la historia de la evolución de la crítica literaria en los últimos ochenta años, resulta claro que tal posible lugar común, pese a su condición de evidencia no arcana, dista mucho de contar con suficientes proclamaciones, en calidad e incluso en cantidad. La antología de citas en defensa de cada *ismo* concreto, que podríamos hacer en este punto sin excesivo esfuerzo, contrasta sorprendente y definitivamente con el escaso número de los razonables reconocimientos y puentes tendidos a la posición no compartida, y no digamos ya a la contraria.

¿En qué puede consistir semejante grado de pura ceguera? La respuesta creo que no es demasiado difícil para quienes, como yo, hayan reflexionado con pormenor sobre la sucesión histórica de etapas en la evolución de cualquier disciplina científica. La condición penosamente lastrada y circunstanciada de nuestro existir, vinculado a la no intercambiabilidad transindividual de las vivencias y los aprendizajes; y sobre todo la lacerante limitación, con nuestra propia vida, del tiempo de adquisición de experiencias ajenas, creo que constituyen la mejor respuesta a la pregunta anterior.

A poco que se profundice en la dinámica y perduración del pensamiento histórico acrisolado dentro de cualquier actividad científica, se advierte que, por lo común, la historia de cada etapa de «progreso», o de cada episodio de «aportación» individual, la define inicialmente, en el mejor de los casos, un sano proceso de simplificación, cuando no de olvido o silencio total, de las actitudes no compartidas. En tal sentido es cómo se propagan y perpetúan los anatemas gratuitos y los interdictos prejuiciales. Así es, por ejemplo, cómo se puede ser hoy cómodamente antisaussureano, o proclamar que Chomsky o Bloomfield caen en errores tamaños comparables a los de alumnos de primer curso de lingüística, u otras lindezas por el estilo con que nos regala cierta clase de revolucionarios hueros y los entusiastas de la retórica del dicterio. No hablemos, claro está, de lo que pasa con tiempos y actitudes relativamente remotos. ¡Cuántas lúcidas sentencias de Aristóteles, por no decir del Vico o de Guillermo de Humboldt salen tartamudeando y a trompicones de las atribuladas mentes de los felices «descubridores» actuales de una ciencia sin historia?

Advirtamos, por tanto, como punto de partida, que cada *ismo,* en Crítica como en cualquier disciplina, lejos de ser el terreno ganado a una verdad satisfactoria y respetable suele ser, muy al contrario, un reducto acotado ya definitivamente a la parcialidad y al error relativo. Y que, si nuestra limitada condición personal nos restringe a él, no creo que la cosa sea para ufanarse; sino antes bien para admitir resignadamente que «no somos nadie», o que nuestro limitado poder individual de captación de la verdad universal y objetiva, en el que se estructuran los *ismos,* no deja de ser un premio de consolación para el pobre ser humano arrojado al reto inalcanzable de la intelección del último ser y causa de los hechos impuesta por el *sujeto* de la ciencia; pero en ninguna medida por su *objeto,* cuya aclaración integral exigiría de la interacción dialéctica de todos ellos.

1.   Decía antes que el hecho básico de nuestra reflexión actual, el fenómeno literario, cuenta por fortuna con la suficiente complejidad estructural como para que en él quepan holgadamente y sin tropiezos todos los métodos de encuesta sobre el mismo que históricamente se han ido sucediendo. Así para empezar, el hecho literario se configura sustancialmente como un fenómeno social, al menos en dos dimensiones esenciales diferentes. En el sentido más inmediato y evidente, que fue el reclamado pioneramente por la paleosociología crítica, el acontecimiento literario se engendra, refleja y crea una situación social dada. Sobre todo, el reflejo resulta lo más evidente, dada la condición semántico-referencial del texto literario. Sin embargo, en un sentido algo más profundo, podemos añadir que el hecho literario es fundamentalmente social, desde el punto y hora que incluso la decisión de su consideración esencial bajo tal estimación puede hacerse coincidir con un convencionalismo cultural gestado en el intercambio social. De este modo y para decirlo claramente, las decisiones de literaridad o poeticidad sobre un texto verbal de pretensiones presumiblemente artísticas se fundarían en la proximidad mayor o menor de ciertas marcas formales del mismo con las directrices inmotivadas de la pragmática social que establece la naturaleza genérica de lo literario o de lo artístico [2].

Tal tipo de propuestas pragmáticas, que no han dejado de llenar en estos últimos tiempos un vacío injustificable durante los decenios anteriores, descubren inmediatamente su perfil de riesgo bajo el popular esquema del «huevo o la gallina»; dado que resulta imposible demostrar la absoluta gratuidad e irrelevancia de marcas textuales como la euritmia tonal, la rima, determinadas normas de selección léxica y de restricción temática, etc..., sobre

---

[2]   Se alude aquí a la corriente recientemente incrementada que he denominado como «propuesta pragmática» en un extenso estudio: *Lingüística, literaridad/poeticidad,* en «1616. Anuario de Literatura General y Comparada» II, 1979, (publicado en 1980) pp. 125-170. Participan sustancialmente de tal propuesta, cuyo alcance y crítica esquematizamos en el texto: M. Corti, *Principi delia comunicazione letteraria,* Milán. Bompiani, 1976; R. Klopfer, *Poetik und Linguistik,* Munich, Fink, 1975; W. Mignolo, *Elementos para una teoría del texto literario,* Barcelona, Grijalbo, 1978; R. Posner, *Poetic communication vs. literary language,* en «P. T. L.», 1, 1 (1976) pp. 1-10. Por el momento las fuentes más directas que conozco son el libro de M. L. Pratt, *Towards a speech act theory of literary discourse,* Bloomington, Indiana Univ. Press, 1977, tesis de un sólido sistematismo morrissiano, demasiado lejana en mi opinión de la naturaleza y verdaderos problemas del complejo tipo de discurso que trata de explicar; así como el conjunto de aportaciones, de Kuroda, van Dijk, S. J. Schmidt, S. R. Levin, etc..., en la miscelánea editada por T. A. van Djik, *Pragmatics of Language and Literature,* Amsterdam, North Holland, 1976. Ninguna de las cuales, no obstante, satisface cumplidamente, a mi juicio, la hipótesis general que las preside.

las que se han establecido rigurosa e invariablemente, y con enormes divergencias en la mayoría de los casos, las sanciones consensadas de literaridad/
poeticidad. El problema es de solución, antes que difícil, aventurada por in-
verificable, y de él me he ocupado específicamente en los últimos tiempos [3].
Para mí, el indiscutible sustento objetivo lingüístico-textual de la literaridad
constituye un hecho básico, no difícilmente equiparable con otros universales de valor equivalente, vinculados ya desde antiguo a singularidades muy
especiales de la naturaleza humana; tales como la propensión a la creación
de ritmos, que pueden coincidir más o menos inmediatamente con la entra-
ñada condición rítmica de la vitalidad humana respiratoria y sanguínea, o la
propensión intransgrediblemente ficcional imitativa, mimética, de nuestra
naturaleza, etc.

Con todo, y en conclusión, la incidencia de la actividad social convencio-
nalizada, a que aluden las propuestas pragmáticas menos maximalistas y ex-
tremosas, no deja de constituir una realidad de poderosa evidencia y, al mismo tiempo, no necesariamente contradictoria de la posible existencia de universales estético-formales, manifiesta como una red intransgredible de principios de consecución de la tendencia natural [4]. No es contradictorio que el

---

[3]  En el trabajo antes mencionado, *Lingüística, literaridad/poeticidad.*

[4]  Caso aparte, dentro del dominio global de la «propuesta pragmática» es el de S. J.
Schmidt, no sólo por la asiduidad de sus aportaciones en este campo, sino sobre todo por la
sistematicidad y carácter exhaustivo de sus propuestas. El intento de fundar una base no estrictamente inmanente de la literaridad, que se perfila ya desde sus trabajos primerizos, como
*Text, Bedeutung, Asthetik,* Munich, Bayerischer Schullbuch-Verlag, 1970, en sus varias contribuciones tituladas, *Literaturwissenschaft als Forschungsprogramm,* en «Linguistik und Didaktik», 4
(1970), pp. 269-282, y 5 (1971), pp. 43-59; y en *Asthetizität. Philosophische Beiträge zu einer Theorie
des Asthetischen,* Munich, Bayerischer Schulbuch-Verlag, 1971; ha ido consolidándose desde entonces, atravesando una etapa de tanteos a mi juicio escasamente atingentes a la globalidad
del fenómeno que trataba de explicar, como su desmesurada aspiración de fundar la integralidad de la propuesta pragmática en una demasiado restringida interpretación de la «ficcionalidad», entendida más en términos de la moderna «teoría de la ficción» que en una quizás más
prometedora toma a la letra de las posibilidades de su formulación aristotélica. A ese momento correspondería a mi juicio básicamente su libro, *Elemente einer Textpoetik,* Munich, Bayerischer Schulbuch, 1976; así como su aportación a la miscelánea editada por van Dijk, en 1976
(cit.), titulada, *Towards a pragmatic interpretation of fictionality,* pp. 161-178. Si bien esta propuesta
de la ficcionalidad como convención cultural pragmática debe considerarse una simple consecuencia «ad hoc» para la literatura de su, quizás más compleja y adecuada, postulación de la
«esteticidad» del período anterior; recuérdese a tal respecto, y en 1972, *«Ist Fiktionalität aine linguistische oder eine texttheoretische Kategorie?,* en Gülich, Raible (eds.), *Textsorten,* Frankfurt, Athe-
näum, pp. 59-71.
Pero la propuesta de todos los trabajos anteriores se ha articulado, dilatado y, en cierto
sentido también, radicalizado en la reciente y capital aportación de Schmidt, de una «Teoría
empírica de la literatura». En mi opinión subyace en las espectativas experimentales de
Schmidt una desproporcionada ingenuidad entre lo que aportan sus experimentos estadísti-
cos sobre «gusto» y «recepción» y la explicación exclusiva de su objeto de investigación como
una auténtica teoría literaria; aparte de innumerables problemas de detalle inherentes al método mismo, que no es esta la ocasión de discutir. Véase el desarrollo de uno de tales experimentos, que sustentan categorialmente su propuesta de la «Teoría empírica de la literatura»,
en el reciente artículo *Receptional problems with contemporary narrative texts and some of their rea-
sons,* en «Poetics», 9 (1980), pp. 119-146. Sin embargo lo que de fundamental y positivo encierra
la aportación de Schmidt en este campo es la elaboración y sistematización de la indesconta-

establecimiento social del acuerdo cultural pragmático «siga la naturaleza para vencerla», es decir para perpetuarse fructíferamente como una propensión natural y no como una antitendencia. De la que, para abreviar, he denominado hasta ahora la propuesta social pragmática, pondero muy positivamente su doble condición de verdad difícilmente contradecible, así como la oportunidad científica de su planteamiento. Lo que se me antoja ya menos exacto e innecesario, es la propensión moderna de algunos muy estimados críticos a pretender dicha propuesta pragmática absolutamente apriorística, inmotivada e independiente del esquema de condicionamientos mínimos que rigen el sistema lingüístico y semiótico humano; los cuales, a mi juicio, crean un marco de partida, de la más rica flexibilidad desde luego, pero al mismo tiempo sólidamente intransgredible.

Para glosar y puntualizar la condición inolvidablemente social del fenómeno literario, que justifica, a mi juicio, no sólo la licitud, sino la condición inabdicable de las metodologías sociocríticas [5], resulta obligatorio aludir tam-

---

ble base empírico-pragmática de la comunicación literaria. En tal sentido y límites, el servicio de Schmidt a la Ciencia de la Literatura con su último libro, del que ha aparecido sólo el primer volumen, es fundamental. Otra cosa, sin embargo, es pretender reducir a sola *empiría* la Teoría literaria; aspiración que nos ha parecido se trasparenta con indeseable frecuencia en el pensamiento actual de Schmidt. Véase, lo que venimos afirmando, a propósito de su obra, *Grundziss der empirischen Literaturwissenschaft* (Vol. I, Der gesellschaftliche Handlungsbereich Literatur), Braunscheweig/Wiesbaden, Wieweg und Sohn, 1980. Una síntesis utilizable de esta obra, en inglés, puede verse en la anticipación del propio autor, en el volumen sintético de la revista «Poetics» dedicado a la Poética estructural, *Empirische Literaturwissenschaft as perspective*, «Poetics», 8 (1970), pp. 557-568.

[5] Contemplada desde fuera creo que le falta a la Sociología de la Literatura, al menos en la bibliografía más notoria –lo que, por lo que voy a decir, vale para toda–, un intento de recapitulación con vocación sintética; lo cual puede ser quizás desatendido desde alguna pretensión de nivel de cientificidad que no comparto. Falla además, sobre todo, esa misma tentativa de integración disciplinar; siendo este último absolutamente exigible desde cualquier perspectiva científica y no científica. Creo que hay en juego demasiadas corrientes y tipos de intereses sobre la literatura muy escasamente conciliables funcionando bajo la denominación común de Sociología de la literatura. Pienso, por lo que conozco, en los posibles frutos de conciliación que se seguirían de sacar la cuenta de resultados de la socio-crítica francesa, sin ponerla de espaldas a las aportaciones correspondientes de la crítica ideológica en la Alemania oriental, por ejemplo. En tal sentido ha destacado siempre en la bibliografía española la actividad en otro tiempo pionera y en nuestros días tristemente solitaria de uno de nuestros mejores desarraigados por la fuerza. Modelo de rigor metodológico y de oportuna aplicación lingüística y crítica de sus solidísimas ideas de sociólogo de oficio es la obra de Narciso Pizarro, *Metodología sociológica y teoría lingüística*, Madrid, Comunicación, 1979.

Adolece también, a mi juicio, la Sociología de la Literatura de una adecuada justificación, mientras no sea capaz de hacer notorio un inventario de problemas literarios –y no estrictamente históricos obviamente– que haya resuelto, o por lo menos que haya contribuido a esclarecer novedosamente. Propendía lastimosamente el paleosociologismo, como reconocen hoy tirios y troyanos, a una abusiva tendencia a descubrir mediterráneos en los enunciados literarios, o a deducir fatigosamente conclusiones que contaban ya como presupuestos implícitos –y hasta a veces no– en la cultura y el sentido común de los analistas tradicionales. Urgente parece cortar con esas prácticas, y desde tal urgencia no me parece que resulte inadecuado u ocioso para el crédito de la disciplina, establecer el balance de descubrimientos literarios no obvios, si es que existen. Por otro lado, creo que amenaza ciertas recientes prácticas sociales de la crítica literaria, como de la sociolingüística, un peligro de abstraccionismo teórico –en úl-

bién a un parámetro conexo, evidente, pero quizás inexplicablemente olvidado en las discusiones habituales: la naturaleza variable del objeto literario/poético en concreto. Todo hecho literario es un fenómeno enraizable y enraizado en la dialéctica social de la que se genera y en que se interpreta; lo mismo el *Lazarillo,* o los *Episodios Nacionales* de Galdós, que el *Canto a Lisi* de Quevedo o *De los Nombres de Cristo* de Fray Luis. Sin embargo, me parece que no puede ser sino ganas de buscarle cinco pies al gato, negar que la eficacia y necesidad de la aplicación de consideraciones sociohistóricas de vario recorrido a la explicación crítica de tales obras resulta muy desigual.

2. El simple planteamiento de la advertencia anterior nos pone ya en presencia de una cuestión de mayor entidad y no más fácil acuerdo: el problema de la naturaleza última de la literariedad/poeticidad. Señalé más arriba que las propuestas pragmático-sociales no deberían resultar, en principio, planteamientos antagónicos de los que, genérica e inmatizadamente, suelen ser etiquetados globalmente como explicaciones formales o formalistas. Sin embargo, tampoco es lícito escamotear por vocación de concordia el establecimiento de una jerarquía de urgencias o de resultados afortunados en la aplicación de unos u otros parámetros críticos. Tal jerarquía debe ser, en todo caso, congruente con la idea que se tenga del mayor o menor nivel de decisión de los varios componentes formales y sociales en la naturaleza básica de literariedad/poeticidad del objeto de estudio.

Así, en el soneto de Garcilaso «Oh dulces prendas...», o en el de Góngora «Ya besando unas manos cristalinas...», la condición decisiva de su atractivo radica inequívocamente en la maestría expresiva de sus autores, desde el nivel macrotextual al fónico-acústico sintagmático [6]. Por encima de su irrele-

---

timo término de formalismo– que se aviene malamente con sus presupuestos fundacionales, al tiempo que deja en bastante mala situación su airada crítica consuetudinaria a los formalismos, lingüístico y crítico, si uno va a echar cuentas de lo que toma de las disciplinas que execra, y no digamos en los casos en que además toma mal lo mucho o poco que toma.

Entre las vías que fundan mi esperanza de buena fe en la viabilidad de tareas que propongo, que me autopropongo quizás una de las más ricas e imaginativas que he conocido es la del inteligente hispanista Edmond Cros, en la que se armoniza un entendimiento muy bien articulado de la concepción goldmanniana de individuo y colectividad en la sociedad literaria, con una sagacidad de trato directo con los productos literarios, heredada y enriquecida desde Bajtín. En el conjunto de su obra destacaré como más explícitamente ilustrativo de su método su libro, *L'aristocrate et le Carnaval des Gueux,* Montpellier, Études Sociocritiques, 1975; así como su reciente, *Ideología y genética textual,* Madrid, Cupsa, 1980.

[6] Usualmente se ha venido vinculando la intencionalidad y efecto estético de los estilemas a la zona más superficial-textual de los textos. Sin embargo, como he tratado de demostrar en la serie de mis trabajos sobre la lírica amorosa del Siglo de Oro, el planteamiento general del texto, como hecho de construcción o macroestructura, tiene decisiva trascendencia en su configuración y estatuto terminales. Entre el conjunto de nuestras aportaciones en este dominio, destacaríamos sobre el macrocomponente temático: *Lingüística del texto y texto lírico,* en «Revista Española de Lingüística», 8, 1 (1978), pp. 19-75; *Tipología textual de los sonetos españoles sobre el «carpe diem»,* en «Disposition», 3, 9 (1978), pp. 243-293, ambas recogidas en mi libro en colaboración con Janos S. Petöfi, *Lingüística del texto y Crítica literaria,* Madrid, Comunicación, 1979. El dominio sintáctico del macrocomponente lo hemos abordado en nuestro extenso estudio: *Construcción textual en los sonetos de Lope de Vega: tipología del macrocomponente sintáctico,* «Revista de Filología Española», LX (1978-80), pp. 23-157.

vancia autobiográfica, su alta topicidad temática y su condición de testimonios sociales pura y simplemente alienados; parece razonable concluir que su índole artística y la alta consideración estética que la sustenta deben ser cifradas prioritaria y esencialmente en términos de acierto formal. Así resultan siempre ilustrativas, pero desde mi punto de vista totalmente secundarias en este caso las consideraciones sociales que se quieran hacer.

No sería el mismo caso el de novelas picarescas, dramas sociales, etc... En obras de tal naturaleza, sobre unos mínimos formales intransgredibles, prima la intención de transcribir y reflejar referencialmente la realidad social. Aquí, variando con los casos, pasan por la médula de la constitución esencial de objetos sémicos de este tipo de acontecimientos literarios, los datos de referencialidad social. A la explicación social de todo acto expresivo artístico como hecho de *enunciación* —extendible genéricamente a todo producto de creación e intercambio artístico-verbal desde el poema más puro a la novela más testimonial— debe añadirse en tales casos la pertinencia del comentario e interpretación sociológica del *enunciado,* prácticamente irrelevante para el fenómeno de la poesía pura, por ejemplo, en grado escasamente superior —sin alambicar— en la novela pastoril.

Si se tiene todo lo anterior presente, creo que resultan bastante ociosas la mayoría de las diatribas entre sociólogos del arte y analistas formales. Y, por lo mismo que soy plenamente consciente de no haber aludido hasta ahora a fenómenos o mecanismos conceptuales muy arcanos y sutiles —ni haberlo pretendido—, no veo por qué no deben aceptarse con más naturalidad libre de prejuicios hechos tan evidentes como los que acabo de poner de manifiesto. Pero, curiosamente, metidos a sutilizar, se olvidan o desprecian en los debates los argumentos más visibles, como si estos no fueran al mismo tiempo por propia naturaleza los primeros a considerar y, en último término, las causas decisivas. Creo que la condición muy variable de los objetos etiquetados globalmente como literarios debe ser atendida prioritariamente a la hora de decidir qué es lo más urgente a aclarar en ellos. Y en tal sentido quisiera reivindicar yo desde ahora una tradicional diferenciación entre textos literarios y textos poéticos. Creo que, en los primeros puede primar, variablemente según los casos, el interés o pertinencia de las paráfrasis socio-críticas sobre las formales; mientras que en el dominio de los segundos se invierte absolutamente la anterior prelación de urgencia, oportunidad y eficacia.

Soy plenamente consciente, por otra parte, de que la distinción a que acabo de aludir, entre literatura y poesía, resulta altamente complicada y problemática. Yo mismo he dedicado recientemente un extenso estudio a tratar de clarificar algunos puntos aún oscuros en tan frecuentado esquema de debate [7]. Pero, por lo mismo que reconozco su problematismo último, me consta igualmente la univocidad con que cualquier persona culta y letrada, puede distinguir intuitivamente y sin graves titubeos entre las dos nociones,

---

[7] Me refiero a *Lingüística, literariedad/poeticidad,* cit.

si lo precisa para orientarse constructivamente en averiguaciones de más fondo. La vieja contraposición vico-croceana, marca quizás un límite extremoso del compás, pero deja muy en claro, a mi parecer, las dos opciones que ofrece.

3.    Hechas las anteriores consideraciones, para no caer en la trampa de ofrecer la imagen inicial excluyente del sociologismo crítico, abordaré inmediata y monográficamente el dominio metodológico del formalismo crítico. Me parece que a estas alturas, tanto de mi propia dedicación al tema como del estado de la cuestión, lo pertinente es establecer, como he hecho hasta aquí, unos mínimos de discusión, que, no por sus apariencias inocentes e inmediatas, resultan a la postre dominios aproblemáticos.

Lo primero de lo que me parece que hay sobradas razones para protestar, es de la inaceptable inconsecuencia con que se etiquetan unitariamente, dentro del formalismo, corrientes metodológicas, tanto en lo que se refiere a su entendimiento e intereses sobre el texto artístico, como en lo relativo a su estatuto epistemológico dentro de las metodologías literarias. Parece como si el formalismo ruso, la estilística, los neoformalismos, la poética , la retórica o retórica general, la crítica del texto, etc... fueran sólo sinónimos o dobletes de moda para una y la misma predicación sobre el texto. Y, salvando las distancias imprescindibles sobre sus distintas entidad, extensión y grado de validez histórica, creo que se hace muy necesario para no caer en errores crasos, distinguir claramente dentro de ese bloque, cuyas compactas apariencias son más consecuencia de ignorancia, simple o de mala fe, que de verdadera unidad real.

Me parece cosa demasiado conocida, y por lo mismo relativamente ociosa en una sínteis crítica como la actual, establecer los distingos pertinentes entre el formalismo ruso, la estilística estructural europea y la nueva crítica norteamericana. El haberme ocupado por extenso de esclarecer tales diferencias en mi libro *Significado actual del formalismo ruso,* en 1973, cuando detenerse en semejantes tareas era relativamente novedoso y útil entre nosotros, creo que me puede eximir hoy del aburrido empeño de repetirlas. Me limitaré a recordar que la primacía histórica, entre los tres movimientos críticos con poderosos paralelismos internos, debe ser otorgada a mi juicio al formalismo ruso, por razones de anticipación cronológica, de ingenio, originalidad y profundidad en la «ideación» de los textos estudiados, y hasta por la solidez de las infraestructuras teóricas comprometidas.

Sobró a la estilística, quizás incluso hasta el exceso, lo que faltó principalmente al formalismo: una vida y desarrollo más largos y apacibles, que lo posibilitaran para reiterar y perfilar los ejercicios analíticos de verificación concreta, que, con su asendereado discurrir polémico y su abrupto final, no prodigó la escuela del método formal. Por lo mismo, y en contrapartida, la estilística tuvo más ocasiones de revelar sus debilidades. En un balance no necesariamente malicioso, creo que se puede argüir cómodamente que en su plácido y dilatado discurrir, tanto en Francia como sobre todo en España, la estilística ha practicado más la repetición que la experimentación; desembocando en el ejercicio de rutina sin sorpresas en que se estancó finalmente la crítica española de esta ascripción durante treinta años –de 1940 a 1970–, en lo que se refiere a una línea de permanente renovación y autoexigencia. Claro está que descarto yo aquí los inocentes proyectos de captación de aguas ajenas, que aún se practican en algunos dominios neoformalistas bajo el rótulo de la estilística. Personalmente creo que es preferible no tratar de eternizar denominaciones que, como la estilística, respondieron a una filosofía metodológica históricamente muy bien acotada y circunstanciable.

Por lo demás, en el balance de su dilatado ejercicio, la estilística nos ofrece una especialización de resultados muy positivos en el dominio del microtexto, cuyo más valioso exponente entre nosotros, y quizás en general, lo marcó *Poesía española* de Dámaso Alonso. Como consecuencia aparece en desventaja la estilística en relación al formalismo ruso –y no digamos a los neoformalismos posteriores pretextuales– sobre el plano de su absoluta renuncia a la dimensión macrotextual del texto como totalidad; especializando sintomáticamente un tipo de comentario del poema breve, o incluso del fragmento textual, con absoluto desinterés de la estructura del texto complejo o completo. Creo que todo ello es en gran medida inexplicable a partir de la vinculación de la estilística a las dos corrientes metodológicas que tutelaron su ideario científico: el estructuralismo glosemático y el funcionalismo praguense y francés.

4.   Por todo lo que precede, la irrupción del formalismo ruso en el adormecido panorama de la estilística europea, operada hacia finales del decenio de los sesenta, produjo la saludable síntesis de los *neoformalismos,* europeo y americano. No se trataba, en principio, de una lucha de contrarios, sino de la síntesis tardía –por circunstancias traumáticas externas– de un sistema de pensamiento unitario, que ha recogido así sus mejores frutos del pasado, desde una experiencia análoga de errores y frustraciones. En tal sentido, el formalismo ha venido a suministrar un plasma muy rico, pero perfectamente asimilable en su propia constitución, a la achacosa y aburrida estilística de los estertores.

No se ha caracterizado en verdad el neoformalismo por un exceso de infraestructura teórica estricta, contra todas las apariencias. Los dominios más abonados se han concentrado de una parte en torno al texto narrativo, en la continuación de la riquísima excitación inicial proppiana; y, de otra, en el debate sobre el estatuto ético de las prácticas estructuralistas en crítica como operaciones de interpretación alineada. Pero vayamos por ambas partes. Respecto al desinterés del neoformalismo por establecer un entramado semiológico teórico-lingüístico congruente, apenas si la mención de Roland Barthes [8] –cuyo trabajo objeté respetuosamente en vida, pero a quien no

---

[8]   De quien hemos de recordar, como el haz y el envés de teoría y práctica, dos libros: *El grado cero de la escritura,* México, Siglo XXI, 1973 (vers. orig. 1965), y *S/Z,* París, Seuil, 1970.

quiero caer en la tentación de dejar de ponderar en todo el inmenso valor
de su fascinación y estímulos, una vez desaparecido— y la del gran lingüista
Greimas[9], agotan la nómina de las aportaciones realmente imprescindibles. Lo que ha hecho bien la nueva crítica formal es apuntalar con decoro
discursivo sus análisis sin perderse en los valores anecdóticos ni trascender límite alguno en la curiosidad y cultura intertextual. Así, Ruwet es para mí el
más teórico de los analistas[10], y Kristeva la más analista de los teóricos[11],
dejando en el centro el caso del ponderado Todorov, quien, a mi juicio, se ha
abierto paso con decoro y destellos de brillantez en un medio de objetos de
análisis que jamás ha llegado a serle totalmente familiar[12]. Respecto a
América, creo que el ejemplo más destacable en esta misma línea sería el del
narratólogo William O. Hendricks, que ha llevado a los mejores resultados
posibles el rechinante mecanismo, poderoso pero tosco, del modelo de Harris[13].

   La vocación monográficamente narratológica de los neoformalistas ha
dado excelentes resultados, como los de los autores antes mencionados o el
de Claude Bremond[14], al punto de poderse decir —y es lo mejor y lo peor al
tiempo— que la Narratología ha trascendido sobradamente la etapa de los razonables descubrimientos y sobresaltos doctrinales, para ofrecerse como un
reticulado estable de perfiles perfectamente nítidos a la reiteración de las
prácticas analíticas. Sucede sin embargo que, de una parte, esta especialización en los textos narrativos extensos, consecuencia en otro sentido del correspondiente exceso de ejercicio de la estilística sobre textos breves y frag-

[9] Quiero destacar muy singularmente el valor de las aportaciones de Greimas a la crítica
literaria, como un caso verdaderamente privilegiado de idoneidad y utilidad en los servicios
de la Lingüística a la Crítica. A mi juicio no se hace completa justicia a este gran lingüista europeo, cuya influencia ha sido decisiva en el nacimiento y desarrollo de una semántica lingüística
realista, bien fundada y descrita en la lógica. Su *Semántica estructural,* Madrid, Gredos, 1971
(vers. orig. 1966) constituye no sólo una gran contribución de este autor a la Lingüística general, sino un texto imprescindible para la comprensión del desarrollo de algunas de las direcciones más fructíferas en la teoría crítica reciente. El propio Greimas no ha confiado a otros el
compromiso de extender sus postulados lingüísticos a los textos artísticos, sino que lo ha realizado sobre todo en su libro *En torno al sentido,* Madrid, Fragua, 1973 (vers. orig. 1970), habiendo animado las fundamentales investigaciones de un grupo de discípulos y seguidores, como
las acogidas en la miscelánea, *Essais de sémiotique poétique,* París, Larousse, 1972. Entre sus seguidores nos parece muy encomiable la obra de su discípulo François Rastier, patente tanto en la
contribución a la miscelánea antes citada, *Systématique des isotopies* (pp. 80-106), como en su libro, *Essais de sémiotique discursive.* París, Mame, 1973.
[10] Pienso en un libro como *Langage, musique, poésie.* París, Seuil, 1972.
[11] Considérese *El texto de la novela,* Barcelona, Lumen, 1974 (vers. orig. 1970), *La révolu-
tion du langage poétique,* Paris, Seuil, 1974, o su más reciente, *Polylogue,* París, Seuil, 1977.
[12] El caso, sin duda, más notoriamente llamativo lo significaría el mundo italiano, que
constituye el medio de agudas propuestas sobre el texto de Boccaccio, en su difundida, *Gramática del «Decamerón»,* Madrid, Taller de Ediciones, 1973 (vers. orig., 1965). Menos aceptable, en
la medida en que creo desproporcionados sus argumentos metodológicos a la magnitud del
teórico texto que se trata de describir —la sociedad española e india de la conquista de Méji-
co—, es su reciente e irrelevante versión semiótica de los tópicos más manoseados de la ya tediosa Leyenda Negra.
[13] Incorporados en su *Semiología del discurso literario,* Madrid, Cátedra, 1976 (vers. orig.
1973).
[14] Mencionamos su síntesis *Logique du récit,* París, Seuil, 1973.

mentarios, ha dejado en nuestros días un conjunto de espacios baldíos para las metodologías formales de cierta ambición teórica, que se extiende casi sin excepciones al dominio general de géneros como el de la poesía lírica. Vacío que determina, en mi opinión, desequilibrios dañosos en el cuerpo general de la teoría literaria y que ha decidido mi dedicación analítica a tipologías textuales líricas en los últimos tiempos [15].

Mencionaba antes en el balance de conjunto de las escuelas neoformalistas, como uno de sus rasgos más sobresalientes, la persistente atención prestada por las mismas a despejar todos los conductos de una posible comunicación con el ámbito de responsabilidad ético-política del ejercicio crítico. Téngase en cuenta que el año 1968 y París constituyen menciones suficientemente significativas entre las que se gestó el definitivo auge del neoformalismo. Nutridos en el estructuralismo francés, regalados en las delicias burguesas de la literatura formalista de Kafka, Proust y Joyce, convecinos de los más reputados cultivadores del «nouveau-roman», niños terribles mimados por la intelectualidad parisina de consumo, los jovencísimos protagonistas del movimiento neoformalista me parece a mí que se sintieron lo suficientemente listos entonces —quizás hoy sean más inteligentemente inseguros en su mayoría— como para no tener que renunciar a nada, ni siquiera a una conciencia de orden. Y ya se sabe en qué consistía la conciencia de orden para la juventud intelectual francesa de 1968. La retórica de las combinaciones posibles entre conciencia marxista y ejercicio alienado de crítica formal revistió tal variedad de facetas entre 1968 y 1974 —historiada por mí con mejor ingenuidad y respeto juveniles, y satirizada implacablemente por Aron [16]—, que en tiempos como los actuales de mayor libertad de costumbres, o de «desmadre» desesperado, no dejan de fastidiar por su enojosa falta de imaginación las salidas que por entonces lograban deslizar aquellos atormentados oficiantes de la ceremoniosa no-liturgia del vanguardismo crítico.

Para concluir con esta vieja historia del neoformalismo señalaré otra de las claves constitutivas de su mejor fortuna doctrinal. La capacidad de insertar y asimilarse a su propia actividad disciplinas que configuran con la literatura y su teoría la llamada «serie social de las ciencias humanas», tales como la Antropología bajo el impulso bien conocido de Levi-Strauss y sobre todo el psicoanálisis con Charles Mauron [17]. La decisiva importancia me parece sencillamente evidente. Si como ideal de crítica propongo un razonable horizonte de *integralidad,* no cuento con argumento para descartar la interpreta-

---

[15] Remito a la mención de algunos de mis trabajos en este campo, referenciados ya en la nota 6.

[16] Me refiero al paciente tratamiento que concedí a tanto devaneo en mi ya lejano *Significado actual del formalismo ruso,* cit. Más avezado, desesperado o animoso que yo, y en cualquier caso más inmediato testigo de aquellos ejercicios de virtuosismo, la reacción de Raimond Aron ponía de manifiesto, quizás demasiado exasperadamente, el estado de alineamiento reinante entre la aventajadísima juventud parisina. Recuérdese su libro. *D'une sainte famille a l'autre. Essai sur les marxismes imaginaires,* París, Gallimard, 1969.

[17] Pienso singularmente en su obra, *Des métaphores obsédantes au mythe personnel,* París, Corti, 1962.

ción psicoanalítica. Por lo demás, no lo pretendería, ni me parece razonable. Una de las mejores justificaciones de la crítica literaria es, sin duda, su condición de metodología de investigación semiológica. Incluso por encima de su interés en describir el *cómo* de una operación humana, la literatura, la crítica puede encontrar quizás sus puntos de apoyo menos triviales en aclarar la naturaleza última de la literatura como operación-manifestación del hombre, llevada a cabo tanto en grados de consciencia como subconscientes. En tal sentido, me parece que la literatura incorpora claves del psiquismo humano, cuya explicitación resulta altamente pertinente para la mejor y más profunda explicación del contenido literario, y en último término del ser profundo del hombre, a nivel individual y social. Ejercicio en verdad difícil, que por lo que hace a la crítica, ha sido más frecuentemente objeto de saqueo de aficionados que del abordaje de críticos con profunda preparación en la disciplina enriquecedora. Entre estos últimos, y a niveles modélicos quisiera dejar aquí constancia de mi respeto por la gran obra, no demasiado popularizada en España, de Marc Soriano [18].

5.    Entre la que se conoce como crítica formal y la fracción de la teoría general lingüística especializada en el estudio de la lengua literaria y poética han existido muy numerosos puntos de contacto; lo que no quiere decir, sin embargo, como a veces se piensa, que ambas actividades hayan de ser identificadas como una y la misma cosa. El contenido concreto de la lingüística llena tan sólo una parte del asignado a la crítica formal, y no digamos ya a la crítica literaria como realidad integral. En los últimos tiempos se ha llamado Poética a esta sección de la lingüística, y me parece haber sido de los primeros en Europa en haber sentido la necesidad de matizarla y concretarla como Poética lingüística; pues, como explicaré más adelante, creo que al confundir bajo una misma denominación a la Poética lingüística con la ciencia tradicional Poética se comete un craso error que, en todo caso, redunda en perjuicio de esta última. Pero, problemas de denominación aparte, corresponde a la poética lingüística explicitar y formalizar en su caso aquellos mecanismos del lenguaje con raíces mucho más complejas que las pura y simplemente lingüísticas, aun siendo éstas todo lo importantes que declarábamos antes.

En sus manifestaciones más episódicas y externas, diríamos que la poética lingüística se diferencia de la crítica formal fundamentalmente en la metalengua empleada. Si consideramos normal y absolutamente lícita la formalización rigurosa de las paráfrasis e interpretaciones lingüísticas del texto literario, opondríamos reparos mucho más severos antes de establecer una permisión análoga para la actividad crítica, en la que a mi juicio resulta indeclinable su naturaleza de mediación o lectura interpuesta. En otro lugar y hace años, denunciaba yo llanamente el riesgo de pérdida de identidad y sentido de la crítica literaria, llevada a sus últimas consecuencias de formalización.

---

[18] Recuérdese su monumental estudio, *Les contes de Perrault: culture savante et traditions populaires*, París, Gallimard, 1968. En España contamos con excelentes contribuciones en la importante obra de Carlos Castilla del Pino.

Hoy me parece preferible matizar lo anterior, con cuyo alcance último sigo absolutamente de acuerdo, en el sentido de que la crítica literaria, ni siquiera la llamada formal, no debe llegar a identificarse totalmente con la lingüística, olvidando sus específicos cometidos y destinatarios [19]. Otra cosa es que no dudemos que el crítico literario, sobre todo los de la parcialidad formal, debe conocer a fondo la poética lingüística, y la lingüística general; incluso diríamos más: el crítico formal debe sentirse y ejercer imprescindiblemente de lingüista. Sin embargo no debe olvidar que lingüística y crítica del texto literario constituyen dos momentos perfectamente diferenciados de su propia actividad. Creo que en este difícil deslinde, como en tantas otras cosas, debe ser el entendimiento del ideal último de crítica integral, que preconizamos, lo que pueda señalar el indicio de las diferencias. El crítico formal, al no perder de vista el entendimiento de la crítica integral, pasará por los oportunos mecanismos de simplificación, síntesis y conmutación metalingüística los datos formales que le ofrezca la interpretación y formalización rigurosamente lingüística del texto literario dado.

Lo dicho hasta aquí, que vale para la lingüística de límite sentencial más difundida en el pasado, se puede desarrollar sin la menor modificación para la que empieza a ser más conocida en nuestros días como Lingüística del texto. Personalmente he tenido el honor de haber asistido y compartido el auge europeo de esta disciplina en los pasados seis u ocho años. Mis aportaciones personales, y sobre todo mi conocimiento directo y alta estimación de la mayoría de sus más distinguidos representantes, como Janos S. Petöfi, T. A. van Dijk, S. J. Schmidt, etc..., dejan fuera de duda mi respeto y confianza en el alcance científico de esta nueva expresión de la Lingüística [20]. Creo que, a través de las precisiones generales sobre su unidad básica y contenido, así como de las rigurosas formalizaciones del texto con que la Textlinguistik ha enriquecido la visión tradicional de los hechos del lenguaje, la disciplina tiene sobradamente ganado un futuro lugar de privilegio en la sucesión de escuelas y modelos de interpretación lingüística precipitados desde Saussure en lo que va de siglo.

Para la crítica literaria me parecen enormemente clarificadoras —y así lo he reseñado pormenorizadamente en algún otro trabajo [21]— las enseñanzas de la Lingüística textual. La noción y el espacio texto, habituales a la Poética clásica y a la crítica literaria de todos los tiempos, habían sido puestos en circulación explícita recientemente por el neoformalismo estructuralista, al punto que a sí misma o a la que algunos denominaban Poética, llegaron a

---

[19] En mi artículo, *Crítica formal y función crítica*, en «Lexis», I, 2 (1977), pp. 187-209. Para una precisión posterior de los problemas de la metalengua crítica, véase también mi trabajo, *La Poética lingüística y el análisis literario de textos*, en «Tránsito», (1981) h-i, pp. 11-16.

[20] Entre las más recientes y autorizadas actualizaciones de las tendencias en Lingüística del Texto, cfr. W. U. Dressler, *Current trends in Textlinguistics*, Berlín-Nueva York, De Gruyter, 1978. Fidelísima síntesis muy aguda es la de Tomas Albaladejo, *Considerazioni sulla teoria linguistica testuale*, en «Studi italiani di Linguistica teorica ed applicata», 7 (1978), pp. 359-382. En español la más reciente actualización es la de *Lingüística del texto y Crítica literaria*, cit.

[21] En *Lingüística literaridad/poeticidad*, cit.

denominar otros Textología. Sin embargo, el balance de esta reimplantación no dejaba de ser bastante insatisfactorio. El entendimiento de la noción texto, y no digamos ya su definición dentro de la crítica francesa de los años sesenta y setenta, testimoniaba unas oscilaciones peligrosísimas que incluían entre sus márgenes de ambigüedad conceptual nociones tan dispares y de precisión tan imprescindible como texto-resultado explícito, texto-proceso de generación, texto-contexto general, texto-escrito, texto-hablado, etc... En tal sentido, creo que al empleo tradicional y renovado de una categoría tan medular para la crítica literaria como la de texto, le puede resultar enormemente enriquecedora la profunda depuración y clarificación aportadas desde la Lingüística textual.

Sin embargo, por especiales circunstancias de actualidad —y por causas personales, espero que perfectamente claras— me parece oportuno matizar mis palabras anteriores, en el sentido de aproximarlas en todos sus extremos a la distinción hecha entre crítica formal y teoría lingüística. Lo que la Lingüística del texto no es en ningún caso es una nueva modalidad crítica, sino una nueva dirección de la Lingüística que, fuertemente influida por las enseñanzas estructurales, generativistas y de la lógica formal desarrolladas en Rusia y Occidente en los últimos cincuenta años, ha situado el principio de la constitución textual del lenguaje humano en la cabecera de sus postulados. Por esta causa y porque acaricio un ideal suficientemente ambicioso del cometido de la Crítica literaria, como aspiración integral, me apresuro a aclarar, no sólo que no existe todavía una disciplina crítica literaria exclusivamente vinculada a la lingüística del texto [22]; sino que, a mayor abundamiento, cuando tal parcela del trabajo crítico llegue a su deseable coronación, esa crítica lingüística del texto no cubrirá, ni con mucho, el ideal integrado de informaciones sobre el texto artístico a que debe aspirar la crítica literaria sin apellidos. Digo esto —discúlpeseme el deslizamiento al propio caso personal —para que no se me atribuya por simplificación lo que en modo alguno pretendo, porque desde su base lo concibo y proclamo insatisfactorio e indefendible. Si sostengo con entusiasmo el enriquecimiento posible de la Lingüística o de otras disciplinas que han alcanzado un nivel de desarrollo científico muy congruente, para la fundación de una teoría crítica rigurosa; no puedo no recomendar las aportaciones concretas de la Lingüística del texto, precisamente en cuanto que refieren su alcance a un elemento tan consustancial a la actividad crítico-literaria como es el texto. Pero, ni un paso más allá a partir de esa línea. Mi acercamiento actual a la Lingüística textual, como en años pasados a otras corrientes de la Lingüística descriptiva moderna, responden al compromiso indeclinable de proporcionar a mi ideal de crítica integral todos los acarreos fecundos hacederos desde mis fuerzas.

---

[22] Como balance de lo poco existente en este dominio de la disciplina textual, y pauta aproximada de futuro, véase N. E. Enkvist, *Stylistics and Text Lingüistics*, en Dressler (ed.), pp. 174-190; y G. Wienold, *Textlinguistic approaches to written works of art*, en el mismo volumen, pp. 133-154.

6.    En otro sentido, querría prevenir lealmente a los lectores, sobre una nueva falsificación perfectamente previsible en el seno del bloque formal de disciplinas crítico-formales. En el panorama reciente de la crítica literaria se ha podido percibir —no sin cierta indignación mía, pues que aquí la cosa sí que me toca realmente de cerca, y creo que la posible impostura, si no llegamos entre todos a atajarla a tiempo, puede resultar más dañina—, la generalización de un uso laxo, cómodo y holgadísimo de la voz retórica. Digo intencionadamente la «voz» retórica, porque en la mayoría de los casos la cosa no pasa de mero delirio en el nivel de «flatus vocis».

Hasta ahora se han dado en los últimos años tentativas serias de historiar y recordar la Retórica y la Poética clásicas como canteras incalculablemente ricas de materiales, de problemas y de soluciones. En dicha tarea yo mismo ha continuado los pasos recientes de Zumthor, Weinberg, Buck, Lausberg, etc... Creo que el común denominador que explícita o implícitamente nos anima a todos los incluidos en esa nómina, es abiertamente «antimonumentalista» respecto de la Retórica. No pretendemos ni restituir ningún modo de «emoción» histórica con estéril apasionamiento de arqueólogos; ni siquiera tratamos de integrar o enriquecer dicha reconstrucción del pasado desde los problemas y respuestas disponibles en el presente. Mi convicción de la continuidad de la crítica literaria, como tradición tópica a partir de la Retórica y la Poética clásicas, constituye una faceta importante de mi entendimiento y aspiraciones a una crítica integral. Concretamente, y a la inversa de lo que podría temerse de una aproximación histórica de fuentes, si las busco es precisamente sobre la base de entenderlas estrictamente como tales. Esto es, creo que gran número de las respuestas a las interrogantes de la teoría literaria del presente están resueltas en la Retórica y Poética del pasado; y lo que es quizás más importante, allí se encuentran ya planteadas, en gran medida, las preguntas y los límites que previsiblemente se suscitarán a la crítica literaria moderna en los años venideros [23].

Espero que desde este planteamiento se comprenda bien mi absoluta desestimación de ciertos intentos actuales de «descubrir» la retórica, sobre la base de resúmenes precipitados y escuálidos, falsificaciones en suma de algo que es un robusto tronco poblado de infinitas ramas y frutos inagotables. A ese sencillo desprecio cerril de los millones de páginas depositadas por la Filología clásica sobre la tradición doctrinal retórico-poética, y de las decenas de millones que le han consagrado los historiadores de la crítica en nuestro siglo a partir de nombres como Spingarn, Saintsbury, Norden, Menéndez Pelayo, de quienes no me siento sino un modesto continuador; no puedo res-

---

[23]   Tal es el ideal y el principio, que inspira el conjunto de mis investigaciones sobre la historia de la Teoría literaria. Entre las aportaciones más significativas de ese ideal, véase mi estudio, *Poética e ideología del discurso clásico,* en «Intersezioni», I, 3 (1981), 501-527 basado en una larga serie de libros y artículos sobre la fundamentación histórica de tales conclusiones, entre las que destaco los dos volúmenes de la *Formación de la teoría literaria moderna,* Vol. I. Madrid, CUPSA, 1977 y Vol. II, Murcia, Universidad, 1980. Entre los libros recientes, paradigmáticos del mismo espíritu, véase Ezio Raimondi, *Poesia come Retorica,* Florencia, Olschki, 1980.

ponder más que con otro modo de desprecio, creo que objetivamente más documentado. Resumir malamente tratados históricos y sistemáticos de retórica, sin dejar en claro las aspiraciones y finalidad de tales refritos; o prorrumpir en exclamaciones genéricas sobre la retórica literaria, prefigurándola como una especie de cajón de sastre de fondo oscuro donde se supone existe explicación para cualquier artificio expresivo de la lengua, cuyo etiquetado concreto no interesa, no puede conducir sino a un nuevo y razonable episodio de descrédito de la Retórica, la cual, sin embargo, atesora efectivamente en la complejidad orgánica de sus registros de los fenómenos más menudos, y hasta en sus más liminares categorías de organización general, insospechadas vías de explicación profunda y rigurosa de intuiciones de la Crítica y la Lingüística actuales, que en ellas se mantienen en modos poco más explícitos que simples bocetos y tentativas.

La Retórica clásica, como la Poética, fecundadas por la Lingüística, la Crítica literaria y la Lógica actuales pueden brindar en efecto una definitiva plataforma para la contemplación integral del fenómeno literario; pero sólo a condición de que tal enriquecimiento se produzca como un hecho de actualización del lenguaje de las disciplinas clásicas, esclerotizado y críptico para la comprensión científica actual. En tal sentido, creo que la iniciativa de Dubois y sus colaboradores [24] en el establecimiento de una Retórica y una Poética generales marca un modelo muy atendible de adecuada reconversión de las disciplinas clásicas a las prácticas científicas actuales de Crítica literaria.

Pero una auténtica Retórica general escapa aún a las posibilidades actuales de cualquier esquema de trabajo. No veo inconveniente alguno en considerar tan ambicioso proyecto como la culminación más espontánea de la tradición, secular de análisis literario formal, refundida en los aciertos de la Poética lingüística de nuestra época. O incluso, aún más, una Retórica general no falsificada puede plantearse como una verdadera *ciencia de la expresividad,* parafraseando las intenciones y estructura del famoso título croceano. Efectivamente, junto a una lingüística general como ciencia de la expresión, sin metaforismo alguno, el correlato retórico de análago alcance se configuraría, a mi juicio, como una sistemática formal de los recursos expresivos de

---

[24] Cfr. J. Dubois y otros, *Rhétorique générale.* París, Larousse, 1970. Entre los trabajos de discutible extensión del concepto de Retórica, en el sentido cuyos peligros se señalan en el texto, nos parecen más recomendables los libros recientes del propio Dubois y colaboradores, *Rhétorique de la poésie,* Bruselas, Complexe, 1977. Dentro de la renovación alemana, no siempre aceptable ni novedosa, puede ofrecer una idea el conjunto de trabajos reunidos en F. Plett (ed.), *Rhetorik,* Munich, Fink, 1977. Entre las monografías complejas es indicativo el libro de Josef Kopperschmidt, *Allgemeine Rhetorik,* Stuttgart, Kohlhammer, 1976 (2.ª ed.), como característico ejemplo de propuestas retórico-comunicativas. Recientemente el volumen más profundo y ambicioso que conocemos es el de Paolo Valesio, *Novantiqua. Rhetorics as a Contemporary Theory,* Bloomington, Indiana University Press, 1980. Entre las misceláneas más interesantes sobre varias orientaciones lingüísticas para una Retórica general, además de la alemana de Plett, ya citada, destacaríamos: L. R. Santini-E. Raimondi (eds.), *Retorica e Critica letteraria,* Bologna, Il Mulino, 1978; F. A. Leoni-M. R. Pigliasco (eds.), *Retorica e scienze del Linguggio,* Roma, Bulzoni, 1979; y G. Mosconi y otros (eds.), *Discorso e Retorica,* Turin, Loescher, 1981.

la persuasión bajo cualesquiera acepciones. El riesgo inicial para tal programa puede consistir, como decía antes, en que se tienda a simplificar la ingente tarea previa de recuperación del pensamiento histórico, atesorado por más de veinticinco siglos de cultivo de la Retórica como uno de los pocos componentes realmente básicos de la ciencia occidental. Pero inmediatamente se añaden al anterior otros riesgos de limitación. Quizás el más inmediato sea el que se seguiría de una inadecuada orientación de esas canteras de materiales históricos hacia los planteamientos actuales de la epistemología: la linguística general de los últimos sesenta años, la poética linguística, la teoría de la comunicación, los avances en sociología o en psicología cognitiva, etc., etc. Todos los aspectos mencionados se compenetran fácilmente, prestándoles sentido más profundo, a diferentes enfoques de la Retórica tradicional como ciencia de la persuasión por el discurso.

Un riesgo suplementario, que aquí  debemos ponderar con especial atención, es el que se sigue de la confusión ya consagrada de la Retórica como retórica literaria. Fundacionalmente la Retórica en Grecia fue una disciplina general del discurso reguladora de su empleo en función persuasiva. El "movere" propio de la finalidad retórica, así como los recursos verbales para su consecución, no coincidían con la "maravilla" del sublime poético sino en el común arranque de la *expresividad* lingüística. Pero en seguida se diferenciaban esos sectores de la expresividad como dos suertes de efectismo muy distintas entre sí: ética o de comportamiento, y estética o de visión. No obstante, la automatización escolar de la Retórica y el amortiguamiento preceptivo de la Poética contribuyeron muy tempranamente ya, desde la misma Roma, a que la "elocutio" retórico-poética se configurara como una ilustración única de las canteras de recursos expresivos. Así resultó ser en la práctica la Retórica, poco a poco, un inventario de recursos de expresión *literaria,* zona de nadie común a las primigenias exigencias específicas del discurso retórico y el poético, con sus efectos, objetos y finalidades respectivos. Andando el tiempo, y sobre todo a partir de sus fuentes degeneradas más conocidas hasta el siglo pasado, como Du Marsais o Fontanier, la Retórica se empobreció todavía más, restringiendo hasta la caricatura su ámbito de intereses. Así pasó a perder totalmente sus capítulos de «dispositio», como muy tempranamente había cedido su sector de «inventio» a la también desaparecida Dialéctica y a la rígidamente amortiguada Lógica; e incluso respecto a la «elocutio», tratados como los antes mencionados de la decadencia se atestiguan como puros inventarios de «figuras».

La reexhumaciones recientes de la retórica, tales las de Plett, Genette, Todorov, Leech, e incluso los primeros planteamientos del grupo de Lieja —Grupo μ — no supieron ni pudieron escapar, pese a sus pretensiones «generales», a la gravitación de esa dimensión restringida de preocupaciones. Todo comenzó y terminó para tales iniciativas como un puro reacondicionamiento de las listas de figuras en inventarios orgánicos más o menos afortunados, delineados desde presupuestos categoriales bastante simples del estructuralismo lingüístico o de la teoría de la comunicación. Las reacciones de denuncia contra esa nueva restricción caricatural de la Retórica, vigorosamente asumidas por J. Kopperschmidt, en nombre de una reimplantación más ambiciosa de la Retórica como ciencia general de la persuasión social y de la ideología, no han transcendido esa etapa de delineaciones pragmáticas y agudas críticas. Sólo quizá la obra de Paolo Valesio puede significar una muestra válida, para un volumen de explicitaciones muy restringidas no obstante, del alcance imaginable para una analítica futura en términos de Retórica general.

Pero aquí no nos interesa plantearnos los enormes problemas de una Retórica general como Lingüística de la expresividad, que es sin duda el marco global al que ha de aspirar. En cuanto a su problemática hermenéutico-literaria, resulta relativamente irrelevante que lingüistas, psicólogos o teóricos de la comunicación, acierten o no a extraer de la Retórica todas sus posibilidades. Personalmente soy más bien escéptico en ese sentido. Lo que sí me parece más hacedero, al menos entre las ambiciones que acaricio como más próximas y factibles, sería el ideal de una Retórica general literaria, que cumpliendo las condiciones antes enunciadas de recuperación integral y exhaustiva de sus canteras doctrinales, así como de su inversión en los planes y estrategias de la moderna Poética lingüística, y en general de las diferentes metodologías modernas de la crítica literaria, fuera capaz de dar cuenta sistemáticamente de los más entrañados problemas del discurso artístico, no sólo en la vertiente clásica del mismo, sino también en esa otra dimensión de apariencias polisémicas irreductibles a categoría de unidad, bajo la que se prefiguran las varias modalidades de discurso moderno, tales como obra abierta, texto plural, o expresionismo abstracto. A propósito de todo lo cual quisiera advertir que precisamentee uno de los mejores frutos que yo presupongo a esa Retórica general artística, sería justamente el contribuir a deshacer de manera definitiva ese diseño de radical novedad y negación anticlásica, con el que el arte moderno ha pretendido fundar sus más profundas legitimaciones.

La Retórica general literaria deberá ensanchar fundamentalmente sus intereses, hasta recuperar definitivamente muchos ámbitos del texto y del acontecimiento artístico que en origen comprendía. Es así como la Retórica general debiera atender urgentemente a la dimensión macroestructural del texto como proyección de los tradicionales ámbitos de disposición y temática, glosando precisamente la recurrencia de esquemas e inventarios tópicos en términos de corroboración sistemático-económica de la restricción del sistema expresivo artístico-verbal, justamente como sistema de sólido funcionamiento y construcción. En cuanto a la adecuada corroboración actual de los viejos esquemas de argumentación persuasiva propios de la Retórica, la Retórica general literaria encuentra de todo punto abiertas sus puertas a una definitiva Pragmática literaria, en la que alcanzarían por fin su exacto acomodo los viejos temas medulares de la ficcionalidad, la comunicación afectiva entre autor y lector, simpatía, solidaridad, etc. Precisamente cuando en nuestros días distintas corrientes literarias de renovación crítica vienen enfatizando el papel del receptor, ya sea como teoría general de la *recepción* literaria y artística, ya como teoría de la *lectura* [25], no resulta difícil, a poco que se reflexione sobre ello, presuponer la importancia de la contribución imaginable desde la inolvidable vertiente pragmática de la teoría retórica como práctica de la argumentación persuasiva.

Una Retórica general literaria en su aspecto concreto de pragmática retórica, no se orientará necesariamente, como algunos pueden quizás esperar o temer, a ningún algoritmo de complicada formalización que ahonde en complejidades de metalengua la condición lingüística de ese discurso, alejándose, en consecuencia, de la homogeneidad explicativa de la crítica propiamente tal —crítica de mediación, como hemos dicho— respecto al tipo discursivo del texto literario objeto. No, por el contrario, tal y como yo las empiezo a columbrar al menos, las operaciones críticas pragmático-retóricas se configurarán como ejercicios de ahincamiento en lo esencial y elemental de la comunicación literaria: mecanismos de captación del interés del lector por la simpatía y el aborrecimiento. Recuérdese cómo desde Bajtín las «voces» del discurso literario, muy en especial el novelesco, simbolizaban no sólo el instrumento de las representaciones en el texto artístico del inmenso mosaico social, participado sustancialmente como lenguajes y jergas sociales. A más de eso las «voces» establecían el equivalente estético, se constituían en la medida de la habilidad narrativa del autor, que había abdicado precisamente de su lenguaje propio, de su propia voz. En esa medida, las «voces» no eran otra cosa que vehículos objetivados de las «propuestas» del autor. Porque, a este respecto, no creo que el positivo interés de Bajtín por establecer el valor estético del texto artístico en términos de representatividad social de sus lenguajes constitutivos deba ser interpretado necesariamente en el sentido de la objetivación absoluta con respecto a la óptica ética del autor.

La objetivación de los lenguajes sociales por parte de los grandes autores irónicos, Dostoievski o Cervantes, o de otros menos universales como, entre los nuestros, Mateo Alemán o Clarín, no contradice ni anula el riguroso cuestionamiento personal del mundo incorporado por esos grandes artistas. Antes al contrario, puede decirse que lo peculiar de las páginas de todo gran autor —y esto mismo vale también en universal para los líricos— es precisamente la articulación *del* universo, plural y anónimo, en *su* universo específico, vertebrado y singular. Ningún gran autor ha renunciado todavía al héroe; como ninguno ha declinado totalmente la peligrosa virtualidad literaria del ajuste de cuentas con el mundo objetivo en términos de *valores*. Ninguno

---

[25] La teoría de la recepción literaria y su especialización como teoría de la lectura han tenido modernamente en Alemania su más sistemática elaboración. Entre los textos más difundidos en este aspecto: Gunter Grimm, *Rezptionsgeschichte,* Munich, Fink, 1977; y Rainer Warning, *Rezeptionsästhetik,* Munich, Fink, 1975. Dentro de la lectura: Wolfgang Iser, *Der Akt des Lesens,* Munich, Fink, 1976, y Harald Weinrich, *Literatur für Lesser,* Stuttgart, Kolhammer, 1971. El lector español dispone de una muestra sumaria, ilustrativa de ambas corrientes, en la miscelánea *La actual ciencia literaria alemana,* Salamanca, Anaya, 1971. Un equivalente de este tipo de preocupaciones en el ámbito francés puede ofrecerlo Michel Charles en *Rhétorique de la lectura,* Paris, Seuil, 1977.

de los autores que se han mencionado antes, y mucho menos que ninguno quizás el solitario y desdeñado Cervantes, ha dejado de ofrecernos en el universo de su obra una clara versión de sus propuestas personales en términos de *valores,* para el reajuste utópico del pícaro mundo. Así los personajes serán éticamente buenos y malos según jueguen artísticamente con simpatía o antipatía en la maraña estructural de la acción ficticia. Los simpáticos no siempre triunfarán de los antipáticos, el castigo de los malos no siempre se ejecutará invariablemente. Pero si el relato está bien ajustado a los cálculos de su autor respecto a su lector ideal e implícito, el héroe simpático recibirá siempre la «adhesión» del lector, en su triunfo o en su infortunio, como apoteosis o condolencia, mientras que el «antivalor» representado por el malo, no alcanzará nunca, gane o pierda, la *estimación* de los lectores.

Quizás pueda pensarse, en fin, que esta recuperación retórica de una crítica de la lectura literaria en términos de *voces, valores* y *estimaciones*[26] es una vuelta atrás, una simplificación. Yo no lo creo así, sencillamente. Para empezar, no habrá pasado desapercibido, ni mucho menos, el amplísimo recorrido teórico que presupone. Después una sucinta exposición sumaria como esta, no explícita, creo deja entrever muy claramente el juego de los distintos sistemas complejos de ideas —poético-estructurales, retóricos, psicológicos, antropológicos, histórico-sociales, estéticos, filosóficos, etc.— que una lectura no vulgar en tales términos presupone, o puede presuponer. Pero queda en su base, innegablemente, un algo de principio lúdico muy elemental, que no se trata de escamotear, sino antes al contrario. La verosimilitud literaria, como cualquier otro género de simulacro artístico, en su indeclinable condición de juguete para adultos, descubre sorprendente e inefablemente la tierna condición elemental y desvalida del hombre en estado de naturaleza. Toda crítica que olvide ese principio y ese objetivo está condenada al terrible castigo clásico de errar sin objeto ni sosiego, como desalmada.

7.    Como conclusión, cabe plantearse cuáles hayan de ser el estatuto teórico y la línea y posibilidades de práctica de un modelo integral de crítica como el que aquí se propone. Me parece que las objeciones no podrán venir por la vertiente de las incómodas restricciones que plantea, lo cual, aunque no sea mucho decir, creo honradamente que resuelve, con escasísimo costo, espinosos problemas de otros modelos. El ideal integral de crítica literaria aspira a hacer entrar en colaboración el mayor número posible de modelos parafrásticos del texto objeto, servidos desde todas las experiencias y disciplinas razonablemente conexas con la serie literaria. Las limitaciones las determinaría, en principio, tan sólo la propia índole de cada texto concreto. Creo

[26] El conjunto de ideas sobre la construcción de una Retórica general literaria, y concretamente sobre esta propuesta de análisis retórico-pragmático, las vengo desarrollando en artículos, actos de congresos y conferencias, que aún no han sido publicados. Entre los de más próxima aparición: *Il ruolo della Retorica nella interpretazione dei testi letterari,* en prensa en «Versus» (1983); así como mis artículos *Voces, valores y estimaciones en la prosa de las «Novelas ejemplares»,* en «Edad de Oro», III (1983), Actas del III Seminario Internacional sobre Siglo de Oro, Universidad Autónoma de Madrid.

que por directa y abierta no enturbiará una propuesta de esta índole sus in-
discutibles méritos de servir adecuadamente el postulado de que sea la propia complejidad del objeto a explicar lo que determine el grado de riqueza y
diversificación del instrumental teórico explicativo movilizado, y no a la inversa.

Por otra parte, tampoco creo que deje de hacer razonable la propuesta
su grado de parcial inviabilidad práctica. Me parece que, a ese respecto resulta un contrasentido nocivo restringir el marco teórico de actividad al dominio concreto de las virtualidades actuativas de los distintos usuarios del mismo. Yo he declarado razonadamente en las páginas anteriores mi absoluto
convencimiento sobre la fecunda incidencia de la Sociocrítica o el Psicoanálisis en el establecimiento de un tipo de paráfrasis no trivial del texto artístico.
Sin embargo, un conjunto complejo de circunstancias de mi propia vida y actividad científica y académica me ha dificultado hasta el presente el acceso a
las categorías y métodos básicos que posibilitan ejercer con interés, fruto y
dignidad tal tipo de acercamientos. Creo que tratar de disimular las propias limitaciones, minimizando el alcance explicativo de tales métodos sería
una falacia inútil. Entre otras cosas podría reponderse a cierto tipo de objeciones que, si se juzga por el tiempo y el esfuerzo que se han tenido que con-
sumir en poder llegar a dominar con cierta solvencia unos determinados sectores críticos, uno puede darse por muy satisfecho reservándose prudente-
mente antes de entrar con menos convicción en otros dominios de la disciplina. En tal sentido, tan nocivo al menos como la superespecialización puede
resultar el «amateurismo» o la superficialidad de las plataformas teóricas desde las que se ejerza la crítica.

Resueltamente, lo peor de una miscelánea superficialidad crítica es que
deja sin sentido a la operación misma, por no someterse a niveles ajenos a
las posibilidades de cualquiera de los destinatarios de la crítica, al tiempo que
no contribuye en ningún caso a esclarecer de manera no vulgar su objeto de
estudio, que es el texto y el acontecimiento artísticos. Así pues, parece necesario aclarar en el plano de mi propuesta de una crítica integral, cómo se resuelve la antinomia entre el aislacionismo en que desembocan las explicaciones usuales de los *ismos* autosatisfechos y el peligro de esterilidad que conlle-
varía la respuesta superficial y miscelánea, proyectada desde un grado de de-
ficiente y trivial dominio de los métodos y categorías teóricos comprometi-
dos en la operación crítica de análisis.

La respuesta, sin salir del plano de mi propia experiencia, puede ir mucho más allá de la pura proclamación de buenas intenciones de adquisicio-
nes y mejora permanentes. Se trata, sobre todo, de proceder en la propia
parcela de actividad crítica, para la que facultan especialmente los conocimientos teóricos y experiencias metodológicas no triviales que se posean, según una imprescindible intuición −lo mejor fundada posible− de la integrabilidad de los propios en los resultados analíticos derivados de otras modalidades de acceso metodológico diferentes de la que uno cultive. Claro está que
en esa tarea de aproximación de canales y no de incomunicación de trinche-

ras, es preciso comprometer, junto a dosis no desdeñables de saberes, la firme voluntad de colaboración científica que dicta la pasión por la verdad sobre la mezquindad de la propia bandería. No obstante, si un ideal tan enormemente problemático como el de la crítica integral puede seguir siendo
movilizado no disparatadamente en el nivel de las propuestas, es sin duda
porque en el desarrollo de la Crítica literaria moderna ha predominado, no
diré que los intereses de facción sobre la devoción de la verdad; pero sí, desde luego, la polémica negativa sobre la colaboración.

8.    En cierta medida, todos los argumentos precedentes no tienen verdadero sentido sino en un contexto polémico. ¿Cómo resistirse con profundas razones a la evidencia de que el fenómeno artístico supera por su mila-
grosa complejidad el carácter parcial de cualquier acercamiento crítico? Y
aún más: ¿Es útil la lectura, cualquier lectura crítica, la mejor incluso que
imaginar podamos, para ayudar verdaderamente al lector de obras literarias? El lector literario es quizás el verdadero enigma en todo este proceso.
Porque si bien es cierto, como cada vez más se nos dice, que los fenómenos
de recepción y de lectura literaria son determinantes de la misteriosa esencia
de lo literario o de la poeticidad de ciertos mensajes verbales selectos, no
deja de ser igualmente exacto que ese lector es cada vez más raro, más íntimo. A él le llegan poco los análisis de los críticos, no los necesita; precisa
cuando mucho para los clásicos el cotejo marginal de algún diccionario o alguna buena edición comentada, donde recuperar las lagunas circunstancia-
les con que el paso del tiempo y el cambio de usos y épocas han ido gastando
y carcomiendo la diafanidad sugestiva del texto. Pero, fuera de eso, nada
más. En verdad que, como actividad mediadora, como lectura interpuesta, la
tarea de los críticos formales, sobre todo la de semiólogos y poetólogos estructurales, no es verdadera crítica. Es en todo caso, como vengo diciendo
desde hace años, crítica para críticos, nunca crítica para ese «lector implícito»
calculado por el autor, ni mucho menos para ese otro gran lector o lector mi-
lagroso y cocreador, que existe agazapado aristocráticamente en la dulce pe-
numbra de la inefable vocación lectora; aunque la mayoría de los autores,
aun los más altos, no se hayan atrevido a soñar con él.

Pero para que no se aprovechen, una vez más y como siempre, de estos
momentos autocríticos los perezosos antagonistas, hay que apresurarse
igualmente a advertirles que, si los mejores y más lícitos lectores de la obra
literaria se desentienden razonablemente del desentrañamiento y disección
formal de los entresijos y secretos materiales del texto artístico que les brinda el crítico formal, es tonto imaginarse que a ese mismo crítico se acercan
ellos en mayor grado con sus obvias paráfrasis sociológicas. En todo caso, al
lector ideal, o al buen lector no especialista —ese que no vive a costa de leer,
sino que vive para poder leer—, le servirá el tipo de discursos históricos puros, no dependientes del texto artístico; los que le permiten hacerse esa parte imprescindible de cultura sobre el tiempo no presente, o la del presente
no advertido, que contribuye a aclarar, pero siempre desde fuera, algunas

circunstancias genéticas de la obra de arte. Porque si la explicitación técnica, interna, de los detalles materiales de composición, la radiografía de la urdimbre del tapiz y los secretos de su organización, cromatismos y textura son relativamente irrelevantes para el lector que busca en la gran literatura, o aun en la literatura divertida, inapreciable compañía o respuesta a sus fantasmas y angustias de solitario, imagínese para lo que quiere las aburridas monsergas del sermonario moral y sociológico. Aun el secreto de su composición, sobre no ser evidente en sí mismo, es algo interno a la obra y previo a los efectos pragmáticos de recepción del discurso literario; cuenta al menos con la vocación analítica e interpretativa. Pero la paráfrasis social es sólo deducida de la obra, lectura invariablemente «a posteriori», sin verdadera ambición aclarativa del texto, una modalidad más de lectura especializada, y ni siquiera tan interesante como la del lector gozando en plenitud de los múltiples registros brindados por la palabra artística.

El mérito principal del gran pensador literario Mijail Bajtín, para mí, fue precisamente que planteó, por primera vez y casi por última, el componente de interpretación social vinculándolo a la estructura material de la composición del texto literario. El suyo no era un esfuerzo mediador, superficial y adjetivo para sacar ganancias, como el de tantos otros que se han ido consignando en épocas de transacción posteriores entre algunas malcompuestas conciencias marxistas y las condiciones mínimas de recibo en los bien aderezados cenáculos de «la progresía» estructuralista; tal es el caso más explícito de Julia Kristeva, el más críptico de Tzvetan Todorov, o el más dramático y profundo de Lucien Goldmann —entre las figuras más conocidas—[27]. Para Bajtín no existe estructura verbal autónoma de su entalladura social. La «lengua» como superestructura abstracta es simplemente irreal, útil quizás como constructo teórico ideologizado[28], pero inconcebible fuera del «habla», y ésta, además, no vinculable sino a tránsito interpersonal, acontecimiento dialógico y de intercambio. El hombre cuerdo en soledad no habla. La obra literaria se ve, en consecuencia, penetrada inevitablemente en sus estructuras más íntimas de esa esencia social del lenguaje: no se olvide la naturaleza verbal de sus materiales significativos. Precisamente por ello, lo que configura parámetros tales como los de acierto o mérito artístico en la obra literaria es su capacidad de incorporar, reproducir y perpetuar variedades individuales del discurso de época. Su tesis sobre Dostoievski la presentía ya entre nosotros, hace muchos años para Galdós o Cervantes, mi maestro Baquero Goyanes[29]. Para Bajtín el arte del gran novelista ruso, y precisamente por lo que

---

[27] Véase nuestro análisis de todos estos casos de transacciones en el capítulo titulado «Formalismo y marxismo: antagonismo y complementación en el concepto de realismo artístico», de mi libro *Significado actual del formalismo ruso*, cit., pp. 313 y ss.

[28] Tesis básica de su libro [V. N. Volochinov], *Le marxisme et la philosophie du langage*, París, Minuit, 1977. La edición original rusa, bajo el nombre de Volochinov, se publicó en 1929. En castellano existía traducción desde 1976, editada en Buenos Aires con el título: *El signo ideológico y la filosofía del lenguaje*.

[29] Recuerdo numerosos pasajes de su colección de estudios sobre la novela española, en *Prosistas españoles contemporáneos*, Madrid, Rialp, 1956, o atisbos en artículos tempra-

nos como *Cervantes, Balzac y la voz del narrador,* en «Atlántida», 6 (1963). Ha sido Baquero en este y otros muchos aspectos, un adelantado de las ideas del formalismo estructuralista en España. Nutrido doctrinalmente en las ideas de Ortega y Gasset, fue ya capaz de configurar la investigación histórico-literaria, rigurosa y monumental, de cuño menendezpelayista, sobre los cuentos del siglo XIX en un ambicioso esquema de tipología estructural del género con su tesis modélica *El cuento español en el siglo XIX*, Madrid, C.S.I.C., 1949, reflejado con posterioridad en muy concretas síntesis teóricas como los dos epítomes *¿Qué es la novela?* y *¿Qué es el cuento?,* publicados por la editorial argentina Columba, en su colección de Esquemas. Caracterizaciones fundamentales en la teoría de la prosa de los formalistas rusos, difundidas modernamente a los teóricos de todo el mundo, como la de la estructura del cuento como campanada o nota lírica instantánea en oposición al componente prolongado, discursivo, del texto novelesco, constituían ya arraigadas formulaciones intuidas por Baquero y participadas a sus discípulos, entre quienes yo me encontraba, a través de su paciente, aguda y amante lectura de los más variados discursos narrativos de todos los tiempos en todas las literaturas, muchos años antes de la difusión de los textos formalistas en Occidente. Con toda certeza, y lo digo con sobrada experiencia personal, es un fenómeno típico de convergencia natural de aptitudes, interés e instinto crítico lo que acomuna a Baquero Goyanes, encerrado en la circunstancia interior española de sus mejores años de formación y desarrollo, con la de hombres como Eikhenbaum, Šklovskij, Tomaševskij, también forzados por las circunstancias a un encierro y silencio, de causas quizás distintas a las de nuestro gran crítico español, pero de muy semejantes consecuencias peculiarizantes.

En concreto el concepto bajtiniano de novela como polifonía o dialogismo social de voces dista en el fondo menos de la concepción perspectivista de Baquero, que de otras fórmulas de «skaz» próximas de los formalistas, quizás por el hecho simple de que Bajtín tenía por conocidas y próximamente indeseables las doctrinas formales. Las nociones de perspectivismo y contraste de Baquero, que tratan de ser globalizantes —quizás en consecuencia de distantes estímulos y fuentes teóricas newcriticistas americanas e inglesas que Baquero ha citado siempre en su irreprochable honestidad con más profusión que efectiva ayuda y rendimiento— y que se fijan, por tanto, muy ampliamente en datos de perspectiva óptica, no olvidan nunca la dimensión forzosamente verbalizada de cualquier efecto de la estilística narrativa. Así Baquero ha subrayado con mucha frecuencia la condición verbal de las medulares estructuras perspectivistas en el discurso narrativo, orientando inequívocamente la noción habitual de «punto de vista» a un «punto de hablada», en el que él pretende rendir indudablemente un generoso homenaje a algún ocasional —brillante y profundo— «aperçu» de su indirecto maestro Ortega y Gasset (Véase en general, la colección de sus estudios en este punto, reunida en *Perspectivismo y contraste,* Madrid, Gredos, 1963).

La aportación crítica de Baquero Goyanes resulta verdaderamente ejemplar y sintomática al tipo de discurso que me ocupa, de ahí que me ha parecido imprescindible extenderme con sus referencias en este epílogo para lectores jóvenes españoles. Silencioso —y silenciadamente— Baquero cubre en el panorama español de la crítica moderna un área única y privilegiada. Su obra —recordemos como otros de sus hitos el temprano libro escasamente difundido *La novela naturalista española: Emilia Pardo Bazán,* Murcia, Universidad, 1955; o su obra quizás más famosa *Estructuras de la novela actual,* Barcelona, Planeta, 1970—supone la implantación del inmanentismo estilístico en el dominio textual, absolutamente ajeno a aquél de los textos extensos narrativos. Con ello, el resultado forzoso y fecundo fue un formalismo estructuralista desprovisto de prejuicios doctrinales de escuela, en la medida en que en él fue autóctono y espontáneo, como dictado por la naturaleza misma de sus objetos de análisis, los textos narrativos. Acierto suplementario y seguramente intuitivo de Baquero ha sido su firmeza en no ceder jamás a las demasías indudables de la metalengua, que afean los mejores análisis neoformalistas y condenan a la inmensa mayoría a un rápido olvido, por inútiles, sólo comparable a su acelerado éxito y propagación iniciales. Es Baquero quizás uno de los pocos críticos desde la postguerra española al tiempo universalista y original, nutrido de sus propias intuiciones con las que se ha orientado con pulcritud y sentido justo de la necesidad entre la maraña de las influencias externas. Entre Baquero y el texto literario objeto hay sobre todo fidelidad y un innato buen gusto entusiasta. En él la visión profunda de las estructuras de la obra artística es rasgo casi innato de su naturaleza más espontánea; es por eso uno de esos raros casos de críti-

ha de considerársele a su juicio el creador de la novela moderna, consiste en haber roto con el monólogo de autor desdoblado en personaes, que expresan con su propia y única voz, como mucho, la variedad de facetas en su enjuiciamiento de un proceso. Por el contrario, en las novelas de Dostoievski, parece pensar Bajtín, el autor se evapora entre sus criaturas, asesina su propia presencia omnisciente precisamente para que cobren vida verosímil las criaturas literarias, los protagonistas de la creación novelesca: «la pluralidad de las voces y de las conciencias independientes y distintas, la polifonía auténtica de las voces a parte entera, constituyen efectivamente un rasgo fundamental de las novelas de Dostoievski»[30]. Así pues, lo que la novela incorpora —y en tanto mayor grado cuanto mayor sea su grandeza— es obviamente el fondo más profundo de la existencia social manifiesto en el lenguaje. Destierra de este modo Bajtín las formas más vulgares e inmediatas del realismo socialista, por cuanto no se trata del reflejo directo, semántico, de la explicitud de los mensajes expresados en la novela. Por el contrario la novela incorpora en su acierto la más genuina y profunda expresión del componente social e histórico: la variedad de lenguajes individuales que coexisten y se articulan dialógicamente en un conjunto de variantes del lenguaje general, a través del cual se expresa la conciencia dialéctica de una época. No se tratará en tal caso de un nuevo constructo ideologizado, irreal por tanto, como el de la «lengua», creación útil de los científicos desalojada de la realidad. Las «voces de la novela» significan en su pluralidad, en la fuerte consistencia de cada uno de sus constituyentes individuales esa especial habilidad del escritor para desdoblarse miméticamente con entidades de la vida real representantes de los arquetipos sociales. De este modo: «La originalidad estilística del género reside en el ensamblaje de estas unidades dependientes, pero relativamente autónomas (a veces incluso plurilingües) en la unidad suprema del *todo*: el estilo de la novela es un ensamblaje de estilos; la lengua de la novela es un sistema de lenguas»[31].

Concebida en tales términos la novela, parece obvio que la tarea de su interpretación crítica ha de ser confiada absolutamente a metodologías de base social. En efecto, el adecuado descubrimiento histórico de los «lenguajes» ofrecería los parámetros de referencia sobre los que establecer las decisiones de valor en torno a la ejecución en el texto narrativo de los diferentes lenguajes del componente social de época. Sin embargo, resulta bien claro que, precisamente la decisión de alojar el principio de valor de la novela justamente en la capacidad del autor para construir lenguajes *atribuibles* nos sitúa de lleno en un tipo de considerandos últimamente sociales, pero inmecos de instinto, gusto y cultura. Cuando en nuestro país se imponga el buen acuerdo de leer sin prejuicios lo verdaderamente pertinente y notable, estoy persuadido de que alcanzarán las obras de Baquero su exacta difusión. Y sobre todo creo que se verá cumplida así sin equívocos la misión a la que siempre las ha destinado su autor: la orientación especializada del lector, hecha desde el amor y la cultura a la obra artística de un genuino hombre de letras.

[30] Cfr. M. Bakhtine, *La poétique de Dostoievski,* París, Seuil, 1970, trad. del original de 1963, pp. 32-33.

[31] Cfr. M. Bakhtine, «Du discours romanesque», en *Esthétique et théorie du roman,* París, Gallimard, 1978, p. 88.

diatamente atingentes al mundo de aportaciones de las que el mismo Batjín denominaba las «poéticas del material» literario; o al menos al de las modalidades críticas poderosamente configuradas en los análisis lingüísticos. Parece necesario recordar que, con antelación a todas sus consideraciones sobre la narrativa, en un escrito de 1924, titulado «El problema del contenido, del material y de la forma en la obra literaria», Bajtín había fijado, en los términos exactos de su enorme y necesaria complejidad, una noción de contenido literario que explicaría la coexistencia implícitamente demandada a los análisis de estrategias sociales y formales para la resolución final, la cual, al incluir ambas clases, podría ser denominada sin esfuerzo estética. El contenido literario definido antes en términos de polifonía social incluiría el componente «cognitivo», de ideas explícitas, con que habitualmente se identifica de modo global y casi unívoco; pero tal constituyente, común al tipo de mensajes específicamente literarios con el de la historia, la filosofía o la sociología, se articula como literario precisamente en virtud de su configuración «ética» en el discurso novelesco. Adviértase que aquí ha de entenderse la acepción bajtiniana de ético justamente en los estrictos términos aristotélicos de *prágmata,* es decir, de «acción de hombres», según lo precisaban por redundancia los comentadores renacentistas de la *Poética*[32]. Precisamente por incorporarse de manera necesaria en el texto literario como modalidades individuales y complementarias del lenguaje social, el discurso polifónico de la novela desvirtúa sus bases teórico-cognitivas puramente entendidas como tales, bajo la forma de expresiones verbales de comportamiento y de cosmovisión: «da forma puede perder su relación primera al contenido —decía al respecto en *Estética y teoría de la novela*—, en su significación cognitiva y ética, y el contenido puede ser relegado al nivel de un elemento puramente formal. Tal debilitación del contenido rebaja ante todo la significación artística de la forma. Esta pierde una de sus funciones capitales, la unificación intuitiva del campo del conocimiento y del campo ético, tan importante, singularmente para el arte verbal»[33]. Por último esa peculiaridad de la incorporación ética de la base cognitiva, al cumplirse mediante el discurso verbal de los personajes, configura la peculiaridad terminal «estética» del contenido literario.

Como puede verse, una vez más y contemplado el debate a las debidas distancias de serenidad, las posturas antagónicas se contagian e interpenetran activamente. La oposición a los formalistas encontró en Bajtín y en su pequeño círculo de colaboradores seguramente las más demoladoras objeciones; tanto más profundas que las simples persecuciones y entredichos ideológico-administrativos. No cabe duda de que es categórico el rechazo de Bajtín a las ideas críticas de los formalistas constituidas como una poética del material, articulada en torno a sus análisis de solidaridades inmanentistas inscritas en el texto, en términos de las por él llamadas «formas composicio-

[32] Cfr. A. García Berrio, *Introducción a la Poética clasicista,* Barcelona, Planeta, 1975, pp. 46-49.

[33] Cfr. *Esthétique et théorie du roman,* cit., p. 48.

nales». Sin embargo, resulta evidente que tales estrategias de análisis del material resultaban imprescindibles para la debida exploración de las «voces» incorporadas en los textos literarios. El rechazo de los análisis formalistas, cuya capacidad para referenciar las «formas composicionales», o elementos lingüísticos meramente sustentadores de las formas estético-sociales, nunca fue puesta en duda por Bajtín, es absolutamente teórico y de principio. Bajtín no negó nunca la idoneidad ni el interés de los análisis formalistas en ese nivel. Lo que rechazó de manera absoluta es que resulten satisfactorias en una operación crítica no deformante las conclusiones deducibles sólo de tal tipo de observaciones formales. Sin embargo, lo que resulta claro es que los formalistas rusos —como tampoco Saussure en otro ámbito, por ejemplo— no proclamaron nunca la exclusividad de sus ideas y análisis en vista de la complejidad de los objetos analizados. Las exageraciones por ambición de los formalistas, caldeadas siempre por el ardor polémico y la propia extremosidad de las afirmaciones del adversario, fueron por lo menos no más numerosas que los reconocimientos explícitos de la parcialidad de sus esfuerzos, dictados, sobre todo, por urgencias derivadas de la coyuntura metodológica de la propia crítica y de las revoluciones de las vanguardias artísticas. Una vez más a uno y otro lado de la polémica se avanza simplificando caricaturalmente las actitudes del contrario. Pero ése parece ser siempre el destino de la evolución de las ideas a lo largo de todas las épocas. Entre el sociologismo de Bajtín y el formalismo del grupo Opoiaz cabían más colaboraciones que exclusiones, pero unos y otros prefirieron las segundas.

En cualquier caso, la simple decisión de Bajtín de proponer un entendimiento crítico superador del simple análisis formal no legitima por sí misma la referida propuesta. Precisaría articularse en un modelo concretado y ejemplificado con prácticas analíticas suficientes. Opino que la exigencia de un análisis estético, ideal culminativo de la crítica bajtiniana en términos de análisis de esas «formas arquitectónicas», o sobrepuestos causativos estético-sociales de las formas composicionales[34] alcanzadas por el puro análisis poetológico formalista, no se vio realmente cumplido en la propia práctica de Bajtín. Ni la analítica de Dostoievski ni la de Rabelais[35], por referirme a sus

[34] Cfr. *Esthétique et théorie du roman,* cit.; entre otros lugares el concepto de forma arquitectónica viene definido en pp. 34-37: «Las formas arquitectónicas son las formas que toman los valores morales y físicos del hombre estético, las formas de la naturaleza percibidas como su entorno —las formas del acontecimiento contemplado por él en el aspecto de su vida personal, social, literaria, etc... son las formas de la vida estética en su singularidad».

[35] Me refiero a su libro *L'oeuvre de François Rabelais et la culture populaire au Moyen Âge et dans la Renaissance,* París, Gallimard, 1970. Existe también versión española, bajo el título *La cultura popular en la Edad Media y el Renacimiento. El contexto de F. Rabelais,* Barcelona, Barral, 1974. Dentro del hispanismo francés es donde quizás ha sido recogida con más fruto y personalidad, hasta el presente, la herencia bajtiniana, Destacaré la reelaboración teórica de las categorías sociocráticas de la carnavalada, llevada a cabo por Edmond Cros, entre otros libros en su reciente *Ideología y genética textual. El caso del «Buscón»,* Madrid, Cupsa, 1980. En el ámbito de la crítica sobre literatura española contamos, con toda seguridad, con los más inteligentes y documentados análisis existentes sobre aspectos cazurros y carnavalescos, gracias a la actividad de Agustín Redondo, especialmente en sus recientes análisis cervantinos. Destacaré: «Tra-

ejemplos más concretos, dejan a mi juicio suficientemente en claro las trazas seguras, con fijeza del algoritmo hermenéutico, de ese itinerario. Podrá quizás argumentarse en contra de mi juicio en términos de la complejidad natural de los objetivos, tanto más inconcretos, novedosos y complejos en términos de formas arquitectónicas que en los de las composicionales de las poéticas formalistas del material; de la misma manera que es relativamente más fácil y practicable la descripción lingüística satisfactoria —incluso en términos de universales— en el nivel lingüístico fonológico, con una combinatoria de componentes limitados, que en niveles superiores frásticos o textuales con unidades mucho más complejas. Pero esta dificultad aceptada de lo ignoto, no arguye precisamente contra los méritos y pertinencia del camino bien practicado.

Como en el caso de algunos otros modelos críticos y sistemas de ideas literarias, cual pudiera ser el del estructuralismo genético goldmanniano, la propuesta superadora de Bajtín se nos antoja un ideal irreprochable. La ambición de sus objetivos es la única forma de no desdecir de la verdadera naturaleza compleja de la obra artística y su experiencia pragmática. El mero planteamiento razonable de tales exigencias constituye ya una garantía por sí misma de adecuación. Sin embargo, no conviene confundir, como con frecuencia se hace, las propuestas críticas con los ejercicios analíticos que las legitiman, sobre todo, cuando éstos no existen o quedan positivamente desproporcionados por debajo de sus ambiciosos planteamientos teóricos. Tal creo que es el caso, salvando el enorme esfuerzo de sus sugerencias indudablemente geniales, de la obra completa de Bajtín, limitada por los incesantes entorpecimientos de la propia biografía de este pensador colosal e inarticuladas por su propia soledad. El ideal de una Poética estética que desemboque con sus análisis en la elucidación del sistema de formas arquitectónicas estético-sociales, creo que no ha de ser rebajado en grado alguno. Otra cosa sería la adecuación del planteamiento de las vías de acceso. Aquí estoy persuadido que el actual desarrollo de las disciplinas críticas permite corregir en buena medida las expectativas más bien restrictivas de Bajtín. La colaboración con las experiencias depositadas por más de setenta años de poéticas formalistas me parece imprescindible en ese viaje fascinante hacia la Poética estética reclamada por Bajtín. Indirectamente él llegó a asumir en algún momento aislado[36] la oportunidad de transitar entre unas y otras formas; sin embargo, quizás quedaron más indelebles sus condenas a los logros de las poéticas for-

---

dición carnavelesca y creación literaria. Del personaje de Sancho Panza al episodio de la ínsula Barataria», en «Bulletin Hispanique», LXXX, 1978, pp. 39 y 70; así como: «El personaje de Don Quijote: tradiciones folklórico-literarias. Contexto histórico y elaboración cervantina», en «N.R.F.H.», XXIX, 1980, pp. 36-59.

[36] Véanse, por ejemplo, las siguientes palabras: «Es preciso considerar que toda forma arquitectónica se realiza por medio de procedimientos composicionales definidos; por otra parte, a las principales formas composicionales —las de género, por ejemplo— les corresponden, en el objeto estético realizado, formas arquitectónicas esenciales». *Esthétique et théorie du roman,* cit., p. 35.

malistas, pese a su ya encomiable balance de contribuciones y novedades fe-
cundas en las iluminaciones de estructuras composicionales de los textos literarios.

No se debe olvidar que la crisis actual de la Crítica literaria la ha precipi-
tado, sobre todo, la reciente liquidación y balance de los formalismos llevada
a cabo por la Poética estructuralista[37]; tal ha sido la importancia de su contribución a la renovación de la Crítica literaria en nuestro siglo. Pero en este
caso el desfallecimiento no significa necesariamente desmoronamiento, o al
menos no lo columbran así quienes tienen, por su cultura, capacidad de horizonte. Si la crisis actual de las metodologías formales ha de caracterizarse por
un rasgo decisivo, éste es, sin duda, el de ser una crisis de crecimiento, de superproducción. Las metodologías formales han cubierto sobradamente los
compromisos y vacíos que se propusieron a principios de siglo sus primeros
cultivadores europeos. Sus inventarios de formas composicionales coherentemente analizadas son cuando menos respetabilísimos en la mayoría de los
casos. Piénsese, por ejemplo, en el auge y desarrollo alcanzados por la narratología estructuralista en contraposición con el absoluto vacío de ideas pre-
formalistas sobre este género de discurso. Precisamente esa misma conciencia satisfecha, muy justificadamente a mi juicio, es la que nos lleva hoy a per-
catarnos de la indeseable desproporción de nuestros conocimientos entre las
que llamaremos «formas composicionales», ya plenamente familiares, y los
objetivos aún nebulosos, y por eso quizás redobladamente atractivos, que podríamos seguir provisionalmente identificando con el sugestivo término bajtiniano «arquitectónico». A mi juicio y en mis cálculos, la vía más razonable
de progresión en esa línea es la de *proyección*. Estoy persuadido de la isomorfía de los productos culturales desde sus estructuras constitutivas más nucleares a las de mayor masa; por eso creo en la utilidad de proyectar el perfil di-
fuso de las formas arquitectónicas desde los lindes ya satisfactoriamente definidos —ninguna obra de la actividad humana puede o debe llegar más allá
sin grave peligro para la preciosa e imprescindible capacidad de previsión
imaginativa— de las formas composicionales, cuya experiencia debemos, sin
regateos posibles, a las varias poéticas estructuralistas de componente formal[38].

[37] Un documento sintomático lo constituyó el conjunto de importantes contribuciones
agrupadas en el número monográfico de «Poetics», VIII, 6, 1979, del que fue editor Teun A.
van Dijk, con el título general de «El futuro de la Poética estructural».
[38] Si bien aún alejada de ese ideal de integración que sólo alcanzo a entrever en el presente, sospecho que pudiera desembocar en esa línea mi propia tarea de tipologización macrotextual de grandes conjuntos culturales, como el de la lírica petrarquista europea. Al menos, la que al presente se me ofrece como absolutamente nítida es la idea de que ese tipo de
trabajos contribuyen decisivamente a delinear en términos muy precisos el perfil concreto de
los grandes movimientos de la estructura cultural, tales como el amor cortés, la sátira y la burla, el encomio y la poesía conmemorativa, etc... Creo estar contribuyendo así al cumplimiento,
de forma relativamente rigurosa y concreta, de la tarea analítica y filológica previa que, precisamente con su ausencia, ha determinado el peor tipo de limitaciones de aplicación y corroboración para aquella penetrante propuesta goldmanniana del estructuralismo genético. En
efecto, sólo cuando se haya establecido con el menor margen posible de inseguridad intuicio-

9.    Después de todo no se olvide el ámbito restringido por definición en que se mueven nuestras consideraciones en este trabajo. Se trata, fundamentalmente, de la presentación preferencial de un -ismo, el formal, en el seno de un conjunto metodológico de otros -ismos, todos los cuales perfilan la *fisonomía científica* de la Crítica literaria. Pero, de la misma manera que tras largos años de exploración de las posibilidades en la disciplina formal crítica sobrenadan sólo los límites para la ambición humanística que pudo fundar una vocación crítica inicial; tras los mismos largos años de cultivo de la crítica científica, poblada de la primaria voluntad de someter a examen las virtualidades de las distintas vías metodológicas, viene a imponerse la obligada nostalgia de la crítica «acientífica», empática y moral, y casi radicalmente inasequible a la sistematización académica.

Si bien se mira, este escrito se ha planteado casi exclusivamente en términos de «ajuste de cuentas», dándolas y pidiéndolas; en tal sentido no he querido escamotear a sus contados lectores, que a buen seguro, para no llamarse a engaño, han de ser jóvenes con voluntad de aquirir los tonos más sinceros de mis propias experiencias y desencantos como crítico «científico». Pero casi como en la pesadilla del sacerdote indio cautivo del cuento de Borges, uno llega a constatar que se despierta de un sueño dentro de otro. Y con los años entre crítica y literatura se debe aprender, sobre todo, a perder la esperanza del frescor, de la libertad absoluta; se debe descubrir que el contacto directo e íntimo del crítico en libertad con la creación tal vez sea sólo razonable como tentación o como nostalgia. Y la obra, la gran obra, restará siempre enhiesta, en el fondo indiferente a la crítica, garantizando y sancionando la menesterosidad de toda paráfrasis, su humilde estatuto.

Por rara paradoja, quizás sea más dable al crítico aproximarse al escritor —desvelar sus intenciones, desplazarlo ocasionalmente del puesto de control en su gabinete de creación, y sorprender «a posteriori» sus mecanismos y comportamientos— que igualar con la propia la escritura de creación. La reciente imagen bartheana de la crítica como «*escritura-sobre* la Escritura» (todas las transformaciones de la cita son intencionadamente mías), no es en el fon-

---

nista la estructura de funcionamiento de sistemas muy complejos de la realidad literaria y artística, o generalmente hablando cultural, a través precisamente de una sistematización coherente de sus resultados textuales, se puede entrar en el ámbito de la constatación de los diferentes tipos de impronta social en la fisonomía de las grandes líneas de los sistemas sobreestructurales. Entre el conjunto de trabajos de tipología textual, que vengo ofreciendo en los últimos años, como anticipo de algún futuro libro de conjunto sobre la estructura de la lírica europea entre los siglos XIV y XVII, puedo referenciar básicamente a algunos de los capítulos de mi libro en colaboración con J. S. Petöfi. *Lingüística del texto y Crítica literaria,* Madrid, Comunicación, 1979. Véase igualmente la serie de síntesis y rendimientos de cuentas sobre el estado de la teoría, que suponen mis artículos: *A Text-typology of the Classical Sonnets,* en «Poetics», 8 (1979), pp. 435-458; *Una tipologia testuale di sonetti amorosi nella tradizione classica spagnola,* en «Lingua e Stile», XV, 3 (1980), pp. 451-478; y más recientemente, con una información más puesta al día, el artículo de la misma índole: *Macrocomponente textual y sistematismo tipológico: el soneto amoroso español de los siglos XVI y XVII y las reglas de género,* en «Zeitschrift für Romanische Philologie», 97 (1981), 1/2, pp. 146-171.

do más que una burla de Barthes, de sí mismo quizás o quizás a costa de sí mismo. En sus apariencias de revaluación de la paráfrasis crítica, no puede llegar con justicia a encubrirnos la verdadera significación, la crítica no es escritura *como* la Escritura; es decir, no es escritura creativa, sino secundaria paráfrasis.

Al decir que el hombre crítico puede aproximarse razonablemente y aproximar a otros hombres al hombre creador, mucho más que a la creación en sí misma, me atengo no ya a una mitificación metafísica de la escritura literaria; sino muy al contrario a una constatación frecuente de mi experiencia personal y a una hipótesis razonable: la de que es más factible e ilustrativo *explicarse* las causas de un proceso que *explicar* su resultado. Véase que digo explicar, no *describir,* ya que después de todo —y hasta en sus raros y mejores casos— lo que la crítica científica de todo signo ha hecho no es explicar en modo alguno la obra de arte como consecuencia, sino describirla, aproximarse a la taxonomía de causas, componentes y reglas de formación de la obra, materiales, psíquicos y sociales. El que los críticos de Velázquez hayan alcanzado a descubrir que quizás el rasgo plástico definitivo del genial pintor pueda consistir, sobre todo, en la ausencia de un color directriz, y aun de cualquier color, con ser quizá una de las escasas sanciones imprescindibles de la crítica velazqueña, no explica nada del *momento* en que Velázquez compone con genial desvaimiento su cuadro «La Túnica de José». Y la situación llega a ser aún más denodadamente extrema en el caso del comentario no metafóricamente lingüístico de la obra de arte verbal. La única paráfrasis equivalente al «Amor constante más allá de la muerte» de Quevedo sería su reproducción; quizás por eso, a la vuelta de todo, uno empieza a considerar a los filólogos y a perder el respeto a los críticos; aunque a tal propósito debo manifestar con desaliento que la mayoría de los filólogos que he tenido que conocer eran, a este respecto, «crustáceos inconscientes», como el cangrejo de la definición.

Así, cuando aprieta en el distraído crítico científico, formalista, psicológico o sociologizante, la sombra de conciencia de la condición humana que ha presidido el proceso de toda creación artística, y si no está definitivamente dañado por la cientificidad, o por la conciencia social de la desigualdad intrascendente, y si no se embarcó en ellas por irreparables defectos de origen, entonces, antes o después, se llega a la biografía artística, al moralismo social de la literatura y al elevado consuelo personal del arte. Se descubre, demasiado pronto o demasiado tarde, que no existe gran libro sin vida interesante, que no se ha dado genialidad creativa que no sea el resultado de una ejemplar existencia, que la primera y mejor obra de todo gran artista la representa su propia vida, resuelta según los talantes en aventura andariega o en quietismo, en lucidez o manía, en congruencia o contradicción, en santidad o satanismo. Y que esa vida se articuló en la de los demás, en su entorno comunitario, sirviendo para edificar o escandalizar, para provocar admiración, envidia, indignación y todas las demás animadas pasiones.

Curiosamente tales descubrimientos de retorno no son sino redescubrimiento de los orígenes, reimplantación madura, consciente y serena, de la emoción impaciente que agita a las primeras ascesis artísticas del adolescente. Si a algún desengañado malicioso, que los hay, se le ocurriese tras de todo esto, felicitarse por su pereza, por su involuntaria fidelidad al impulso inmaduro, quisiera decirle que no se haga ilusiones, que al conservarlo virginal, lo habrá seguramente esterilizado. Sucederá, probablemente, que nunca habrá salido de necio; porque cualquier forma de amor adolescente, el del arte como el humano, no se perfecciona sino con el ir a más, en la demasía y hasta en el disparate, en el despilfarro de los bienes naturales o de la misma vida, como Julieta, Melibea y sus amantes. Tarde o temprano uno llega a menospreciar a Abelardo si se plantea su caso como el de uno que quiso compatibilizar su pasión por Eloísa con una cátedra vitalicia con dedicación exclusiva. Y después de todo, si a escala del sentimiento trágico o gozosamente maduro de la vida la experiencia del cientificismo ante el arte quizás no resuelva gran cosa, desde luego la historia de la crítica moderna parece confirmarla como una privilegiada posición de espera.

Ante la grandeza de la creación palidece la mejor crítica; es cierto. La crítica ha consistido en el ejercicio reflexivo de la pasión por el arte de una extensa galería de caracteres que van del impotente al suicida, del ingenioso sin imaginación al dubitativo fantástico. Pero, aun en su pequeñez por desproporción a la imaginación creativa, las diferencias que existen entre los discursos críticos las establecen fundamentalmente el talento y la cultura. Es decir, junto a la «ocurrencia», a esa capacidad de desplazamiento, de ocupación fantástica de la personalidad del autor criticado, garantía básica del *acierto*, la cultura, el interés y riqueza del acarreo de experiencias del crítico, científicas y humanísticas, filológicas y vitales, granjean para las escrituras críticas la seguridad de su *interés,* casi la única justificación de su lectura. Nunca más ajustado que en el caso del crítico aquel doble requisito clásico para artistas y oradores de aunar ingenio y arte.

No es lícito al crítico olvidar que a la literatura en la mayor parte de los casos y en todas las épocas, salvo en períodos de experimentalismo aberrante y nortes perdidos, la ha armado sustancialmente la voluntad de confidencia; casi el mismo concepto de fiesta moral que era la tragedia en el pensamiento litúrgico de Aristóteles, se prolonga en la concepción de moral activa del arte en la que han creído, desde credos bien dispares, los críticos norteamericanos de comienzos de este siglo y los pragmáticos planificadores del arte socialista. Pero ni siquiera las poéticas más intimistas han dejado de servir de otra manera esa misma voluntad de amaestramiento social, al no haber desalojado al individuo, al lector aislado, del horizonte de sus cálculos. En los dos casos, lo que se ve alterado son los instrumentos de la comunicación, la distinta modalidad de la comunicación confidente del autor con cada uno de sus lectores a través de la palabra directa, o bien con el conjunto simultáneo de todos ellos merced al tornavoz retórico de la declamación y el ejercicio del efectismo sentimental. En tal sentido, sociologismo y moralismo confunden sus intereses, o mejor dicho el primero se integra en su orden natural al engastarse en el segundo.

Pero no olvidemos esa indescontable condición de no neutralidad del significante literario, mayormente aún en el caso de la poesía. Distingue el desvelamiento literario de la comunicación filosófica o científica, sobre todo, el *cómo* se produzca la comunicación más que el *qué* comunicado, o mejor dicho lo trasmitido literariamente entra a través de más sentidos racionales, que la simple comunicación intelectual. La imagen poética acuña la lección indeleblemente, revistiéndola de una especial aureola de solidaridad personal que nos implica y acompaña en el paso del tiempo, como la más vital y cálida de las *experiencias* y no sólo como un neutro aprendizaje. De esta manera la reflexión formalista desemboca en la capacidad crítica del buen gusto, de captarlo y de reproducirlo.

Un tipo de interés por el texto literario que engendran los acercamientos al mismo que estamos llamando «científicos» no deja, en absoluto, de ser lícito. Es además, a su propio aire, interesante. En él se hace cierto y regla aquella máxima relativa a lo evitable en el comentario que prohibía utilizar el texto como «pretexto». En el comentario científico del texto, éste es siempre de uno u otro modo pretexto, o mejor *pre-texto* puro. El texto literario viene a ser en tales términos un objeto-punto de partida de la reflexión, pero es la reflexión misma lo que en verdad interesa. Y no se trata sólo, ni primariamente, del caso de un tipo de escritura crítica máximamente literaria, creativamente fantástica en sus interpretaciones según los conocidos ideales empáticos o artísticos como pueda serlo el bartheano; antes bien, en la mayoría de los ejemplos, el discurso científico-crítico busca la menor homogeneidad posible con el tipo de escritura objeto del texto literario, se concentra en modelos varios de metalenguajes canónicos. El ejercicio crítico de la que llamamos crítica científica, que es el caso más generalizado de las críticas descriptivo-interpretativas actualmente existentes, se funda esencialmente como reflexión escritural autónoma respecto de su objeto. Las curiosidades, conscientes o inconscientes, son sustancialmente antropológicas: al crítico científico le interesa de manera central el texto literario como imagen del hombre, como uno de los productos privilegiados de su tensión reflexiva.

Así pues la literatura en general, y sobre todo la poesía en concreto, se ofrece al interés de esta generalizada práctica crítica como síntoma de un modo privilegiado de comportamiento. El artista, el poeta en nuestro caso, trata de arrancar los secretos del cosmos y de la existencia a través de una curiosa forma de participación deslumbrante en el intercambio pragmático-lingüístico. El caso de la retórica barroca de la metáfora, como un nuevo «organon» en el descubrimiento de misteriosas correspondencias del mundo inasequibles a la óptica común, puede funcionar como un símbolo permanente, exacerbado coyunturalmente en su momento, si se quiere, pero absolutamente generalizable a una de las mecánicas más entrañadas en la actividad literaria. Hölderlin sabía por deslumbrante experiencia que aquel inocente don del lenguaje podía transformarse en lacerante vehículo de visión a través de la poesía. El poeta vive en deslumbradora claridad con la poesía. La lengua del poema no es sólo un vehículo de participación privilegiada a los demás de experiencias ajenas al lenguaje; antes que esa etapa final del discurso poético alcance cumplimiento, las voces del poema han resonado en el último hueco del alma del creador como un misterioso mensaje de los arcanos. El poeta ha encontrado sus imágenes verbales no como resultado de búsqueda significativa alguna, sino como resonancias invocadas de su propia participación esencial en la unidad del mundo.

A través del discurso, el poeta simboliza modos nada vulgares de comunicación; así es como el crítico se interesa por el poema o el texto literario en tanto que instrumentos privilegiados de concepción del mundo. En la concepción de objeto simbólico del poema, el crítico puede leer en su estructura consciente un mensaje privilegiado, y puede interpretarlo y transmitirlo a sus fines propios de experiencia participada y de enseñanza. Y el crítico científico puede, además, intentar poner de evidencia, a través de la factura interior del texto artístico, las líneas de fuerza de esos mismos poderes misteriosos e inconscientes de la significación poética. En cualquiera de ambos casos, la acción crítica no declina esa esencial condición mediadora, entre el autor y el lector, que parece configurarla irreductiblemente a diferencia de los actos propios del poeta y el lector respecto del texto. El crítico científico tiene que explicar el texto, el lector sólo tiene que incorporárselo, recibirlo y, cuando mucho, explicárselo para sí. En esa doble vertiente general de la explicación, tales dos diferentes explicaciones, han contado de modo muy distinto en los cálculos del creador. El poeta cuenta sólo con la segunda, con la explicación del lector; por lo común se desentenderá siempre de la primera, de la del crítico. No le interesaron, al darles vida, si los mecanismos de su propio texto iban a ser desmenuzados en tal o cual manera, descritos de un modo u otro, con vistas a su presentación como palancas adecuadas del resultado comunicativo. El poeta deja desiertas y en desorden las salas del laberíntico alcázar de su obra; exhausto en la creación, sin fuerzas ni ganas para señalar marcas convencionales de sentido. Así lo lega a sus lectores, como botella de náufrago, sin verdaderas aspiraciones a la comprensión, sino, cuando mucho, con un remoto presentimiento de compañía.

La explicación científica de la crítica es pues posible y lícita; pero no debe esforzarse por alinear su actividad y sus productos en el orden íntimo de la comunicación poética. Por constitución propia es casi absolutamente extraña al círculo de la lectura literaria, al caudal de la confidencia estética. Al crítico científico le es lícito sorprender en el poeta y el texto intenciones inconscientes incluso para el propio protagonista de la creación. ¿Falacias de la crítica? No tal, ciertamente, contra lo que se le ha venido reprochando. Una vez producido, el texto literario entra en el orden semiológico, se abandona a las reglas obligatorias de la simbolización humana, individual y colectiva. El poema se convierte así en un objeto cutural más, al alcance como cualquier otra entidad real, de la experiencia de explicación científica. Tal es el dominio de la crítica, ahí reina como señora del texto, ahí le es lícito descubrirle incluso al propio creador sus pulsiones inconscientes. La perspectiva distanciada respecto a su objeto del analista científico, el crítico o el historiador de la literatura en este caso, crea el imprescindible espacio para que las operaciones de lectura y confidencia se conviertan, ellas mismas, en objetos de reflexión posible. El autor pierde así la posesión y la propiedad de su enunciado, y sobre la lectura consciente de la obra, caprichosa y plural a la medida de cada lector, puede llegar a imponerse el valor objetivo de un texto, el equivalente descriptivo exacto de sus reglas de formación, de su estructura básica inmanente; de la misma manera que puede especularse sobre él en términos de los distintos sectores de su funcionamiento social, como producto y excitación. La crítica científica, pues, en sus distintas versiones aspira a cercar el objeto literario fundamentalmente bajo intereses antropológicos y como objeto relativamente neutral, despojado de la circunstancia confidencial de su creador e ignorando, incluso, el parecer del destinatario original concreto de aquella confidencia.

10.    Cambio de aires a manera de epílogo. Téngase presente que, hasta ahora, nos hemos planteado el sentido de la crítica como una actividad con capacidad de *aclarar* en el universo de lo literario. Evidentemente todos los acercamientos críticos que se suelen considerar científicos, son sólo aproximaciones creadas por una convención de origen académico sobre la naturaleza del objeto artístico. En tal sentido, las he definido en algún lugar como «posiciones de espera», en tanto que se produce para cada crítico la epifanía realmente definitiva de la literatura como *experiencia.* Puestos de espera tanto más ventajosos, cuanto más cargados de enseñanzas no triviales sobre la naturaleza accesoria del arte como artificio. Pero cuando el crítico renace a la experiencia artística del lector apasionado, todas sus ventajas previas de analista científico resultan relativizadas. El crítico experimentado en estrategias descriptivas y analíticas adquiere conciencia del alcance responsable de sus capacidades sólo en la medida que recupera su entendimiento original de la obra literaria como producto y vehículo de una experiencia superior. Así, desde su cultura y sólo desde ella, es como el crítico de talento rescata sus intuiciones de avizorador del caudal de experiencias humanas, genéricas, suscitadas por la literatura en todos lo lectores iniciados.

El crítico, pues, sobre todo aquel que aspira verdaderamente al riesgo complejo de la experimentación total de las emociones literarias, *nace y se hace.* Como nacimiento quiero significar no sólo la explicación de un conjunto de talentos singulares, innatos, que lo diferencian de la inmensa mayoría; sino también, y quizás sobre todo, su condición de participante ingenuo en los comunes recursos de experiencia al alcance de esa misma mayoría. La literatura como verdadero arte, en cualquiera de sus más exquisitas manifestaciones, nace provista de virtualidades de incalculable expansión colectiva. La mejor literatura no sólo no se origina destinada a la crítica más esotérica, sino que, incluso, no se fija tanto como término ideal la cultura, especializada o general de sus destinatarios, sino su capacidad sensible. Porque la literatu-

ra, singularmente la alta poesía, es, sobre todo, expresión de un oscuro límite, cuya competencia es universal para todos los hombres.

La forma en que la obra literaria alcanza la representación de ese límite
propio viene sensibilizada quizás a través de la conciencia de su mismo fracaso como lenguaje. Sustancialmente, el lenguaje de la poesía confía en la su-
gerencia, y no reposa en certeza alguna de alcance efectivo. La alta poesía
aloja sus únicas iluminaciones entre referencias significativas fallidas de antemano, despreciadas en realidad como elementos meramente vehiculares. El
poeta selecciona milagrosamente el tributo material de su fracasado lenguaje en la medida y proporción a través de las cuales le es familiar que se posi-
bilite una respuesta, como puro rebote del azar, verdaderamente eficaz. Mediante la literatura, con la poesía, el hombre inaugura una búsqueda cuyos
frutos sabe de antemano que le serán participados solamente en razón de un
sistema de correspondencias ajeno a sus capacidades usuales de expectativa.
El hombre experimentado conoce que, en el dominio del arte, búsqueda no
significa obligadamente encuentro. La enfervorizada exploración del autor y
el eco maravillado que el lector percibe, son en infinita mayor medida resultados de un encuentro casual inexplicable, que remuneración preestablecida
para un inventario de recursos de oficio.

La experiencia literaria no vulgar, la única por lo demás justificable, tiene más que ver con el *encontrarse-con* algo que con el *encontrar* algo. El creador peregrina permanentemente entre resonancias ocasionales de sus propias palabras. En ese bosque encantado, los ecos se transcriben siempre
como los mejores encuentros; la razón fracasa donde el acierto inexplicable
reina, las capacidades especiales e innatas constituyen la única causa digna
de ser tomada en consideración. Todo lo demás no explica la condición esencialmente anómala de la poesía inspirada o del deslumbrante acierto literario. El análisis crítico puede recuperar en ocasiones las trazas del milagro,
pero no alcanza en modo alguno a codificarlo y reproducirlo en términos de
predicción. Esta es la mejor prueba, a mi juicio, de la condición secundaria
que ostenta la analítica científica —formal, social, o de cualquier otra índole—,
respecto a la experiencia literaria, de lectura o de creación. Al desmenuzar
los mecanismos materiales del texto artístico sublime, la crítica esboza, en los
casos más afortunados de ejercicio, el ámbito donde se produce la resonancia inefable, más con ello no garantiza nada esencial a la experiencia, puesto
que no le es dable trazar en ningún caso, por analogía, el camino seguro al
acierto sucesivo.

Ni siquiera el creador mismo alcanza garantía alguna de eficacia reflexionando sobre sus propios secretos y estrategias formales. Buena prueba es,
por ejemplo, que entre la decena larga de sonetos de amor y muerte que
contiene el *Canto a Lisi,* un gran creador como Quevedo sólo acertó con la
voz sustancial en el texto que comienza «Cerrar podrá mis ojos la postrera»;
y el mismo Góngora no se elevó siempre, sino en contadas ocasiones de ins-
pirado acierto, a la tenue delicia lírica de su composición «Mientras por com-

petir con tu cabello». La literatura representa, en consecuencia, la más caprichosa de las experiencias, donde nada se da por reglas; pero —y volvemos a
la concepción clásica— donde las reglas, la cultura del escritor y de sus lectores, entre quienes el crítico también figura y aun de manera privilegiada, resultan inexcusablemente dominadas en los momentos culminantes de la
creación.

Una de las fuentes más encumbradas del pensamiento contemporáneo
de la literatura, Maurice Blanchot[39], ha aproximado clarividentemente la experiencia del lenguaje poético a la reflexión vital sobre la muerte. El acontecimiento literario apela a un espacio indefinido de la existencia, toda la cual
se organiza como un diálogo inconcluso, como un debate del hombre consi-

[39] Bordean estas consideraciones con una proximidad que no queremos contribuir a di-
fuminar sino a destacar, el ejercicio de paráfrasis íntimas de la literatura, como discurso imposible, más profundo que conocemos. Se trata del ejemplo de reflexión que brinda la obra global de Maurice Blanchot. Desde el conjunto de ensayos de *La part du feu* (París, Gallimard,
1949, reimpr. 1972) su aproximación a los textos problemáticos de sus favoritos Kafka, Mallarmé, Hölderlin, Nietzsche, Lautréamont y Sade, refleja «la inquietud de una lectura que busca
mantener el enigma y la solución»; búsqueda anhelante del enigma atractivo a través sobre
todo del vacío de la palabra, de una paradójica retórica del silencio, como lo expresa más adelante en el mismo libro: «Cuando se ha descubierto en el lenguaje un poder excepcional de
ausencia y de contestación, la tentación puede consistir en considerar la ausencia misma de
lenguaje como envuelta en su esencia y el silencio como la posibilidad última de la palabra».
La experiencia literaria, como experiencia mediadora del lenguaje es por propia y más profunda esencia paradoja denodada; y así: «quien quiere àsumir el poder de la comunicación
debe perderse en lo que transmite y sin embargo sentirse, él mismo, incomunicable».
    Tal conciencia paradójica, va ganando cuerpo progresivamente en los ensayos de Blan-
chot, desde su primer volumen en *Faux pas* (París, Gallimard, 1943, reimpr. 1975), traspasada
de la misma conciencia de los vacíos expresivos del lenguaje: «Es posible —decía hablando del
pensamiento lingüístico de Brice Parin— que las palabras desconozcan la verdadera naturaleza
de los hombres, puesto que ciertos momentos importantes de la vida humana o las experiencias quizás esenciales, como las del éxtasis o el sueño, encuentran mucha más justa correspondencia en el silencio que en el discurso». Pero según profundiza su eterno cuestionamiento sobre esa esencia inefable del vacío literario, Blanchot se adentra en su «diálogo infinito» con la
angustia, en la medida que descubre el enraizamiento de la paradoja de la comunicación literaria como una faceta más de esa gran paradoja general constitutiva del misterio de la existencia. Como la ilusión de la existencia y la supervivencia del espíritu, dentro de una coherencia vital, la coherencia ficticia del discurso es ya una piadosa mentira inconsistente para el Blanchot de *L'entretien infini* (París, Gallimard, 1969, reimpr. 1971): «Incansablemente, edificamos
el mundo con el fin de que la secreta disolución, la corrupción universal que rige lo que 'es'
sea olvidada en beneficio de esta coherencia de nociones y de objetos».
    La literatura marca y define más sutilmente quizás que ninguna otra actividad esa corres-
pondencia de vacíos; así *El espacio literario,* la obra más conocida en España de Blanchot, se configura como la acotación en el acto de la escritura del dominio de la metáfora existencial. La
única consistencia real de la afirmación literaria sería el mismo hecho de escribir, como justifi-
caría después en *L'Entretien;* pero un diálogo que se consolida finalmente en su propia negación: «Existe un momento en la vida de un hombre —y por consecuencia de los hombres— en
que todo está ultimado, los libros escritos, los universos silenciosos, los seres en reposo. No
resta sino el trabajo de anunciarlo: es fácil. Pero como esta palabra suplementaria amenaza
con romper el equilibrio —¿y dónde hallar la fuerza para decirla? ¿dónde encontrar aún un lugar para ella?— no se la pronuncia, y la tarea resta inacabada. Se escribe sólo lo que acabo de
escribir, y por último no se escribe». En esa misma esencia negativa, la paradoja que Blanchot
ha ido profundizando como experiencia única a lo largo de reformulaciones infinitas, que no
perderán jamás su atractivo, como demostración más palpable de la relatividad de los concep-

go mismo, donde la «apuesta» pascaliana queda desnaturalizada porque el mantenimiento de una estricta óptica de la existencia, como modelo cartesiano de óptica autolimitada, realista y escéptica, impone el límite de la angustia. El *paso más allá* se constituye a la vez como el cierre inalcanzable de un proceso de voluntad de consciencia luminosa, iniciado quizás en la decisión de un *paso en falso*. Como esa reflexión, igual que la imposible adivinanza final que tienta al hombre desde el pánico de su angustia madura, la literatura golpea continuamente las puertas del milagro de la participación en un saber completo para el ser humano. Lo que ella obtiene son sólo ecos, en el mejor caso, de sus propias demandas, vestigios iluminados de un más allá del hombre, de la hipótesis del hombre esencial, donde los seres existentes no pueden ni siquiera llegar a merecer una respuesta obligada. La respuesta para el arte, como la iluminación para el místico, oscilan con un mismo parpadeo inquieto, el de lo increíble y de lo indeterminado; tienen en común, sobre todo, para los demás, ajenos a la experiencia, las condiciones de esperanza y barrera del capricho, del don gratuito, de la gracia inexplicable e inmerecible.

Quizás sólo así, emparentándolo con su actividad más inabdicable y profunda, puede el hombre llegar a explicarse adecuadamente el misterio del juego artístico. Esa secreta fascinación por participar de un ensueño, conscientemente distanciado como no real, precisamente para mantenerlo abierto a una realidad dominada de antemano. La existencia literaria es una ficción existencial en esas riberas de tenebroso vacío del nacimiento y la muerte, que comporta el lacerante secreto de la *otra* existencia. Con la literatura el hombre construye un mundo del que es dueño, donde la apuesta no le es ya necesaria. En ese ámbito gozoso, mimético, de la ficción artística, en el que el ser humano al fin acaba siendo el dueño de todas las cosas, y no sólo su medida; aquí estamos en presencia de la literatura como objeto, como producto y resultado.

Sin embargo, esa literatura feliz del objeto es al mismo tiempo también actividad, actividad de individuos apresados en una existencia que los arroja a indeseables cavilaciones sobre su esencia; por eso el arte, la actividad que retribuye al hombre con la posibilidad de fijar marcos felices a los que extiende su señorío, ficciones de existencia sin náuseas constitutivas, está penetrada, también ella, por la angustia esencial del ser que la origina. El vehículo de la limitación del arte es su necesidad de lenguaje, con el que se entra en el

---

tos existencialistas de totalidad y vacío. Así *Le livre à venir* ofrecerá sólo el perfil vacío de esa intuición global, única y última, de la existencia.

La intuición se adelgazará aún más, arrollando nexos, sutilizando elementos de representación en las últimas palabras de Blanchot, allá en el discurso de *Le pas au-delà* (París, Gallimard, 1973), donde esa «producción que no produce nada», esa «marca que desmarca», ese «infinitivo donde el infinito querría representarse como neutro», la escritura deviene con toda nitidez cifra de la metáfora de la nada que es el pensamiento vacío del existir: «la muerte no es más que una metáfora para ayudarnos a representar groseramente la idea de límite, en tanto que el límite excluye toda representación, toda *idea* de límite».

infierno de las inseguridades cognoscitivas del hombre; pero, al mismo tiempo, como en la existencia de ese mismo límite, proceden todas las respuestas iluminadas para quienes existimos. Ese destello fugaz de verdad no habitual, arrancado igualmente como imagen a la prosa sensata de Cervantes o a la alucinada posesión de Hölderlin, ese regalo con el que no contábamos, se recorta precisamente contra el negativo de la limitación habitual, contra la amortiguada desesperanza del lenguaje y la demanda en torno al final de la existencia, en el esquema habitual de su sistemático fracaso.

Acercando tan razonablemente la experiencia del arte a la experiencia de la vida, el existencialismo, desde Kierkegaard hasta Heidegger, y las demandas angustiadas de la literatura sobre el hombre, desde Lautréaumont hasta Kafka, han enfrentado al crítico literario con la esencia misma de su trabajo. El establecimiento de fórmulas, incluso de algoritmos, para explicar la peculiaridad de los «recursos» del artista, significa sólo, en gran medida, el exponente mismo del fracaso. Y no ya del fracaso de la crítica, sino del fracaso del arte. Dominar todo el saber sobre los algoritmos históricos más eficaces de las demandas artísticas, no equivale a garantizar la respuesta iluminada del arte. En estas páginas he tratado de enjuiciar las posibilidades positivas de las diferentes vías críticas de acceso metodológico a la obra de arte verbal; todas ellas son lícitas y necesarias. Todas ellas y, sobre todo, todas ellas como conjunto sin exclusiones por prejuicios polémicos, ayudan a entender el soporte del milagro artístico. Mas, si el arte fuera cuestión del soporte que interesa y explica las diferentes vías de la crítica científica, a tal artilugio hace siglos que lo hubiera relegado el hombre, a buen seguro, al desván de sus trastos inútiles.

El arte continúa interesando al hombre por algo más de lo que el crítico puede explicar como especialista. El arte primaria y finalmente se orienta al hombre en cuanto tal; y posiblemente le llega en grados tan decisivos porque se entronca «metodológicamente» con el mismo tipo de demandas a las que no puede renunciar el ser humano, pues que le aportan al mismo tiempo torturas y esperanzas únicas. De ahí que la crítica no deba olvidar nunca la fuente no especializada de sus primeros movimientos hacia el arte, con limitar sus obligaciones respecto de un conjunto de saberes y enseñanzas técnicas sobre el texto artístico, que configuran su actividad de lectura como una profesión necesaria y dignamente ejercida, el crítico no deba olvidar —y a menudo viene sucediendo; y no acierto a explicarlo sino como un reflejo más de su deformación profesional— las raíces humanas de su acercamiento original al arte. Sobre esa base el crítico se identifica con el hombre en general, con el destinatario ideal de la literatura, del que él diverge en todo caso como tipo de lector indeseablemente especializado.

Claro está que por esa vía el crítico sabe que se condena a desnudez original frente a la obra artística; y tal vez por eso mismo se resiste en el fondo, sabe que, a esa luz, no cuenta con más armas previas que las de su sentido común y las de su curiosidad y angustia existenciales. Así se ve embarcado

con el resto de sus semejantes en el mismo vapor de la soledad incomunicable. Y como él es fundamentalmente un ejerciente de la comunicación, un
funcionario del desvelamiento, siente la imperiosa tentación de rebelarse
contra su destino. Pero el crítico debe aprender sobre todo, al menos al final,
que su palabra se aproximará tanto más al último acierto, cuanto más se
acerque a la *retórica del silencio* [40] y cuando mejor le conste que su paráfrasis,
su texto, su ilusión del *libro por venir,* es un texto imposible, cuya única traza
de actividad razonable será, nuevamente, haber entablado un «coloquio»
desconfiado.

* * *

Conviene terminar. Este epílogo se alargaría más allá de lo conveniente
si nos adentrásemos en las sugerencias mínimas a que se obliga esa modalidad de crítica estético-moral a la que creo, honradamente, se ordena una voluntad de integralidad como la que me ha parecido oportuno proponer en
este caso, por alentar sinceramente en mi ánimo tras casi dos decenios de
asistir al despedazarse infructuoso de los varios –ismos de la crítica científica.
Quede lo dicho como leal estímulo para quienes empiezan, como advertencia sobre el nuevo sesgo de un importante sector actual de mis trabajos más
inmediatos; y sobre todo como congruente propósito de alojar la Crítica en

[40] Así han querido explicar, al menos, los varios formalismos, ese fundamental componente estético de *experiencia* no conceptual sobre la visión del mundo participada por el arte.
Hoy, en época de grandes menesterosidades, parece cundir entre todos nosotros la necesidad
de asumir antes la esperanza de la revelación total entrevista con el arte, que el mezquino consuelo de un reducidísimo sector de verdades objetivamente constatables en la inmensa nebu-
losa de la realidad. Parece que no queda más remedio que despedir, por corto, el optimista
cálculo wittgensteiniano de una vía científica de la experiencia del mundo que «dijera sólo lo
que se podía decir claramente», y acoger la voluntad de esperar en las vagarosas profecías de
los poetas y las sugerencias crípticas enunciadas por místicos y filósofos iluminados. ¿Reacción
coyuntural histórica o alumbramiento definitivo de una forma de cosmovisión permanente
reimplantada como «filosofía antigua poética»? Aunque, por fuerza de experiencia prudente
nos quedáramos con el extremo primero, más relativista, de la cuestión, no cabe duda que el
segundo está sólidamente implantado en la propia filosofía moderna incluso desde Kant y Hegel, y triunfante tanto en la cadena después de todo optimista de Nietzsche y Schopenhauer,
como en la sin duda más pesimista de Kierkegaard a Blanchot. Pero sobre todo, para el trata-
iento de la literatura, es mucho más evidente que tal entendimiento ambicioso de la función
literaria y, en consecuencia, la actitud crítica constituye la única e imprescindible alternativa al
desanimado callejón sin salida de los positivismos estructural-textualistas, nutridos, consciente
o inconscientemente, al calor de la filosofía de la ciencia emanada del Círculo de Viena. ¿Otra
crisis de ruptura? No necesariamente así, más bien me inclinaría a considerarla como un exte-
nuamiento por superproducción, como una hipertrofia, después de todo saludable, de la rama
descriptiva de la crítica literaria, que reclama tan sólo el cambio de aires que producirá una
adecuada proyección de las experiencias acumuladas en torno al conocimiento del *texto* sobre
el dominio de la interpretación del *acontecimiento* literario. De los numerosos síntomas culturales y sociales que corroboran este mismo entendimiento de la actividad artística y que, en consecuencia, dictan el correlativo acercamiento crítico a la misma, da cuenta, entre nosotros, un
libro de privilegiada belleza, me refiero al de Diego Romero de Solís, *Poíesis. Sobre las relaciones
entre filosofía y poesía desde el alma trágica,* Madrid, Taurus, 1981.

la Literatura. En varias ocasiones he reflexionado sobre la inutilidad de la mayor parte de los ejercicios críticos usuales por inadecuación simple con la obra que los motiva; unos están tan por debajo de ella que si algún despistado lector reclama su mediación no le servirán para nada. Otras veces la crítica, aun la no mal ejercida, despieza y desmonta artificialmente la obra, que es una unidad inolvidable de sentido, la reduce a cáscara o a jugo, y analiza con minuciosidad por lo general tediosa el componente elegido. Otras veces son los tecnicismos metateóricos del lenguaje invocado por el crítico científico, los que crean una frontera infranqueable en sus escritos para la mayor parte aun de los más cultos y sensibles lectores de la obra criticada; con lo que la pretendida crítica se encierra en un ejercicio secundario de sociología, lingüística o psicoanálisis, abdicando involuntaria y las más veces inconscientemente del estatuto crítico, que fundan la explicación mediadora y la valoración razonada.

# Indice onomástico